의료분쟁의 이론과 실제

THE THEORY AND PRACTICE OF MEDICAL DISPUTES

상

신현호 · 백경희

박영사

머리말

1990년 3월 변호사 개업 첫 사건으로 의료소송을 수임한 이래 지금까지 32년간 꾸준히 의료분쟁을 다루고, 그 경험을 모아 대학원에서 강의하면서 나름대로 책으로 정리하여 왔다. 이 책은 1997년 출간한 의료소송총론, 2011년에 출간한 의료분쟁조정·소송총론에서 부족했던 채무불이행책임이론과 판례를 보완하였다.

의료분쟁은 이론이 그대로 실제에 적용되지 않는 경우가 적지 않다. 법원이나 검찰, 수사기관에서도 의료를 이해하고, 의료분쟁을 해석하는 데 상당한 편차를 보이고 있다. 이는 의료감정의 객관성, 공정성에 따른 차이 이외에 의료행위를 단순 불법행위책임으로 볼 것인가, 계약위반책임으로 볼 것인가에 따라 입증책임을 어떻게 분배하는가에 의한 차이가 크기 때문에 발생되는 것이라고 생각한다. 우리나라도 독일과 같이 의료계약을 전형계약으로 입법한다면 의료행위와 그 결과에 대한 예측가능성, 피해자의 권리구제를 넓힐 수 있을 것이다. 연간 건강보험심사평가원의 진료비 및 조제비 심사청구건수가 20억 회를 넘는바, 이는 의료계약이 그 횟수만큼 체결되었다는 것을 추정할 수 있다. 의료계약이 민법상 어느 전형계약 못지않게 많이 체결되는 것이 현실임에도 이를 규제하는 법조항이 없다 보니 법학자나 법조실무가들이 다양하게 해석하고 있다. 그 과정에서 당사자들의 법익침해는 심각하게 발생하고 있어, 이를 최소화하기 위해 전형계약으로서의 의료계약이 제정되어야 하는 것이 바람직하나, 그 이전이라도 의료분쟁을 단순 불법행위책임이 아니라 위임계약, 도급계약 등 의료계약위반책임으로 해석하고 접근할 필요가 있다.

이 책은 공동저자로 참여한 백경희 교수, 저자를 믿고 의료사건을 위임하여 주신 의뢰인, 훌륭한 법적 공방을 벌여 주신 상대방 소송대리인, 선도판결을 내려 주신 판사님들 덕분에 출판되었다. 한국의료법학회와 대한의료법학회 회원, 대한변협 의료인권소위원회 위원, 다양한 질문으로 새로운 시각을 갖게 해 준 고려대 법무대학원 제자, 법률사무소 해울에서 궂은 일을 도맡아준 직원들, 이 책을 출간해 주신 박영사 관계자 분들께 감사드린다. 아흔이 훨씬 넘으셨음에도 지금도 일본최신판례를 찾아 번역해 주시는 아버님의 만수무강을 기원하고, 처와 아들 유철·원철, 손자 동준, 지우, 지아가 항상 건강하길 바란다.

2022. 8.

又損齋에서

저자 신 현 호

머리말

의료과실에 관련하여서는 민사와 형사, 행정 등 다양한 법역의 분쟁이 존재하고 그 해결방법 또한 소송과 소송 외의 조정·중재 등 여러 가지 제도가 존재한다. 의료분쟁에 대해서는 민사와 형사, 행정 등의 일반적인 법리가 적용되는 동시에 의료행위가 갖고 있는 특수성으로 인하여 과실과 인과관계에 관한 독특한 판단기준—특히 환자 측의 증명책임을 경감시키기 위한 의료과실이나 인과관계를 추정하는 법리가 대표적이다—이 적용되며, 전문화되어 있는 영역인 만큼 진료기록감정신청과 같은 특유의 증거방법이 이루어지게 된다.

「의료분쟁의 이론과 실제」는 의료분쟁과 관련된 개념과 이론, 판례를 비롯하여 이를 체화한 실무의 실례에 대한 전반적인 이해를 돕고자 하는 측면에 초점을 맞추었다. 「의료분쟁의 이론과 실제」는 상권과 하권으로 나뉘어 출간되는데, 상권은 의료민사책임을 중심으로, 하권은 의료형사책임, 의료행정책임, 기타 소송 대체적 분쟁해결제도 등을 다루었다. 특히 저자가 실무에서 변호사로서 첫발을 내딛었을 때 의료분쟁이 갖고 있는 특수성 때문에 느꼈던 어려움을 해소하고 판례와 이론의 방대한 논의를 간명하게 파악할 수 있도록, 관련 내용을 정리하고 체계화하는 것에 중점을 두었다. 이를 통해 의료분쟁에 연관된 업무를 종사하시거나 의료분쟁에 관한 지식이 필요하신 각계의 수요를 반영하고자 하였는바, 의료분쟁에 관심을 갖고 있는 입문자나 의료분쟁의 당사자, 법률가 분들께 도움이 되기를 바란다.

마지막으로 「의료분쟁의 이론과 실제」 공동으로 집필할 수 있도록 기회를 주신 신현호 변호사님, 책의 방향 설정에 조언을 아끼지 않으신 안법영 교수님, 정승준 교수님, 자료의 정리에 도움을 준 정민근 군과 정수민 양, 항상 헌신적으로 도움을 주시는 부모님과 격려해 주신 인하대학교 법학전문대학원 교수님과 교직원 분들, 교정을 도와 준 김성은 박사, 김율린 변호사, 채상희 변호사 그리고 책의 출간을 허락해 주신 박영사 관계자 분들께 다시 한번 감사드리고 싶다.

2022. 8.

저자 백 경 희

목차

제1장

의료분쟁의 개관

의료분쟁의 개관

제1절 서 론

1. 의료사고, 의료과실, 의료분쟁

의료분쟁을 이해하기 위해서는 그 대상인 의료행위의 개념을 정리하고, 의료행위로 인하여 발생되는 의료사고, 의료과실(혹은 의료과오[1])의 의의를 살펴보아야 한다.

가. 의료행위

(1) 개 념

의료행위의 개념에 관하여는 의료법 제12조에서 '의료인이 행하는 의료·조산·간호 등 의료기술의 시행'이라고 개괄적으로 규정하고 있으나, 구체적 내용이 무엇인지에 대하여는 아무런 정의가 없다.

일반적으로 의료(medical care)는 '의학적인 지식과 수단방법, 즉 의술로써 질병을 진단하고 치료하는 것[2]'으로 정의를 내리고 있고, 판례[3]는 의료행위란, '의료인이 의학의 전문적 지

---

1) 종래 판례에서 의료과오(過誤)와 의료과실을 혼용하여 사용하였으나 의료사고 피해구제 및 의료분쟁조정 등에 관한 법률이나 의료법에서도 후자로 규정을 두고 있고, 최근 판례에서도 의료과실을 더 많이 사용하는 경향이 있다.
2) 문국진, 의료의 법이론, 고려대학교출판부, 1982, 3면; 이인영, 무면허의료행위에 관한 일 고찰, 한국의료법학회지 제6권 제1호, 1999, 167-168면; 노태헌, 의료행위에 관한 용어정리 및 판례분석, 의료법학 제111권 제2호, 2010, 13-16면.
3) 대법원 1987. 11. 24. 선고 87도1942 판결; 대법원 2004. 10. 28. 선고 2004도3405 판결; 대법원 2009.

식을 기초로 하여 경험과 기능으로 진료, 검안, 처방, 투약 또는 외과적 시술을 시행하여 하는 질병의 예방 또는 치료행위 및 그 밖에 의료인이 행하지 아니하면 보건위생상 위해가 생길 우려가 있는 행위'라고 정의하고 있다.

결국 의료행위라 함은 의학의 발달과 사회구조의 복잡, 다양화, 사회 및 개인의 가치관의 다양화 등에 수반하여 변화될 수 있어서 구체적 사안에 따라 정하게 되는 것으로, 질병의 예방 및 치료, 고통의 감소, 생명의 연장, 기형의 교정, 조산과 의술적 낙태, 치료목적을 위한 환자에 대한 임상실험, 의료기술의 진보를 위한 실험 등 일반적으로 승인된 것 이외에 신생아 · 사체 등의 인도, 의무기록의 작성 · 보관 등 부수적인 것까지 포함되는 넓고 발전적인 개념이다. 따라서 의료행위의 형태도 의학의 진보와 의료기술의 혁신, 의료에 대한 개인 내지 사회의 기대의 변화 등에 따라서 역사적으로 다양한 변천을 겪어 왔고 장래에도 그 변천이 예상된다.[4]

대법원[5]도 한때 미용성형수술에 대해서는 애초에 질병의 예방 또는 치료행위가 아니므로 의학상 의료행위에 속하는 것이라고 할 수 없다고 하였다. 그러나 곧이어 대법원[6]은 그 견해를 바꾸어 의료행위에 해당한다고 판시한 바 이는 위와 같은 발전적 성격을 나타낸 것이다.

(2) 구성요소

의료는 개인이나 국민 전체의 생명과 건강의 유지를 목적으로 하여야 하고, 그 방법은 일반적으로 승인된 수단과 방법으로 행해져야 한다는, 이른바 의학적 적응성(醫學的 適應性; medizinische Indiziertheit)과 의술적 적정성(醫術的 適正性; medizinische Kunstgerechtigkeit)의 두 요소를 갖추어야 한다.[7]

우리나라는 무면허 의료행위 그 자체를 의료법 제27조 제1항을 위반한 범법행위로 보고 있다. 판례는 ① 한의사 면허없는 자가 한 침술행위,[8] ② 의료인이 아닌 자가 질병의 치료를 위하여 행한 벌침, 쑥뜸 등의 시술행위,[9] ③ 활법종목의 사회체육지도자 자격증을 가진 자가 신체불균형을 교정한다 하여 압박 등의 시술을 반복한 행위,[10] ④ 활법사가 소위 카이로프라

---

10. 29. 선고 2009도4783 판결; 대법원 2018. 6. 19. 선고 2017도19422 판결; 대법원 2020. 1. 9. 선고 2019두50014 판결.
4) 추호경, 의료과오론, 육법사, 1992, 23면.
5) 대법원 1972. 3. 28. 선고 72도342 판결.
6) 대법원 1974. 2. 26. 선고 74도1114 전원합의체 판결.
7) Deutsch, Medizinrecht, 4.Auflage, Berlin Springer, 1999, p.3
8) 대법원 1994. 12. 27. 선고 94도78 판결.
9) 대법원 1992. 10. 13. 선고 92도1892 판결.
10) 대법원 1995. 4. 7. 선고 94도1325 판결.

틱을 행한 다음 뜸질포대로 뜸질을 한 경우,[11] ⑤ 면허없이 체육관 내에 척추교정실을 설치하고 디스크환자 등을 치료하여 준 경우,[12] ⑥ 면허없는 자가 양손으로 환부를 눌러 삐어진 뼈를 교정하고 환부에 안티푸라민을 발라주는 행위,[13] ⑦ 활기도운동이라는 명목하에 척추디스크 등 환자들의 통증부위를 교정하는 시술을 반복하는 경우,[14] ⑧ 근육이완기구, 엑스레이 판독기, 척추모형 등을 갖추고 척추에 이상이 있는 환자에게 근육이완기로 문지르고 아픈 부위를 누르고 팔다리를 최대한 구부리게 하여 신경생리기능의 회복을 꾀하는 행위,[15] ⑨ 의약품을 사용하여 표피 전부를 벗기는 박피술의 시행,[16] ⑩ 시력을 회복하기 위하여 가압식미용기로 안면을 맛사지하는 행위,[17] ⑪ 정신신경질환자나 언어장애자 등을 모아 놓고 하는 암시, 최면, 호흡, 정신안정 및 약물투여 등의 치료행위,[18] ⑫ 면허없는 자가 진맥을 하고 어깨 및 허리 등을 눌러 본 뒤 신경성 심장병이라고 진단하면서 연뿌리 등을 조제하여 먹어보라고 한 행위,[19] ⑬ 의료인 아닌 자의 부항 시술행위,[20] ⑭ 자격기본법에 의한 민간자격증을 취득한 자가 한방 의료행위인 침술행위를 한 경우,[21] ⑮ 외국에서 침구사자격을 취득하였으나 국내에서 침술행위를 할 수 있는 면허나 자격을 취득하지 못한 자가 체침(體針)을 시술한 경우,[22] ⑯ 약사가 환자의 증세에 대하여 문진을 하고 감기약을 조제한 경우,[23] ⑰ 의료인 아닌 자가 통합의학이라는 명목으로 간암, 간경화 등 질병에 대한 진찰과 처방을 한 행위,[24] ⑱ 미용사의 눈썹 또는 속눈썹 문신행위[25] 혹은 문신사의 문신시술행위[26][27] ⑲ 의사지시하에 간호조

---

11) 대법원 1985. 5. 28. 선고 84도2135 판결.
12) 대법원 1987. 4. 28. 선고 87도286 판결.
13) 대법원 1987. 5. 12. 선고 86도2270 판결.
14) 대법원 1987. 11. 24. 선고 87도1942 판결.
15) 대법원 1989. 1. 31. 선고 88도2032 판결.
16) 대법원 1994. 5. 10. 선고 93도2544 판결.
17) 대법원 1989. 9. 29. 선고 88도2190 판결.
18) 대법원 1981. 7. 28. 선고 81도835 판결.
19) 대법원 1981. 12. 22. 선고 80도2974 판결.
20) 대법원 2004. 10. 28. 선고 2004도3405 판결.
21) 대법원 2003. 5. 13. 선고 2003도939 판결.
22) 대법원 2002. 12. 26. 선고 2002도5077 판결.
23) 대법원 2002. 1. 11. 선고 2001다27449 판결.
24) 대법원 2009. 10. 15. 선고 2006도6870 판결.
25) 대법원 1992. 5. 22. 선고 91도3219 판결.
26) 대법원 2004. 4. 27. 선고 2004도673 판결; 헌법재판소 2014. 8. 28. 선고 2013헌마514 결정; 헌법재판소 2022. 3. 31. 선고 2017마1343 결정; 관련 논문으로 김성은·백경희, 문신시술행위에 관한 규제 방향에 대한 고찰-문신사 관련 법안과 외국의 법제에 관한 비교·분석을 중심으로-, 과학기술과 법 제12권 제2호, 2021, 2-10면.
27) 일본의 最高裁判所 令和 2. 9. 16. 宣告 平30(あ)1790 判決은 타투행위에 대해 상해죄로 기소된 피고인에게 "타투행위는 의사가 시행하지 않으면, 피부장해 등을 발생할 우려는 있으나, 의료 및 보건지도에 속하는 행위는 아니므로, 의료행위에 해당하지 않는다."고 하여 무죄를 선고하였다.

무사가 단독으로 실밥을 제거한 행위[28] 등을 무면허 의료행위로 판단한 바 있다.

의료인이라고 하더라도 면허범위를 벗어난 의료행위는 무면허 의료행위가 된다. 판례는 ① 조산사가 임부의 질구를 열바늘 봉합하여야 할 정도로 절개하고 분만시키거나,[29] 질염치료나 임신중절수술 및 그 수술 후의 처치 등을 한 경우,[30] ② 일반적인 의약품은 조제할 수 없고 단지 기성 한약서에 수재된 처방이나 한의사의 처방전에 의해서만 한약을 혼합판매할 수밖에 없는 한약업사가 독자적으로 진단하여 한약을 처방·조제하거나,[31] 환자의 생년월일로 이른바 오행분석을 하여 병명을 진단한 후 한약을 처방하거나,[32] 환자의 콧속에 전등을 비추어 관찰한 후 비염이라고 진단을 하고 한의서에 기재된 한약을 조제하는 경우,[33] ③ 조산사가 자신이 근무하는 산부인과를 찾아온 환자들을 상대로 한 진찰·환부소독·처방전 발행 행위,[34] ④ 한의사가 진단용 방사선 발생장치인 X−선 골밀도측정기를 이용하여 환자들을 상대로 성장판검사를 한 행위,[35] ⑤ 한의사가 얼굴 미관을 개선하기 위해 히알루론산을 직접 주입하는 필러시술을 한 행위,[36] ⑥ 의사가 자신이 운영하는 의원에서 IMS 기기를 사용하여 한방의료행위인 침술행위를 수행한 경우,[37] ⑦ 환자에 대한 진료 및 간호사와 간호조무사에 대한 의사의 구체적인 지시·감독 없이 간호사와 간호조무사가 수면마취제인 프로포폴을 제한 없이 투약하는 행위,[38] ⑧ 의사의 지시 없이 한 간호조무사의 산모에 대한 양막 파열 시술

---

28) 대법원 2022. 6. 30. 선고 2022도3449 판결, 의사와 간호조무사 각각 무면허의료행위 공범으로 유죄선고 되었다.
29) 대법원 1988. 9. 13. 선고 84도2316 판결.
30) 대법원 1992. 10. 9. 선고 92도848 판결.
31) 대법원 1993. 8. 27. 선고 93도153 판결.
32) 대법원 1997. 2. 14. 선고 96도2234 판결.
33) 대법원 1978. 9. 26. 선고 77도3156 판결.
34) 대법원 2007. 9. 6. 선고 2006도2306 판결.
35) 대법원 2011. 5. 26. 선고 2009도6980 판결. 다만, 최근 대법원은 한의사의 초음파 기기나 뇌파계의 이용은 가능하다고 판시하였다(대법원 2022. 12. 22. 선고 2016도21314 전원합의체 판결, 대법원 2023. 8. 18. 선고 2016두51405 판결).
36) 대법원 2014. 1. 16. 선고 2011도16649 판결.
37) 대법원 2011. 5. 13. 선고 2007두18710 판결.
38) 대법원 2014. 9. 4. 선고 2012도16119 판결; 유사한 사례로 마취전문 간호사가 의사의 구체적 지시 없이 독자적으로 마취약제와 사용량을 결정하여 피해자에게 척수마취시술을 한 경우(대법원 2010. 3. 25. 선고 2008도590 판결)도 무면허의료행위에 해당한다. 또한 의사인 피고인 甲이 간호조무사인 乙에게 처방전에 기재된 대로 의약품을 약통에서 분리, 혼합하도록 지시하여 乙이 의약품 조제행위를 한 경우 그 과정에서 乙은 甲으로부터 다른 구체적인 지시나 감독을 받지 않았고, 병원의 규모와 입원환자의 수, 약제실의 위치 등에 비추어 볼 때 乙이 위와 같은 행위를 할 때 위 피고인들이 그에 관한 지휘·감독을 할 수 있는 상태였다거나 환자에 대한 복약지도를 제대로 하였다고 보기도 어렵다는 등의 사정을 이유로 약사법위반죄에 해당한다고 판단하였다(대법원 2020. 1. 30. 선고 2014도12421 판결). 즉, 대법원은 "간호사가 '진료의 보조'를 함에 있어서는 모든 행위 하나하나마다 항상 의사가 현장에 입회하여 일일이 지도·감독하여야 한다고 할 수는 없고, 경우에 따라서는 의사가 진료의 보조행위 현장에 입회할 필요 없이 일반적인 지

행위[39] 등은 면허범위를 벗어난 의료행위로써 무면허 의료행위에 해당된다고 판시하였다.

대법원은 또한 치과의사의 보톡스 시술법을 이용한 눈가와 미간의 주름 치료,[40] 간호보조원이나 치과기공사가 의사의 지시를 받아 환부의 엑스레이를 찍고 발치·주사·투약 등은[41] 무면허 의료행위에 해당된다고 하였으나, 임상병리사 등 의료기사가 의사의 지도하에 행한 가검물 채취 및 방사선촬영은 무자격자로서의 의료행위가 아닌 적법한 의료행위[42]라고 하였다.[43]

한편 대법원은 ① 환자들에게 질병을 낫게 해 달라고 기도하고 환부나 다른 신체부위를 손으로 쓰다듬거나 만져주는 이른 바 안수기도나,[44] ② 웅변학원을 운영하는 자가 언어장애인에 대하여 행하는 언어교정훈련[45]은 의료행위에 해당되지 않는다고 판시하였다. 다만 수지침 의료행위의 경우 침술행위의 일종으로 무면허 의료행위에 해당하나 일정한 요건을 갖출 경우 형법 제20조의 정당행위로서 위법성이 조각될 여지가 있다고 하였다.[46]

의료인이라도 의료인이 아닌 자의 의료행위에 공모하여 가공하면 무면허 의료행위의 공동정범으로서 책임을 지게 된다.[47] 예를 들어 간호조무사의 무면허 진료행위가 있은 후에 이를 의사가 진료차트에 기재하는 행위는 정범의 사실행위 종료 후의 단순한 사후행위에 불과하다고 볼 수 없어 무면허 의료행위의 방조에 해당하고,[48] 의료법인 이사장이 간호사들로 하여금 병원 검진센터에서 의사의 현장감독 없이 단독으로 자궁질도말세포병리검사를 위한 검체 채취를 하게 한 것은 무면허 의료행위를 하도록 교사한 행위에 해당한다.[49]

도·감독을 하는 것으로 족한 경우도 있을 수 있다 할 것인데, 여기에 해당하는 보조행위인지 여부는 보조행위의 유형에 따라 일률적으로 결정할 수는 없고 구체적인 경우에 있어서 그 행위의 객관적인 특성상 위험이 따르거나 부작용 혹은 후유증이 있을 수 있는지, 당시의 환자 상태가 어떠한지, 간호사의 자질과 숙련도는 어느 정도인지 등의 여러 사정을 참작하여 개별적으로 결정하여야 한다."고 하면서 이 기준에 따라 의사의 처방에 의한 정맥주사를 Side Injection 방식으로 주입하라는 의사의 지시에 대하여 간호사가 간호실습생(간호학과 대학생)에게 단독으로 실시하도록 하여 발생한 의료사고에 대하여 의사의 과실을 부정하였다(대법원 2003. 8. 19. 선고 2001도3667 판결).

39) 대법원 2010. 5. 13. 선고 2010도2755 판결.
40) 대법원 2016. 7. 21. 선고, 2013도850 전원합의체 판결.
41) 대법원 1986. 7. 8. 선고 86도749 판결: 전자는 간호보조원의 무면허 의료행위, 후자는 치과의사의 무면허 의료행위의 교사에 해당한다.
42) 대법원 1987. 11. 24. 선고 87누117 판결.
43) 이는 오늘날의 의료행위가 '팀(Team) 의료'의 형태로 업무를 분장하여 이루어지기 때문에 앞서 언급한 간호사의 무면허 의료행위에 대한 판단에서와 같이 의사의 구체적 지시와 감독이 존재하는지 여부가 중요한 쟁점이 된다.; 백경희·장연화, "전화 처방과 처방전 발급의 의료분업에 관한 법적 고찰", 입법과 정책 제12권 제2호, 2020, 301－305면.
44) 대법원 1992. 3. 10. 선고 91도3340 판결.
45) 대법원 1980. 1. 15. 선고 79도1003 판결.
46) 대법원 2000. 4. 25. 선고 98도2389 판결.
47) 대법원 1986. 2. 11. 선고 85도448 판결.
48) 대법원 1982. 4. 27. 선고 82도122 판결.

나. 의료사고의 개념

의료사고란, 병원·의원·보건소 등 의료에 관련되는 장소에서 주로 의료행위의 수급자인 환자를 피해자로 하고 진단, 검사, 치료 등 의료의 전 과정에서 발생하는 인신사고 일체를 포괄하는 용어이다. 의료사고 피해구제 및 의료분쟁 조정 등에 관한 법률(이하 '의료분쟁조정법'이라 한다) 제2조 제1호에서도 의료사고를 '보건의료인(의료법 제27조제1항 단서 또는 약사법 제23조 제1항 단서에 따라 그 행위가 허용되는 자를 포함한다)이 환자에 대하여 실시하는 진단·검사·치료·의약품의 처방 및 조제 등의 행위로 인하여 사람의 생명·신체 및 재산에 대하여 피해가 발생한 경우를 말한다.'고 규정하고 있다.

좁은 의미의 의료행위의 과정 중에서 발생하는 악결과 이외에, 병실의 바닥이 미끄러워서 넘어지는 바람에 부상을 입은 경우,[50] 정신병자가 발작을 일으켜서 함께 입원 중이던 정신병자를 칼로 찔러 살해한 경우, 기구의 결함으로 환자가 부상을 당한 경우 등 병원의 환자관리나 시설관리면에서 발생하는 사고[51]도 의료사고에 포함된다.

즉, 의료사고는 그 발생, 원인, 책임의 소재를 일단 도외시한 사회현상을 의미하는 가치중립적인 개념이다. 그리고 이 중에는 의사에게 당해 결과에 대하여 결과예견가능성이나 결과회피가능성에 대한 비난을 할 수 없는 의료사고도 포함한다. 이러한 사고는 의료의 수준에 비추어서 의사에게 주의의무를 위반한 과실이 있었다고 할 수 없는바, 따라서 모든 의료사고가 의료과실에 해당하지 않는 것이다.

---

49) 대법원 2007. 7. 26. 선고 2005도5579 판결.

50) 환자가 의료기관 내 침대에서 떨어지는 낙상사고 역시 의료사고에 해당하며, 낙상 후 의료기관의 조치에 잘못이 있는 경우 의료과실의 문제와 연계된다. 대법원은 "75세가 넘는 고령인 甲이 乙이 운영하는 의원에서 물리치료를 받다가 침대에서 떨어지는 사고가 발생하였으나 乙이 아무런 검사나 조치 또는 별다른 설명없이 그대로 귀가하게 하였고 그 후 甲이 사망한 사안에서, 乙의 과실과 甲의 사망 사이에 상당한 인과관계가 있다."고 파악하였다(대법원 2013. 11. 28. 선고 2013다44300 판결).

51) 대법원 1993. 9. 14. 선고 93다21552 판결: 정신병자가 개방병동에 입원 중 퇴원을 시켜주지 않는다는 이유로 피고 병원 10층 신경정신과 병동의 비상계단을 통하여 탈출을 시도하다가 피고 병원 2층 옥상으로 떨어져 뇌좌상 등으로 사망한 사건에 대하여 "피고 병원의 의사들은 망인이 퇴원을 시켜주지 않으면 자살하겠다는 말을 듣고 자살의 위험성이 크지 않다고 판단하였다 하더라도 충동행위나 탈출가능성에 대하여는 예견하고 있었으므로 이를 담당간호사와 출입문 경비원에게 미리 알려 망인의 탈출을 방지하여야 할 업무상 주의의무가 있다 할 것이고, 당시 출입문의 경비를 맡았던 경비원도 자신이 대리근무자로서 각 환자의 특성, 출입제한 여부 등을 담당직원에게 물어 망인이 탈출가능성이 있는 환자임을 미리 알고 그에 대비하는 등 그 직무를 충실히 수행할 의무가 있다 할 것인 바, 이를 게을리한 과실로 망인이 위 병동을 탈출하여 사망하게 된 것이므로, 피고는 그 사용자로서 이 사건 사고로 인한 손해의 배상책임이 있다."고 하여 환자관리상의 과실책임을 인정하였다.

다. 의료과실의 개념

　의료사고가 가치중립적인 개념인데 반해 의료과실이라 함은 법률적인 개념이다. 의료과실 (medical malpractice)이란, 의료인이 환자를 진료·조산·간호 등을 하면서 당연히 기울여야 할 업무상 요구되는 주의의무를 게을리하여 사망, 상해, 치료지연 등 환자의 생명·신체의 완전성을 침해한 결과를 일으키게 한 경우로서 의료인의 주의의무 위반에 대한 비난가능성을 말한다.

　의료사고와 의료과실의 차이는 다음 판례의 태도에서도 명확히 드러난다. 대법원[52]은 후종인대골화증 수술 후 척수손상으로 인하여 하지 마비가 발생한 사안에서, "원고는 후종인대골화증의 점유율이 높고 1차 수술 전에 이미 척수 손상의 증상과 소견을 보이는 등 후종인대골화증이 상당한 정도 진행한 상태였으므로, 골화된 후종인대 부위와 경막의 유착 정도가 심하였을 가능성이 커 1차 수술 시 골화된 후종인대를 제거하는 과정에서 경막이 손상되어 뇌척수액이 누출되었다고 하더라도 이는 의료과실에 의하여 발생한 것이라기보다 수술 과정에서 불가피하게 발생한 결과라고 볼 여지가 많다. 또한 기록상 경막 손상 및 뇌척수액 누출과 척수 손상 사이의 인과관계에 관한 객관적인 자료가 보이지 않고, 피고 병원의 의료진은 바로 인공 경막과 젤폼 등으로 손상 부위를 복원하는 조치를 하였으므로, 경막 손상과 뇌척수액 누출을 척수 손상의 원인이라고 단정하기도 어렵다. 그리고 전방으로 접근하는 후종인대골화증 수술법이 가지고 있는 척수 손상의 위험성과 특히 흉추부 후종인대골화증 수술 후 척수 손상이 발생할 가능성의 정도, 원고의 수술 전 상태에 의해 예상되는 수술의 예후와 수술을 하지 않는 경우의 예후, 피고 병원의 의료진이 수술에 앞서 원고에게 수술 후 마비가 발생할 가능성에 대해 여러 번 강조하여 설명한 점, 재활치료 등을 통하여 원고의 하지 마비 등 증상이 상당한 정도로 호전되었다가 다시 악화된 점 등에 비추어 보면, 수술이나 경막 복원 과정에서 의료상의 과실 이외에 원고에게 척수 손상을 초래할 다른 원인이 없다고 단정하기는 어렵다고 할 것이다. 이러한 사정들을 앞서 본 법리에 비추어 보면, 원고에게 수술 후 발생한 척수 손상의 결과만을 근거로 막연히 피고 병원 의료진에게 의료상의 과실이 있었다고 추정할 수는 없다."고 판시한 바 있다. 즉, 원고에게 수술 후 척수손상이 발생한 것은 의료사고이지만, 그 원인이 의사가 시행한 의료행위상의 고의·과실에 기인한 것이 아니라 환자 본인의 특이한 체질 내지 불가항력에 기인한 것이라면 의료과실은 아니라는 것이다.

　한편 우리가 흔히 의료과실을 의사의 고의·과실에 기인한 의료행위라고 하나, 이 중 고의

---

52) 대법원 2015. 10. 15. 선고 2015다21295 판결.

에 의한 의료행위란 의료행위라고 할 수 없다. 왜냐하면 판례상 앞서 살펴본 의료행위는 '의료인이 의학의 전문적 지식을 기초로 하여 경험과 기능으로써 진찰, 검안, 처방, 투약 또는 외과수술 등 질병의 예방이나 치료행위를 하는 것'이라고 정의되는 바,[53] 그렇다면 고의에 의한 행위는 살인이나 상해 또는 그 미수죄인 범죄행위이지 의료행위로 분류할 수는 없기 때문이다. 고의에 의한 행위는 그것이 의사가 범하든 일반인이 범하든 일반불법행위법에 의거하여 해결하면 될 것이고 달리 취급할 이유가 없다. 따라서 여기서는 고의에 의한 의료행위라는 표현은 사용하지 않는다.

라. 의료분쟁의 개념

의료분쟁이란, 의료사고 중 의료종사자의 잘못이라는 가치개념이 개입되어 발생되는 것을 말한다. 즉, 의료사고 중 의사에게 잘못이 있지 않을까라는 환자 측으로부터의 의심이 생기면 일반적으로 의료과실이라는 가치개념이 개입된 의료분쟁의 문제로 발전한다.

이형혈액(異型血液)의 수혈, 다른 약물의 투여, 수술 환자나 부위의 오인 등 객관적으로 명백한 의료사고는 논란거리가 되지 않겠지만, 임상의학 실천 당시의 의료수준으로 보아 의사에게 주의의무를 위반하였다고 비난할 수 있는가 여부를 판단하기 어려운 사고나 인적·물적 의료시설이 일정한 수준에 이르지 않아서 발생된 사고 등은 의사의 과실 유무가 확실하지 않고 그 내용이나 범위 혹은 기준에 대하여 미묘한 다툼이 있으므로 대부분 의료과실을 다투는 의료분쟁으로 발전하는 경향에 있다. 의료분쟁 중 가장 심각한 피해를 나타내는 것은 악결과가 발생하지 않았음에도 불구하고 의사에게 어떤 과실이 있지 않을까 하는 오해가 발생하는 것이다. 이러한 분쟁에는 원·피고뿐만 아니라 국가기관도 무익한 분쟁에 개입함으로써 많은 피해를 야기한다.

대법원[54]은 망인이 오른쪽 귀의 이명, 난청 등을 겪던 중 귀에 발생한 양성종양의 일종인 청신경초종의 진단을 받고 제거수술 후 세균성 뇌막염 및 뇌실염의 합병증으로 사망한 사건에서, "청신경초종 제거술을 받은 환자에게 수술 중의 감염으로 인한 뇌막염이 발생하였지만 집도의사가 사고 당시 일반적인 의학 수준에 비추어 볼 때 수술로 인한 감염을 막기 위하여 필요한 조치를 다하였다고 볼 여지가 있는 반면 환자는 위 감염으로 인한 뇌막염과는 무관하게 원인을 알 수 없는 뇌실내출혈 및 이와 병발한 수두증 등의 합병증으로 사망하였다면, 막연하게 망인에게 수술중의 감염으로 뇌막염이 발생하였다는 사실만 가지고 사망이라는 중한 결과에 대하여 집도의사에게 감염방지의무를 게을리 한 과실을 인정할 수 없다."고 하여 청구

53) 대법원 1987. 11. 24. 선고 87도1942 판결.
54) 대법원 2003. 11. 27. 선고 2001다20127 판결.

를 기각한 바 있다.

마. 의료소송의 개념

의료소송이라 함은, 의사의 의료상 처치나 병원의 인적, 물적관리 또는 의료전달체계 등 모든 의료과정에 있어서 과실이 있느냐 여부를 탓하며 제기되는 소송을 말하며 통상 의료과실소송 내지 의료과오소송이라고도 한다. 손해배상을 전제로 한 민사소송을 의미하나, 의사의 업무상 과실치사상죄를 다투는 형사소송 및 의료법 위반을 다투는 행정소송도 이에 포함된다.

2. 의료과실의 발생과정

가. 의료과정의 개관

의료과정은 통상적으로 우선 의사의 환자에 대한 문진에서부터 시작하여 필요한 임상검사 등을 행하는 진찰·검사단계, 다음으로 일정한 진단을 내리는 단계, 그리고 투약·주사·수술 등을 시행하는 치료단계, 끝으로 예후판정·재활치료(Rehabilitation)의 단계라는 순서로 진행된다. 의료과실은 대체로 이들 전과정에서 여러 가지 형태로 발생한다.

나. 진찰·검사 단계

(1) 진 찰

의사가 환자를 보는 출발점은 우선 문진(問診)이다. 이어서 시진·촉진·타진·청진으로 진찰을 하고, 필요한 검사를 한 다음, 검사결과를 보아 질병의 유무 정도를 진단하고 치료로 이행하게 된다. 물론 진단은 진찰·검사를 통해서만 내려지는 것이 아니라 치료 도중에도 행해지며 또 필요하기도 하다. 왜냐하면 질병이 예측한대로 치유되지 않을 경우 등 치료방침을 바꿀 필요가 있을 때에는 당연히 진찰 및 검사를 계속하여 새로운 진단을 내릴 필요가 있기 때문이다. 그 경우에도 환자의 직접 호소를 듣는 문진은 진단의 기초로써 매우 중요한 절차이다.[55]

의료에 있어서는 환자와 의사와의 상호신뢰관계(라포, rapport)가 기초적으로 형성되어야 한다. 그러한 라포가 잘 형성되어 있으면 의료분쟁 등이 발생하지 않는다고 한다. 요컨대, 문

---

55) 문진만으로 진단을 내리는 경우도 있지만, 대개는 진료, 임상검사로 바르게 결합되어 이루어진다. 따라서 문진의 역할에는 한계가 있고, 그것에만 의존하는 것은 오히려 위험하다.

진은 환자와 의사가 언어를 통하여 접촉하면서 병의 경과뿐 아니라 환자와 의사 사이의 라포를 확립하는 중요한 기회이고, 진찰과정에서 어떠한 검사를 해야 할 것인가 하는 계획을 세우게 되며, 이후 검사결과를 종합적으로 고려하여 질병의 진단이 이루어지게 된다.[56]

(2) 검 사

의료기술의 발달에 따라서 임상검사는 활발하게 시행되고 어느 면에서는 이제 필수적이라고 해야 할 수준에 이르렀다. 그러나 그와 함께 검사 단계에서 의료사고의 발생도 증가하고 있다. 예를 들어 위장이나 대장 내시경검사시, 내시경에 의한 장 천공사고, 두개 내(頭蓋 內) 질환의 유무·위치를 재빨리 진단하기 위하여 조영제를 주사하는 뇌혈관 촬영검사시 부작용으로 인하여 뇌출혈·혈관파열(카테타에 의한)·뇌경색·심장마비 등의 사고가 생기는 경우가 종종 발생하여 소송으로 진행되기도 한다. 최근에는 검사기기의 발달과 적용 분야가 확장되었지만 이전 단계인 진찰 과정을 해태하여 그에 수반한 사고도 발생한다. 예컨대 산부인과 전문의가 임산부에 대한 문진을 소홀히 한 채, 초음파검사기계를 과신한 나머지 회임기간을 잘못 판단하여 미숙아를 제왕절개술로 분만시키는 사고도 검사상의 과실 중 하나이다.

다. 진단 단계

진단단계에서는 오진(誤診)이 가장 문제가 된다.

(1) 오진의 분류

현재 통상적으로 분류되는 오진의 유형은 다음과 같이 나눌 수 있다.[57]

첫째, 소인미진(素因未診 ; Missed predisposition)으로 어떤 약물의 사용이 일반인에 있어서는 하등의 문제가 되지 않거나 경미한 부작용이 나타나는 정도나 개인의 소인에 따라서는 과민 또는 이상 반응을 유발하여 사망에 이르게 된 경우 그 소인을 미리 진단하지 못한 것을 일컫는다. 페니실린 쇼크사가 대표적인 사례다.

둘째, 유병무진(有病無診 ; Missed diagnosis)으로 병상이 있는데도 불구하고 그 병상을 진단하지 못하는 경우를 말한다. 유방암 환자가 유방에 통증이 온다고 호소하였음에도 불구하고 이를 단순 생리적인 현상으로 보고 간과한 경우를 예로 들 수 있다.

셋째, 다병소진(多病小診 ; Skipped diagnosis)으로 여러 가지의 병상이 있는데 그중 일부만

---

56) 대학병원이나 종합병원의 외래에서 보는 것처럼 '진료대기 3시간, 진료 3분'의 현상은 결국 문진이 충분히 이루어지지 않는다는 것이고 의료분쟁이 증가하는 원인의 하나이다.
57) 윤중진·강신몽, 법의부검과 오진, 대한법의학회지 통권 제15권 제2호, 1991, 49면 참조.

진단된 경우로써 다른 병상의 치료중 진단되지 않았던 잠재적인 질병이 갑자기 죽음으로 이어지는 경우, 특히 의료행위가 유인으로 기여한 때에는 분쟁의 원인이 된다. 예를 들면, 악성 임파종으로 인하여 폐에 물이 차는 폐수종 환자가 친구와 다투다가 넘어져서 심한 호흡곤란 증세를 보이면서 후송되어 오자 의사는 이를 폐수종으로 인한 호흡곤란으로 오인하고 흉막강 천자술을 실시하였으나 사망하였는데, 부검결과 사인이 장간막파열로 인한 복강내 출혈로 밝혀진 경우가 이에 해당된다.

넷째, 어떤 질병을 다른 질병으로 오인한 것으로서 특병타진(特病他診 ; Wrong diagnosis)이라 하고, 좁은 의미의 오진은 이를 말한다.

다섯째, 특병과진(特病寡診 ; Underdiagnosis)으로 같은 계통의 병상 또는 비슷한 병상으로 진단하였으나 실제의 병상은 더 진행되어 있거나 이미 합병증을 유발한 경우이다.

여섯째, 무병유진(無病有診 ; Presumed diagnosis)으로 병상이 없는데 있다고 하거나 병상의 정도를 실제보다 과도하게 진단하는 경우를 말한다.

(2) 오진의 과실성

오진은 의사의 부주의, 기술부족, 시간부족이나 바쁜 일정 등이 원인이 된다. 최근 진찰 시 임상병리검사를 하는 경우가 늘었으나, 병리표본검사결과를 잘못 판독하여 오진을 함으로써 문제가 발생하는 경우도 있다. 또한 태아의 기형 여부 검사에 있어서 의사의 과실로 인하여 기형 사실을 미리 진단하지 못한 채 기형아를 출산하게 된 경우도 존재한다.[58]

그러나 오진이 곧바로 의료과실과 결부된다고는 할 수 없다. 왜냐하면, 치료는 당연히 진단을 전제로 하여 시행되지만 치료과정에서 계속 진찰을 해 나가면서 확진을 위해 노력하고, 병의 진행이나 치료 여부에 따라서 당연히 진단이 바뀌어지면서 정확한 치료법이 그에 따라 선택되기 때문이다. 물론 오진상태로 치료를 계속하면 중대한 결과를 야기하여 의료과실이 문제가 되는 것은 당연하다. 우리나라 판례는 의사가 오진하였다고 하여 곧바로 과실이 있다고 볼 수는 없고 환자 측에서 의사가 주의의무를 게을리하여 오진을 하였다는 사실을 입증하여야 한다고 판시하고 있다.[59] 판례[60]는 오진에 대하여 "진단을 잘못한 경우는 일반적 의료수

---

58) 부산지법 2001. 2. 13. 선고 99가합16425 판결; 모자보건법상 인공임신중절사유가 되지 아니하여 부모의 적법한 낙태결정권이 침해되었다고 할 수 없어 그로 인한 정신적 고통은 인정할 수 없는 경우라 하더라도, 부모는 태아가 정상아로 출생할 것으로 잘못 신뢰하게 되었고 그에 따라 장래 있을 행복한 가정생활을 꿈꾸고 있었는데 위 신뢰에 어긋나게 태아가 기형아로 출생함으로써 위와 같이 구체적으로 내용 및 형태가 어느 정도 갖추어져 있는 행복추구권이 침해당하여 정신적 고통을 입었다 할 것이므로, 의사는 부모가 입은 위 정신적 고통의 손해를 배상할 책임이 있다.

59) 대법원 1999. 6. 11. 선고 98다33062 판결.

60) 大阪高裁 平成 2. 4. 27. 宣告 昭和62年(ネ)2249 判決(判時 1391號 147頁, 判タ 737號 189頁).

준에서 생각하여 오진에 이르는 것이 당연한 그런 때를 제외하고, 채무의 이행이 불완전하였다고 할 수가 있다. 의사가 심근경색 등의 심질환을 의심하지 않고, 단지 간질환이라고만 진단한 것이므로, 진단을 잘못한 것은 명백하고, 급격한 증상발생, 상복부 통증 내지 팽만감, 전신의 권태감, 호흡곤란, 구역질 등 심근경색 등의 심질환의 존재를 의심시키는 한편, 상정할 수 있는 간질환에서는 설명할 수 없는 증상이 있었다. 오진에 이르렀다고 할 수가 있어, 채무의 이행이 불완전하였다고 해야 할 것이다."고 판시하였다. 따라서 오진이었다면 일응 의료과실을 추정한 후 의료인 측에서 배제진단의 시간적 어려움, 특이체질 등 환자 측 소인, 진료상황의 응급성 등 오진하게 된 데 귀책사유가 없다는 점을 입증하도록 하는 것이 증명책임 분배원리에 부합한다고 할 것이다.

라. 치료 단계

치료 단계에서는 의료과실의 발생빈도가 높아진다. 우리나라의 의료는 예방이나 재활보다는 상대적으로 치료가 중심이다. 치료행위의 방법이나 종류로서는 주사, 투약, 수혈, 마취, 수술, 방사선치료[61] 등이 있고, 각각의 과정에서 고유의 사고가 발생한다. 치료는 환자의 생체에 대하여 직접적으로 투약하거나 수술 등의 방법으로 침습을 가하는 것이기 때문에 생체반응의 다양성, 복잡성, 예측불가능성 등으로 각종 사고가 발생할 가능성이 높다.

한편 의권(醫權)의 위축에서 오는 방어진료, 과잉진료로 인하여 발생하는 사고에 관한 문제도 간과할 수 없다. 만일 의사가 의료사고 발생을 두려워하여 시종 소극적인 치료로 일관하다가 환자의 질병을 악화시켜 악결과를 일으킨 경우는 어떻게 될까? 이때는 치료상의 부작위 또는 과잉진료로 인한 책임이 발생할 수 있다. 의사는 현실적으로 의료사고를 한 번 경험하면, 재차 같은 사고의 발생을 두려워한 나머지, 필요 이상으로 의료가 위축되거나 소극적으로 되어버리는 경우가 많고, 중소의료기관은 다소라도 위험이 예측되는 환자를 대형의료기관으로 전원하고 있는 우리나라의 의료현실은 사회적 문제가 되고 있다.

마. 경과관찰 단계

치료는 제대로 잘 하였으나 그 후 환자의 경과관찰을 잘못하거나 감시를 소홀히 하여 발생

---

61) 방사선을 둘러싼 사고도 수는 적지만 치료할 때에 방사선 조사(照射)의 적부, 조사의 시기·분량·방법 등이 문제가 되고 장해발생의 결과에 대하여 책임을 다룬 사례가 몇 개 있다. 앞으로는 방사선 사용량이 상당히 증가할 것이기 때문에 그 영향에 대하여 문제가 제기될 가능성이 있다고 본다.; 광주지방법원 2002. 7. 10. 선고 2000가합4915 판결. 동 판결에서 법원은 "의료기관이 자궁경부암 환자에 대한 방사선치료를 함에 있어 통상 국내 임상의학 분야에서 통용되는 방사선 조사량보다 과도하게 초과하는 처치를 한 잘못이 있음"을 이유로 의료기관의 과실을 인정하였다.

하는 의료과실 사건도 많이 있다. 수술 후 마취회복을 제대로 감시하지 못하여 저산소성 뇌손상이 되거나 출혈 감시를 소홀히 하여 출혈사하는 경우가 그러하다.

　정신병동에 입원한 환자에 대하여 치료된 것으로 오진하여 퇴원시켰는데 그가 퇴원 후 다른 사람에게 상해를 가한 경우에 정신과의사의 과실책임을 지울 수 있다. 반대로 이미 치료가 되었는데도 불구하고 환자를 계속 입원시킬 때도 문제가 될 수 있다. 이는 사회복귀 가능성에 대한 예후판정을 잘못한 것이다. 대법원[62]은 장폐색 환자가 고칼륨혈증으로 사망한 사건에 대하여 "응급혈액검사를 시행하였다면 지체 없이 그 결과를 확인하고, 그 밖에 실시간으로 모니터링이 가능한 심전도에서 높고 뾰족한 T파 등 고칼륨혈증의 특이한 소견이 나타나는지 여부도 면밀히 관찰하여 고칼륨혈증을 조기에 진단하고, 교정할 의무가 있다."고 하여 경과관찰 의무위반책임을 물은바 있다.

바. 기　타

(1) 건강검진 내지 예방접종

　우리나라에서는 지난 1994년에 뇌염백신 주사를 맞은 어린이가 사망하여 사회적인 문제를 일으켰던 것처럼 건강검진, 예방접종 분야에서도 의료과실이 문제되는 경우가 있다. 집단예방접종시 과민증의 보유 여부 등에 관하여 문진을 철저히 해 두지 않으면 사고가 발생할 수도 있으며,[63] 건강검진 후 결과 통보에 대하여 오류가 발생하는 경우도 존재한다.

(2) 협동진료(팀의료, 협진의무)와 전원의무

　이제 대형병원 안에서 의사와 간호사, 외과의와 마취의 등이 한팀이 되어 협력하는 일은 흔해졌고, 임상의원과 방사선과의원, 임상병리과의원 혹은 마취과의원 사이에도 각 의료기관이 대규모로 연계화, 집단화하여 한사람의 환자를 치료하는 것이 일반화되고 있다. 이는 소위 '분업의 원칙'으로 나타나는데, 의사와 간호사 사이의 상하관계에 따른 수직적 분업과 동종의 의사 사이의 동등한 지위에 따른 수평적 분업으로 나뉘어 그 책임소재가 문제된다.[64] 대법원[65]은 "여러 명의 의사가 분업이나 협업을 통하여 의료행위를 담당하는 경우 먼저 환자를

---

62) 대법원 2011. 11. 10. 선고 2009다45146 판결.

63) 일본에서는 예방접종 시 주사기 재사용으로 인한 B형 간염의 집단감염도 실제 사건화된바 있다.; 最高裁判所 第二小法廷 平成 18. 6. 16. 宣告 平16(受)672号 判決.

64) 김상중, 분업적 의료행위와 민사책임, 민사법학 제51호, 2010, 308면; 최호진, 분업적 의료행위에 따른 형사책임의 분배, 형사법연구 제19권 제1호, 2007, 6면.

65) 대법원 2022. 3. 17. 선고 2018다263434 판결; 대법원은 해당 사안에서 "피고 병원 의료진으로서는 이 사건 사고로 소외 1에게 뇌출혈 등이 발생할 가능성이 있음을 예상하여 소외 1의 사고 부위를 자세히 살

담당했던 의사는 이후 환자를 담당할 의사에게 환자의 상태를 정확하게 알려 적절한 조치를 할 수 있도록 해야 한다. 특히 환자가 병원에서 검사나 수술을 받는 과정에서 넘어지는 등의 사고가 발생하였다면 담당 의사는 이러한 사정을 고려하여 환자의 건강유지와 치료를 위한 주의를 기울여야 하고, 담당 의사가 바뀌는 경우 나중에 담당할 의사에게 이러한 사정을 알려 지속적으로 환자의 상태를 살필 수 있도록 해야 한다."고 하여 분업에 의한 의료행위에 대하여 판단기준을 제시하였다.

이와 같은 의료체계 속에서 의료과실이 발생하는 경우에는 팀 내부의 의사와 간호사, 의사와 의사 혹은 임상의와 특수과의원 사이에서 협진이나 제휴가 잘 되지 않고, 의사소통이 부족하여 전의(前醫)의 진료내용이 정확하게 후의(後醫)에게 연계되지 않는 등의 원인으로 사고가 생긴 경우가 의외로 많은데, 이로 인한 책임소재가 오히려 분산화하는 폐해가 나타나기도 한다. 이는 중소의료기관에서 대형의료기관으로 전원되는 경우에도 비슷한 양상으로 나타난다.[66]

(3) 응급진료

기타 응급환자 진료의무 위반의 유무가 문제되는 경우가 있다. 응급환자에 대하여 입원을 거부하여 환자가 이 병원 저 병원을 돌아다니다가 사망하는 바람에 의사가 구속되는 사건도 있었다. 현재는 응급의료에 관한 법률의 제정으로 이 문제는 법률로 해결하게 되었다. 따라서 응급환자의 진료거부행위는 단순한 민사상의 손해배상문제가 아니라 형사문제도 되게 되었다.

(4) 병원관리

이상은 의료행위 그 자체로 인하여 발생된 사고였으나 그 외에 병원, 의원 등의 관리면에서 발생하는 사고도 적지 않다. 이 경우는 당연히 병원관리 책임자가 책임의 주체가 된다.

우선 병원내의 감염사고가 자주 발생하게 되는데, 피해자는 환자뿐 아니라 의사나 간호사 등 의료진에게도 발생하며, 내성이 약한 의료진에게는 더 커다란 치명상을 입힐 수 있다. 원

피고 소외 1의 상태를 지속적으로 관찰하며 적절한 조치를 해야 했다. 특히 이 사건 사고를 발견한 의료 진은 이러한 사실을 담당 의사에게 알려 적절한 조치를 하도록 해야 하고 환자의 담당 의사가 바뀌는 경우 이전의 담당 의사는 이후의 담당 의사에게 이 사건 사고 사실을 전달하여 소외 1에 대한 관찰이 지속적으로 이루어질 수 있도록 하여 이 사건 사고가 발생하고 4시간 정도 지나서 소외 1에게 경련 증상이 나타났을 때에는 이 사건 사고로 뇌출혈 등이 발생하였을 가능성을 예상하고 곧바로 뇌 CT 검사 등의 조치를 해야 했다."고 하여 각 의료진의 주의의무를 설정하였다.
66) 대법원 2011. 7. 14. 선고 2009다65416 판결.

내 감염, 술후 감염사고는 거의 그 세균의 감염경로가 불분명하나 관리자인 의사 측의 과실이 추인되어 책임을 부담하는 경우가 있으며, 정신병원에서는 입원환자가 병원 시설물을 이용하여 자살한 사건 등도 종종 있다. 또한 환자를 잘못 간호하여 병실이나 화장실 바닥에 미끄러지거나 병상에서 떨어지는 사고도 많다. 이와 같은 경우 적절한 간호행위를 해야 할 채무를 다하지 않았다고 하여 대부분 병원측의 과실을 인정하고 있다.

(5) 약화사고

의료사고는 의약품의 부작용으로 인하여 발생되는 경우가 많다. 이와 같은 약화사고는 세계 어느 나라에서도 원인이 잘 밝혀지지 않는 속성이 있다. 그 이유는 제약회사에서는 약화사고를 숨기는 데 총력을 기울이고 한편으로는 임상시험에서 당해 약품으로 인한 사고인지에 대한 검증작업을 철저히 하는 게 힘들기 때문이다.

그러나 약화사고는 대량으로 동시에 일어날 수 있기 때문에 이에 대하여 철저한 국가관리가 필요하다. 우리나라도 미국 FDA와 같은 식품의약품안전처가 설립·운영되면서 의약품의 안전성 등을 지속적으로 감시하고 있다.[67) 또한 일반약의 슈퍼판매(OTC제도)가 허용되고, 전문의약품과 일반의약품의 재분류 후 시행과정에서 약화사고가 늘어날 위험성이 제기되고 있다.

3. 진료행위의 과정과 과실의 형태

가. 진료행위의 과정

진료행위는 질병·부상의 치료를 목적으로 하는 것이 그 전형이다. 그 외에 예방위생, 출산보조, 임신중절, 미용성형 등을 목적으로 하는 것이 있다.

---

67) 대법원 2008. 2. 28. 선고 2007다52287 판결; 합성 교감신경흥분제인 페닐프로판올아민(Phenylpro-phanolamine) 함유 일반의약품인 감기약 '콘택600'을 복용한 사람이 출혈성 뇌졸중으로 사망한 사안에서, 설령 소비자의 생명·신체의 안전에 위해를 끼치거나 끼칠 우려가 있는 의약품에 대한 국가기관의 책무 또는 조치권한 등을 정한 구 소비자보호법(2006. 9. 7. 법률 제7988호 소비자기본법으로 전문 개정되기 전의 것) 및 구 약사법(2007. 4. 11. 법률 제8365호로 전문 개정되기 전의 것)의 규정들이 오로지 공공 일반 또는 국민 전체의 이익을 도모하기 위한 것이 아니라, 부수적으로라도 사회구성원 개인의 안전과 이익을 보호하기 위하여 설정된 것이라 보더라도, 위 의약품의 제조·공급 당시 페닐프로판올아민과 출혈성 뇌졸중의 상관관계에 관한 연구 결과 및 이에 기반하여 식품의약품안전청이 취한 조치의 내용 등에 비추어, 위 사고 당시 국민의 생명, 신체, 재산 등에 대하여 절박하고 중대한 위험상태가 발생하였거나 발생할 우려가 있음에도 식품의약품안전청 공무원 또는 소비자문제 소관 행정기관 공무원이 그 위험을 배제하기 위하여 관계 법령에서 정한 조치를 취하지 아니한 과실이 있다고 보기 어렵다는 이유로 국가배상책임의 성립을 부정하였다.

  그 과정은 아래 <도표 1-1>처럼 시행되지만 각 단계에서 도표와 같은 과실이 있을 수 있다. 진료는 꼭 도표와 같은 순서대로는 아니지만 대개 이러한 과정을 되풀이 하면서 행하여진다.

  뒤의 <도표 1-2>에서 '조작상 과실'이라고 명명한 것은 단순한 취급상의 실수 등 진료 시행에 수반한 넓은 의미의 과실이고, '내용·시기상 과실'이라고 하는 것은 의학적 판단 내지 기술의 과실에 기초하는 진료 자체의 과실을 의미하지만 양자의 한계가 항상 명확하다고 할 수는 없다. 더욱이 병원 내에서의 일반적인 사고 등도 있을 수 있는데, 그 사고도 진료와 전혀 무관하지는 않을 것이므로 넓은 의미에서 조작상 과실이라 할 수 있을 것이다.

도표 1-1 진료과정별 의료과실 발생요인

진료과정	의료과실의 발생요인
문진	신뢰관계 구축 실패, 설명 미흡, 과민성 체질검사 과실, 병력 파악 미흡
검사	조영제·X-선 검사·내시경 검사 적부, 검사 적응성 부재, 검사수기, 검사용 오전송, 검사결과 오독·오평가, 설명의무 위반
진단	암에 관한 오진 등(연명이익상실론, 기대권침해이론)
투약	약물설명서(조사의무), 효용·용법·용량, 부작용 유무, 금기약제의 종류·투여량·방법 등의 과실
주사	주사기 소독, 주사의 부위·방법, 주사후의 처지 부적절, 적응 판단 등의 과실
수술	필요성·시기 선택 적부, 수술 적응의 판단 적부, 술식 선택 적부, 수술기술 등에 관한 주의의무 위반, 이물질 잔류, 술후 경과관찰 등의 과실, 설명의무 위반
마취	방법선택 적부, 마취 실시상의 배려, 사용량(연령·영역·부위·조직·증상·체질), 시술 후 관리 등의 과실, 설명의무 위반
수혈	필요성 판단의 적부, 혈액형 판정의 적부, 채혈전 문진, 채혈시 방법 등의 과실, 설명의무 위반
예방접종	금기자 식별, 접종량(과량접종)준수, 복수백신 동시 근접 접종 등의 과실
방사선	방사선 치료의 선택 적부, 조사량, 범위, 시기 등의 과실
진료상의 지도	요양방법 등 지도(설명)의무

도표 1-2 진료행위의 과정과 과실의 형태

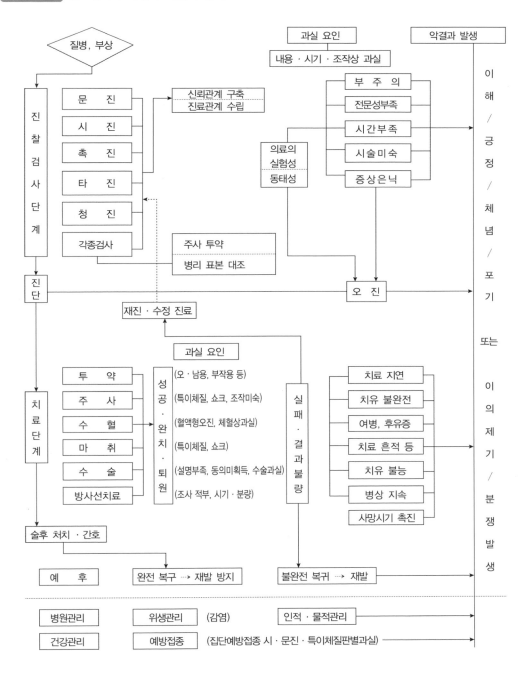

나. 의료과실의 발생원인

협의의 의료과실은 의료기술상의 과실, 즉 의사의 주의의무 위반에 기인한다. 현대의학은 고도로 발달하였고, 지금 이 순간에도 발전하고 있기 때문에 그 기술을 익히기 위하여는 부단한 연구와 기술연마가 필요하다. 의료수준에 맞는 기술을 적용하지 못하거나 미숙하게 적용함으로써 발생되는 의료사고가 그 전형이다.

따라서 의료수준을 어디에 두느냐에 따라서 의사의 책임 유무가 달라지게 된다. 그러나 의료수준이 확정적이지 않기 때문에 의료과실소송에 있어서는, 임상의료 실천 당시의 의료수준을 판단하는 일이 결코 쉽지 않다. 의사의 과실판정기준이 될 의료수준에 대하여는 지역, 개인, 시설, 진료상황에 따라 구체적으로 판정해야 하는 어려움이 있다. 가사 의료수준을 확정하였다고 하여도 의료사고는 사람의 오감(五感)에 의하여 확연하게 드러나는 것이 아니어서 사실확정을 하는 데도 많은 시간과 노력이 소요된다.

그러나 판례의 집적을 통하여 의료과실을 그 발생 원인별로 검토하고, 의료수준에 따른 방지책을 강구하게 되면 의사들은 발달된 의료수준을 전수받아 스스로의 기술로 익히고자 끊임없이 노력하게 됨으로써 의료과실이나 의료분쟁을 줄이게 될 수 있을 것이다.

한편 우리나라에서는 건강보험 법률·제도·정책 등의 문제로 인하여 환자들이 3차 의료기관으로 쏠리는 경향이 있어, 1, 2차 의료기관은 환자유치에 열을 올리는 반면, 3차 의료기관은 진찰받기 위하여 3~4시간씩 기다렸다가 불과 몇 분간 진찰을 받고, 수술을 받기 위하여는 오랫동안 대기해야 하는 부작용이 있다. 향후 건강보험제도, 의료전달체계상의 구조적 문제로 시급히 해결해야 할 필요가 있다. 아직 응급의료체계가 제대로 확립되지 않아 교통사고나 가스폭발사고와 같은 대형 인명사고가 발생한 경우 환자를 신속히 해당 병원에 후송하지 못함으로써 피해가 확대되는 경우도 있는데, 이러한 문제점도 의료사고가 발생하는 하나의 요인이 되고 있다.

코로나감염증바이러스-19로 인한 감염병 위기 상황에서 활성화되었던 감염병의 예방 및 관리에 관한 법률상의 비대면진료나 의료법상의 원격진료와 같은 새로운 치료체계에서도 의료과실이 일어날 가능성이 많다. 후자의 경우 현지 병원에서 원격지 병원으로 잘못된 화상이나 전산자료를 전송하는 잘못이 있을 수 있고, 원격지 병원 의사가 현지 의사에게 잘못된 치료방법을 지시함으로써 사고가 일어날 수도 있다.

그러나 의료사고의 대부분은 아직 그 원인을 알지 못하는 현대의학의 한계가 존재한다. 이는 의사들이 원인을 숨기기 때문이라기보다는 의료의 본질적인 한계 때문이라고 생각된다. 왜냐하면 인간은 저마다 모두 다르고, 그 개체에 대한 예측이 불가능하기 때문이다. 예를 들어 피부반응검사를 하여 음성으로 진단되어 페니실린을 주사하였음에도 불구하고 쇼크가 발생한 경우에는 현대의학으로서는 예견 및 회피가 불가능하고 아직 그 이유를 알 수도 없다. 앞으로 새로운 약이나 치료법이 개발될 때마다 수 없이 많은 임상실험을 하여도 나타나지 않는 전혀 예상하지 못했던 부작용이나 후유증이 발생할 수가 있다.

이러한 경우에도 의사에게 책임을 추궁하면 의학 발전을 가로막게 될 것이다. 이에 대한 해결책은 의사들이 원인을 밝히고, 악결과가 발생하지 않도록 노력하여야 하는 한편 국가도 보상제도를 공적으로 확립하여 국민의 건강권과 안정된 의권을 동시에 보장할 수 있도록 하여야 한다.

제2절 의료분쟁의 실태

1. 우리나라 의료분쟁과 의료소송 실태

가. 우리나라 의료분쟁 발생 실태

현재 우리나라의 의료분쟁건수는 해마다 증가하고 있다. 이는 절대적인 수진기회가 늘어나게 되고 국민의 의식수준이 높아지면서 나타나는 당연한 현상이며 더욱 늘어날 전망이다.

우리나라도 미국이나 일본처럼 산부인과 사고가 커다란 부분을 차지하고 있는데, 이와 같은 현상으로 인해 산부인과 개원의가 분만을 기피하는 등 개인의원의 방어진료 경향으로 그 피해가 국민의 피부에 와닿고 있다. 그러므로 우리나라 의료분쟁의 현실태를 정확히 파악하고 분석함으로써 앞으로의 의료분쟁이나 의료과실에 대하여 대책을 강구하고 분쟁을 줄이는 방향으로의 모색이 필요하다.

나. 우리나라 의료소송 실태

현재 우리나라의 의료민사소송건수는 증가하고 있다. 소송증가와 더불어 미제건수도 매년 누적되어 의료민사소송의 장기화 현상을 나타내 법원은 조정을 강화하는 경향이 있다.[68]

한편 의료과실을 형사벌로 처벌하는 업무상 과실치사상죄를 비롯하여 무면허 의료행위 등

---

68) 신현호, 최근 의료민사소송의 현황과 절차적 제문제, 한국의료법학회지 제8권 제2호, 2010. 2. 11면.

과 관련된 의료법 및 보건범죄단속에관한특별조치법 위반에 따른 형사범죄의 발생과 그로 인한 의료형사소송건수 또한 증가하는 추세이다. 우리나라의 경우 의료과실과 직접적으로 연계된 업무상 과실치사상죄의 발생 건수는 매년 증가하고 있는 추세이다.[69] 업무상 과실치사상죄의 발생 건수가 높은 이유는 우리나라에서는 의료과실 사건의 해결을 민사절차보다는 수사기관에 의지하려는 경향이 강하고, 형사고소하는 비율이 민사소송을 제기하는 비율보다 상대적으로 높다는 것에 비롯된다. 이에 다음과 같은 근거가 제시되고 있다.

첫째, 민사소송을 제기하려면 변호사 선임비, 인지대, 감정 및 검증비용, 증인여비 등 돈이 들어가므로 당장 돈이 들지 않는 형사고소의 방법을 택하게 된다. 둘째, 국민의 법감정이 의료과실소송에서는 의사가 일방적으로 유리하다는 불신이 내재해 있어 민사소송보다는 형사고소를 하려는 경향이 강하다. 셋째, 의사와의 감정대립으로 환자나 그 유족은 경제적인 보상보다는 신체적인 처벌을 받게 함으로써 보복감정에 충실하고자 한다. 넷째, 의사가 가지고 있는 진료기록부 등 환자에 관한 정보에 대하여 접근하기 어렵기 때문에 수사기관에 호소하여 이를 확보하고자 한다. 수사가 시작되면 경찰 등에서는 의사에게 진료기록부나 각종 검사의 제출과 아울러 치료경과에 대한 해명을 요구하기 때문에 환자 측에서는 자신이 누구로부터 어떻게 치료 받았는지를 손쉽게 알 수 있게 된다. 다섯째, 환자 측을 상담하는 변호사나 사회단체 상담원들이 진상파악이 어렵다는 이유로 고소를 권유하기 때문이다.

그렇지만 형사고소가 환자 측에 항상 유리한 것만은 아니다.

첫째, 의료사고에 대해 형사고소한 경우 대개의 경우는 무혐의 처리된다. 그렇게 되면 의사 측에서는 면책의 항변을 하면서 오히려 수사기록을 의사 측에 유리한 증거로 활용하게 된다. 둘째, 의사 측은 경찰이나 검찰에서 몇 차례 조사를 받으면서 무과실 주장에 관한 논리적 훈련을 받게 되어 후에 민사소송에서도 그 논리를 그대로 편다. 셋째, 팀(Team) 의료인 등 공동불법행위자 간에도 상호 감싸주는 진술이 행해져 민사소송에서 결정적인 부담이 되는 수가 있다. 넷째, 고소를 당한 의사 측에서는 감정이 격하게 되어 화해의 가능성이 그만큼 줄어들게 된다.

따라서 의료사고가 발생한 경우 형사고소를 하고자 할 때는 유죄의 입증이 가능한지를 먼저 살펴보아야 할 필요가 있다.

---

69) 의료분쟁조정법 제51조에는 의료인의 업무상과실치상행위에 대하여 반의사불벌죄로 규정하고 있는 바, 자칫 민사합의를 유도하기 위해 고소가 오남용될 우려가 있다.

제3절 의료분쟁의 발생원인 및 대책

1. 의료분쟁 증가의 원인

가. 수평적 평등관계로의 변화

오늘날 의료분쟁이 격증하게 된 가장 커다란 이유는 의사에 대한 환자의 가치관 변화와 이에 의한 환자와 의사간의 권력관계 재분배를 우선 지적할 수 있다. 20세기 초까지만 하더라도 의사와 환자와의 관계는 시혜자와 수혜자의 수직적 불평등 관계에 있었고, 의사의 환자에 대한 전단적인 치료행위는 의사의 재량행위라는 명목으로 당연한 것으로 받아들여져 왔다.

그러나 제1, 2차 세계대전이 끝나면서 여성과 흑인들의 참정권 보장, 사회참여 등이 활발하게 되었고, 그러한 영향으로 민권의식은 자연스럽게 발전하였다. 각종 매스 미디어, 특히 TV와 PC 등의 급격한 보급으로 정보접근권이 확보되면서 과거의 권위주의가 많은 도전을 받고 하나씩 무너져 내려가기 시작했다.

그중 대표적인 것이 의사의 권위, 즉 의권이다. 앨빈 토플러(Alvin Toffler)는 「권력이동(Power Shift)」에서 의사에 대하여 상처입은 백의(白衣)의 신(神)이라고 표현하면서 그 이유를 다음과 같이 설명하고 있다. '의사 지배의 전성기에는 줄곧 의사들이 의학지식을 빈틈없이 장악하고 있었다. 처방전은 라틴어로 작성하여 의사라는 직업에 말하자면 일종의 준비밀암호가 부여되었기 때문에 대부분의 환자들은 이에 대하여 무지할 수밖에 없었다. 그러나 이제는 PC를 이용하여 누구든지 자신의 집에서 의과학색인목록(醫科學索引目錄; Index Medicus)과 같은 데이터 베이스에 접근하여 애디슨병(Addison's disease)에서 협골진균증(Zygomycosis)에 이르기까지 온갖 질병에 관한 과학적 논문을 입수할 수 있다. 의사용 탁상편람(PDR)을 쉽게 입수할 수도 있다. TV 네트워크를 이용하면 누구든지 의사들을 교육하기 위해 만든 고도로 전문적인 프로그램을 시청할 수 있다. 중요한 의학적 발명이 학술지에 처음 발표될 경우 의사가 구독하는 학술지를 우편함에서 꺼내 보기도 전에 그 내용이 저녁 TV 뉴스 시간에 보도되고 있는 실정이다. 요컨대 의사라는 직업의 지식 독점이 철저히 분쇄되었다. 그리고 의사는 이제 신이 아니다.'라고 하였다.[70]

의사들이 독점하고 있던 의학지식이 일반인들에게 재분배됨으로써 의학지식에 기초한 의

---

[70] Alvin Toffler, 권력이동, 이규행 감역, 한국경제신문사 1994, 30면.

사의 권력도 재분배되었다. 의사에게만 독점되어 있던 의학지식이 보편적인 상식으로 되면서 웬만한 증상은 환자 스스로가 자가진단을 할 수 있고, 치료방법도 알게 되어 의사와 의료계약 체결시 그 내용을 어느 정도 구체적으로 협의하여 결정할 수도 있게 되었다. 환자는 자신의 경제적, 사회적 능력을 고려하여 의료의 질이나 양을 결정하여 의사나 병원을 선택하기 시작했다. 이러한 현상에 대하여 현대를 '의사 장보기(doctor shopping) 또는 병원 장보기(hospital shopping)시대'라고 우려하기도 한다.71) 또한 환자는 자신이 선택한 의사나 병원에 대하여 치료방법에 상응하는 진료비를 지급한 후 진료청구채권자로써 진료채무자인 의사에게 의료계약에 의거한 채무의 이행을 요구하는 채권자와 채무자로서의 새로운 관계가 자연스럽게 형성된 것이다.

과거 의료행위는 인술의 시혜(施惠)이어서 의사는 환자에게 무상(無償)의 고급노무(高級勞務)를 제공하고 환자가 감사의 표시를 하면 그것을 사례금으로 받는 것뿐이라는 이른바 '위임은 무상(無償)이 아니면 무효(無效)'라는 로마법의 원칙이 적용되어 왔다. 그러나 자본주의가 형성되고 시장경제질서가 발달되면서 의료행위도 일종의 서비스산업이라는 인식이 자리잡게 되었고, 의료계약도 환자와 의사가 대등한 당사자로써 체결하는 보통 노무공급계약의 하나로 보는 데 아무도 저항감을 갖지 않게 되었다.

이러한 사회현상의 반영으로 의사에게 설명의무를 부과하고 환자의 자기결정권에 기초한 '적절한 설명을 들은 다음의 동의(informed consent)' 내지 '계발된 동의(enlightened consent)'를 얻어야만 유효한 의료행위가 된다는 설명의무 위반이론이 등장하게 되었다. 이제는 환자와 의사의 관계가 의료계약에 기초한 채권자와 채무자의 관계 즉, 수평적 평등관계로 변화하였다.

따라서 과거에는 의사에 대하여 이의를 제기하면 의료행위는 재량행위라고 변명을 하던 것이 이제는 더 이상 통하지 않게 됨으로써 의사와 환자간에 의료행위에 있어서의 분쟁이 늘어날 수밖에 없게 되었다.

나. 의료행위의 절대적인 증가

우리나라는 전국민의료보험시대로 접어들어 양질의 의료서비스를 보다 쉽게 받을 수 있게 되었다.

자동차가 늘어날수록 교통사고가 늘어나는 것처럼 의료행위의 양이 늘어날수록 의료사고나 의료분쟁이 늘어나는 것은 어쩔 수 없는 현상일 것이다.72) 이와 같은 이유로 의료인의 숫자가 의과대학의 증설과 함께 계속 늘어나고 있다. 의료인의 증가는 그만큼 의료행위의 양이

---

71) 김소영, 의료정보의 비밀유지에 대한 법률적 고찰, 연세대 보건대학원 석사학위논문, 1997, 41면.
72) 추호경, 의료과오에 관한 연구, 서울대학교 대학원 보건학박사논문, 1992, 22면.

늘어나는 것을 의미하며 그에 따른 사고나 분쟁의 개연성이 상대적으로 높아진다고 볼 수 있다.

또한 많은 의료인의 배출로 의료인의 질이 다양하게 형성되면서 기술이나 인격에서 문제가 있는 의료인들에 의한 사고의 위험성도 생기게 되었다.

의사의 무오류성(無誤謬性)이 전제되지 않는 한 의료과실을 완전히 없앤다는 것은 불가능하다. 그것은 신의 세계에서나 가능한 일인바, 우리는 다만 이를 최소화하는 데 노력을 경주하여야 할 것이다.

다. 신뢰의 상실

의학이 발달하면서 인간의 생체적인 구조는 마치 기계의 부품과도 같이 밝혀지고 있다. 유전자지도(human genome)를 밝히는 작업이 미국을 중심으로 하여 세계적으로 이루어지고 있는 실정이고,[73] 소설에서나 가능했던 복제인간의 탄생도 얼마 남지 않은 것일 수도 있다. 이렇듯 의학이 지나치게 분석화, 개체화되면서 이제 환자는 영혼과는 분리된 생물로서 객체화되고 있는 경향이다.

그러나 의료에서 환자는 단순히 치료받는 수동적 지위의 치료객체가 아니다. 의사와 치유를 목적으로 협력하는 주체적인 지위를 갖는다. 아무리 뛰어난 명의라고 하더라도 환자의 협력 없이는 병을 치료할 수 없는 것이 인간의 특징 중 하나이다. 이러한 특징을 고려하지 않고 질병만을 대상으로 접근함으로써 환자의 신뢰를 상실하는 경우가 있다.

한편 신뢰의 상실은 사회보험제도의 확충과 병원의 대형화 현상 등 제도적인 변화에서도 그 원인을 찾을 수가 있다. 국가의 보건복지정책이 확대되면서 국가나 지방자치단체가 운영하는 보건소, 노약자보호시설, 정신요양소 등 공공의 의료시설이 늘어나고 있는데, 이러한 시설에서 환자를 치료하는 의사는 자칫하면 관료화되어 환자와의 신뢰형성에 장해를 일으키게 된다. 앞으로 공공의료시설은 더욱 늘어날 것이므로 이에 대한 대책마련도 시급하다. 또한 의학이 전문화되고, 의료장비의 가격이 급격히 높아지면서 병원의 대형화는 자연스러운 현상이 되고 있다.

개업의들도 여러 과의 전문의가 서로 한 건물의 아래 위층에 개업하는 등, 지리적으로 가까운 곳에 모여 집단의료시설을 갖추고 있는 것을 주위에서 흔히 볼 수 있다. 병원의 대형화는 한 환자를 여러 전문의가 각자의 분야에 대하여만 진료하게 되는 것이 필연적인 바, 이때 의사들은 환자를 인격체인 인간으로 보기보다는 개체인 특정의 질병군으로 보는 것이 오히

---

73) J. F. Monagle, D. C. Thomasma, Health Care Ethics, an Aspen Publication, 1994, p.6.

려 당연할지도 모른다. 그러나 의사가 환자를 개체로 취급하게 되면 상대적으로 불신을 받게
된다.

라. 의료에 대한 이해부족

의료는 신체의 다양성을 가진, 그래서 결과에 대한 예측이 불가능한 인간의 생리적인 현상
을 치료하는 업무이자 학문이다. 어떠한 의료기술도 결국 인체에 가해지는 비생리적인 현상이
되며, 의료는 본질적으로 위험을 수반하고 있어 항상 사고가 날 가능성이 있다.[74]

그러나 환자는 이러한 의료의 본질에 대한 이해가 부족하여 의료에 대하여 지나친 기대를
갖는 나머지 의사는 모든 질병을 치료하고 예방할 수 있다는 착각에 빠진다. 그러므로 악결과
가 발생할 경우에 의료과실이 아닌지 의심하고 의료분쟁을 일으키게 된다.

반면 의사들 역시 의료행위의 법적인 성질을 제대로 이해하지 못하여 의사에게 주어진 법
적의무나 책임에 대하여 무지한 경우가 적지 않다. 무면허 의료행위의 위법성, 즉 의업의 독
점성은 당연시하면서도 진료거부금지의무, 설명의무 등에 대하여는 지나친 간섭이라고 불만
을 토로하고, 이 과정에서 환자와 무익한 분쟁을 야기하기도 한다.

마. 환자관 및 의사관의 차이와 의사소통의 장해

의료분쟁이 늘어나는 또 하나의 이유는 의사와 환자간의 인식에 있어서 상당한 차이를 보
이고 그로 인해 의사소통의 장해가 일어나고 있다는 점이다.

샤피로(Shapiro, 1989) 등은 소송을 제기하는 환자와 소송을 당한 의사들은 의료소송전의
그들의 관계에 대해 인식하고 있는 점이 매우 다르다고 하였다. 즉, 소송을 당한 의사들 중
2/3가 자신은 매우 개방적이고, 진실되며, 솔직하다고 생각하고 있는 반면, 자신이 치료한 환
자는 의사에게 1/3만이 위와 같았다고 생각하는 것으로 조사되었다. 의료소송을 경험한 의사
들은 의사와 환자 사이의 관계가 개방적이라고 생각한 경우가 62%, 성의있고 진실하다고 생
각한 경우가 78%였던 반면, 의료소송을 경험하지 않은 의사는 83%가 개방적이고, 95%가 성
의있고 진실하다고 생각하고 있었다는 것이다. 이는 의사가 환자에게 얼마나 개방적이고, 솔
직한가에 따라 제소되는 비율에 차이가 난다는 점을 지적하고 있다. 애덤슨(Adamson, 1989)
등은 의사소통의 기술과 의료소송에 대한 연구에서, 마취과전문의가 다른 전문의에 비하여 환
자와의 관계에서 더 큰 갈등을 겪는 이유는 수술 전 스트레스가 많은 상황에서 환자와 짧은
기간만 관계하기 때문이라고 하였다. 또한 여자 및 교육수준이 높은 환자는 의료분쟁 경험이

---

74) 추호경, 전게 박사논문, 23면.

적은 의사와의 의사소통에 좀 더 만족하는 반면, 남자 및 교육수준이 낮은 환자들은 의료분쟁 경험이 많은 의사와의 의사소통에 좀 더 만족한다고 조사되었다. 따라서 의료분쟁을 줄이려면 환자들의 특성을 고려하여 의사소통의 형식과 기술을 바꾸고, 그들과의 관계를 개별화해야 한다고 하였다. 힉슨(Hickson, 1992) 등은 의사와 환자 사이의 의사소통 문제가 의료소송을 결정하는 데 작용한다고 하였으며 의사소통에 두 가지 유형의 문제점이 있음을 지적하였다. 일부 의사들이 진실을 속인다는 것과 단지 환자들의 질문에 대답해 주지 않거나, 들어주지 않는다는 것이다. 환자들은 의학용어를 이해 못할 수도 있고, 깊이 간직하고 있는 걱정거리를 표현하지 못하며, 혼란스러워 하는 점을 명확히 표현하지 못하는 경우가 많다. 따라서 의사들은 환자나 그 가족들이 자신의 설명을 이해하거나 기억하는 데 어려움을 겪는다는 것을 인식해야 하며, 이 장벽을 극복하려는 시도가 필요하다고 하였다.[75]

여러 연구결과에서도 나타나고 있는 바와 같이 의사들이 환자를 이해하고 있는 태도와 환자 측에서 의사를 이해하는 태도에는 상당한 차이를 나타내고 있다. 따라서 인식의 차이로 의사와 환자 사이에 의사소통의 문제가 생기는 것은 당연하다. 그러한 문제를 해결하지 않고 지나치게 되면 불신이 증폭되어 결국은 의료사고가 아님에도 심각한 의료분쟁이 일어나는 경우를 종종 볼 수 있다.

바. 의료관행 등의 경직성

우리나라에서 의료분쟁이 자주 일어나는 원인 중의 하나는 지나치게 경직된 의료관행 내지 시스템에 있다. 의대를 졸업하여 의사국가고시에 합격하면 대개 1년간의 수련의(인턴)과정을 밟으면서 전과(轉科)를 임상경험하게 되고, 다시 내과·외과 등 특정 전문과목의 전공의(레지던트)과정을 4년간 밟은 후 전문의 자격을 취득하게 된다. 그 수련은 선배의사로부터 받게 되기 때문에, 의사는 자연적으로 도제관계가 형성하게 된다. 따라서 야간 당직을 서는 1년차 전공의는 응급상황이 발생하더라도, 곧바로 전문의를 부르지 못하고, 우선은 2년차 전공의를 부른다. 2년차 전공의가 처치하지 못할 경우는 그 상위년차 전공의를 부르는 것이 하나의 의료관행이자 병원의 시스템이기 때문에, 전문의가 병원에 올 때까지는 적지않은 시간이 소요된다. 이러한 관행 때문에 응급상황 발생 시 적극적이고, 능숙하게 대처하지 못하여 의료사고를 내는 경우가 있었다.[76]

개인의원에서 대학병원으로 응급환자가 전원되어 오는 경우를 예로 들어 보자. 개인의원을

---

75) 조항석, 의료사고를 경험한 가족들이 의료분쟁을 제기하는 원인에 대한 연구, 연세대학교 보건대학원 석사 학위논문, 1997. 2. 12면.
76) 서울지법 1996. 2. 21. 선고 94가합42049 판결.

개업한 의사들은 대개 각 대학병원급에서 오랫동안 수련을 쌓고, 전문의 자격을 취득한 후 과장직에 있던 의사들인 경우가 많다. 그러한 경험과 의학지식을 가진 개업의로부터 전원되어 왔다면, 보통은 그 환자의 상태는 개업의 혼자 능력으로는 치료가 불가능한 경우이다. 그렇게 전원된 환자는 아주 급히 처치해야 하는 경우가 많기 때문에 전공의의 능력으로는 치료하기 곤란한 경우가 있다. 그럼에도 불구하고 응급실 당직을 맡은 전공의로서는 경직된 의료관행으로 인하여 곧바로 전문의를 부르지 않고, 우선 자신이 치료하려고 애쓰다가 구명시간을 놓쳐 악결과가 발생한 나머지, 스승과 제자인 전문의와 수련의가 수사기관에 형사피의자로 불려가 대질신문을 받거나, 한 법정에서 공동피고인으로 서는 안타까운 일도 있다.

위와 같은 응급상황의 경우, 전공의가 즉시 전문의를 부를 수 있는 유연하고 능동적인 의료관행, 의료시스템이 자리잡지 못하고 있기 때문에 의료분쟁은 더욱 늘어나고 있는 실정이다.

사. 의료인력 수급 및 병원 경영상의 문제

우리나라에서는 전문의수련 및 자격인정 등에 관한 규정에 의하여 수련병원 또는 수련기관으로 지정받은 대형병원들이 있다. 수련병원이나 수련기관으로 지정되면 전공과목별로 전공의를 받아 수련시킬 수 있다.

전공의는 의사자격은 있으나 아직 전문의 자격이 없기 때문에, 학생의 지위와 비슷하다. 따라서 전공의는 수련병원 등에서 교육을 받는 과정 중 낮은 보수를 받으면서 과중한 업무를 부과받아 과로에 시달리는 경우가 드물지 않다.

수련병원 등에서는 전공의들에게 주간근무는 물론, 계속해서 야간 당직까지 세우는 사례가 보편화되어 있고, 그 부작용으로 적극적인 치료를 받지 못해 악결과가 발생한 경우가 있다. 한 예로 어느 대학병원에서 야간당직을 맡고 있던 전공의가 과로로 인하여 환아의 치료를 태만히 하는 바람에 그 환아가 사망하여 제소된 사건이 있었다.[77]

아. 보상제도의 미비

우리나라에서 일어나고 있는 의료분쟁의 대부분은 보상제도가 제대로 갖추어져 있지 않아 발생한다. 환자는 우선 의료과실로 인한 손해를 입게 됨으로써 심한 정신적인 스트레스를 받는다.

반면 의사는 얼마 되지 않는 치료비보다 최소한 몇 배의 손해를 배상해야 하는 어려움을 겪게 됨으로써 무조건 책임을 부인하는 경향이 있다. 그러므로 이러한 이해의 불일치가 심각

---

77) 서울지법 1996. 8. 21. 선고 94가합79188 판결.

한 분쟁으로 치닫게 된다.

2. 의료분쟁의 영향

가. 의료인력 수급의 불균형

의료분쟁이 심화되면서 이른바 '내·외·산·소'라고 불리우는 내과, 외과, 산부인과, 소아청소년과 등 '메이저 4과'가 기피되고 이비인후과, 안과, 피부과, 정신건강의학과, 성형외과 등 '마이너과'에 의사들이 몰리는 심각한 의료인력 수급의 불균형현상이 나타나고 있다.

일반외과의사들 사이에서는 '가장 간단한 수술'이라고 말하는 맹장, 치질, 탈장수술 등이 의료분쟁의 위험성과 낮은 진료비 때문에 개인병원에서는 수술실이나 입원실을 없애 버려 대학병원에서 이러한 수술을 해야 하는 일이 이제는 당연시하게 되었다. 그 결과 의사자격을 얻고도 다시 5년 이상의 전문의 교육을 받은 의사들이 감기나 위장병치료 등 일반의가 하여도 될 질병을 치료하고 있다. 그래서 이제 일반외과, 흉부외과, 산부인과는 전공의를 구하지 못해 스카우트작업까지 해야 하는 지경에 이르게 되었다.[78]

그러나 국가적으로 볼 때, 각 전문진료과는 균형을 이루어야 국민복지정책을 수행할 수 있고, 국민은 제때에 전문의로부터 치료를 받을 수 있는데, 이러한 의료인력이 특정과로 몰림으로써 국민의 치료받을 수 있는 기본권은 상당한 위험에 놓이게 되었다.

나. 과잉진료, 방어진료의 경향

의사들은 응급환자나 수술에서의 실패율이 높은 환자의 치료를 거부하는 것이 일반화되어 있다. 가사 응급환자를 받아들였다고 하더라도 각종 검사와 진찰로 시간을 보낸다. 응급환자에 대하여는 우선 기도확보와 지혈 및 수혈 등의 일차적인 치료 후에 환자의 신체를 사정하여 진단을 하여야 함에도 불구하고 응급실 의사들은 이러한 구명행위보다는 오진에 대한 시비를 없애기 위하여 환자의 치료보다는 각종 검사와 진료기록 작성 등에 시간을 소비하여 구할 수 있는 생명을 잃게 하는 경우가 드물지 않다.

예를 들어, 교통사고로 늑골골절된 신장동맥절단환자는 X레이검사를 하면 충분히 진단할 수 있었음에도 CT나 MRI 등을 촬영하기 위하여 방사선과병원으로 보냈다가 치료시기를 놓쳐 실혈사하게 하는 경우도 있다.

---

78) 2008. 12. 24.자 의협신문 사설·칼럼, 김종진, 흉부외과 수련의 부족사태 해결방안, 2006. 8. 16.자 SBS TV 뉴스, 흉부외과·산부인과 '수련의 지원자 없어요'

　　과잉진료로 인하여 의료비가 상승됨은 물론, 의료사고로 인한 손해배상비용, 보험료, 기타 경제적 손실도 결국은 환자가 지급하는 의료비에 전가되어 국민경제에 악영향을 미치게 되었다.

　　방어적 진료 또는 방어의학(defensive medicine)이라 함은 진료에 임하여 의사들이 법적규제를 의식하여 의사들 자신을 보호하기 위한 방법이나 조치를 취하는 것을 말하는 것으로 ‘의료분쟁의 예방의학’이라고 까지 일컬어진다. 방어적 진료의 적극적인 면으로는 통상 의학적으로 반드시 필요하다고는 인정되지 않는 진단을 위한 검사나 치료절차를 채택하여 부분적인 과잉의료경향을 유발하는 것을 들 수 있고, 반대로 그 소극적인 면으로는 비록 통상적으로 의학상 필요한 절차라 하더라도 추후 환자로부터 의료소송이 제기될 것을 우려하여 유보하거나 실시하지 않는 경우를 들 수 있다.

　　또한 의사들은 자기방어의식에서 특정 검사나 치료방식에 따른 부작용에 대한 구체적인 자료를 공표하지 않으려는 경향이 있다.

3. 의료분쟁의 대책

가. 의식의 전환

　　의료분쟁의 방지를 위해서는 의사와 환자의 의식, 그중에서도 의사의 의식이 바뀌어야 한다. 특히 이제는 더 이상 과거의 가부장적인 권위가 통하지 않게 된 것을 인식하여야 한다.

　　그리고 질병의 치유를 공동목표로 하는 협력자로서의 관계 재정립이 필요하다. 환자들은 의학이나 의술이 전지전능한 능력을 지닌 학문이 아니라는 사실인식이 필요하고 의사에게는 임상의료의 실천에서 재량행위가 생명을 구하는 데 절대적이라는 신뢰를 가져야 한다. 또한 상호이해의 장이 보다 폭넓게 이루어져야 한다.

　　샤피로(Shapiro) 등은 환자들이 지적한 제소 이유의 97%가 의사의 과실 때문이라고 응답한 반면 의사들은 83%가 환자들이 돈을 원해서 분쟁을 제기한다고 생각할 정도로 양자의 의식은 상당한 차이를 갖고 있다고 한다.[79]

　　의사들이나 환자들의 이러한 의식이 바뀌지 않는 한 분쟁은 줄어들지 않을 것이다.

---

79) 조항석, 전게 석사논문, 10면.

나. 의학교육의 재편

의사에 대한 법학교육과 일반국민에 대한 사회교육이 적극적으로 시행되어야 한다.

현재 우리나라에서의 의학교육은 지나친 임상의학에 편중되어 있어 의사는 의료기술자로서의 역할에 충실하도록 되어 있다. 하지만 의사는 질병을 치료하기에 앞서 인간을 치료하여야 하므로, 이러한 교육과정은 재고되어야 할 것이다. 그중 의료법학도 의학의 한 분야라는 인식을 갖고 의학교육에서 의료법학에 대한 체계적이고 전문적인 교육이 있어야 한다.

의사들은 자신이 매일 행하고 있는 의료행위나 의료계약의 법적인 의미를 전혀 이해하지 못하고 있는 경우가 대부분이라고 해도 과언이 아니다. 현대국가는 법치주의를 기본이념으로 하고 있다. 따라서 법규의 이해는 의사로서는 물론 국민으로서도 알아야 할 상식임에도 이를 소홀히 하여 회피할 수 있는 분쟁에 휘말리게 되는 경우가 의외로 많다.

다음으로 일반국민에 대한 학교교육, 사회교육을 통하여 의료의 본질에 대하여 이해를 시켜 의료에 대한 지나친 기대와 의료현실 사이의 괴리를 줄여 무익한 분쟁의 가능성을 줄이는 정책을 시행하여야 할 것이다. 그리고 이러한 교육프로그램은 정부, 의사단체, 시민단체 등이 적극 참여하여야만 한다.

다. 보상제도의 도입과 정착

그동안 의료과실사건에 대한 배상제도로 대한의사협회 공제회, 민간보험회사의 의사배상 책임보험 등이 있으나, 배상액이 불충분하고 가입률도 높지 않아 환자나 의사 모두가 불안한 상태에서 사건을 접하고 있어 왔다. 더구나 환자 측은 의료사고의 원인을 밝히려면 필연적으로 의사의 감정 내지 증언이 수반되어야 하는데, 그와 같은 감정이나 증언은 심정적으로 의사에게 유리하게 되리라는 편견이 의료분쟁을 과격화하게 한다.

따라서 과연 의료사고가 의료인의 과실로 인하여 발생된 것인지 아닌지 하는 점을 객관적이고 중립적인 입장에서 판단해 주는 판정기관도 함께 마련되어야 분쟁을 합리적으로 해결할 수 있다는 논의가 지속적으로 이루어져 왔다. 그리고 우리나라에서도 이러한 논의를 토대로 의료분쟁조정법이 제정되어 한국의료분쟁조정중재원이 설립된 것이다.

제2장

의료과실법

의료과실법

제1절 의료과실법의 의의

1. 의료과실법의 개념

의료과실법이란, 의료행위에 대한 행위준칙이다. 의료과실의 발생시 주의의무의 판단기준이 되는 규범을 말하며, 의료법이라고도 한다. 이때의 의료법은 법률로서의 '의료법'이 아니라 의료행위의 준칙이 되는 각종 법규나 윤리규정을 포함한 광의의 개념이다.

즉, 의료과실법은 의료행위를 규율하는 법규로서 민법, 형법, 소송법, 의료법, 의료분쟁조정법, 응급의료에관한법률 등 의료관계 법률뿐 아니라 의료관행, 증례검토회, 병원윤리위원회, 뇌사판정위원회의 규칙이나 결정, 관행 등도 모두 의료과실법에 포함시킬 수 있다.

2. 의료과실법의 필요성

의료행위가 목적을 이루지 못하거나 반대로 환자에게 고통을 증대 혹은 병의 상태를 악화시키는 경우가 있다. 예를 들어, 감염병의 예방주사를 접종하였으나 오히려 이로 인하여 중증질환이 발생하거나 감염병에 감염된 경우나 질병의 치료나 증상의 개선 내지 고통의 경감을 위하여 약을 투여시켰지만 그 약제의 부작용에 의하여 중대한 후유증을 남기는 경우가 있다.

이와 같이 의료행위에서 무엇인가 악결과(惡結果)가 생기는 경우를 일단 '의료사고'라고 총칭할 수가 있음은 앞에서 살펴보았다. 의료사고 중에는 의료의 본질적인 한계 때문에 회피가 불가능한 것도 적지 않다. 반면, '의료과실'은 의료과정에 있어서 악결과의 발생이 인위적인 것으로 예상가능하고, 회피가능함에도 이를 피하지 못하여 발생하는 것으로 의료과실에서 문제가 되는 '행위'에는 작위적인 행위뿐 아니라, 무엇인가의 조치를 실시하지 않아 발생하는 부작위행위도 포함된다. 예를 들어, 어떤 수술로 환자가 사망한 경우, 사망원인이 수술 그 자체에 있을 때는 작위에 의한 의료과실이지만, 이것이 의술적으로 적정하게 이루어졌더라도 수술 전의 검사나 수술 후의 적절한 치료, 경과관찰 등의 조치를 실시하지 않아 발생하였다면 이것은 부작위에 의한 의료과실이 된다.[1] 그리고 이미 제1장에서 살펴본 것처럼 이러한 문제를 둘러싼 분쟁을 '의료분쟁'이라 하고, 이 의료분쟁을 소송절차에서 다투어지는 것이 '의료소송'이라고 하였는바, 의료소송에서 의사의 과실여부를 판단하는 기준이 바로 '의료과실법'이다.

실제 의료과정에 있어서 악결과가 발생한 경우 그것이 의료과실에 의한 것인가, 불가피한 사고인가, 의사 측에게만 책임을 물을 것인가, 제약회사나 감독청인 국가 등의 책임까지도 아울러 물어야 할 것인가, 또 그 책임범위는 어디까지인가 하는 문제가 발생하는데, 이는 환자 측이나 의사 측의 어느 쪽 입장에서 보느냐에 따라 결론이 극단적으로 달라질 수 있다. 그러므로 그 기준이 필요하게 되는데, 이때 그 기준으로 의료과실법에 위반하였는지 여부에 따라 의사에게 과실책임을 물을 것인가를 결정하게 된다. 의료과실법이 필요한 이유가 여기에 있다.

3. 의료과실법의 종류

의료행위는 의학·의료기술상의 규칙이나 의료관행 등 조직적 내부규율에 의하여 비교적 독립적인 환경 하에서 이루어진다. 따라서 지금까지는 외부적인 규율을 거의 받지 않고 독자적인 규제에 의하여 이루어져 왔던 게 사실이다. 그러나 최근 들어 세계적으로 의료에 대한 인식이 바뀌면서, 국가나 법률 등에 의한 외부적인 참여나 간섭이 보편화되기에 이르렀고, 의료과실법에 대한 관심과 중요성이 새롭게 부각되고 있다.

가. 의학·의료기술상의 법칙, 기법

먼저 의료행위는 의학·의료기술상의 법칙, 기법에 따라 규제된다.

의료행위에는 의학과 아울러 의학의 기술적인 적용이 통틀어 이루어지므로 의사는 의학, 의료기술상에 내재된 법칙이나 기법에 따라야 할 의무가 있다. 예를 들어, 약물을 혈관에 투여할 때는 일반적으로 정맥에 주사를 하는 것이 의료기술이다.

만약 정맥주사를 하여야 함에도 불구하고 동맥혈관에 주사를 하여 부작용으로 인해 국소

---

[1] 의료과실은 작위적인 적극적 가해행위보다는 오히려 적극적인 의료조치를 실시해야 함에도 불구하고 필요한 조치를 취하지 않았다거나, 부족하게 행한 경우 등 부작위로 인한 것이 많다는 점이 특징 중의 하나이다.

적인 괴사나 출혈 등을 일으키거나, 쇼크가 온 경우에는 의료기술상의 법칙을 위반한 것이므로 과실이 된다. 신경외과의사가 척추추간판(脊椎椎間板)탈출증 환자에 대하여 수술을 할 경우, 척수신경이나 혈관을 수술칼로 손상시켜서는 아니 되고 이를 게을리하여 신경을 손상시켰다면 의료기술상의 기법에 위반한 것이다. 그 밖에 의사가 임상의학 실천 당시의 의료수준에 맞지 않는 처치를 하였다면 그 역시 과실에 해당된다.

나. 의료관행

의료행위는 민법 제1조상 조리에 해당하는 의료관행에 의해 규제된다.

의료관행이란 오랜 시일 의사 간의 임상경험을 축적하여 형성된 규칙을 말한다. 인간으로서의 의사 및 그들이 구성하는 조직인 의료기관의 처방은 고도의 전문적 직업인으로서 양성되어 가는 과정에서 선배들로부터 전수되어 온 경험에 새로운 것이 더해지면서 관행이 형성되어 왔다. 임상에서 나타나는 구체적인 여러 조건을 모두 교과서에 싣는다는 것은 불가능하다.

따라서 의사나 개개의 의료기관에서는 지금까지 축적된 경험·기술 등을 기초로 일정한 처방전 또는 프로토콜(protocol)을 만들어 이를 일응의 기준으로 하고 있는 바, 이를 의료관행이라 명명한다. 의료관행은 임상의료의 현장에서 여러 가지 영역에 미치나, 그중에서도 특히 의료사고의 회피 혹은 발생된 의료사고의 사후적인 치료 내지 그 피해의 확대방지를 위한 기준이 되고 있다. 예를 들어 의료법상 의사 자격이 있으면 당해 의사가 전문의든지 수련의든지 누구나 아무런 제한 없이 환자를 진찰하고 치료할 수 있고, 간호사나 약사에게 처방전을 발급할 수 있다. 이에 반하여 수련병원 또는 수련기관에서는 수련의나 전공의가 할 수 있는 행위와 하여서는 아니 될 의료행위 역시 의료관행으로 규정하고 있는데, 수련의는 임상에서 환자를 자의로 진찰·치료하거나 간호사, 약사 등에게 처방전을 발부할 수 없다. 만약 수련의가 마음대로 처방전을 발행하거나 수술하는 것을 금하고 있음에도 불구하고 이러한 행위를 하다가 악결과가 발생한 경우에는 의료관행에 위반한 것에 관한 책임이 따를 수 있다.

그러나 이러한 의료관행은 의학·의료기술 상의 법칙이나 기법에 우선하여 적용될 수는 없다. 대법원[2]은 "피고인이 근무하는 병원에서는 인턴의 수가 부족하여 수혈의 경우 두 번째 이후의 혈액봉지는 인턴 대신 간호사가 교체하는 관행이 있었다고 하더라도, 위와 같이 혈액봉지가 바뀔 위험이 있는 상황에서 피고인이 그에 대한 아무런 조치도 취함이 없이 간호사에게 혈액봉지의 교체를 일임한 것이 관행에 따른 것이라는 이유만으로 정당화될 수는 없고, 간호사가 혈액봉지를 교체한 것이 공동피고인1의 지시에 따른 것이었다고 하더라도 피고인이

---

2) 대법원 1998. 2. 27. 선고 97도2812 판결.

공동피고인1로부터 피해자에 대한 수혈 임무를 부여받은 이상 위와 같은 조치를 소홀히 함으로써 혈액봉지가 바뀐 데 대한 과실책임을 면할 수 없다.”고 판단하였다.

다. 의료계의 윤리적 조직의 규칙, 결정 등

의료행위는 의사계 내부의 윤리적인 조직에 의하여 규제된다.

의료행위는 개개의 의사가 환자에게 가장 이익이 되도록 시행하고, 그러한 목적 이외에는 어떤 사회적, 경제적, 권력적인 간섭, 개입, 관여를 허용하지 않는다. 고도의 전문적 직업인인 의사는 그와 같은 목적으로 의료행위를 실시하는 데 있어서는, 1차적으로 스스로의 규제를 받고, 2차적으로 의사로 구성된 협의회(증례검토회 또는 집담회 등)나 병원윤리위원회의 규제를 자율적으로 받는다.

예를 들어, 학교법인이나 종교법인과 같이 의사자격을 가지고 있지 않은 자는, 가령 의료기관을 설치·운영하게 되더라도 의사와 환자와의 관계에 간섭하는 것이 허용되지 않기 때문에 현재 이러한 의사계 내부의 자율적인 조직은 더욱 강화되어 가고 있는 실정이다. 비록 이러한 자율적 규율이 병원 내부의 지침에 불과하다고 하더라도 그에 어긋날 경우 의료사고에 대하여 책임을 부담하는 경우도 존재한다. 그러나 이 또한 의학·의료기술상의 법칙이나 기법에 우선되지 않는다.

라. 법 률

의료행위는 법률에 의하여 최소한의 규제를 받는다. 지금까지 의료행위에 대하여 입법에 의한 통제가 거의 없었다. 이는 의료행위의 특성상 법률이 간섭하기 어려웠기 때문이다. 그러나 오늘날에는 의료행위가 고도로 발달하여 집단적, 대량적인 처치가 시행되고 있다. 이러한 경우 사람의 생명유지, 신체의 완전성 보호를 위하여 법률이 더 이상 방치할 수 없게 되었다. 절대적 가치인 사람의 생명과 신체의 완전성을 보호하기 위하여 의료기술상의 준칙이나 의료관행 등에만 맡길 수 없게 된 것이다.

예를 들어, 집단예방접종의 경우 전국민을 상대로 의료행위가 이루어지는 바, 이에 대하여는 약제에 관한 약사법상의 사전검사, 사후감독 등의 제한이 필요하다.

다른 예로, 근래 눈부신 발전을 거듭하고 있는 장기이식의 경우처럼 이를 의료계에만 맡길 경우, 협의의 의학·의료기술의 틀 속에 머무는 것이 아니고, 사람들의 삶의 질(quality of life)에까지 중대한 영향을 미치게 되었으므로 모두들 의사 개인의 자기규율이나 의사계의 내부규율에만 위임해 둘 수는 없게 되었다.

법률로는 헌법, 민법, 형법, 의료법, 보건의료기본법 등 기본법 이외에 의료분쟁조정법, 응급의료에 관한 법률, 공공보건의료에 관한 법률, 농어촌등 보건의료를 위한 특별조치법, 국민건강보험법, 의료급여법, 약사법, 의료기사등에 관한 법률, 보건범죄 단속에 관한 특별법, 마약류 관리에 관한 법률, 감염병의 예방 및 관리에 관한 법률, 결핵예방법, 검역법, 혈액관리법, 정신건강증진 및 정신질환자 복지서비스 지원에 관한 법률, 시체 해부 및 보존에 관한 법률, 장기등 이식에 관한 법률, 호스피스·완화의료 및 임종과정에 있는 환자의 연명의료결정에 관한 법률, 생명윤리 및 안전에 관한 법률 등은 물론이고, 위 법률의 시행령, 시행규칙들도 해당된다.

의료과실에서 생기는 의료분쟁 중 손해배상책임을 묻는 방법은 민사소송이 대부분이지만 진정, 고소 등의 방법으로 합의금을 요구하여 그 책임을 묻는 경우도 적지 않다. 이형혈액을 수혈하거나 복부에 수술도구를 넣고 봉합한 경우와 같이 의사의 중대하고 명백한 과실에 의한 경우는 형사사범에 해당하는 경우도 있기 때문이다. 이 경우 피해를 입은 환자 측에서 의사를 수사기관에 고소, 고발하여 조사가 이루어지는 경우도 있는데, 형사사건에서는 수사기관에서 주도권을 가지며, 검찰의 공소제기 후에 법원이 비로소 심리를 하는 바, 수사기관을 규율하는 법과 이러한 제도에 의하여 의사 등을 사법기관에 매개하는 법인 민사소송법, 형사소송법도 의료과실법의 일환을 이루고 있다.

오늘날 의사 측의 사실인식(의료현실)과 사회 측의 의료에의 기대와의 사이에 차이가 커지면서 의문이나 불신이 발생하고 있다. 또 각각 개인으로서의 의사가 항상 이러한 의료관행이나 자기규제 등 내부규율에 따라서 문제 없이 의료행위를 실천하고 있느냐 여부에 대해서는 다소나마 의문이 있기 때문에 의학, 의료기술, 의료관행과는 차원을 달리하는 규범인 법률이 관여할 필요가 충분히 있다. 또한 의학, 의료기술, 의료관행 혹은 의료계 내부의 조직적 자기규율의 여러 방법도 최소한 이러한 법률의 적절한 비판을 거쳐야 비로소 정당성을 확보할 수 있게 되는 것이다. 물론 의료행위를 모두 법적인 규율에만 복종케 하고, 그 때문에 모두 재판에 회부하는 것은 의권의 위축을 초래하여 바람직하다고 할 수는 없다. 법률과 의료계 내부의 조직적 자기규율과의 관계를 어떻게 유지하여야 할 것인가가 앞으로 의료법학이 해결하여야 할 문제점 중의 하나일 것이다.

4. 의료행위의 개별적 조건과 의료과실의 문제[3]

의학·의료기술은 하루가 다르게 눈부신 성장과 발전을 이루고 있다.

---

3) 莇 立明·中井美雄, 醫療過誤法, 靑林書院, 1994, 33-35頁.

이를 달리 살펴보면, 인류의 복리향상을 위하여 착실히 성과를 올리고 있는 오늘의 의학·의료기술이라 할지라도 결코 완성의 영역에 도달한 것은 아니라는 표현과 같다고 할 수 있다. 이는 인체 내의 생리적 구조나 그 작용은 대단히 복잡하고, 오늘날의 최첨단 과학기술을 이용해도 아직까지 완전하게 해명되지 않은 분야가 많기 때문이다. 그러므로 사람의 능력을 모두 동원해도 이를 완전히 아는 것은 불가능하리라는 견해가 적지 않을 정도로 아직까지는 그 한계가 있다.

또 의학과 구체적·개별적인 의료현장에서 실시되는 의료행위는 같은 것이 아니다. 즉, 의료행위는 총체로서의 의학·의료기술이 환자 일반에 대하여 적용된다고 하는 추상적인 것은 아니다. 오히려 개개 구체적인 임상의료 현장인 의료기관의 설비나 인적·물적 체제에는 지역적·경제적·사회적인 여러 상황에 따라 많은 차이가 있다. 더구나 의료행위는 개개의 인간인 의사나 의료행위 종사자가 실시하기 때문에 여러 가지 시설이나 조건에 따르는 제약 속에서 의사, 의료행위 종사자 개인이 갖는 결코 일률적이라고 할 수 없는 경험, 지식, 기술에 따라 크게 차이가 난다.

인간 사회가 총체로서 갖는 최첨단의 의학·의료기술이 항상 모든 의료현장에서 같은 내용과 수준으로 똑같이 실시되는 것은 불가능하다. 즉, 개개의 의료행위는 최첨단의 의학·의료기술에 비하여 여러 가지 면에서 한계에 둘러싸인 상황에서 실시되고 있는 것이 현실이다.

한편 위와 같은 조건 이외에 환자 개개인의 생리에도 개별적인 차이가 있음은 물론이고, 의사나 환자나 각각 개인으로서 갖는 인생관, 가치관, 임상경험에 있어서 다양한 차이가 있다. 평상시라면 이성적이고 자기가 갖고 있는 능력을 십분발휘하는 사람이라도, 환자로서 의료라는 비일상적인 환경에 놓이는 경우에, 그 능력을 똑같이 발휘할 수 있다고는 단정할 수 없다. 의사는 그와 같은 특수한 상태에 놓인 환자에게 문진이나 설명을 하고, 진료상 필요한 정보를 적확(的確)하게 이끌어 내지 않으면 아니 된다.

의사는 개개 환자와의 사이에 단지 의학·의료기술에 관한 자기의 지식을 가지고 기계적으로 접촉하는 것이 아니고, 인격적인 신뢰가 뒷받침된 인간관계를 형성해 나가야 한다. 또 시시각각으로 변화해 가는 인간의 생리적, 심리적 상태나 질병의 증상, 경과상태를 앞에 둔 의사에게는 임기응변의 태도가 필요하지만, 그와 같은 긴장도가 높은 장면에서 지식과 경험을 제대로 발휘하려면 의학·의료기술에 관한 것 이상의 인격적인 뒷받침이 필요하게 될 것이다. 임상 의료현장에서는 그러한 상항에 놓인 의사와 환자간에 라포가 형성되어 가는 인격적인 관계가 있다는 점을 항상 염두에 두어야 한다.

그러나 의료행위의 현상에 대한 인식은 의사 측에서 본 경우와 환자를 포함한 일반사회에서 본 경우가 다르고, 환자 측의 의사 측에 대한 기대와 임상현실과의 사이에 차이가 있을 수 있다. 이러한 차이를 어느 정도 허용하느냐 라는 것은 의학·의료기술 그 자체에 내재된 순수한 의미에서의 과학적, 기술적인 문제만이 아니고, 사회적인 가치판단을 개입시켜 판단하여야 한다. 즉, 무엇을 본래 있어서는 안 되는 의료사고라고 보며, 어떠한 경우에 의료과실이라고 보아 의사·의료 관계자에게 책임을 추궁해야 하는가의 문제는 의학·의료기술과는 다른 판단 척도를 적용해야 함을 유의해야 한다.

제2절 의료행위의 특수성과 의료과실법과의 관계

1. 의료행위의 특수성[4]

의사는 환자가 병원에 오면 우선 문진을 한다. 그리고 그 다음 필요에 따라서 여러 가지 검사를 실시하여 병인의 규명·발견을 위한 조치를 취하고, 진단을 한 후에 주사·투약·수술 등의 물리적·화학적·정신적인 치료방법을 사용하여 병의 원인을 제거하여 증상의 경감 내지 개선을 위한 처치를 행한다. 환자에게 만족할만한 증상의 개선이 보이지 않게 되면 환자의 상태를 관찰하고 진찰·진단하여, 다음의 치료로 들어가는 형태, 이른바 피드백(Feed back)의 관계를 가지면서 계속된다.

이러한 의미에서 의료행위는 계속적인 과정 중에 있다. 그동안 환자는 각종 검사를 받고 주사를 맞거나, 약을 복용하면서 치료나 경과 관찰을 받게 된다.

가. 본질적 특수성

(1) 침습성

의료행위는 신체의 침습성을 전제로 한다. 구명을 목적으로 남의 살을 직접 만지고, 주사 바늘로 찔러서 약물을 주입하고, 날카로운 칼날로 신체를 절개하여 신체조직을 들어내고, 사람을 깊은 잠에 빠뜨리거나 인체에 X선이나 초음파를 조사(照射)하거나 사적인 문제를 자세히 캐묻는 등의 행위를 한다. 따라서 비록 의료행위가 생명과 신체에 대한 치유를 목적으로 한다고 하더라도 의료행위를 시행하다가 환자의 생명과 신체가 오히려 위험해질 수 있는 상황이

---

4) 莇 立明·中井美雄, 전게서, 35−40頁.

발생하는 경우가 있다.

그럼에도 불구하고 의료과정에서 이러한 행위를 시행하는 것은 그 자체로서 극히 위험한 행위지만 구명성을 갖기 때문이다. 즉, 침습이 의학·의료기술에 근거하여 바르게 실시될 때 이상을 가져온 신체상황이나 악화된 건강상태를 회복시키고 혹은 그와 같은 상황에 빠지는 것을 예방하려는 목적에 이바지하게 되기 때문에 침습성에도 불구하고 시행하게 되는 것이다. 만약 구명목적이 없이 오로지 환자를 해칠 목적으로 위와 같은 행위를 한다면 분명히 범죄행위가 된다.

(2) 구명성

의료행위는 사람의 생명을 구하고 신체의 완전성을 확보하기 위한 유익한 행위이며, 의료기술에 준거하여 바르게 실시되는 의료행위에는 침습성이 있는 한편 넓은 의미에의 구명성이 있다. 그래서 환자는 상당히 절박한 상황 아래에서 신체의 완전성이나 구명을 목적으로 신체의 침습이 전제된 의료행위에 몸을 맡기는 것이다. 이와 같이 구명성을 갖기 때문에 응급상황 아래에서는 의사에게 많은 재량을 주고, 설명의무의 일부를 면제하여 주는 근거가 되기도 한다.

(3) 사회복귀성

인간은 사회적 존재이다. 사회 속에서 태어나, 사회 속에서 살아가다 죽음을 맞이한다. 질병이나 부상 때문에 일시적으로 사회생활에서 격리된 환자를 사회로 복귀시키는 것이 의사의 의무이다. 환자를 치료하는 의사는 사회복귀를 지향하여 진료와 연구에 노력하여야 할 사회적 소명감이 있다.

만약 사회복귀를 위한 의료처치 중 사고가 발생할 경우에 형사적 제재를 가한다면 의사는 환자를 가두어 두고, 병원 내에서 관리하는 행위만을 할 것이고, 환자는 영원히 사회에서 격리될 우려가 있다.[5] 일본에서는 조발성 치매환자를 단순 신경쇠약환자로 오진하여 자살위험성을 모르고 외출을 허용함으로써 자살에 이르게 된 사건이나,[6] 사회복귀를 위한 치료의 일환으로 병원 밖으로 산책을 나갔던 환자가 자살한 사건[7] 등에 대하여 의사에게 아무런 책임을 묻지 않은 바 있다.

---

5) 이와 유사한 사례로서 우리 법원에서 분만방식 선택상의 과실책임(제왕절개수술 미실시)을 묻자, 이에 대한 방어진료의 하나로 제왕절개수술이 늘어났고, 현재는 세계 제일이라는 오명을 쓰고 있다.
6) 東京地裁 控訴 昭和 2. 5. 16. 판결(新報 130·14).
7) 東京地裁 昭和 53. 2. 7. 판결(判夕 366·331).

(4) 인체의 다양성과 예측불가능성

사람은 모두 외관, 성격, 체력, 체격, 체질, 면역력, 약물에 대한 반응에 있어서 차이를 지니고 있기 때문에 의료행위의 객체인 환자의 인체는 다양성을 가지고 있으며, 어떠한 의료행위가 시행되어질 때 환자의 인체가 지니고 있는 특수성 때문에 예측하지 못한 결과를 야기할 수 있다. 예를 들어 A는 페니실린계 항생제에 아무 이상이 없으나, B는 이를 맞고 과민성 쇼크로 즉사할 수도 있다. C는 1mg의 몰핀만으로 진통효과가 있으나 D는 10mg의 몰핀을 맞아도 효과가 없을 수 있다. 각양각색의 사람들에게 표준 치료 프로토콜을 적용하지 않았다고 하여 과실이라고 할 수 없다.

바로 이러한 점 때문에 현대 의학이 눈부시게 발전한 상태에서도 환자에 대한 의료행위 시행 후 발생될 결과에 대하여 완벽하게 예측하거나 회피하는 것이 어렵다. 의사 측에 의료과실을 물을 때 인체의 다양성과 예측불가능성은 의료과실이 인정되더라도 책임의 감면사유가 된다.

(5) 재량성

의료행위는 시술 당시 최고의 인적·물적 설비를 갖춘 의료기관에서 실시한다고 하더라도 의학·의료기술 그 자체나 치료하는 의사 개인의 지식·경험이나 기능, 환자의 개인차, 기타 여러 가지 차원에서의 한계적 상황이 존재하는 상태 아래에서 시행하게 된다. 그러므로 어느 의료기관도 결코 당해 시점에 있어서 최고의 설비체제를 정비했다고 자부하기는 어렵다. 더구나 누가 보더라도 완벽하고 일률적으로 실시해야 할 의료조치로서 확립된 기법이 발견된 영역이나 질병의 종류도 극히 한정되어 있다. 의료행위에는 그러한 여러 가지 객관적 제약조건 중에서 꼭 강학상 전형적인 증례(症例)와는 거리가 먼 증상, 경과를 관찰하면서 시시각각 변화하는 환자를 앞에 두고, 임상의료 실천 당시의 시점에 있어서 당해 구체적 상황에 입각하여 최선이라고 생각되는 조치를 가지고 임기응변으로 대응해 간다. 그러한 조치 중에는 결과적으로 질병이 제대로 치료된 경우에도, 사후에 되돌아보면 적절하지 못했다거나, 좀 더 나은 방법이 있었다고 반성할 때가 종종 있다.

그러나 개개의 의료행위는 결과가 나오기까지의 과정 속에서 실시되는 것이고, 시시각각 변화해 가는 상황의 전개과정에서 의사가 임기응변적인 처치를 하는 것이다. 환자를 앞에 두지 않고 당해 구체적 상황이나 정황을 무시한 채, 일률적인 작업매뉴얼을 기계적으로 작성해 두고, 이것에 비추어서 구체적인 의료과정을 평가할 수는 없다.

판례[8]는 여러 치료방법 중 하나를 택하여 시행한 의사의 치료방법에 대하여 "무릇 의사는 진료를 행함에 있어 환자의 상황과 당시의 의료수준 그리고 자기의 전문적인 지식과 경험에 따라 생각할 수 있는 몇 가지의 조치 중에서 적절하다고 판단되는 진료방법을 선택할 수 있고, 그것이 합리적인 재량의 범위를 벗어난 것이 아닌 한 진료의 결과를 놓고 그중 어느 하나만이 정당하고 그와 다른 조치를 취한 것에 과실이 있다고 말할 수는 없다."고 하여 진료방법 등에서 의사의 상당한 재량을 인정하면서 진료방법의 결과만으로 과실 여부를 판단하지 않는다.[9] 그렇기 때문에 의료과실을 논하는 과정에서 어려운 문제 중의 하나는 이러한 의사의 재량권을 어떻게 평가하느냐에 존재한다.

나. 현실적 특수성

(1) 전문성

의료행위는 인간의 여러 분야 중 가장 대표적인 전문분야이다.

전문적인 분야는 많이 있으나 일례로 법률의 경우를 들어보자.

교통사고를 일으킨 경우, 운전자는 형사처벌을 받거나 손해배상을 해 주어야 한다는 것은 상식화되어 있다. 그 복잡하다고 하는 판결도 이제는 횡단보도 사고시는 몇 %, 중앙선침범사고에서는 몇 %, 신호위반 사고에서는 몇 %의 과실상계, 위자료는 사망사고 시 금○○○원 등으로 하여 객관화한 수치로 정리하고 있다. 운전자가 직업기사이건 학생이건 대학교수이건 일률적인 기준을 적용함으로써 예측가능성을 부여하고 있다. 변호사가 아니라도 집을 팔았으면 소유권을 넘겨주어야 한다거나 남의 물건을 훔치면 구속된다는 정도는 알 수 있다.

그러나 의료는 그렇지 않다. 오한, 오심, 고열 등의 증상이 나타났을 때, 외과질환인지 내과질환인지 혹은 이비인후과 등 타과질환인지 알 수 없다. 이는 일반인은 물론이고 의료가 전문화되고, 세분화됨에 따라 이제는 의사라고 하더라도 자기전공 이외에는 거의 모르다시피 한다. 의사라는 직업군 자체가 의료기술에 관한 전문적인 지식을 연마하기 위하여 상당한 시간과 비용이 소요되고 사용되는 용어나 기술 자체가 일상적인 용어와 차별화되기 때문에 그들이 작성한 진료기록 자체를 이해하기도 매우 어렵다.

의사·의료행위 종사자는 오랜 시간과 비용을 들여서 의학·의료기술에 관한 전문적 지식을 획득하고, 다시 인턴·레지던트 등 장기간에 걸친 경험을 쌓고, 스스로 필요한 기능을 몸에 익히는 힘든 과정을 밟아서 양성된 고도의 전문적 직업인이다. 의사들은 의료과정 중에 이루어진 여러 처치의 의미나 주고받는 언어의 뜻을 정확히 이해하기 위하여 역시 고도의 의

---

8) 대법원 1996. 6. 25. 선고 94다13046 판결; 대법원 2008. 3. 27. 선고 2007다16519 판결; 대법원 2010. 7. 22. 선고 2007다70445 판결.
9) 헌법재판소 2012. 5. 31. 선고 2011헌바127 전원재판부 결정.

학·의료기술에 관한 전문적인 지식을 가지고 있어야 한다. 이러한 점이 바로 의료사고를 당한 환자에게 다시 한번 좌절감을 갖게 하는 의료의 전문성이라는 것이다. 이러한 장벽은 의학·의료기술에 관하여 전문적인 교육을 받은 경험이 없는 판사를 포함하여 의료과실소송에 관계하는 법률전문가들 또한 똑같다.

(2) 밀실성(비공개성)

우리나라에서는 수술과정 등의 의료현장은 원칙적으로 공개되지 않는 것이 관례화되어 있으며, 이를 밀실성(密室性)의 문제라고 한다.

의료행위를 할 때에는 무균조작이 요구되며, 따라서 환자 이외의 자가 가까이 있는 것은 진료에 도움이 되지 못한다고 하며, 특히 외과수술의 경우 의료행위자에게는 고도의 집중력과 주의가 요구되므로 제3자가 근처에서 이를 주시하고 있으면 신경이 쓰여 과실을 범하게 될 여지를 제공하는 결과가 된다는 이유로 의료행위는 불가피하게 밀실성과 폐쇄성을 띠어 왔다고 하는 견해가 있다.[10] 물론 위생상의 관점에서 최소한의 사람 외에는 참여하지 못하도록 하는 것이 적절할 수도 있고, 환자의 프라이버시 보호의 관점에서도 관계가 없는 사람이 참여하는 것을 인정해서는 안 될 것이다. 그러나 전신마취에 의한 수술을 대표적인 예로 들 수 있는 바, 의사 이외에는 수술받는 환자 본인도 어떤 처치가 이루어지는지 전혀 알 길이 없는 상황 아래에서 의료분쟁이 발생한 경우, 의료인은 자신의 과실을 숨기기 쉽고, 환자 측은 의료의 본질을 제대로 이해하지 못해 오해를 하기도 하는 등 많은 문제점을 나타낸다.

이 문제점은 의사나 환자 모두에게 불리하게 작용한다. 의사는 후에 환자나 그 유족들에게 의료과정을 아무리 설명하려 해도 믿지 못하겠다며 받아들이지 않는 경우가 적지 않게 발생하고 있다. 환자의 가족들에게 의료과정을 공개하고 같이 참여시킴으로써 의료를 이해시키고, 치료를 위하여 협조할 수 있도록 의료관행을 바꾸어야 할 것이나 아직 그 장벽이 높은 것이 현실이다.

한편 수술과정의 밀실성과 관련하여 최근 의료법 개정을 통하여 제38조의2에 전신마취 등 환자의 의식이 없는 상태에서 수술을 시행하는 의료기관의 개설자는 수술실 내부에 개인정보 보호법 및 관련 법령에 따른 폐쇄회로 텔레비전을 설치하여야 한다는 소위 '수술실 CCTV 설치 의무 조항'이 신설되었다(2023. 9. 25. 시행 예정이다).

---

10) 임창선, 의료과오관련문제에 대한 민사법적 연구, 건국대학교 대학원 석사논문, 1991, 12면.

(3) 정보의 편중성

의료는 전문적이기 때문에 의료에 관한 여러 정보는 환자가 쉽게 접근할 수도 없고, 정보를 접해도 그 내용을 이해하는 것은 매우 힘이 든다. 더욱이 환자에 대한 각종 정보, 예를 들어 병의 중증도, 예후, 치료법, 부작용은 무엇인지 잘 모르며, 수술시 환자 본인은 마취상태에 있으므로 누가 무슨 의료행위를 하였는지도 모른다. 심지어는 맥박, 체온, 혈압 등을 측정하여 그 수치가 얼마인지는 알아도, 그 수치가 뜻하는 바의 의미는 알 수가 없다.

그리고 무엇보다 이러한 정보는 진료기록, X선이나 CT, MRI필름, 임상병리검사지 등 일체의 증거자료가 모두 의사 측에게 편중되어 있다. 판례도 "의료과실을 원인으로 하는 소송사건에 있어서는 그 증거가 모두 병원 또는 의사 측에 편중되어 있고, 환자로서는 그 의료행위의 과정도 알 수 없는 것"이라고 판시한 바 있다.[11]

따라서 의사 측은 의료분쟁이 발생한 경우 자신에게 불리하다고 판단되는 증거를 없애거나, 위·변조하여 사건을 왜곡할 가능성이 매우 높다. 아직 의료법상 진료기록에 대한 정보접근권이 명시적으로 보장되지 않아 환자는 이중으로 피해를 겪게 되기도 한다.

(4) 폐쇄성(집단이기성)

의사라는 전문직업군은 대외적으로는 일반적으로 다른 의사가 한 의료행위에 대한 비판을 공개적으로 하지 않으며, 의사는 집담회 수준 이외에서 자신의 의료행위에 대하여 다른 의사로부터 비판받는 것을 저어한다. 따라서 의사 이외의 자로부터의 비판에 대하여는 주치의뿐 아니라 의료계 전체가 나서서 방어한다. 그 때문에 임상의료에서 무엇이 구체적으로 발생하였고, 어떠한 점에 문제가 있었다고 하는 등 정보제공의 요구에 대하여 의료계에서는 입을 다물어 버리는 바, 이를 폐쇄성이라고 한다. 폐쇄성으로 인하여 의료과실이 개재된 민·형사 사건을 진행하는 과정에서 의학, 의료기술 상의 판단에 필요한 전문가의 감정을 의뢰하더라도 의료과실이 존재한다거나 사건과 관계된 명확한 답변을 얻기가 쉽지 않은 것이 사실이다.

다. 제도적 특수성-의료행위의 독점성

우리나라에서는 의료법 제27조 제1항에 의하여 보건복지부장관의 면허를 받은 의료인[12]

---

11) 서울고법 1994. 6. 22. 선고 92나67782 판결, 위 사건은 대법원 1995. 3. 10. 선고 94다39567 판결로 확정되었다.
12) 의료법 제2조(의료인) ① 이 법에서 '의료인'이란 보건복지부장관의 면허를 받은 의사·치과의사·한의사·조산사 및 간호사를 말한다.

만이 면허 범위 내에 한정된 의료행위를 행할 수 있도록[13] 독점성을 주고 있다. 다만, 그 예외로 ① 외국의 의료인의 면허를 소지한 자로서 일정한 기간 국내에 체류한 자, ② 의과대학·치과대학·한의과대학·의학전문대학원·치의학전문대학원·한의학전문대학원·종합병원 또는 외국의료 원조기관의 의료봉사 또는 연구 및 시범사업을 위한 의료행위를 하는 자, ③ 의학·치과의학·한방의학 또는 간호학을 전공하는 학교의 학생의 경우 보건복지부령이 정하는 범위 내에서 의료행위를 할 수 있다.[14] 그러므로 의료인이 아닌 자가 행한 의료행위나 의료인이라도 면허 사항 이외의 의료행위를 하는 경우 결과의 양·불량에 관계없이 그 자체가 범죄행위가 된다. 또한 누구든지 의료인이 아닌 자에게 의료행위를 하게 하거나 의료인에게 면허 사항 외의 의료행위를 하게 하는 것도 금지된다.[15]

　이와 같이 의료행위는 의료법상 일정한 자격이 있는 자에게만 행하게 할 수 있도록 제도적으로 제한하고 있는 바, 이를 의료행위의 독점성이라 한다. 이에 관하여 위헌소지가 있음을 이유로 문제가 제기되어 왔으나, 헌법재판소[16]는 이에 대하여 "한 나라의 의료체제는 그 나라의 국민건강의 증진을 목적으로 하여 합목적적으로 체계화된 것이므로 국가로부터 의료에 관한 지식과 기술의 검증을 받은 사람으로 하여금 의료행위를 하게 하는 것이 가장 합리적이고 안전하며, 사람의 생명과 신체를 대상으로 하는 의료행위의 특성상 가사 어떤 시술방법에 의하여 어떤 질병을 상당수 고칠 수 있었다고 하더라도 국가에 의하여 확인되고 검증되지 아니한 의료행위는 항상 국민보건에 위해를 발생케 할 우려가 있으므로 전체국민의 보건을 책임지고 있는 국가로서는 이러한 위험발생을 미리 막기 위하여 이를 법적으로 규제할 수밖에 없다"고 하여 합헌결정을 한 바 있다. 헌법재판소는 의료행위를 의료인에게만 독점시키는 것이 의료인이 전지전능하다거나 그 이외의 사람이 무능하다는 뜻이 아니라, 인간의 존엄과 가

---

13) 의료법 제2조(의료인) ② 의료인은 종별에 따라 다음 각 호의 임무를 수행하여 국민보건 향상을 이루고 국민의 건강한 생활 확보에 이바지할 사명을 가진다.
　1. 의사는 의료와 보건지도를 임무로 한다.
　2. 치과의사는 치과 의료와 구강 보건지도를 임무로 한다.
　3. 한의사는 한방 의료와 한방 보건지도를 임무로 한다.
　4. 조산사는 조산(助産)과 임산부 및 신생아에 대한 보건과 양호지도를 임무로 한다.
　5. 간호사는 다음 각 목의 업무를 임무로 한다.
　　가. 환자의 간호요구에 대한 관찰, 자료수집, 간호판단 및 요양을 위한 간호
　　나. 의사, 치과의사, 한의사의 지도하에 시행하는 진료의 보조
　　다. 간호 요구자에 대한 교육·상담 및 건강증진을 위한 활동의 기획과 수행, 그 밖의 대통령령으로 정하는 보건활동
　　라. 제80조에 따른 간호조무사가 수행하는 가목부터 다목까지의 업무보조에 대한 지도
14) 의료법 제27조 제1항 단서.
15) 의료법 제27조 제5항.
16) 헌법재판소 1996. 10. 31. 선고 94헌가7 결정.

치를 보장하기 위한 대안이 없는 유일한 선택이라고 하였다.

2. 의료행위의 특수성과 의료과실법과의 관계

의료과실사건을 자동차손해배상사건, 산업재해사건, 지적재산권침해사건 등 다른 사건과
달리 취급하는 이유는 위와 같은 의료행위의 특수성 때문이다. 즉, 이러한 특수성으로 인하여
일반인은 접근하기 힘들고, 재판의 어려움이 증대되었다.

특히 의료과실법에서 이러한 의료의 특수성을 논하는 이유는 결국 증명책임(입증책임, 거증책
임)의 분배를 어떻게 할 것인가에 있다. 일반적인 과실사건에 있어서 증명책임은 대개 이를 주장
하는 원고 측에게 있으나, 의료과실사건에 있어서는 의료행위의 특수성이 있어서 환자 측에게 모
든 증명책임을 지우는 것이 재판의 거부나 마찬가지이며 이는 손해의 공평부담이라는 법정신에
도 어긋난다. 그렇기 때문에 이러한 문제점을 인식하고 어떻게 하면 전문가소송인 의료과실소
송에서 환자 측에게 증명책임을 경감시켜 줄 수 있을 것인가가 의료법학의 과제가 된 것이다.

제3절   의료과실의 이중판단구조

1. 의료기술상의 과실[17]

의료과실책임은 먼저 의료과실이라는 개념이 표시하듯 당해 의료과정에서 실제로 실시된
행위나 조치가 의학적으로나 의료기술적으로 평가하여 잘못되었다고 할 수 있느냐 아니냐라
는 관점에서의 판단이다. 이것은 임상의료에서 실제로 시행된 당해 의료행위가 '의학 또는 의
료기술적으로 보아 정당하다고 생각되는가?', '시행되어야 할 의료행위가 실제 시행되었는가?',
'시행된 이후의 간호나 환자감시는 제대로 하였는가?' 여부 등을 파악하여 의사의 잘못이 존재
했는지를 판단하는 순수한 기술적 측면에서의 판단형식이다.

이 관점에서 보면 보관불량으로 세균에 오염된 수액을 정맥주사하는 바람에 패혈증에 감
염되었거나,[18] 개복수술을 하면서 뱃속에 수술칼이나 거즈를 놓아둔 채 봉합하여 복막염이
되었거나, 환자의 혈압이 급격히 변화할 위험성이 있는 약물을 대량으로 빠르게 혈관에 주입

---

17) 莇 立明 · 中井美雄, 전게서, 44 - 48頁.
18) 서울지법 서부지원 1997. 7. 18. 선고 96가단20881 판결.

한 경우가 전형적인 '과실'에 해당한다. 이와 같은 경우는 확실히 의료행위를 규율하는 첫번째 규범인 의학·의료기술상의 법칙·기법에 위반되었다고 하는 의미에서 '과실'이다. 그 결과 환자에게 본래 취해야 할 행위, 처치(수술전의 소독, 봉합 전의 사용 수술기구의 확인, 주사 속도의 조정)를 시행하였다면 회피할 수 있었는데 이를 실시하지 않아 악결과가 발생한 경우 의사에게 책임을 추궁할 수 있음은 이론의 여지가 없다. 이와 같이 행위의 귀책사유가 인정될 때는 위법행위라고 평가되는 기술적 과실의 존부 및 그것과 발생된 손해 사이에 인과관계가 있느냐의 여부만이 문제될 뿐이다.

그러나 소송실무에서는 과실판단의 기준이 되는 '기술적으로 있어야 할 의료과정'상의 의학 내지 의료행위가 명백히 나타나지 않는 경우가 대부분이다. 더욱이 의료기관의 다양성, 인체의 예측불가능성 등 임상의료의 현장상황 등을 고려하면 위에서 예를 든 것과 같은 형태의 악결과가 발생할 때에도 기계적, 기술적인 판단이 곤란한 경우가 많다. 오히려 개별성이 강한 임상현실을 무시한 채, 일률적인 의학적·의료기술적 규제를 가하기보다는 당해 임상현장에 있는 의사에게 일정한 범위의 재량성을 인정하여 유연하게 대처할 수 있도록 해 주는 것이 적절할 수도 있다. 의학·의료기술상의 법칙이나 기법 등 외에 의료관행 등이 보완적 측면에서 중요성을 갖게 되는 이유도 이 때문이다. 반면 재량성을 너무 넓게 인정함으로써 사법적인 간섭을 부인하여서도 안 될 것이다. 재량성은 남용되거나 오용될 수 있기 때문이다. 즉, 개개의 의사는 임상현장에서 일률적·일반적으로 특정한 의학적·의료기술적 조치가 미리 강제되는 것은 아니라는 의미에서 재량성은 인정되어야 할 것이지만, 개개의 의사에게 인정된 재량권은 구체적인 임상상황 하에서 적절하게 행사되었느냐 아니냐에 대하여서는 사법적 판단이 있어야 할 것이다.

한편 의료사고에 있어 의료관행에 따르는 것 자체가 법적 주의의무를 다했다는 것을 의미하지는 않는다. 의사가 의료사고 발생의 방지라는 관점에서 보아 부적절하다고 평가되는 의료관행에 만연히 따르고 있는 경우에는 이것 자체가 법적 주의의무 위반이라고 할 수 있기 때문이다.

2. 설명의무 위반

의료과실책임의 기준이 되는 두번째 법적 관점은 설명의무 위반의 유무이다. 이것은 의료행위 그 자체에 대한 규범적 평가로 판단되고 있다.[19]

---

19) 莇 立明·中井美雄, 전게서, 48-50頁.

의료행위는 검사·치료 등 어떠한 목적 때문에 이루어지는 것이라도 그 행위시점에서의 환자의 신체, 심리 등의 현상에 대하여 직접적인 침습을 가하는 것이나, '구명성'이라는 더 커다란 이익 때문에 법적으로 허용된다는 것에 대하여는 앞서 살펴본 바 있다. 그러나 모든 의료행위가 구명성 때문에 침습성이 갖는 위법성이 일반적으로 조각되는 것은 아니다. 특히 개개의 의료과정에 있어서 구체적인 증상을 나타내는 환자를 치료하여야 하는 의사는 자기의 기량, 지식, 경험에 근거한 재량권의 범위 내에서 의료행위를 하지만, 그 의료행위가 의학적·의료기술적으로 합리적이여야만 한다는 것은 이미 앞에서 살펴보았다.

이에 더하여 환자는 의료과정에 있어서 단순한 치료객체가 아니라 의사와 같이 한쪽의 주체라는 환자주권론이 대두되면서 설명의무의 필요성이 강조되기에 이르렀고, 이것이 의료과실법의 또 하나의 축을 이루고 있다.[20]

이에 대하여는 제4장 제3절 4.항에서 구체적으로 논하기로 한다.

제4절   환자의 진료협력의무와 의료과실법의 역할

의료과정은 의사만이 또는 환자만이 질병과 싸우는 것이 아니다. 신뢰에 바탕을 둔 의사와 환자 사이의 긴밀한 협력 없이 기계적인 진료행위만으로 병이 완치되는 것은 불가능에 가깝다. 의사는 질병치료에 절대적인 관심을 갖고 있지만 의료행위는 환자의 이익을 목적으로 해야 하므로 환자도 의사에게 치료를 내맡긴 단순한 객체가 아니라 병의 완치를 위해 같이 노력하는 주체이다. 따라서 의사에게 의료기술상 주의의무 및 설명의무가 있는 것처럼 환자에게도 문진시 의사에게 정직하고 적확하게 대답할 의무가 있고, 의료과정에 있어서 의사의 지도에 성실히 따라야 할 의무, 즉 진료협력의무가 있다.[21] 질병에 관한 현재력, 과거력, 가족력 등은 환자가 가장 잘 알고 있고, 의학·의료기술상의 지식과 경험은 의사에게 편중되어 있기

---

20) 다만 소송현실에서 의사의 설명의무위반만을 주장하는 경우는 드물다. 사실규명이 어렵다는 것이 커다란 특징 중 하나인 의료소송에서 1차적으로는 의료기술상의 과실을 문제로 삼고, 이에 대한 주장·입증상의 어려움으로 법관의 심증이 충분히 형성되지 않은 경우를 예상하여 선택적 또는 예비적으로 설명의무위반을 주장한다.

21) 진료협력의무의 법적 성질에 대하여 의사의 진료의무 등에 대응하는 환자의 의무라고 파악하는 견해(김민중, 의료계약, 사법행정 제32권 제1호, 1991, 6면; 민국현, 의사의 정당한 사유에 의한 의료계약 해지권 검토: 환자의 진료협력의무 위반을 중점으로, 한국의료법학회지 제26권 제2호, 2018, 60면)와 원칙적으로 책무에 해당하지만 예외적으로 독립적 부수의무가 된다는 견해(김천수, 진료계약, 민사법학 제15호, 1997, 165면)가 있다.

때문이다.

그러나 의료는 오직 환자의 권리를 위하여 존재하는 것이기 때문에 비록 환자가 진료협력의무를 이행하지 않았다고 하더라도, 예를 들어, 문진 시 제대로 답변하지 않거나 지시를 따르지 않아 치료가 늦어지거나 나쁜 결과가 발생한 경우에도 환자에 대한 의사의 손해배상청구는 인정되지 않는다. 이는 양결과(良結果)를 얻는 것이 의사의 고유법익이 아니라는 데에 그 근거한다. 다만 환자의 이익은 환자 스스로 이행하여야 하므로 위와 같은 의무위반이 있으면 과실상계의 대상은 될 것이다. 이를 강학상 이른바 '간접의무(Obligenheit)'라고 하는데, 이는 누구도 의무자에게 의무이행을 강제할 수는 없지만 그 의무를 이행하지 않으면 불이익을 주는 행위의무를 말한다. 독일민법 제630조의c 제1항은 '환자는 의무가 아닌 책무로서 성공적인 치료를 위하여 진료제공자의 지침을 따라야 하고, 진료제공자에게 사전에 자신의 병력에 관한 전반적인 정보를 제공하여야 한다.'고 하여 환자의 진료협력의무를 책무로 명문화하기도 하였다. 따라서 환자가 의사의 지시를 따르지 않은 경우에 의사는 환자에게 자신의 지시에 따르지 않은 것에 대하여 손해배상을 청구할 수는 없지만, 대신 환자의 악결과에 관하여 과실상계를 주장할 수 있다.[22] 대법원[23]도 피해자인 소외인이 계류유산으로 인한 소파수술을 받은 후 패혈증으로 사망한 사안에서 "소외인으로서도 임신을 하게 되었으면 평소에 자신과 태아의 건강을 위하여 그 신체적 상태를 항상 무리 없이 유지하도록 노력함은 물론 자신의 신체적 상태의 변화를 세심하게 관찰하여 조금이라도 이상이 있을 경우에는 지체 없이 전문의료인의 도움을 받아 정밀한 검사를 통하여 그 이상 유무를 확인하고 이를 바로 잡는 등의 노력을 하여야 함에도 불구하고 이러한 노력을 제대로 하지 아니하여 태아가 자궁 내에서 사망하고 또한 며칠간이 경과되도록 이를 감지하지 못한 잘못이 있을 뿐 아니라 … 이러한 소외인의 과실은 이 사건 의료사고의 발생 및 그 손해의 확대에 한 원인이 되었다 할 것이므로, 피고들의 배상할 손해액을 산정함에 있어 소외인의 이러한 과실도 참작하여야 할 것"이라고 판시하였다.

또한 1, 2차 의료기관과 3차 의료기관이 유기적으로 연결되어야 환자의 생명을 구할 수 있다. 이때 법은 환자에게는 간접적이기는 하나 의사에게 협력해야 할 의무를 강제하고, 의사에게는 설명의무나 해명의무를 직접 강제하여 의료의 효율성을 증대시키는 역할을 한다. 단지 법이 의사에게 책임을 묻는 소극적인 역할에 그치는 것은 아니다.

---

22) 백경희, 환자의 진료협력의무와 의사의 의료과실, 의료법학 제13권 제1호, 2012, 97 – 99면.
23) 대법원 1995. 12. 5. 선고 94다57701 판결의 원심인 서울고법 1994. 11. 3. 선고 93나49522 판결.

제3장

의사와 환자의 법률관계

의사와 환자의 법률관계

제1절 서 론

의사와 환자 사이의 진료관계의 상태는 의사능력의 유무나 대상으로 되는 질병의 성질, 진료의 긴급성 등에 따라서 구체화된다.

일반적으로 의료행위는 환자로부터 진료요구로 시작되지만 그렇지 않은 경우도 적지 않다. 예를 들어, 환자 본인이 의사무능력 등으로 스스로 의사를 표명할 수 없는 경우 환자의 보호자가 대신하여 진료를 의뢰하게 된다. 또 의식불명의 응급환자에 대하여 신속한 치료가 필요한 경우에도 환자의 의사(意思)와는 관계없이 치료를 한다. 법정 감염병과 같은 특정질환의 경우에는 법에 의하여 치료가 강제된다.

이와 같이 진료관계가 다양하기 때문에 의사와 환자와의 법률관계는 크게 합의에 근거하는 경우와 근거하지 않은 경우로 나눌 수 있다. 특히 합의에 근거한 경우에는 환자 본인이 진료를 요구한 경우와 환자 이외의 제3자가 진료를 요구하는 경우로 다시 나눌 수 있다. 환자 이외의 제3자가 진료를 요구하는 경우에는 누가 법률관계의 당사자인가를 확정할 필요가 있다.

의료행위는 예방, 진단, 진료, 재활치료(Rehabilitation), 보건유지 서비스 등 다양하나 여기서는 질병의 진찰, 검사, 치료, 예방, 미용성형수술, 불임수술 등 기본적인 의료행위를 중심으로 한 의사와 환자와의 법률관계를 살펴본다.

제2절   의료계약

1. 개 설

의료는 환자의 진료청약과 의사의 진료승인이라는 합의에 의하여 성립하는 경우가 전형적인 예이며, 이를 의료계약 또는 진료계약이라고 한다. 그리고 의료계약의 법적성질이 무엇인가에 따라 유상계약인가, 무상계약인가로 나뉜다.

진료에 있어서 대부분은 환자와 의사의 합의에 의하여 이루어지므로 그 의미에서 의료계약은 매매나 임대차와 같이 일반적인 계약이라고 할 수 있으나, 아직 민법의 전형계약으로 규정되지는 않은 상태이다. 그렇기에 우리나라에서는 의료계약의 법적성질이나 본질에 관한 검토보다는 어떻게 이론구성을 하면 소송상 환자 측에 유리하게 이론을 구성할 수 있을 것인가에 대해서 주로 연구한 것으로 보인다.[1]

일반적으로 의료계약의 법적성질을 어떻게 해석하느냐에 대해서는 위임계약설, 도급계약설, 고용계약설, 무명계약설 등으로 보는 견해가 있으며,[2] 우리나라의 판례와 다수설은 의료계약이 위임계약에 가깝다는 견해를 취하고 있다.[3] 판례는 의사가 환자에게 부담하는 진료채무의 법적 성질에 관해 "의사가 환자에게 부담하는 진료채무는 질병의 치유와 같은 결과를 반드시 달성해야 할 결과채무가 아니라 환자의 치유를 위하여 선량한 관리자의 주의의무를 가지고 현재의 의학수준에 비추어 필요하고 적절한 진료조치를 다해야 할 채무, 이른바 수단채무라고 보아야 하므로 진료의 결과를 가지고 바로 진료채무불이행사실을 추정할 수는 없으며 이러한 이치는 진료를 위한 검사행위에 있어서도 마찬가지"라고 함으로써 의료의 수단채무성을 강조하면서 일종의 위임계약에 가까운 것으로 보고 있다.[4]

---

[1] 이는 그동안 의료과실책임을 불법행위책임으로 구성하다가 채무불이행책임이론을 적용하는 것이 환자 측에 유리하다고 보았기 때문이다.
[2] 송오식, 의료과오의 계약법적 구성, 법학연구 제48권 제1호, 2007, 8면; 의료계약상 치료특약의 유무에 따라 계약의 성질을 구분하는 견해에 대한 자세한 소개로는 석희태, 의료계약(중), 사법행정 제335호, 1998. 11. 56면 이하; 김천수, 진료계약, 167면; 김병일, 의료계약의 본질과 법적 성질, 재산법연구 제21권 제2호, 2005. 2, 228면
[3] 강남진, 의료계약에 관한 소고, 민사법의 실천적 과제, 한도 정환담 교수 화갑기념논문집 간행위원회, 2002. 2. 310－315면; 김상용, 의료계약, 아세아 여성법학 제2호, 1999. 223－225면; 김민중, 의료계약, 사법행정 제361호, 1991, 37－39면.
[4] 대법원 2001. 11. 9. 선고 2001다52568 판결. 다만 미용성형의료계약에 대해서 소비자기본법 제16조 제2항에 따른 소비자분쟁해결기준 고시 별표2의 '성형수술에 대한 계약금 환급 기준'에서 시술의사 측의 사유 또는 피시술자 측의 사유로 계약을 해제하고자 할 경우 그 계약금 반환의 비율 등을 규정하고 있고, 미용성

그러나 의료계약이 갖는 특질이나 내용을 상세히 검토하지 않고 실험적으로 의료계약의 법적성질을 논하는 것은 큰 의미가 없다. 오히려 의료행위가 갖는 특질이나 현대에서 의사와 환자 관계의 실체를 직시하고, 현재는 어떤 권리의무가 있고, 또 장래에는 어떠한 권리의무가 있다고 하여야 할 것인가를 논해야 하리라고 본다. 예를 들어 의치(義齒)의 완성이나 미용성형수술과 같은 경우는 일의 완성을 목적으로 하는 도급계약으로 보아도 무방할 것이다. 특히 앞으로 의사와 환자 사이의 관계에 있어서 환자의 주체성 강조는 여러 가지 새로운 권리의무관계가 구체화되고 또한 그에 수반한 법률문제도 발생할 것이 예상된다. 민사법은 불법행위법에서 계약법으로 발전하여 온바, 우리나라에서도 이러한 측면에서 의료계약을 민법의 전형계약으로 편입시키고자 하는 개정안이 발의된바 있으나[5] 아직 논의가 진행 중이다.

이하에서는 현재의 상황에서 의료계약의 성립, 특질 및 내용을 차례로 살펴보고자 한다.

2. 의료계약의 성립

의료계약도 통상의 계약과 똑같은데, 우선 청약과 승낙이 필요하고 의사의 일치방식은 이른바 낙성계약이다. 따라서 계약방식은 자유이고, 의사표시의 방식 또한 명시, 묵시를 불문한다.

환자는 통상 접수창구에 의료보험카드나 기존에 발급받은 진찰권을 접수시키거나 전화청약 등을 통하여 명시적으로 진료청약을 하지만, 의사는 명시적으로 승낙의 의사표시가 없는 경우가 대부분이므로 구체적으로 언제를 승낙시기로 보느냐를 특정하기는 어렵다. 일반적으로 승낙의 의사를 추단하기에 족한 사실, 예컨대 진찰의 개시가 있으면 족하다고 할 수 있다. 이렇게 성립한 계약은 처음부터 그 내용이 구체적으로 정해져 있는 게 아니며, 또한 진료의무나 진료비 지급의무 등의 구체적 내용에 대해서는 그 후의 진료경과 및 환자와의 구체적인 접촉을 통하여 확정되어 간다.

대법원[6]도 "환자가 의사 또는 의료기관(이하 '의료인'이라 한다)에게 진료를 의뢰하고 의료인이 그 요청에 응하여 치료행위를 개시하는 경우에 의료인과 환자 사이에는 의료계약이 성

형수술에 대하여 판례(대법원 2012다94865, 서울고법 2009나2240, 서울고법 2009나82246, 서울중앙지법 2006나7579, 부산지법 2007나18734, 서울중앙지법 2018나17029, 서울중앙지법 2018나5835, 서울중앙지법 2010가합45185, 서울중앙지법 2012가합507373, 서울중앙지법 2015가합502614, 서울중앙지법 2015가합533953, 서울중앙지법 2016가합500813 판결 등)에서 재건성형 목적의 의료행위보다 가중된 수준의 설명의무와 미용성형수술 진행상의 주의의무, 수술 후 배려의무 등을 이행할 것을 판시하고 있는 점에 비추어 도급계약의 성격이 강하다는 견해가 있다(김성은, 미용성형의료행위에 관한 연구, 인하대학교 대학원 박사학위논문 2021. 2. 70면).

5) 박수곤, 의료계약의 민법편입과 과제, 민사법학 제60호, 2012. 9. 193-270면 참조.

6) 대법원 2009. 5. 21. 선고 2009다17417 전원합의체 판결.

립된다. 의료계약에 따라 의료인은 질병의 치료 등을 위하여 모든 의료지식과 의료기술을 동원하여 환자를 진찰하고 치료할 의무를 부담하며 이에 대하여 환자 측은 보수를 지급할 의무를 부담한다. 질병의 진행과 환자 상태의 변화에 대응하여 이루어지는 가변적인 의료의 성질로 인하여, 계약 당시에는 진료의 내용 및 범위가 개괄적이고 추상적이지만, 이후 질병의 확인, 환자의 상태와 자연적 변화, 진료행위에 의한 생체반응 등에 따라 제공되는 진료의 내용이 구체화되므로, 의료인은 환자의 건강상태 등과 당시의 의료수준 그리고 자기의 지식경험에 따라 적절하다고 판단되는 진료방법을 선택할 수 있는 상당한 범위의 재량을 가진다. 그렇지만 환자의 수술과 같이 신체를 침해하는 진료행위를 하는 경우에는 질병의 증상, 치료방법의 내용 및 필요성, 발생이 예상되는 위험 등에 관하여 당시의 의료수준에 비추어 상당하다고 생각되는 사항을 설명하여, 당해 환자가 그 필요성이나 위험성을 충분히 비교해 보고 그 진료행위를 받을 것인지의 여부를 선택하도록 함으로써 그 진료행위에 대한 동의를 받아야 한다. 환자의 동의는 헌법 제10조에서 규정한 개인의 인격권과 행복추구권에 의하여 보호되는 자기결정권을 보장하기 위한 것으로서, 환자가 생명과 신체의 기능을 어떻게 유지할 것인지에 대하여 스스로 결정하고 진료행위를 선택하게 되므로, 의료계약에 의하여 제공되는 진료의 내용은 의료인의 설명과 환자의 동의에 의하여 구체화된다."고 파악하고 있다.

가. 계약당사자

(1) 환자 본인이 진료를 요구하는 경우

(가) 행위능력자인 경우

의사에게 의사능력, 행위능력을 갖는 환자 스스로가 직접 자유롭게 진료를 신청하고, 의사가 이에 응할 경우 양자간에는 의료계약이 성립한다. 이것이 일반적인 계약성립 형태이다. 만약 이때 의사가 개인 개업의라면 당해 의사가 계약당사자로 되는 것은 다툼이 없다.

그런데 의사 측이 학교법인이나 의료법인과 같은 조직체인 경우에는 의사 측의 계약당사자가 담당의인가, 병원관리자인 원장이나 과장인가, 그렇지 않으면 병원개설자인 법인인가가 문제될 수 있는데, 법해석상 병원개설자를 계약당사자로 파악하고 있으며 담당의나 병원관리자는 병원개설자의 이행보조자로 본다. 그 근거로는 진료보수청구권이 병원개설자에게 있고, 담당의는 교체가능성이 있고, 나아가 고도로 조직화·복잡화한 현대의료에 있어서는 의사의 개인책임보다는 조직 자체의 인적·물적 하자에 근거하는 책임을 직접 물을 필요가 있다는 점을 든다.[7]

---

7) 莇 立明·中井美雄, 전게서, 61頁.

의료법인 또는 공중보건의인 경우에는 법인 또는 국가 내지 지방공공단체가 계약당사자가 된다.

(나) 의사능력자인 경우

행위능력은 없으나 의사능력이 있는 미성년자가 의사에게 직접 진료를 요구한 경우 친권자가 동행하고 있는지 여부에 관계없이 미성년자인 환자 본인을 계약당사자로 보아도 될 것인가가 문제된다.

행위능력설은 미성년자에게는 행위능력이 없으므로 친권자나 후견인이 법정대리인으로서 계약을 체결하여야 한다는 것으로 독일에서 취하고 있는 입장이다.[8] 왜냐하면 진료를 마치고 의사에게 진료비채권이 발생한 다음에 환자인 미성년자나 그 법정대리인이 민법 제5조 제2항에 의하여 의료계약을 취소하면 의사는 진료비를 받지 못하게 되고,[9] 만약 진료비채무를 이행하지 않을 경우 미성년자인 환자는 행위무능력자이기 때문에 환자를 직접 당사자로 진료비 지급청구소송을 할 수 없기 때문이라고 한다.

이에 대하여 의사능력설에 의하면, 의료계약은 신체나 생명, 건강이라는 천부적 인권에 직접 관련된 개인적인 사항을 취급하고, 법익보호를 위하여 필요한 행위이면서, 한편으로 위험이 뒤따르므로 통상의 재산거래행위와는 달리 본인의 의사를 존중해야 할 것이기 때문에 의사능력 있는 미성년자와 의사간에도 유효한 의료계약을 체결할 수 있다고 한다.[10] 의사능력설에서는 진료비채무와 관련된 문제에 관하여 미성년자와 함께 법정대리인인 친권자도 진료비지급채무의 연대보증인으로 간주하여 책임을 물으면 족하다고 주장한다. 더구나 의료계약이 신체·생명이라는 일신 전속적인 사항에 관한 계약이고, 또한 환자의 구명을 위한 것이기 때문에 신의칙상 취소할 수 없다고 한다.

(2) 환자 이외의 제3자가 진료를 요구하는 경우

유유아(乳幼兒), 정신장애자, 의식불명자 등으로 의사능력을 결한 환자에게 타인이 환자의 대리인으로 계약을 체결한 경우 누구를 환자 측의 계약당사자라고 보아야 하는가 하는 문제가 있다.[11]

---

8) 김천수, 진료계약, 154면.
9) 이러한 경우에 대하여 취소를 인정하더라도 진료비 채무는 부당이득 또는 사무관리의 법리로 보전될 수 있으며, 원칙적으로는 법정대리인이 직접적 계약의 당사자로 하는 제3자를 위한 계약을 체결한 것으로 해석하자는 견해로는 박동진, "진료계약의 환자 측 당사자확정에 관한 소고－제3자 진료요청행위의 해석을 중심으로－, 의료법학 제15권 제2호, 2014, 257－258면.
10) 석희태, 의료과오 민사책임에 관한 연구, 연세대학교 대학원 박사학위논문, 1988, 12면.

타인이 계약당사자로서 계약을 체결한 경우 또는 환자가 타인의 사자로서 계약을 체결한 경우에 그 타인이 당사자가 되고, 타인과 환자는 그 관계에 따라 부양의무 관계 또는 사무관리 관계 등이 인정될 수 있다. 이때 환자는 제3자를 위한 계약의 수익자가 되며, 의사능력 없는 환자의 경우 일정한 범위, 즉 의학상 합리성이 인정되는 범위 내의 진료에 대하여 수익의 의사표시가 추정되는 것으로 보고 있다. 또한 환자 아닌 타인을 당사자로 하는 의료계약이 성립되어 있는 경우 의사 측의 동의 없이도 환자를 당사자로 하는 계약으로의 변경 또는 환자에 의한 계약 인수가 허용되는가의 문제는 진료거부가 금지되는 의사 측의 입장에서는 상대방의 자력을 고려하여 체결한 것이 아니라는 점에서 허용될 수 있다고 한다.[12]

대법원[13]도 "계약의 당사자가 누구인지는 계약에 관여한 당사자의 의사해석 문제에 해당하고 이는 의료계약의 당사자가 누구인지를 판단할 때에도 마찬가지이다. 따라서 환자가 아닌 자가 의료인에게 의식불명 또는 의사무능력 상태에 있는 환자의 진료를 의뢰한 경우 진료 의뢰자와 환자의 관계, 진료를 의뢰하게 된 경위, 진료 의뢰자에게 환자의 진료로 인한 비용을 부담할 의사가 있었는지 여부, 환자의 의식상태, 환자의 치료과정 등 제반 사정을 종합적으로 고찰하여 진료 의뢰자와 의료인 사이에 환자의 진료를 위한 의료계약이 성립하였는지를 판단하여야 한다."고 하면서, 甲 의료법인이 乙 사회복지법인과 乙 법인이 운영하는 노인요양시설에서 응급환자가 발생할 경우 甲 법인이 운영하는 병원으로 후송하여 진료를 받도록 하는 내용의 업무협약을 체결하였는데, 위 요양시설에 입원 중이던 丙이 乙 법인 요양보호사의 잘못으로 골절상을 입고 업무협약에 따라 위 병원으로 후송되어 입원치료를 받다가 사망한 사안에서, 乙 법인 요양보호사의 과실로 丙이 골절상을 입었으므로 乙 법인이 진료비를 부담하여야 하는 상황이었던 점 등에 비추어 甲 법인과 丙의 진료를 위한 의료계약을 체결한 계약당사자는 丙이 아니라 乙 법인이고, 丙이 병원에 입원하게 된 경위 및 과정, 치료 경과 등을 종합하여 볼 때, 甲 법인과 乙 법인 사이에 체결된 의료계약에 따른 丙의 진료 범위는 골절에 대한 치료를 위하여 필요한 전신에 대한 보존적 치료에 해당하는 기존장애에 대한 치료가 포함되는데도, 이와 달리 본 원심판결에 법리오해 등의 위법이 있다고 보았다.

나. 태아의 경우

(1) 분만계약

우리나라에서 많이 제기되고 있는 의료소송분야가 산부인과에 관련된 것이고, 그중에서도

---

11) 莇 立明·中井美雄, 전게서, 62-65頁; 김천수, 진료계약, 155면.
12) 김천수, 진료계약, 156면.
13) 대법원 2015. 8. 27. 선고 2012다118396 판결.

분만지체에 따른 저산소성 뇌성마비나 상완신경총마비에 대한 소송이 많다. 분만 이후 산모에게는 아무런 장해가 없는데 출생한 신생아에게 위와 같은 상해가 나타난 경우에 신생아가 소송당사자인 원고가 되어 의사에 대하여 직접 불법행위책임이나 의료계약위반으로 인한 채무불이행책임을 물을 수는 없는가 하는 의문이 의료소송에서는 현실적으로 대두된다.

분만계약에 있어서의 계약당사자가 누구인가에 관하여 아직 우리 민법학계나 판례에서는 깊이 다루지 않고 있다. 분만계약은 형식적으로 산모와 산부인과의사 사이에 혹은 그 남편이 산모를 대리하여 체결하게 된다. 그러나 피해자는 신생아이다. 이때 신생아는 위 계약에서 아무런 주체적인 지위를 갖지 않는다면 의료계약에서 태아였던 신생아의 지위를 어떻게 보아야 할 것인가가 문제이다.

분만손상에 관한 사고에서 계약책임을 물을 수 없다면 손상받은 신생아에 대한 손해배상 산정시, 예를 들어, 일실수익에 있어서 적지 않은 문제가 생긴다. 부모가 원고가 되어 의사를 상대로 손해배상청구를 하게 되면 상해를 입은 신생아는 소외인이 되기 때문에 일실수익 상당의 손해에 대한 이론구성을 하기 어렵게 된다.

첫째, 불법행위책임이론으로 구성하는 데는 아무런 문제가 없다. 민법 제762조에서 '태아는 손해배상청구에 관하여는 이미 출생한 것으로 본다.'고 규정되어 있고, 판례[14]도 "태아도 출생된 후에는 평생을 통하여 아버지를 잃은 정신적인 고통을 받게 될 것이 경험측상 용이하게 추지되는 바인즉 원판결이 본건 사고당시 태아였던 원고 A의 위자료청구를 인용한 조치는 정당하다."고 하여 태아의 불법행위에 기한 손해배상청구소송에서의 위자료청구권을 인정한 바 있다. 따라서 의료과실로 인한 손해배상청구소송에서는 태아였던 신생아에게 당사자적격이 있다는 데 의문이 없을 것이다.

둘째, 산모가 태아를 제3자(수익자)로 하는 분만계약에 대하여는 유효하다고 보는 견해가 통설이다. 즉, 학설상 권리능력을 취득하게 되는 제3자는 계약이 성립할 당시에 이미 특정되어 있어야 할 필요는 없으며, 다만 계약의 효력을 귀속시킬 때까지 특정할 수 있으므로 태아나 설립등기전의 법인을 위한 계약도 가능하다고 한다. 일본 판례[15]도 "제3자를 위하여 한 계약은 설사 계약당시에 존재하지 않고, 장래 출현할 것으로 예상되는 자를 제3자로 한 경우에도 유효하게 성립된다."고 하여 이를 뒷받침하고 있다. 현실적으로 태아를 보험수익자로 하는 보험계약이 체결되고 있고, 이는 태아를 수익자로 하는 분만계약이나 태아를 수익자로 하는 보험계약은 동일한 구조를 갖는다. 따라서 태아를 제3자로 하는 분만계약이 체결되면, 태아는 출생하면서부터 계약상의 권리를 귀속하는 것으로 볼 수 있다.

---

14) 대법원 1967. 9. 26. 선고 67다1684 판결.
15) 最高判 昭和 37. 6. 26. 判決.

셋째, 태아를 당사자로 하는 법정대리 분만계약의 유효성에 대하여는 깊은 논의가 없으나, 이론상 태아를 당사자로 하는 분만계약을 부정할 이유는 없다고 본다. 태아의 법적지위에 관하여 계약당시 이미 권리능력을 갖는 것으로 보고, 다만 사산한 경우에 예외적으로 소급하여 권리능력이 없었던 것으로 보는 해제조건설의 입장에 설 때는 긍정설에 별 이론이 없을 것이다. 다만, 판례16)는 "설사 태아가 권리를 취득한다 하더라도 현행법상 이를 대행할 기관이 없으니 태아로 있는 동안은 권리능력을 취득할 수 없으므로 살아서 출생한 때에 출생시기가 문제의 사건의 시기까지 소급하여 그때에 태아가 출생한 것과 같이 법률상 보아 준다고 해석하여야 상당하므로 원심이 이와 같은 취지에서 원고의 처 소외 A가 사고로 사망할 당시 임신 8개월된 태아가 있었음과 그가 모체와 같이 사망하여 출생의 기회를 못 가진 사실을 인정하고 살아서 태어나지 않은 이상 배상청구권을 논할 여지없다는 취지로 판단하여 이 청구를 배척한 조치는 정당하다."라고 하여 태아로 있을 때는 권리능력이 없으나 살아서 출생한 때에 당해 사건발생 시에 소급하여 권리능력이 있다는 이른 바 정지조건설의 입장을 취하고 있기 때문에 태아를 당사자로 하는 법정대리 분만계약의 유효성 여부에 논란이 있을 수 있다. 그러나 위 판례는 의료소송이 거의 제기되지 않아 분만계약에 대하여 별다른 문제의식이 없던 시기에 선고된 것으로서 앞으로 이에 대하여 보다 활발한 연구와 논의를 통하여 재고되어야 할 것이다.

분만계약에 있어서 태아에게 권리능력을 인정한 하급심판례17)로는 다음과 같은 것이 있다. 분만지체로 인한 뇌허혈성 손상으로 뇌성마비의 상해를 입은 신생아가 대학병원을 상대로 의료계약 위반책임을 물은 사건에 대하여, "원고에게 나타난 위 정신지체는 그 출생과정에서 있었던 위 태아곤란증이나 신생아가사로 인한 것으로 추정된다고 할 것이므로 위 산모와의 진료계약에 의하여 지게 된 정확한 진단 및 성실치료의 의무를 다하지 못한 계약당사자로서, 또는 산부인과의사의 사용자로서 위 채무불이행으로 인하여 원고가 입은 모든 손해를 배상할 의무가 있다 할 것이다."고 하여 계약책임을 인정한 바 있다. 다만 위 판결은 분만계약의 성질이 신생아의 법정대리인인 산모 등이 원고를 대리하여 체결한 법정대리계약인지 아니면 산모가 태아를 수익자로 한 제3자를 위한 계약인지 명확히 밝히지는 않았으나 전자로 본 것으로 이해된다.18)

---

16) 대법원 1976. 9. 14. 선고 76다1365 판결.
17) 서울지법 1996. 2. 21. 선고 94가합42049 판결.
18) 태아를 제3자로 하는 분만계약이나 당사자로 하는 법정대리계약이 유효하다면 태아의 법적인 권리능력은 태아가 독립적인 생존의 선언, 다시 말해 출생을 시작하면서 취득하게 된다. 후에 살펴보는 것처럼 출생의 시기를 진통설에 따른다면 태아는 진통 시부터 사람으로서의 권리능력을 부여받아 분만계약상의 채권자로서의 지위를 갖게 된다. 따라서 분만손상으로 인한 손해배상청구소송 시 채무불이행책임으로 이론을 구성

(2) 태아보험계약

산전에 산모가 태아의 형성에서부터 그 신체와 생명을 보험의 목적으로 하는 태아보험계약에서 태아는 피보험자로서의 당사자적격을 가진다. 즉, 대법원[19]은 "상법상 상해보험계약 체결에서 태아의 피보험자 적격이 명시적으로 금지되어 있지 않다. 인보험인 상해보험에서 피보험자는 '보험사고의 객체'에 해당하여 그 신체가 보험의 목적이 되는자로서 보호받아야 할 대상을 의미한다. 헌법상 생명권의 주체가 되는 태아의 형성 중인 신체도 그 자체로 보호해야 할 법익이 존재하고 보호의 필요성도 본질적으로 사람과 다르지 않다는 점에서 보험보호의 대상이 될 수 있다."고 하고, "계약자유의 원칙상 태아를 피보험자로 하는 상해보험은 유효하고, 그 보험계약이 정한 바에 따라 보험기간이 개시된 이상 출생전이라도 태아가 보험계약에서 정한 우연한 사고로 상해를 입었다면 이는 보험기간 중에 발생한 보험사고에 해당된다."고 하여 보험금지급을 명하였다.

3. 의료보험 진료에 있어서 계약당사자[20]

의료보험 진료에 있어서는 의사와 환자뿐만 아니라 국민건강보험공단이나 민간보험회사 등의 보험기관이 관여하므로 계약의 형태나 계약당사자의 확정이 중요한 문제가 된다. 의료보험 진료에 있어서는 국민건강보험공단이나 민간보험회사 등의 보험자가 피보험자로부터 보험료를 징수하고, 보건기관·의료기관 또는 약국(이하 요양기관이라 함)이 피보험자 또는 피부양자(환자)를 진료한 경우에 보험급여를 통하여 진료비를 지급 받는다. 그 때문에 요양기관에 대응하는 상대계약 당사자가 과연 환자냐, 보험자냐 하는 것이 문제가 된다.

일본의 소수설은 의료보험 진료에 대해서는 환자와 보험자가 계약당사자이고 환자에 대한 진료채무불이행책임은 요양기관이 아니라 보험자가 진다고 하나, 다수설은 환자와 요양기관이 계약당사자이고, 의료보험은 진료비지급을 위한 특별제도에 불과하다고 본다. 그 근거로서

하더라도 피해자인 신생아는 원고로서 제소할 수 있게 된다. 그러나 진통설에 의하지 않고 전부노출설에 따르면 분만과정에서의 의료과실은 권리능력 없는 태아에 대한 채무불이행이 아니라 산모에 대한 채무불이행에 불과하기 때문에 후에 태아였던 상태에서 상해를 입은 신생아는 의사에게 계약책임을 물을 수 없게 되어 불합리한 결과를 초래하게 된다.

19) 대법원 2019. 3. 28. 선고 2016다211224 판결; 대법원은 보험약관상 분만, 출산 중 사고는 면책사유로 규정하였다는 이유로 분만손상으로 저산소성 뇌손상을 입은 사고는 면책이라고 주장하는 보험사에 대하여 "태아보험 약관에 면책사유로 규정된 '피보험자의 출산'은 피보험자가 출산의 주체가 되는 경우만을 의미하는 것이지 피보험자가 출산의 대상이 되는 경우까지 포함되는 것으로 해석할 수 없다."고 하였다.

20) 莇 立明·中井美雄, 전게서, 65頁.

① 환자는 요양기관을 자유롭게 선택할 수 있고, ② 보험진료에 있어서도 환자는 일부 진료비를 직접 요양기관에 지급할 의무를 지고, ③ 진료내용은 환자의 증상에 따라 의사의 판단과 환자의 뜻에 의하여 결정되는 것이고, ④ 보험의료의 범위를 넘어서 진료가 이루어지는 경우가 있다는 점 등을 들고 있다. 일본판례는 다수설을 취한 것[21]과 보험자를 당사자로 한 것[22]이 있다.

한편 우리나라 대법원[23]은 국민건강보험공단이 불법행위의 피해자에게 보험급여를 한 다음 국민건강보험법 제58조 제1항에 따라 피해자의 가해자에 대한 기왕치료비 손해배상채권을 대위하는 경우 그 대위의 범위에 대하여, "가해자의 손해배상액을 한도로 공단이 부담한 보험급여비용 전액이 아니라 그중 가해자의 책임비율에 해당하는 금액으로 제한되고 나머지 금액(공단부담금 중 피해자의 과실비율에 해당하는 금액)에 대해서는 피해자를 대위할 수 없으며 이는 보험급여 후에도 여전히 손해를 전보받지 못한 피해자를 위해 공단이 최종적으로 부담한다고 보아야 한다. 이와 같이 본다면 국민건강보험법에 따라 보험급여를 받은 피해자가 가해자를 상대로 손해배상청구를 할 경우 그 손해 발생에 피해자의 과실이 경합된 때에는, 기왕치료비와 관련한 피해자의 손해배상채권액은 전체 기왕치료비 손해액에서 먼저 공단부담금을 공제한 다음 과실상계를 하는 '공제 후 과실상계' 방식으로 산정하여야 한다."고 한 바 있다. 이와 같이 우리나라의 공보험 체계에서는 국민건강보험공단이 국민건강보험법에 근거하여 환자에

---

21) 東京地判 昭和 47. 1. 25. 判夕 277号, 185頁; 위 판례는 "국민건강보험법에 의한 보험진료에 있어서도, 진료계약은 피보험자인 환자와 요양취급기관인 당해 의사와의 사이에 성립하는 것이지 환자와 보험자와의 사이에 성립하는 것은 아니다. 망인이 피고 의사에 대하여, 본건 진료신청을 하고, 피고가 이를 승낙한 사실은 당사자 간에 다툼이 없다. 이에 의하여 망인과 피고간에는 망인의 치질치료를 목적으로 하는 준위임계약이 성립하였다고 해야 할 것이다. 피고는 본건 진료계약의 상대방은 자신이 아니고, 소외 아라가와구(荒川區)라고 주장한다. 그러나 국민건강보험법상의 피보험자는 자기의 의사로 요양취급기관을 자유롭게 선택할 수 있고, 요양을 받은 피보험자는 요양취급기관에 대하여 직접 일부 부담금의 지급의무를 지고, 요양취급기관은 소재지의 도·도·부·현 지사에게 신고함으로써 다른 도·도·부·현 구역내의 피보험자에 대하여도 요양을 할 의무를 지는 등 동법 각조의 법의와 보험진료 개시후 당해 요양취급기관에서 치료에 종사하는 의사가 보험진료시에 요양급부로는 지급할 수 없는 약제 내지 치료재료를 사용할 필요가 있는 경우에 소위 자유진료에의 전환이 이루어질 수 있는 것 등을 아울러 생각하면 보험진료시에 보험자와 요양취급기관 간에는 공법상의 권리의무관계가 발생하느냐 하는 것과는 관계 없이 보험진료의 피보험자인 환자와 요양취급기관과의 사이에는 진료에 관한 합의에 의하여 직접 진료계약이 체결된다고 보아야 할 것이며, 그것은 피보험자가 별도 보험자에 대하여도 공법상의 법률관계에 서는 것과 상충되는 것은 아니다. 그리고 이 진료계약은 진료를 목적으로 하는 준위임계약이라고 해석되므로 본건 진료계약에 따라 피고는 망인에 대하여 치질치료를 할 채무를 지고 있었다."고 판시하여 진료계약자가 보험자와 환자라는 피고의 주장을 배척하고 의사의 직접책임을 인정하였다.
22) 大阪地判 昭和 60. 6. 28. 判夕 565号, 170頁, 피보험자(환자)를 수익자로 하는 제3자를 위한 계약이고 피보험자는 계약당사자가 아니라고 한다.
23) 대법원 2021. 3. 18. 선고 2018다287935 전원합의체 판결.

게 보험급여를 하는 구조이므로, 환자와 요양기관 사이에 의료계약이 체결되고 국민건강보험
공단이 진료비를 지급하는 것으로 보는 것이 타당하다.

제3절 계약상의 권리의무

1. 의료계약의 특질

의료계약은 노무제공형계약의 일종이지만 다른 계약유형과 비교하면 급부내용 및 대상에
관하여 여러 가지 특질을 가지고 있다. 급부내용인 의료행위가 갖는 특질로서는 의료행위의
침습성, 구명성, 전문성, 재량성, 비공개성 등이 있음에 대하여는 앞에서 살펴보았다. 또 급부
대상인 환자에 관련된 특질로서는 진료행위와 신체와의 직접관련성(노무의 투입대상인 신체, 생
명이라는 법익의 중요성), 지배불가능요인(주로 생체기능의 복잡성)의 존재에 기인하는 예측불가
능성(결과보증의 결여) 등이 있다.

의료행위는 다른 특정의 노무제공형계약과 비교하면 가장 중요한 법익인 인간의 신체와
생명에 직접 관여하는 노무이고, 많은 경우 위험이 예상되는 침습뿐 아니라 예기치 못하는 돌
발사태도 항상 존재하는 것을 전제로 하여야 한다. 또한 의료행위는 질병의 예방 및 치료(건
강의 유지·회복), 고통의 감소, 생명의 연장이라는 목적을 가지고 있기 때문에 다른 노무제공
계약과는 근본적으로 차이가 있다. 이러한 성질을 직접 갖고 있는 노무급부는 다른 계약에는
존재하지 않기 때문에 의료계약은 여러 가지 특질을 가지게 된다.

한편 전문성, 재량성, 예측불가능성은 의료행위에만 존재하는 고유한 특질이 아니고, 전문
가를 한쪽 당사자로 하는 계약에서도 공통되는 특질 중의 하나이다. 예를 들어 변호사와의 소
송위임계약을 비롯하여 공인회계사, 세무사, 변리사, 감정인 등과의 계약에서도 이러한 특질
이 있다. 의료계약이 완치나 구명과 같이 일정한 결과달성에 대해서 예측불가능성이라는 본질
적인 한계를 갖는 이유는 의사가 일방적으로 의료노무를 제공한다고 되는 것이 아니라 환자
의 생체기능이 복잡하여 일률적으로 판단하지 못할 정도로 복잡하다는 점(인체의 다양성)뿐 아
니라 환자로부터 진료에 협력을 받아야만 하는 필요성(협력필요성) 때문이다. 보통 이러한 특
질로 인하여 목표로 하였던 일정한 양결과(良結果)의 달성이 곤란하기 때문에 의료계약을 결
과채무가 아닌 수단채무라고 하는 것이다.

의료계약의 특질 중 하나로 들고 있는 예측불가능성은 승소의 예측불가능성이라고 하는

변호사와의 소송위임계약과 비교해 보면 결코 의료계약만의 고유한 특질은 아니다. 그러나 이와 같이 의료계약은 결과보증을 수반하지 않는 대표적인 전문적 노무제공계약의 하나임에는 틀림없다. 물론 모든 의료계약이 예측불가능성을 갖는 것은 아니다. 예를 들어, 불임수술, 틀니나 보철 또는 치석제거 등과 같은 치과의료계약, 쌍꺼풀수술, 유방확대수술과 같은 미용성형수술 등 일정한 결과를 상당 정도 확실하게 예측 가능한 의료계약은 도급계약으로 보아도 무방할 것이다.24) 이렇듯 미용성형수술 계약관계를 도급관계로 파악하게 될 경우에는 진료비 청구의 경우에도 일반적인 의료계약과는 다른 결론에 이르게 된다. 즉, 결과채무의 성격을 지니는 미용성형수술의 경우에는 피시술자와 의사 간에 약정된 계약목적을 달성하지 못할 경우 의사는 피시술자에 대하여 진료비를 청구하지 못할 수도 있다.25) 이때 미용성형수술 계약목적의 달성 여부를 판단할 때에는 피시술자의 심미적 만족감이라는 주관적인 잣대가 아닌 계약목적에 관한 피시술자와 환자 간의 합의내용이 기준이 되어야 할 것이다.26)

2. 의료행위 본질에 따른 특유한 권리의무

가. 의료행위 고유의 권리의무

(1) 진료의무

의료계약에 있어서 의사의 주된 급부의무는 환자에 대하여 진단을 행한 뒤 그에 따라 치료를 행하는 진료의무이며, 이러한 진료의무는 의료행위를 행할 당시의 임상의학 분야에서 실천되고 있는 의료행위의 수준을 기준으로 하여 환자의 구체적 증상이나 상황에 따라 진단, 검사, 수술, 주사, 투약, 마취, 경과관찰 및 전원 행위 등 구체적인 내용이 정하여 진다는 점에 대하여는 이미 상술한 바 있다.27) 환자가 특정한 수술을 받아야 할 상황에서는 그 진료의무

---

24) 김상용, 전게논문, 223면.
25) 그런데 미용성형수술상 과실에 관한 대법원 2002. 10. 25. 선고 2002다48443 판결의 원심인 서울지방법원 2002. 7. 25. 선고 2000나22989 판결에서는 "살피건대, 의사가 환자에게 부담하는 진료채무는 질병의 치료와 같은 결과를 반드시 달성해야 할 결과 채무가 아니라 환자의 치유를 위하여 필요하고 적절한 진료조치를 다해야 할 채무 즉, 수단채무라고 보아야 할 것이므로, 위와 같은 주의의무를 다하였는데도 그 진료결과 질병이 치료되지 아니하였다 하더라도 환자는 의사에게 그 치료비를 지불할 의무가 있는 것이고 그 진료가 성형수술이라 하여 이를 달리 볼 이유는 없다 할 것이다. 또한 원고가 피고 사이에 성형의 성공적인 종결을 조건으로 위 수술비가 지급되었음을 인정할 증거도 없다."고 판시하여 미용성형수술의 경우에도 수단채무로 판시하였다.
26) 백경희, 의료사고 민사책임의 성립과 범위에 관한 연구, 고려대학교 대학원 박사논문, 2008, 153면.
27) 한편 의사의 주된 급부의무인 치료의무와 관련하여 그 종속적 부수의무로 업무상 선량한 관리자로서의 주

의 범위는 특약의 존부, 긴급한 경우 내지 특단의 사정의 발생 등에 의하여 시간의 경과에 따라 가변적일 수도 있기 때문에 진료의무를 절대적으로 한정짓기는 어렵다.[28]

(2) 생명배려의무 등

(가) 생명배려의무

의료계약은 사람의 생명과 신체를 그 대상으로 한다. 따라서 의사는 환자의 생명유지와 신체의 완전성 보장을 위하여 자신의 능력을 벗어난다고 하더라도 계약을 해지 또는 취소하거나 그에 상응하는 위약금 등 손해배상으로 그 책임을 면할 수는 없다.

예를 들어, 변호사는 같은 전문직이라도 업무가 능력을 벗어나거나, 의뢰인과의 신뢰관계가 파괴되면 특별한 사정이 없는 한 계약을 해지할 수 있다. 수임계약을 해지한 변호사가 자신보다 더 전문적인 변호사에게 의뢰인을 소개하거나 다른 전문변호사의 협력을 얻어 사건을 해결해야 할 의무까지는 없다. 그러나 의사는 생명을 다루기 때문에 계약 성립 후에는 진료채무의 구체적 내용으로서 의료수준에 상응하는 진료행위가 이루어질 수 있도록 보증하여야 한다. 일정한 경우에는 다른 전문의에로의 전원의무, 마취통증의학과 전문의 초빙과 같은 전문의초빙의무 등 생명배려의무가 적극적으로 부과된다.

판례[29]는 "신생아가 조산아, 쌍태아, 저체중아라 하더라도 제반 사정에 비추어 볼 때 출생 직후부터 보육기 등에 의한 적절하고 집중적인 소생, 보육을 받았더라면 생존할 가능성이 50% 정도는 되었다고 봄이 상당하다면, 의사가 신생아의 생존가능성이 전혀 없는 것으로 속단하고 그를 살리기 위하여 산부인과에서 할 수 있는 응급조치 내지 소생술을 시행하거나 미숙아를 위한 인력과 시설을 갖추고 있는 소아과로의 전과를 시행하지 아니한 과실과 그 신생아의 사망 사이에는 인과관계를 인정함이 상당하다."고 판시하여 전원조치를 취하지 않은 의사에게 과실책임을 인정하고 있다.

의의무, 의학준칙 준수의무, 의학적 주의사항 및 치료 후 진료종료 후 조치에 관한 지도설명의무, 이송 또는 이송권유의 의무를 설시하고, 독립적 부수의무로 환자의 알 권리와 관련된 고지설명의무 및 환자의 자기결정권과 관련된 조언설명의무, 비밀준수의무, 진료기록의 작성·보존·열람·사본 교부 의무 등으로 나누는 견해가 있다.; 김천수, 진료계약, 157-162면, 그러나 이 견해에서 주된 의무의 종속적 부수의무로 분류한 업무상 선량한 관리자로서의 주의의무, 의학준칙 준수의무의 경우 주된 의무에 당연히 포섭되는 것으로 보이며, 지도설명의무·고지설명의무·조언설명의무 등 설명의무의 범주에 속하는 것은 부수의무라고 보는 것이 타당하다고 보인다.

28) 大野眞義[編], 現代医療と医事法制, 世界思想社, 1995, 34-35頁.
29) 대법원 1995. 4. 14. 선고 94다29218 판결.

(나) 연찬의무(研鑽義務)

생명배려의무 중의 하나로서 연찬의무가 있다. 연찬의무란, 사람의 생명을 치료하는 의사로서는 '최소한 임상의학 실천 당시의 의료기술을 익혀 임상에 적용하여야 할 의무'를 말한다. 이는 다른 전문가 계약과 확연히 구별되는 의무이다. 변호사나 공인회계사와 같은 전문가들에게 당시의 평균적인 지식수준 이상을 적극적으로 배우고 익혀서 사건을 처리하여야 할 주의의무까지 부과하지는 않음에 반하여, 의사는 절대적인 가치를 지닌 사람의 생명을 구하고 신체의 완전성을 유지해야 하는 것이 고유의무이기 때문에 자신이 모르는 경우에도 임상의학 실천당시 의사나 의료기관에서 평균적으로 시행되고 있는 것이라면 자신이 의과대학 재학 중 또는 수련과정 중 시행되지 않던 의학이나 의료기술이라고 하더라도 배우고 익혀 환자의 치료에 임해야 할 의무가 있는 것이다.

판례는 이를 긍정하여 의사는 "적어도 임상의학 분야에서 실천되고 있는 진단 수준의 범위 내에서 그 의사가 전문직업인으로서 요구되는 의료상의 윤리와 의학지식 및 경험에 터잡아 최선의 주의의무를 다하여야 할 의무"가 있다고 하였다.[30] 일본에서는 미숙아망막증에 관한 판결[31]에서 재판관 이또오 마사기(伊藤正己)의 보충의견으로, "진료행위에 임하는 의사의 주의의무기준으로 되어야 하는 것은, 일반적으로 진료 당시의 '소위 임상의학 실천 당시의 의료수준'이라고 해석되지만, 이 의료수준을 어떻게 생각하느냐에 대하여 약간 보충하여 두고자 한다. 사람의 생명 및 건강을 관리해야 할 업무에 종사하는 의사는 그 업무의 성질에 비추어 실험상 필요한 최선의 주의의무가 요구되므로 위의 의무를 수행하기 위해서는 끊임없이 연찬하고, 새로운 치료법에 대해서도 그 지식을 얻으려는 노력을 할 의무를 부담하고 있다고 해석해야 할 것이다."라고 하여 의사의 의무를 상당히 무겁게 인정하고 있다.

이러한 연찬의무에 대하여 의사에게 지나치게 과중한 의무를 부과하는 것이라는 이유로 반론이 있을 수 있다. 그러나 의사는 환자의 생명과 신체의 완전성을 유지하여야 할 의무가 있기 때문에 일반인보다 더 높은 주의의무를 부과하고 있는 것이 학설 및 판례의 태도이다. 따라서 연찬의무는 의사에게는 당연히 주어진 의무로서 과중한 의무로 볼 수 없다 할 것이다.[32]

---

30) 대법원 2010. 7. 8. 선고 2007다55866 판결.
31) 最高判 昭和 63. 1. 19. 判時 1265号, 75頁.
32) 박유리·백경희, "의사의 연찬의무의 법제에 관한 검토−'뉴질랜드 보건종사자의 역량 보증법'의 내용을 중심으로−", 인하대학교 법학연구 제18집 제1호, 2015, 378−379면.

(3) 책임면제계약 내지 과실배제 조항의 무효

의료계약 체결 시 민·형사상의 이의를 제기하지 않겠다는 내용의 청구포기조항이나 제소하지 않겠다는 내용의 부제소특약, 또는 과실책임을 배제하거나 제한하는 특약을 할 수 없다. 만약 이러한 특약을 인정할 경우, 의료계약의 본질적 내용까지 위태롭게 하여 환자가 계약을 체결하는 의의마저 잃게 되어 부당하게 될 수 있고, 의사가 진료채무를 이행하면서 실험적인 방법을 사용하여 생명에의 위험을 초래할 우려가 있는 등 자의적인 치료를 시행할 가능성이 있다. 특히 과실책임의 배제는 의료행위가 공공의 목적을 가지는 것이기 때문에 전문적 노무급부의 보증에 대한 모순이고, 선행행위모순금지의 원칙에도 반하게 된다.[33]

하급심 판례[34]는 "이 서약은 신의칙이나 형평의 원칙상 집도의사의 위법행위를 유서(宥恕)하고 그로 인한 청구권을 미리 포기한 취지라고 해석되지 않는다."라고 판시하는 등 신의성실 원칙 위배, 공서양속 위배, 불공정행위 등을 근거로 면책약관의 효력을 인정하지 않고 있다. 서울고등법원[35]도 반측성 안면경련증환자에 대한 수술후 양팔 및 다리에 부전마비상해가 나

---

33) 莇 立明·中井美雄, 전게서, 69頁.

34) 대구고법 1979. 2. 28. 선고 78다426 판결; 東京高判 昭和 42. 7. 11. 判時 496号, 45頁; 大阪高判 昭和 40. 8. 17. 判時 428号, 61頁; 부산지법 2008. 7. 16. 선고 2006가합9265 판결에서 법원은 "원고 B는 2004. 11. 30. 원고 A의 대리인으로서 피고 병원과 사이에 원고들은 피고 병원의 진료행위와 그 결과(후유증 등)에 대하여 민·형사상 책임을 묻지 않기로 하고, 피고 병원은 원고 A의 치료기간 중 발생한 총 진료비를 감면하고, 위로금(간병비, 향후 후유증에 대한 치료비 등)으로 금 1,000만 원을 지급하기로 하는 내용으로 합의한 사실이 인정되기는 하나, 한편, 증인 F의 증언에 변론 전체의 취지를 종합하면, 원고 B는 위 합의 당시 운전업에 종사하여 생계를 유지하면서 원고 A의 수개월간 입원치료로 발생한 병원비도 지급하기 어렵고, 원고 A가 이 사건 의료사고로 인한 후유증으로 정신지체 장애인과 같은 상태가 되어 초등학생이었던 두 자녀를 전혀 돌보지 못하고 오히려 보살핌을 받아야 하는 등 가정살림이 정상적이지 못한 상황에서, 피고 병원에서 원고 A의 퇴원을 권유하며 그동안의 병원비도 감면해주고, 원고 A는 1년 정도 지나면 정상인의 90% 수준까지 회복되니 그에 대한 치료비 등 위로금 조로 금 1,000만 원을 지급하겠다는 조건으로 합의할 것을 종용하자 원고들이 아래에서 보는 바와 같이 손해배상금으로 지급받을 수 있는 금액보다 훨씬 적은 금액인 금 1,000만 원만 지급받으면서 위 합의에 응한 사실이 인정되는 바, 위 인정사실로 볼 때 위 합의는 원고 측의 경솔, 궁박, 무경험 상태에서 이루어진 민법 제104조에 규정된 불공정한 법률행위로서 무효라고 할 것이므로, 피고의 위 항변은 이유 없다."고 하여 부제소특약의 효력을 부인하였다. 같은 취지로 서울고법 2013. 6. 27. 선고 2012나49348 판결도 개인성형외과에서 코젤백을 삽입하는 방식의 유방확대술 시행 및 재수술 후 수술부위 괴사로 우측 유방을 거의 소실하게 된 사건에서, 확인증에 기한 부제소합의는 원고의 궁박·경솔 또는 무경험으로 인하여 현저하게 공정을 잃은 법률행위로서 무효이거나 선량한 풍속 기타 사회질서에 반하는 행위로서 무효라고 봄이 상당하다고 판단하며 부제소특약의 효력을 부정하였다.

35) 서울고법 1983. 5. 13. 선고 82나1384 판결. 단 이 판결은 상고되어 대법원 1983. 11. 22. 선고 83다카1350 판결로 파기환송되고, 서울고법 1984. 8. 30. 선고 83나4612 판결로 원고청구 기각되면서 확정되었다.

타난 의료사고에 대하여, 수술전에 환자가 수술결과가 어떠하든지 하등의 이의를 제기치 아니한다고 서약한 점에 대하여 "당연히 예상되는 후유증이 아니라 집도의사의 의료상의 과오로 인하여 야기된 위법행위를 미리 유서하고 그로 인한 청구권을 미리 포기한 취지라고는 해석되지 않는다."라고 하여 면책조항의 효력을 부인하였다.

한편 의학이나 의료기술, 장비의 발달로 그동안 치료방법이 마땅치 않았던 질병에 대하여 새로운 치료방법이 시도되고 있는 경우, 그 실험적인 치료를 의료계약의 내용으로 할 때에 면책조항의 유효성이 문제된다.

그것은 의학의 특성 중 하나로 실험적인 요소가 있음에 비추어 면책조항의 효력을 무시하게 되면 새로운 의학을 임상실험하는 것은 불가능하기 때문이다. 합의에 의하여 실험적 치료를 그 내용으로 하는 의료계약에서 따로 유효한 치료방법이 없고, 공인된 기관에서 시행한 동물실험에서 그 효과가 인정되어 임상에의 적용이 시도될 만큼 검증이 된 경우에는 그 효과를 인정하여야 할 것이다. 물론 이 경우에도 그에 부수된 치료에는 진료 당시의 임상의학 실천 당시의 의료수준에 적합한 치료행위를 하여야 하는 것은 당연한 전제이다.

(4) 설명의무

이에 대하여는 제4장 제3절 4.항에서 자세히 살펴보기로 한다.

(5) 재량성의 제한

환자는 신체의 완전성이나 생명보존이라는 가장 중요한 법익을 의사에게 위임하고 의사와 함께 치유를 향하여 계속적 협동작업을 하는 것이므로 임상치료에서는 무엇보다 당사자 간의 신뢰가 필요하다.

이와 같은 신뢰의 필요성을 역으로 표현하면, 신뢰관계는 계약의 기초이므로 이것이 상실된 경우에 당사자는 의료계약을 해지할 수 있다. 여기에서 말하는 신뢰란 비전문가인 환자와 전문가인 의사 사이에 형성된 인간관계이기 때문에 대등한 당사자간의 상호 자율적으로 성립되는 신뢰와는 반드시 일치하지 않는다. 왜냐하면 의료계약은 계약목적이 신체나 생명이라는 천부적인 권리로서 개인이 처분할 수 있는 목적물을 위임하는 일반적인 재산계약과는 차이가 있기 때문에 같은 위임계약으로 보더라도 본질적인 차이가 있을 수밖에 없다.

다시 말해, 의사는 환자를 가장 적절하고 보편적으로 인정된 치료방법에 따라 치료하여야 할 의무 — 의학적 적응성과 의술적 적정성에 따른 치료의무 — 가 있으며 의사에게 자의적(恣意的)인 방법으로 치료를 하는 것은 인정되지 않는다. 의료계약은 환자가 의사의 인격을 믿고 가장 중요한 신체나 생명을 맡기는 것이므로 의사에게 치료상 인정되는 재량권에는 그 한계가 있다. 의사의 치료상 재량권은 현재 임상 실천당시의 진료수준에 따른 제한을 받으며 결국 이 재량권은 진료상의 주의의무 문제로 환원된다. 따라서 지나치게 재량권을 강조하는 것은 피해야 할 것이다.

다만, 의사가 환자와의 신뢰관계 상실을 이유로 의료계약을 해지하였다고 하더라도 환자의 신체·생명의 안전을 확보하는 데 필요한 범위에서 진료계속의무가 있다고 보아야 한다. 예를 들어, 환자의 치료거부로 타 의료기관으로 전원조치가 되는 경우, 타 의료기관의 의사가 환자를 인수할 때까지는 처음 치료하였던 의사가 계속 치료하여 주어야 할 의무가 있다 할 것이다. 그 한도에 있어서 의사는 다음 (6)항의 의료법 제15조에 의하여 제한을 받는다. 이는 의료행위의 공익성에 비추어 당연한 해석이라고 생각된다.

(6) 의료계약의 인수거부 내지 진료거부 금지의무[36]

우리나라 의료법 제15조 제1항은 '의료인 또는 의료기관 개설자는 진료나 조산 요청을 받으면 정당한 사유 없이 거부하지 못한다.'라고 하고, 제2항에서 '의료인은 응급환자에게 응급의료에 관한 법률에서 정하는 바에 따라 최선의 처치를 하여야 한다.'고 규정하여 그 범위내에서 의료계약 체결의 자유가 제한되어 있다. 이는 의료인에게 의료계약의 인수를 거부하지 못하는 인수거부 내지 진료거부 금지의무가 있음을 명문화한 것으로, 의료계약은 일반계약과 달리 계약자유의 원칙이 제한 없이 적용될 수 없음을 의미한다.

여기서 말하는 계약 인수거부 금지의무는 변호사나 공인회계사와 같은 전문가에게 지워진 의무이며, 이는 전문가로서의 최소한의 사회적 의무를 뜻한다. 일반인은 전문가와 평등한 지위에서 계약을 체결할 수 없는바, 환자는 의사의 지식이나 능력에 대하여 판단하는 것이 어렵다. 즉, 의학은 고도로 전문화된 학문이고 의사들 각자의 능력이 천차만별이기 때문에 환자로서는 계약상대를 정확히 알고, 적절하게 계약내용을 정할 수 있는 능력 자체가 없으므로 계약체결, 계약내용의 조절시 문외한인 환자의 지위를 보호하여야 한다. 특히 일반인은 의사가 의료전문가이기 때문에 전문적인 의료노무를 제공해 달라는 계약을 체결하는 것이고, 또, 이와 같이 의사의 업무본질에 따라 의사는 일반인에게 의료계약에 따른 의료노무를 제공할 때 생명을 다루는 전문가로서 그에 상응하는 수준의 치료를 해주어야 할 의무가 있다는 묵시적 보증을 환자에게 주고 있다.

이와 같이 의사의 진료의무를 법적의무로 강제하는 근거가 단순히 의료행위가 의사에 의하여 독점되고 있기 때문에 의업독점에 대한 반사적 효과라거나 혹은 의사의 직업윤리 등에

---

36) 莇 立明·中井美雄, 전게서, 71頁.

만 근거한 것뿐 아니라, 적극적으로 생명의 존엄성, 신체의 완전성이라는 헌법상의 기본권을 보장하기 위하여 정책상 인정되는 법적의무라고 보는 것이 타당할 것이다. 특히 응급의료에 관한 법률의 제정·시행으로 진료의무가 공법상의 의무로 규정되었고, 응급진료의사는 생명의 위험에 처한 환자를 치료하여야 할 법적인 의무를 지게 되었으므로 응급의료계약의 법적 성질은 긴급사무관리로 보아야 할 것이다.37)38)

(7) 전문가로서의 정보제공39)

의료계약은 치료를 목적으로 하는 계속적 관계이다. 당사자 간의 계약내용에 관한 지식, 능력의 격차는 계약의 이행과정에서 환자 측의 계속적인 정보 부족상태를 필연적으로 초래하게 된다. 이때 정보제공이 원만치 못하면 환자는 의사를 불신하게 되고, 심한 경우는 극복할 수 없는 대결로 치닫게 되기도 한다. 이것이 의료분쟁의 한 원인을 차지하게 된다는 점은 의심의 여지가 없다. 또한 오늘날에는 환자가 단순한 치료의 객체가 아니라 의료현장에서 주체적 지위를 갖는다는 환자주권론이 등장하게 되면서 환자의 정당한 이익을 확보하기 위한 정보청구권이 환자의 권리로서 강력하게 요구되기 시작하였다. 그러므로 의사에게 전문가로서의 정보제공의무가 법해석상은 물론 판례상 인정되기에 이르렀고, 의사의 설명의무(정보제공의무)나 환자의 진료기록 열람·복사청구권(정보청구권)은 이런 입장을 반영하고 있다.

의료계약은 결과를 보증하는 것이 아니기 때문에 계약 체결 시에는 계약내용을 추상적으로 합의할 수밖에 없다. 예를 들어, 진찰계약을 체결할 때는 구체적으로 수술을 받아야 할지, 받는다면 어떤 종류의 수술을 받아야 할지, 치료 후 회복될 것이 확실한지 등에 대하여 미리 알 수 없기 때문에 구체적인 내용으로 계약을 체결할 수는 없다. 그러한 계약은 진찰, 검사 및 치료가 진행되면서 구체화되기 때문에 환자에게는 계약의 전개과정마다 자세한 정보제공이 필요하게 된다.40) 독일민법 제630조의c 제2항과 제3항에서는 의사에게 정보제공의무에

---

37) 이준상 편저, 의료법해설 및 응급의료에 관한 법규, 도서출판 고려의학, 1995, 10면; 이석배 교수 역시 응급의료의무는 입법목적에서 제시하는 것처럼 응급환자의 생명·신체에 대한 중대한 위험을 초래할 수 있는 경우에 응급의료종사자에게 적절한 응급의료조치를 긴급히 취할 의무를 부과하는 것으로 일반진료와 달리 응급상황의 경우 응급의료종사자와 환자의 관계를 일반적 계약관계가 아니라 여러 제도를 통해 어느 정도 공적인 책임을 법적으로 부과한 것으로 보고 있다.; 이석배, 응급의료거부죄의 해석과 정책, 형사정책 제21권 제1호, 2009, 266면.
38) 반면 사실적 계약관계로 보아야 한다는 견해로는 석희태, 의사와 환자의 법률관계, 연대법률연구논집 제3집, 1983, 171면.
39) 莇 立明·中井美雄, 전게서, 69頁.
40) 일본의 하급심 판례는 "피임수술의 하나인 난관결찰수술 시 환자가 이 건 수술을 희망할 경우에는 전문가인 의사로서는 환자에게 현재로서는 100% 완전한 피임방법은 없다는 점, 이 건 수술 외에도 피임방법은 있을 수 있다는 점 및 이 건 수술과 다른 피임방법과의 장단점 등을 충분히 설명하고, 환자가 이러한 점들

해당하는 안전설명의무와 부수의무로서 진료과실 관련 정보 공개의무 및 비용설명의무를 정하고 있고, 제630조의e에서 환자의 승낙을 위한 설명의무를 규정하고 있다.41) 우리나라는 의료법 제24조의2에서 의사·치과의사 또는 한의사는 사람의 생명 또는 신체에 중대한 위해를 발생하게 할 우려가 있는 수술, 수혈, 전신마취를 하는 경우 그 의료행위에 관한 일정 사항에 관한 설명을 하여야 하는 의무를 규정하고 있는데, 이는 환자의 승낙을 위한 설명의무에 해당한다.

환자의 진료기록 열람·복사청구권에 대하여 우리나라는 의료법 제21조에서 이를 명문으로 규정하고 있으며, 그 이론적인 근거는 의사에게 정보제공의무가 있기 때문이라고 본다. 진료기록은 환자의 치료를 위해서 존재하는 것, 다시 말해 환자의 이익을 목적으로 작성된 것이므로 환자는 언제라도 자신이 어떻게 진단되고 어떻게 치료받고 있는지에 관하여 알 권리가 있다는 점, 진료기록은 의사에게 불리한 경우에는 의사가 보관하고 있음을 기화로 언제라도 위·변조, 은닉, 훼손시킬 수 있는 개연성이 높으므로 미리 확보할 필요나 이익이 있다는 점 또한 이를 뒷받침한다. 만약 진료기록 열람·복사권을 부인한다면 환자의 주체적 지위를 보장해 주는 현대 의료소송법의 추세에도 반할 뿐 아니라 의사와 환자와의 관계를 악화시켜 불필요한 소송을 증가시키는 원인이 될 수도 있다. 독일민법도 제630조의g에서 환자가 기록의 열람을 요청한 경우에 환자기록을 열람하게 하는 것이 치료의 중요한 근거에 반하거나 혹은 제3자의 중요한 권리에 반하지 않는 한 환자기록의 전부를 즉시 열람할 수 있도록 해야 하며, 열람을 허용하지 않는 경우 그 이유를 설명하도록 하고 있다.42)

(8) 진료비 지급청구권 등

의사가 환자를 치료하면 환자에게 보수지급을 청구할 수 있다. 환자는 의무로서 진료비를 지급하여야 하고, 이미 살펴본 바와 같이 의사의 문진시 정확한 답변을 하고, 투약이나 요양지시 등에 따라야 할 간접의무가 있다. 환자가 의사에게 부담하는 보수지급의무는 의사가 환자에게 지는 진료채무와 대가(對價)관계에 있다. 이를 쌍무(雙務)계약이라고 한다. 민법상 위임은 무상이 원칙이지만(민법 제681조 제1항), 의료계약은 일반적으로 대가를 지급한다는 묵시적 합의가 있었다고 보아야 할 것이다. 또한 의사가 진료의무에 의하여 이행을 제공했음에도 불구하고 환자가 수진하지 않는 경우에 환자는 수령지체가 되어(민법 제400~403조), 의사의

을 고려한 다음 여전히 이 건 수술을 받고자 하느냐 여부를 결정할 수 있도록 할 의무가 있다고 풀이하는 것이 타당하다."라고 판시하며 의사에게 광범위한 설명의무를 인정하였다.; 大阪高判 昭和 61. 7. 16. 判時 624号, 202頁.
41) 김중길, 전게논문, 351-355면; 이재경, 전게논문, 94-95면.
42) 김중길, 전게논문, 96면.

책임이 경감 내지 면제될 수 있다.

　　판례[43]는 "의사가 환자에게 부담하는 진료채무는 질병의 치료와 같은 결과를 반드시 달성해야 할 결과채무가 아니라 환자의 치유를 위하여 선량한 관리자의 주의의무를 가지고 현재의 의학 수준에 비추어 필요하고 적절한 진료조치를 다해야 할 채무, 즉 수단채무라고 보아야 할 것이므로, 위와 같은 주의의무를 다하였는데도 그 진료 결과 질병이 치료되지 아니하였다면 치료비를 청구할 수 있으나, 의사가 위와 같은 선량한 관리자의 주의의무를 다하지 아니한 탓으로 오히려 환자의 신체기능이 회복불가능하게 손상되었고, 또 위 손상 이후에는 그 후유증세의 치유 또는 더 이상의 악화를 방지하는 정도의 치료만이 계속되어 온 것뿐이라면 의사의 치료행위는 진료채무의 본지에 따른 것이 되지 못하거나 손해전보의 일환으로 행하여진 것에 불과하여 병원 측으로서는 환자에 대하여 그 수술비 내지 치료비의 지급을 청구할 수 없다."고 하여 해당 의료행위에 의료과실이 인정될 경우 의사의 치료비 청구가 불가능하다는 점을 판시한 바 있다. 나아가 대법원[44]은 책임이 30%만 인정된 의료소송판결 후 의료기관이 환자에게 70%에 해당하는 진료비 지급을 청구한 사건에 대하여 "일련의 진료행위 당시 진료계약에 따른 선량한 관리자의 주의의무를 다하지 못한 탓으로 환자의 신체기능이 회복불가능하게 손상되었고, 또 손상 이후에는 그 후유증세의 치유 또는 더 이상의 악화를 방지하는 정도의 치료만이 계속되어 온 것뿐이어서 의사의 치료행위는 진료채무의 본지에 따른 것이 되지 못하거나 손해전보의 일환으로 행하여진 것에 불과하다."고 하면서 청구를 기각하였다.

　　한편 대법원[45]은 치료비 청구가 과다한 경우에 대하여 "의료기관 또는 의사가 환자를 치료하고 그 치료비를 청구함에 있어서 그 치료행위와 그에 대한 일반의료수가 사이에 현저한 불균형이 존재하고 그와 같은 불균형이 피해 당사자의 궁박, 경솔 또는 무경험에 의하여 이루어진 경우에는 민법 제104조의 불공정한 법률행위에 해당하여 무효이므로 그 지급을 청구할 수 없다. 의료기관 또는 의사가 의료보험환자 아닌 일반환자를 치료하고 그 치료비를 청구함에 있어서 그 치료를 마친 의사 또는 의료기관은 그 치료비에 관하여 의료보험수가가 아닌 일반의료수가를 기준으로 계산한 치료비 전액의 지급을 청구할 수 있다 할 것이지만, 치료계약에 이르게 된 경위, 수술·처치 등 치료의 경과와 난이도, 기타 변론에 나타난 제반 사정에 비추어 그 일반의료수가가 부당하게 과다하여 신의성실의 원칙이나 형평의 원칙에 반하는 특별한 사정이 있는 경우에는 예외적으로 그와 같은 제반 사정을 고려하여 상당하다고 인정되는 범위를 초과하는 금액에 대하여는 그 지급을 청구할 수 없다."고 하여 의료인 측의 치료비

---

43) 대법원 1993. 7. 27. 선고 92다15031 판결; 대법원 2015. 11. 27. 선고 2011다28939 판결; 대법원 2016. 6. 23. 선고 2015다55397 판결.
44) 대법원 2019. 4. 3. 선고 2015다64551판결.
45) 대법원 1995. 12. 8. 선고 95다3282 판결.

부당청구를 제한하고 있다.

나. 의료계약의 해석

지금까지 의료계약의 여러 가지 특질과 관련해서 많은 권리·의무를 살펴보았는 바, 의료
계약은 이러한 특질이 상호 모순되지 않도록 체결되고 해석되어야 한다.

우선 의료계약은 환자의 이익이 우선되어야 한다. 계약시 진료행위의 구명적 성격에 의하
면 계약체결이 강제되지만, 거꾸로 전문적 성격에 의하면 일정한 수준의 노무제공을 보증하기
위하여 계약체결을 거절하여야 할 의무가 있다. 예를 들어, 응급환자가 후송되어 온 경우에는
환자의 상태 여하와는 관계없이 환자를 인수하여 생명을 잃지 않도록 최선의 치료를 해주어
야 할 의무가 있다. 그러나 교통사고로 뇌를 다쳐 수술이 필요한 환자를 상대로 단지 수술비
를 벌 목적으로 뇌수술 경험이나 능력이 없는 피부과, 안과 등 비전문의는 수술계약을 체결하
여서는 아니 되고, 전원·전과시켜야 할 의무가 있다.

또한 의사는 환자에게 정보제공의무(환자의 정보청구의 정당성)가 있지만 예를 들어, 암말기
의 우울증 환자에게 암을 고지하게 되면 자살할 우려가 높기 때문에 이러한 특별한 상황 아
래에서는 정보제공을 유보하는 것이 의료계약을 성실히 이행하는 것이다. 즉, 환자의 정보접
근권이 우선 보장되어야 하지만 환자의 정보수용능력에 따라서 정보유보의 정당성이 구체적
으로 파악되어야 한다.

이와 같이 의료계약은 언뜻 보기에는 모순이 존재하는 것처럼 보이나 기본적으로 구명성
과 전문적 노무를 제공하는 특성을 갖고 있기 때문에 다른 계약과는 다르게 보아야 한다. 그
러나 이것이 모든 면에 있어서 의료계약을 특별하게 취급하여야 하는 근거가 될 수 없음은
물론이다. 오히려 의료계약은 많은 면에 있어서 전문가를 한쪽 당사자로 하는 결과 보증없는
노무제공형계약의 한 유형으로서 특질을 갖추고 있다.

특히 최근 환자의 주체적 지위의 존중과 함께 강조되기에 이른 정보전달규범도 또한 기본
적으로는 이러한 특질과 관련이 있다. 진료행위에 고유한 특질을 지나치게 강조하는 것은 뒤
집어 보면 의료계약의 정의를 모호하게 하고, 나아가서 환자의 주체적 지위를 불명확하게 할
위험성을 안고 있다. 왜냐하면, 의사는 자칫하면 치료의 재량성, 환자의 특이체질 등을 주장
하면서 책임을 회피하려고 할 우려가 있기 때문이다. 따라서 의료계약은 환자의 주체성을 아
무리 강조해도 지나치지 않을 만큼 궁극적으로 환자의 구명성을 우선하여야 한다.

3. 계약에 근거하지 않는 진료관계[46]

진료관계가 계약에 근거하지 않는 경우로는 응급의료에 관한 법률에 의한 응급치료와 강제치료의 경우로 나눌 수 있다.

가. 응급의료에 관한 법률에 의한 응급치료

우리 의료계의 병폐 중 하나인 응급환자 치료거절 시비가 사회적 문제로 여러 차례 발생하자 국회는 1994. 1. 7. 응급의료에 관한 법률을 제정하여 시행하여 오고 있다. 이 법은 응급환자가 발생한 경우, 의료인은 환자를 인수하여 치료하여야 하도록 의무가 지워져 있고, 다른 환자에 우선하여 진료를 해야 할 응급환자 우선진료의무라는 특별의무까지 부여하고 있다. 이때 환자와 의사 사이는 의료계약이 아니라 법률에 의하여 치료의무가 설정된다.[47] 이때도 의사는 보통의 경우처럼 응급환자에게 진료비를 청구할 수 있으나, 만약 응급환자로부터 진료비를 받지 못할 경우에는 응급의료기금에 대하여 미수금의 대불을 청구할 수 있도록 대지급제도를 규정함으로써 의사의 진료비청구권을 보장하여 주고 있다(법 제22조).

이때 환자와 의사간의 법적 기초는 사무관리(민법 제3장 제734~740조)규정이 적용되나, 민법 제735조 긴급사무관리조항은 제한적으로 적용된다 할 것이다. 왜냐하면 응급환자의 치료라고 하여 고의나 중과실의 경우에만 책임을 지우는 것은 환자의 생명을 경시할 우려가 있기 때문이다. 응급환자를 119구조대나 경찰 등 국가기관에서 후송하였든, 진료비를 부담할 의사가 없는 일반인이 후송하였든 법률관계가 달라지는 것은 아니다.

나. 법적 입원 및 치료

법정감염병 감염자 및 정신질환자에 대해서는 관계 법률에 의하여 입원이나 진료가 강제되어 있다.

감염병환자에 대한 강제치료의 예로서는 감염병의 예방 및 관리에 관한 법률 제42조의 진찰·치료·입원에 있어서의 강제처분, 결핵예방법 제15조에 의한 입원명령이 있다. 이들의 경우에는 감염병이 사회 전체로 전염되는 것을 막기 위한 사회방어 차원에서 입원이 강제되는 것이다. 이때 헌법상 보장된 개인의 자유권은 공공의 위생을 위하여 제한받게 된다.

---

46) 莇 立明·中井美雄, 전게서, 80頁.
47) 제6조(응급의료의 거부금지 등) ① 응급의료기관등에서 근무하는 응급의료종사자는 응급환자를 항상 진료할 수 있도록 응급의료업무에 성실히 종사하여야 한다.
　　② 응급의료종사자는 업무 중에 응급의료를 요청받거나 응급환자를 발견하면 즉시 응급의료를 하여야 하며 정당한 사유 없이 이를 거부하거나 기피하지 못한다.

　정신질환자의 입원에 대하여는 정신건강증진 및 정신질환자 복지서비스 지원에 관한 법률[48]상 자의입원(법 제41조), 보호의무자의 동의에 의한 입원(법 제42조), 보호의무자에 의한 입원(법 제43조), 특별자치시장·특별자치도지사·시장·군수·구청장에 의한 입원(법 제44조), 응급입원(법 제50조) 등으로 구분하고 있다.

　이와 같이 법률에 의한 입원, 치료의 근거는 환자 자신이 스스로 입원, 치료 등의 필요성을 판단할 능력이 없기 때문에 사회의 안전뿐 아니라 환자를 위한다는 데 있다. 따라서 가능한 한 진료는 환자의 동의를 얻는 것이 바람직하고, 그런 의미에서 정신과진료에 있어서도 설명의무의 필요성이 있다. 그리고 이와 같이 법률에 의한 입원, 치료는 원칙적으로 국민의 건강 증진 및 유지에 관한 것이므로 국가나 당해 지방자치단체가 그 비용을 부담한다.

　대법원[49]은 구 정신보건법에 의한 요건을 갖추지 아니한 채 응급입원을 시작하였고, 그 진단결과를 원용하여 615일간 계속입원을 시킨 사건에 대하여, "정신의료기관의 장은 응급입원이 의뢰된 자에 대하여 72시간 내에 계속입원에 필요한 정신보건법 소정의 요건을 갖추지 못한 때에는 입원중인 자를 즉시 퇴원시켜야 하고, 이를 위반하여 72시간이 경과하였음에도 본인의 의사에 반하여 퇴원을 시키지 않는 경우에는 위법한 감금행위로서 불법행위가 성립하며, 이러한 위법한 감금행위가 지속되는 가운데 이루어진 절차는 위법하므로 뒤늦게 계속입원의 요건을 갖출 수도 없다. 또한 정신보건법 제24조에 따라 정신 질환자를 6월을 초과하여 입원시킬 경우에 정신의료기관의 장은 최초 입원일부터 6월이 경과하기 전에 전문의 진단, 보호의무자 동의, 심사청구 등의 절차를 모두 마쳐야 하고, 6월이 경과하였음에도 이러한 절차를 마치지 못한 경우에는 입원중인 자를 즉시 퇴원시켜야 하며, 이를 위반하는 경우에도 위와 같은 법리는 마찬가지로 적용된다."고 하여, 정신의료기관에게 불법감금행위로 인한 손해배상책임을 물었다. 또한 헌법재판소[50]는 보호의무자 2인의 동의와 정신건강의학과 전문의 1인의 진단으로 정신질환자에 대한 보호입원이 가능하도록 한 구 정신보건법(2011. 8. 4. 법률 제11005호로 개정된 것) 제24조 제1항 및 제2항(이하 '심판대상조항'이라 한다)이 신체의 자유를 침해한다고 하면서, 법적 공백을 막기 위하여 헌법불합치 결정을 한바 있다. 즉, 헌법재판소는 해당 결정에서 "심판대상조항은 정신질환자를 신속·적정하게 치료하고, 정신질환자 본인과 사회의 안전을 지키기 위한 것으로서 그 목적이 정당하다. 보호의무자 2인의 동의 및 정신건강의학과 전문의(이하 '정신과전문의'라 한다) 1인의 진단을 요건으로 정신질환자를 정신의료기관에 보호

---

48) 기존의 정신보건법에서 법률의 명칭을 변경하면서, 정신질환자의 범위를 중증정신질환자로 축소 정의하고, 전 국민 대상의 정신건강증진의 장을 신설하며, 비자의 입원·퇴원 제도를 개선하고, 정신질환자에 대한 복지서비스 제공을 추가하는 등 종래 정신보건법의 미흡한 점을 개선·보완하였다.
49) 대법원 2009. 1. 15. 선고 2006다19832 판결.
50) 헌법재판소 2016. 9. 29. 선고 2014헌가9 결정.

입원시켜 치료를 받도록 하는 것은 입법목적을 달성하는 데 어느 정도 기여할 수 있으므로 수단의 적절성도 인정된다."고 하면서도 "보호입원은 정신질환자의 신체의 자유를 인신구속에 버금가는 수준으로 제한하므로 그 과정에서 신체의 자유 침해를 최소화하고 악용·남용가능성을 방지하며, 정신질환자를 사회로부터 일방적으로 격리하거나 배제하는 수단으로 이용되지 않도록 해야 한다. 그러나 현행 보호입원 제도가 입원치료·요양을 받을 정도의 정신질환이 어떤 것인지에 대해서는 구체적인 기준을 제시하지 않고 있는 점, 보호의무자 2인의 동의를 보호입원의 요건으로 하면서 보호의무자와 정신질환자 사이의 이해충돌을 적절히 예방하지 못하고 있는 점, 입원의 필요성이 인정되는지 여부에 대한 판단권한을 정신과전문의 1인에게 전적으로 부여함으로써 그의 자의적 판단 또는 권한의 남용 가능성을 배제하지 못하고 있는 점, 보호의무자 2인이 정신과전문의와 공모하거나, 그로부터 방조·용인을 받는 경우 보호입원 제도가 남용될 위험성은 더욱 커지는 점, 보호입원 제도로 말미암아 사설 응급이송단에 의한 정신질환자의 불법적 이송, 감금 또는 폭행과 같은 문제도 빈번하게 발생하고 있는 점, 보호입원 기간도 최초부터 6개월이라는 장기로 정해져 있고, 이 또한 계속적인 연장이 가능하여 보호입원이 치료의 목적보다는 격리의 목적으로 이용될 우려도 큰 점, 보호입원 절차에서 정신질환자의 권리를 보호할 수 있는 절차들을 마련하고 있지 않은 점, 기초정신보건심의회의 심사나 인신보호법상 구제청구만으로는 위법·부당한 보호입원에 대한 충분한 보호가 이루어지고 있다고 보기 어려운 점 등을 종합하면, 심판대상조항은 침해의 최소성 원칙에 위배된다. 심판대상조항이 정신질환자를 신속·적정하게 치료하고, 정신질환자 본인과 사회의 안전을 도모한다는 공익을 위한 것임은 인정되나, 정신질환자의 신체의 자유 침해를 최소화할 수 있는 적절한 방안을 마련하지 아니함으로써 지나치게 기본권을 제한하고 있다. 따라서 심판대상조항은 법익의 균형성 요건도 충족하지 못한다."고 하여 심판대상조항은 과잉금지원칙을 위반하여 신체의 자유를 침해한다고 판시하였다.

제4절 의사의 법률상 의무

1. 서 론

가. 의 의

의사의 의무란 의사가 의료행위를 시행함에 있어서 준수해야 할 법적의무를 말하며, 이러한 의무는 민사책임은 물론 형사책임과 행정상의 책임 등을 발생시킨다. 즉, 의사의 법률상 의무는 여러 가지 유형이 있는데, 의료법상의 의무와 의료계약에 따른 민법상 의무를 포괄적으로 살펴 본다.

나. 의료법상의 의무[51]

(1) 진료의무

앞에서 살펴본 바와 같이 의료법 제15조에서는 인수거부 내지 진료거부 금지의무를 지우고 있으며, 이는 특별법인 응급의료에 관한 법률의 제정으로 더욱 강조되고 있다.

판례는 진료의무와 관련하여 교통사고 환자의 보험처리가 되지 않음을 이유로 진료를 거절한 사례[52]에서 진료거부죄를 인정한 바 있다. 사안은 트럭에 치어 치골, 장골 등 골반골 분쇄골절로 복막후강내출혈의 중상을 입은 피해자를 가해자와 그의 처가 택시에 태워 A병원 응급실에 도착하였으나 해당 병원에 수술의료진이 없으니 큰 병원으로 가라고 하여 다시 다른 택시를 타고 서울중앙병원 응급실에 내원하였으나 그곳 청원경찰 등이 이 병원은 교통사고 보험계약이 체결되어 있지 않아 교통사고환자의 보험처리가 되지 않는다고 하여 B병원에 갔으나 그곳 경비원도 의료보험환자에 대하여 재판계류 중이어서 교통사고 환자를 받을 수 없다고 하여 다시 C병원 응급실에 내원하였는데, C병원에서 피해자를 즉시 진단하고 최선의 응급처치를 행한 후 C병원의 능력으로는 충분한 치료를 할 수 없다고 판단될 시 지체없이 구급환자처치표를 환자에 부착하고 의료인을 동승시켜 충분히 치료를 할 수 있다고 인정되는 다른 의료기관으로 이송하여야 할 것임에도 불구하고 피해자의 혈압과 맥박을 측정하고 좌우동공반사검사, 청진기 진단, 팔다리의 운동제한 진단 등을 시행하여 요추부 손상으로 인한 하지

---

51) 大谷 實, 醫療行爲と法, 弘文堂, 1989, 32頁.
52) 대법원 1993. 9. 14. 선고 93도1970 판결.

신경마비 등으로만 진단하고 복강 내 출혈이 의심되는 위 환자의 엑스레이 촬영도 하지 않고 서 C병원의 능력으로 치료할 수 없으니 B병원 등 다른 큰 병원으로 가 보도록 종용하면서 구급환자처치표를 환자에게 부착하거나 의료인을 동승시키지 아니한 채 위 택시에 다시 태워 보냄으로써 구급환자에 대한 응급조치를 이행하지 아니하였고, A병원은 택시를 타고 다시 오게 된 피해자에 대하여 위 피해자가 약 1시간 전에 위 병원 응급실에 내원하였다가 보험관계로 되돌아간 후 다시 내원한 응급환자인 사실을 알면서도 택시의 열린 조수석 문을 통하여 위 환자를 들여다보고 심한 외상이나 출혈이 없는 것만을 확인하고 피해자가 허리가 아프다고 하자 응급실 진료보조원 병이 환자를 더 안전하게 옮기기 위하여 응급실로 홑이불을 가지러 간 사이에 위 택시 옆에 서 있던 가해자가 의료인 甲에게 우리가 가해자이고 B병원을 거쳐 왔는데 여기서는 보험처리가 되느냐고 묻자 甲이 우리 병원은 보험회사와 계약이 체결되어 있지 아니하여 교통사고 환자의 보험처리가 되지 않으며, 응급환자는 처치가 가능하나 입원할 경우에는 치료비가 많이 나오는데 우선 개인이 부담하고 퇴원 시 개인적으로 보험청구를 하여야 한다고 하고 이 병원에서는 치료하다가 다른 병원으로 옮기려고 하여도 그 서류절차가 복잡하다는 말을 하고 甲도 우리 병원은 자동차 보험이 되는 병원보다 진료비가 많이 나오고 엑스레이 5~6장을 찍어도 돈이 꽤 나온다는 말을 하고 甲이 다시 D병원과 E병원은 보험회사와 계약이 되어 있으니 그 병원으로 가 보라고 말하여 택시로 D병원으로 이동 중 피해자가 사망한 사건이다.

대법원은 의사의 국민의 건강을 보호·증진해야 할 의무가 있음을 중시하는 측면에서 진료거부를 인정한 원심의 판시를 정당하다고 보고, 진료거부로 인한 의료법위반죄와 응급조치불이행으로 인한 의료법위반죄가 모두 성립하며 양자를 상상적 경합관계로 판시하였다.[53]

(2) 진단서 등 작성·교부의무

의료법 제17조 제1항은 직접 진찰하거나 검안(檢案)한 의사(검안서에 한하여 검시(檢屍)업무를 담당하는 국가기관에 종사하는 의사를 포함한다), 치과의사, 한의사가 아니면 진단서·검안서·증명서를, 제2항은 의사·한의사·조산사만이 출생·사망 또는 사산의 증명서를 발부할 수 있도록 하고 있다.[54] 의료법 제17조 제3항, 제4항은 이러한 진단서나 증명서의 발급을 정당한

---

53) 한편 A병원을 떠난 후 짧은 시간 내에 피해자가 사망하였으므로 피해자의 사망이 불가피하였고 응급조치를 피해자에 대하여 취하였다고 하더라도 사망을 피할 수 없었으므로 응급의료종사자의 응급의료 필요성이 존재하지 않는다는, 인과관계 판단의 측면에서 응급의료거부죄의 성립을 부정하는 견해로는 이상돈, 진료거부와 응급의료거부, 고려대학교 법학논집 제33집, 1997, 495면.
54) 다만, 진료 중이던 환자가 최종 진료 시부터 48시간 이내에 사망한 경우에는 다시 진료하지 아니하더라도 진단서나 증명서를 내줄 수 있으며, 환자 또는 사망자를 직접 진찰하거나 검안한 의사·치과의사 또는 한

이유 없이 거부할 수 없도록 진단서의 작성·교부의무를 규정하고 있다. 또한 처방전에 대하여 의료법 제17조의2는 제1항에서 '의료업에 종사하고 직접 진찰한 의사, 치과의사 또는 한의사가 아니면 처방전(의사나 치과의사가 전자서명법에 따른 전자서명이 기재된 전자문서 형태로 작성한 처방전을 포함한다)을 작성하여 환자에게 교부하거나 발송하지 못하며, 의사, 치과의사 또는 한의사에게 직접 진찰을 받은 환자가 아니면 누구든지 그 의사, 치과의사 또는 한의사가 작성한 처방전을 수령하지 못한다.'고 규정하고 있다. 한편 현행 의료법은 동조 제2항에서 일정한 경우의 대리처방을 허용하고 있다. 즉, 의사, 치과의사 또는 한의사는 환자의 의식이 없는 경우 혹은 환자의 거동이 현저히 곤란하고 동일한 상병(傷病)에 대하여 장기간 동일한 처방이 이루어지는 경우로서, 해당 환자 및 의약품에 대한 안전성을 인정하는 경우에는 환자의 직계존속·비속, 배우자 및 배우자의 직계존속, 형제자매 또는 노인복지법 제34조에 따른 노인의료복지시설에서 근무하는 사람 등 대통령령으로 정하는 사람 — 대리수령자라 한다 — 에게 처방전을 교부하거나 발송할 수 있으며 대리수령자는 환자를 대리하여 그 처방전을 수령할 수 있다.

(가) 직접 진료성 문제

의료법에서는 진료에 대하여 어떤 의의도 규정하고 있지 않고, 진료(진찰)에 있어 직접진료가 원칙인지 여부에 대하여도 명시적으로 정한바 없으므로 이는 의료법 조항의 규정취지와 체계에 비추어 유기적으로 해석을 할 수 밖에 없다고 할 것이다.[55] 그리고 이에 관하여는 현행 의료법과 구 의료법에서 여러 차례 실제 사건을 통하여 대법원과 헌법재판소에서 각각 문제가 되었다.

대법원[56]은 2007. 4. 11. 개정되기 전의 구 의료법 제17조 제1항의 해석과 관련하여 "위 개정 전 조항에서 '자신이 진찰한 의사'만이 처방전 등을 발급할 수 있다고 한 것은 그 문언의 표현으로 볼 때 의사라 하더라도 당해 환자를 스스로 진찰한 바가 없이 진료기록만을 보거나 진찰내용을 전해 듣기만 한 것과 같은 경우에는 그 환자에 대한 처방전 등을 발급해서는 안된다는 것, 즉 처방전 등의 발급주체를 제한한 규정이지 진찰방식의 한계나 범위를 규정한 것

의사가 부득이한 사유로 진단서·검안서 또는 증명서를 내줄 수 없으면 같은 의료기관에 종사하는 다른 의사·치과의사 또는 한의사가 환자의 진료기록부 등에 따라 내줄 수 있고(법 제17조 제1항 단서), 마찬가지로 직접 조산한 의사·한의사 또는 조산사가 부득이한 사유로 증명서를 내줄 수 없으면 같은 의료기관에 종사하는 다른 의사·한의사 또는 조산사가 진료기록부 등에 따라 증명서를 내줄 수 있다(법 제17조 제2항 단서).

55) 장연화·백경희, 의사의 대면진료의무와 의료법 제17조 제1항의 해석에 대한 소고, 법학논집 제17권 제4호, 2013. 6. 324－325면.
56) 대법원 2013. 4. 11. 선고 2010도1388 판결.

은 아님이 분명하다. 의사가 환자를 진찰하는 방법에는 시진, 청진, 촉진, 타진 기타 여러 가지 방법이 있다 할 것인데, '자신이' 진찰하였다는 문언을 두고 그중 대면진찰을 한 경우만을 의미한다는 등 진찰의 내용이나 진찰 방법을 규제하는 것이라고 새길 것은 아니다."라고 판단하였고, 2007. 4. 11. 개정 후의 구 의료법 제17조 제1항과 관련하여서는 "위 조항에서 사용된 '직접'의 문언적 의미는 중간에 제3자나 매개물이 없이 바로 연결되는 관계를 뜻하므로, 문언해석만으로 곧바로 '직접 진찰한 의사'에 전화 등으로 진찰한 의사가 포함되는지 여부를 판단하여 단정하기는 어렵다고 보인다. 따라서 가능한 문언의 의미 내에서 위 규정의 입법 취지와 목적 등을 고려한 법률체계적 연관성에 따라 그 문언의 의미를 분명히 밝히는 체계적·논리적 해석방법이 필요하다. 그런데 위 개정 후 조항 단서에서는 '환자를 직접 진찰한 의사가 부득이한 사유로 진단서·검안서 또는 증명서를 내줄 수 없으면 같은 의료기관에 종사하는 다른 의사가 환자의 진료기록부 등에 따라 내줄 수 있다.'라고 규정하고 있으므로, 단서의 반대해석상 위 '직접' 진찰은 '자신이' 진찰한 것을 의미하는 것으로 볼 수 있다."라고 하여 개정 후 조항에서 규정한 '직접 진찰한 의사'의 의미는 개정 전 조항의 '자신이 진찰한 의사'와 동일한 것으로 파악하였다.

반면 헌법재판소[57]는 2007. 4. 11. 개정 후의 구 의료법 제17조 제1항과 관련하여 "이 사건 법률조항 중 '직접'의 사전적 의미, 이 사건 법률조항의 입법연혁, 의료법 관련 규정들을 종합적으로 고려하면, 이 사건 법률조항에서 말하는 '직접 진찰한'은 의료인이 '대면하여 진료를 한'으로 해석되는 외에는 달리 해석의 여지가 없고, 결국 이 사건 법률조항은 의료인의 '대면진료 의무'와 '진단서 등의 발급주체' 양자를 모두 규율하고 있다. 또한, 이 사건 법률조항은 일반 국민을 대상으로 하지 않고 의료인을 수범자로 한정하고 있는바, 통상적인 법감정과 직업의식을 지닌 의료인이라면 이 사건 법률조항이 규율하는 내용이 대면진료를 한 경우가 아니면 진단서 등을 작성하여 교부할 수 없고 이를 위반한 경우 형사처벌을 받게 된다는 것임을 인식하고 이를 의료행위의 기준으로 삼을 수 있으며, 또한 이 사건 법률조항의 내용은 이를 위반한 행위에 대한 형사소송에서 법관의 통상적인 해석·적용에 의하여 보완될 수 있으므로, 법 집행당국의 자의적인 집행의 가능성 또한 예상되지 않는다."라고 하여 위 규정은 대면진료 의무를 규율한 것이며, 동조항이 죄형법정주의의 명확성원칙에 위배된다고 할 수 없다고 판단하였다.

이러한 '직접 진료'에 대한 의료법의 해석은 의료법상의 원격의료가 도입된 현시점에 있어서 상당한 문제점을 가지고 있다. 원격의료는 궁극적으로 의사의 직접적인 치료 없이 집에서

---

57) 헌법재판소 2012. 3. 29. 선고 2010헌바83 결정.

컴퓨터나 전화로 치료받는 재택진료를 지향하고 있다. 외국에서는 말기 암환자 혹은 활동이 어느 정도 가능하기 때문에 입원까지는 필요없는 심장질환자에게 이러한 원격의료를 실시하고 있다고 한다. 이때 의사에게 직접 진료를 전제로 한 현행 의료법에 비추어 원격의료나 재택의 비대면진료[58]가 직접 진료의무 위반이 아닌가에 많은 논란이 위 대법원과 헌법재판소의 사건에서 존재하였고 현재에도 계속되고 있다.[59] 앞서 언급한 2007. 4. 11. 의료법이 개정되기 전과 후의 '자신이 진찰한 의사'와 '직접 진찰한 의사'의 해석을 하면서 대법원은 의료법상 원격의료와의 관계에 관하여도 언급하였다. 즉, 대법원은 "위 개정 후 조항에서는 '직접 진찰'이라는 용어를 사용하고 있는 데 반하여, 같은 의료법 제34조 제3항에서는 '직접 대면하여 진료'라는 용어를 사용하고 있어서 의료법 내에서도 '직접 진찰'과 '직접 대면진찰'을 구별하여 사용하고 있고, 의료법 제33조, 제34조 등에서 원격의료가 허용되는 범위에 관하여 별도의 규정을 두고 있으므로, 전화로 진찰하는 행위가 의료법상 허용되는 원격의료에 해당하는지는 위 조항에서 규율하는 것이 의료법의 체계에 더 부합한다고 볼 수 있다. 이와 더불어 의료법은 국민이 수준 높은 의료 혜택을 받을 수 있도록 국민의료에 필요한 사항을 규정함으로써 국민의 건강을 보호하고 증진하는 데에 목적이 있으므로(제1조), 그에 반하지 않는 한도 내에서 국민의 편의를 도모하는 방향으로 제도를 운용하는 것을 금지할 이유가 없는 점, 국민건강보험제도의 운용을 통하여 제한된 범위 내에서만 비대면진료를 허용한다거나 보험수가를 조정하는 등으로 비대면진료의 남용을 방지할 수단도 존재하는 점, 첨단기술의 발전 등으로 현재 세계 각국은 원격의료의 범위를 확대하는 방향으로 바뀌어 가고 있다는 점도 고려할 필요가 있다."라고 판단하여 의사가 전화로 환자를 진찰하는 행위가 원격의료에 해당하는 양태인지는 별개의 문제라고 하면서도 원격의료로 파악될 수 있는 여지를 남겨두었다.[60]

(나) 직접 진료한 의사 등이 없는 경우

소송이나 보험청구시 몇 년 전의 진단서나 증명서의 발급을 요구할 때가 종종 있다. 진료한 의사나 치과의사·한의사 등이 재직하고 있으면 문제가 없으나, 담당의가 이미 퇴사를 하였거나 사망한 경우 후임의사가 당시의 진료기록을 보고 진단서나 증명서를 발급하는 경우가 대학병원 등 대형병원에서 자주 있다.

이 경우 후임의사가 마치 자신이 직접 진단이나 치료한 것으로 진단서 등을 작성한 때에는 위법이지만, 진료기록을 근거로 하여 작성하고 그러한 취지가 기재된 경우에는 적법하다고 해

---

58) 감염병예방법 제49조의3에서는 의료인, 환자 및 의료기관 보호를 위하여 감염병과 관련하여 심각 단계 이상의 위기경보가 발령된 때에 한시적으로 비대면진료를 허용할 수 있는 조문을 신설하기도 하였다.
59) 대법원 2020. 11. 12. 선고 2016도309 판결; 대법원 2020. 11. 5. 선고 2015도13830 판결.
60) 백경희, 전화를 활용한 진료의 허용 가능성에 관한 고찰, 사법 제56호, 2021, 17－18면.

석해야 할 것이다. 왜냐하면 직접 진료하였던 의사가 인식한 사실을 근거로 하여 진단서 발급만을 대행하였다고 보아야 하기 때문이다.

(다) 허위진단서 등 발급문제

진단서는 권리·의무의 발생, 소멸 기타 법률관계를 증명하는 중요한 증거서류이므로 여러 가지 문제가 생긴다.

첫째, 의사가 잘못된 감정을 하여 손해를 끼쳤다면 당연히 민사상 손해배상책임이 있다. 예를 들어, 의료사고로 피해를 입은 피해자에 대한 신체감정을 의뢰받은 의사가 동료의사를 보호하기 위하여 실제로 입은 피해보다 노동능력이 적게 상실된 것처럼 신체감정을 하였다면 손해를 배상하여야 할 것이다.

둘째, 의사가 폭력조직이나 범죄단체 기타 의뢰인으로부터 협박받아 허위진단서를 작성한 경우의 문제를 생각할 수 있다. 형법 제22조는 '① 자기 또는 타인의 법익에 대한 현재의 위난을 피하기 위한 행위는 상당한 이유가 있을 때에는 벌하지 아니한다. ② 위난을 피하지 못할 책임이 있는 자에 대하여는 전항의 규정을 적용하지 아니한다.'라고 규정하고 있다. 그러므로 의사가 진단서를 발급할 때의 구체적 상황을 고려하여 경찰·검찰 등 수사기관에 신고할 수 있는 여유가 없는 상태였는지를 판단하여야 할 것이다. 예를 들어 진단서를 작성할 수밖에 없는 상황이었는가, 거부하는 것을 기대할 수 없었는가 등을 살펴 면책 여부를 결정하여야 할 것이다. 다만 면책을 받기 위하여는 위해상황이 해제된 즉시 이를 신고하고, 적확한 진단서를 새로 발급하여야 할 것이다.

(3) 변사체의 신고의무

의료법 제26조는 '의사·치과의사·한의사 및 조산사는 사체를 검안하여 변사한 것으로 의심되는 때에는 그 소재지를 관할하는 경찰서장에게 신고하여야 한다.'라고 규정하고 있다.

이 의무는 일종의 범죄수사상의 협력의무이므로 범죄혐의가 없다는 명백한 증거가 없는 경우에는 신고하여야 하며, 반드시 범죄피해의 의심이 있을 경우에 한정되는 것은 아니다. 예를 들어, 자연사나 질병사가 아닌 경우가 외관상 명백하지 않는 경우는 경찰서장에게 신고하여 부검을 하여야 할 것이다.

(4) 기타 의무

기타 의사는 의료법상 다음과 같은 의무를 진다.

(가) 태아의 성 감별 행위 등의 금지의무(의료법 제20조)

남아선호사상의 팽배로 남녀비율이 심한 불균형을 이루면서 사회문제가 되자 1987. 11. 28. 의료법 제19조의2를 신설하게 되었다. 이는 선택출산과 낙태를 방지하기 위함이었다. 다만, 선택출산과는 무관하게 이미 임신 주수(週數)가 상당하여 임신중절이 불가능한 때까지 태아의 성 감별 행위를 금지하는 것은 불필요하다고 보아 동조는 헌법재판소의 헌법불합치 결정61)으로 인하여 임신 32주 이후부터는 의료인이 태아의 성을 고지하는 것은 가능하다고 개정되었다.

(나) 진료기록의 기재 · 보존의무(의료법 제22조, 의료법 시행규칙 제15조) 및 기록 열람 · 사본 교부 의무(의료법 제21조, 의료법 시행규칙 제13조의3)

의료인은 각각 진료기록부를 기록하고 서명하여야 하며, 일정기간 보존하여야 한다. 또한 환자 본인을 비롯하여 일정범위의 요건을 갖춘 자에 대하여는 진료기록을 열람하게 하거나 사본을 교부하여 그 내용을 확인할 수 있게 하여야 한다.

(다) 약제용기 등에의 일정사항 기재 및 의약품정보의 확인의무(의료법 제18조 제5항 및 제18조의2, 의료법시행규칙 제13조의2)

의사 · 치과의사 또는 한의사가 환자에게 교부하는 약제의 용기 또는 겉봉에는 내외용의 구분 · 용법 · 용량 · 교부연월일 · 환자의 성명 · 의료기관의 명칭 · 소재지를 기재하여야 한다. 이러한 기재를 잘못하여 약을 오 · 남용한 경우 의료인은 책임을 져야 할 것이다. 또한 의사 및 치과의사는 처방전을 작성하거나 약사법에 따라 의약품을 자신이 직접 조제하는 경우에는 의약품정보를 미리 확인하여야 한다.

(라) 요양방법 등에 대한 지도(설명)의무(의료법 제24조)

의료법 제24조에서 요양방법 지도의무라는 제하에 '의료인은 환자나 환자의 보호자에게 요양방법이나 그 밖에 건강관리에 필요한 사항을 지도하여야 한다.'고 규정하고 있다. 그러므로 환자가 진료 중 또는 진료 후에 있어 발생이 예견되는 위험 내지 악결과를 사전에 회피할 수 있도록 의사가 환자에게 대처방법 등을 알려주고, 환자는 그에 따라야 한다. 해당 법규정과 그에 전제된 의료관계의 본질상 의사는 환자에 대한 치료와 아울러 환자가 제대로 회복될

---

61) 헌법재판소 2008. 7. 31. 선고 2005헌바90 결정.

수 있도록 지도·설명할 의무가 전제되어 있는 것으로서, 이는 치료 중 내지 치료 후 요양과정에서 위험의 예방과 안전, 치료를 위한 환자의 주의 내지 행동지침을 고지하는 것이며, 환자는 이를 준수하여야 할 의무가 있다는 것이다.[62]

판례는 이러한 의사의 지도의무 혹은 지도설명의무는 의료법 제24조를 근거로 진료상 주의의무의 일부[63]로 파악하고, 환자의 자기결정권 내지 승낙과 연계된 설명의무와 구별하고 있다.[64] 그 차이로는 전자의 지도의무는 의료행위 일부로 포섭되고 환자의 자기결정권에 의한 선택 가능성이 배제되기 때문에 의료상의 본래 과실로 논의되는 반면, 후자의 설명의무는 진료행위와 별도로 이행청구가 가능하다는 데에 있다. 즉, 지도설명의무는 의료기술적 주의의무, 진료상 주의의무에 해당되므로 이를 위반하고, 그 위반행위가 환자에게 발생한 사상 등의 악결과와의 사이에 인과관계 및 위법성 관련성이 있다면 전손해의 배상이 가능하다.[65]

대법원[66]도 패혈성 쇼크사망 사건에 대해서 "수술 후 회복과정에서 발생될 있는 위험성, 임상증상과 대처방법 등에 관하여 자세히 지도설명을 해주어 환자가 예상되는 부작용, 합병증으로 인한 사망, 불가역적 손상을 미연에 방지하고 위험이 발생할 경우 스스로 회피하거나 대처할 수 있을 정도로 이행"되어야 한다고 하고, "입원 중, 퇴원 시, 퇴원 후 모두 지도할 의무가 있다."고 하여 지도(설명)의무를 인정하였다.

(마) 부당한 경제적 이익 등의 취득 금지(의료법 제23조의5)

의료인, 의료기관의 개설자 및 종사자는 원칙적으로 의약품 품목허가 또는 신고를 한 자, 의약품 수입자, 의약품 도매상으로부터 의약품 채택·처방유도 등 판매촉진을 목적으로 제공되는 금전, 물품, 편익, 노무, 향응, 그 밖의 경제적 이익을 받아서는 안 되며, 의료기기 제조업자나 수입업자, 판매업자, 임대업자로부터 의료기기 채택·사용유도 등 판매촉진을 목적으

---

62) 안법영·백경희, 설명의무와 지도의무-설명의무에 관한 최근 판례의 동향-, 안암법학 제40호, 2013, 133-136면.

63) 김기영, 의약품의 사용설명서와 부작용에 대한 의사의 설명의무-대법원 2005. 4. 29. 선고 2004다64607 판결을 중심으로-, 법조 제635집, 2009. 8. 250면.

64) 백경희·장연화, 의료판례의 동향과 문제, 한국의료법학회지 제26권 제1호, 2018, 242-243면.

65) 안법영·백경희, 설명의무와 지도의무, 148면.

66) 대법원 2021. 12. 30. 선고 2017다212316 판결; 대법원 1999. 3. 26. 선고 98다45379, 45386 판결은 금연지도의무 불이행사건에 대하여 "일반적으로 의료행위에는 통상 진단과 치료 외에 환자에 대한 요양지도도 포함되고, 이러한 요양지도는 환자의 질병, 연령, 성별, 성격, 교양의 정도 등에 응하여 진료의 각 단계에서 적절한 시기에 환자의 상황에 따라 구체적으로 이루어져야 할 것인바, 통상 입원환자들은 환자 자신을 위해서나 다른 환자들의 보호를 위해서도 금연이 요구되고, 특히 수술환자에 있어서는 그 필요가 더욱 크다고 할 수 있으므로, 입원환자나 수술환자들의 금연에 대한 지시 혹은 지도는 의료종사자들의 요양지도의 한 구체적 내용을 이룬다고 할 것이다."라고 하여 입원 중에도 요양방법지도가 구체적으로 이행되어야 한다고 판시하였다.

로 제공되는 경제적 이익 등을 받아서는 안 된다.[67]

(바) 수술실 내 폐쇄회로 텔레비전의 설치 · 운영(의료법 제38조의2)

의료기관에서 수술을 하는 과정에서 의료사고가 발생하거나 비자격자에 의한 대리수술이나 마취된 환자에 대한 성범죄 등 불법행위가 발생하고 있으나, 수술실은 외부와 엄격히 차단되어 있어 의료과실이나 범죄행위의 유무를 규명하기 위한 객관적 증거를 확보하기 어려웠다. 그러한 연유로 의료기관의 수술실 내부에 폐쇄회로 텔레비전을 설치하도록 하고 환자 또는 환자의 보호자가 요청하는 경우 수술 장면을 촬영하도록 의무화함으로써, 수술실 안에서 발생할 수 있는 불법행위를 효과적으로 예방하고 의료분쟁 발생 시 적정한 해결을 도모하려는 목적으로 2021. 9. 24. 의료법을 일부개정하면서 의료법 제38조의2를 신설하였다. 동조 제1항에서는 '전신마취 등 환자의 의식이 없는 상태에서 수술을 시행하는 의료기관의 개설자는 수술실 내부에 개인정보보호법 및 관련 법령에 따른 폐쇄회로 텔레비전을 설치하여야 한다.'고 하여 수술실 내부에 소위 'CCTV' 설치의무를 의료기관 개설자에게 부과하였다.[68]

(사) 의료관련 감염 예방의무(의료법 제47조)

일정 규모 이상의 병원급 의료기관의 장은 의료관련감염 예방을 위하여 감염관리위원회와 감염관리실을 설치 · 운영하고 보건복지부령으로 정하는 바에 따라 감염관리 업무를 수행하는 전담 인력을 두는 등 필요한 조치를 하여야 한다.

(아) 광고의 제한

① 의료법상 의료광고 규제

의료인은 학술 목적 이외의 의료광고가 금지되어 있으며, 광고를 하더라도 과대광고를 하지 못하게 의무 지워져 있다.

현행법상 의료광고에 관한 직접적인 규정은 의료법 제56조와 제57조에서 규율하고 있는데, 동조항은 의료광고에 관하여 의료행위의 공익성과 비영리성이라는 특수성에 기인하여 의료기관 간의 과당경쟁 방지와 저질화를 막기 위하여 타 상업광고보다 강도 높은 규제를 하고 있다.[69] 종래 의료법은 의료광고에 관하여 공익성을 근거로 허용되는 광고만을 규정하는 포

---

67) 다만, 예외적으로 견본품 제공, 학술대회 지원, 임상시험 지원, 제품설명회, 대금결제조건에 따른 비용할인, 시판 후 조사 등의 행위(이하 "견본품 제공등의 행위"라 한다)로서 보건복지부령으로 정하는 범위 안의 경제적 이익등인 경우에는 그러하지 아니하다(동조 제1항 단서 및 제2항 단서).

68) 단, 제도의 시행일이 2023. 9. 25.로 되어 있다.

69) 보건의료 부분에서는 소비자가 광고내용을 제대로 평가하기 어렵다는 이유로 광고의 정보제공 효과보다는

지티브방식에 의하여 규제하다가, 헌법재판소의 위헌결정[70] 이후 금지되는 광고만을 규정하는 네거티브방식으로 개정하였다. 헌법재판소는 인터넷 홈페이지에 의사의 진료사진, 연수경력, 진료방법에 관한 광고를 하였다고 하여 의료법위반죄로 기소된 사건에 대하여, "의료인의 기능이나 진료방법에 대한 광고가 소비자들을 기만하는 것이거나, 소비자들에게 정당화되지 않은 의학적 기대를 초래 또는 오인하게 할 우려가 있거나, 공정한 경쟁을 저해하는 것이라면, 국민의 보건과 건전한 의료경쟁 질서를 위하여 규제가 필요하다. 그러나 객관적인 사실에 기인한 것으로서 소비자에게 해당 의료인의 의료기술이나 진료방법을 과장함이 없이 알려주는 의료광고라면 이는 의료행위에 관한 중요한 정보에 관한 것으로서 소비자의 합리적 선택에 도움을 주고 의료인들 간에 공정한 경쟁을 촉진하므로 오히려 공익을 증진시킬 수 있다."며, 포지티브방식에 의한 규제는 헌법 제37조 제2항의 비례의 원칙에 위배하여 표현의 자유와 직업수행의 자유를 침해하는 위헌이라고 판시하였다.

의료법 제56조에서는 제1항에서 의료기관 개설자, 의료기관의 장 또는 의료인이 아닌 자는 의료에 관한 광고를 하지 못하도록 하여 의료광고를 행할 수 있는 주체를 제한하고 있고, 그 내용과 관련하여서도 ① 보건복지부장관의 신의료기술 평가를 받지 아니한 신의료기술에 관한 광고, ② 환자에 관한 치료경험담 등 소비자로 하여금 치료 효과를 오인하게 할 우려가 있는 내용의 광고, ③ 거짓된 내용을 표시하는 광고, ④ 다른 의료인등의 기능 또는 진료 방법과 비교하는 내용의 광고, ⑤ 다른 의료인등을 비방하는 내용의 광고, ⑥ 수술 장면 등 직접적인 시술행위를 노출하는 내용의 광고, ⑦ 의료인등의 기능, 진료 방법과 관련하여 심각한 부작용 등 중요한 정보를 누락하는 광고, ⑧ 객관적인 사실을 과장하는 내용의 광고, ⑨ 법적 근거가 없는 자격이나 명칭을 표방하는 내용의 광고, ⑩ 신문, 방송, 잡지 등을 이용하여 기사(記事) 또는 전문가의 의견 형태로 표현되는 광고, ⑪ 광고심의를 받지 아니하거나 심의받은 내용과 다른 내용의 광고, ⑫ 영리·목적 유인행위와 연계된 외국인환자를 유치하기 위한 국내광고, ⑬ 소비자를 속이거나 소비자로 하여금 잘못 알게 할 우려가 있는 방법으로 비급여 진료비용을 할인하거나 면제하는 내용의 광고, ⑭ 각종 상장·감사장 등을 이용하는 광고 또는 인증·보증·추천을 받았다는 내용을 사용하거나 이와 유사한 내용을 표현하는 광고,[71] ⑮

소비자기만 효과에 더 논의의 초점이 맞추어지면서 광고에 대한 규제가 지속되었다; 권순만·이주선, 의료체계 경쟁력 강화를 위한 규제개혁 방안 연구, 한국경제연구원, 2005, 41-42면, 이때 광고규제는 실제로 기만이 발생하여야만 규제할 수 있는 것이 아니라 소비자를 오도할 경향이나 능력(ten-dency or capacity to mislead)이 있는 광고는 기만적이라 판단하여 규제의 대상이 되어야 한다는 것이다; 박민, 의료광고의 현황과 문제점-의료법시행령과 시행규칙 개정안을 중심으로-, 현대공법이론의 제문제, 천봉석종현박사 화갑기념논문집 편찬위원회, 2003, 936면.

70) 헌법재판소 2005. 10. 27. 선고 2003헌가3 결정.
71) 다만, 의료기관 인증을 표시한 광고, 중앙행정기관·특별지방행정기관 및 그 부속기관, 「지방자치법」 제

그 밖에 의료광고의 내용이 국민건강에 중대한 위해를 발생하게 하거나 발생하게 할 우려가 있는 것으로서 대통령령으로 정하는 내용의 광고를 금하고 있다. 그리고 광고의 형식과 관련하여서 ① 방송법상의 방송, ② 국민의 보건과 건전한 의료경쟁의 질서를 유지하기 위하여 제한할 필요가 있는 경우로서 대통령령으로 정하는 방법으로는 행할 수 없도록 하고 있다. 그리고 그 구체적인 의료광고의 금지기준은 대통령령인 의료법 시행령을 통하여 규율하고 있다.

위와 같은 의료광고에 관한 규제는 기본적으로 의료행위가 지니는 공익성과 비영리성을 토대로 한 것이다.

② 의료정보 제공을 통한 국민의 알 권리 보호와 의료인의 광고의 자유 등의 보장

㉮ 국민의 알 권리 보호

의료정보의 편중성이라는 의료서비스의 특성으로 인하여 다수의 환자들은 의료법인이나 의료기관, 의료인에 대한 정보에 접근하지 못하는 것은 헌법 제21조에서 보장하고 있는 국민의 알 권리와 배치되는 측면이 있다. 오늘날 환자들은 알 권리에 근거한 소비자주권으로서 의료법인이나 의료기관, 의료인에 대한 정보를 제공받아 공유하고 이를 통해 보다 나은 의료서비스를 제공하는 곳을 취사·선택할 권리가 있다. 과거에는 소비자인 환자 측이 학력수준이 낮고 판단능력이 부족하였기 때문에 의료법인·의료기관·의료인이 행하는 의료광고를 규제하여야 할 공공복리상의 필요성이 존재하였는 바, 이는 의료인의 기능, 진료방법 등에 관한 의료광고를 규제할 공공복리상의 필요성은 허위 또는 과장광고로부터 의료소비자를 보호하고, 현대의학상 안전성이 검증되지 않은 의료인의 기능이나 진료방법에 관한 광고로 인한 불필요한 의료행위나 의료사고를 방지하고, 환자유치를 위한 무분별한 광고의 과다경쟁으로 인한 의료질서의 문란 또는 불필요한 국민적 총의료비의 증가를 방지하는 데 있었다.[72] 반면 오늘날 대부분의 소비자들은 다양한 정보매체를 통해 의견을 접하고 소비자 스스로가 판단능력을 갖추고 있기 때문에 이러한 상황에서 불합리한 사실에 기초하여 소비자를 현혹시킬 수 있는 허위·과대 의료광고 외에 객관적 근거를 둔 의료인의 기능이나 진료방법 등 의료행위의 기본적인 정보를 제공하는 의료광고까지 일괄적으로 규제한다면 이는 국민의 알 권리를 침해하는 문제의 소지가 있다.[73]

2조에 따른 지방자치단체 또는 「공공기관의 운영에 관한 법률」 제4조에 따른 공공기관으로부터 받은 인증·보증을 표시한 광고, 다른 법령에 따라 받은 인증·보증을 표시한 광고, 세계보건기구와 협력을 맺은 국제평가기구로부터 받은 인증을 표시한 광고 등 대통령령으로 정하는 광고는 가능하다.
72) 헌법재판소 2005. 10. 27. 선고 2003헌가3 결정.
73) 백경희, 현행법상 의료법인의 비영리성과 문제점, 의료법학 제8권 제2호, 2007, 294－295면.

⑭ 의료법인 · 의료기관 · 의료인의 광고의 자유 보장

의료법인 · 의료기관 · 의료인의 경우 의료법상 의료광고에 관한 규제를 받고 있지만 의료광고를 행할 수 있다는 점에서 헌법 제21조 제1항의 보호 범위 내인 광고의 자유가 기본적으로는 존재한다고 볼 수 있다.[74]

그러나 의료광고의 경우 공익성과 비영리성에 관한 규제가 존재한다는 점, 그리고 그 표현내용의 검증을 현실적으로 행하기가 수월하지 아니하다는 점에서[75] 순수한 상업적 영리광고와는 다른 특성을 갖는다는 점에서 과연 그 광고의 자유의 한계가 어디까지인지가 문제되고 있다.[76] 일례로 미국의 경우 Bigelow v. Virginia 사건에서 Bigelow가 잡지에 '바라지 않는 임신을 도와준다'는 낙태수술 광고를 게재한 사건의 연방대법원 판결에서 광고가 영리적 언론에 속한다는 이유만으로 표현의 자유를 박탈하는 것은 부당하다고 보아 규제필요성과의 비교형량을 통해 헌법적 보호를 받아야 한다고 하면서 낙태광고에 대한 관심은 대중에게 제공되는 정보라는 측면도 부정할 수 없다고 하면서 의료광고의 표현의 자유를 인정한 바 있다.[77]

③ 판례의 태도

㉮ 의료광고가 법위반에 해당하는 경우

1) 의사 경력사항의 허위 · 과대광고 사건[78]

대법원은 의사가 개원 인사장에 경력을 인쇄하여 이웃 집집마다 200장 가량 배포한 행위에 대하여 "경력과 진료방법에 관하여 의료법 시행규칙 제33조가 정한 바에 따르지 아니한 유인물을 인쇄하여 배부하는 방법에 의하여 광고를 하였고 그 기재에 의료법 소정의 병원이 아닌 의원을 병원으로 기재하고, 진료과목인 신경외과와 전문과목인 정형외과를 따로 표시하지 아니하고 '정형외과, 신경외과 병원 원장, 전문의'라고 표시하여 마치 정형외과와 신경외과 양과의 전문의인 것처럼 오인 혼동을 일으키게 할 수 있는 기재를 하였다면 이러한 광고는

---

74) 헌법은 '제21조 제1항에서 모든 국민은 언론 · 출판의 자유를 가진다.'라고 규정하여 현대 자유민주주의의 존립과 발전에 필수불가결한 기본권으로 언론 · 출판의 자유를 강력하게 보장하고 있는 바, 광고물도 사상 · 지식 · 정보 등을 불특정다수인에게 전파하는 것으로서 언론 · 출판의 자유에 의한 보호를 받는 대상이 된다.; 헌법재판소 1998. 2. 27. 선고 96헌바2 결정; 헌법재판소 2002. 12. 18. 선고 2000헌마764 결정.
75) 이호용, 의료광고의 규제완화가능성에 대한 법적 검토, 인권과 정의 제317호, 대한변호사협회 2003. 1. 118 – 119면 참조.
76) 백경희, 의료법상 환자유인행위와 의료광고의 관계에 관한 일별, 한국의료법학회지 제20권 제2호, 2012, 139 – 143면.
77) 이호용, 의료광고규제의 법적 문제, 법과 정책연구 제2집 제1호, 2002, 153 – 154면.
78) 대법원 1983. 4. 12. 선고 82누408 판결.

허위과대광고에 해당한다."고 하였다.

　2) 의료인의 기능이나 진료방법에 대한 과대광고 사건[79]

　대법원은 사건의 원심판결[80]에서 "의료법은 국민의료에 관하여 필요한 사항을 규정함으로써 의료의 적정을 기하여 국민의 건강을 보호증진함을 목적(동법 제1조)으로 하는 것으로, 구 의료법 제46조 제3항[81]은 누구든지 특정의료기관이나 특정의료인의 기능, 진료방법, 조산방법이나 경력 또는 약효 등에 관하여 대중광고, 암시적 기재, 사진, 유인물, 방송, 도안 등에 의하여 광고를 하지 못한다고 규정하고 있으며, 동조 제4항[82] 및 동법시행규칙 제33조 제1항[83]에 의하면 의료인이 할 수 있는 의료광고의 범위는 진료담당의료인의 성명, 성별 및 그 면허의 종류, 전문과목 및 진료과목, 의료기관의 명칭 및 그 소재지와 전화번호, 진료일, 진료시간, 응급진료 안내에 관한 사항으로 한정되어 있다. 이러한 제반법령을 종합하여 보면, 구 의료법 제69조, 제46조 제3항은 특정의료인의 기능과 진료방법 등의 광고는 일반 국민들로 하여금 특정 의료행위에 대한 과장되거나 잘못된 정보를 제공하여 국민의 건강을 해할 우려가 있으므로 사진, 유인물 등에 의한 직접적인 광고뿐만이 아니라 암시적인 기재를 통한 광고까지 규제하고 있는 것으로 해석된다고 할 것이다."고 하여 구 의료법 제46조 제3항을 의료행위의 공익성 및 비영리성에 초점을 맞추어 해석하면서 "피고인의 신문광고 내역이 관절염, 디스크도 완치 가능이라는 제목으로 사진과 함께 피고인 운영 한의원이 소개되면서 광고문안은 관절염, 디스크에 대한 일반적인 설명과 함께 체험례라는 제목하에 저자의 비방인 오골계처방 등에 의하여 많은 관절염, 디스크 환자가 치료되었다는 내용을 담은 4건의 진료사례가 소개되고, 그 밑에 자료제공 출판사의 표기가 기재되어 있는 등 위 광고의 문안이나 구성상 서적 자

---

79) 대법원 1995. 12. 22. 선고 95도2668 판결.
80) 서울지법 1995. 10. 11. 선고 95노3265 판결.
81) 제46조(과대광고 등의 금지) ③ 누구든지 특정의료기관이나 특정의료인의 기능·진료방법·조산방법이나 경력 또는 약효 등에 관하여 대중광고·암시적 기재·사진·유인물·방송·도안 등에 의하여 광고를 하지 못한다.
82) 제46조 ④ 의료업무에 관한 광고의 범위 기타 의료광고에 필요한 사항은 보건사회부령으로 정한다.
83) 제33조(의료광고의 범위 등) ① 법 제46조 제4항의 규정에 의하여 의료법인·의료기관 및 의료인이 행할 수 있는 의료광고의 범위는 다음 각호와 같다.
　1. 진료담당의료인의 성명·성별 및 그 면허의 종류
　2. 전문과목 및 진료과목
　3. 의료기관의 명칭 및 그 소재지와 전화번호
　4. 진료일·진료시간
　5. 응급의료 전문인력·시설·장비 등 응급의료시설 운영에 관한 사항
　6. 예약진료의 진료시간·접수시간·진료인력·진료과목 등에 관한 사항
　7. 야간 및 휴일진료의 진료일자·진료시간·진료인력 등에 관한 사항
　8. 주차장에 관한 사항

체보다는 저자의 진료방법과 효능에 관한 정보전달에 치중되어 있는 점, 피고인이 광고비는
피고인이 부담하였지만, 저자들에게 따로 인세를 지급하지 않는다고 진술하는 점에 비추어 이
러한 광고행위는 단순히 서적의 광고가 아니라 저자의 기능, 진료방법 등에 관한 광고라고 판
단되므로 동조항의 위반이라고 보면서, 피고인이 제기한 헌법상 보장된 표현의 자유를 침해
부분에 대하여도 동 자유가 내재적인 한계를 갖는 것으로 공공복리를 위하여는 그 본질적 내
용을 침해하지 않는 범위에서는 이를 제한을 할 수 있는 것이므로, 국민의 건강보호를 위하여
특정의료인의 기능이나 진료방법 등에 관한 광고행위를 처벌하는 것이 헌법이 보장한 표현의
자유와 충돌되는 것이라고는 할 수 없다고 판시한 것을 타당하다."고 하여 피고인의 항소를
기각하였다.

  3) 약침의 효력에 관한 과대광고 사건[84]

  대법원은 의료광고의 허위·과대광고에 관하여 "의료광고가 객관적인 사실에 기인한 것으
로서 의료소비자에게 해당 의료인의 의료기술이나 진료방법을 과장 없이 알려주는 것이라면,
이는 소비자의 합리적 선택에 도움을 주고, 의료인들 사이에 공정한 경쟁을 촉진시켜 공익을
증진시킬 수 있으므로 허용되어야 할 것이지만, 의료행위가 사람의 생명·신체에 직접적이고
중대한 영향을 미치는 것임에 비추어 객관적 사실이 아니거나 근거가 없는, 또는 현대의학상
안전성 및 유효성이 과학적으로 검증되지 않은 내용을 기재하여 의료서비스 소비자에게 막연
하거나 헛된 의학적 기대를 갖게 하는 광고는 허위 또는 과대광고로서 금지되어야 한다."고
정의하고 "약침의 효력으로 암의 독이 고름으로 빠져 나온다는 소위 '고름광고'를 한의원의
인터넷 홈페이지에 게재한 행위는, 일정 신체 부위에 집중적으로 주사와 쑥뜸을 반복함으로써
당해 부위에 화상을 입혀 상처를 나게 하고 그곳에 고약을 바르면 고름이 나오는 것은 당연
한 현상이므로 실제와 달리 과장하여 표현한 '과대광고'에 해당한다."고 하여 의료법 위반을
인정하였다.

  ㉲ 의료광고가 법위반이 아닌 경우

  1) 대법원 판례

  가) 의료용구에 관한 광고[85]

  대법원은 의료용구에 관한 광고에 대하여는 "의료법 제46조 제3항 및 동법시행규칙 제33
조 제1항과 약사법 제2조 제9항, 제63조 및 동법시행규칙 제48조의 제규정을 종합하면 의료
용구는 사람 또는 동물의 질병의 진단 치료, 경감, 처치 또는 예방의 목적에 사용되는 것과

---

84) 대법원 2010. 5. 27. 선고 2006도9083 판결.
85) 대법원 1984. 4. 10. 선고 84도225 판결.

사람 또는 동물의 구조, 기능에 영향을 주기 위한 목적으로 사용되는 기구, 기계 또는 장치로서 보건사회부장관이 지정하는 것을 말하는 바, 의료용구에 관한 광고는 의료에 관한 광고에는 포함되지 아니한다고 해석하는 것이 상당하다."하여 의료광고에 해당되지 않는다고 하였다.

나) 키 성장 맞춤 운동법 광고 사건[86]

대법원은 "의료인이 아닌 피고인이 일간지에 '키 성장 맞춤 운동법과 그 보조기구'에 관한 광고를 게재한 사안에서, 광고의 내용, 실제 피고인이 행한 영업의 내용 등에 비추어 볼 때 비정상인 혹은 질환자에 대한 진단·치료 등을 내용으로 하는 광고라기보다는 고유한 의료의 영역이라고 단정하기 어려운 체육 혹은 운동생리학적 관점에서 운동 및 자세교정을 통한 청소년 신체성장의 촉진에 관한 광고이므로, 의료법 제56조에서 금지하는 '의료에 관한 광고'에 해당하지 않는다."고 하여 의료광고에 해당하지 않는다고 판단하였다.[87]

다) 라식·라섹 수술에 대한 인터넷 홈페이지 광고 및 이메일 발송 사건[88]

대법원은 X안과의원 원장인 피고인 甲은 피고인 주식회사 Y와 그 대표이사인 乙과의 사이에, Y의 인터넷 홈페이지에 라식·라섹 수술에 대한 이벤트 광고를 하기로 하는 광고 계약을 체결하고 이에 따라 Y와 乙은 '◇◇◇◇과 함께하는 라식/라섹 90만 원 체험단 모집'이라는 제목으로 이벤트 광고를 게재하고, 위 기간동안 2회에 걸쳐 Y의 30만 명의 회원들에게 위와 동일한 내용의 이벤트 광고를 이메일로 각 발송한 사안에서, "환자유인행위에 관한 조항의 입법취지와 관련 법익, 의료광고 조항의 내용 및 연혁·취지 등을 고려하면, 의료광고행위는 그것이 구 의료법 제27조 제3항 본문에서 명문으로 금지하는 개별적 행위유형에 준하는 것으로 평가될 수 있거나 또는 의료시장의 질서를 현저하게 해치는 것 등의 특별한 사정이 없는 한 구 의료법 제27조 제3항에서 정하는 환자의 '유인'에 해당하지 아니하고, 그러한 광고행위가 의료인의 직원 또는 의료인의 부탁을 받은 제3자를 통하여 행하여졌다고 하더라도 이를 환자

---

86) 대법원 2009. 11. 12. 선고 2009도7455 판결.
87) 대법원은 또한 증명책임과 관련하여 「의료법은 의료인의 자격요건을 엄격히 규정하고, 의료인이 아닌 자의 '의료행위'를 금지하는 한편, 의료법인·의료기관 또는 의료인이 아닌 자의 '의료에 관한 광고'를 금지하고, 그 위반자에 대한 형사처벌을 규정하고 있다. 의료광고에 관한 이러한 규제는 의료지식이 없는 자가 의학적 전문지식을 기초로 하는 경험과 기능으로 진찰·검안·처방·투약 또는 외과적 시술을 시행하여 하는 질병의 예방 또는 치료행위 및 그 밖에 의료인이 행하지 아니하면 보건위생상 위해가 생길 우려가 있는 행위에 해당하는 의료행위를 시행하는 내용의 광고를 함으로써 발생할 수 있는 보건위생상의 위험을 사전에 방지하기 위한 것으로 이해할 수 있다. 따라서 의료인 등이 아닌 자가 한 광고가 '의료에 관한 광고'에 해당한다고 하기 위해서는 그 광고 내용이 위에서 본 의료행위에 관한 것이어야 한다. 한편, 형사재판에서 공소가 제기된 범죄의 구성요건을 이루는 사실에 대한 증명책임은 검사에게 있으므로 위 광고내용이 의료행위에 관한 것이라는 점도 검사가 증명하여야 한다」고 설시하였다.
88) 대법원 2012. 9. 13. 선고 2010도1763 판결.

의 '소개·알선' 또는 그 '사주'에 해당하지 아니한다고 봄이 상당하다."고 하면서 무죄 취지로 판단하였다.

라) 의료인의 거짓 경력의 의원 내 게시 사건[89]

대법원은 피고인이 미국 치주과학회 정회원이 아님에도 위 경력이 포함된 유리액자 형태의 약력서를 자신이 운영하던 치과의원 내에 게시한 것이 의료법상 거짓 의료광고인지가 문제된 사안에서, "위 공소사실에 의하더라도 피고인은 유리액자 형태의 약력서를 위 의원 내에만 게시하였을 뿐 이를 신문, 잡지, 방송이나 그에 준하는 매체 등을 이용하여 일반인에게 알린 것은 아닌 점, 위 약력서는 의원을 방문한 사람만 볼 수 있어 그 전파가능성이 상대적으로 낮아 피고인의 경력을 널리 알리는 행위라고 평가하기는 어려운 점 등을 위 법리에 비추어 살펴보면, 피고인의 위와 같은 행위를 의료광고에 해당한다고 보기는 어렵다."고 하면서 "결국 피고인이 거짓 경력이 포함된 약력서를 의원내에 게시한 행위가 표시·광고의 공정화에 관한 법률 제3조 제1항의 거짓 표시행위에 해당함은 별론으로 하고, 의료법 제56조 제3항의 거짓 의료광고에 해당한다고는 볼 수 없다."고 판단하였다.[90]

2) 헌법재판소 결정

가) 의료광고 규제에 관한 위헌심사 기준[91]

헌법재판소는 의료광고에 관한 구 의료법 제46조 제3항 및 제69조 등 위헌제청에 관한 종전의 대법원의 판시에 관하여, 시각을 달리하여 변화된 의료행위에 대한 인식을 반영하여 결국 구 의료법 제46조 제3항에 대하여 위헌으로 판단하였다. 이 결정에서 헌법재판소는 "의료광고를 규제하는 이유는 소비자(환자)의 보호, 공정거래의 확보, 의료행위의 숭고함의 유지라고 할 수 있다. 의료는 고도의 전문적 지식과 기술을 요하므로 일반 상품이나 용역과는 차이가 있으며 국민의 건강에 직결되는 것이므로 소비자를 보호하고 의료인 간의 불공정한 과당경쟁을 막기 위하여 의료광고에 대한 합리적 규제가 필요하다. 의료인의 기능이나 진료방법에 대한 광고가 소비자들을 기만하는 것이거나, 소비자들에게 정당화되지 않은 의학적 기대를 초래 또는 오인하게 할 우려가 있거나, 공정한 경쟁을 저해하는 것이라면, 그러한 의료광고는 허용될 수 없으며, 이에 대해서는 국민의 보건과 건전한 의료경쟁질서를 위하여 강력한 규제가 필요하다."고 하여 의료행위가 지니는 특성을 인정하는 한편 "그러나 객관적인 사실에 기인한 것으로서 소비자에게 해당 의료인의 의료기술이나 진료방법을 과장함이 없이 알려주는

89) 대법원 2016. 6. 23. 선고 2014도16577 판결.
90) 해당 판례의 평석에 대하여는 백경희, 의료인의 거짓 경력에 관한 의료광고에 대한 고찰, 과학기술법연구 제22집 제3호, 182−184면.
91) 헌법재판소 2005. 10. 27. 선고 2003헌가3 결정.

의료광고라면 이는 의료행위에 관한 중요한 정보에 관한 것으로서 소비자의 합리적 선택에 도움을 주고 의료인들 간에 공정한 경쟁을 촉진하므로 오히려 공익을 증진시킬 수 있는 것이다.”라고 하여 의료서비스의 제공에 있어서 정보제공의 필요성을 설시하고, 아울러 “오늘날 이 사건 조항이 제정된 1973년도에 비해 의료정보에 대한 수요가 비약적으로 늘어났으며 의료소비자들이 합리적 선택을 하기 위해서는 의료제공자인 의료인 혹은 의료기관의 기술과 진료방법에 대한 정확한 정보가 필요하게 되었다. 생활수준의 향상으로 질병의 유형과 특성이 변화하여 과거에는 세균성 질병이 주된 치료의 대상이었지만 오늘날에는 암, 비만, 고혈압, 당뇨병과 같은 질환이 주된 치료대상이 되고 있는 바, 질병구조의 질적 변화에 따른 의료의 전문화와 기술화는 한편으로 의료정보의 원활한 유통을 더욱 필요로 하게 되었다. 또한 비약적으로 증가되는 의료인 수를 고려할 때, 이 사건 조항에 의한 의료광고의 금지는 새로운 의료인들에게 자신의 기능이나 기술 혹은 진단 및 치료방법에 관한 광고와 선전을 할 기회를 배제함으로써, 기존의 의료인과의 경쟁에서 불리한 결과를 초래할 수 있는데, 이는 자유롭고 공정한 경쟁을 추구하는 헌법상의 시장경제질서에 부합되지 않는다. 그러므로 국가가 소비자 보호와 과당경쟁을 이유로 의료광고를 일률적으로 금지하는 후견적 입장을 여전히 견지하는 것은 한계가 있다. 오늘날 이 사건 조항에 의한 의료광고 금지를 회피하기 위한 편법으로 의료에 관한 소위 기사성 광고 혹은 의견성 광고가 범람하여 이 사건 조항의 취지와 의료경쟁 질서가 훼손되고 있는 것이 현실이다. 또한 인터넷의 확산으로 의료인의 기능과 진료방법에 관한 정보를 광고하는 것을 금지할 경우 그 단속의 실효성과 형평성이 심히 문제되는 바, 현실적으로는 의료업계의 자율적 규제를 통하여, 즉 의료인의 인터넷 홈페이지에 대해 소속단체나 전문학회별로 일정한 인증제도를 실시하는 등의 방법으로 부당한 광고를 규제하는 것이 보다 효율적인 측면이 있다. 또한 이 사건 조항이 아니더라도 그 입법목적은 다른 규정들에 의하여 충분히 달성될 수 있다는 점에서도 이 사건 조항은 필요한 범위를 벗어난 것이다.”라고 하여 변화된 시대적 인식과 의료도 시장경제질서에 의하여 영리추구의 측면을 지니고 있다는 점을 인정하였고, 결국 “이 사건 조항으로 인한 의료인의 기능과 진료방법과 같은 중요한 의료정보의 유통제한은 의료인에게 자신의 기능과 진료방법에 관한 광고와 선전을 할 기회를 전면적으로 박탈함으로써 표현의 자유를 제한하고, 의료인이 다른 의료인과의 영업상 경쟁을 효율적으로 수행하는 것을 방해함으로써 직업수행의 자유를 제한하고 있다. 나아가 이 사건 조항은 소비자의 의료정보에 대한 알 권리를 제약하게 된다. 그러므로 이 사건 조항은 보호하고자 하는 공익보다 제한되는 사익이 더 중하다고 볼 것이므로 이 사건 조항은 법익의 균형성 원칙에도 위배된다. 따라서 이 사건 조항은 비례의 원칙에 위배하여 표현의 자유와 직업수행의 자유를 침해한다.”고 보아 위헌결정을 하였다.

나) 의료광고 규제 입법의 불분명성[92]

헌법재판소는 의료광고와 관련된 구 의료법 조항과 관련하여 "제46조 제4항은 아무런 금지사항, 요구사항 또는 명령사항을 규정하고 있지 않다. 또 법 제46조 제4항과 제1항 내지 제3항의 관계가 모호하다. 만일 제46조 제4항이 같은 조 제1항 내지 제3항과 독립되어 제69조의 구성요건을 이루는 것이라면 제4항은 아무런 금지규정의 형식을 취하고 있지 아니하므로 무엇을 위반하여야 처벌되는지 알 수가 없다. 반면 제4항이 제1항 내지 제3항이 금지하고 있는 의료광고의 예외로서 의료광고가 허용되는 범위를 정하는 규정으로 본다면, 제4항만으로는 법 제69조의 구성요건을 이룰 수 없게 된다. 한편 제4항만으로는 그 범위가 '한정적'인 것인지 '예시적'인 것인지 알 수가 없다. 결국 이 사건 법률조항은 금지된 행위가 무엇인지, 처벌의 범위가 어떠한지가 불분명하여 예측가능성을 주지 못하므로 죄형법정주의의 명확성원칙에 위배된다."고 하고, "법 제46조 제4항은 위임되는 내용이 허용되는 의료광고의 범위인지, 금지되는 의료광고의 범위인지 모호할 뿐 아니라, 하위법령에 규정될 의료광고의 범위에 관한 내용이 한정적인지, 예시적인 것인지도 불분명하다. 위 조항이 위임하고 있는 내용이 광고의 내용에 관한 것인지, 절차에 관한 것인지 그 위임의 범위를 특정하기도 쉽지 않다. 이는 형사처벌의 대상이 되는 구성요건을 구체적으로 위임하지 않고, 하위법령에서 어떤 행위가 금지될 것인지에 예측할 수 없게 하므로 헌법 제75조 및 제95조의 포괄위임입법 금지원칙에 위반된다."고 하여 의료광고에 관한 규율인 의료법 조항에 관하여 헌법에 위반함을 판시하기도 하였다.

2. 정보 누설 금지의무

가. 환자의 정보 보호의 취지

의사의 정보 누설 금지의무는 형법 및 의료법에 의하여 규정되어 있다.

형법 제317조 제1항은 '의사, 한의사, 치과의사, 약제사, 약종상, 조산원, 변호사, 변리사, 공인회계사, 공증인, 대서업자나 그 직무상 보조자 또는 차등의 직에 있던 자가 그 업무처리 중 지득한 타인의 비밀을 누설한 때에는 3년 이하의 징역이나 금고, 10년 이하의 자격정지 또는 700만원 이하의 벌금에 처한다.'라고 규정하고 있다. 형법은 개인의 프라이버시 보호의 관점에서 비밀을 알 수 있는 업종을 열거하여 그 누설행위를 처벌할 수 있도록 하고 있고, 의사

---

92) 헌법재판소 2007. 7. 26. 선고 2006헌가4 결정.

도 그 범위 내에서 비밀누설금지의무를 부과하고 있는 데 불과하다.

그러나 의사의 정보 누설 금지의무는 의료행위의 성질 및 목적으로 보아 다른 직업종사자와는 다른 독자적인 구성이 필요하다.[93] 즉, 의사는 환자의 신뢰 없이는 적절한 진료를 시행하는 것이 불가능하다. 의사에게 상담하여 처치를 받는 과정에서 사회적으로 불이익한 취급을 받을 가능성이 있으면 환자는 의사를 신뢰할 수가 없을 것이다. 비밀유지는 의사의 직업윤리로서 당연한 것이고, 형법에도 규정되어 있지만 특별법인 의료법에 또다시 규정하게 된 이유가 여기에 있다.

의료법 제19조는 제1항에서 '의료인이나 의료기관 종사자는 이 법이나 다른 법령에 특별히 규정된 경우 외에는 의료·조산 또는 간호업무나 진단서·검안서·증명서 작성·교부 업무, 처방전 작성·교부 업무, 진료기록 열람·사본 교부 업무, 진료기록부등 보존 업무 및 전자의무기록 작성·보관·관리 업무를 하면서 알게 된 다른 사람의 정보를 누설하거나 발표하지 못한다'라고 규정하고 있고, 이를 위반한 경우에는 3년 이하의 징역 또는 3천만 원 이하의 벌금형에 처하도록 하고 있다(의료법 제88조 제1호).

이는 1차적으로 정보 누설 금지의무를 단순히 윤리적 차원에서 규제하는 데 그치지 않고, 환자가 의사를 신뢰하여 적정한 의료를 받도록 하는 취지도 포함된다고 생각한다. 그러나 환자 개인의 이익과 동시에 국민이 의사를 신뢰할 때 비로소 사회는 의료의 성과를 극대화할 수 있다고 하는 의미에서 공공의 이익, 즉 국민의 건강유지·증진도 보호목적으로 하고 있다고 할 수 있다. 다시 말해, 의사는 지득한 비밀에 관하여 환자를 위하여는 공표해서는 아니 된다고 하는 부작위의무와 동시에 환자를 포함한 일반인에 대하여 그 비밀을 바르게 이용해야 할 적극적 의무를 지고 있다.

나. 정보 누설 금지의무의 내용

의사는 진료과정에서 알게 된 환자의 정보에 관하여 당해 이를 모르는 제3자에게 정당한 이유 없이 누설해서는 아니 된다. 이것이 현행법상의 정보 누설 금지의무의 내용이다.

(1) 정 보

'정보'란 의사가 진료과정에서 알게 된 환자에 관한 일체의 정보로, 병의 증상, 병에 감염된 경위 등에 관한 사항에 한정되지 않음은 물론이다. 어디까지를 정보의 범위로 해야 하는가는 구체적으로 파악하여야 하지만 본인 이외에 부모, 형제와 같이 특정의 작은 집단에게만 알

---

93) 大谷 實, 전게서, 52頁 이하.

려져 있는 사실이고, 타인에게 알려지면 본인에게 불이익이 된다고 인정되는 것이면 정보에 해당한다고 할 수 있다. 또한 환자 본인이 알지 못하고 있는 신체적, 정신적 결함이 의사의 진단에 의하여 판명된 경우에 그 사실을 타인이 알게 되면 본인에게 불이익이 되리라고 인정 되는 한 정보로 보아야 한다. 더구나 이러한 건강정보는 개인정보보호법 제23조의 민감정보 로 다루고 있는 것이며, 개인정보자기결정권의 객체이기도 하다.[94]

환자에게 불이익이 되지 않는 사실이라도 환자 본인이 누설하는 것을 바라지 않은 경우에 도 '정보'라고 해야 할 것이다. 예를 들어 환자가 병원에 왔는지, 치료비는 무엇으로 지급했는 지 등도 다른 사람이 아는 것을 바라지 않는다면 역시 정보에 포함된다고 할 수 있다.

이와 같이 의사의 정보 누설 금지의무는 환자와 의사의 신뢰관계를 법적으로 담보하기 위 한 것이기 때문에 폭넓게 인정하여야 한다.

(2) 누 설

정보를 아직 알고 있지 않은 제3자에게 알리는 것을 '누설'이라고 한다. 누설의 방법은 문 서에 의하거나, 구두에 의하거나 방법을 불문한다. 예를 들어 환자의 정보가 기재되어 있는 서면을 그대로 방치하여 제3자인 간호사나 다른 환자가 볼 수 있도록 하는 경우와 같이 부작 위에 의한 것도 포함한다.

제3자는 원래 정보를 알지 못하는 타인을 말한다. 이 제3자의 범위에 부모형제, 배우자, 자 녀가 포함되는가가 문제된다. 개별 사건에 따라 구체적으로 보아야 할 것이나, 일응 이들은 제3자에 해당하지 않는다고 보아야 할 것이다. 왜냐하면 이들은 환자의 치료를 위하여 의사와 함께 협력하여야 하기 때문이다. 따라서 이들에 대한 고지는 환자에게 이익이 되므로 누설에 해당하지 않는다.

그러나 예를 들면 결혼한 여자가 결혼전에 낙태한 경험이 있어 다시 낙태를 하면 임신이 불가능함에도 불구하고, 경제적 이유로 낙태를 요구하는 경우가 있다. 이러한 경우 산부인과 의사는 부인의 혼전 낙태경험에 대하여 남편에게 비밀로 하여야 할 것이다. 비뇨기과에서의 성병감염 여부도 부부 사이에 누설하지 말아야 할 정보로 해야 할 것이다. 또한 형제간의 재 산분할 등 친족간이라 할지라도 상속문제나 친자관계존부 등 이해관계가 대립할 경우에는 형 제나 기타 친족도 제3자로 간주해야 할 것이다.

실제 의사의 정보 누설 금지 의무 위반에 대하여는 고 신해철씨 사건에서 문제가 된바 있 다. 해당 사건의 사실관계는 의사인 피고인이 인터넷 커뮤니티 사이트 게시판에 피해자의 위

---

94) 대법원 2018. 5. 11. 선고 2018도2844 판결.

장관 유착박리 수술 사실, 피해자의 수술 마취 동의서, 피해자의 수술 부위 장기 사진과 간호일지, 2009년경 내장비만으로 지방흡입 수술을 한 사실과 당시 체중, BMI등 개인 정보를 임의로 게시하였다는 것이고, 당시 검사는 이에 대해 형법 제317조 제1항 및 구 의료법(2016. 5. 29. 법률 제14220호로 개정되기 전의 것) 제19조에서 금지하고 있는 의료인의 비밀 누설 또는 발표 행위를 하였음을 이유로 기소하였다. 대법원[95]은 위 사실관계에 있어서 주된 쟁점이 구 의료법 제19조에서 정한 '다른 사람'에는 생존하는 개인뿐만 아니라 이미 사망한 사람도 포함되는지 여부라고 하면서 죄형법정주의 위반 여부를 판단하였다. 그리하여 대법원은 형벌법규 해석에 관한 일반적인 법리, 의료법의 입법 취지, 구 의료법 제19조의 문언·내용·체계·목적 등에 비추어 보면, 구 의료법 제19조에서 정한 '다른 사람'에는 생존하는 개인 이외에 이미 사망한 사람도 포함된다고 보아야 하므로 각 유죄를 인정한 원심의 판단이 타당하다고 하였다.[96]

(3) 기록열람 등과 정보 누설 금지 의무

의료법 제21조에서는 원칙적으로 의료인, 의료기관의 장 및 의료기관 종사자가 환자가 아닌 다른 사람에게 환자에 관한 기록을 열람하게 하거나 그 사본을 내주는 등 내용을 확인할 수 있게 하여서는 아니 된다고 규율하면서 제3항 이하[97]에서 예외에 해당하는 규정을 설시하

---

95) 대법원 2018. 5. 11. 선고 2018도2844 판결.

96) 대법원은 또한 "의학적 전문지식을 기초로 사람의 생명, 신체나 공중위생에 위해를 발생시킬 우려가 있는 의료행위를 하는 의료인에 대하여 법이 정한 엄격한 자격요건과 함께 의료과정에서 알게 된 다른 사람의 비밀을 누설하거나 발표하지 못한다는 법적 의무를 부과한 것이고, 그 취지는 의료인과 환자 사이의 신뢰관계 형성과 함께 이에 대한 국민의 의료인에 대한 신뢰를 높임으로써 수준 높은 의료행위를 통하여 국민의 건강을 보호하고 증진하는 데 있다. 따라서 의료인의 비밀누설 금지의무는 개인의 비밀을 보호하는 것뿐만 아니라 비밀유지에 관한 공중의 신뢰라는 공공의 이익도 보호하고 있다고 보아야 한다. 이러한 관점에서 보면, 의료인과 환자 사이에 형성된 신뢰관계와 이에 기초한 의료인의 비밀누설 금지의무는 환자가 사망한 후에도 그 본질적인 내용이 변한다고 볼 수는 없다."고 하였다.

97) ③ 제2항에도 불구하고 의료인, 의료기관의 장 및 의료기관 종사자는 다음 각 호의 어느 하나에 해당하면 그 기록을 열람하게 하거나 그 사본을 교부하는 등 그 내용을 확인할 수 있게 하여야 한다. 다만, 의사·치과의사 또는 한의사가 환자의 진료를 위하여 불가피하다고 인정한 경우에는 그러하지 아니하다.
 1. 환자의 배우자, 직계 존속·비속, 형제·자매(환자의 배우자 및 직계 존속·비속, 배우자의 직계존속이 모두 없는 경우에 한정한다) 또는 배우자의 직계 존속이 환자 본인의 동의서와 친족관계임을 나타내는 증명서 등을 첨부하는 등 보건복지부령으로 정하는 요건을 갖추어 요청한 경우
 2. 환자가 지정하는 대리인이 환자 본인의 동의서와 대리권이 있음을 증명하는 서류를 첨부하는 등 보건복지부령으로 정하는 요건을 갖추어 요청한 경우
 3. 환자가 사망하거나 의식이 없는 등 환자의 동의를 받을 수 없어 환자의 배우자, 직계 존속·비속, 형제·자매(환자의 배우자 및 직계 존속·비속, 배우자의 직계존속이 모두 없는 경우에 한정한다) 또는 배우자의 직계 존속이 친족관계임을 나타내는 증명서 등을 첨부하는 등 보건복지부령으로 정하는 요건을 갖추어 요청한 경우
 4. 「국민건강보험법」 제14조, 제47조, 제48조 및 제63조에 따라 급여비용 심사·지급·대상여부 확인·

사후관리 및 요양급여의 적정성 평가·가감지급 등을 위하여 국민건강보험공단 또는 건강보험심사평가원에 제공하는 경우

5. 「의료급여법」 제5조, 제11조, 제11조의3 및 제33조에 따라 의료급여 수급권자 확인, 급여비용의 심사·지급, 사후관리 등 의료급여 업무를 위하여 보장기관(시·군·구), 국민건강보험공단, 건강보험심사평가원에 제공하는 경우

6. 「형사소송법」 제106조, 제215조 또는 제218조에 따른 경우

6의2. 「군사법원법」 제146조, 제254조 또는 제257조에 따른 경우

7. 「민사소송법」 제347조에 따라 문서제출을 명한 경우

8. 「산업재해보상보험법」 제118조에 따라 근로복지공단이 보험급여를 받는 근로자를 진료한 산재보험 의료기관(의사를 포함한다)에 대하여 그 근로자의 진료에 관한 보고 또는 서류 등 제출을 요구하거나 조사하는 경우

9. 「자동차손해배상 보장법」 제12조제2항 및 제14조에 따라 의료기관으로부터 자동차보험진료수가를 청구받은 보험회사등이 그 의료기관에 대하여 관계 진료기록의 열람을 청구한 경우

10. 「병역법」 제11조의2에 따라 지방병무청장이 병역판정검사와 관련하여 질병 또는 심신장애의 확인을 위하여 필요하다고 인정하여 의료기관의 장에게 병역판정검사대상자의 진료기록·치료 관련 기록의 제출을 요구한 경우

11. 「학교안전사고 예방 및 보상에 관한 법률」 제42조에 따라 공제회가 공제급여의 지급 여부를 결정하기 위하여 필요하다고 인정하여 「국민건강보험법」 제42조에 따른 요양기관에 대하여 관계 진료기록의 열람 또는 필요한 자료의 제출을 요청하는 경우

12. 「고엽제후유의증 등 환자지원 및 단체설립에 관한 법률」 제7조제3항에 따라 의료기관의 장이 진료기록 및 임상소견서를 보훈병원장에게 보내는 경우

13. 「의료사고 피해구제 및 의료분쟁 조정 등에 관한 법률」 제28조제1항 또는 제3항에 따른 경우

14. 「국민연금법」 제123조에 따라 국민연금공단이 부양가족연금, 장애연금 및 유족연금 급여의 지급심사와 관련하여 가입자 또는 가입자였던 사람을 진료한 의료기관에 해당 진료에 관한 사항의 열람 또는 사본 교부를 요청하는 경우

14의2. 다음 각 목의 어느 하나에 따라 공무원 또는 공무원이었던 사람을 진료한 의료기관에 해당 진료에 관한 사항의 열람 또는 사본 교부를 요청하는 경우

　가. 「공무원연금법」 제92조에 따라 인사혁신처장이 퇴직유족급여 및 비공무상장해급여와 관련하여 요청하는 경우

　나. 「공무원연금법」 제93조에 따라 공무원연금공단이 퇴직유족급여 및 비공무상장해급여와 관련하여 요청하는 경우

　다. 「공무원 재해보상법」 제57조 및 제58조에 따라 인사혁신처장(같은 법 제61조에 따라 업무를 위탁받은 자를 포함한다)이 요양급여, 재활급여, 장해급여, 간병급여 및 재해유족급여와 관련하여 요청하는 경우

14의3. 「사립학교교직원 연금법」 제19조제4항제4호의2에 따라 사립학교교직원연금공단이 요양급여, 장해급여 및 재해유족급여의 지급심사와 관련하여 교직원 또는 교직원이었던 자를 진료한 의료기관에 해당 진료에 관한 사항의 열람 또는 사본 교부를 요청하는 경우

15. 「장애인복지법」 제32조제7항에 따라 대통령령으로 정하는 공공기관의 장이 장애 정도에 관한 심사와 관련하여 장애인 등록을 신청한 사람 및 장애인으로 등록한 사람을 진료한 의료기관에 해당 진료에 관한 사항의 열람 또는 사본 교부를 요청하는 경우

16. 「감염병의 예방 및 관리에 관한 법률」 제18조의4 및 제29조에 따라 질병관리청장, 시·도지사 또는 시장·군수·구청장이 감염병의 역학조사 및 예방접종에 관한 역학조사를 위하여 필요하다고 인정하여 의료기관의 장에게 감염병환자등의 진료기록 및 예방접종을 받은 사람의 예방접종 후 이상반응에

고 있다.

　이는 환자의 프라이버시를 보호하기 위하여 규정된 조항이다. 의료인은 환자의 동의없이 당해 환자에 대한 어떠한 정보도 공개하여서는 아니 된다. 만약 이를 위반하여 환자로부터 고소가 제기된 경우 동법 제88조에 의하여 3년 이하의 징역 또는 3천만원 이하의 벌금에 처해질 수 있다. 이와 관련하여 부산지법[98]은 S병원이 H보험회사로부터 진료비정산에 필요하다고 하면서 교통사고환자의 진료기록부, CT필름 등 사본교부를 요청받고, 환자의 동의 없이 교부한 사건에 대하여 '환자의 동의없이 진료기록부를 유출한 것은 의료법상의 환자에 관한 기록열람이나 내용탐지 금지' 조항에 위반된다고 하면서 금 100만 원의 벌금형을 선고한 바 있다. 반면 대법원[99]은 "의사가 환자의 전원을 위하여 진료기록부 사본의 발급을 요구하는 환자의 어머니에게 필요에 따라 진료기록부 사본을 전원할 병원에 직접 송부하겠다고 설명한 후 위 환자의 어머니의 요청에 따라 환자에게 처방한 약을 기재한 진료의뢰서를 발급해 준 사안에서, 위 의사에게 진료기록부 사본의 발급 요구에 응하지 않으려는 고의가 있었다고 볼 수 없다."고 하여 의료법 위반이 아니라고 하였다.

　진료기록의 열람·복사에 관한 의사의 의무와 관련하여서는 의사는 진료기록을 보여줄 의무가 없다는 소극설과 의무가 있다는 적극설이 대립하고 있다. 소극설[100]은 의료행위는 완치를 목적으로 하는 것이 아니라 질병의 완치라는 결과를 향하여 최선의 주의의무를 다하여 적절한 치료행위를 실시하도록 노력하여야 할 수단채무에 지나지 않는 것이므로 의사는 시시각각으로 변화하는 환자의 상태에 맞추어 선량한 관리자의 주의를 갖고, 현대 의료수준에 비추어 적정하다고 인정되는 최선의 노력을 다하는 것이 진료채무의 급부내용이며, 설명의무는 계약의 내용을 이루는 것이 아니라 단지 진료채무의 이행에 부수하는 의무에 지나지 않는다고 한다. 또한 진료보고의무(민법 제683조·제738조)는 진료채무의 부수적, 형식적인 의무에 지나지 않기 때문에 실체법상 진료기록부에 대한 환자의 열람청구권은 인정할 수 없다고 한다. 이에 대하여 적극설[101]은 진료채무에는 예상치 못한 의외의 결과에 이르지 않도록 하는 적극적인

　　　　관한 진료기록의 제출을 요청하는 경우
　　17. 「국가유공자 등 예우 및 지원에 관한 법률」 제74조의8제1항제7호에 따라 보훈심사위원회가 보훈심사와 관련하여 보훈심사대상자를 진료한 의료기관에 해당 진료에 관한 사항의 열람 또는 사본 교부를 요청하는 경우
　　18. 「한국보훈복지의료공단법」 제24조의2에 따라 한국보훈복지의료공단이 같은 법 제6조제1호에 따른 국가유공자등에 대한 진료기록등의 제공을 요청하는 경우
98) 일간보사 1997. 7. 18.자 제2159호 6면 이하.
99) 대법원 2005. 7. 14. 선고 2004도5038 판결.
100) 中野貞一郎, 醫療過誤の手續的課題, 法學セミナ, 1976. 9. 37-38頁.
101) 권광중, 의료소송의 절차상의 제문제, 재판자료 제27집, 1985, 364면 이하; 新堂幸司, 訴提起前において でのカルテ等の閱覽騰寫に關して, 判タ 382号, 16-20頁.

채무도 동시에 포함되어 있고, 의사는 의료계약에 의한 정보제공의무를 부담하고 있다고 한다. 이 정보제공의무의 일환으로 사후적인 경과보고의무(변명의무)가 있고, 그에 상응하는 권리로서 환자에게는 진료기록 열람·복사청구권이라는 실체법상 권리가 존재한다고 한다. 이 설은 진료행위 전에 발생하는 정보제공의무와 후에 발생하는 변명의무와는 질적으로 차이가 있다고 하여 구별하고, 변명의무는 일단 사고가 발생한 후, 즉 환자가 의사에게 신뢰를 잃었기 때문에 요구되는 설명이라고 한다. 따라서 임상의료 실천 당시의 의료수준에 맞도록 처치하였는데도 불구하고 예기치 않은 결과가 발생하였다는 등의 변명의무는 의사의 재량에 맡겨진 것이 아니며, 그 의무의 이행은 진료기록 열람의 방법에 의하여 행해져야 할 것이라고 한다.

이러한 견해의 차는 의사의 주의의무 위반에 대한 주장·증명책임을 누가 부담하여야 하는가의 문제로까지 확대된다. 소극설을 취할 때 악결과발생 방지의무를 다하지 못했다는 점, 즉 주의의무를 다하지 못했다는 점은 환자가 입증하여야 한다. 반면 적극설을 취할 때는 의사에게 과실이 추정되므로 의사가 악결과 발생 방지를 위하여 모든 주의의무를 다했다는 점을 입증하여야 한다.

생각건대 의료법 제21조의 해석상 환자 본인에게는 진료기록 등의 열람 및 사본의 발급에 관한 권리가 있다고 본다. 위 규정은 환자의 프라이버시를 보호하기 위하여 입법된 것이고, 진료기록은 환자의 이익을 위해서 존재하는 것이므로 환자 본인에게는 당연히 진료기록의 열람·복사청구권이 인정되는 것이라 하겠다. 단, 어느 견해를 따르더라도 진료기록부 인도청구권은 없다. 왜냐하면 진료기록부의 보관의무는 의사에게 있기 때문이다.

다. 정보 누설 금지의무의 면제

(1) 피해자의 승낙

환자 본인의 승낙이 있으면 정보 누설 금지의무가 면제된다. 형법 제24조는 '처분할 수 있는 자의 승낙에 의하여 그 법익을 훼손한 행위는 법률에 특별한 규정이 없는 한 벌하지 아니한다.'라고 규정하고 있다.

첫째, 환자 본인에게 승낙능력이 있어야 하며, 만약 승낙능력이 없다면 친권자·후견인 등에 의한 승낙은 원칙적으로 인정되지 않는다고 해석하여야 할 것이다.

둘째, 환자가 승낙하면 의료목적에 반하더라도 법률에 의하여 보호받을 법익이 없다고 하여야 하기 때문에 정보 누설 금지의무는 면제된다고 할 것이다. 이에 대하여 정보 누설 금지의무가 면제되지 않는다는 주장도 있다.

(2) 공공의 이익

정보를 지키는 것이 제3자의 이익과 충돌하는 경우에 의무가 면제될 것인가?

우선 전염성이 강한 질병의 감염으로 다른 사람들에게 질병을 이환시킬 우려가 명백한 경우에도 비밀유지의무가 있는지 여부를 살펴보자. 예를 들어, 종업원을 검사한 결과 매독에 감염되었다는 사실을 알았을 때, 고용주나 다른 종업원 또는 가족에게 알리는 것이 환자의 정보를 누설하는 것이 되느냐 하는 문제가 제시될 수 있다. 이 경우 비밀 보호에 의한 환자의 이익과 다른 사람에게 감염될 위험성을 비교하여 다른 사람의 건강권이 더 크다고 보여지면 이는 의사의 정당행위로 면책된다고 본다. 그 이유는 앞서 본 바와 같이 의사의 정보 누설 금지의무는 한편 환자의 프라이버시 보호를 목적으로 하지만, 다른 한편 공공의 건강유지, 증진을 위하여 적극적으로 이용할 의무도 있기 때문이다.

(3) 증언거절권과의 관계

의사가 법원에 증인으로 소환되어 환자의 비밀에 관하여 신문을 받아 답변한 경우에도 정보 누설 금지의무에 위반되는가?

이때는 환자의 이익과 공공의 이익을 비교 교량하여야 할 것이다.

민사소송법 제315조 제1항 제1호는 '변호사·변리사·공증인·공인회계사·세무사·의료인·약사 그 밖에 법령에 의하여 비밀을 지킬 의무가 있는 직책 또는 종교의 직책에 있거나 이러한 직책에 있었던 사람이 직무상 비밀에 속하는 사항에 대하여 신문을 받을 때에는 증언을 거부할 수 있다.'고 규정하고 있고, 형사소송법 제149조는 '변호사, 변리사, 공증인, 공인회계사, 세무사, 대서업자, 의사, 한의사, 치과의사, 약사, 약종상, 조산원, 간호사, 종교의 직에 있는 자 또는 이러한 직에 있던 자가 그 업무상 위탁을 받은 관계로 알게 된 사실로서 타인의 비밀에 관한 것은 증언을 거부할 수 있다. 단, 본인의 승낙이 있거나 중대한 공익상 필요가 있는 때에는 예외로 한다.'고 규정하고 있다.

그러므로 의사는 원칙으로 환자의 비밀에 관한 사항을 증언하기 위하여 출석을 명 받더라도 환자의 정보 누설 금지의무를 이유로 출두하지 않아도 되고, 또 법정에서 증언을 거부할 수 있다. 만약 의사가 증언거절권을 행사하지 않고 환자의 비밀에 관한 사항에 대하여 증언한 경우, 이는 국가의 사법작용에 협력하는 행위이므로 '정당한 이유'에 해당한다는 견해가 있으나, 구체적으로 개인의 프라이버시보호권과 공공의 이익을 교량하여 판단하여야 한다. 의사에게 증언거절권이 인정되어 있고, 그 증언이 공공의 이익과는 별다른 관계가 없는 이상, 환자의 비밀을 증언하는 것은 원칙적으로 정보 누설 금지의무 위반이라고 생각된다. 그러나 환자가 의사의 증언에 동의한 경우에는 정보 누설 금지의무가 면제된다고 보아야 할 것이다.

　　의사가 법원의 문서제출명령(민사소송법 제344조) 또는 문서송부명령(민사소송법 제352조)에 의하여 환자의 진료기록을 제출하도록 명을 받은 경우에도 마찬가지다. 의사는 환자의 비밀을 보호하므로, 만약 당해 명령이 환자의 비밀 유지에 반하여 정보를 누설하는 경우에는 거부하여야 한다.

3. 의사의 수임사무 보고의무

가. 수임사무 보고의무의 개념

　　수임사무 보고의무란 의사가 환자에게 의료행위를 한 후 그 간의 진료경과에 대하여 보고하여야 할 의무를 말하며, 변명의무 또는 해명의무라고도 한다. 수임사무보고의무는 사후에 진료경위에 관하여 전말을 보고한다는 점에서 신체의 침습에 대하여 사전에 충분한 설명을 하고 동의를 받아야 한다는 설명의무와 구별된다.

나. 수임사무 보고의무의 근거와 기능

　　의료계약은 일반적으로 위임계약이라는 것이 판례, 통설이다. 민법 제683조에 '수임인은 위임인의 청구가 있는 때에는 위임사무 처리상황을 보고하고 위임이 종료한 때에는 지체 없이 그 전말을 보고하여야 한다.'는 수임인의 사후 경과 보고의무를 규정하고 있다. 수임인인 의사도 위 민법 규정에 의하여 진료사무처리에 관하여 환자로부터 청구가 있는 때에는 치료행위의 처리상황을 보고하고, 치료행위가 종료한 때에는 지체 없이 그 전말을 보고하여야 할 채무가 있다.

　　의료소송에서 수임사무 보고의무는 진료경과를 전혀 알 길 없는 환자가 최소한의 정보를 제공받을 수 있는 기능을 갖는다.

다. 수임사무 보고의무의 내용

　　일본에서는 민법 제683조를 이른바 '의사의 변명의무'로 파악하였다. 이러한 의무는 소송법상 의사의 의무로서 부담지워져 법원의 적극적인 재판지휘를 통하여 운용되고 있다. 대표적인 수임사무 보고의무의 내용으로는 다음과 같은 것이 있다.

　　첫째, 의사는 환자를 진찰, 검사한 결과에 대하여 환자나 그 유족들에게 알려주어야 할 의무가 있다.

　　둘째, 의사는 수술, 치료, 처치 등에 관하여 그 시기, 방법, 경과 등에 대하여 보고하여야 할 의무가 있다.

셋째, 어떠한 주사를 놓았는지, 무슨 약을 투약하였는지 등에 관하여 보고하여야 한다.

넷째, 악결과가 발생한 경우 그 경과에 대하여 보고할 의무가 있다. 다만, 이때 의사에게 과실이 있는 지를 변명하라는 취지는 아니다. 악결과가 발생하게 된 객관적인 사실 즉, 몇 시 몇 분에 어떠한 증상이 나타났고, 그 때 의사는 어떠한 처치를 해주었으며, 그 결과는 어떠했는지 등에 관하여 보고하면 된다. 의사는 악결과가 자기와 관계없는 원인에 의하여 발생한 것이라면 이에 대하여 변명하여야 한다. 나아가 의사는 자기에게 귀책사유가 없음을 주장할 책임을 진다. 또한 의사는 자기에게 선관주의의무 위반이 없고, 그 이외인 결과(악결과)는 불가피하였거나 현재의 의학수준에서는 전혀 예상할 수 없었다는 점 등 여러 가지로 자기책임으로 돌아가게 해서는 안될 이유가 있었다는 것을 변명할 의무가 있다 할 것이다.[102]

대법원[103]도 "환자가 치료 도중에 사망한 경우에 있어서는, 피해자 측에서 일련의 의료행위 과정에 있어서 저질러진 일반인의 상식에 바탕을 둔 의료상의 과실 있는 행위를 입증하고 그 결과와 사이에 일련의 의료행위 외에 다른 원인이 개재될 수 없다는 점, 이를테면 환자에게 의료행위 이전에 그러한 결과의 원인이 될 만한 건강상의 결함이 없었다는 사정을 증명한 경우에 있어서는 의료행위를 한 측이 그 결과가 의료상의 과실로 말미암은 것이 아니라 전혀 다른 원인으로 말미암은 것이라는 입증을 하지 아니하는 이상 의료상 과실과 결과 사이의 인과관계를 추정하여 손해배상책임을 지울 수 있도록 입증책임을 완화하는 것이 손해의 공평·타당한 부담을 그 지도원리로 하는 손해배상제도의 이상에 맞는다고 하지 않을 수 없다."고 판시함으로써 의사 측에게 변명의무가 있음을 간접적으로 시사한 바 있다.

라. 수임사무 보고의무의 위반의 효과

의사 측에서 수임사무보고의무를 이행하지 않을 경우에는 입증방해이론에 근거하여 의사에게는 환자가 주장하는 사실이 존재하였다는 추정이 가능하다. 수임사무 보고의무가 있는 의사가 고의, 과실로 행하지 않으므로써 환자의 주장·입증을 곤란 또는 불가능하게 한 경우이므로 의사에게 증거법상 의료과실 내지는 환자주장의 진실성을 추정하여야 할 것이다. 또는 실기한 공격방어방법으로서 추후 증거를 제출하는 것을 제한할 수 있다.

---

102) 中野, 昭和 50年 辯護士制度 100年 東京辯護士會 秋期講義錄, 98, 101頁.
103) 대법원 2000. 9. 8. 선고 99다48245 판결.

제4장

의료과실과 민사책임

의료과실과 민사책임

제1절 우리나라 민사책임의 구조

　의료사고가 발생하면 환자는 민사소송을 제기하여 의사 등에게 민사책임을 추궁하게 된다. 여기에서 민사책임은 주로 손해배상책임을 말한다.

　의사가 환자에 대하여 일정한 피해를 입혔을 경우에 업무상과실치사상죄나 살인죄로 형사소추되는 경우도 있으나, 이와 같은 형사책임은 위법행위자에 대한 사회적인 책임으로서 국가에 의하여 그 책임이 추궁된다. 이에 비하여 민사책임은 가해자 개인에 대한 사적인 책임으로서 개인에 의하여 그 책임이 추궁된다. 형사책임은 바로 위법행위자에 대한 재산형(벌금), 자유형(징역·금고)의 제재를 가함으로써 위법행위자에게 과거의 행위에 대하여 징계(응보적 성격)하고, 장래에 있어서 같은 범죄행위가 행하여지는 것을 방지(특별예방적 성격)하고자 하는 것은 물론, 일반인에게도 형벌을 예고하는 기능(일반예방적 성격)을 갖고 있다. 반면 민사책임은 피해자 혹은 채권자에게 생긴 손해를 사후에 전보하고자 하는 제도이다. 대법원[1]도 "민사책임과 형사책임은 지도이념, 증명책임의 부담과 그 증명의 정도 등에서 서로 다른 원리가 적용된다. 위법행위에 대한 형사책임은 사회의 법질서를 위반한 행위에 대한 책임을 묻는 것으로서 행위자에 대한 공적인 제재인 형벌을 그 내용으로 하는데 반하여, 민사책임은 다른 사람의 법익을 침해한 데 대하여 행위자의 개인적 책임을 묻는 것으로서 피해자에게 발생한 손해의 전보를 그 내용으로 하고 손해배상제도는 손해의 공평타당한 부담을 그 지도원리로 한다. 따라서 형사상 범죄를 구성하지 않는 침해행위라고 하더라도 그것이 민사상 불법행위를 구성

---

1) 대법원 2022. 6. 9. 선고 2020다208997 판결; 대법원 2021. 6. 3. 선고 2016다34007 판결.

하는지는 형사책임과 별개의 관점에서 검토하여야 한다."고 판시하여 민사책임과 형사책임이 구별된다고 파악하고 있다.

도표 4-1 **민·형사책임의 비교**

	민사책임	형사책임
목적	손해의 공평부담 -피해자 권리구제	국가형벌권 남용방지 -피의자의 인권보장
명칭	원고 v. 피고	검사 v. 피고인(변호인)
심리	당사자변론주의 (자백에 구속)	직권탐지주의
입증정도	증거우위 (50%이상 심증형성)	합리적 의심 없을 정도
과실추정	가능	불가능
출석	소송대리인출석 (원,피고 출석 불필요)	검사, 피고인 직접 출석의무

1. 우리나라 현행법의 구조와 비교법적 검토

가. 현행법의 구조

의료사고 민사책임은 책임귀속의 기본원리에 따라 과실책임과 무과실책임으로 대별된다. 과실책임은 계약책임과 계약외책임으로 나뉘며, 후자는 주로 불법행위책임이 중심을 이루고 있다. 따라서 의료과실이 개재된 의료사고가 발생한 경우 현행법상 계약위반에 따른 민법 제390조 이하의 채무불이행책임과 민법 제750조 이하의 불법행위에 기한 손해배상책임 양자의 법률적 구성이 모두 가능하다. 그러나 계약책임 구성이나 불법행위책임 구성 중 어느 것을 취하더라도 의사가 환자에 대한 치료에 있어서 최선의 주의의무를 다하여야 함은 동일하다.[2]

판례는 의사가 환자에게 부담하는 진료채무의 법적 성질에 관해 "의사가 환자에게 부담하는 진료채무는 질병의 치유와 같은 결과를 반드시 달성해야 할 결과채무가 아니라 환자의 치

---

2) BGH, Urteil vom 20−09−1988−VI ZR 37/88 (Koblenz), BGH : Zurechnungs−zusammenhang zwischen ärztlichem Behandlungsfehler und Schaden, NJW 1989 Heft 12, S.767.

유를 위하여 선량한 관리자의 주의의무를 가지고 현재의 의학수준에 비추어 필요하고 적절한 진료조치를 다해야 할 채무, 이른바 수단채무라고 보아야 하므로 진료의 결과를 가지고 바로 진료채무불이행사실을 추정할 수는 없으며 이러한 이치는 진료를 위한 검사행위에 있어서도 마찬가지"라고 함으로써 수단채무의 성격을 지닌다고 하여 의료사고에 관한 민사책임을 채무불이행책임으로 구성하기도 하는 한편,[3] "의료행위에 있어서 주의의무위반으로 인한 불법행위 또는 채무불이행으로 인한 책임이 있다고 하기 위해서는 의료행위상 주의의무의 위반, 손해의 발생 및 주의의무의 위반과 손해발생과의 사이에 인과관계가 존재하여야" 한다고 보아 불법행위의 성격도 지니고 있음을 판시한 바 있다.[4]

나. 비교법적 검토

(1) 일 본

일본은 의사의 책임이 채무불이행에 기인할 때에는 민법 제415조 이하로, 불법행위에 기인할 때에는 민법 제709조 이하를 통하여 규율하고 있다.[5] 일본의 경우 의료민사책임에 관하여 전통적으로 불법행위책임으로 구성하여 왔다. 이에 대하여 계약책임과 불법행위책임은 여러 면에서 차이가 나며, 그 중에서도 가장 차이가 나는 것은 증명책임과 시효기간이고 계약책임구성이 더 유리함을 주장하는 채무불이행책임론이 등장하게 되었다고 한다.[6]

(2) 독 일

독일도 마찬가지로 의료계약을 통하여 환자와 의사간의 의무가 규율되므로 이를 위반하여 환자에게 손해를 야기되면 의사가 계약책임을 부담하고, 동시에 통상의 의사가 지녀야 할 주의의무를 위반하여 환자에게 악결과가 발생하였다면 의사는 불법행위책임을 부담한다.[7] 특히 독일은 전자에 대하여 2013. 2. 26.부터 환자의 권리증진을 위한 법률[8]이 발효되어 의료계약을 독자적인 민법상의 전형계약으로 하면서 BGB §630조a 이하의 신설규정을 두었고,[9] 후자

---

3) 대법원 2005. 9. 30. 선고 2004다52576 판결.
4) 대법원 2000. 9. 8. 선고 99다48245 판결 등.
5) 尾中普子, 医療過誤における医師の責任：一九七〇年と一九七一年のフランス破毀院の判決について, 大東法学 創刊, 大東文化大学, 1974, 39－40頁.
6) 伊澤純, 医療過誤訴訟における医師の説明義務違反(二), 成城法学 제64호, 成城大学法学会, 2001, 111－112頁 참조.
7) R.Geigel, Haftpflichtprozess, 25. Auflage 2008., Rn 211－213, Münchener Komm－entar zum BGB Band 8, 5. Auflage 2008., Rn 110, A.Spickhoff, Das System der Arzthaftung im reformierten Schuldrecht, NJW 2002 Heft 35, S.2531.
8) Gesetz zur Verbesserung der Rechte von Patientinnen und Patienten.

는 BGB §823에서 규율하고 있다.

2. 불법행위책임과 채무불이행책임

가. 불법행위책임

불법행위책임이란 가해자의 고의·과실행위에 의하여 발생된 손해에 대하여 손해배상책임을 지우는 것을 말한다(민법 제750조). 채무불이행책임과는 위법행위에 대한 책임이라는 점에서는 공통점을 가지나, 계약관계를 전제로 하지 않는다는 점에 차이가 있다.

(1) 손해배상책임의 발생요건

민법 제750조는 '고의 또는 과실로 인한 위법행위로 타인에게 손해를 가한 자는 그 손해를 배상할 책임이 있다.'고 규정하고 있다. 즉, 불법행위에 의한 손해배상책임이 발생하기 위해서는 ① 행위자의 고의·과실, ② 권리의 침해(위법성), ③ 침해행위와 손해 간의 인과관계, ④ 손해의 발생을 필요로 하고 있다.

(2) 과실책임의 원칙과 무과실책임의 도입 여부

(가) 과실책임의 원칙

불법행위로 인한 손해배상책임의 발생요건으로는 행위자인 의사의 고의·과실을 필요로 한다. 고의라 함은 타인의 권리를 침해하는 것을 알면서 감히 행위하는 경우이고, 과실이라 함은 권리침해라고 하는 결과발생을 인식하고자 하면 인식할 수 있었을 터인데도 주의의무를 다하지 않아 인식하지 못했거나 혹은 결과발생을 회피할 수 있다고 과신한 경우를 의미한다. 이때 주의의무라 함은, 유해한 결과가 발생되지 않도록 의식을 집중할 의무로서, 그에 위반하여 타인의 생명·신체 등에 위해를 가한 경우에 민·형사상의 법적책임이 추구되는 것을 말한다. 주의의무의 내용은 결과예견의무와 결과회피의무의 이중구조로 되어 있다. 과실의 기준은 통상인을 기준으로 하는 바, 의료과실에서의 통상인이라 함은 통상의 의사 또는 평균적인 의사(reasonable doctor)로서 가져야 할 주의의무를 말한다.

고의로 불법행위를 저지른 자에게 책임을 묻는 것은 동서고금을 막론하고 차이가 없다. 그

---

9) 그 구체적인 내용에 대하여는 김중길, 민법상 전형계약으로서 의료계약－독일법과의 비교를 중심으로－, 법제연구 제47호, 2014, 339면; 이하, 이재경, 환자의 권리보호와 의료계약의 입법에 관한 검토, 법학연구 제53집, 2014, 83면 이하 참조.

러나 과실책임에 대하여는 일정한 역사적 발전을 거쳐왔다. '행위자에게 과실이 없으면 불법행위책임을 지우지 않는다.'라는 과실책임주의의 원칙은 근세에 이르러 비로소 형성되었다. 초기 로마법은 결과책임주의에 입각한 손해배상책임을 원칙으로 하였다. 근대 시민사회가 형성되면서 경제거래가 활발하게 되었고, 자유경쟁원리가 지배하게 되었으며, 이러한 자유경쟁의 이념은 경제거래를 활성화시키고 자본주의를 발전시키는 원동력이 되었다. 이때 책임 없는 결과에 대하여까지 배상을 하게 하면 자유경쟁정신이 위축될 우려가 생기게 된다. 즉, 손해가 발생한 경우에 어떠한 이유가 있더라도 손해발생사실에 근거하여 모든 경우에 행위자에게 배상책임을 지우게 되면, 자유로운 경제거래활동이 제한받게 되는 것은 명백하다. 개인의 위축은 나아가서는 경제활동 전반에 중대한 저해요인으로 작용하게 된다. 그래서 행위자가 주의의무를 다하지 아니하여 결과를 일으킨 경우에만 책임을 져야 한다는 과실책임주의가 형성되게 된 것이다. 이는 '주의의무를 다하지 아니한 경우만 책임을 진다.'고 하는 원칙이다.

의료과실에 해당하는 부분에 대하여는 채무불이행책임과 동일하게 논의되므로 제4장 제3절, 제4절, 제5장 제1절에서 다시 살펴보기로 한다.

(나) 무과실책임의 도입 여부

20세기에 들어 지금까지는 상상치도 못했던 각종 기계와 편의시설이 발명되었고 이를 생산하기 위한 공장이 증설되었다. 그 예로 자동차, 항공기 등 교통기관과 공해를 배출하는 중화학공장, 원자력발전소 등을 들 수 있다. 이러한 기계나 공장의 운용으로 인하여 새로운 위험이 창출되어 인간의 생명이나 신체를 위협하게 되면서 적지 않은 피해를 주게 되었다. 다만 이러한 기계나 공장은 그 이익이 해악보다는 상대적으로 크기 때문에 이를 '허용된 위험'이라고 부른다. 허용된 위험은 종래 과실책임주의이론을 취하게 되면 그 손해에 관하여 구제할 방법이 막히게 되는 경우가 많다. 새로운 위험이기 때문에 허용된 위험시설을 운용하는 기업 입장에서는 그로부터 발생되는 손해를 예측하거나 회피하기가 매우 어렵고, 피해자 입장에서는 발생된 손해와 위험 사이의 인과관계를 입증하는 것이 불가능한 경우가 많다. 따라서 이러한 경우 피해자의 손해를 외면하게 되면 손해의 공평부담이라는 법정신에 어긋나게 된다. 이를 극복하기 위하여 무과실책임주의가 일부 도입되기에 이르렀다.

이는 환경공해소송에서 발전하기 시작하였는 바, 최근에는 약화사고와 의료장비 또는 의료재료에 의한 제조물사고 등 의료과실 사건에서도 무과실책임주의의 도입이 주장되고 있다.[10]

---

10) 다만 의료관계에 무과실책임법리를 적용하려는 법정책적 관점은 인간의 생명유기체를 대상으로 하는 의료의 본질 자체에 적합하지 않은 것으로 평가된다. 따라서 의료과실에 의한 사고에 대한 민사책임은 원칙적으로 해당 의료행위의 과책, 즉 환자의 생명·신체·건강 등의 보호법익을 침해한 행위의 위법성과 책임성

그리고 의료분쟁조정법 제46조에서는 '충분한 주의의무를 다하였음에도 불구하고 불가항력으로 발생'한 분만사고에 대하여는 피해보상을 해줌으로써 사실상 무과실보상제도를 일부 도입하였다.

(3) 권리침해 내지 위법성

민법 제750조는 권리침해, 즉 위법성을 불법행위의 요건으로 하고 있다.

(가) 권리의 개념

연혁적인 의미에서 권리는 소유권, 채권 등 상당히 한정적으로 이해되어 왔다. 그러나 사회가 발전해 나가면서 법적으로 보호하지 않으면 아니되는 이익을 확대 적용하기 시작했다. 예를 들어, 의료과실소송에 있어서 기대권, 치료기회권 등이 그것이다.

(나) 침해의 개념

권리침해라는 것은 행위의 위법성을 말한다. 권리침해행위 중 대표적인 것은 형벌법규나 단속법규 위반 등 법규를 위반하는 행위가 가장 대표적인 것이다. 기타 공서양속에 위반하는 행위가 위법인가 여부는 침해를 받는 이익의 성질과 침해행위의 양태 등을 구체적으로 살펴야 할 것이다. 즉, 법적으로 강하게 보호받아야 할 권리의 경우는 침해행위의 정도가 비교적 가벼운 것이라도 보호되고, 법적으로 약하게 보호해도 될 이익의 경우는 침해행위의 정도가 커야만 위법행위가 될 것이다.

(다) 기대권이론

종래 불법행위론에서 이와 같이 위법성(침해성)에 중점을 두어 행위태양을 연구하여 왔고, 이러한 연구가 불법행위론의 발전에 커다란 공헌을 한 것은 사실이다. 그러나 오늘날은 불법행위론에 있어서 '권리론'이 점하는 의의에 대한 재검토가 거론되고 있다. 그 예로 많은 환경보호소송중에서의 환경권 개념, 다양한 침해·파괴에 대응하기 위한 건강권 개념, 기타 초상권 개념, 인격권 개념 등 많은 새로운 권리개념이 확립되어 왔다. 이와 같은 새로운 권리 하나하나에 관하여 법적차원에서 구체적으로 어떻게, 얼마만큼 보호해 주어야 할 것인가가 문제시되고 있다.

의료소송의 영역에서도 앞서 말한 기대권, 치료 기회 등이 새로운 권리로써 그 보호가 논

이 있는 경우에 한하여 손해배상책임을 인정하여야 한다.; 안법영, 산부인과 진료와 의사의 주의의무 — 대법원판결의 분석을 중심으로 — , 의료법학 창간호, 2000, 54면.

의되고 있다.

(4) 손해의 발생, 인과관계 등

손해의 발생과 인과관계 등에 관하여는 채무불이행책임과 동일하게 논의되므로 이 또한 제4장 제3절, 제4절, 제5장 제1절에서 다시 살펴보기로 한다.

나. 채무불이행책임

예컨대, 부동산매매계약, 금전소비대차계약, 공사도급계약, 의료계약 등에 있어서는 집이나 토지를 판 자와 산 자, 금전을 빌린 자, 공사수급인, 의사 등은 일정한 법률상의 의무를 지는 자가 의무를 이행하지 않는 경우에 부담하는 책임을 채무불이행책임이라고 부른다(민법 제390조). 일정한 계약이 체결되면 계약당사자는 서로 일정한 권리를 취득함과 동시에 의무까지도 부담하게 되며, 의료행위와 관련하여는 앞서 살펴 본 바와 같이 의사와 환자 사이에 의료계약으로 발현되어 양자의 의무가 발생하게 된다.

의사에게 의료계약상의 의무위반을 이유로 한 채무불이행책임의 국면은 이행지체·이행불능·불완전이행 등이 발생할 수 있다. 예를 들어, 치과의사가 환자에게 틀니를 해주기로 의료계약을 체결한 경우, 치과의사는 환자에게 틀니를 해 주어야 할 의무가 있는 반면 환자에 대해서는 치료비를 청구할 권리를 갖는다. 이때 만약 치과의사가 위 의무를 다하지 아니한 경우는 구체적으로 다음과 같은 형태가 있다.

첫째, 위의 틀니를 해 주기로 한 기간이 되었음에도 불구하고 틀니가 완성되지 않았음을 이유로 보철을 해 주지 않은 경우로서 이를 이행지체라고 한다.

둘째, 치과의사가 교통사고로 인하여 뇌사상태에 이르러 도저히 보철을 해 줄 수 없게 된 경우로써 이를 이행불능이라고 한다.

셋째, 보철을 해 주기는 하였으나 틀니를 잘못 만들어 음식물을 씹을 수 없는 경우를 예로 들 수 있는 바, 이를 불완전이행이라고 한다.

위와 같이 이행지체·이행불능·불완전이행 등 채무불이행이 있을 경우, 민법 제390조 전단에 의거하여 환자는 치과의사에게 손해배상을 청구할 수 있다. 이를 보다 상세히 살펴 보면 다음과 같다.

(1) 이행지체

(가) 이행기가 도래할 것

환자가 병원에 내원하여 의료계약이 체결되면 이행기가 도래하였다고 볼 수 있다.

(나) 이행지체와 악결과 사이에 인과관계가 있을 것

악결과가 이행지체로 인하여 발생하여야 한다.

(다) 이행지체에 대하여 의료인에게 귀책사유가 있을 것

의료인이 이행할 능력과 경험, 시설, 장비로 환자를 충분히 치료할 수 있음에도 불구하고 이를 지체하여야 한다.

이때 채무자인 의료인의 귀책사유라 함은 의사 측에게 과실 및 신의칙상 그와 동일시해야 할 사유가 있는 것을 의미한다. 그런데 의료과실에서 귀책사유가 문제되는 것은 의사의 과실 보다는 그 증명책임의 분배를 둘러싼 문제이기에, 채무불이행책임의 특질과도 맞물려서 채무자 쪽에서 채무불이행이 자기의 책임으로 돌릴 수 없는 사유, 채권자의 책임 또는 불가항력적인 사유로 발생하였다는 것을 증명하지 않는 한, 그 책임을 면할 수는 없다고 하여 왔다.

(라) 이행지체가 위법할 것

이행하지 아니한 것이 정당성을 결하고 있어야 한다. 예를 들어, 갑자기 교통사고 환자가 밀려와서 더 급한 환자를 돌보던 중 환자가 사망하는 등 피해가 확대된 경우에는 긴급피난 또는 정당행위를 이유로 면책될 수 있다.11)

(2) 불완전이행

불완전이행은 채무를 이행하기는 하였으나 그것이 채무의 내용에 따른 것이 아닌 경우를 말한다. 불완전이행의 요건은 다음과 같다.12)

(가) 이행이 불완전 할 것

이행행위가 있어야 한다. 이행은 작위행위는 물론 부작위행위도 포함한다.

---

11) 神戸地判 平成 4. 6. 30. 判夕 802号, 196頁.
12) 김규완, 채무불이행체계의 재정립, 민사법학, 2008, 통권 제43호에서 "불완전이행의 요건에 대해 민법제390조에 '입법자의 명시적 언어가 결여되어 있기 때문에 논란의 여지'가 있으나, 다수설은 ① 이행행위가 있고, ② 이행이 불완전하고, ③ 의료인에게 귀책사유가 있고, ④ 불완전한 이행이 위법일 경우에 손해배상책임을 지울 수 있다."고 한다. 대법원 2005. 9. 30. 선고 2004다52576 판결에서 "의료행위에 있어서 채무불이행으로 인한 책임이 있다고 하기 위해서는 의료행위상 주의의무의 위반, 손해의 발생 및 주의의무의 위반과 손해발생과의 사이에 인과관계가 존재하여야 한다."고 판시한바, ① 불완전 이행행위가 있고, ② 불완전이행행위와 손해사이에 인과관계가 있고, ③ 불완전이행이 의료인에게 귀책사유가 있고, ④ 불완전한 이행이 위법일 경우에 손해배상책임을 지울 수 있다고 봄이 상당하다고 기술하고 있다.

이행된 의료행위가 임상의학 실천 당시의 의료수준에 벗어난 불완전이행이여야 한다. 대법원[13]은 "의사는 진료계약에 따라 문진·시진·촉진·청진과 각종 임상검사 등의 결과를 토대로 신중히 진찰하고, 정확히 진단함으로써 위험한 결과 발생을 예견하고 결과 발생을 회피하는 데에 필요한 최선의 주의의무를 다하여 한다."고 하여 의료인에게 임상의학 실천 당시의 의료수준에 따른 이행의 제공의무를 부여하고 있다.[14] 예를 들어 신생아가 가사상태로 출생한 경우 의료인은 "1. 신생아의 열손실 방지, 2. 기도를 확보하고 구강과 외비공의 흡인을 실시, 3. 신생아의 상태를 확인한다(호흡, 심박수, 피부색), 4. 호흡의 증후가 없으면 양압환기를 실시한다, 5. 심박수 100회 미만이면 양압환기를 실시하고 아래 7.항 처치를 실시하고 100회 이상이면 신생아의 피부색을 확인한다, 6. 신생아의 피부색을 확인한다, 7. 양압환기를 시행한 후 15-30초 후에 다시 평가하여 100회 이상이면 피부색을 확인하고, 60-100회 사이이고, 증가추세이면 양압환기를 지속하고, 60회 미만이거나 감소하면 심폐소생술을 시행한다, 8. 심폐소생술실시, 9. 화학적 소생술 실시, 10. 기관내 삽관 실시" 등의 순서로 응급처치하여야 함에도 이를 불완전이행하여 저산소성 뇌손상을 입게 한 경우 불완전이행책임이 있다.[15]

(나) 불완전이행과 악결과 사이에 인과관계가 있을 것

의료행위에 있어서 채무불이행으로 인한 책임이 있다고 하기 위해서는 의료행위상 주의의무의 위반, 손해의 발생 및 주의의무의 위반(불완전이행)과 손해발생과의 사이에 인과관계가 존재하여야 한다.[16]

(다) 불완전이행에 대하여 귀책사유가 있을 것

의료인이 완전이행을 할 수 있는 능력, 경험, 시설, 장비 등을 갖추고 있음에도 불완전이행하여야 한다. 대법원[17]은 저혈당증으로 출생한 신생아에 대한 혈당검사를 게을리한 의사가

13) 대법원 2018. 11. 15. 선고 2016다244491 판결.
14) 大阪高裁 平成 2. 4. 27. 宣告 昭和62年(ネ)2249 判決(判時 1391號 147頁, 判タ 737號 189頁); 법원은 오진에 대하여 "진단을 잘못한 경우는 일반적 의료수준에서 생각하여 상기 오진에 이르는 것이 당연한 그런 때를 제외하고, 채무의 이행이 불완전하였다고 할 수가 있다. Y의 이행보조자인 B는 심근경색 등의 심질환을 의심하지 않고, 단지 간장질환이라고만 진단한 것이므로, 진단을 잘못한 것은 명백하고, 급한 발증, 상복부통 내지 동부의 팽만감, 전신의 권태감, 호흡곤란, 구역질 등 심근경색 등의 심질환의 존재를 의심시키는 한편, 상정할 수 있는 간장질환에서는 설명할 수 없는 증상이 있었다. 오진에 이르렀다고 할 수가 있어, 채무의 이행이 불완전하였다고 해야 할 것이다."고 하여 오진에 대하여 불완전이행책임을 인정하였다.
15) 서울서부지법 2007. 10. 17. 선고 2005가합3700 판결.
16) 대법원 2005. 9. 30. 선고 2004다52576 판결.
17) 大阪高裁 平 31. 4. 12. 宣告 平 30(ネ) 743号 判決(判時 2443号, 27頁).

"혈당이 저하되었다는 증거가 없다"고 변소한데 대하여 "혈당검사를 이행할 책임은 의사에게 있고, 혈당측정을 하지 않은 것은 의사의 주의의무위반에 의하여 발생한 것이다."고 하여 의사에게 경과관찰상 불완전이행의 귀책사유를 인정하였다.

(라) 불완전이행이 위법할 것

대법원[18]은 "채무불이행으로 인한 손해배상청구에 있어서 확정된 채무의 내용에 좋은 이행을 하지 아니하였다면 그 자체가 바로 위법한 것으로 평가"된다고 한바, 임상의학실천당시의 의료수준에 따른 이행을 하지 않은 경우 위법성을 인정할 수 있다.

임상의학 실천 당시 의료수준의 이행이란 진료지침[19]에 따라 필요하고 적절한 진료를 제공하여야 하는 수단채무[20]를 제공하여야 하는바, 이때 필요하고 적절한 진료란 ① 의학적 적응성이 있는 의료행위를 하여야 하고, ② 의술적으로 적절한 의료행위를 시행하고, ③ 자기결정권을 보장해 주어야 한다.

(3) 이행불능

(가) 이행이 불능할 것

이행이 불능하다는 것은 계약이 성립하여 채권이 발생했을 때에는 그 이행이 가능하였으나 그 후에 불능으로 된 경우를 의미한다.

예컨대, 위의 치과의사의 예와 같이 틀니를 뜰 때에는 건강했으나 보철을 할 무렵 건강상태가 급격히 나빠지거나 사망하여 보철시술을 할 수 없게 된 경우를 들 수 있다. 불능인가 가능인가의 판단기준은 사회 거래관념에 따라서 결정되는데, 만약 의사가 해외로 유학이나 이민을 가버린 경우, 채무의 이행이 물리적으로는 가능하더라도 거래상의 관념으로 보아 불능으로 판단될 것이다.

(나) 채무자에게 귀책사유가 있을 것

귀책사유라 함은 일반적으로 '채무자의 고의·과실 또는 신의칙상 이와 동시해야 할 사유'를 의미하는 것으로서 주관적 요건이다.

고의라 함은 일정한 결과가 발생하리라는 것을 알면서도 감히 이를 행하는 심리상태를 말

---

18) 대법원 2013. 12. 26. 선고 2011다85352 판결.
19) 민법 제1조(법원)는 "민사에 관하여 법률에 규정이 없으면 관습법에 의하고 관습법이 없으면 조리에 의한다."고 명시적으로 규정하고 있는바, 진료가이드라인, 진료지침은 수천 년간 의료경험과 관행에 의하여 형성된 관습과 조리로서 법원(法源) 중 하나이다.
20) 대법원 2001. 11. 9. 선고 2001다52568 판결.

하나, 고의에 의한 의료행위란 그 의미 자체가 모순이라는 것은 이미 언급한 바 있다. 과실이라 함은 주의를 게을리하였기 때문에 그것을 알지 못하고서 어떤 행위를 하는 심리상태를 말한다.

(다) 이행불능이 위법일 것

이에 관하여는 위 이행지체의 경우와 같다.

다. 양자의 차이

대법원[21]은 계약책임과 불법행위는 전혀 다른 소송물로서 별개로 판단하여야 한다고 판시하였다. 의료민사책임을 채무불이행책임으로 구성하든 불법행위책임으로 구성하든 대법원[22]은 "위험한 결과발생을 예견하고 그 결과발생을 회피하는 데에 필요한 최선의 주의의무를 다하였는지 여부를 따져 보아야 한다."는 점에서는 유사하나, 법률요건분류설에 따라[23] 채무불이행책임과 불법행위책임에 관한 요건사실에 따른 구체적인 입증은 달라진다.[24]

그리고 각각의 법규정과 법리에 따라 해당 요건에 관한 증명책임을 부담하는 자가 누구인지, 사용자의 면책가능성이 존재하는지, 손해배상청구권의 소멸시효가 어떠한지 등에 관한 차이가 있다.

---

21) 대법원 2021. 6. 24. 선고 2016다210474 판결.

22) 대법원 2010. 7. 8. 선고 2007다55866 판결.

23) 헌법재판소 2015. 3. 26. 선고 2014헌바202 결정은 "입증책임은 법규의 구조와 형식(예컨대 본문과 단서, 일반규정과 특별규정, 원칙규정과 예외규정 등)에 따라 분배되어야 하고, 권리의 존재를 주장하는 당사자는 권리근거사실에 대하여 입증책임을 부담하며, 권리의 존재를 다투는 당사자는 권리장애사실, 권리소멸사실 또는 권리저지사실에 대하여 입증책임을 진다는 것이 일반적으로 받아들여지고 있다. 요증사실이 특정인의 고의나 과실 유무 등 내심의 의사라고 하여 그러한 의사의 주체에게 반드시 입증책임을 부담시켜야 하는 것은 아니다. 입증책임규범은 사실의 존부가 불명한 경우 법관으로 하여금 재판을 할 수 있게 하는 보조수단으로서, 구체적으로 누구에게 입증책임을 분배할 것인가는 정의의 추구라는 사법의 이념, 재판의 공정성, 다툼이 되는 쟁점의 특성 및 관련 증거에 대한 접근성 등을 종합적으로 고려하여 입법자가 재량으로 정할 수 있는 입법형성의 영역이다."고 판시하였다.

24) 현재 대다수의 판례는 의료소송에서 불법행위책임법리를 채무불이행책임법리보다 더 많이 적용하고 있는 것으로 보인다. 학계에서는 불법행위책임으로서의 구성이 비교우위에 있는 실정에 대한 이유로 ① 종래에는 진료채무는 수단채무성을 지니고 있기 때문에 채무불이행책임으로 구성한다고 하더라도 환자 측에서 의사가 최선의 주의의무를 다하지 않았다는 불완전이행을 입증할 수밖에 없다는 점, ② 변론주의를 채택하는 현재의 소송구조상 법률가들이 종전의 판례에 따라 불법행위책임으로 이론구성을 하는 것을 선호한다는 점, ③ 불법행위책임의 경우 비재산적 손해와 생명침해의 경우에 관한 위자료가 인정되는 반면 채무불이행책임에서는 그에 관한 위자료청구가 없기 때문에 불법행위책임으로 구성하는 것이 우세하다는 점이 제시되어 왔다.; 송오식, 의료과실의 계약법적 구성, 부산대학교 법학연구 제48권 제1호, 2007. 8. 869－870면.

(1) 입증의 부담

채무불이행책임일 경우 채권자인 환자는 채무자인 의사의 채무가 존재하고 의사가 그러한 계약의 본지에 맞는 채무를 이행하지 않았다는 사실인 권리근거요건사실에 대하여 입증하면 채무자인 의료인은 임상의학 실천 당시 의료수준에 맞는 이행의 제공을 하였다는 권리멸각요건사실 내지 불가항력적 사유로 악결과가 발생하였다는 권리장애요건사실에 대하여 주장입증하여야 면책된다. 대법원[25])은 낙상으로 뇌출혈이 발생한 환자에 대하여 의료인은 뇌출혈 사망위험을 방지할 의무가 있다는 전제하에 "진료지침을 준수하고 사고방지를 위한 주의의무를 다했다."는 권리멸각 요건사실을 입증하여야 한다고 판시하였다.

반면 불법행위책임일 경우 피해자인 환자가 가해자인 의사의 고의, 과실 등 가해행위의 위법성까지 입증하여야 하므로 양자 간 환자가 입증하여야 할 범위가 다르다.

독일에서는 100년간 성립된 의료과실판례를 정리하여 공정·대등성에 근거하여 소송법상 무기평등의 원칙(Waffengleichheit)을 들어 입증부담에 관한 특별규정으로 의료계약의 편장인 BGB 제630조의h에서 의료과실과 설명의무위반을 같은 조항에 규정하고, 그 증명책임을 의료인 측에 부여하였다.[26]) 즉, 의료과실의 경우 일반적인 의료행위의 위험이 실현된 경우 그러한 위험이 의료행위자에 의하여 완전히 통제될 수 있었고, 환자의 생명·신체·건강을 침해하였다면 의료행위자의 의료과실이 추정된다(제630조의h 제1항).[27]) 설명의무의 경우에도 의료행위자는 규정에서 정하고 있는 동의와 설명에 대한 완전한 증명책임을 부담한다(제630조의h 제1항).[28]) 그러므로 독일은 법 규정에 의하더라도 불법행위책임보다 계약책임구조로 구성하여 의료과실책임을 추궁할 때 환자가 증명책임에 있어 상당히 유리한 위치에 있다.

---

25) 대법원 2022. 3. 17. 선고 2018다263434 판결.
26) § 630h Beweislast bei Haftung für Behandlungs— und Aufklärungsfehler
　　① in Fehler des Behandelnden wird vermutet, wenn sich ein allgemeines Behandlungsrisiko verwirklicht hat, das für den Behandelnden voll beherrschbar war und das zur Verletzung des Lebens, des Körpers oder der Gesundheit des Patienten geführt hat.
　　⑤ Liegt ein grober Behandlungsfehler vor und ist dieser grundsätzlich geeignet, eine Verletzung des Lebens, des Körpers oder der Gesundheit der tatsächlich eingetretenen Art herbeizuführen, wird vermutet, dass der Behandlungsfehler für diese Verletzung ursächlich war. Dies gilt auch dann, wenn es der Behandelnde unterlassen hat, einen medizinisch gebotenen Befund rechtzeitig zu erheben oder zu sichern, soweit der Befund mit hinreichender Wahrscheinlichkeit ein Ergebnis erbracht hätte, das Anlass zu weiteren Maßnahmen gegeben hätte, und wenn das Unterlassen solcher Maßnahmen grob fehlerhaft gewesen wäre.
27) 김중길, 전게논문, 361—362면; 이재경, 전게논문, 96면.
28) 김중길, 전게논문, 363면.

(2) 사용자책임

사용자책임과 관련하여 채무불이행책임 구성이라면 민법 제391조에 따라 이행보조자인 고용의나 간호사의 과실에 대하여 채무자인 의사나 의료기관 운영자는 면책가능성이 없다. 그러나 불법행위책임 구성일 경우 민법 제756조 제1항 단서에 따라 의사나 의료기관 운영자가 선임·감독상 상당한 주의의무를 다하였다면 면책가능성이 일단 존재할 수 있다.

즉, 채무불이행책임의 경우에는 채무자의 고의·과실 중 고용의사, 간호사, 기사 등 이행보조자의 고의·과실이 포함된다. 이행보조자의 고의·과실은 채무자의 고의·과실과 전적으로 동일시되므로 이행보조자의 과실에 대해서는 그들의 선임이나 감독에 과실이 있었느냐 여부를 불문하고 채무자인 개업의나 의료법인 등이 책임을 진다. 예를 들어, 산부인과의원을 개원한 산부인과 의사에게 고용된 다른 산부인과 전문의가 분만을 돕다가 사고를 일으킨 경우, 개업의는 고용의가 스스로의 책임하에 환자를 보는 것이고 또한 매일 분만업무에 관하여 주의를 다하도록 교육시키고 분만의 업무를 감독하였다고 하더라도 면책되지 않는다.

불법행위책임에서는 피고용인의 불법행위에 대해서 사용자책임(민법 제756조)이 있다. 사용자책임은 다음의 요건을 갖추어야 한다.

첫째, 피용자의 행위가 불법행위의 성립요건을 구비하고 있어야 한다. 피용자에게 고의·과실행위, 위법성, 인과관계 등이 있어야 한다. 대법원[29]은 의료기관에 고용된 의사로부터 스트렙토마이신 근육주사를 맞은 직후 과민성 쇼크사한 사건에 대하여 "의료사고에 있어서 의료종사원의 과실을 인정하기 위하여서는 의료종사원이 결과발생을 예견할 수 있음에도 불구하고 그 결과발생을 예견하지 못하였고, 그 결과발생을 회피할 수 있었음에도 불구하고 그 결과발생을 회피하지 못한 과실이 검토되어야 하며, 의료종사원의 과실은 일반적 보통인을 표준으로 하여 요구되는 주의의무를 결한 것으로서 여기에서 일반적 보통인이라 함은 추상적인 일반인이 아니라 그와 같은 업무와 직무에 종사하는 사람을 뜻하는 것이므로, 결국 이와 같은 사람이라면 보통 누구나 할 수 있는 주의의 정도를 표준으로 하여 과실 유무를 논하여야 하며 이에는 사고당시의 일반적인 의학의 수준과 진료환경 및 조건, 의료행위의 특수성 등이 고려되어야 한다."고 판시하면서 피용자에게 주의의무위반이 있어야 사용자책임을 귀속시킬 수 있다고 하였다.

둘째, 사용관계가 있어야 한다. 사용관계는 피용자를 실질상 선임하고, 지휘·감독하는 관계가 있으면 되고, 반드시 고용계약을 전제할 필요는 없다.

---

29) 대법원 1987. 1. 20. 선고 86다카1469 판결.

셋째, 피용자가 사용자의 사무에 종사하던 중 환자에게 손해를 발생시켜야 한다. 대개의 의료사고에서는 별문제가 없지만 가끔 사용자의 사무집행에 해당되는지 문제되는 경우가 있다. 예를 들어 장기입원하고 있던 환자가 의사의 처방 없이 근처 약국에서 주사약을 사가지고 와서 평소 안면이 있는 간호사에게 부탁하여 주사를 맞았는데 그로 인하여 쇼크사한 경우에 의사는 간호사의 주사행위에 대하여 사용자책임을 져야 하는지가 그러하다. 원칙적으로 입원 실내에서 간호사의 주사행위는 피용자에 의한 사무집행행위로서의 외형을 갖추고 있으므로 사용자책임을 져야 할 것이다. 왜냐하면 의사는 피용자인 간호사에게 환자의 부당한 요구를 들어주지 말도록 교육시키고, 그러한 행위를 못하도록 감시·감독할 주의의무도 있기 때문이다.[30] 그러나 만일 간호사가 평소 여러 환자로부터 개인적으로 주사비를 받고 주사를 놓았으며, 환자도 이를 알고 부탁을 하였다면 실질적으로는 의사의 사무를 집행하여 준 것이 아니므로 구체적인 경우에 따라서는 사용자책임을 지지 않을 수도 있다고 보아야 할 것이다. 즉, 그 행위가 사용자의 사업과 적당한 견련(牽連)관계에 있고, 객관적·외형적으로 사용자의 사업범위에 속하고 있으면 된다.[31]

(3) 소멸시효

(가) 소멸시효 기간

손해배상청구권의 소멸시효의 경우 채무불이행책임은 민법 제162조에 따라 청구권 행사시부터 10년의 소멸시효기간을 두게 된다. 한편 불법행위책임은 민법 제766조에 따라 손해 및 가해자를 안 날로부터 3년, 불법행위가 있은 날로부터 10년의 소멸시효기간을 두고 있다는 점에 차이가 있다.

대법원[32]은 "진료계약상 채무불이행으로 인한 손해배상청구권에 대해서 10년의 소멸시효 기간이 적용되는데 채권이 성립한 때부터 10년이 지나기 전에 이 사건 소를 제기하였다"는 이유로 피고 병원의 시효항변을 배척한 원심의 판단이 타당하다고 보았다. 또한 대법원[33]은 분만과정중 태아의 두개내출혈로 두부손상을 입은 사건에 관하여 출산 전후를 통하여 달리 뇌성마비의 원인이 될 만한 모체 또는 태아의 감염이나 이상을 인정할 자료가 없다면 태아의 두부손상은 의사의 과실로 인한 것으로 추정된다고 하면서, "가해행위와 이로 인한 현실적인

---

30) 이는 이하에서 살펴볼 의료분업 중 수직적 분업으로 인한 공동책임과 연계되는 것이기도 하다.; 류기환, 의료행위에서 감독과실에 관한 연구, 법학연구 제60집, 2015, 389-408면, 이은영, 협력진료에 따른 민사책임에 관한 시론적 고찰, 홍익법학 제15권 제2호, 2014, 57-84면.
31) 대법원 2009. 2. 26. 선고 2008다89712 판결; 대법원 2017. 12. 22. 선고 2016다202947 판결.
32) 대법원 2018. 11. 15. 선고 2016다244491 판결.
33) 대법원 1992. 12. 8. 선고 92다29924 판결.

손해의 발생 사이에 시간적 간격이 있는 불법행위에 기한 손해배상채권에 있어서 소멸시효의 기산점이 되는 불법행위를 안 날이라 함은 단지 관념적이고 부동적인 상태에서 잠재하고 있던 손해가 그 후 현실화된 것을 안 날을 의미하는 것이나, 이와 같이 현실화된 손해의 정도나 액수까지 구체적으로 알아야 하는 것은 아니다."라고 하였다.[34]

　일응 채무불이행 구성이 유리할 듯 하나, 불법행위 구성에서 손해를 안 날이라 함은 손해의 발생뿐 아니라 그 가해행위가 위법하다는 것을 안다는 것까지 의미하므로 의료과실에 있어서는 환자 측이 의사의 위법성을 아는 데 상당한 시일이 지날 수 있으므로 큰 차이는 없다.

(나) 추정 여명기간 이후 생존사건에서의 소멸시효 기산점

　의료사고로 상해를 입은 피해자에 대한 신체감정에서 여명기간을 추정하여 손해배상을 받았는데, 추정 여명기간보다 더 생존하여 추가손해가 발생하는 경우가 종종 있다. 여명기간 종료시점이 사고발생 10년이 경과한 경우 채무불이행책임이나 불법행위책임의 소멸시효가 완성되기 때문에 추가 손해배상청구가 가능한지에 대해 논란이 있다.

　하급심 법원[35]은 "채무불이행으로 인한 손해배상청구권은 민법 제166조 제1항에 따라 권리를 행사할 수 있는 때로부터 시효가 진행한다고 할 것인데, 진료계약에 따른 채무의 불완전이행으로 진료 당시 예견할 수 있었던 통상의 상해가 발생한 경우 등과는 달리, 그 후 후유증 등으로 인하여 진료 당시에는 전혀 예견할 수 없었던 새로운 손해가 발생하였다거나 예상외로 손해가 확대된 경우에 있어서는 그러한 사유가 판명된 때에 비로소 권리를 행사할 수 있다고 보아야 할 것이고, 이와 같이 새로이 발생 또는 확대된 손해 부분에 대해서는 그러한 사유가 판명된 때로부터 시효소멸기간이 진행된다고 할 것이다."고 하여 추정 여명기간 종료 다음날부터 새롭게 소멸시효가 진행된다고 판시하였다.

(다) 소멸시효 남용론

　소멸시효 남용론이란, 일단 소멸시효가 완성하였다 하더라도 이를 주장하는 것이 신의칙에 반하거나 권리남용에 해당할 때에는 소멸시효 항변을 받아들이지 않는 이론으로서 독일이나 일본판례에서도 지지받고 있다. 사법(私法)은 신의성실원칙과 권리남용금지원칙을 그 기본원리로 하기 때문에 만약 사법행위가 신의성실원칙에 어긋나거나 권리남용이 되면, ① 취소권

---

34) 동지 대법원 1990. 1. 12. 선고 88다카25168 판결; 대법원 1992. 5. 22. 선고 91다41880 판결; 대법원 1992. 4. 14. 선고 92다2011 판결; 대법원 1994. 4. 26. 선고 93다59304 판결; 대법원 1998. 7. 10. 선고 98다7001 판결.
35) 서울중앙지법 2018. 12. 4. 선고 2018가합568011 판결.

과 같은 형성권의 경우에는 그 효과를 인정하지 않고, ② 청구권인 경우에는 법이 조력하지 않고, ③ 권리남용이 위법행위가 될 경우에는 손해배상책임을 져야 하고, ④ 친권의 남용과 같은 경우에는 그 권리를 박탈당하게 된다.

시효에 있어서도 소멸시효 완성의 주장이 신의칙위반이나 권리남용으로 판단될 경우에는 그 항변의 효력이 없다고 보는 것은 당연하다. 의료소송에서는 현실적으로 이 문제가 심각한데, 일례로 대학병원 신생아실에서 신생아를 바꾸어 인도하였는데 이를 모르고 17년간이나 키우다가 뒤늦게 아이가 바뀐 사실을 알게 되어 대학을 상대로 제소[36]한 사건이 있었다. 그런데 이 사건에서 뒤바뀐 아이와 그 부모들은 법률에 정해진 10년의 소멸시효에 저촉을 받게 된다면 전혀 보상을 받지 못하는 불합리한 결과가 발생하게 된다. 이 사건에서 법원은 소멸시효의 완성을 주장하는 피고 병원의 항변에 대하여, "① 뒤바뀐 신생아의 가족인 원고들이 피고 병원에게 손해배상을 청구하거나 손해배상청구권의 소멸시효를 중단시킨다는 것이 사실상 불가능 또는 현저히 곤란하였고, ② 시효가 일단 완성한 후 피고 병원 측이 시효를 원용하지 않을 것 같은 태도를 보이며 사죄하여 원고들이 그것을 신뢰하였다."는 원고의 소멸시효 남용론 주장을 받아들여, 피고의 소멸시효항변을 배척하고 원고에게 배상하도록 결정하였다.[37]

---

36) 서울지방법원 94가합90109 및 94가합90116로 각 제소되었으나, 서울지방법원은 1996. 12. 27. 96머84161 및 96머84222로 각 조정에 갈음하는 결정을 하여 피고 병원으로 하여금 위자료로 원고들 중 뒤바뀐 아이들에게는 각 2,000만 원, 부모들에게는 각 1,000만 원씩 각각 4,000만 원씩을 배상하도록 하여 확정되었다.

37) 유사한 판례로 원고가 피고의 충수절제술 과정에서 복부의 거즈를 제거하지 아니한 채 수술부위를 봉합한 후 10년이 지난 뒤에야 거즈로 유발된 종양제거를 위한 개복술을 받게 된 사안이 있었다. 1심에서 피고 측은 원고가 이 사건 수술 당시인 1988. 8.경으로부터 민법 소정의 10년의 소멸시효기간이 경과한 2004. 1. 19.에서야 이 사건 소를 제기하였으므로 이미 그 시효기간이 완성되어 원고의 위 손해배상채권은 시효로 소멸하였다고 주장하였다. 1심 법원은 "살피건대, 민법 제766조 제2항은 불법행위로 인한 손해배상의 청구권은 불법행위를 한 날로부터 10년을 경과하면 시효로 인하여 소멸한다. 라고 규정하고 있고, 그 기산점에 관하여는 특별한 규정이 없으므로 민법 제166조 제1항의 규정에 따라 그 소멸시효는 권리를 행사할 수 있는 때로부터 진행된다고 할 것인데, 신체의 상해로 인한 손해배상청구권은 일반적인 계약상의 채무불이행에 의한 손해와는 달라서 그 손해의 내용, 태양 등을 미리부터 예상하기 어려울 뿐만 아니라 이러한 경우 위의 '권리를 행사할 수 있는 때'란 '구체적으로 손해가 발생된 때'라고 보는 것이 타당할 것이다."고 하면서 "사실관계가 그러하다면 이 사건 수술 당시 피고의 과실로 인하여 원고가 이 사건 수술 후 통증을 느껴왔고 또한 그로 인하여 종양제거를 위한 개복술을 받게 된 결과로서 받은 재산적, 정신적 손해에 대하여는 그러한 사태가 판명된 시점까지는 손해배상청구권의 시효가 진행하지 아니한다고 할 것이다. 따라서 이 사건 수술 당시 위 거즈를 제거하지 아니하고 봉합한 과실로 인한 원고의 손해배상청구권에 대한 소멸시효는 이 사건 수술로 인한 손해가 발생한 때로부터 진행된다고 할 것이고, 그 발생시기는 소멸시효를 주장하는 피고가 입증하여야 할 것인데, 원고가 이 사건 소를 제기한 2004. 1. 19.로부터 역산하여 시효기간인 10년 이전에 발생하였다고 인정할 만한 아무런 증거가 없으므로 결국 피고들의 주장은 이유가 없다."고 하여 피고 측의 주장을 배척하였다(수원지법 2005. 1. 20. 선고 2004가단4191 판결). 위 사건은 원고가 1심에서 일부승소 후 쌍방이 사실인정에 대한 불복 및 손해배상금액에 관하여 불만이

이러한 소멸시효남용론도 의료소송을 채무불이행책임으로 구성하든, 불법행위책임으로 구성하든 동일하게 적용되어야 할 것이므로 양자의 차이는 없을 것이다. 구체적으로 어느 것이 신의칙위반이나 권리남용이 되는가 하는 판단은 결국 판례를 통하여 형성될 수밖에는 없을 것이나,38) 의료과실소송에서 의학지식이 미천한 환자 측에서 자신에게 언제의 어떠한 의료행위로 장애가 발생하였는지를 판단하기는 쉽지 않다고 할 수 있으므로 설령 소멸시효가 도과하였다고 하더라도 이를 의사 측에서 주장하는 것은 신의칙이나 권리남용 원칙의 위배로 배척되어야 할 것이다.39)

(4) 위자료청구권

불법행위책임의 경우 위자료청구권에 관하여 민법 제751조 및 제752조에서 명문의 규정을 두고 있으나, 채무불이행책임에 관하여는 이에 관한 규정이 없다.

종래에는 채무불이행책임에 대하여도 위자료청구권을 과연 인정할 수 있는지 여부에 관한 문제가 제기되었다. 즉, 민법의 명문규정상 위자료청구권을 불법행위법에 한정시켰다는 점과 불법행위 피해자의 정신적 고통은 예상치 못한 불의의 고통임에 반하여, 채무불이행으로 인한 채권자의 고통은 본인이 자초한 인용된 고통으로 채무불이행에서 발생하는 부수적 현상이자 예견된 고통이므로 채무불이행에서까지 위자료청구권을 인정한다는 것은 부당하다는 것이다.40) 그러나 우리나라의 판례41)와 통설은 채무불이행에 관하여도 위자료에 관한 명문의 규정이 없더라도 불법행위에 관한 규정을 유추할 것을 인정하며, 정신적 손해에 관하여 채무불이행과 불법행위 간에 차이를 두어야 할 아무런 이유가 없으므로 채무불이행으로 정신적 고통을 받은 채권자에게 위자료청구권을 부인할 근거가 없다고 하였다.42)

있어 대법원에까지 상고하게 되었으나, 대법원에서는 원심의 사실판단 및 손해배상금을 유지하여 심리불속행하였다(대법원 2006. 2. 23. 선고 2005다67193 판결).

38) 대법원 2017. 2. 15. 선고 2014다230535 판결, 관련 사건은 대한민국 소속 의사 등이 한센인인 원고들에 대하여 시행한 정관절제수술과 임신중절수술에 관한 설명의무 위반이 문제된 것으로 이에 관한 평석에 대하여는 백경희, 의사의 설명의무와 인신사고의 소멸시효에 관한 고찰, 법학논총 제38집, 2017, 141-165면 참조.

39) 백경희, 전게 박사논문, 196면, 동 민법 제766조 제2항의 장기의 기간제한의 성질을 소멸시효 또는 제척기간으로 판단하더라도 피고 측에서 이를 주장하는 것이 사안에 따라 신의성실의 원칙에 반하는 권리남용이라고 하는 방식으로 원고의 손해배상청구를 인용하는 형식으로 피해자를 구제할 수 있다는 견해로는 고영아, 불법행위로 인한 손해배상청구권의 장기의 기간제한의 성질과 권리남용, 민사법학 제35호, 2007. 3. 254-256면 참조.

40) 조규창, 소유권침해와 위자료청구권-통설·판례에 대한 비판적 고찰, 주제별 판례연구, 민법 채권(1), 법원공보사 1993. 336면.

41) 판례는 정신적 고통에 대한 위자료와 관련하여 채무불이행책임 구조에서도 위자료의 가능성을 인정하여 왔다.; 대법원 1996. 12. 10. 선고 96다36289 판결; 대법원 2007. 1. 11. 선고 2005다67971 판결 참조.

그리고 최근 대법원[43]은 "진료계약상 주의의무 위반으로 환자의 생명이나 신체에 불이익한 결과를 초래한 경우 일반적으로 채무불이행책임과 불법행위책임이 성립할 수 있다. 이와같이 생명·신체가 침해된 경우 환자가 정신적 고통을 입는다고 볼 수 있으므로, 진료계약의 당사자인 병원 등은 환자가 입은 정신적 고통에 대해서도 민법 제393조, 제763조, 제751조 제1항에 따라 손해를 배상해야 한다."고 명시적으로 판시한바 있다.

제2절 의료과실 민사책임의 주체

의료과실 사건이 발생한 경우 구체적으로 누가, 어떻게 책임을 지게 되는가 하는 것은 의료기관의 형태가 각기 다르고 의료기관에 종사하는 자연인의 형태와 그들 사이의 관계가 매우 다양하기 때문에 일률적으로 말할 수 없다.

1. 설립주체에 따른 분류

가. 의료기관의 설립주체

의료기관의 종별에 관하여는 의료법 제3조에서 규율하고 있는데,[44] 이러한 의료기관을 개

---

42) 석희태, 진료과오에 관한 민사책임구조, 판례월보 192호, 1986. 9. 17-21면; 범경철, 의료분쟁소송-이론과 실제-, 법률정보센터, 2003, 230-233면.

43) 대법원 2018. 11. 15. 선고 2016다244491 판결.

44) 제3조(의료기관) ① 이 법에서 "의료기관"이란 의료인이 공중(公衆) 또는 특정 다수인을 위하여 의료·조산의 업(이하 "의료업"이라 한다)을 하는 곳을 말한다.

② 의료기관은 다음 각 호와 같이 구분한다.

1. 의원급 의료기관 : 의사, 치과의사 또는 한의사가 주로 외래환자를 대상으로 각각 그 의료행위를 하는 의료기관으로서 그 종류는 다음 각 목과 같다.

   가. 의원

   나. 치과의원

   다. 한의원

2. 조산원 : 조산사가 조산과 임부·해산부·산욕부 및 신생아를 대상으로 보건활동과 교육·상담을 하는 의료기관을 말한다.

3. 병원급 의료기관 : 의사, 치과의사 또는 한의사가 주로 입원환자를 대상으로 의료행위를 하는 의료기관으로서 그 종류는 다음 각 목과 같다.

   가. 병원

설할 수 있는 자로는 ① 의사, 치과의사, 한의사 또는 조산사, ② 국가나 지방자치단체, ③ 의료업을 목적으로 설립된 의료법인, ④ 민법이나 특별법에 따라 설립된 비영리법인, ⑤ 공공기관의 운영에 관한 법률에 따른 준정부투자기관, 지방의료원의 설립 및 운영에 관한 법률에 따른 지방의료원, 한국보훈복지의료공단법에 따른 한국보훈복지의료공단이 존재한다.[45)46)] 현행법상 법인 형태를 지니는 의료기관은 대표적으로 학교법인, 특수법인, 사단법인, 재단법인, 사회복지법인, 의료법인 등이 설립한 것이다. 그 구체적인 예를 들자면 학교법인이 설립한 의료기관으로는 고려대학교 부속 고려대학교 안암병원, 인하대학교 부속 인하대학교병원 등이 있고, 특별법에 근거한 특수법인이 설립한 의료기관으로는 서울대학교병원,[47)] 국립암센터[48)] 등이 있으며, 사단법인이 설립한 의료기관으로는 부산해양병원이 있고, 재단법인이 설립한 의료기관으로는 서울아산병원[49)] 등이 있으며, 사회복지법인이 설립한 의료기관으로는 삼성서울병원[50)] 등이 있다.[51)]

    나. 치과병원

    다. 한방병원

    라. 요양병원(「장애인복지법」 제58조제1항제4호에 따른 의료재활시설로서 제3조의2의 요건을 갖춘 의료기관을 포함한다. 이하 같다)

    마. 정신병원

    바. 종합병원

   ③ 보건복지부장관은 보건의료정책에 필요하다고 인정하는 경우에는 제2항제1호부터 제3호까지의 규정에 따른 의료기관의 종류별 표준업무를 정하여 고시할 수 있다.

45) 제33조(개설) ② 다음 각 호의 어느 하나에 해당하는 자가 아니면 의료기관을 개설할 수 없다. 이 경우 의사는 종합병원·병원·요양병원·정신병원 또는 의원을, 치과의사는 치과병원 또는 치과의원을, 한의사는 한방병원·요양병원 또는 한의원을, 조산사는 조산원만을 개설할 수 있다.

    1. 의사, 치과의사, 한의사 또는 조산사

    2. 국가나 지방자치단체

    3. 의료업을 목적으로 설립된 법인(이하 "의료법인"이라 한다)

    4. 「민법」이나 특별법에 따라 설립된 비영리법인

    5. 「공공기관의 운영에 관한 법률」에 따른 준정부기관, 「지방의료원의 설립 및 운영에 관한 법률」에 따른 지방의료원, 「한국보훈복지의료공단법」에 따른 한국보훈복지의료공단

46) 국공립기관에 의해 운영되는 의료기관이 아닌 민간 운영의 의료기관 중에서 병원 수나 병상 수 등 양적인 측면에서도 가장 대표적인 형태는 개인설립 병원과 의료법인설립 병원이라고 한다.; 최만규·문상식·윤창수·김진희, 개인병원과 의료법인병원의 재무구조와 수익성 비교, 보건과학논집 제32권 1호, 2006, 2면.

47) 서울대학교병원 설치법에 의하여 설립된 법인이다(동법 제2조).

48) 국립암센터설치법에 의하여 설립된 법인이다(동법 제2조).

49) 재단법인 아산사회복지재단에 의하여 설립되었다.

50) 사회복지법인 삼성생명공익재단에 의하여 설립되었다.

51) 황창순, 한국의 의료법인 : 비영리조직의 관점, 동서연구 제13권 제1호, 2001, 174－175면.

나. 설립주체에 따른 책임의 구조

의료과실을 채무불이행책임으로 구성하면 환자와 의료계약을 체결하는 것은 개업의·국가 또는 지방자치단체·의료법인·민법 또는 특별법에 의하여 설립된 비영리법인·준정부기관·지방의료원, 한국보훈복지의료공단이고, 병원이나 보건소 등에 근무하는 의사는 독립하여 의료계약의 주체가 되지 아니하므로 채무불이행책임을 지는 것은 의료계약의 주체로 된 개업의·국가·의료법인 등이다. 개업의·의료법인 등에 피용된 의사·약사·간호사 등의 의료행위에 과실이 있으면 의료계약 주체인 개업의·의료법인은 우선 계약상의 책임을 져야하고, 의사·약사·간호사 등의 선임·감독을 충분히 하였더라도 이행보조자에 대한 책임을 면할 수는 없다. 이행보조자이기 위해서는 반드시 개인 개업의·병원 등 의료계약 주체와 종속적 고용관계에 있을 필요는 없다.

이에 반하여 의료과실을 불법행위책임으로 구성하면 불법행위책임을 직접 지는 자는 직접 의료행위에 관여한 의사나 간호사이지만 그가 일하는 개업의원, 의료법인 등에 대해서 민법 제756조의 사용자책임을 추궁할 수가 있다.

2. 의료분업으로 인한 공동책임에 따른 분류

가. 의료분업과 신뢰의 원칙

(1) 의료와 분업(分業)

현대사회에서 의료행위는 지식과 기술이 일반인의 상식을 뛰어 넘어 점점 고도화·전문화 되어 가고 있는 특성을 지니고 있다. 그렇기 때문에 1명의 환자를 치료한다고 하더라도 이제 1인의 의사만으로는 부족하고 의사와 간호사, 의료기사, 약사 등 의료관여자들이 각각의 역할에 의거하여 유기적으로 연계된 팀을 구성하여야 하는 경우가 허다하다. 또한 의사간에도 전문과에 따라 영역이 분리되어 있고, 의료기관 사이에서도 1차 의료기관과 2차 및 3차 의료기관간 물적·인적 자원에 차이가 있으므로 상호간 분업이 필요한 경우가 있다.

대법원[52]도 "여러 명의 의사가 분업이나 협업을 통하여 의료행위를 담당하는 경우 먼저 환자를 담당했던 의사는 이후 환자를 담당할 의사에게 환자의 상태를 정확하게 알려 적절한 조치를 할 수 있도록 해야 한다."고 하여 의료분업의 양상이 의료행위에서 나타난다는 점을

---

52) 대법원 2022. 3. 17. 선고 2018다263434 판결.

인정한바 있다.

(2) 의료에 있어서 신뢰의 원칙(Vertrauensgrundsatz)의 적용 여하

형법에서 논의되고 있는 신뢰의 원칙이란 도로교통에서 발전해 온 책임분배의 법리이다. 즉, 스스로 교통규칙을 준수한 운전자는 다른 교통관여자가 교통규칙을 준수할 것이라고 신뢰하면 족하며, 교통규칙에 위반하여 비정상적으로 행동할 것까지 예견하고 이에 대한 방어조치를 취할 의무는 없다고 하는 것이다. 신뢰의 원칙은 과실범의 처벌을 완화하고 주의의무를 합리적으로 조정하는 기능을 지니는 바, 다수인의 업무분담이 요구되는 모든 과실범의 경우에 주의의무의 한계를 확정하는 원칙으로 발전하게 되었다.[53]

의료분야에도 신뢰의 원칙을 적용할 수 있는지에 대하여 분업과 공동작업이 필요한 영역이라면 적용이 가능하므로 의료 분야에 있어서도 적용이 가능하다는 입장, 매우 한정하여 인정하자는 입장,[54] 적용 자체를 부정하는 입장 등 다양한 견해가 제시되고 있다고 한다. 그러나 실제 의료팀(medical team) 내지 팀의료는 현대의료의 특징 하에서 자기 이외의 의료인이 적절한 행동을 취함으로써 위험을 회피할 수 있는 경우는 그것을 신뢰하여 행동하는 것이 당연하므로, 신뢰할 수 없는 특별한 사정이 없는 한 다른 의료인이 행하는 의료행위에 관한 구체적 예견가능성을 부여할 필요는 없음[55]에 비추어 개개의 의료인들은 자신의 능력 내에서 책임을 부담하는 것이 타당하고, 분업을 통한 책임영역의 분할은 필요하다.

나. 분업의 원칙의 적용

(1) 수평적 분업과 수직적 분업

의료분업의 유형은 환자에 대한 전신마취가 필요한 외과수술을 하는 경우에서 마취과 전문의와 외과 전문의가 팀을 이루는 경우와 같은 동등한 지위에서의 수평적 분업(horizontale Arbeitsteilung)과 환자에 대한 치료를 주로 하게 되는 의사와 이를 보조하게 되는 간호사 또는 환자에 대한 검사를 하게 되는 경우와 같이 지시를 담당하는 의사와 검사를 실제 실시하여

---

53) 백경희·장연화, 전화 처방과 처방전 발급의 의료분업에 관한 법적 고찰, 입법과 정책 제12권 제2호, 2020, 301－302면.
54) 손기식 교수는 의료관여자 상호 간의 업무분담의 범위가 애매하고 업무형태 자체가 병원의 규모나 의사의 사고방식에 따라 일률적이지 않으며, 업무형태가 종전부터의 관행에 기하여 정해져 있는 경우, 또 업무분담의 기초가 된 내규 등이 없다거나 내규 등이 정해져 있더라도 추상적인 내용에 그쳐 사고방지의 관점도 고려한 구체적 내용으로 되어 있지 않음을 이유로 의료보조자의 행위에 대하여 신뢰의 원칙의 적용을 인정할 수 있는 경우가 있다고 하더라도 극히 한정해야 한다고 피력하고 있다.; 편집대표 김대휘·김신, 주석형법 제5판, 2017, 458－460면.
55) 이상돈, 의료형법, 법문사 1998. 116면 이하 참조.

결과를 보고하는 의료기사가 팀을 이룰 때의 상명하복관계에서의 수직적 분업(vertikale Arbeitsteilung)으로 분류할 수 있다.[56] 전자의 수평적 분업에서는 각 전문과 의사의 소견에 대하여 신뢰할 수밖에 없기 때문에 협진시 신뢰의 원칙은 강하게 적용된다. 반면 후자의 수직적 분업에서는 의사는 간호사 내지 의료기사 등에 대하여 적극적으로 지시·감독하여야 할 의무를 부담하므로 신뢰의 원칙은 약화된다.[57]

(가) 의사 또는 의료기관 간의 분업의 유형과 책임의 귀속

① 수평적 분업

㉮ 의료기관 내의 책임

각각 특정분야의 전문의로 의료팀을 구성함에 있어 대등적 지위에 있는 의사가 공동으로 관여한 수평적 분업의 양상에서 의료과실이 발생했을 경우, 의료과실이 명확하여 어느 의사에게 책임이 분배될 것인지가 확정될 수 있는 때[58]를 제외하고 원칙적으로 공동진료를 맡은 복수의 의사 전원이 공동책임을 부담하게 된다. 즉, 환자에 대한 수개의 의료행위가 이루어졌고, 그 의료행위들이 2명 이상의 의사에 의해 공동으로 행해져서 의료과실이 서로 중첩적이고, 책임에 대한 경중을 분별하기가 어려운 상황이라면, 그 중 한 의사가 그 과실에 전혀 관계가 없는 것이 명료한 경우라든지 사전에 특정한 진료에 대해 책임을 분담해 책임소재를 분명히 하였다는 사정이 없는 한, 과실에 대한 책임은 공동진료를 맡는 의사 전원에게 귀속시키는 것이 타당하다.[59]

㉯ 의료기관 간의 책임

최근의 의료행위는 1, 2차 의료기관과 3차 의료기관 사이에 유기적인 의료전달체계가 구축되어 환자를 치료하도록 하고 있다. 개업의들도 따로 개업하고 있는 마취의, 방사선의나 임상병리의의 도움을 받아 치료하는 것이 보편화되었다. 따라서 의료사고는 이제 한 병원 내에서만의 문제가 아니라 의료기관 사이의 공동불법행위로 발생하는 경우가 적지 않다.

---

56) 최호진, 분업적 의료행위에 따른 형사책임의 분배, 형사법연구 제30호, 2007, 6면.
57) 이에 대하여 "많은 의료사고의 재판에 있어서 의사의 보조원들의 의료행위에 대한 확인의무와 보조원들에 대한 신뢰의 원칙이 경합되는 경우가 많은데 대부분의 판례에 있어서 신뢰원칙 운운 이전의 문제로서 보조원 행위에 대한 확인의무를 태만하였다는 비난이 많은 것이다."라고 하면서 의사에게 부여되는 의료행위 확인의무를 논하고 있는 견해로는 문국진, 치료의 과학성과 합법성, 대한법의학회지 제11권 제1호, 1987, 10－11면.
58) 이 경우 의료행위의 단계를 거침에 있어서 의료과실이 존재하는 과의 전문의 외에 다른 과의 전문의는 수평적 분업에 의하여 의료과실이 문제되지 않을 것이다.
59) 編著 塩崎勤, 判例にみる 共同不法行為責任·新日本法規出版, 2007에서 'チーム医療を行った複数の医師の責任' 참조.

A대학병원에서의 환자 W에 대한 유방암 진단을 신뢰한 B대학병원 의사 P가 확인검사없이 암수술을 하였는데, 암이 아닌 것으로 밝혀진 사건(실제로는 W와 다른 제3의 암환자의 조직이 병리검사과정에서 바뀌어, W가 암환자로 오진됨)에 대하여 수사한 서울중앙지검[60]은 신뢰의 원칙을 적용하여 무혐의결정을 하였다.[61] 동일사건에 대하여 대법원 민사판결[62]은 "유방암의 확정진단은 반드시 조직검사를 통하여 하게 되어 있고, A대학병원에서 환자에 대한 조직검사를 시행하여 암의 확정 진단을 하고, 그 환자가 B대학병원에 전원하면서 A대학병원에서의 조직검사 결과를 기재한 조직검사 결과지를 제출하였다면, 새로이 환자를 진찰하게 된 B대학병원의 의사가 종전의 조직검사 슬라이드를 대출받아 병리판독을 다시 시행하게 하는 경우가 있기는 하나, 조직검사 자체를 다시 시행하는 경우는 원칙적으로 없다고 한다. 조직검사를 위하여 채취된 조직이 불충분하거나 부적합한 경우에는 병리판독에 어려움이 있을 수 있으므로 다시 조직검사를 시행하게 되나, 한 번의 조직검사로 암진단을 할 수 있으면 조직검사를 반복하여 시행할 필요는 없다고 한다. P로서는 조직검사 슬라이드 제작과정에서 조직검체가 뒤바뀔 가능성 등 매우 이례적인 상황에 대비하여 W로부터 새로이 조직을 채취하여 재검사를 실시하거나, A대학병원에서 파라핀 블록을 대출받아 조직검사 슬라이드를 다시 만들어 재검사를 시행한 이후에 유방절제술 시행할 주의의무까지 있다고 보기는 어렵다."고 하여 A대학병원의 조직검사결과를 믿고, 수술한 B대학병원 의사 P에 대하여는 신뢰의 원칙을 적용, 원고

---

60) 서울중앙지검 2010. 2. 22. 결정 2009형제143135 업무상과실치상 사건.

61) 검찰은 'P가 A대학병원의 진단결과를 신뢰할 수밖에 없었던 사실, 병리검사는 암진단에 있어 가장 확실한 최종적 진단방법으로서 의학상 확진검사로 불리는 사실, W의 가슴부위에 촉진 등을 통해 암증상으로 의심되는 멍울이 발견되었고, 수술부위확인 등을 위한 초음파 및 MRI검사에서도 비전형 세포가 존재함을 확인하였던 사실 등을 종합하면 병리조직슬라이드가 뒤바뀌어 병리조직검사가 잘못되었을지도 모르는 희박한 가능성까지 예견하여 재차 병리조직검사를 실시하였어야 할 업무상주의의무가 요구된다고 보기 어려운바, 결국 결과발생과 갑의 행위사이에 인과관계를 인정할만한 증거가 없다.'고 하였다.

62) 대법원 2011. 7. 14. 선고 2009다65416 판결, 그 1심인 서울중앙지법 2008. 1. 8. 선고 2007가합59603 판결에서는 "갑이 신뢰할만한 동일수준의 A병원 의료진에 의해 암으로 확진된 조직검사 판독결과를 신뢰한 것에 과실이 있다고 보기 어렵다."고 하여 신뢰의 원칙을 적용, W의 청구를 기각하였으나, 항소심인 서울고법 2009. 7. 23. 선고 2008나46021판결에서는 "W가 A병원의 진단 결과를 믿지 못하고 오른쪽 유방의 종양이 암인지 여부를 다시 한번 정확하게 진단받기 위하여 B병원에 내원한 것이고, 조직검사는 조직의 채취·파라핀 블록 및 조직검사 원본 슬라이드의 제작과정에서 오류가 있을 수 있으므로, B병원의 의사인 갑으로서는 A병원의 검사상 소견과는 별도로 새로이 조직을 채취하여 재검사를 실시하거나, 그렇지 않더라도 최소한 A병원에서 실시한 조직검사 원본 슬라이드와 함께 파라핀 블록을 대출받아 재검사하여 암인지 여부를 정확하게 진단하여 그 검사와 진단 결과를 토대로 수술 여부를 결정하여야 할 주의 의무가 있음에도, A병원의 검사 결과만을 믿고 촉진 외에 별다른 검사 없이 바로 유방절제술을 시행하였고, 그 후 떼어낸 유방의 종양조직에 대한 조직검사 결과 비로소 암세포가 검출되지 않은 것을 알게 된바, 이는 유방암 수술을 집도하는 의사에게 평균적으로 요구되는 진단상의 주의의무를 다하지 못한 과실이 있다."고 하여 불신의 원칙을 적용, 손해배상책임을 인정하였고, 이에 피고 B대학병원이 상고한바, 대법원은 B대학병원의 상고를 받아들였다.

청구를 기각하는 취지로 파기환송하였다.

② 수직적 분업

환자에 대한 공동진료가 스텝과 레지던트·인턴의 관계하에 이루어져 주된 감독·지도자와 종된 지위인 보조자로 구분될 수 있는 복수 의사에 의해 행해졌을 경우에는[63] 수직적 분업에 해당한다고 할 것이다. 이 경우 레지던트·인턴의 과실에 의해 의료사고가 발생했을 때 레지던트·인턴 각자가 자기의 과실에 의한 책임을 지는 것은 당연하지만, 스텝의 경우에도 수직적 분업에 따라 지시·감독의무 위반에 의한 책임을 부담하게 된다.[64]

또한 고용의와 그 사용자인 의사간에도 고용관계에 의거하여 수직적 분업이 적용될 여지가 있다. 대법원[65]은 "의사는 고도의 전문지식을 요하는 직업이므로 의사의 진료에 관하여 담당의사의 판단이 상당한 중요성을 가지는 결과 개개의 진료내용이 상당한 독립성을 가지는 것도 부인할 수 없으나 진찰치료의 실시면에 있어서 사용자가 일반적 감독을 못할 바도 아니라 할 것"이라고 판시하여 사용자의 고용의에 대한 지시·감독의무를 인정하면서 "본건에 있어 사용자인 피고는 종업원에게 개괄적 주의지시만을 하고 도미 부재중에 있었으므로 종업원에 대한 일반적 감독의무를 다하였다고는 할 수 없을 것이므로 피고가 사용자로서의 사무감독에 상당한 주의를 다하였다 또는 상당한 주의를 하여도 손해가 발생할 경우에 해당한다는 등의 논지는 독자적 견해이며 채택할 수 없다."고 하여 의료기관의 장의 고용의에 대한 사용자책임을 긍정하였다.

(나) 의사와 타 보건의료인 간의 분업의 유형과 책임의 귀속

① 의사와 간호사 간의 분업과 책임의 귀속

간호사의 경우 의사와 함께 의료인에 포함되어 있으나,[66] 간호사가 의사의 진료를 보조할

---

63) 의사자격을 취득한 후 임상에서 인턴, 레지던트의 수련의과정을 거쳐 전문의자격이 부여되는 현실을 고려할 때, 스텝과 인턴 및 레지던트와의 관계는 수직적 분업이 적용된다고 할 것이다.; BGH NJW 1984, 655 사건에 관한 평석에서 E.Deutsch교수는 수술에 있어 집도의인 외과의사와 수술보조의사들(Assistentenarzt) 간의 책임관계에 관하여 같은 취지로 논한 바 있다. 자세한 내용은 E.Deutsch. Die Anfängero-peration : Aufklärung, Organisation, Haftung und Beweislastumkehr. NJW 1984 Heft 12. S.650 ff.
64) 朝見行弘, 共同不法行為-チ—ム医療と医療過誤, 判例タイムズ 686号, 1989, 93頁.
65) 대법원 1964. 6. 2. 선고 63다804 판결.
66) 대법원 2010. 10. 28. 선고 2008도8606 판결, 동 판결에서 대법원은 "구 의료법(2007. 4. 11. 법률 제8366호로 전부 개정되기 전의 것)은 제2조에서 의사는 의료에 종사하고, 간호사는 간호 또는 진료의 보조 등에 종사한다고 규정하고 있으므로, 간호사가 의사의 진료를 보조할 경우에는 특별한 사정이 없는 한 의사의 지시에 따라 진료를 보조할 의무가 있다."고 하였다.

경우에는 의사와의 관계에서 종된 지위인 보조자라고 할 것이므로, 수직적 분업으로 분류된다. 반면 의사가 간호사를 신뢰하여 거의 감독하지 않는 업무의 경우 수평적 분업의 형태로 볼 수 있다.[67] 따라서 전자의 경우 의료과실을 범한 간호사에 대하여 의사가 지시·감독에 소홀함이 있을 경우에는 의사도 공동으로 책임을 부담하여야 하나, 후자의 경우 의사의 책임이 배제되거나 축소될 수 있다.[68]

예를 들어 대법원[69]은 "주사약인 에폰톨을 3, 4분 정도의 단시간형 마취에 흔히 이용되는 마취제로서 점액성이 강한 유액성분이어서 반드시 정맥에 주사하여야 하며, 정맥에 투여하다가 근육에 새면 유액성분으로 인하여 조직괴사, 일시적인 혈관수축 등의 부작용을 일으킬 수 있으므로 위와 같은 마취제를 정맥주사할 경우 의사로서는 스스로 주사를 놓든가 부득이 간호사나 간호조무사에게 주사케 하는 경우에도 주사할 위치와 방법 등에 관한 적절하고 상세한 지시를 함과 함께 스스로 그 장소에 입회하여 주사시행 과정에서의 환자의 징후 등을 계속 주시하면서 주사가 잘못 없이 끝나도록 조치하여야 할 주의의무가 있고, 또는 위와 같은 마취제의 정맥주사 방법으로서는 수액세트에 주사침을 연결하여 정맥 내에 위치하게 하고 수액을 공급하면서 주사제를 기존의 수액세트를 통하여 주사하는 이른바 사이드 인젝션(Side Injection)방법이 직접 주사방법보다 안전하고 일반적인 것이라 할 것인 바, 산부인과의사인 피고인이 피해자에 대한 임신중절수술을 시행하기 위하여 마취주사를 시주함에 있어 피고인이 직접 주사하지 아니하고, 만연히 간호조무사로 하여금 직접방법에 의하여 에폰톨 500밀리그램이 함유된 마취주사를 피해자의 우측 팔에 놓게 하여 피해자에게 상해를 입혔다면 이에는 의사로서의 주의의무를 다하지 아니한 과실이 있다고 할 것이다."고 하여 의사와 간호사간 수직적 분업상 의사의 책임을 긍정하였다. 반면 대법원[70]은 "의료법에 의하면, 간호사는 의사와 함께 '의료인'에 포함되어 있고, 간호사의 임무는 '진료의 보조' 등에 종사하는 것으로 정하고 있으며, 간호사가 되기 위하여는 간호학을 전공하는 대학 또는 전문대학 등을 졸업하고 간호사국가시험에 합격한 후 보건복지부장관의 면허를 받도록 되어 있음을 알 수 있는 바, 이와 같이 국가가 상당한 수준의 전문교육과 국가시험을 거쳐 간호사의 자격을 부여한 후 이를 '의료인'에 포함시키고 있음에 비추어 볼 때, 간호사가 '진료의 보조'를 함에 있어서는 모든 행위 하나하나마다 항상 의사가 현장에 입회하여 일일이 지도·감독하여야 한다고 할 수는 없고,

---

67) 실제 임상의 현실에서 간호사의 의사에 대한 진료보조에 있어 모든 각각의 의료행위마다 의사가 일일이 현장에 입회하여 지시하고 감독하는 것이 사실상 불가능하기 때문에 의사의 직접적이고 구체적인 지도·감독이 아닌 일반적인 지도·감독만으로도 족한 경우가 있다.

68) 이인영, 의료분업과 신뢰의 원칙, 연세법학연구 제6집 제1권, 1999, 202-203면.

69) 대법원 1990. 5. 22. 선고 90도579 판결.

70) 대법원 2003. 8. 19. 선고 2001도3667 판결.

경우에 따라서는 의사가 진료의 보조행위 현장에 입회할 필요 없이 일반적인 지도·감독을 하는 것으로 족한 경우도 있을 수 있다 할 것인데, 여기에 해당하는 보조행위인지 여부는 보조행위의 유형에 따라 일률적으로 결정할 수는 없고 구체적인 경우에 있어서 그 행위의 객관적인 특성상 위험이 따르거나 부작용 혹은 후유증이 있을 수 있는지, 당시의 환자 상태가 어떠한지, 간호사의 자질과 숙련도는 어느 정도인지 등의 여러 사정을 참작하여 개별적으로 결정하여야 할 것이다."라고 하면서 간호사가 의사의 처방에 의한 정맥주사(Side Injection 방식)를 의사의 입회 없이 간호실습생(간호학과 대학생)에게 실시하도록 하여 발생한 의료사고에 대한 의사의 과실을 부정하였다.

결국 간호사의 입장에서도 의사로부터 지시받은 행위가 의사의 본업의 범위에 해당하는 것인지, 간호사인 자신의 역량의 범위에 해당하는 것인지를 올바르게 판단하여 자신의 능력을 넘는 것인 경우에는 의사에게 이를 보고한 후 의사의 지시를 받아야 한다.[71] 대법원[72]도 "담당 의사가 췌장 종양 제거수술 직후의 환자에 대하여 1시간 간격으로 4회 활력징후를 측정하라고 지시를 하였는데, 일반병실에 근무하는 간호사 甲이 중환자실이 아닌 일반병실에서는 그러할 필요가 없다고 생각하여 2회만 측정한 채 3회차 이후 활력징후를 측정하지 않았고, 甲과 근무교대한 간호사 乙 역시 자신의 근무시간 내 4회차 측정시각까지 활력징후를 측정하지 아니하였으며, 위 환자는 그 시각으로부터 약 10분 후 심폐정지상태에 빠졌다가 이후 약 3시간이 지나 과다출혈로 사망한 사안에서, 1시간 간격으로 활력징후를 측정하였더라면 출혈을 조기에 발견하여 수혈, 수술 등 치료를 받고 환자가 사망하지 않았을 가능성이 충분하다고 보일 뿐 아니라, 甲과 乙은 의사의 위 지시를 수행할 의무가 있음에도 3회차 측정시각 이후 4회차 측정시각까지 활력징후를 측정하지 아니한 업무상과실이 있다고 보아야 함에도, 甲, 乙에게 업무상과실이 있거나 위 활력징후 측정 미이행행위와 환자의 사망 사이에 인과관계가 있다고 단정하기 어렵다고 본 원심판단에 법리오해의 위법이 있다."고 판시하였다.

나아가 수직적 업무분업이라고 하더라도, 단순히 기계적으로 지시에 따라서는 아니 되고, 처방에 의문이 있는 경우 주치의에게 확인해야 할 의무를 부여하고 있다. 즉, 대법원[73]은 최근 잘못된 의사의 처방전에 따라 투약한 간호사에게도 의사와 함께 형사책임을 인정한 판결을 선고하였다. 이는 의사의 지시를 받고 주사하는 간호사에게도 의사처방이 신뢰할 수 없는 경우에는 불신의 원칙에 따라 확인한 후 주사할 의무를 부여하였다는 점에서 의의가 있는 사건이다. 사건개요는 다음과 같다. 환자 A는 종합병원에서 횡문근육종제거수술을 받고, 회복실

---

71) 恩田和世 執筆, 現代裁判法大系 第7卷 医療過誤, 新日本法規出版 2000에서 看護医療事故の諸問題, 277頁 참조.
72) 대법원 2010. 10. 28. 선고 2008도8606 판결.
73) 대법원 2009. 12. 24. 선고 2005도8980 판결.

을 거쳐 일반병동으로 옮겨져 정형외과 전공의 B로부터 치료를 받게 되었다. 그런데 마취과 의사가 수술실에서 A에게 투여한 근이완제(Vecuronium Bromide)를 1병 적게 입력한 사실을 뒤늦게 알고, 수량을 맞추기 위하여 다음날 입력하였다. 이런 사실을 확인하지 않은 B는 수련의 C에게 입력된 약들을 그대로 투여하도록 지시하자, C는 Vecuronium Bromide가 포함된 처방을 하였다. 간호사 Y는 투약지시에 따라 정맥주사를 하여, A로 하여금 쇼크에 이르게 하자 검찰은 의사들과 함께 Y도 업무상 과실치상죄로 기소하여 유죄선고를 받자 상고하였다. Y는 의사의 지시를 받아 업무를 수행하는 간호사는 의사가 한 처방의 적정성 여부 또는 약효 등을 확인한 후 투약하여야 할 업무상 주의의무가 없다고 주장하며 상고하였다. 대법원은 Vecuronium Bromide는 병동에서는 사용되지 않고 호흡근을 마비시키는 작용 때문에 인공호흡준비를 갖춘 상태에서 투약하여야 하는 약제라는 사실을 전제하고 있다. 즉, "Y는 환자에 대한 투약 및 경과관찰, 요양간호를 수행함을 그 직무로 하고 있는 종합병원의 간호사로서 그 직무수행을 위하여 처방약제를 투약 전에 미리 그 기본적인 약효나 부작용 및 주사 투약에 따르는 주의사항 등을 확인·숙지하여야 할 의무가 있다. 특히 위 처방은 너무나 엉뚱한 약제를 투약하라는 내용이어서 필시 착오 또는 실수에 기인한 것이라고 의심할 만한 사정이 있음을 쉽게 인식할 수 있다. 간호사에게는 처방을 기계적으로 실행하기에 앞서 당해 처방의 경위와 내용을 관련자에게 재확인함으로써 그 실행으로 인한 위험을 방지할 주의의무가 있다. 따라서 상해발생의 원인이 의사들의 과실이 주로 작용하였다는 사정이 있다 하여 Y의 책임을 면제할 사유가 된다고 할 수는 없다."고 하면서 Y의 상고를 기각하고 유죄를 확정하였다.

② 의사와 약사 간의 분업과 책임의 귀속

약사법에 의하면 약사의 '조제' 행위에 대하여 약사의 면허범위에서 의사의 일정한 처방에 따라서 두 가지 이상의 의약품을 배합하거나 한 가지 의약품을 그대로 일정한 분량으로 나눔으로써 특정한 용법에 따라 특정인의 특정된 질병을 치료하거나 예방하는 등의 목적으로 사용되도록 약제를 만드는 것으로 정의하고,[74] 원칙적으로 처방전에 관한 대체조제와 변경·수정을 불허하고 있기 때문에 약사는 의사의 이행보조자로서 기계적 업무를 수행하는 위치에 있는 것으로 이해되어 신뢰의 원칙이 적용되어 수직적 분업의 양상을 띠는 것으로 보인다.[75]

그러나 의약분업은 의사와 약사 사이의 업무분담을 통하여 전문화를 극대화하여 국민의 건강권을 보장함에 그 목적이 있다는 점을 고려할 때 약사가 의사의 이행보조자의 위치에 국한되어 오로지 수직적 분업만이 존재한다고 할 수는 없다. 이는 약사법 제26조 제2항에 규정한 약사의 확인의무에서 확인할 수 있다. 동조항에서는 처방전에 표시된 의약품의 명칭·분

---

74) 약사법 제2조 제11호, 제23조 제1항.
75) 약사법 제26조 제1항.

량·용법 및 용량 등 그 내용에 의심이 나는 점이 있을 때 그 처방전을 발행한 의사에게 문의
하여 그 의심스러운 점을 확인한 후가 아니면, 조제를 하여서는 아니 된다고 하였는 바, 이는
약사는 내부적으로 전문적 주의의무에 기초한 판단 및 행위의무가 있고 외부적으로 환자와의
관계에서 의심 있는 부분에 대한 확인의무 및 설명의무가 있다는 점을 의미한다.[76] 그러므로
의사 처방전의 대상 환자가 바뀌었거나 처방전 내역대로 혼합하면 인체에 치명적인 위해를
유발할 수 있는 의약품들을 혼합처방한 경우 등 처방전에 의심되는 점이 명백히 존재함에도
불구하고 약사가 이를 의사에 대하여 확인하지 않은 채 조제하여 환자에게 교부한 경우 신뢰
의 원칙의 제한사유에 의하여 책임을 부담하게 되는 것이다.[77]

　　의약분업에서는 약사가 의사와의 관계에서 단계별로 수직적 분업의 양상과 수평적 분업의
양상이 혼재되어 나타나며, 약사의 주의의무는 강화된다고 할 것이다.[78]

(다) 의사와 조산사 간의 분업의 유형과 책임의 귀속

　　대법원은 "조산사가 조산원을 개설하여 할 수 있는 의료행위인 조산은 임부가 안전하게 분
만할 수 있도록 도와주는 것을 뜻한다고 보아야 할 것"이라고 하고,[79] "조산사도 의료법에서
정한 의료인이기는 하나, 조산사는 의료행위중 조산과 임부·해산부·산욕부 및 신생아에 대
한 보건과 양호지도에 종사함을 그 임무로 하므로, 조산사가 이를 넘어서 의사만이 할 수 있
는 의료행위를 한 경우에는 무면허 의료행위에 해당한다."고 하여[80] 조산사가 행할 수 있는
의료행위의 범위를 한정하고 있다. 또한 대법원[81]은 "의료에 관한 지식과 능력 등에 따라 의

---

76) 최재천, 의사와 약사의 업무관련성과 의료과실책임(의약분업 제도를 중심으로), 2000. 8. 31.자 법률신문.
77) 전병남, 의료분업과 신뢰의 원칙, 의료법학 제4권 제1호, 2003, 148면.
78) 백경희, 의약품의 분류에 따른 약사의 주의의무와 일반의약품 약국외 판매(OTC 판매)의 허용가능성, 인
　　하대학교 법학연구 제14집 제2호, 2011, 347면; 장연화·백경희, 약사법상 담합행위에 관한 고찰, 인하대
　　학교 법학연구 제16집 제2호, 2013, 462－467면.
79) 대법원 1988. 9. 13. 선고 84도2316 판결.
80) 대법원 1992. 10. 9. 선고 92도848 판결; 대법원 2007. 9. 6. 선고 2006도2306 판결.
81) 대법원 2009. 5. 21. 선고 2009다17417 판결, 반면 대상판결의 1심인 창원지법 진주지원 2004. 5. 27.
　　선고 2001가단3647 판결에서는 "조산사를 임신 중의 진찰, 관리 및 교육뿐만 아니라 분만, 산욕기의 관
　　리와 혼자 아기를 받기도 하며 신생아와 영아관리를 계속 맡을 수 있어야 한다. 또한 예방적인 보건관리
　　로서 산모 및 아기의 비정상을 발견하고 필요할 때는 응급처치하면서 의사의 도움을 받도록 하며 임부 뿐
　　만 아니라 그 가정과 사회보건에 대한 상담과 교육의 책임도 맡는다. 이 외에 산전교육, 부인병, 가족계
　　획, 영아관리 및 부모들의 정신교육까지 맡아야 한다. 근무처는 병원, 의원, 보건소, 모자보건센터, 가정이
　　다."라고 정의하였고, 2심인 부산고법 2006. 10. 26. 선고 2004나10749 판결에서도 조산사를 "임신 중
　　의 진찰, 관리 및 교육, 분만, 산욕기의 관리를 담당하는 자로서 혼자 아기를 받을 수 있고, 산모 및 아기
　　의 비정상을 발견하고 필요할 때는 응급처치를 할 수 있다."라고 하여 조산사가 주가 되어 단독으로 행할
　　수 있는 의료행위를 상당히 넓게 판단하여 대법원의 판단과 달리 의사와 조산사 사이의 수직적 분업관계
　　를 부정하였다.

사와 조산사 등 의료인의 자격과 권한을 구분하고 조산사로 하여금 의사의 지도를 받도록 하고 있는 구 의료법(2007. 4. 11. 법률 제8366호로 전부 개정되기 전의 것) 및 구 의료법 시행규칙(2008. 4. 11. 보건복지가족부령 제11호로 전부 개정되기 전의 것) 등 관계법령의 취지 및 인간의 생명과 건강을 담당하는 의료인은 해당 진료 환경 및 조건에서 최선의 진료를 제공할 의무가 있다는 점 등에 비추어 볼 때, 조산사는 분만과정에서 산모와 태아의 상태가 정상적인지 여부를 계속적으로 관찰하고 산부인과 전문의 등으로 하여금 발생가능한 응급상황에 적절히 대처할 수 있도록 산모와 태아의 상태를 적시에 보고하여야 하며, 응급상황에서 자신이 취할 수 있는 범위 내의 필요한 조치를 취할 의무가 있다.”고 하여 “신생아가 호흡을 하지 않는 등 기관 내 삽관 조치가 필요한 상황이 발생할 수 있음을 쉽게 예견할 수 있는 이상 의사는 마땅히 그에 대한 경험 및 지식을 갖추고 있어야 할 것이 요구되므로, 신생아에 대한 기관 내 삽관이 다소 어렵다는 사정만으로 피고 Y의 의사에 대한 기관 내 삽관 등 응급조치와 관련된 보고의무가 면제된다고 볼 수는 없다. 신생아에 대한 기관 내 삽관을 통한 태변제거 및 인공호흡 등 응급조치가 지연될 경우 저산소성 뇌손상을 입을 수 있는 사실, 원고 A에 대한 뇌 자기공명영상(MRI)검사결과, 선천성질환에서 자주 보이는 뇌의 구조적 이상은 보이지 않는 반면 저산소성 뇌손상에서 자주 나타나는 시상 및 기저핵 내에 양측성 국소적 병변, 측뇌실 주변에 병변이 관찰되고, 뇌의 수초화가 진행하여 거의 어른 양상에 도달한 상태에서도 위 병변은 변화가 없는 사실을 알 수 있고, 원고 A에게 선천적 또는 후천적인 다른 요인의 존재를 추인하게 할 만한 별다른 사정은 없는 것으로 보이므로, 원고 A의 뇌성마비는 피고 Y의 위 과실로 인하여 발생하였다고 추정할 수 있다고 보인다.”고 하여 원심이 조산사의 임무와 의료과실의 기준 등에 관한 법리를 오해하여 판결 결과에 영향을 미친 위법이 있다고 보아 파기환송하였다.

한편 독일에서는 위와 같은 분업의 원칙 내지 신뢰의 원칙의 적용중 수직적 분업의 면을 조직의무로 평가하면서 출산과 관련된 산부인과 관련 의료기관의 의료계약에서는 주(主)의사와 보조의사, 조산사와의 관계에서 보조의사나 조산사는 주의사보다 숙련도나 경험치가 떨어지기 때문에 상하관계의 조직을 형성하며 태아의 출생을 이끌어 내어 채무의 정상적 이행을 행하여야 하며, 이러한 조직의무 즉, 수직적 분업이 적용되어야 한다고 보고 있다.[82] 조직의무의 반대해석으로 동등한 숙련도를 인정할 수 있는 산부인과 전문의 사이에서는 조직의무가 아닌 수평적 분업이 적용된다고 보아야 할 것이다. 이러한 논리적 구조에 의거하여 독일연방대법원은 4인의 산부인과 의사가 합동으로 개원한 병원에서 환자에게 발생한 악결과가 4인의 의사가 협동하여 저질러진 과실에 기인한 것으로 볼 수 있을 때에는 4인의 의사가 환자에 대

---

82) A.Spickhoff. Die Entwicklung des Arztrechts 2006/2007. NJW 2007 Heft 23. S.1630 f.

하여 공동으로 책임을 져야 한다고 보았다.[83]

다. 소 결

의료인 사이의 분업과 신뢰의 원칙에 관한 논의는 형사책임에서 주로 활발하게 논의되고 있는데, 이는 의료사고 민사책임의 경우 개개 의료인이 직접 책임을 지는 경우보다 피해자인 환자구제의 측면에서 이행보조자책임 내지 사용자책임을 통하여 의료기관의 장이 의료사고에서 문제된 의료인의 각 의료과실에 관하여 통괄적으로 부담하는 경우가 많기 때문에 굳이 분업과 신뢰의 원칙을 통하여 의료과실을 구체적으로 누가 부담하였는지 및 그 과실의 경중이 어떠한지를 분석하지 않아도 되기 때문이다.[84] 그러나 민사책임에서 의료기관의 장이 실제 의료과실을 범한 의료인에 대한 이행보조자책임(민법 제391조) 내지 사용자책임을 부담하여(민법 제756조) 환자와의 관계에서는 대외적으로 모든 손해배상한다고 하더라도, 의료과실이 있는 의료인은 불법행위책임을 부담하고 있고(민법 제750조) 향후 의료기관의 장은 해당 의료인에게 구상권을 행사할 여지가 있으므로, 민사책임에 있어서도 형사책임에서 논하는 분업의 원칙을 적극적으로 원용하여 책임의 소재를 구분할 필요성은 존재한다.[85]

현실적으로 의료사고에 있어 팀의료를 통하여 의료행위가 이루어진 경우 책임소재의 구분은 여러 의료행위 중 어떤 의료행위에서 환자에게 발현된 악결과와 인과관계 있는 의료과실이 발생했는지를 확정하는 단계를 거쳐 그 의료행위에 관여한 의료인이 누구인지를 확인한 후, 분업과 신뢰의 원칙에 의거하여 각 의료인이 구체적으로 어떠한 업무범위와 주의의무를 부담하고 있었는지를 구분하는 단계를 통하여 최종적으로 책임을 부담할 의료인을 선별하게 된다. 이때 환자에게 발현된 악결과와 인과관계 있는 의료행위에 개입한 의료인이 수인인 경우 공동불법행위를 구성하게 되는 바, 그 양상은 민법 제760조 제1항과 같이 수인의 의료인이 공동으로 환자에 대하여 의료과실을 범한 경우가 있을 수 있고, 동조 제2항과 같이 악결과

---

83) BGH. Rechtsformen für im kooperativen Belegarztwesen verbundene Ärzte. NJW 2006 Heft 7. S.437 ff.
84) 민사소송의 과정에 있어 재판부는 개개 의료인에게 책임을 부담지우는 것은 의료인의 의료행위를 위축시킬 수가 있으므로 가급적 사용자인 의료기관의 장으로 피고를 지정하도록 유도하는 경우가 있는데, 이는 의료민사책임에서는 채무불이행과 관련하여서는 이행보조자에 대한 책임규정이, 불법행위와 관련하여서는 사용자책임규정이 있기 때문이다.; 양재모, 간호사의 의료과오와 민사상 책임, 한양법학 제23집, 2008, 316면.
85) 안법영·백경희, 의료과오소송에서의 성실진료의무와 수인한도, 한국의료법학회지 제17권 제1호, 2009, 114면; 백경희, 조산사의 법적 지위와 주의의무, 한국의료법학회지 제19권 제1호, 2011. 72면, 결국 민사법적인 관점에서는 팀의료 과정에서 의료과실이 발생했을 경우 누가 금전적인 배상책임을 부담하느냐의 문제에 귀착될 것이다.; John D.Banja. Problematic Medical Errors and Their Implications for Disclosure. HEC Forum(2008) 20(3). 2008. p.205.

로 인한 손해가 발생하였으나 공동이 아닌 수인의 의료인 중 어느 의료인의 행위에 의료과실
이 존재하여 그것으로 악결과를 야기한 것인지 불분명한 경우도 있을 것이며, 민법 제760조
제3항과 같은 수직적 분업에서 나타날 수 있는 교사 및 방조의 경우가 있을 수 있다.[86] 첫 번
째와 세 번째의 경우 사용자가 의료과실을 야기한 의료인들에게 구상권을 행사할 때 그들간
의 주의의무 위반의 존재가 비교적 명확하므로 그 과실의 경중에 관하여 판단한 후 정산함으
로써 종결될 것이나, 두 번째의 경우 의료인들 간의 주의의무의 존재 및 위반 여부를 판가름
하기가 어렵다는 점을 감안한다면 의료인들 내부간의 협의 등에 의하여 책임의 분배가 이루
어질 수밖에 없을 것이다. 결국 의료인 사이의 분업 및 신뢰의 원칙을 민사책임에 적용함에
있어 그 실익은 공동불법행위 중 민법 제760조 제1항 및 제3항의 경우에 책임의 소재와 과실
의 경중을 비교적 분명히 할 수 있고, 이를 토대로 사용자가 구상권을 행사할 수 있다는 점에
있다.[87] 대법원[88]도 "다수의 의사가 의료행위에 관여한 경우 그중 누구의 과실에 의하여 의
료사고가 발생한 것인지 분명하게 특정할 수 없는 때에는 일련의 의료행위에 관여한 의사들
모두에 대하여 민법 제760조 제2항에 따라 공동불법행위책임을 물을 수 있다고 봄이 상당하
다."고 판시하여 의료인의 공동책임을 인정한 바 있다.[89]

    아직까지 실무에서 의료기관의 장이 의료과실을 범한 의료인에 대하여 구상권을 행사하는
예는 드문 편이다. 그 원인은 현대 임상의학 자체가 완전무결한 것이 아니라 발전도상에 있다
는 점과 그 연장선상에서 볼 때 조직의 내부에서 의료인 개인의 과실을 지적하여 일일이 구
상권을 행사할 경우 조직 전체의 사기를 저하시킬 수 있다는 점 등 복합적인 요소에 존재한
다. 일부 하급심 판례[90]로 한 의료기관의 장이 응급실 당직의가 차에서 굴러 떨어지는 사고
를 당한 환자에 대하여 뇌 CT 등 촬영 등 검사를 시행하였으나 뇌 CT 촬영필름에 나타난 뇌
출혈을 진단하지 못하였고, 그로 인하여 상당한 시간이 지체되어 전원 후 수술을 하였음에도
불구하고 영구적인 장애를 입어 환자와 의료기관 사이에 의료과실소송이 진행된 결과 의료기

86) 통설에 따라 공동불법행위책임의 유형을 협의의 공동불법행위(민법 제760조 제1항), 가해자 불명의 공동
    불법행위(민법 제760조 제2항), 교사·방조의 공동불법행위(민법 제760조 제3항)로 나누어 분석하였다.
    편집대표 김용담, 주석민법 제4판, 2016, 596-630면.
87) 백경희, 조산사의 법적 지위와 주의의무, 72-73면.
88) 대법원 2005. 9. 30. 선고 2004다52576 판결.
89) 한편 대법원은 의료인들의 공동불법행위책임과 피해자의 과실과의 상계에 있어서는 "공동불법행위 책임은
    가해자 각 개인의 행위에 대하여 개별적으로 그로 인한 손해를 구하는 것이 아니라 그 가해자들이 공동으
    로 가한 불법행위에 대하여 그 책임을 추궁하는 것으로, 법원이 피해자의 과실을 들어 과실상계를 함에
    있어서는 피해자의 공동불법행위자 각인에 대한 과실비율이 서로 다르더라도 피해자의 과실을 공동불법행
    위자 각인에 대한 과실로 개별적으로 평가할 것이 아니고 그들 전원에 대한 과실로 전체적으로 평가하여
    야 한다."고 하였다.; 대법원 2000. 9. 8. 선고 99다48245 판결.
90) 전주지법 군산지원 2010. 1. 14. 선고 2008가합2908 구상금 판결.

관의 장이 환자 측에 195,000,000원을 지급한 후 응급실 당직의를 상대로 그 의료과실에 관한 구상권을 행사한 사안에 관한 것이 있다. 동 판결에서 의료인의 주의의무의 존재와 그 위반이 뚜렷하고 공동불법행위가 아닌 개인의 불법행위로 귀착되었기 때문에, 그 판단에 있어서도 법원은 "일반적으로 사용자가 피용자의 업무수행과 관련하여 행하여진 불법행위로 인하여 직접 손해를 입었거나 그 피해자인 제3자에게 사용자로서의 손해배상책임을 부담한 결과로 손해를 입게 된 경우에 있어서, 사용자는 그 사업의 성격과 규모, 시설의 현황, 피용자의 업무내용과 근로조건 및 근무태도, 가해행위의 발생원인과 성격, 가해행위의 예방이나 손실의 분산에 관한 사용자의 배려의 정도, 기타 제반사정에 비추어 손해의 공평한 분담이라는 견지에서 신의칙상 상당하다고 인정되는 한도 내에서만 피용자에 대하여 그 구상권을 행사할 수 있다."라고 하여 구상의 법리를 설시한 후, "원고 병원의 규모, 응급실 운영상황, 인력배치, 피고의 지위, 업무내용, 근무조건 등 이 사건 기록에 나타난 제반사정을 종합하여 보면 원고가 피고에 대하여 구상할 수 있는 범위는 손해의 공평한 분담이라는 견지에서 원고가 부담한 손해배상금 중 35%로 제한함이 신의칙상 상당하다 할 것이다."고 한 바 있다.

제3절 민사책임의 발생요건

1. 민사책임구조에 따른 발생요건

앞서 살펴본 바와 같이 의료과실로 인한 민사책임의 발생요건은 불법행위 또는 채무불이행으로 인한 손해배상책임에 근거하고 그 구체적인 내용은 위에서 상술하였다.

본절에서는 인과관계 및 의료과실과 관련된 구체적 법리와 판례를 중심으로 기술한다.

2. 인과관계 인정의 법리

가. 인과관계의 개념

의료과실이 성립하기 위해서는 의료행위와 환자의 상해 또는 사망 등의 악결과 사이에 인과관계가 필요하다. 이것은 의료과실의 법적 구성을 의료계약에 근거한 채무불이행으로 구성하든, 불법행위로 구성하든 다를 바가 없다.

인과관계는 사실적 인과관계(자연적 인과관계)와 법적 인과관계가 있다. 사실적 인과관계란 가해행위와 손해발생과의 자연적인 원인결과관계를 말한다. 이에 대하여 법적 인과관계는 위 사실적 인과관계의 존재를 전제로 하고, 가해행위와 거기에서 생긴 손해 중 어느 범위를 가해자에게 배상시켜야 할 것인가 라는 법적 평가를 가리키는 것으로서 통상 귀책사유가 문제된다. 대법원[91]은 "일반적으로 의료행위는 고도의 전문적 지식을 필요로 하는 분야로서 그 의료의 과정은 대개의 경우 환자 본인이 그 일부를 알 수 있는 외에 의사만이 알 수 있을 뿐이고, 치료의 결과를 달성하기 위한 의료기법은 의사의 재량에 달려 있기 때문에, 손해발생의 직접적인 원인이 의료상의 과실로 말미암은 것인지 여부는 전문가인 의사가 아닌 보통인으로서는 도저히 밝혀 낼 수 없는 특수성이 있어서 환자 측이 의사의 의료행위상의 주의의무 위반과 손해의 발생과 사이의 인과관계를 의학적으로 완벽하게 입증한다는 것은 극히 어려우므로 의학적인, 즉 자연과학적인 인과관계까지의 입증이 필요없다."고 판시한 바 있다.

그러나 이와 같이 인과관계를 이해했다고 하더라도 의료소송에 있어서 원고인 환자가 인과관계를 주장·입증하는 것은 그렇게 쉬운 일이 아니다. 여기에 의료소송에 대한 인과관계의 특색이 있다.

통상의 불법행위나 채무불이행의 경우, 가해자의 행위와 피해결과 사이의 사실적 인과관계 자체는 극히 명백하다. 교통사고를 예로 들면, 자동차사고로 부상당한 경우는 통상인의 오감으로 이해가 가능하다. 위 교통사고 사례에서 인과관계의 문제로서 논의되는 것은 가해자에게 어느 범위까지 책임을 지워야 할 것인가 라는 법적 인과관계의 문제이다.[92]

그런데 의료소송에 있어서는 예컨대, 의사의 의료행위와 환자의 부상이나 사망이라는 결과와의 사실적 인과관계 자체가 다투어지는 것이 보통이다. 이것은 의료가 극히 고도의 특수전문영역에 속하기 때문에 통상인이 갖는 경험칙만으로는 의사의 의료행위와 환자에게 발생한 결과 사이에 사실적 인과관계의 존부를 판단할 수 없는 경우가 적지 않기 때문이다. 또 의학이 발달한 현재에도 의학상 불명한 점은 적지 않게 존재하고 있을 뿐 아니라, 환자 개인의 특이체질 문제가 있어 이를 더욱 곤란하게 한다. 따라서 이 사실적 인과관계에 대한 판단의 어려움이 의료소송의 가장 커다란 특색 중의 하나이고, 이를 극복하고자 하는 노력이 학설과 판례를 통하여 지금도 계속되고 있다.

인과관계이론으로서 처음 주장된 학설은 조건설(Bedingungstheorie)이다. 이 설은 만약 어느 행위가 없었다면 그러한 결과가 발생하지 않았으리라는 관계에 있는 것이면 인과관계가

91) 대법원 1995. 12. 5. 선고 94다57701 판결; 대법원 2000. 1. 21. 선고 98다50586 판결.
92) 신은주, 의료과오에 있어서 인과관계에 관한 판례의 고찰, 한국의료법학회지 제20권 제2호, 2012,
    194 – 196면.

있다고 보며, 등가설이라고도 한다. 그러나 이 설은 인과관계의 범위가 지나치게 확대된다는 비난을 받았다. 이에 원인설(Verursachungstheorie)이 나왔는데, 이는 결과발생에 기여한 여러 조건 중 특별히 중요한 조건만을 원인으로 보고자 하며, 개별화설이라고도 부른다. 특별히 중요한 요건에 대하여 마지막으로 영향을 미친 것을 조건으로 보려는 최후조건설, 가장 유력한 영향을 미친 것을 조건으로 보려는 최유력조건설, 필연적인 영향을 미친 것을 조건으로 보려는 필연조건설 등이 있다. 그러나 이 설은 무엇이 마지막으로 영향을 미쳤는가, 가장 유력한가 혹은 필연적인가에 관하여 판단기준이 모호하다는 비판이 있었다. 이러한 결점을 극복하기 위해 논리학상의 인과관계개념을 따르지 않고, 법적인 인과관계개념을 설정하자는 의도에서 상당인과관계이론(Adaquanztheorie)이 등장하게 되었다. 현재 상당인과관계설에 대한 비판이론으로 위험성관련설이나 규범목적설 등이 등장하고 있으나, 아직은 상당인과관계설이 통설·판례이다.[93]

지금까지 상당인과관계로서 논의되어 온 것은 이 법적 인과관계에 관한 것이다. 사실적 인과관계의 판단은 그 자체 법적인 판단이 아니고 사실인식의 문제이지만, 민법상 손해의 공평한 분담이라는 관점에서 판단되지 않으면 아니 된다. 즉, 일련의 의료과정 중에서 악결과가 발생한 경우에는 구체적으로 어느 의료행위에 의하여, 어떤 경로를 통하여, 어떻게 결과가 발생하였는지를 일일이 입증할 필요는 없다. 왜냐하면, 법률에 있어서 인과관계는 과학영역의 판단과 같이 진리탐구를 위하여 엄밀함을 구하는 것은 아니기 때문이다. 또 민사책임에 있어서는 형사책임과 같은 엄밀성도 필요하지 않다. 이것은 손해의 공평한 분담이라는 민사책임의 목적에 부응해서 고려되면 충분하다.

나. 주장, 증명책임

(1) 내 용

의료과실도 소송으로 다투어지는 한, 민사소송법의 이론에 따라서 심리하게 된다. 민사소송에서는 책임이 있다고 주장하는 자가 일체의 요건사실을 주장하고, 입증하지 않으면 아니 된다. 이 경우에 인과관계의 주장, 증명책임은 통설인 법률요건분류설에 의하면 원고인 환자 측에게 있다. 이것은 의료과실이 불법행위에 의한 손해배상청구소송으로서 제기되었든, 채무불이행에 근거한 손해배상청구소송으로서 제기되었든 다르지 않다.

환자 측은 의료행위로 인하여 환자에게 상해 또는 사망 등의 악결과가 발생한 것 또는 의사 등의 의료행위에 종사하는 자가 필요한 의료행위를 하지 않았기 때문에 환자에게 상해 또

---

93) 백경희, 의료민사책임에서의 인과관계에 관한 소고, 의료법학 제17권 제2호, 2016, 59-61면.

는 사망 등의 악결과가 발생한 것을 주장, 입증하여야 한다.

법률요건분류설[94]로 의료과실을 살펴보면 다음과 같다.

우선 의료과실을 불법행위로 구성하면 ① 행위자인 의사 측의 과실, ② 권리의 침해, ③ 의료행위와 결과 사이의 인과관계, ④ 손해의 발생 등 4개의 요건은 권리근거규정이므로 환자 측이 주장, 증명책임을 부담하지 않으면 아니 된다.

한편 의료과실을 채무불이행으로 구성하면 ① 불완전한 이행, ② 위법성, ③ 손해의 발생, ④ 의료행위와 결과 사이의 인과관계 등 4개의 요건이 권리근거규정이므로 환자 측이 주장, 입증하여야 한다. 이에 대하여 의사는 자기의 책임 없는 사유로 결과가 발생하였다는 점을 주장, 입증하여야 한다. 의사가 증명책임을 지는 요건은 권리장해규정이라고 한다.

원고 측이 주장, 입증하여야 되는 인과관계는 사실적 인과관계 및 법적 인과관계 모두이다. 또 주장, 입증의 대상이 되는 사실은 주요사실이고, 정황증거 등 간접사실까지 주장, 입증할 필요는 없다. 주요사실이란 원인된 행위가 악결과를 일으켰다는 점의 각 사실이다. 예를 들어, 다한증 사건에 관한 대법원 판례[95]를 살펴보자. 사안의 망인은 손바닥과 발바닥에 땀이 많이 나는 증상을 치료하기 위하여 1990. 7. 28. 피고 병원에 입원하여 수술받기에 앞선 사전 검사를 마치고 수술 후 아주 드물게 하지마비가 생길 수 있으며 기흉 같은 것이 생길 수도 있고 그 외에 얼굴에 땀이 전혀 나지 않거나 눈동자의 변화 같은 것이 올 수 있고 아직 의학에서 알 수 없는 부작용이 있을 수 있다는 내용의 설명을 피고 김○○로부터 듣고, 같은 피고로부터 같은 달 31. 09:40부터 14:30까지 제1흉추 및 제2흉추 안쪽에서 손으로 가는 교감신경 절제수술을 받았는데 수술후 16:45경 입에 거품을 물고 경련이 시작되었고 그 이래 의식을 찾지 못하였으며 19:50경에는 미열이 발생하고 20:00경 다시 입에 거품을 물고 다리에 경련이 있었고 21:00경 전신경련을 일으키는 증상을 나타내어 위 병원의 신경외과 당직의인 소외 윤○○이 항경련제를 투여하였으며 수술의사인 피고 김○○에게 연락을 해 같은 피고가 같은 날 23:00경 병원에 도착하여 용태를 본 후인 같은 해 8. 1. 00:30경에는 중환자실로 옮겨져 기관내삽관을 하고 산소호흡기를 부착하였고, 그 후 중환자실에서 계속 집중치료를 하였으나 같은 달 3. 뇌전산화단층촬영 결과 뇌간 및 소뇌간 부위에 뇌경색이 나타났고 그로 인해 위 망인이 같은 달 17. 01:50경 사망하였다. 대법원은 위 사안에서 수술상의 과실을 인정하여 피고 측의 책임을 인정하였는데, 의료행위의 특질상 주요사실을 직접 입증하기 곤란한 점이 많

---

94) 법률요건분류설은 증명책임의 분배가 실체법의 구조에 의하여 결정되며, 그 실체법은 ① 권리근거규정, ② 권리장해규정, ③ 권리소멸규정으로 분류된다는 학설로써 현재의 통설·판례이다. 각각의 규정에 의한 법률상의 효과를 주장하는 당사자는 각 규정에 해당하는 사실을 주장하지 않으면 아니 된다.
95) 대법원 1995. 2. 10. 선고 93다52402 판결.

기 때문에 사실상 간접사실로 증명책임을 대체하는 방법을 동원하였다. 즉, ① 망인의 사망원인인 뇌경색이 이 사건 수술 후에 일어났으며, ② 이 사건 수술과 망인의 사망 사이에 다른 원인이 개재되었을 가능성은 찾아볼 수 없고, ③ 망인이 이 사건 다한증 외에는 특별한 질병 없이 정상적인 생활을 하여 왔고 수술 전 사전검사에서도 특이한 이상증상이 나타나지 아니하였는데, ④ 이 사건 치료과정에 있어서 피고 김○○가 수술의 일부분을 다른 의사들에게 맡기고 늦게 수술에 참여하여 수술도중 피부 및 근육을 절개해 놓고 기다린 시간이 다소 많이 경과하는 등 수술과정에 있어 소홀한 점이 있었으며 ⑤ 수술 후 사후대처가 소홀했다는 사실 등 간접사실을 통하여 망인의 사망이 피고 김○○의 이 사건 수술과정에서의 잘못으로 인한 것이라 추정할 수밖에 없다고 하면서, "의료전문가가 아닐 뿐 아니라 수술과정에 참여한 바도 없는 원고들이 피고 김○○의 과실을 정확하게 지적하고 전문적인 지식을 동원하여 망인의 사망의 원인을 밝혀 내지 못하였다고 하여 피고들의 손해배상 책임을 부정할 수는 없다."고 판시하였다.

법원은 변론주의[96]의 원칙상 원고가 요건사실로서 주장하고 있는 인과관계의 범위 내에서 간접사실을 근거로 사실인정을 해도 좋다고 본다. 다만, 당사자가 쟁점으로 하고 있는 것 이외의 간접사실을 가지고 인과관계를 인정하는 것은 변론주의 위반이 될 것이다.

인과관계를 주장할 때에는 문제가 되는 어떤 의료행위를 특정할 필요가 있으나 그 행위가 A의 행위인지, B의 행위인지 모를 경우에는 택일적인 주장도 허용된다.[97]

(2) 입증의 정도

의료과실에 있어서 인과관계의 존부에 대하여 당사자 간의 다툼이 있는 한, 환자 측이 인과관계의 존재를 입증하여야 하며 입증의 정도는 법관이 당해 인과관계에 대하여 확신을 갖는 상태, 즉 증명을 하여야 한다. 법관이 확신을 갖는 상태가 무엇인가는 의료소송 뿐만 아니라, 민사사건 전체의 보편적인 문제이다.

그러나 이에 대해서는 이미 말한 의료과실사건의 특수성 때문에 여러 가지 문제가 생긴다. 인과관계는 역사적 사실로서 증명되면 족하고, 과학적으로까지 증명될 필요는 없다. 의료과실은 의료라는 극히 고도로 과학적인 분야에서의 사고이므로 소송에 있어서도 의사 또는 의료기관에 의하여 과학논쟁이 제기되는 일이 많다. 하지만 과학적 인과관계와 재판상의 인과관계는 다른 것이며, 재판에서의 증명이란 역사적 증명으로 충분하다고 한다. 생각건대, 민사재판

---

96) 재판의 기초가 되는 사실이나 증거를 당사자의 주장 및 입증의 범위 내에서만 판단하는 재판원칙으로서 당사자처분주의라고도 한다.
97) 最高判 昭和 32. 5. 10. 民集 11券 5号 715頁; 最高判 昭和 39. 7. 28. 民集 18券 6号, 1241頁 참조.

의 목적은 당사자의 분쟁을 공평하게 해결하는 데 있으며, 그를 위해서는 인과관계가 과학적
으로까지 증명될 필요는 없기 때문이다. 이와 같은 의료과실소송의 인과관계의 입증경감에 관
하여는 과실과 함께 논의되므로 제4장 제4절에서 일괄적으로 살펴보기로 한다.

3. 과실론

가. 의사의 과실(주의의무)

(1) 과실책임주의

의료과실에 근거한 손해배상청구는 불법행위책임으로 구성하는 것과 의료기관의 의료계약
위반 즉, 채무불이행책임 특히 불완전이행으로 구성하는 것이 일반이다. 어느 구성을 하더라
도 의사의 책임은 과실책임이다.

의료과실도 일반 민사책임상의 과실처럼 결과예견의무 및 결과회피의무의 위반이라는 기
본적인 구조를 가지고 있다. 대법원도 의사의 주의의무에 관하여 "의료과오사건에 있어서의
의사의 과실은 일반의 의사가 그 당시 의학상 일반적으로 인정된 지식과 기술에 의해서 결과
발생을 예견할 수 있음에도 불구하고 그 결과발생을 회피하지 못한 과실이 검토되어야 할 것"
이라고 한다.[98] 따라서 의사의 일반적 주의의무로는 결과예견의무와 결과회피의무가 거론될
수 있다.

(가) 결과예견의무

의료행위에 있어 결과예견의무는 결과예견가능성을 전제로 하는데 이때 예견가능성이라
함은 행위의 성질에 따른 특정된 영역의 통상인, 즉 의료행위에 있어서는 통상 일반의 의사라
면 행위 시에 예견할 수 있는 결과발생의 가능성을 말한다.[99] 그러므로 결과예견의무 위반을
인정하기 위해서는 그 위험 내지 악결과가 현대의학상 그 존재가능성이 실증되고, 의료행위를
하는 시점에서 악결과의 발생 가능성을 당해 의사가 인지하고 있어야 한다.

(나) 결과회피의무

의료행위로 인한 어떤 위험 내지 악결과가 예견가능한 경우 의사는 만전을 기하여 그러한

---

98) 대법원 1984. 6. 12. 선고 82도3199 판결.
99) 석희태, 의료과오 민사책임에 관한 연구, 81면.

결과를 회피하여야 할 의무가 있는 바, 이를 결과회피의무라고 한다.[100]

즉, 결과회피의무가 존재하기 때문에 결과예견의무를 위반하였다고 하여 곧바로 의료과실책임을 지우지는 않는 바, 위험을 예견하였으나 달리 그 위험을 회피할 방법이 없을 경우에는 주의의무위반이 될 수 없다. 예를 들어 페니실린쇼크에 대비하여 피부반응검사를 하여 아무 이상이 없는 것을 확인하고 페니실린주사를 하였는데 과민성 쇼크사를 하였다고 하면 과실책임을 지울 수 없다. 반면 경험칙상 위험이 일반적으로 예측될 수 있을 때에는 위험이 발생되지 않도록 결과를 회피하기 위한 방지조치를 강구할 의무가 있는데, 예를 들어 제왕절개수술을 할 경우에는 출혈의 가능성이 있으므로 혈액을 준비하여야 하는데 준비하지 않고 수술하는 바람에 실혈사를 하였다면 주의의무위반이 된다. 결국 일반적으로 위험을 예측하고 결과회피를 위한 적절한 조치를 강구하여 악결과를 방지할 수 있는데도, 회피조치를 취하지 않거나 부적절한 회피조치였기 때문에 악결과가 생기게 된 경우에 비로소 과실책임을 지운다.[101]

한편 결과회피조치를 강구하여도 위험을 해소할 수 없는 경우가 있을 수 있다. 예를 들어 심장이식이나 간장이식과 같은 경우에는 이식 도중 출혈·감염, 이식후 조직거부반응·암 발생 등의 위험이 있지만 그로부터 얻을 수 있는 이익(求命)이 크기 때문에 법률상 적법한 것으로 취급하여 심장이식이나 간장이식을 허용한다. 이는 의료행위가 그 성질상 항시 생명·신체에 대한 위험을 수반하는 것에 기인하며 이것을 '허용된 위험'이라고 한다. 그러므로 의사가 일정한 수준·정도의 결과회피수단을 강구하는 한 그 의료행위의 사회적 유용성에 비추어 스스로 그러한 위험행위로 나아가는 것을 허용하여야 할 것이다.[102]

(2) 과실의 판단기준

의사가 기울여야 할 주의의무를 다하였느냐의 여부는 위와 같은 일반적 개념만으로는 추상적이고 애매한 경우가 많으므로 의료행위가 행하여지는 주변의 구체적 사정을 고려하여야 할 필요가 있다.

(가) 객관적 판단기준

① 의료수준

의사는 의학지식에 기초하여 치료행위를 시행하므로 의료행위를 할 때에는 당해 의사가 당연히 구비하고 있어야 할 의학지식의 정도가 의사의 주의의무 내용을 결정하게 된다. 의학

---

100) 석희태, 의료과오 민사책임에 관한 연구, 81면.
101) 김만오, 의료과오에 관한 판례의 동향, 민사법학 제27호, 2005, 304면.
102) 석희태, 의료과실의 판단기준<上>, 판례월보 197호, 1987. 2. 19-20면.

은 매일 급속한 발전을 하고 있고, 의사는 의학의 발달에 맞추어 새로운 지식을 공부하고, 의술을 익히도록 노력해야 한다. 이는 물론 의사뿐 아니라 전문직 일반에 공통되는 직업적인 의무라고 할 수 있다.[103] 의료수준이란 의학수준에 상대되는 개념이다. 의학수준이란 학문수준으로서의 연구수준을 말한다. 반면 의료수준은 실천화된 의학 또는 임상화된 의학이라고 할 수 있다. 다시 말해 평균인으로서의 의사들이 임상에서 일반적으로 사용하는 통상적인 의학기술을 말한다. 즉, 의학은 사람의 생명을 다루는 과학이고 학문이며, 의료는 이러한 의학을 토대로 한 실천이며 기술적인 행동이다.[104]

학문으로서의 의학은 여러 가지 연구와 실험, 임상에의 적용 등을 통하여 성립한다. 어느 의학자가 제안한 기법이 학문적으로 적절하다고 평가되었어도 다시 의학계 전체에서 승인되고, 임상의료 현장에서 일반적으로 사용되기 까지는 일정한 시간을 필요로 한다. 즉, 새로운 치료기법이 의료기관에서 학문적인 연구성과로 개발되었다면, 우선은 동물실험을 하여 위험성이나 부작용 등을 관찰한다. 다음에는 인체에 대한 임상실험을 하여 효과와 안전성을 확인하게 된다. 임상실험에 성공한 연구자는 이러한 연구결과를 의학계에 보고하고, 학회지에 게재한다. 그러면 해당 전문의나 의료기관은 다시 연구자와 같은 실험을 하여 보고, 그 치료법에 대하여 여러 가지 학문적, 임상기술적인 비판을 한다. 이러한 과정을 오랜 시일에 걸쳐 여러 차례 반복하여 의료계에서 일반적인 치료법으로 받아들이면 그제야 교과서에 실리게 된다. 교과서에 실리면 실천의료에 있어서의 의료수준이 되었다고 보아도 무방할 것이다. 다시 말해 '의학수준'과 실천의료에 있어서의 '의료수준'은 개념상은 물론이고 시간적으로도 적지 않은 차이가 있다.[105] 따라서 의료기술상의 과오가 있었느냐 여부는 의학수준이 아니라 의료수준을 기준으로 하여 판단해야 한다.

우리나라 대법원[106]은 분만지체로 인한 태변흡인증후군으로 출생 즉시 사망한 사건에 대

---

103) 즉, 해당 의료 분야에 있어 사려 깊고, 양심적이고, 경험 있는 의사로서 일반의학 내지 그 전문분야의 수준에서 가능한 것인가에 따라 판단되어야 한다.; 안법영, 산부인과 진료와 의사의 주의의무, 59−60면.
104) 문국진, 의료평가에 있어서 의료수준문제, 한국배상의학회회보 4호, 1996. 8. 2면; 문국진, 의료의 법이론, 고려대학교출판부, 1982, 79−80면.
105) 그러므로 일부의 대학, 병원, 연구소 등에서만 알려져 있고 대부분의 의사에게 그 당시 널리 알려져 있지 않은 의학은 임상의학−실천의료에서의 의료수준−이라고 할 수 없다. 석희태, 의료과실 판단기준에 관한 학설·판례의 동향, 의료법학 창간호, 2000. 5. 336면.
106) 대법원 1997. 2. 11. 선고 96다5933 판결, 동지의 판결로는 대법원 2010. 7. 8. 선고 2007다55866 판결(대법원은 "의사가 진찰·치료 등의 의료행위를 함에 있어서는 사람의 생명·신체·건강을 관리하는 업무의 성질에 비추어 환자의 구체적인 증상이나 상황에 따라 위험을 방지하기 위하여 요구되는 최선의 조치를 취하여야 할 주의의무가 있고, 의사의 이와 같은 주의의무는 의료행위를 할 당시 의료기관 등 임상의학 분야에서 실천되고 있는 의료행위의 수준을 기준으로 삼되, 그 의료수준은 통상의 의사에게 의료행위 당시 일반적으로 알려져 있고 또 시인되고 있는 이른바 의학상식을 뜻하므로 진료환경 및 조건, 의료행위의 특수성 등을 고려하여 규범적인 수준으로 파악되어야 하며, 또한 진단은 문진·시진·촉진·청

하여, "인간의 생명과 건강을 담당하는 의사에게는 그 업무의 성질에 비추어 보아 위험방지를 위하여 최선의 주의가 요구되고, 따라서 의사로서는 환자의 상태에 충분히 주의하고 진료 당시의 의학적 지식에 입각하여 그 치료방법의 효과와 부작용 등 모든 사정을 고려하여 최선의 주의를 기울여 그 치료를 실시하여야 하며, 이러한 주의의무의 기준은 진료 당시의 이른 바, 임상의학의 실천당시의 의료수준에 의하여 결정되어야 하나, 그 의료수준은 규범적으로 요구되는 수준으로 파악되어야 하고, 당해 의사나 의료기관의 구체적 상황에 따라 고려되어서는 안 된다."고 판시함으로써 의사의 과실판단 기준은 규범적으로 요구되는 의료수준이라고 함으로써 의학수준과 의료수준을 구별하고 있다. 그러나 한편 대법원[107]은 사랑니를 뽑은 후 패혈증에 감염되어 사망한 사례에서, "의료사고에 있어서 의료종사원의 과실을 인정하기 위하여서는 의료종사원이 결과발생을 회피할 수 있었음에도 불구하고, 그 결과 발생을 회피하지 못한 과실이 검토되어야 하고, 그 과실의 유무를 판단함에는 같은 업무와 직무에 종사하는 일반적 보통인의 주의정도를 표준으로 하여야 하며, 이에는 사고 당시의 일반적인 의학의 수준과 의료환경 및 조건, 의료행위의 특수성 등이 고려되어야 한다."고 하면서 유죄를 인정한 원심[108]을 파기하여 광주지법으로 환송하면서 의사의 과실판단기준을 일반적인 의학수준이라는 표현을 사용함으로써 의학수준과 의료수준을 혼용하여 판시하고 있기도 하다.

일본 최고재판소[109]는 "어떤 질병에 대해서 새로운 치료법이 개발되고, 그것이 여러 의료기관에 침투하기까지의 과정은 다음과 같은 단계를 거치는 것이 일반적이다. 우선 당해 질병의 전문적 연구자의 이론적 고안 내지 시행착오로부터 신규 치료법의 가설이 만들어지고, 이를 뒷받침하기 위한 추가시험ㆍ비교대조실험 등을 경과한 후에 임상실험을 하고, 다른 연구자들에 의한 추가시험ㆍ비교대조실험 등에 의한 유효성(치료효과)과 안전성(부작용 등)의 확인 등이 행하여지고, 그 사이에 그러한 성과가 각종 문헌에 발표되고 학회와 연구회에서 논의를 거쳐 그 유효성과 안전성이 시인되고, 교육과 연수를 통하여 위의 치료법이 각종 의료기관에 지식(정보)으로 또는 실시를 위한 기술ㆍ설비를 수반하여 보급되는 것이다. 질병의 중대성 정도,

---

진 및 각종 임상검사 등의 결과에 터잡아 질병 여부를 감별하고 그 종류, 성질 및 진행 정도 등을 밝혀내는 임상의학의 출발점으로서 이에 따라 치료법이 선택되는 중요한 의료행위이므로, 진단상의 과실 유무를 판단함에 있어서는 그 과정에 있어서 비록 완전무결한 임상진단의 실시는 불가능하다고 할지라도 적어도 임상의학 분야에서 실천되고 있는 진단수준의 범위 내에서 그 의사가 전문직업인으로서 요구되는 의료상의 윤리와 의학지식 및 경험에 터잡아 신중히 환자를 진찰하고 정확히 진단함으로써 위험한 결과 발생을 예견하고 그 결과발생을 회피하는 데에 필요한 최선의 주의의무를 다하였는지 여부를 따져 보아야 한다."고 판시하였다) 등 다수.

107) 대법원 1996. 11. 8. 선고 95도2710 판결.
108) 광주지법 1995. 10. 12. 선고 95노386 판결.
109) 最高判 平成 7. 6. 9. 平四(オ) 200号.

새로운 치료법의 효과 정도 등 여러 요인에 의해서 위 각 단계의 진행속도가 동시적으로 이루어지는 경우도 있으며, 경우에 따라서는 상당한 차이가 있다. 또한 유효성과 안정성이 시인된 치료법은 통상 선진적 연구기관을 갖고 있는 대학병원과 전문병원, 지역의 근간이 되는 종합병원, 그 밖의 종합병원, 소규모 병원, 일반병원의 진료소 순으로 보급된다. 그리고 지식의 보급은 의학잡지에 논문을 싣고, 학회와 연구회에서 발표함으로써 우선 당해 질병을 전문으로 하는 의사에게 전달되며 그 전달에 필요한 시간은 비교적 짧다. 임상적용을 위한 기술·설비 등의 보급은 당해 치료수단으로서의 난이도, 필요한 시설과 기구의 성질, 재정상의 제약 등으로 인하여 시간적인 차이가 있지만, 통상은 한정된 의료기관에서만 실시되고, 일반개업의에게는 널리 실시되지 않는 경우도 있다. 당해 병원의 전문적 연구자 사이에서 그 유효성과 안전성이 시인된 새로운 치료법이 보급되기에는 일정한 시간을 요하며 의료기관의 성격, 그 소재하는 지역의 의료환경의 특성, 의사의 전문분야 등에 따라 그 보급에 요하는 시간이 차이가 있고, 정보의 보급에 요하는 시간과 실시를 위한 기술·설비 등의 보급에 필요한 시간 사이에도 차이가 있는 것이 통례이고, 당사자도 또한 이와 같은 사정을 전제로 하여 진료계약을 체결하기에 이르게 되는 것이다."라고 판시함으로써, 의학수준이 의료수준으로 되는 데에는 상당한 시간이 소요된다는 점을 인정하고 있다.

　　그런데 문제는 '의료수준'을 파악해야 할 기준이 객관적으로 없다는 점이다. 임상과 구별되는 '의학수준'은 학회보고를 비롯하여 의학문헌 중에 나타난 수준을 일응의 기준으로 할 수 있는 반면, 실천적인 '의료수준'의 현상은 명확한 형태를 취하고 존재하는 것이 아니기 때문에 이를 파악하는 것은 극히 곤란하고, 결국은 판례를 통하여 임상의학 실천당시의 의료수준을 평가하는 수밖에 없다.[110]

---

110) '의료수준'이 법적 주의의무의 기준으로 된 계기는 일본의 경우 미숙아망막증에 관한 사건이 다수 누적된 것에서 비롯된다. 미숙아망막증사건이란 미숙아에게 많이 생기고 심한 경우에는 망막박리로 인하여 실명에 이르게 되는 것으로 그 원인으로는 망막혈관의 미숙성 외에 인큐베이터 내에서 투여되는 산소량과 관계가 있다. 일본에서는 1955년경부터 미숙아에 대한 보육기의 사용, 산소요법이 보급하기 시작하였다. 처음에는 산소 투여량이 제한되었으므로 미숙아망막증 환자가 크게 발생하지는 않았다. 1967년 텐리(天理)병원의 안과의 미스타 마고도(水田 誠)가 광응고법을 시도하여 그 진행을 저지하는 데 성공하였다. 그해 가을 임상안과학회에서 보고되어 그 후 몇 개의 의료기관에서 광응고법(光凝固法)이 추시(追試)되기에 이르렀다. 1972에는 추시례가 전국에서 100례를 넘고, 성공률도 80~90%에 이르렀다. 또 그 방법의 유효성을 전제로 한 정기적 안저검사가 보급되기 시작하여 1974년이 되면서 일본 후생성은 광응고법에 대한 통일적 기준을 설정하기 위한 연구반의 편성을 하고, 1975년에는 연구반에 의하여 광응고법의 일단의 기준이 발표되었다. 이와 같이 안저검사를 실시하지 않은 의사에게 과실이 있는가에 대한 법원의 판단이 통일되지 않은 상황하에서 最判 昭和 63. 1. 19. 판결(判時 1265号 75頁)은 1972년 출생한 환아에 대하여 의사에게는 안저검사를 실시하는 것이 보편적인 의료수준이 아니라는 판결을 선고한 바 있다. 즉, 판례는 "1972년에는 원래 아직 선구적 연구자 간에 실험적으로 시도되고 있었고 또 그 추시로서 시행되고 있는 데 불과하고, 임상전문의 수준에서 치료법으로서 거의 정착되고 있었던 것이라고

그러나 한편 의학은 계속 발전하는 것이므로 의사에게는 발전하는 의학의 수준을 따라가야 할 의무가 있으므로 의사는 현대 임상의학수준에 부합하도록 부단히 노력하여야 하는데, 이는 연찬의무와 맞닿아 있는 것이기도 하다. 또한 의사가 당시 의료기관의 수준과 지역적 특성에 따라 의학설비 내지 의료기술을 구비하지 않고 있는 경우에는 필요하다면 일정한 범위의 응급처치를 한 후, 상급의료기관이나 타전문의의 진료를 받도록 환자를 전원시켜야 할 전원의무 내지 전의의무가 파생된다.111)

② 의료관행

의사의 의료과실을 판단함에 있어서 위에서 살펴본 의학수준 내지 의료수준과는 달리 의료관행은 대단히 조심스럽게 판단되어야 한다. 일반적으로 의사는 진단과 치료방법의 선택에 있어 의학계 내에서 통상 승인되어지는 관행에 따랐다면 의사로서의 주의의무를 다하였다고 할 것이다. 그러나 의사가 의학에서 요구되는 엄격한 기준에 따른 의료행위를 하지 않고 일반

는 도저히 볼 수 없고, 1975년에 이르러서 후생성 연구반 보고가 발표되어 본증의 진단, 치료에 관하여 일단의 기준이 제시되므로써 겨우 임상전문의 수준에서 치료법으로서 정착되기 시작했다."라고 하여 안저검사를 실시하지 않은 의사에게 과실이 없다고 한 원심의 판단을 지지하고, 환자의 상고를 기각한 판결을 언도했다. 이 판결 중에서 이토오 마사기(伊藤 正己)판사는 "의료수준은 전국을 일률적이고 절대적인 기준으로서 생각해야 할 것이 아니고, 여러 조건에 따라서 상대적인 기준으로서 고려해야 할 것이다."라고 하면서 당해 의사가 근무하는 여러 조건을 고려하여 판단해야 할 것이라는 보충의견을 제시했다. 이러한 의견을 받아들여 최근 일본최고재판소는 의료수준은 개별적으로 파악해야 한다고 판시하였다. 最判 平成 7. 6. 9. 선고 平四(オ) 200号 판결(원심 : 大阪高裁 平成 3. 9. 24. 선고 昭和 63. 1898号, 判決)은 일본의 후생성이 미숙아망막증에 대한 치료방법을 발표하기 전인 1974. 12.경에도 피고 병원이 미숙아에게 안저검사를 시행할 의무가 있었는가에 관한 사건을 판단하였는 바, 피고 병원은 종합병원으로서 원고의 출산 당시 이미 안저검사를 일반적으로 시행하고 있었기 때문에 이를 위반하였다면 손해배상책임이 있다는 취지로 원고의 상고를 받아들여 사건을 원심인 大阪高等裁判所로 돌려보냈다. 즉, 원고가 출생하였던 1974년 당시는 광응고법이 유효한 치료법으로서 확립되어 있지 않았고, 치료기준에 대하여 일응의 통일적인 지침이 마련된 것은 후생성 연구반의 보고가 의학잡지에 게재된 1975. 8. 이후부터이기 때문에 피고 병원으로서는 미숙아망막증을 의식하여 미숙아에 대한 안저검사를 하고 이 질환의 발생이 의심스러운 경우에 전원하여야 할 의무는 없었다는 항변을 배척하고, "피고 병원은 1973. 10.경부터 광응고법의 존재를 알고 있었던 피고 병원의 소아과전문의 A가 중심이 되어 미숙아망막증의 발병과 치료를 의식하여 소아과와 안과가 제휴하는 체제를 취하고 소아과 의사가 아동환자의 전신상태로부터 안과검진을 감당할 수 있다고 판단한 시기에 안과전문의 B에게 의뢰하여 안저검사를 행하고 그 결과 미숙아망막증의 발생이 의심되는 경우에는 광응고법을 실시할 수 있는 3차의료기관에 전원시키도록 하고 있었다."는 점에 비추어 피고 병원은 후생성 발표 이전에 안저검사와 광응고법을 시행할 수 있는 수준에 있었다는 취지의 판결을 하였다. 이것은 보편적이고 일반화된 의료수준을 기준으로 하는 것이 아니라 당해 의료기관에서 구체적으로 행하고 있는 임상의료를 기준으로 보고 있다. 이후 미숙아망막증 사건이 사회문제화되자 일본 후생성이 연구반을 조직하여 조사를 하고, 그 성과를 '미숙아망막증의 진단 및 치료기준에 관한 연구보고'로 만들어 공표하게 되었는 바, 미숙아망막증사건과 같이 당시의 의료수준을 정부가 밝혀주는 것은 매우 드문 예이다.

111) 박종원, 의사의 주의의무와 의료과오책임의 근거에 관한 고찰, 전북법학논집 제1집, 2000, 195－196면.

적 의료관행에 따라 의료행위를 하여 결과적으로 환자에게 불이익이 발생한 경우 의사는 관행을 따랐다 하더라도 면책이 되지 않고 과실이 인정된다.112)

예컨대 대학종합병원은 3차 의료기관으로 개별 전문분야의 분업적·기능적 협력조직에 의하여 운영되고 있기 때문에, 해당 분야의 전문의로서의 자격을 갖추고 과장의(科長醫, 스텝)와 긴밀하게 직무를 수행한 경험을 갖춘 의사가 진료시술을 하는 것은 예외적 사유가 없는 한 환자에 대한 의료행위를 할 수 있는 관행이 있다.113)

③ 의사의 재량

의사는 전문직업인으로서의 판단에 따른 최선의 주의의무가 요구되지만 당시 환자의 구체적인 증상이나 상황에 따라 위험을 방지함에 있어 각각의 의사에 따라 미묘한 견해 차이가 발생하는 것이 불가피하므로 의사에게는 환자에 대한 의료행위에 있어 재량성이 인정된다.114) 의사의 재량범위 내에 해당하는지에 관한 구체적 판단에 있어서는 행위 당시의 임상의학수준의 범위를 기준으로 한다.115) 또한 재량권에는 이익교량이라는 제약이 가해지는바, 의사의 어떤 선택이 설령 의학수준의 범위 내에 속하는 것이었다 하더라도 다른 치료방법에 비하여 부작용 내지 위험사태의 발생가능성을 예상하고 인식할 수 있었던 경우에는 재량일탈이 되어 주의의무 위반으로 평가된다.116)

대법원도 "의사는 진료를 행함에 있어 환자의 상황과 당시의 의료수준, 그리고 자기의 전문적인 지식과 경험에 따라 적절하다고 판단되는 진료방법을 선택할 상당한 범위의 재량을 가진다고 할 것이고, 그것이 합리적인 재량의 범위를 벗어난 것이 아닌 한 진료의 결과를 놓고 그 중 하나만이 정당하고 이와 다른 조치를 취한 것에 과실이 있다고 할 수 없다."는 점을 판시한 바 있다.117)

---

112) 박종권, 의료과오에서 의사의 주의의무, 비교법학연구 제7집, 2007. 9. 67-68면.
113) 안법영, 산부인과 진료와 의사의 주의의무, 62면.
114) 이러한 의사의 재량개념이 책임요건과의 관계에 있어 과실관련 문제인가 위법성 관련 문제인가에 관하여 견해가 대립하고 있으나, 그 개념의 추상성으로 이를 일도양단하여 판단하기 어려우며 양자가 중첩적으로 적용될 수밖에 없다.; 석희태, 의료과실의 판단기준<下>, 판례월보 204호, 1987. 9. 14-15면, 실무에서도 이를 구별하기 어려우며 과실과 인과관계를 구분하여 판단하는 것도 수월하지 않다.
115) A.Laufs, Zur haftungsrechtlichen Relevanz medizinischer Leitlinien(Thesen), Patientensicherheit, Arzthaftung, Praxisund Krankenhausorganisation, Springer-Verlag-Berlin/Heidelberg, 2006, S.253-S.254.
116) 석희태, 진료상 주의의무 위반의 판단기준, 대한법의학회지, 제18권 제2호, 1994, 72면.
117) 대법원 1992. 5. 12. 선고 91다23707 판결; 대법원 1995. 12. 5. 선고 94다57701 판결; 대법원 1997. 5. 9. 선고 97다1815 판결; 대법원 2007. 5. 31. 선고 2005다5867 판결.

(나) 주관적 판단기준

① 진료환경 및 조건

의사의 주의의무의 구체적 규준을 판단함에 있어 그 의사가 놓여 있는 진료의 인적·물적 환경이나 진료 당시의 사정도 주관적 수정요소로 고려되어져야 한다. 대법원 역시 의료시술의 전문성, 난이도 등의 차이와 의료기관의 인적 구성, 물적 시설 및 지역적인 특성, 제공하는 의료서비스의 질에 따른 의료수가의 차등, 치료계약에 이르게 된 경위, 수술·처치 등 치료경과와 난이도, 기타 제반사정에 상응한 의료보험수가의 차등을 인정하고 있다.118)119)

㉮ 근무기관에 따른 의사 간의 주의의무의 차이

대학병원에서 근무하는 의사와 일반개업의 사이의 주의의무 정도의 차이를 인정하여야 할 것인가에 관하여 대개의 판례는 긍정하고 있다.

미숙아망막증에 관한 일본 최고재판소 판결120)의 보충의견에서는 의료수준의 지역성, 개별성에 대한 중요한 의견을 적시하였다. 즉, 위 판결의 보충이유에서, "의료수준은 특정한 질병에 대한 진료에 임했던 의사의 주의의무의 기준이 되므로, 당해 의사가 놓여진 여러 조건, 예컨대 당해 의사의 전문분야, 당해 의사가 진료활동을 하는 현장이 대학병원과 같은 연구·진료기관인가, 그렇지 않으면 종합병원, 전문병원, 의원 중 어느 하나인가라는 진료기관의 성격은 물론, 당해 진료기관이 소재하는 지역에 따라 의료에 관한 지역적 특성 등을 고려하여 판단되어야 마땅하다. 위와 같이 본다면 특정한 질병에 대하여 유효하고 안전한 새로운 치료법이 보편적으로 보급되어 가는 과정에서 위 치료법을 시행할 의무나 위 치료법을 시행할 것을 전제로 한 조치를 강구할 의무 또는 전의(轉醫) 권고의무의 존부가 문제되는 경우에, 예컨대 대학병원 등의 연구·진료기관에서는 위 치료법을 시행하는 것 등이 의무라고 하더라도 일반 의원에서는 스스로 위 치료법을 시행하는 것 등이 의무가 되지 않음은 물론, 위 치료법을 시행하기 위하여 대학병원 등으로의 전의를 권고하는 게 의무로는 되지 않는 단계 등, 진료기관의 성격이나 지역적인 여러 조건에 따라 여러 가지 단계를 상정할 수가 있으므로, 이러한 여

---

118) 대법원 1995. 12. 8. 선고 95다3282 판결; 대법원 1986. 10. 28. 선고 84다카1881 판결.
119) 그러나 한편 대법원 1997. 2. 11. 선고 96다5933 판결의 경우 "인간의 생명과 건강을 담당하는 의사에게는 그 업무의 성질에 비추어 보아 위험방지를 위하여 필요한 최선의 주의의무가 요구되고, 따라서 의사로서는 환자의 상태에 충분히 주의하고 진료 당시의 의학적 지식에 입각하여 그 치료방법의 효과와 부작용 등 모든 사정을 고려하여 최선의 주의를 기울여 그 치료를 실시하여야 하며, 이러한 주의의무의 기준은 진료 당시의 이른바 임상의학의 실천에 의한 의료수준에 의하여 결정되어야 하나, 그 의료수준은 규범적으로 요구되는 수준으로 파악되어야 하고, 당해 의사나 의료기관의 구체적 상황에 따라 고려되어서는 안 된다."고 하여 반대의 견해를 제시하기도 하였다.
120) 最高判 昭和 63. 1. 19. 判時 1265号, 75頁.

러 조건을 고려하지 않고 위 치료법을 시행하는 것 등이 의무이냐 여부를 일률적으로 결정할 수는 없다. 이러한 의미에서 의료수준은 전국적으로 일률적이며 절대적인 기준으로 고려되어야 할 것이 아니라, 이러한 여러 조건에 상응한 상대적인 기준으로서 고려되어야 마땅할 것이다."라고 하여 이 건에서 미숙아망막증에 대하여 광응고법을 실시하는 것이 전국적으로 보편화되지 않은 단계에 있어서는 개개의 의사가 전공한 전문분야, 그가 속해 있는 진료기관의 성격이나 기능, 그 진료기관의 소재지 등을 구체적으로 고려하여 판단해야 한다고 보았다.

　의료수준이라는 기준을 과실판단의 근거로 하는 경우, 대학병원이나 대형종합병원에서 일하는 의사는 인적·물적으로 충실한 의료시설 아래 의료활동을 행하고, 평소 연구기회가 많다고 생각되므로 일반개업의원에서 일하는 의사보다도 상대적으로 높은 의료수준을 갖는다고 사실상 추정된다. 따라서 대학병원 등의 의사에게는 일반개업의에 비하여 고도의 주의의무를 부과하는 것이 타당하다고 생각한다.

　㉯ 전문의와 전문외 의사 간의 차이

　전문의과목을 전문외의사가 진료한 경우에 있어서 양자의 차이를 인정하여야 할 것인가의 문제는 의사가 전문외의 환자를 취급하는 경우의 주의의무 정도가 전문의의 경우에 비하여 경감된다고 볼 것이냐 아니면 경감되지 않고 동일한 주의의무를 부담한다고 볼 것이냐에 관한 것이다.

　우리나라 대법원[121]은 일반외과의사가 안과의사나 성형외과의사가 실시하여야 할 안면견인술과 좌측안검부건막이식수술을 하다가 상해를 입게 한 사건에 대하여 "일반외과의사인 피고가 안면신경마비, 눈물흘림 및 좌안검의 폐쇄불능증을 가진 원고에게 안면견인수술과 좌측안검부건막이식수술을 시행하였으나 그 치료방법이 적합한 것이 아니고 그 수술방법도 적절치 못한 과실로 인하여 원고가 안검하수증을 입었다면 피고는 의료상의 과실로 인한 손해배상책임을 져야 한다."고 하면서 일반외과의사라고 하더라도 해당 질병의 전문의인 안과의사나 성형외과의사에 준하는 주의의무를 부과하여 엄격한 책임을 인정한 바 있다.

　응급상황 등 특별한 사유가 없음에도 불구하고 전문외의 의사가 전문의분야에 속하는 환자를 치료하였을 경우에는 전문의에게 요구되는 정도로 고도의 주의의무가 요구된다고 보아 환자의 권리를 보호하여야 할 것이다. 왜냐하면 환자 입장에서는 전문외의 의사가 치료하였다고 하여 불이익을 받을 이유가 없기 때문이다. 예를 들어, 외과의사가 감히 당뇨망막증환자에 대하여 망막유착술을 실시하는 경우에는 안과전문의 주의의무가 표준이 된다. 따라서 전문의과목을 비전문의가 치료하였다고 하여 과실이 추정되는 것은 아니지만, 주의의무를 경감시

---

121) 대법원 1974. 5. 14. 선고 73다2027 판결.

켜 주는 것도 아니다. 우리나라는 전문의의 수련 및 자격 인정 등에 관한 규정을 두어 의사에게 26개과,[122] 치과의사 전문의의 수련 및 자격 인정 등에 관한 규정을 두어 치과의사에게 11개과,[123] 한의사 전문의의 수련 및 자격 인정 등에 관한 규정을 두어 한의사에게 8개과[124]의 전문과목을 인정하고 있다. 그러므로 환자들은 위의 진료과목에 따라 당해 의사가 그 과목에 대하여 전문지식과 경험을 풍부하게 갖고 있다고 기대하는 것이 일반적이다. 일본의 경우 이를 긍정한 하급심 판례[125]가 있으나 대개는 그 차이를 부인하고 있다.[126][127] 지금까지 살펴 본 바와 같이 전문외의 진료와 의사의 주의의무의 관계는 의사가 전문외의 진료를 했다는 것만으로 과실을 추정받지는 않으나, 전문외라는 이유로 주의의무의 정도가 경감되지도 않으므로, 의사가 전문외의 의료행위를 하는 데 있어서 당해 의사가 환자의 용태에 대응하기 족한 능력을 갖추고 있지 않다고 스스로 판단한 경우에는 환자에게 이를 설명하고 전원을 시켜야 할 의무가 있다고 생각된다.

---

122) 제3조(전문의의 전문과목) 전문의의 전문과목은 내과, 신경과, 정신건강의학과, 외과, 정형외과, 신경외과, 흉부외과, 성형외과, 마취통증의학과, 산부인과, 소아청소년과, 안과, 이비인후과, 피부과, 비뇨의학과, 영상의학과, 방사선종양학과, 병리과, 진단검사의학과, 결핵과, 재활의학과, 예방의학과, 가정의학과, 응급의학과, 핵의학 및 직업환경의학과로 한다.

123) 제3조(전문과목) 치과의사전문의의 전문과목은 구강악안면외과, 치과보철과, 치과교정과, 소아치과, 치주과, 치과보존과, 구강내과, 영상치의학과, 구강병리과, 예방치과 및 통합치의학과로 한다.

124) 제3조(전문과목) 한의사전문의의 전문과목은 한방내과, 한방부인과, 한방소아과, 한방신경정신과, 침구과, 한방안·이비인후·피부과, 한방재활의학과 및 사상체질과로 한다.

125) 東京高判 昭和 41. 5. 27. 醫民集 158頁; 莇 立明·中井美雄, 전게서, 166頁 참조.

126) 大阪地判 昭和 61. 6. 12. 判時 1236号, 105頁.; 외과전문의가 생후 2개월반 된 영아를 진료하면서 급성수막염에 걸린 사실을 간과한 과실을 판단하면서, "전문외의 진료에 있어서 주의의무와 그 책임에 대해서는 ① 의사가 전문외의 진료를 한 것으로 과실의 추정을 받을 수는 없으나, ② 전문외라고 하는 것 때문에 주의의무가 경감되지는 않고, 그렇기 때문에 ③ 전문외의 진료에 자신이 없으면 환자에게 그 뜻을 설명하고 전의를 권해야 마땅하다는 것이 통설적 견해이다."라고 하여, 전문외라고 하여 주의의무가 경감되지는 않는다고 하였다.

127) 大阪地判 昭和 38. 3. 26. 判時 343号, 17頁.; 내과의인 피고가 자신의 전문외과목인 외과수술을 한 사건에 있어서, 환자 측의 손목절단수술 실패를 은폐하기 위하여 피고가 다른 외과의를 불러 고의로 다시 앞팔을 약 3㎝정도 절단했다고 하는 주장에 대하여, "의사가 전문외의 진료행위를 하는 경우에 당해 의사에게 요구되는 주의의무의 정도는 특단의 사정이 있을 때를 제외하고는 전문의로서의 의무를 기준으로 해야 할 것이다."라고 한 바 있다. 다만 위 사건은 내과전문의가 손목절단 외과수술을 한 때에도 그 처치 자체가 외과전문의로서 일반적으로 다해야 할 주의의무를 기준으로 적절하였다고 인정될 경우에는 내과전문의에게 과실책임을 물을 수 없다고 하였다. 즉, 내과전문의가 손목절단수술을 한 후 다른 외과전문의가 다시 환자의 앞팔을 약 3㎝정도 절단한 것은 인정되나, 이는 절단된 오른손목의 뼈 끝이 안에서부터 다소 솟아나온 듯 하므로 장래 의수장용(義手裝用)에 불편이 초래될 것을 고려하여 국소마취 아래 뼈 끝을 약 1~2㎝ 삭제하고 피부를 재봉합한 것이 인정되므로 피고가 시행한 수술의 결과를 장래의 의수장용에 불편하지 않도록 보다 좋게 보완하였다고 해야 할 것이지, 그 자체를 가지고 불법행위책임을 문제로 논할 여지는 없다고 하여 원고의 청구를 기각하였다.

ⓔ 지역차의 문제

같은 전문의라 하더라도 근무하는 병원의 인적·물적시설에 따라 당해 의사가 실시하는 의료기술의 효과는 적지 않은 차이가 난다. 예를 들어, 대학병원에서 심장판막이식술을 전문으로 하던 흉부외과 전문의가 백령도와 같은 도서벽지에 공중보건의로 근무하게 되었다면, 그곳의 의료환경상 심장판막이식수술을 시행하기가 쉽지 않을 것이다. 따라서 의사의 주의의무는 지역적인 환경도 고려하여야 함은 물론이다.

원래 지역차에 대한 개념은 땅이 대단히 넓은 반면, 교통과 통신이 발달하지 않았던 19세기경 미국에서 지방의사를 보호할 목적으로 확립된 '지역법칙(Locality Rules)'에 관한 판례이론을 통하여 형성되었다. 지역법칙은 시골지역에서 개업하는 의사들은 새로운 치료법과 치료장비에 대한 재교육이나 훈련을 받을 기회가 적고 현대적인 치료설비에 대한 접근도 어렵기 때문에 도시지역에서 개업하고 있는 의사들에게 적용되는 것과 같은 기준을 적용하는 것이 부당하고, 또 시골지역에 의사들을 유인할 만한 요소가 적기 때문에 이 법칙을 적용하는 것이 현실적으로도 필요하다고 생각되었기 때문에 어떤 의사가 개업하고 있는 지역적인 위치도 역사적으로 그가 부담해야 할 주의의무의 기준을 정하는 것에 고려하여야 한다는 것이다.[128] 즉, 상대적으로 발달된 대학병원 수준의 의학에 대응할 수 없고, 또 대도시에 거주하는 의사가 이용할 수 있는 것과 같은 최신설비를 가지지 않은 지방의사를 보호할 목적으로 확립되었던 것이다.

일본 판례[129]는, "수술결과가 불량한 것은 의사의 오진에 기인하였다는 점은 인정되나, 그 의사의 전문은 내과와 소아과로 도시에서 멀리 떨어진 벽지에서 의료에 종사하고, 또 의사수가 적어서 부득이 전문이 아닌 외과도 응진(應診)하지 않으면 안 될 사정이 있었음이 인정되므로 기타 여러 사정을 고려한 즉, 의사에게 이와 같이 다소의 오류가 있었다고 하더라도 바로 불법행위상의 과실이 있다고 할 수는 없다."고 하여 의료수준의 지역차를 인정한 바 있다.

그러나 현재의 의료상황은 교통과 통신의 발달로 몇 시간 전에 발표된 의학정보가 곧바로 인터넷에 소개되는 초고속 정보사회에 놓여 있다. 의사들은 자신이 직접 치료하지 못한다고 하더라도 환자의 상태와 각 병원의 능력을 쉽게 빨리 파악하여 환자를 적절한 병원으로 전원시킬 수 있게 되었다. 또한 리스제도의 활성화로 지방에서도 고가의 의료장비를 구입하여 환자의 치료에 임할 수 있게 되었다. 그러므로 오늘날에는 지방에 근무하는 의사라고 하여 중앙의 발달된 의학이나 설비로부터 고립되었다고 할 수는 없다. 이러한 추세를 반영하여 1916년

128) 이동신, 전게논문, 591-592면.
129) 札幌高判 昭和 29. 1. 28. 醫民集 1311頁; 渡邊良夫 監修, 醫療事故と患者の權利, エイデル研究所, 1992, 79-85頁 참조.

미국 미네소타(Minnesota)주 대법원은, "의사회의 빈번한 집회, 의학잡지의 논설, 일반적으로 인정된 권위자에 의한 저서 및 병원진료에 있어서 광범위하게 걸친 경험 등에 비추어 지방의사를 대도시의 평균적인 내과의나 외과의보다 낮은 기술을 가지고 있다고 평가하면 대단히 분개할 것이다. 그러므로 우리는 지방의사가 같은 고장이나 유사한 고장에서 개업중인 다른 의사의 능력에 따라서만 판단되어야 한다고 주장하지 않는다."고 판시하여, 지역차를 고려할 필요성이 감퇴하고 있다는 점을 인정하고 있다.[130]

미국에 비하여 국토가 좁고, 의사면허제도가 통일되어 있는 우리나라에서는 미국처럼 지역차가 크게 문제되지 않겠지만, 아직 전문의가 지방에서 개업하려고 하지 않아 대도시 중심으로 편재되어 있기 때문에 벽지 등에서는 전문외과목도 진료를 해야 하는 것이 현실이다. 이때에는 지역차를 고려하여야 할 것이다.

② 응급성 내지 긴급성

환자의 용태가 긴급한 치료를 필요로 하고 있고, 환자 자신의 의사확인도 불가능한 응급상황의 경우에는 비록 당해 병원이 인적·물적설비가 충분하지 않다거나 전문의가 없다고 하더라도 환자를 치료하여 구명에 힘써야 한다. 이에는 시간적으로 조치가 시급하다고 하는 시간적 긴급성과 생사에 관한 중요한 문제에 관한 사항적 긴급성이 있다. 이러한 경우 환자에 대하여 신속한 치료가 행하여지지 아니하면 생명에 위급한 상황이 초래되므로 의사는 통상의 의료행위와 달리 시간적 제약 속에 빠른 진단과 함께 이에 상응하는 치료를 해야 한다.[131] 따라서 의사가 긴급한 치료를 할 것인가 말 것인가의 여부는 즉시 치료로 시행하였을 때의 이익과 충분한 준비를 다하지 못하고 치료를 하는 것으로부터 오는 위험을 비교형량하여 결정하여야 한다.[132] 응급으로 치료를 하는 것이 환자의 구명을 위하여 필요하다고 판단되어 치료를 시작한 경우에 그 판단과 관련하여 의사로서 준수하여야 할 주의의무를 다 한 이상 악결과에 대하여 의사에게 책임을 묻는 것은 문제가 있다.

대법원도 "전문의가 아닌 일반의이고, 혼자 야간 응급실의 당직근무를 하고 있었으므로 그의 과실 유무를 판단함에 있어서는 전문의가 아닌 일반의를 표준으로 하고, 당시 진료 환경 및 조건, 야간응급의료의 특수성을 고려하여야 할 것이다."라고 하여 응급상황의 경우 발생되는 제반 상황 아래에서 의사의 주의의무를 완화한 바 있다.[133] 그 과정에서 의료사고가 발생한 경우에는 구체적 사안에 따라 차이가 있겠지만 당해 의사에게 주의의무를 완화해 주어야

---

130) 주호노, 의료와 법률, 유성문화사, 1992, 176면.
131) 전광백, 의료과오와 주의의무, 의료법학 제6권 제1호, 2005. 6. 365−369면.
132) 범경철, 의료과오사건에서 의사의 과실을 인정하기 위한 요건, 의료법학 제8권 제1호, 2007. 6. 229면.
133) 대법원 1999. 11. 23. 선고 98다21403 판결.

할 것이다. 그렇지 않으면 검사나 진찰을 핑계로 혹은 전문의를 수배한다는 이유로 환자의 치료를 해태한 나머지 환자의 생명을 잃게 하는 수가 있을 것이기 때문이다.

(3) 의료과실에 있어서 과실개념의 특수성

(가) 의료행위의 친계약성(親契約性)

일반적으로 불법행위란 위법하고 유책한 행위이다. 살인이나 교통사고와 같은 전형적인 불법행위를 염두에 두면 쉽게 이해할 수 있을 것이다. 위와 같은 불법행위에서는 불법행위자와 피해자 사이에 가해와 피해라고 하는 사실관계가 확연히 드러난다.

그런데 의료행위에서 환자는 발생된 질병의 악화방지 혹은 완치를 구하기 위하여 의사에게 진료를 의뢰하고, 의사는 환자의 이러한 의사(意思)에 근거하여 그를 자기의 전문적 지식영역에 놓고, 그 지배하에서 치료를 하게 된다. 그러나 결과적으로 질병이 치유되지 않거나 합병증 등이 발생하여 중상해, 사망 등의 악결과가 발생하게 되면 이는 살인이나 교통사고와 같이 우연에 의한 것이 아니라 대개는 의료계약에 근거하기 때문에 의료과실사건은 다른 손해배상소송과 비교할 때 채무불이행책임으로 구성하는 것이 자연스러운 측면이 존재한다.

(나) 의료계약의 비확정성

의료과실을 의료계약 위반으로 구성하더라도 소송실무에서는 의사의 어느 행위가 의료계약의 어느 계약내용에 위반하였는지를 명확히 하지 않으면 아니 된다. 따라서 문제는 의료계약의 구체적인 내용이 무엇이냐 라는 점에 귀책된다. 예컨대, 매매나 임대차와 같은 비교적 단순한 계약유형에서는 계약당사자가 서로 대등한 입장에 서서 쌍방이 계약내용을 잘 살피고, 경우에 따라서는 자세한 항목에 대하여 합의를 하는 것이 가능하다.

그런데 의료에 관해서는 계약의 일방당사자인 의사는 의학전문가이고, 다른 쪽 당사자인 환자는 비전문가이기 때문에 자기의 신체상황에 대하여 잘 알지 못한다. 통증을 호소하면서 그 제거나 경감을 요구하는 환자에 대하여 의사도 환자의 주소 혹은 주호소(主訴 혹은 主呼訴; c/c, chief complaint)를 듣는 것만으로는 그 자리에서 질병을 진단하는 게 쉽지 않으므로 여러 가지 검사를 통하여 환자의 질병을 확진하게 된다. 즉, 의료"계약"이라고 하지만 그 계약내용은 의사와 환자의 합의만으로는 결정되지 않고 환자의 신체상태, 진료경과 등에 따라 의사의 구체적인 의무가 정해지게 된다.

일반적으로 의료행위는 '진찰·검사 → 진단 → 치료 → 증상의 변화(경과관찰) → 진찰·검사 → 진단 → 치료 → 경과관찰'이라는 수순으로 시행착오를 반복하여 거치는 과정이라 함은 이미 살펴보았다. 의사는 자기의 진료행위에 따라 변화하는 환자의 생체반응을 관찰하면서 다시 치료행위를 계속해 가므로 환자 측에서 의료과실을 계약책임으로 구성하더라도 구체적인 진료의 전체적 경위와 그 중 의사의 실수라고 보여지는 구체적인 작위, 부작위행위에 관하여 소송에서 명백히 주장, 입증하지 않으면 아니 된다.

이 점에 있어서 2개의 구성 간에 명확한 차이는 인정되지 않는다. 흔히 의료계약의 내용을 '현대의학의 지식, 기술을 구사하여 가급적 신속하게 질병의 원인 내지 병명을 정확하게 진단한 다음 적절한 치료행위라는 사무처리를 목적으로 하는 위임계약'이라고 정의하지만 정의 자체가 추상적이다. 이 추상적인 정의가 계약책임으로 구성하는 데 환자 측에게는 특히 약점으로 작용하게 된다.

(다) 불법행위책임에서의 과실

의료과실을 불법행위책임으로 구성한 경우, 의사의 '과실'은 무엇인가?

의료행위는 질병의 예방, 경감, 제거라고 하는 적극적 목적을 가지고 시행된다. 하지만 인체에 대한 침습행위라고 하는 점은 상해나 살인의 경우와 다르지 않다. 그럼에도 의료행위 그 자체가 곧바로 위법성을 띠지 않는 것은 위와 같은 적극적 목적과 아울러 환자로부터 자기결정권에 근거한 동의가 있기 때문이다.

만약 의사가 시행착오적인 치료과정 중 변화해 가는 환자의 신체상황을 관찰하면서 전문가로서 자기에게 주어진 재량권의 범위 내에서 옳다고 판단되는 치료방법을 선택하고 또한 그 치료방법의 본질적 부분에 대하여 환자에게 설명하고, 그 동의 아래 치료를 해야 함에도 불구하고 그 치료과정 중 무엇인가의 실수로 환자의 병상을 악화시키거나 사망이라는 예상치 못한 뜻밖의 결과를 초래했을 경우 의료행위는 위법성을 갖는다고 할 수 있다.

이 실수는 의사가 그 단계에서 행해야 할 것을 하지 않았거나 또는 해서는 안 되는 것을 한 것을 말하는데, 이것이 의사의 주의의무 위반 즉, 과실을 의미한다.

(라) 과실의 고려요소

의료과실을 계약책임으로 구성하던지 불법행위책임으로 구성하던지 의사의 '과실' 내용은 같다고 할 수 있다. 그래서 의료사고의 성격이 복잡하면 복잡할수록 사실관계에 관한 주장과 입증의 공방이 환자와 의사 간에 치열하게 펼쳐진다. 따라서 계약책임으로 구성할 것인가 또는 불법행위책임으로 구성할 것인가 하는 문제로 너무 고민할 필요는 없다고 생각한다. 오히려 의료행위의 특성을 충분히 고려한 다음 어떠한 경우에 의사가 책임을 부담해야 할 것인가 하는 과실유형을 생각하는 것이 타당하다고 본다.

당해 의료행위가 제대로 되었는가, 주의의무 위반은 없었는가, 즉 의료행위의 적부를 평가하는 데 있어서 다음의 몇 가지를 염두에 두어야 한다.

첫째, 의료행위는 구체적인 상황의 고려가 전제되어야 한다. 의료행위는 일정한 질병의 존재를 전제로 하는데, 인체의 상황은 시간에 따라 악화되기도 하고 자연치유력으로 회복되기도 하므로 의료과정은 질병과 이를 치료하기 위한 의료행위, 그리고 자연적 악화 또는 자연적 치유력이라는 3개의 역학관계가 상호작용을 하면서 진행된다. 따라서 각인각색인 환자의 구체적인 상황을 각각 고려하여 어느 특정 시점에서의 의료행위가 의사로서 최선을 다한 결과라고 할 수 있느냐 여부를 사후에 판단하는 것이다.

둘째, 모든 의료행위에는 환자의 동의 · 승낙이 필요하다. 의료행위는 의사와 환자의 협동관계에 의하여 진전해 가므로 환자와 의사는 상호 신뢰관계가 성립하도록 노력해야 한다. 우선 의사는 자기가 가지고 있는 의학지식에 기초하여 여러 가지 가능성을 상정하면서 환자로부터 주호소, 자각증상, 기왕증, 가족관계 등을 물어보고 그와 함께 여러 가지 검사를 행한다. 환자는 자기의 신체에 관한 정보를 될 수 있는 한 정확히 의사에게 전달해야 한다. 이어서 의사는 자기의 진찰, 검사결과에 근거하여 일응의 진단을 하고 그에 따른 치료행위를 시작한다. 의사가 어떤 치료방법을 선택하고 실행할 때 특별한 사유가 없는 한 환자의 승낙이 필요하다.

셋째, 의료행위는 의학이 가르치는 바에 따라서 시행되지 않으면 아니 된다. 의학은 계속 발전하고 있으므로 의사는 항상 의학과 의술을 배우고 익혀 임상의료 실천 당시의 일반적인 의료수준에 맞는 치료를 해야 한다. 그러므로 의사의 과실판단기준으로서 임상의료 실천 당시의 의료수준이 중시되는 것은 당연하다.

넷째, 환자의 특이체질 등 개체차를 어떻게 평가하느냐가 문제된다. 예를 들면, 수술이나 마취, 투약으로 인한 쇼크와 특이체질간의 상당인과관계 여부가 논란이 된다.

다섯째, 의료행위는 의사의 전문영역이므로 의사에게는 재량권이 부여되어 있으나 재량권의 범위를 어디까지 인정하느냐가 문제이다.

여섯째, 약화사고 시 의사의 과실과 제약회사의 제조물책임과의 관련성이 문제된다.

나. 의사의 과실의 구체적 내용

위와 같이 의료과실을 판단함에 있어서 과실인정의 추상적 가치기준이 어떠한 사실과 대응하면서 규범적 의미를 가지고 있느냐, 즉 위 기준이 구체적인 사건에 있어서 어떻게 적용되는가를 의료과정의 단계별로 살펴보면 다음과 같다.

(1) 진단 · 검사상의 과실

(가) 일반론

① 진단 · 검사상 과실의 종류

진단 · 검사에 있어 의사가 주의의무를 해태한 과실이 있는가에 관해서는 크게 ① 의사가 사실상 지득한 환자용태에 관한 검진결과를 잘못 해석하는 것으로서 검사 등을 수행하는 단계에 있어서 그 검사결과에 관한 진단 소견상 과실이 있는 경우와, ② 환자의 용태를 올바르게 파악하거나 검사를 시행하지 못하여 뚜렷이 드러나는 병적 증세를 규명하지 못한 진단과 정상 오류가 있는 경우로 나누어 파악할 수 있다.[134] 즉, 기본적 검진을 시행하였다면 당연히 지득할 것으로 기대되는 환자의 용태를 파악하지 못하거나, 환자의 증세에 비추어 일응 요구되는 일정한 검사를 시행하였다면 다른 진단결과를 얻을 수 있었던 경우에는 의료과실이 인정된다고 할 것이다.

대법원[135]은 "진단은 문진 · 시진 · 촉진 · 청진 및 각종 임상검사 등의 결과에 터 잡아 질병 여부를 감별하고 그 종류, 성질 및 진행정도 등을 밝혀내는 임상의학의 출발점으로서 이에 따라 치료법이 선택되는 중요한 의료행위이므로 진단상의 과실 유무를 판단함에 있어서는 그 과정에 있어서 비록 완전무결한 임상진단의 실시는 불가능하다고 하더라도 적어도 임상의학분야에서 실천되고 있는 진단수준의 범위 내에서 그 의사가 전문직업인으로서 요구되는 의료상의 윤리와 의학지식 및 경험에 터 잡아 신중히 환자를 진찰하고 정확히 진단함으로써 위험한 결과발생을 예견하고 그 결과 발생을 회피하는 데에 필요한 최선의 주의의무를 다하였는지 여부를 따져 보아야 하고, 진료상의 과실 여부는 그 의사가 환자의 상태에 충분히 주의하고 진료 당시의 의학적 지식에 입각하여 환자에게 발생 가능한 위험을 방지하기 위하여 최선의 주의를 기울여 진료를 실시하였는가 여부에 따라 판단되어야 한다."고 수차례 판시한바 있다.

그런데 의사가 행하게 되는 진단과정에서 환자에 대한 문진의 경우에는 환자 역시 자신의 상태를 분명하게 의사에게 설명하고 고지하여야만 하므로 의사와 환자의 커뮤니케이션이 상당히 중요하고 그에 따라 양측의 과실이 문제될 수 있는 특이한 양상을 지닌다.[136] 문진에 실

---

134) 이준상, 의료과실에 관한 판례분석, 고려대학교 출판부, 1997, 282면.
135) 대법원 1995. 4. 14. 선고 94다29218 판결; 대법원 1998. 2. 27. 선고 97다38442 판결; 대법원 2010. 7. 8. 선고 2007다55866 판결; 대법원 2018. 11. 15. 선고 2016다244491 판결; 대법원 2013. 1. 24. 선고 2011다26964 판결 등.
136) 추호경, 전게 박사논문, 275－276면.

패할 경우 환자의 적절한 질병을 밝히지 못하고 치료방침을 잘못 결정하여 구체적 치료나 검사에 대해 금기사항을 식별하지 못하는 결과를 가져오게 된다.[137] 따라서 의사의 문진의무에 대응하여 환자 스스로의 용태 파악 및 고지책무가 도출되며 의사와 환자간의 책임은 분배될 가능성이 있는 바, 이것이 앞서 언급한 환자의 진료협력의무와 관련된 논의이다.[138] 또한 환자에 대한 치료과정은 진단·검사과정이 시행착오의 되풀이라는 성질을 갖기 때문에 병변의 각 단계에서 몇 개의 진단(의진)이 선택적으로 성립할 수 있는 경우가 있다. 이러한 경우에는 의사의 재량범위를 대폭으로 인정하지 않을 수 없다. 의사가 한정된 자료로부터 판단을 내리기에는 당시의 의학 내지 의료수준의 한계를 인정하지 않을 수 없는 경우가 많아 오진을 이유로 하는 의료과실 사건에서 원고가 승소하기 어려운 사정이 있다. 특히 응급의료상황에서는 의사의 재량이 크기 때문에 명백하고 중대한 과실(오진)이 아닌 한 면책된다.

한편 진단을 위한 검사행위를 하는 의사의 주의의무에 대하여 대법원[139]은 "인간의 생명과 건강을 담당하는 의사는 그 업무의 성질에 비추어 치료에 앞서 실시하는 검사가 특히 신체의 손상을 가져올 우려가 있는 경우에는 불필요한 검사를 실시하지 아니할 주의의무가 있다."고 하여 과잉진료 내지 설명의무 위반의 불법행위에 해당할 여지가 있다고 판단한 바 있다.

② 정기 건강검진의 문제

예방의료를 통하여 건강하게 생을 보내고자 하는 사람들의 열망이 높아지면서 평소의 자신의 건강상태를 의료기관에서 정기적으로 진단을 받는 경우가 늘어나고 있다. 특히 사람들은 회사 등에서 실시하는 정기 건강검진이나, 국가에서 실시하는 정기 건강검진 등에 대하여도 많은 관심을 갖고 있다. 이러한 정기 건강검진은 일정한 질환에 이환하고 있다고 의심되는 환자에 대해 구체적인 질환의 발견을 목적으로 하여 행해지는 정밀검사 등과는 달리 병에 관해서 무증상인 진찰자에 대해 그 건강 상태가 어떠한지를 개괄적으로 확인해 보려는 목적으로 하여 행하여진다는 데에 특수성이 있다.

특히 진단의 영역에 있어서 정기적 건강검진을 담당하는 의사의 오진의 유형으로는 ① 질병이 있는데 그것을 없다고 진단하는 오진(false negative)과 ② 질병이 없는데 그것이 있다고 진단하는 오진(false positive)이 있다. 이 중 실제 환자에게 악결과의 발생과 관련하여 문제로 여겨지는 오진은 ① 질병이 있는데 그것이 없다고 진단하는 경우이다.[140] 일본에서는 이와 같

137) 上田文雄 執筆, 問診義務, 浅井登美彦·園尾隆司 編, 現代裁判法大系 第7卷 医療過誤, 新日本法規出版 1998. 12. 117－118頁; 都築弘·問診義務·根本久 編, 医療過誤訴訟法, 青林書院, 1990. 3. 261頁.
138) 제2장 의료과실법 제4절 환자의 진료협력의무와 의료과실법의 역할 참조.
139) 대법원 1998. 3. 27. 선고 97다56761 판결.
140) 中村哲 執筆, 定期健康診断(集団検診)に関する医療事故について, 現代裁判法大系 第7卷 医療過誤

은 정기 건강검진에서 의사의 주의의무와 관련된 논의가 진행 중이다. 간략하게 소개하자면 ① 정기 건강검진 중 집단 건강검진시 실시되는 X레이 촬영 사진의 독영은 대량으로 저렴하고 간이한 검진 방법으로 시행되는 것이므로 검진결과의 정확성에 대해서는 반드시 전폭적인 신뢰를 두지 못하기 때문에 의사는 질병의 발견방법으로서의 불완전성과 검진결과의 불충분성을 설명하는 주의의무 외에 이환이 간과되었을 경우에도 즉시 손해배상이 발생한다고 하는 것은 곤란하다고 하는 견해, ② 과실의 내용, 정기검진의 성질 여하(집단검진인지 개별적 종합건강진단인지)에 따라 진단결과에서 기대되고 있는 수준의 구별, 같은 레벨의 검진에서 의료수준의 고려, 해당 이환 발견이 어려운 것인지 수월한 것인지 등을 고려하여야 한다는 견해, ③ 일반적으로는 검진을 행하는 사람은 응당 이상 결과를 발견하여야 할 의무가 있을 것이나 건강검진의 종류가 여러 가지이기 때문에 모든 것을 동일한 기준으로 생각할 수 없다는 견해가 제기되고 있다. 위 세 가지 견해는 실질적으로 건강검진의 종류에 따라 의사의 주의의무에는 다소간 차이가 있을 수 있다는 점에서는 일치한다.[141]

(나) 구체적 판례

① 검사상 과실

㉮ 과실을 인정한 사례

1) 태아의 사산을 발견하지 못하여 산모가 패혈증으로 사망한 사건[142]

대법원은 "피고 3이 소외 망인에 대하여 초음파검사를 할 당시 이미 그 태아가 사망한 상태에 있었으므로 신중하게 위 검사를 하였다면 이를 발견할 수가 있었음에도 불구하고 이러한 조치를 취하지 아니하여 태아가 이미 사망한 사실을 발견하지 못하고 단순한 유산기가 있는 것으로만 판단하였으며, 더욱이 소외인과 원고 등에게는 소외 망인 및 태아의 정확한 상태를 상세히 설명하지 아니하고서 별 이상이 없다고 말함으로써, 소외 망인이나 그 보호자인 원고로 하여금 직접 조기에 소파수술을 하도록 하여 예상되는 부작용에 대비하는 등의 조치를 취하도록 하게 하거나 혹은 시설을 제대로 갖춘 종합병원에 신속히 찾아가 소파수술 및 부작용에 대비한 치료를 받도록 결정하는 등의 필요한 조치를 취할 기회를 상실하도록 하였고, 소외 망인으로부터 임신 이상이 없다고 진단을 받았다는 말을 들은 피고 1 의료법인 산하병원 과장인 위 피고 2로 하여금 소외 망인의 상태에 대하여 그릇된 판단을 하게 하여 신속하고 적절한 검사와 치료를 받을 기회를 놓치게 한 의료상의 과실이 있다."고 하여 초음파검사의

299－300頁.
141) 中村哲, 전게논문, 295－297頁.
142) 대법원 1995. 12. 5. 선고 94다57701 판결.

판독에 실패하여 오진에 이른 경우를 지적하였다.

2) 자궁암검사 의뢰인에 대하여 곧바로 조직검사까지 행한 사건[143]

대법원은 "자궁암검사는 세포진검사(자궁경부의 암 발생 부위에서 떨어져 나온 세포들을 현미경으로 검사하는 방법)와 질확대경검사를 병행하는 것이 가장 이상적인 것이고, 자궁 내의 조직의 일부를 떼어내어 검사하는 조직검사는 자궁암이 의심되거나 수술이나 방사선치료 등을 시작하기 직전에 확진의 필요가 있는 경우에 시행하는 사실, 위 소외 1은 서울 소재 다른 병원에서 정기적으로 세포진검사에 의한 자궁암검사를 받아 오다가 정기검사 시기에 맞추어 위 병원에 자궁암검사를 의뢰하기 위하여 처음 찾아온 원고에게 세포진검사와 이를 보완하기 위하여 질확대경검사를 실시하였을 뿐만 아니라 나아가 조직검사까지 실시한 사실, 위 소외 1은 위 조직검사 후에 원고에게 '출혈이 있더라도 놀라지 말라'고만 이야기 하였을 뿐 위 조직검사로 인하여 발생할지도 모르는 후유증에 대하여는 아무런 설명을 하지 아니한 사실"이 있는 사안에서 원심이 의료과실이 없다고 판단한 것에 대하여 "원심으로서는 우선 자궁암검사의 일반적인 방법과 순서 등에 관하여 객관적인 자료를 통하여 좀더 심리하여 봄과 아울러 위 세포진검사와 질확대경검사 결과에서 원고에게 이상이 발견되었는지의 여부 및 나아가 조직검사의 필요성이 있는지의 여부를 밝힌 다음 원고의 주장의 당부를 판단하였어야 할 것"이라고 하여 과잉진료로 인한 검사상 과실을 인정하는 취지의 판시를 하였다.

㉯ 과실을 부정한 사례

1) 태아의 기형을 발견하지 못한 사건[144]

대법원은 "임산부인 원고 이○○에 대한 상담과 각종 검사 등을 통하여 태아의 기형을 의심할 만한 아무런 징후가 발견되지 아니하였고, 초음파검사상으로도 태아의 왼쪽 손목 이하 발육부전을 발견하는 것이 용이하지 아니한 점 등에 비추어 개업의인 피고가 원고 이○○가 임신중이던 소외 김○○의 위와 같은 기형을 발견하지 못하였다고 하여 곧바로 피고에게 어떠한 주의의무 위반이 있다고 단정하기 어렵다고 하면서 의사가 오진을 하였다고 하여 곧바로 고의나 과실이 있다고 할 수 없다."는 취지로 판시하였다.

2) 역행성 담췌관조영술 후 급성 췌장염 발생 사건[145]

대법원은 망인이 피고 병원 의료진으로부터 내시경적 역행성 담췌관조영술(Endoscopic Retrograde Cholangio-Pancreatography, ERCP) 검사 후 급성췌장염이 발생하여 사망한 사안

143) 대법원 1998. 3. 27. 선고 97다56761 판결.
144) 대법원 1999. 6. 11. 선고 98다33062 판결.
145) 대법원 2007. 5. 31. 선고 2005다5867 판결.

에서 "급성췌장염은 위 검사 건수의 5% 정도에서 발생할 수 있고 특별한 병적인 상태가 없는 경우에도 발생할 수 있다는 점, 망인에 대한 ERCP 검사 경과 중에 문제가 될 만한 사정이 보이지 않는다는 점, 당시 망인의 상태에 비추어 급성췌장염의 발생기전이 망인에게 전혀 없다고 볼 수만도 없는 점 등을 고려하여 ERCP 검사후 망인에게 급성췌장염이 발생하였다는 사실만으로 피고 병원 의료진에게 그 검사과정에서 과실을 인정하기 어렵다."고 판단한 바 있다.

3) 담관조영술 후 심폐정지 발생 사건146)

대법원은 "원고 1이 2000. 3. 7. 우측 상복부에 통증을 느끼고 피고 병원의 응급실에서 급성결석성담낭염으로 진단받았는데 급성담낭염은 갑자기 명치 끝이나 우상복부에 심한 통증이 나타나고 담낭염의 합병증으로는 담낭파열과 복막염이 있는 사실, 원고 1은 2000. 3. 14. 담관조영술을 통하여 담석을 제거한 이후 당일 18:00경에는 복부통증 호소를 심하게 하였으나, 22:00경에는 오히려 복부통증이 가라앉았고, 이후에는 간헐적으로 통증을 호소한 사실, 원고 1은 같은 달 17. 20:20경 간질과 비슷한 증상을 보인 후 심폐정지가 발생한 사실, 환자에게 잠재되어 있는 간질증세가 있었던 경우 위 간질증세가 수술 후 발현될 수도 있는 사실, 심폐소생술 후에 비로소 심낭삼출액이 발견되어 약간의 혈액색을 보이는 삼출액을 천자한 사실을 인정한 다음, 1차 담관조영술이 실패하여 2차 담관조영술을 실시하였다는 점 및 담관조영술 후 실시한 담낭절제술 과정에서 비로소 담관천공이 발견되었다는 점만으로는, 원고 1이 호소한 복통의 변화양상 및 담낭염 자체에 의하여도 복막염이 발생할 수 있다는 점 등을 종합하여 볼 때 2차 담관조영술 후 담낭절제술을 시행하기 전에 담관천공이 발생하였을 것이라는 추측이 가능할 뿐 피고 병원이 담관조영술을 시행함에 있어 어떠한 잘못을 저질러 위 담관천공이 발생하였다고 인정하기는 어렵고, 담낭염 또는 담도천공과 심장발작과의 연관 관계를 인정할 아무런 자료가 없다는 이유로 원고들의 청구를 배척한 조치는 정당하다."고 판시하였다.

4) 생선가시에 의한 식도천공 진단 및 조치 사건147)

대법원은 망인을 진단, 검사한 피고 1과 피고 ○○의료원에 대하여 생선가시에 의한 미세한 식도천공의 병태생리, 진단방법, 망인의 증상 및 검사소견, 위 피고들이 취한 조치 등 판시 사정을 종합하여, 피고 1, 피고 ○○의료원 의료진에게 망 소외인의 식도천공을 진단하기 위하여 필요한 조치를 취하지 아니한 과실이 있다는 원고들의 주장을 배척한 원심의 판단을 수긍할 수 있다고 하였다.

---

146) 대법원 2007. 5. 31. 선고 2005다41863 판결.
147) 대법원 2013. 1. 24. 선고 2011다26964 판결.

② 진단상 과실

㉮ 과실을 인정한 사례

1) 자궁외 임신을 자궁근종으로 오진한 사건[148]

대법원은 "환자가 가임기여성에 대하여 진찰 당시 자궁외 임신에 의한 증상이라고 볼 만한 사정이 있었고 진찰의사 자신도 자궁외 임신의 가능성을 생각해 보기까지 하였음에도 자궁에 혹이 만져진다고 하여 자궁근종이라고 진단하고 더 이상의 보다 정밀한 확인검사를 하지 아니한 잘못으로 자궁외 임신임을 알지 못한 오진으로 인하여 자궁을 적출하였고 이로써 환자가 향후 임신할 수 있는 가능성을 봉쇄해 버린 경우 결과적으로 환자로 하여금 위와 같은 진단상의 과오가 없었다면 당연히 설명받았을 내용을 설명받지 못한 채 수술승낙을 하게 하였다면 의사가 설명의무를 다하지 못함으로써 환자의 승낙권을 침해한 과실이 있다."고 판시한 바 있다.[149]

2) 산전진단상 거대아를 예측하지 못한 사건[150]

대법원은 "분만 직전까지 산모인 원고 2나 태아인 원고 1 모두 특이소견 없이 정상상태이었음에도 불구하고 정상분만 직후 원고 1은 체중 약 4.2kg, 신장 52cm의 거대아로서 좌상완신경총마비 증세가 발생한 사안에서 질식분만에 의한 거대아출산의 경우 완신경총마비 증세가 나타날 확률은 질식분만에 의한 정상체중의 신생아출산의 경우보다 훨씬 높은 점, 위 증세 발생에 다른 원인이 개재되었을 구체적인 가능성은 찾아볼 수 없는 점 등을 참작하여 볼 때, 정상출생아의 정상분만의 경우에도 상완신경총마비 증세가 나타나고 거대아라고 하여 모두 제왕절개수술을 하는 것은 아니며 원고 2가 원고 3을 3.7kg 체중으로 질식분만에 의하여 출산한 경험이 있는 경산부라는 점을 감안하더라도 결국 원고 1의 위 증세는 피고 의원의 담당 진료의나 분만의가 정기진찰 당시 및 산전검사를 통하여 원고 1이 거대아인 점과 산모인 원고 2에 대한 골반 크기에 관하여 예측하고 그 결과에 따라 제왕절개수술 등 적절한 대비책을 강구하지 못한 과실로 인하여 발생하였다고 추정할 수밖에 없다고 할 것"이라고 하면서 산전 진단의 부적절성에 대하여 판시한 바 있다.

---

148) 대법원 1992. 4. 14. 선고 91다36710 판결.
149) 그런데 이 사건의 경우 오진은 그 자체만으로 의료과실에 해당하고 그 결과 환자는 자궁을 적출당하는 결과에 이르렀으므로 이에 대한 불법행위책임은 그대로 인정될 수 있음에도 굳이 설명의무 위반으로 인한 자기결정권 침해로 판시한 것에는 의문이 든다. ; 석희태, 오진과 자기결정권침해의 효과 — 자궁외임신을 자궁근종으로 진단하여 자궁적출을 한 경우의 의사의 책임에 관한 판례, 판례월보 제287호, 1992. 4. 19면.
150) 대법원 1999. 6. 11. 선고 99다3709 판결.

3) 자간전증을 진단하지 못한 사건[151][152]

대법원은 "피고 의원 소속의 산부인과 의사인 피고 2가 산모인 원고가 예정내원일보다 앞당겨 단기간에 2회에 걸쳐 내원하여 심한 부종 등을 호소하면서 임신중독증을 염려하는 것을 들었으면 혈압 및 체중측정은 물론이고 뇨단백검사를 하여 위 원고와 같은 임신 후반기의 산모에게 발생할 가능성이 높은 임신성 고혈압 여부에 대한 보다 세심한 진단 및 경과관찰을 하였어야 하였는데 이를 게을리한 채 기본적인 검사인 체중측정과 소변검사조차 시행하지 아니하고서도 별 이상이 없다는 진단을 내린 잘못이 있고, 피고 의원의 원장인 피고 1로서도 위 원고에 대한 검사결과 비록 두통, 복통, 질출혈 등의 증세가 없고 간이 뇨단백검사와 양측하지 압흔검사에서 중한 정도의 결과가 나오지는 않았다고 하더라도, 당시 위 원고가 예정내원일보다 앞당겨서 내원한데다가 심한 부종 등을 호소하고 있었으며, 당일 측정한 체중이 66kg으로서 피고 의원의 진료기록에 의하더라도 한 달 사이에 무려 8kg이나 증가하였고, 혈압이 140/80mmHg로서 임신성 고혈압진단의 경계범주 내에 있었을 뿐 아니라 비교적 단기간에 급격히 상승하는 추세에 있었으므로 위 원고가 호소하는 위 증상과 내원경위, 체중 및 혈압 등의 수치 및 변화상태 등을 종합하면 위 원고의 증세를 자간전증의 위험한 상태로 판단하여 반복적인 검사 등 세심한 경과관찰과 산모 및 태아상태의 돌발적인 변화에 대한 응급처치가 가능할 수 있도록 즉시 입원치료를 하게 하였어야 할 것임에도 앞서 본 피고 2의 부실한 진단결과와 당일 1회의 간단한 검사결과만에 의존하여 저염, 고단백식사만을 권유한 채 만연히 귀가케 한 잘못이 있으며, 이러한 피고 2와 피고 1의 잘못이 경합되어 다음 날 위 원고에게 자간전증으로 인한 태반조기박리라는 응급상황이 발생하여 결국 위 신생아가 사망에 이르게 되는 사고가 발생하였다는 이유로, 피고들은 공동불법행위자로서 이로 말미암아 위 신생아 및 그와 앞서 본 신분관계에 있는 원고들이 입게 된 모든 손해를 배상할 책임이 있다고 판단한 원심은 정당하다."고 판시한 바 있다.

4) 뇌염을 조기진단하지 못한 사건[153]

대법원은 "원고가 피고 병원 응급실 내원 당시와 그 이전에 보였던 증상에서 뇌염의 가능

151) 대법원 2003. 11. 27. 선고 2001다2013 판결.
152) 대법원 2012. 7. 12. 선고 2010다12296 판결 또한 산모의 자간전증을 적기에 진단하지 못하여 산모가 사망에 이른 사건이다. 즉, 대법원은 "망인에게 자간전증의 발생가능성을 의심할 만한 징후가 나타났으므로, 망인의 산전 진찰을 담당한 피고로서는 망인에게 자간전증이 발생할 가능성이 있다는 의심을 가지고 이를 진단하기 위한 기본적 검사인 단백뇨 검사를 시행함과 아울러 집중 관찰을 위하여 적어도 3~4일 간격으로 외래로 방문을 하도록 하는 등 적극적인 조치를 취하였어야 함에도 단지 중증 자간전증의 증상인 두통, 호흡곤란, 시력저하 등의 증상이 나타날 경우 병원에 오라는 지시만 하였을 뿐 별다른 조치를 취하지 아니한 과실이 있다고 판단"한 원심을 수긍할 수 있다고 보았다.
153) 대법원 2018. 11. 15. 선고 2016다244491 판결.

성을 충분히 의심할 수 있었고, 피고 병원 의료진도 당시 원고의 진단명에 뇌수막염 의증과 뇌염 의증을 포함시켰다. 원고의 신경학적 증상이 추체외로증상에서도 볼 수 있는 증상이고 응급실 내원 당시에는 발열이 없었기 때문에 곧바로 뇌염 검사를 하지 않고 추체외로증상을 치료하였다고 하여 주의의무 위반이라고 단정하기는 어려우나, 적어도 발열이 다시 나타난 시기에는 기존 증상을 종합하여 뇌염 가능성을 인지하기에 충분한 상황이었다. 뇌염은 예후가 좋지 않고 응급조치 필요성이 매우 크기 때문에 추체외로증상으로 볼 가능성이 있는 환자라고 하더라도 뇌염 의심 환자에 대해서는 최대한 빨리 뇌척수액 검사 등을 통해 뇌염 여부에 관하여 진단할 필요가 있고, 당시 뇌척수액 검사를 하지 못할 만한 증상이 있었다고 볼 자료도 없다. 피고 병원 의료진이 원고에게 발열 증상이 다시 나타난 위 시기에 뇌염에 대한 감별진단을 실시하였다면 뇌염을 조기에 발견하여 치료할 수 있었을 것이고, 당시는 원고에게 신경학적 증상이 나타난 시간부터 약 6시간 이후로서 조기에 치료가 이루어졌다면 뇌세포 손상을 상당히 줄일 수 있었을 가능성이 높다. 원고는 뇌염에 대한 진단과 치료가 이루어지지 않는 동안 뇌세포의 손상이 계속 진행되어 이 사건 장애에 이를 정도로 증상이 악화된 것으로 보인다."고 판단한 원심이 타당하다고 보았다.

④ 과실을 부정한 사례

1) 장천공을 간과하여 사망한 사건[154]

대법원은 "알레르기성 자반병으로 진단된 환자가 복통을 호소하였으나 그 치료 담당의사가 엑스선 촬영결과나 혈액검사결과에 의하여도 뚜렷한 증상이 없어 위 병으로 인한 장천공임을 확인하지 못하고 복부증세만을 관찰하다가 위 환자가 장천공으로 인한 복막염으로 악화되어 수술이 불가능하게 됨으로써 사망하였다 하더라도, 위 자반병으로 인한 장천공은 극히 희소하여 위 증세는 처음에는 극히 미세한 천공에서 시작하여 상당한 시간이 경과된 후에야 비로소 확실하게 진단될 수 있는 상태로 발전하는 관계로 도중에 그 병세를 발견하기가 어려울 뿐만 아니라 더우기 위 병은 출혈성 질환인 이상 수술 시에 상당한 위험이 수반되어 확진 없이는 의학상 수술을 할 수 없음을 비추어 위 의사에게 장천공임을 조기발견하여 적절한 조치를 취하지 아니한 과실이 있다 할 수 없다."고 판시하였다.

2) 대장결핵성 임파선염을 위장질환으로 진단하여 개복한 사건[155]

대법원은 "피고가 원고의 질환에 대하여 문진과 청진 및 촉진을 하고 또 흉곽촬영, 소변, 혈액검사 등의 방법만으로서 진단하고 그 이외의 의학적, 병리학적 방법에 의한 정밀진단은

---

154) 대법원 1976. 3. 9. 선고 76다67 판결.
155) 대법원 1980. 3. 25. 선고 79다2280 판결.

하지 아니한 채 원고의 질환을 위종양이나 위궤양으로 단정하여 개복수술을 한 결과 원고의
질환이 투약방법에 의하여 치료가 가능한 대장결핵성 임파선염으로 판명되어 조직검사에 필
요한 부분을 떼어낸 후, 그대로 봉합수술을 한 사안에서 대장결핵성 임파선염(복강내 결핵)은
그 증상 및 증후가 다양하여 복강경 검사나 방사선상 소견 등 여러 가지 보조적 방법으로 확
진하기가 곤란하여 이에 대한 오진율이 70 내지 95프로에 달하며, 이의 확진방법으로서는 시
험적 개복수술이 널리 행하여지고 있고, 또 그 시험적 개복수술은 그 시술이 비교적 간단 용
이하며, 환자에게 미치는 영향도 경미한 사실 등을 인정할 수 있는 바, 그렇다면 피고가 원고
의 본건 질환에 대한 세밀한 조사를 하지 아니하고 청진촉진, 흉곽촬영 등의 진단방법만으로
서 원고의 본건 질환이 위종양이나 위궤양으로 속단하여 개복수술을 한 것은 경솔한 처사라
고 할 것이나 위와 같이 피고의 개복수술에 의하여 원고의 질환이 확진하기 어려운 대장결핵
성 임파선염으로 판명된 이상 위 개복수술로 인하여 원고에게 어떠한 손해가 발생하였다고는
볼 수 없다."고 보아 피고의 책임을 부정하였다.

(2) 수술상 과실

(가) 일반론

수술은 인체에 대한 직접적인 침습적 행위이고 그 결과 상해를 야기하기 때문에 수술에 있
어서 의사의 주의의무는 수술의 각 단계별로 나누어 볼 수 있다. 수술상의 과실은 환자의 임
상증상에 비추어 수술을 할 것인지 여부에 관한 판단상의 과실, 환자의 질환과 전신상태에 비
추어 가장 적절한 수술방법이 무엇인지 및 언제 수술을 할 것인지에 관한 수술방법 및 시기
선택의 과실, 수술을 시행하는 도중 기술상의 잘못이 개재되어 환자의 인체에 치명적인 손상
을 입히는 기술상의 과실, 봉합시 거즈 등 수술부자재 등을 확인하여 잔류물 존치 및 수술과
관련하여 환자에 대한 경과관찰 해태 등 술후 조치상의 과실 등을 들 수 있다.[156]

대법원[157]은 수술상 과실과 관련하여 수술시기의 판단에 있어서는 환자의 증상·체력 등
에 비추어 객관적으로 하여야 하고, 수술기법에 관하여는 수술 당시의 기술수준에 비추어 하
여야 한다고 요구한 바 있다.

---

156) 이외에 수술에 있어서의 세균의 침입·수술 후의 환자의 관리와 의료조치도 관련문제로 삼을 수 있으나
이에 대해서는 '제4장 제3절 4. 다. (9) 의료기관의 관리상 과실'에서 살펴보도록 한다.
157) 대법원 1983. 5. 24. 선고 82도289 판결.

(나) 구체적 판례

① 수술 여부 및 수술방식 · 시기 선택상 과실

㉮ 과실을 인정한 사례

1) 분만방법 선택상의 과실에 관한 사건[158]

대법원은 "산모인 원고 2가 분만전에 미리 3회나 진찰을 받고 거대아로 인한 난산의 가능성을 알리고 제왕절개에 의한 분만을 요청하는 등 안전분만을 하고자 임산부로서 할 바를 다하였는데 오히려 피고 법인의 병원에서 이를 가볍게 받아들였거나 무시하였고, 또 원심이 인정한 바에 의하면 일반적으로 분만 중 탯줄이 태아의 목에 감기는 경우(제대권락현상)가 생기고 그와 같은 경우는 22.7%(1회 감기는 경우가 20%, 2회가 2.5%, 3회가 0.2%) 가량이나 되며 보통의 경우에는 이와 같은 제대권락현상만으로는 별다른 문제가 생기지 아니한다는 것인 바 이로 미루어 보면, 이 사건에서 가사 제대권락현상이 원고 1의 뇌손상에 기여를 한 바가 있다고 하여도 같은 원고 1이 뇌손상을 입고 두강 내 출혈이 생긴 것은 주로 원고 2에 대한 장시간의 분만지연이나 아두골반불균형 또는 이와 유사한 상태의 경우 피하여야 할 흡인분만시술을 무리하게 계속한 것에 기인한 것"이라고 하여 수술방법의 선택상의 과실을 지적한 바 있다.

2) 제왕절개술 지연 사건 1[159]

대법원은 "질식분만의 시도 중 태아곤란증을 뚜렷하게 시사하는 만기심박동감소 양상이 발생한 경우는 물론, 다양성심박동감소와 같이 그것만으로는 태아곤란증이라고 보기는 어렵더라도 이와 더불어 태아의 심박동수가 시간의 경과에 따라 정상수치보다 훨씬 낮아지고 그 빈도 및 정도가 악화되는 등 태아의 병적인 상태에 대한 의심을 배제할 수 없는 상황이 발생하였다면 분만을 담당하는 의사로서는 즉시 내진을 하여 제대탈출 여부를 확인하고 임신부의 체위변경, 산소 및 수액공급 등의 조치를 취하여야 하고, 만약 그 후에도 태아의 심박동 측정결과가 개선되지 않고 태아곤란증을 시사하는 양상이 나타날 때에는 제왕절개술을 통한 즉각적인 분만을 시도하는 등 산모와 태아의 안전을 위하여 필요한 조치를 신속히 취하여야 할 주의의무가 있는 바, 태아의 심박동 측정결과가 다양성심박동감소 양상을 나타내면서 그 최저점이 정상수치의 절반에도 미치지 못하는 등의 상태가 점점 악화되었음에도 불구하고 피고가 이를 태아의 안전에 별다른 영향이 없는 조기심박동감소로만 판단하여 집중적인 관찰과 처치를 소홀히 하고 나아가 제왕절개술을 결정하고서도 2시간이 넘어서야 시술을 함으로써 필요

---

158) 대법원 1992. 5. 12. 선고 91다23707 판결.
159) 대법원 2006. 10. 27. 선고 2004다2342 판결.

한 조치를 지체한 과실이 있다."고 판단하였다.

3) 제왕절개술 지연 사건 2[160]

대법원은 "피고는 ○○○병원에서 제왕절개수술을 할 수 있는 유일한 산부인과 의사로서, 그날 06:40경 간호사인 박○○과 이○○으로부터 전화로 ○○○가 신속히 제왕절개수술을 받아야 할 상태에 있음을 보고받고도 특별한 사정 없이 한 시간 가량 지체한 07:40경 출발하여 뒤늦게 08:35경에야 병원에 도착한 잘못이 있는 이상, 위와 같은 제왕절개수술의 지연 및 그로 인한 태아의 사망에 대하여 과실책임을 면할 수 없다."고 판시한 바 있다.

㉯ 과실을 부정한 사례

1) 골절 후 수술방법 선택상의 과실에 관한 사건[161]

대법원은 교통사고로 왼쪽다리관절 골절, 좌측경골 개방성복잡골절, 좌측비골 단순골절, 좌측 발뒤꿈치, 발바닥 좌멸창 등의 상해로 입원한 환자에게 상처부위 소독, 항생제 투여후 경비골 정복을 위해 석고붕대로 외고정술의 방법을 취하여 골절된 부분에 돌멩이를 버팀용으로 삽입하고, 손상부위 소독 및 경과관찰을 위해 석고붕대에 창문을 만들어 두었음에도 불구하고 피부조직 괴사증상이 나타나 결국 발목을 절단한 사건에 대하여, "무릇 의사는 진료를 행함에 있어 환자의 상황과 당시의 의료수준 그리고 자기의 전문적인 지식과 경험에 따라 생각할 수 있는 몇 가지의 조치 중에서 적절하다고 판단되는 진료방법을 선택할 수 있다 할 것이고, 그것이 합리적인 재량의 범위를 벗어난 것이 아닌 한 진료의 결과를 놓고, 그중 어느 하나만이 정당하고 이와 다른 조치를 취한 것에 과실이 있다고 말할 수 없는 것이다."라고 하여 의사가 의학적으로 공인된 여러 치료방법 중 어느 하나를 선택하여 치료하였다면 재량의 일탈이 아닌 한 과실로 볼 수 없다고 판시하였다.

2) 뇌출혈에 대한 수술방법 선택상의 과실 사건[162]

대법원은 "甲 병원 의료진이 좌측 중대뇌동맥에 있는 거대뇌동맥류 파열로 뇌출혈이 발생하여 응급실로 내원한 환자 乙에게 3차에 걸친 뇌 CT 촬영, 뇌혈관조영술, 뇌실외배액술 등을 시행한 다음, 출혈 추정 시점으로부터 약 7시간, 응급실 내원 시점으로부터 약 5시간이 지난 후 개두술로 혈종제거와 중대뇌동맥 폐색술을 시행하였으나 乙이 사망한 사안에서, 제반 사정에 비추어 내원 당시 乙 상태가 이미 뇌지주막하출혈 환자에 대한 대표적 평가 방법인 헌트 앤 헤스 등급(Hunt & Hess grade) 분류상 IV 등급이었던 것으로 보이고, 이 경우 의료

160) 대법원 2000. 12. 22. 선고 99다42407 판결.
161) 대법원 1996. 6. 25. 선고 94다13046 판결.
162) 대법원 2012. 6. 14. 선고 2010다95635 판결.

진은 乙의 임상상태, 뇌동맥류 및 뇌출혈 특성, 수술 난이도 등을 고려하여 보존적 치료를 하다가 지연수술을 할 것인지, 조기수술을 할 것인지, 초조기수술을 할 것인지를 선택할 수 있으므로, 甲 병원 의료진의 진료행위가 진료방법 선택에 관한 합리적 범위를 벗어난 것으로 볼 수 없고, 乙의 뇌동맥류 상태에 비추어 높은 사망률을 수반하는 중대뇌동맥 폐색술 대신 뇌혈관우회술이 가능한 상태였다고 단정할 수 없는데도, 甲 병원 의료진에게 가능한 한 빨리 응급 개두술을 통하여 혈종제거와 뇌혈관우회술을 실시하지 않은 과실이 있다고 본 원심판결에 의료과실에 관한 법리오해의 위법이 있다."고 하였다.

3) 조루 등에 대한 치료방법 선택상의 과실 사건163)

대법원은 음경배부신경차단술 당시 알려진 조루의 치료방법, 음경배부신경차단술 및 복합부위통증증후군의 특성 등을 고려하여, 피고가 원고의 조루 증상의 치료방법으로 위 수술을 선택한 것이 합리적인 범위를 벗어난 것이라고 볼 수 없다고 판단하였다.

② 기술상의 과실

㉮ 과실을 인정한 사례

1) 척추전방유합술 후 하지 마비 발생 사건164)

대법원은 "원고 1의 하반신 완전마비증세가 위 소외인의 이 사건 척추전방유합술 시술 직후에 나타난 것으로서 위 수술과 위 증세의 발현 사이에 다른 원인이 개재되었을 가능성은 찾아볼 수 없고 오히려 수술준비과정이나 수술결과로 보아 다소 소홀한 면이 있지 않았나 짐작케 하는 사정들을 엿볼 수 있는 데다가, 나아가 척추전방유합술의 시술과정에서 하반신 마비가 생기는 원인들 중 허혈증으로 인한 경우는 전혀 보고된 사례가 없고 척추신경손상의 둘째, 셋째 및 넷째의 경우에는 위 원고처럼 급작스러운 하반신 완전마비가 오지 아니하는 것이라면, 결국 위 원고의 하반신 마비증세는 위 소외인의 위 수술과정상의 잘못, 그중에서도 척추신경손상의 첫째 경우, 즉 집도의가 부주의로 척추신경을 수술칼로 끊거나 소파술시 수술기구로 신경을 세게 압박한 잘못으로 인하여 초래된 것이라고 추정할 수밖에 없다."고 판시하였다.

2) 무리한 심슨겸자 사용으로 인한 두개내출혈 발생 사건165)

대법원은 "원고 1의 출산 직후 발견된 비정상적으로 큰 두개혈종과 뇌부종 및 두개 내 출혈 등 두부손상은 원고 1의 분만 당시 소외인이 심슨겸자(Simpson forceps)를 이용하여 태아의 두부를 집어 끌어내는 방법으로 분만을 시킬 경우에도 태아의 두부는 아직 발육중으로 약

---

163) 대법원 2013. 4. 26. 선고 2011다29666 판결.
164) 대법원 1993. 7. 27. 선고 92다15031 판결.
165) 대법원 1992. 12. 8. 선고 92다29924 판결.

하고 연하여 분만이라는 특수상황 때문에 약간의 물리적 충격에 의해서도 쉽게 손상될 가능성이 있으므로(충격부위에 따라서는 치명적인 결과가 초래될 수 있다) 이러한 손상이 발생되지 않도록 고도의 주의를 하면서 심슨겸자를 사용해야 할 의무가 있음에도 전문의에게 보고하거나 제왕절개술을 시행하지 않고 흡입기와 교대로 태아의 머리를 집어 끌어냄에 있어서 위와 같은 주의의무를 게을리 한 채 심슨겸자로 태아의 머리를 꽉 집어 무리하게 끌어낸 과실로 그 물리적 충격과 압박에 기인한 것으로 보이고, 원고 2와 태아가 모두 출산 직전까지 극히 정상인 것으로 진단되었을 뿐 아니라 출산 전후를 통하여 달리 뇌성마비의 원인이 될 만한 모체 또는 태아의 감염이나 이상이 있었음을 인정할 자료가 없는 이 사건에 있어서는, 소외인의 무리한 겸자 사용으로 인한 두개내출혈 등이 원고 1의 뇌성마비의 원인이 된 것으로 추정된다.”고 하였다.

3) 척추수술 후 사지부전마비증세 발생 사건166)

대법원은 “원고의 사지부전마비증세가 이 사건 수술 직후에 나타났고, 그 증상에 대한 최종적인 의학적 진단명이 혈류부족으로 인한 제 6 및 제 7 경추부위의 척수위축증으로 밝혀져 그 부위가 이 사건 수술부위와 일치되며, 이 사건 수술 전후를 통하여 원고에게 척수위축으로 인한 하반신마비를 초래할 만한 특별한 원인이나 증상이 관찰되지 아니하고, 나아가 척수위축으로 인한 하반신마비가 생기는 원인들 중 세균감염, 탈수초성 및 혈관성으로 인한 경우에는 각 특유한 전구증상이 나타나는 데도 원고에게는 이러한 전구증상이 없었으므로 외상성 또는 원인불명의 두가지만이 남게 되는 데다가, 신경근동맥이 압박을 받으면 동맥경련 또는 혈전증이 생겨 척수병변을 발생시킬 수 있고, 척수 또는 전면척수동맥이 수술 중 외과적인 원인에 의하여 손상되면 운동마비 감각장애 등의 증상을 일으킬 수 있는 것이라면, 비록 시술상의 잘못 이외의 알 수 없는 원인으로 합병증이 발생하는 확률이 1% 미만으로 알려졌다고 하더라도, 원고의 사지부전마비증세는 피고 2가 시술과정에서 수술기구 등으로 원고의 전면척추동맥 또는 신경근동맥을 과다압박 또는 손상하게 하여 척수혈류장애를 초래하였거나, 또는 원고의 제 6 또는 제 7 경추부위의 척수를 손상시킨 잘못으로 인하여 초래된 것이라고 추정할 수밖에 없다고 할 것이다.”고 판단하였다.

4) 흡입분만 후 태아 사망 사건167)

대법원은 “흡입분만을 시작한 초기까지도 위 원고와 태아가 모두 정상으로 진단되었고, 출산을 전후하여 모체나 태아에 두개내혈종이나 태변흡입증후군을 일으킬 만한 어떤 이상이 있었음을 인정할 자료도 없는 점, 위 병원의 진료기록부에 신생아의 머리에 가변성종괴가 있는

166) 대법원 1995. 3. 10. 선고 94다39567 판결.
167) 대법원 1997. 2. 11. 선고 96다5933 판결.

것으로 기재되어 있고 두개내혈종(추정)과 태변흡입증후군이 진단명으로 기재된 점, 출산시의 아프가스코어가 2－3－4에 불과하여 정상아에 비하여 극히 낮고, 출산시에도 태변흡입증후군을 원인으로 하는 무호흡증이 발생하였으며, 즉시 기관 내 삽관술을 시행하여 태변을 제거하는 조치를 취하고 심폐소생술을 시행하였음에도 4차례의 심정지가 나타나고 출산시간으로부터 불과 6시간 정도 지난 후에 사망할 정도로 태아의 상태가 위중하였던 점, 흡입분만을 시행한 시간이 정상적인 흡입분만에 있어서의 한계치의 상한선에 이르고 있는 점, 이 사건 흡입분만은 산모의 피폐로 인하여 시작되었는데도 태아의 두부에 컵이 잘 부착되지 않거나 부착되었다가 떨어질 정도로 흡입분만의 시행에 어려움이 있었고, 흡입분만이 상당시간 시행된 후에 태아의 심음이 지속적으로 위급한 상태로 낮아졌으며, 상당한 시간 동안 헛되이 흡입분만을 시도하다가 그러한 위급한 상황이 발생하였는데도 불구하고 흡입분만을 계속한 점 등에 비추어 볼 때, 위 신생아의 머리에 생긴 가변성종괴나 두개내혈종은, 흡입분만에 충분한 경험이 없는 위 전공의들이 여러 차례의 흡입분만의 시도가 분만이 전혀 진전되지 아니하여 실패하였음에도 불구하고 아두골반불균형을 전혀 의심하지 못한 채 과도하게 흡입분만을 시도한데다가 흡입분만기를 서투르게 다루면서 태아의 상태를 잘 살피지도 아니한 채 장시간 무리한 힘을 가하여 흡입분만을 시도함으로 인하여 아두골반불균형인 태아의 머리가 산도에 압박되어 두개내에 출혈을 일으켰기 때문에 발생한 것으로 추정되고, 위 두개내출혈로 인한 뇌저산소증으로 태아가 태변을 다량 흡입함으로써 중증의 태변흡입증후군이 발생하였으며, 위 두개내출혈로 인한 혈종과 태변흡입증후군이 원인이 되어 태아 사망의 결과가 발생한 것이라고 추정함이 상당하다."고 하였다.

5) 신장절제술 후 대출혈로 인한 사망 사건[168]

대법원은 "원고의 우측신과 하대정맥의 유착가능성이 높아 신장을 절제함에 있어서 더욱 세심한 주의가 요구되었는데 다량의 혈액이 통과하는 위 하대정맥에 수술시 보통은 발생하지 않는 정도의 커다란 열상이 생겨 대출혈이 일어났고 그로 인한 과다실혈로 급격히 혈압이 저하되어 상당한 시간 동안 뇌에 필요한 산소공급이 되지 못하게 되어 뇌손상이 생겨날 수 있는 상태가 야기된 것은 명백하고, 그러하다면 이는 하대정맥의 열상으로 인한 대출혈에 대응하는 효과적인 지혈조치와 수혈이 적시에 이루어지지 못한 것으로 봄이 상당할 것이고, 기록을 살펴 보아도 원고의 뇌손상이 다른 원인으로 생겨났다고 볼 수 있는 특단의 사정을 찾을 수 없으며, 또 기록상 피고 주장처럼 현대의학으로 위와 같은 열상을 예방하는 방법이 없다거나 위와 같은 출혈이 피할 수 없는 합병증이라거나, 위 원고의 뇌손상이 결핵에 의한 혈관변

---

168) 대법원 1996. 12. 10. 선고 96다28158, 28165 판결.

병이나, 선천적 혈관 이상에 기인한 것이라고 볼 자료가 없고 보면, 위 원고의 뇌손상에 의한 기질성장애와 시각유발전위체계의 기능부전은 위 소외 1등의 이 사건 수술과정에서의 잘못을 비롯한 피고 병원측 의료과실에 기인한 것이라고 추정할 수밖에 없다."고 판시하였다.

6) 복강경 담낭절제술 중 신정맥 손상 및 신장 절제 사건[169]

대법원은 "甲 병원 의료진이 과거 상복부 수술을 시행받은 적이 있는 환자 乙에게 복강경 담낭절제술을 시행하던 중 장기 및 조직의 심한 유착을 발견하고도 개복술로 전환하지 않고 복강경을 통해 유착된 조직을 박리하다가 원인과 부위를 알 수 없는 출혈이 발생하자 비로소 개복술로 전환한 후 신장 부근 정맥 혈관 손상을 발견하고 신장을 절제한 사안에서, 乙의 장기 및 조직의 유착상태가 해부학적 구조를 알기 어려울 정도로 심하였다면 상대적으로 더 섬세한 조작이 가능한 개복술로 전환해야 함에도 복강경에 의한 수술을 계속한 과실로, 반대로 유착상태가 해부학적 구조를 알기 어려울 정도가 아니어서 복강경에 의한 수술이 가능한 상태였다면 의료진이 복강경 수술기구를 과도하게 조작하는 등 과실로, 乙에게 신정맥 손상 및 신장 절제 상태가 발생하였다고 추정하는 것이 타당한데도, 이와 달리 의료진의 과실을 인정하지 않은 원심판결에 의료소송에서 과실의 증명에 관한 법리오해의 위법이 있다."고 판단하였다.

7) 척추수술 후 배뇨·배변 장애가 발생한 사건[170]

대법원은 "甲이 乙 학교법인이 운영하는 병원에 입원하여 후궁절제술, 추간판제거술, 기기고정술, 자가골 이식술을 받았는데 수술 이후 무수축성 방광 및 후장기능의 장애가 남게 되자 의료진의 과실로 인하여 배뇨·배변 장애가 발생하였다고 주장하면서 乙 법인을 상대로 손해배상을 구한 사안에서, 제반 사정에 비추어 갑은 수술과정에서 일어난 직접적인 척수신경 손상이 원인이 되어 배뇨·배변장애에 이르렀고, 수술 직후 나타난 증상에 비추어 신경손상이 의심됨에도 병원에서 이를 방지하기 위한 적절한 검사와 조치를 다하였는지 의문이 있어 배뇨·배변 장애가 의료진의 수술과정 및 수술 직후의 과실에 의한 신경손상으로 초래된 것으로 추정할 수 있는지 살펴보아야 함에도, 수술 전에 있었던 배뇨·배변장애가 수술로 악화되었다는 점 등만으로 의료진의 과실을 추정하기에 부족하다고 판단하여 갑의 주장을 배척한 원심판결에 심리미진의 위법이 있다"고 하여 과실을 인정하는 취지의 판단을 하였다.

8) 눈 부위 성형수술 후 각막열상 발생 사건[171]

대법원은 "甲이 乙이 운영하는 병원에서 두 눈 쌍꺼풀 수술과 코 필러 주입 수술을 받고

169) 대법원 2012. 5. 9. 선고 2010다57787 판결.
170) 대법원 2015. 2. 12. 선고 2012다6851 판결.
171) 대법원 2018. 10. 4. 선고 2018다236296, 236302 판결.

약 2주 후 눈에 통증을 호소하다가, 각막열상으로 인한 각막혼탁 및 외상성 백내장 진단을 받은 사안에서, 갑의 왼쪽 눈에 발생한 각막혼탁과 백내장은 수술 도중 수술도구에 의해 가해진 각막열상 등의 손상으로 인하여 초래된 것으로 추정할 수 있는 개연성이 상당함에도 이와 달리 본 원심판단에 법리오해의 잘못이 있다."고 판단하였다.

9) X선 과다조사(過多照射)로 인한 피부암 유발 사건172)

일본 최고재판소는 "무좀치료를 목적으로 2명의 의사로부터 약 2년 3개월간 전후 44회에 걸쳐서 합계 5,040 X선량의 X선을 좌우 발바닥에 조사했기 때문에 조사부분에 피부암을 발생시킨 사안에 관하여, 최고재판소 판결은, 무좀치료를 위한 X선조사는 근치요법은 아니고 대증요법에 불과하고, 과대한 조사가 암을 포함한 피부장애 발생의 위험을 수반하는 것은 당시의 의학계에서 널리 알려져 있었으며, 상기 X선량의 조사는 피부암 발생의 위험을 수반하지 않는다고 한 X선량을 훨씬 초과하는 것이며, 더구나 담당의사는 다른 의사가 행한 X선조사에 의한 피부장애가 발견되어서 비로소 조사를 중지했다는 등의 사실이 있으면 상기 담당의사에게 업무상의 주의의무를 소홀히 한 과실이 있다."고 하여 배상책임을 인정하였다.

10) 기관지성형 과실 사건173)

위 사건의 원고는 1957. 9. 13.경 왼쪽 기관지 협착의 치료를 받기 위해 피고 병원에 입원하였는 바, 같은 해 12. 3.경 집도의 피고 1은 피고 2 등의 보조를 받아 원고의 왼쪽 기관지 협착에 대한 기관지성형수술을 실시하였다. 위 수술과정에서 원고의 왼쪽 폐동맥이 손상을 입어 수술은 실패하고 왼쪽 폐를 모두 들어내고 말았다. 환자는 수술 전에 폐전적출은 하지 않도록 의사에게 강하게 요망하였다. 일본 최고재판소는 해당 사안에서 "왼쪽 기관지 협착에 대한 기관지성형수술로 환자의 폐동맥에 손상이 생겨 왼쪽폐엽 모두를 들어낸 사안에 있어서, 결핵성기관지 협착은 기관지 주변의 결체자(結締子) 및 임파선에 생긴 염증이 폐동맥에 파급하고 기관지와 폐동맥이 유착함과 동시에 폐동맥의 혈관벽이 약화되는 것이 일상적이며, 집도의사로서는 더욱 더 유착상태 및 혈관벽 약화의 정도에 주의를 기울이는 등 이러한 점을 자세히 검토해 박리의 가부를 판단한 다음에 수술을 진전해야 할 주의의무가 있고, 이를 다하지 않았을 때는 의사에게 과실이 있다."고 하여 원고 승소판결을 하였다.

---

172) 最高判 昭和 44. 2. 6. 判時 547号, 38頁.
173) 最高判 昭和 43. 7. 16. 判時 527号, 51頁.

⑭ 과실을 부정한 사례

1) 복강경하 자궁적출술 후 요관 손상 사건174)

대법원은 "복강경하질식 자궁적출술 및 자궁부속기 제거술을 시행하는 경우 일반적인 합병증으로 요관에 직접적인 손상이나 열에 의한 손상이 따를 수 있고, 골반 내 유착이 심한 때에는 그 가능성이 더욱 증가하는 것으로 보고되고 있음을 알 수 있으므로, 이 사건에서 피고 2가 골반 내 유착이 심한 원고 1에게 위 수술을 시행하는 과정에서 위 원고의 요관이 손상되는 결과가 발생하였다 하더라도 그에 관하여 피고 2에게 과실이 있다고 하기 위하여는 원고 1에게 발생한 요관손상이 복강경하 질식 자궁적출술 과정에서 발생할 수 있는 일반적인 합병증의 범위를 벗어난 것으로 볼 만한 사정이 있다고 인정되어야 할 것"이라고 하면서 원심이 이를 심리하지 아니한 채, 위 피고는 숙련된 전문의로서 요관손상이 발생하지 않도록 할 고도의 주의의무가 있다는 이유로 막연히 위 원고에게 요관손상이 발생한 사실만으로 위 피고의 과실을 인정한 것에 대하여 파기환송한 바 있다.

2) 척추관협착증에 관한 수술 후 뇌경색으로 사망한 사건175)

대법원은 "고혈압의 병력을 가진 환자이지만 입원일부터 수술 직전까지 마취과 의사와의 협의진료를 통하여 혈압이 잘 조절되는 것을 확인하고 전신마취하에 의사가 척추관협착증 등을 치료하기 위한 수술을 시행하였으나 환자가 수술 후 제대로 의식이 돌아오지 못하며 뇌경색 증세를 보인 경우, 의사의 수술상의 과실로 인하여 환자에게 뇌경색이 발생하였다고 추정하기 어렵다."고 하였다.

3) 청신경초종 제거술 중 감염으로 인한 사망 사건176)

대법원은 "청신경초종 제거술을 받은 환자에게 수술중의 감염으로 인한 뇌막염이 발생하였지만 집도의사가 사고 당시 일반적인 의학수준에 비추어 볼 때 수술로 인한 감염을 막기 위하여 필요한 조치를 다하였다고 볼 여지가 있는 반면 환자는 위 감염으로 인한 뇌막염과는 무관하게 원인을 알 수 없는 뇌실내출혈 및 이와 병발한 수두증 등의 합병증으로 사망하였다면, 막연하게 망인에게 수술중의 감염으로 뇌막염이 발생하였다는 사실만 가지고 사망이라는 중한 결과에 대하여 집도의사에게 감염방지의무를 게을리한 과실을 인정할 수 없다."고 하였다.

---

174) 대법원 2008. 3. 27. 선고 2007다76290 판결.
175) 대법원 2002. 8. 23. 선고 2000다37265 판결.
176) 대법원 2003. 11. 27. 선고 2001다20127 판결.

4) 흡입분만 시술과정상 과실을 부정한 사건[177]

대법원은 자연질식분만 도중 흡입분만을 실시하여 분만한 신생아가 분만 후 경막하출혈, 골막하출혈 등으로 사망한 사안에서, "진료기록부 중 흡입분만 기재부분이 다른 부분과 글씨체 등에서 서로 달라 보이나 이는 분만 직후 간호사 등이 망아의 몸무게 등을 먼저 기재하고 의사가 산모 등에 대한 산후처치 후 분만과정에 대한 설명을 추가로 기재했기 때문으로 볼 여지가 충분하고, 흡입분만 기재부분의 내용대로 의사가 흡입분만을 시도할 당시 이미 망아의 머리가 보일 정도로 분만이 진행된 상태였다면 망아의 두정부가 아닌 측두부나 좌측이마에 흡입컵을 부착시키는 것이 오히려 용이하지 않았을 것으로 보일 뿐만 아니라, 설령 망아의 좌측이마 윗부분에 흡입컵을 부착한 사실이 있다 하더라도 그로 인해 경막하출혈 등의 위험이 높아진다고 볼 만한 뚜렷한 자료도 없는 점 등을 고려하면 의사가 흡입분만을 실시하면서 망아의 좌측이마 윗부분에 흡입컵을 부착한 것이 의료상 과실에 해당한다고 보기 어렵고, 나아가 골막하출혈의 경우 자연질식분만에서도 발생할 수 있는 합병증이므로 망아에게 골막하출혈이 있었다는 사정만으로 의사가 흡입컵의 음압과 그 증가속도를 제대로 살피지 아니하여 망아의 머리에 무리한 힘이 가해지도록 한 과실이 있다고 단정하기 어려움에도" 원심이 위 흡입분만 기재부분을 믿을 수 없다고 판단한 후 흡입분만 시술과정에 의사의 과실이 있었고 그 과실과 망아에게 생긴 경막하출혈 등 사이의 인과관계도 추정된다고 단정한 부분을 파기하였다.

5) 안내렌즈삽입수술 후 황반원공 발생 사건[178]

대법원은 "안내렌즈삽입수술은 안구의 앞부분을 절개하여 렌즈를 삽입하는 수술이므로, 수술과정에서 안구의 뒷부분에 있으면서 별다른 문제가 없던 망막에 황반원공을 만들 정도의 심한 충격을 준다고 생각하기는 어려울뿐더러 매우 미세한 충격이 가해져 수정체와 유리체가 약간 앞으로 이동되면서 유리체 파동이 생겨 황반원공이 발생하였다면, 황반원공은 의료과실에 의하여 발생한 것이라기보다 이 사건 안내렌즈삽입수술상 불가피한 것으로 볼 여지가 많다. … 이와 같은 이 사건 안내렌즈삽입수술의 내용, 황반원공의 병태생리, 고도근시 등 피고의 상태 등을 고려할 때, 원심으로서는 원고가 이 사건 안내렌즈삽입수술에서 한 조치 이외에 황반원공의 발생을 방지하기 위한 방법이 있는지 등에 관하여 심리하지도 아니한 채 막연히 원고가 이 사건 안내렌즈삽입수술을 하면서 세심한 주의를 기울이지 않았다는 이유로 과실을 추정할 수는 없다고 할 것이다."라고 하였다.

177) 대법원 2011. 3. 10. 선고 2010다72410 판결.
178) 대법원 2013. 6. 27. 선고 2010다96010, 96027 판결.

6) 신경초종 제거술 후 근위축 증세 발생 사건[179)]

대법원은 "甲이 의사 乙에게서 우측 액와부에 척골신경으로부터 기원하는 양성 종양인 신경초종을 제거하는 수술을 받은 후 우측 손가락에 근위축 증세 등이 나타난 사안에서, 甲이 수술 전에는 우측 상지의 운동 및 감각 기능이 모두 정상이었으나 수술 직후부터 우측 손가락 끝마디의 감각 이상을 호소하였고, 乙이 수술하면서 메젠바움 가위와 전기소작기 등을 사용하였다는 사정들은 甲의 신경 손상에 대한 乙의 의료과실을 추정할 수 있을 정도의 개연성을 갖춘 사정들이라고 보기 어렵고, 신경 손상이 수술과정에서 불가피하게 발생한 것으로 볼 여지가 많거나 의료상의 과실 이외에 甲에게 현재의 근위축 등의 증상을 초래할 다른 원인이 없다고 단정하기 어려운데도, 위와 같은 개연성이 담보되지 않는 사정만으로 乙의 과실 및 인과관계를 추정하여 손해배상책임을 인정한 원심판결에 법리오해 등의 잘못이 있다."고 하여 수술상 과실을 부정하였다.

7) 척추 융합술 및 자가골 이식술 후 하지 마비 등 발생 사건[180)]

대법원은 "원고는 후종인대골화증의 점유율이 높고 1차 수술 전에 이미 척수 손상의 증상과 소견을 보이는 등 후종인대골화증이 상당한 정도 진행한 상태였으므로, 골화된 후종인대 부위와 경막의 유착 정도가 심하였을 가능성이 커 1차 수술 시 골화된 후종인대를 제거하는 과정에서 경막이 손상되어 뇌척수액이 누출되었다고 하더라도 이는 의료과실에 의하여 발생한 것이라기보다 수술 과정에서 불가피하게 발생한 결과라고 볼 여지가 많다. 또한 기록상 경막 손상 및 뇌척수액 누출과 척수 손상 사이의 인과관계에 관한 객관적인 자료가 보이지 않고, 피고 병원의 의료진은 바로 인공 경막과 젤폼 등으로 손상 부위를 복원하는 조치를 하였으므로, 경막 손상과 뇌척수액 누출을 척수 손상의 원인이라고 단정하기도 어렵다. 그리고 전방으로 접근하는 후종인대골화증 수술법이 가지고 있는 척수 손상의 위험성과 특히 흉추부 후종인대골화증 수술 후 척수 손상이 발생할 가능성의 정도, 원고의 수술 전 상태에 의해 예상되는 수술의 예후와 수술을 하지 않는 경우의 예후, 피고 병원의 의료진이 수술에 앞서 원고에게 수술 후 마비가 발생할 가능성에 대해 여러 번 강조하여 설명한 점, 재활치료 등을 통하여 원고의 하지 마비 등 증상이 상당한 정도로 호전되었다가 다시 악화된 점 등에 비추어 보면, 수술이나 경막 복원 과정에서 의료상의 과실 이외에 원고에게 척수 손상을 초래할 다른 원인이 없다고 단정하기는 어렵다고 할 것이다. 이러한 사정들을 앞서 본 법리에 비추어 보면, 원고에게 수술 후 발생한 척수 손상의 결과만을 근거로 막연히 피고 병원 의료진에게 의료상의 과실이 있었다고 추정할 수는 없다."고 하여 과실을 부정하였다.

---

179) 대법원 2015. 2. 26. 선고 2013다27442 판결.
180) 대법원 2015. 10. 15. 선고 2015다21295 판결.

8) 요천추 추간판 수술 후 사정장애 등이 발생한 사건[181]

대법원은 "甲이 乙로부터 전방 경유 요천추 추간판 수술(이하 '전방 경유술'이라 한다)을 받은 후 '사정장애와 역행성 사정'이 영구적으로 계속될 가능성이 높다는 진단을 받은 사안에서, 乙이 전방 경유술을 택한 것이 의사에게 인정되는 합리적 재량의 범위를 벗어난 것이라고 볼 수 없으므로 거기에 주의의무 위반을 인정할 수 없고, 수술 중에 상하복교감신경총이 손상되어 역행성 사정의 후유증이 발생하였다고 보더라도 그것만으로 乙의 의료상 과실을 추정할 수 없을 뿐만 아니라 진료기록감정촉탁 결과 등에 비추어 甲의 상하복교감신경총 손상은 전방 경유술 중 박리 과정에서 불가피하게 발생하는 손상이거나 그로 인한 역행성 사정 등의 장해는 일반적으로 인정되는 합병증으로 볼 여지가 있으므로, 원심으로서는 수술 과정에서 상하복교감신경총 손상과 그로 인하여 영구적인 역행성 사정 등을 초래하는 원인으로 어떤 것이 있는지, 신경손상을 예방하기 위하여 乙에게 요구되는 주의의무의 구체적인 내용은 무엇인지, 乙이 그러한 주의의무를 준수하지 않은 것인지, 손상된 신경의 위치나 크기에 비추어 육안으로 이를 확인할 수 있는지, 乙이 주의의무를 준수하였다면 신경손상을 예방할 수 있는지 등을 살펴, 신경손상과 그로 인한 역행성 사정 등의 결과가 수술 과정에서 일반적으로 인정되는 합병증의 범위를 벗어나 乙의 의료상 과실을 추정할 수 있는지를 판단했어야 하는데도, 이러한 사정을 심리하지 않고 乙의 의료상 과실을 인정한 원심판결에 법리오해 등의 잘못이 있다."고 판단하였다.

③ 수술 후 조치상의 과실

㉮ 과실을 인정한 사례

1) 분만 후 실혈사한 사건[182]

대법원은 "오○○의 사망 원인은 희소한 양수색전증으로 인한 것이라고 보기보다는 일반적인 산모 사망의 주원인을 차지하는 이완성자궁출혈 등에 의한 분만 후 심한 출혈로 봄이 상당하다고 판단하고, 나아가 피고 1은 소외 망 오○○의 수술 후의 상태로 보아 분만수술 후 산후출혈 등 합병증의 가능성을 예견하였거나 예견할 수 있었음에도 불구하고, 그에 대비하여 신선한 혈액을 준비하여 두거나 수술 후 위 오○○의 경과 및 혹시 발생할지도 모르는 합병증에 대비한 관찰과 검사를 태만히 한 채 수술 직후 수련의 등에게 위 오○○에게 이완성자궁출혈 등의 합병증이 일어날 가능성이 있다는 점과 그에 대비하라는 말만 하고서 그 합병증에 대비한 구체적인 지시도 없이 수술 직후 바로 퇴근하여 버림으로써 그 결과 위 오○

181) 대법원 2019. 2. 14. 선고 2017다203763 판결.
182) 대법원 1997. 8. 22. 선고 96다43164 판결.

○의 산후출혈이 신속히 감지되지 못하고, 따라서 위 오○○이 신속하고 적절한 조치 또한 받지 못하여 결국 사망에 이르게 한 과실이 있다고 전제하고, 그렇다면 위 오○○은 피고 1 및 당직 간호원, 의사들의 경합된 과실로 인하여 사망하였다고 판단하였는바, 기록에 비추어 살펴 보면 원심의 사실인정과 판단은 정당하다."고 하였다.

2) 질식분만 후 신생아에게 뇌성마비가 고착된 사건[183]

대법원은 "질식분만 과정에서 태변흡입증후군(의증) 및 저산소성 - 허혈성 뇌손상이 발생하여 신생아에게 이로 인한 뇌성마비가 고착된 사안에서 분만담당의사는 만기태아 심박동감소 등 태아곤란증을 의심할 만한 상황이 생기면 즉시 산모에 대한 산소공급 등 필요한 조치를 취하여 태아의 상태가 호전되는지 여부를 관찰하면서 태아상태가 호전되지 않을 경우에는 응급제왕절개술 등 조기에 태아를 만출시킬 수 있도록 적절한 조치를 취하고 설령 일시적으로 태아의 상태가 호전되었다고 할지라도 지속적으로 태아의 심박동에 이상이 있는지 여부 등을 주의 깊게 관찰함으로써 발생 가능한 이상상황에 대처하여야 할 주의의무를 부담하며, 나아가 태변착색 등으로 태변흡입증후군이 의심되는 경우 담당의사는 신속히 태변을 흡인제거하고 산소를 공급하는 등 필요한 조치를 취하여야 한다."고 판단하였다.

3) 소파수술 후 패혈증 발생 사건[184]

대법원은 "피고 의사 측이 망인에 있어 계류유산으로 인하여 패혈증의 가능성을 예견하였으므로 소파수술 이전에 미리 예방조치로서 항생제를 투여함과 아울러 혈액을 채취하여 패혈증의 감염 여부를 알아보기 위한 기본적인 검사를 하여야 하고, 소파수술 후에도 그 확인된 사체아의 상태에 따라 다시 고단위의 항생제를 투여하는 등의 조치를 취하여야 하며, 소파수술 이후 패혈증에 대비한 관찰 및 검사를 시행하면서 그 증세에 따라 신속한 처치를 하였어야 함에도 불구하고 이러한 조치를 일체 취하지 아니하였을 뿐 아니라, 소파수술 이후 수련의나 간호원들에게도 소외 망인에게 패혈증이 일어날 가능성이 있다는 점과 그에 대비하라는 말만 하였을 뿐 소외인의 상태에 대하여 계속적으로 세심한 관찰을 하고 증상에 따라 신속하고 적절한 처치를 할 것과 그 구체적 방법 등에 대하여 아무런 지시도 하지 않고 그들을 통하여 소외 망인의 상태를 점검하지도 아니하여, 소외 망인의 패혈증에 대비하여 원심판시와 같이 반드시 취하여야 할 여러 조치들이 제대로 이루어질 수 없게 된 결과 그 패혈증의 발생을 신속히 감지하지 못하고, 따라서 신속하고 적절한 조치 또한 취할 수 없도록 하여 소외 망인으로 하여금 패혈증 및 그로 인한 미만성혈액응고장애로 사망하게 한 의료상의 과실이 있다."고 하였다.

---

183) 대법원 2005. 10. 28. 선고 2004다13045 판결.
184) 대법원 1995. 12. 5. 선고 94다57701 판결.

4) 고관절 치환술 후 감염 사건[185]

대법원은 "의사가 환자에 대하여 고관절 치환술을 시행함에 있어 무리한 시술을 함으로써 대퇴골간부골절을 일으키고 수술준비 및 시행과정 또는 수술 후 환부처치 과정에서 세균감염을 예방하기 위한 조치를 소홀히 함으로써 수술부위에 세균이 침투하게 한 과실 등으로 인하여 환자가 수술 뒤에 수술부위의 염증 발생을 의심할 만한 통증을 호소하고 발열상태가 지속되었음에도 불구하고, 의사가 그 원인확인 및 치료를 소홀히 한 과실로 결국 환자에게 기존의 장애 이외에 고관절의 가관절 상태, 좌대퇴골 단축의 장애에 이르게 한 것"이라고 판단하였다.

5) 수술과정상 잔류물을 남긴 사건[186]

대법원은 원고가 초등학교 6학년때에 피고로부터 맹장염으로 인한 충수절제술을 시행받았는 바, 피고가 그 수술 시 지혈 등의 목적으로 사용하였던 거즈를 그 수를 세어 모두 회수하여야 함에도 불구하고 거즈를 그대로 수술부위에 둔 채 봉합함으로 인하여 원고는 복부의 통증과 배에 무엇인가 잡히는 듯한 느낌을 주는 등 이상증상이 발생하였고, 결국 충수절제술 후 상당시간이 흐른 후 복부의 종양의증으로 수술을 하게 된 사안에서 피고의 과실을 인정한 바 있다.

6) 뇌동맥류 결찰술 후 조치 미흡 사건[187]

대법원은 "甲이 뇌동맥류 파열에 따른 뇌지주막하출혈 치료를 위해 乙 병원에 입원하여 뇌동맥류 결찰술을 받고 합병증 관리를 위하여 중환자실에 있다가 방사선학적 뇌혈관연축 상태에서 일반병실로 옮겨졌는데, 그 후 사지가 뻣뻣하게 굳으며 혼수상태에 빠져들었고 자극에도 제대로 반응하지 않는 등 이상증세를 보여 다음 날 두개 감압술 등 수술을 받았으나 식물인간 상태에 이른 사안에서, 乙 병원이 방사선학적 뇌혈관연축 상태를 확인하고서도 칼슘길항제의 투여를 중단하고 甲을 중환자실에서 일반병실로 옮긴 점 및 甲의 이상증세에도 불구하고 즉시 필요한 조치를 취하지 않은 점은 乙 병원의 의료상 과실이고, 이러한 의료상 과실과 甲의 상태 사이에 일련의 의료행위 외에 개재될 만한 다른 원인이 없었으므로 의료상 과실과 현재 甲의 상태 사이의 인과관계도 추정"된다고 판단하였다.

7) 수술 후 호흡부전에 대한 조치 실패 사건[188]

대법원은 "피고 병원 의료진은 이 사건 수술 후 출혈이나 부종으로 인하여 코에 삽관된 기관이 막히는 등 기도폐쇄의 위험성을 고려하여 중환자실 경과 관찰, 환자 호흡곤란 호소 시에

---

185) 대법원 2002. 4. 26. 선고 2000다16237 판결.
186) 대법원 2006. 2. 23. 선고 2005다67193 판결.
187) 대법원 2020. 2. 6. 선고 2017다6726 판결.
188) 대법원 2016. 6. 23. 선고 2015다55397 판결.

는 의사의 청진, 동맥혈가스검사를 실시하고 호흡부전이 발생한 경우 빠른 시간 내에 심폐소
생술을 실시하는 등 적절한 조치를 취하여야 할 주의의무가 있음에도 불구하고, 산소포화도
모니터만을 신뢰하고 환자의 불편 호소를 만연히 수술 후 통증으로 인한 것으로 생각하여 특
별한 조치를 하지 아니하고 호흡부전에 대한 조치도 뒤늦게 취함으로써 환자의 기도 확보 및
호흡 유지에 실패한 과실이 있다고 봄이 상당하다.”고 하였다.

8) 양쪽 팔 부위 리프트와 지방흡입술 후 감염 등 발생 사건189)

대법원은 “이 사건 시술을 시행하면서 피부를 과다 절개하고 긴장상태에서 절개 부위를 봉
합하는 등의 과실을 저질렀고 그에 따라 피고에게 양쪽 겨드랑이 파열과 그로 인한 감염, 오
른쪽 정중신경 손상, 피부 반흔 등의 증상이 발생하였다. 또한 이 사건 시술 이후에도 시술
부위의 파열에 대한 치료를 소홀히 하여 피고의 감염 증상과 그로 인한 신경손상을 악화시켰
다.”고 하여 의료과실을 인정하였다.

㉲ 과실을 부정한 사례-요추 척추후궁절제술 중 메스 조각을 둔 채 봉합한 사건190)

대법원은 “요추 척추후궁절제 수술도중에 수술용 메스가 부러지자 담당의사가 부러진 메
스조각(3×5mm)을 찾아 제거하기 위한 최선의 노력을 다하였으나 찾지 못하여 부러진 메스
조각을 그대로 둔 채 수술부위를 봉합한 경우, 같은 수술과정에서 메스 끝이 부러지는 일이
흔히 있고, 부러진 메스가 쉽게 발견되지 않을 경우 수술과정에서 무리하게 제거하려고 하면
부가적인 손상을 줄 우려가 있어 일단 봉합한 후에 재수술을 통하여 제거하거나 그대로 두는
경우가 있는 점에 비추어 담당의사의 과실을 인정할 수 없다.”고 하였다.

(3) 주사상 과실

(가) 일반론

① 주사상 주의의무

주사는 약제를 혈관 내에 주입함으로써 약효가 신속하여 경구투여보다 빠른 치료효과를
필요로 할 때 사용되는 치료방법이다. 주사는 주사기를 통한 침습을 통하여 체내로 주입되기
때문에 의사는 주사기를 멸균·소독하여야 하고, 주사약제의 성질상 환자에게 알레르기를 일
으킬 수 있을 때에는 사전에 환자에 대하여 알레르기 반응을 시험해 보아야 한다. 그리고 의
사는 어떠한 주사약제가 환자의 질환에 적합한 것인지를 선택하고 정량인지를 확인하여야 하
며, 주사를 주입할 때 주사부위에 이상현상이 없는지와 주사액이 제대로 주입되고 있는지를

---

189) 대법원 2018. 11. 29. 선고 2016다266606, 266613 판결.
190) 대법원 1999. 12. 10. 선고 99도3711 판결.

주시하여야 하고, 주사 후에도 쇼크를 일으킬 가능성을 대비하여 환자에 대한 경과를 관찰하여야 할 의무 등을 부담하게 된다. 대법원은 "주사는 신체에 미치는 영향이 지대하고 또 고도의 주의·기술을 요하는 것이므로 부작용이 날 것에 대비하여 주의 깊은 관찰을 병행하여야 한다."고 판시하였다.[191]

만약 의사 자신이 시주하지 않고 간호사나 간호조무사 등 의료종사원을 사용하여 시주하는 경우 의사는 사전에 주사방법과 주사약의 분량, 주사 후의 조치에 관하여 상세하게 지시·감독하여야 할 의무를 부담하는데,[192] 이는 수직적 분업과도 연계된다.[193] 대법원[194]은 "마취액을 직접 주사하여 척수마취를 시행하는 행위는 약제의 선택이나 용법, 투약 부위, 환자의 체질이나 투약 당시의 신체 상태, 응급상황이 발생할 경우 대처능력 등에 따라 환자의 생명이나 신체에 중대한 영향을 미칠 수 있는 행위로서 고도의 전문적인 지식과 경험을 요하므로 의사만이 할 수 있는 의료행위이고 마취전문 간호사가 할 수 있는 진료 보조행위의 범위를 넘어서는 것"이라고 하여 마취전문 간호사인 피고인의 행위는 무면허 의료행위에 해당한다고 판단하였다.

주사에 의한 사고가 많은 이유는 우선 의료기관에서 의료보험수가가 너무 낮기 때문에 주사를 많이 사용하는 데도 있으며, 한편으로는 환자도 의사에게 진찰을 받는 이상 주사 한 대 정도는 맞고 싶다는 분위기로 인하여 주사의 비율이 높은 경향이 있다.

② 예방접종상의 문제

국가가 전염병의 예방을 위하여 실시하고 있는 사업인 예방접종으로 인하여 악결과가 발생한 경우에 환자 측은 감염병의 예방 및 관리에 관한 법률상 예방접종으로 인한 피해에 대하여 국가보상을 청구할 수 있고,[195] 의사의 과실을 근거로 의사 본인에 대하여 민법상 책임

---

191) 대법원 1975. 12. 9. 선고 75다1028 판결.
192) 이준상, 의료과오에 관한 판례분석, 283－284면.
193) 백경희, "주사행위에서의 의료과실과 책임에 관한 연구－일회용 주사기 등의 재사용으로 인한 감염을 중심으로－", 홍익법학 제17권 제4호, 2016, 352－353면.
194) 대법원 2010. 3. 25. 선고 2008도590 판결.
195) 감염병의 예방 및 관리에 관한 법률 제71조(예방접종 등에 따른 피해의 국가보상) ① 국가는 제24조 및 제25조에 따라 예방접종을 받은 사람 또는 제40조제2항에 따라 생산된 예방·치료 의약품을 투여받은 사람이 그 예방접종 또는 예방·치료 의약품으로 인하여 질병에 걸리거나 장애인이 되거나 사망하였을 때에는 대통령령으로 정하는 기준과 절차에 따라 다음 각 호의 구분에 따른 보상을 하여야 한다.
  1. 질병으로 진료를 받은 사람: 진료비 전액 및 정액 간병비
  2. 장애인이 된 사람: 일시보상금
  3. 사망한 사람: 대통령령으로 정하는 유족에 대한 일시보상금 및 장제비
  ② 제1항에 따라 보상받을 수 있는 질병, 장애 또는 사망은 예방접종약품의 이상이나 예방접종 행위자 및 예방·치료 의약품 투여자 등의 과실 유무에 관계없이 해당 예방접종 또는 예방·치료 의약품을 투여받은 것으로 인하여 발생한 피해로서 질병관리청장이 인정하는 경우로 한다.

을 추궁하는 것 외에 의사가 보건소나 국립병원에 재직 시에는 국가배상법에 따라 국가나 지방자치단체에 대하여 책임을 물을 수 있다.[196]

예방접종상 의사의 과실로는 집단예방접종시 주사기의 연속사용으로 인하여 감염을 야기한 경우나[197] 의사가 예방접종을 할 수 없는 상황에 있는 금기자의 식별을 위한 엄격한 문진의 주의의무를 위반하여 금기자의 식별에 실패함으로써 피접종자에게 부작용 및 합병증 등으로 피해를 일으킨 경우를 들 수 있다. 따라서 예방접종 당시 피접종자의 금기자 해당성 자체가 부정되면 의사의 식별의무·접종회피의무도 없어지므로 의사의 의무위반을 물을 수 있는 여지는 없어지고, 또한 의사가 필요한 예진(豫診)을 다하여도 금기자에 해당한다고 인정되는 사유를 발견할 수가 없었거나 피접종자가 후유장해를 발생하기 쉬운 개인적 소인을 가지고 있었다는 등 특별한 사정이 인정될 경우 의사의 과실은 부정된다.[198]

(나) 구체적 판례

① 주사기 재사용 및 소독 불완전

㉮ 과실을 인정한 사례

1) 주사기 재사용 사건

우리나라 하급심 법원[199]은 "피고인 A는 의사로서, 피고인 B는 간호조무사이자 피고인 A

---

③ 질병관리청장은 제1항에 따른 보상청구가 있은 날부터 120일 이내에 제2항에 따른 질병, 장애 또는 사망에 해당하는지를 결정하여야 한다. 이 경우 미리 위원회의 의견을 들어야 한다.
④ 제1항에 따른 보상의 청구, 제3항에 따른 결정의 방법과 절차 등에 관하여 필요한 사항은 대통령령으로 정한다.
제72조(손해배상청구권과의 관계 등) ① 국가는 예방접종약품의 이상이나 예방접종 행위자, 예방·치료 의약품의 투여자 등 제3자의 고의 또는 과실로 인하여 제71조에 따른 피해보상을 하였을 때에는 보상액의 범위에서 보상을 받은 사람이 제3자에 대하여 가지는 손해배상청구권을 대위한다.
② 예방접종을 받은 자, 예방·치료 의약품을 투여받은 자 또는 제71조제1항제3호에 따른 유족이 제3자로부터 손해배상을 받았을 때에는 국가는 그 배상액의 범위에서 제71조에 따른 보상금을 지급하지 아니하며, 보상금을 잘못 지급하였을 때에는 해당 금액을 국세 징수의 예에 따라 징수할 수 있다.
196) 石橋俊一 執筆, 医療·医薬品に関する国家賠償, 現代裁判法大系 第27巻 国家賠償 初版, 村重慶一 編, 新日本法規, 1998. 11. 134頁.
197) 最高裁判所 第二小法廷 平成 18. 6. 16. 平16(受)672号 判決.
198) 三輪亮寿 執筆, 薬剤の選択及び使用における注意義務, 現代裁判法大系 第7巻 医療過誤, 167-168頁.
199) 서울남부지법 2016. 10. 18. 선고 2016고단2201 판결; 해당 사건은 주사기 재사용으로 인하여 C형 간염이 집단발생한 것으로 사회적으로 문제가 되었다. 이 사건 이후 2016. 5. 29. 의료법 제4조 제6항에 '의료인은 일회용 의료기기(한 번 사용할 목적으로 제작되거나 한 번의 의료행위에서 한 환자에게 사용하여야 하는 의료기기로서 보건복지부령으로 정하는 의료기기를 말한다. 이하 같다)를 한 번 사용한 후 다시 사용하여서는 아니 된다.'는 규정이 신설되었다.

의 업무보조자로서 환자들의 생명과 신체를 보호하고 관리하는 업무를 담당하고 있었으므로, 피고인들은 주사치료행위를 함에 있어서 환자들의 상태를 잘 살피고 1개의 일회용주사기를 1명의 환자에게만 사용하고 폐기하는 등 일회용주사기를 통한 질병의 감염을 미리 방지하여야 할 업무상 주의의무가 있었다. 그럼에도 불구하고, 피고인들은 위와 같은 주의의무를 게을리한 채, 피고인 A는 2008년 5월경부터 환자들마다 새로운 일회용주사기에 혼합 주사액을 넣는 것이 번거롭다는 이유로 1개의 일회용주사기에 2~3명의 환자에게 사용할 혼합 주사액을 넣어 증상이 유사한 환자 2~3명을 상대로 '사이드 주사'를 하면서 1개의 일회용주사기를 여러 환자들에게 재사용하고, 환자들을 상대로 '스크래치 요법'을 시행하면서 1개의 일회용주사기를 여러 환자들에게 재사용하였고, 피고인 B는 피고인 A가 위와 같이 환자 치료를 하면서 일회용주사기를 재사용한다는 사실을 알면서도 피고인 A가 혼합 주사액을 조제하고 환자들에게 '사이드 주사' 및 '스크래치 요법'을 시행하는 과정을 보조하면서 위 병원에 고용된 간호조무사가 일을 하지 못하는 경우 환자들에게 수액 주사를 놓고, 피고인 A가 건강상 이유로 진료를 하지 못할 경우 직접 환자들에게 '사이드 주사'를 하면서 일회용주사기를 재사용하였다. 피고인들은 2015년 4월경 위 병원에서 치료받은 환자 J가, 같은 해 5월경 환자 K가 C형 간염에 감염된 사실을 위 환자들로부터 전해 듣고, 같은 해 9월경 환자 L이 C형 간염에 감염된 사실을 위 병원에서 의뢰한 피검사 결과를 통하여 직접 확인함으로써 위 병원에서 일회용주사기를 재사용하여 치료받은 다른 환자들도 C형 간염에 감염될 위험이 있음을 예견할 수 있었음에도 C형 간염 감염을 방지하기 위한 별다른 조치를 취하지 아니하고 환자들에게 '사이드 주사' 및 '스크래치 요법"을 시행하여 치료하면서 계속해서 일회용주사기를 재사용한 업무상 과실로, 2015. 11. 25. 피해자 M으로 하여금 C형 간염에 감염되게 한 것을 비롯하여, 그 무렵 별지 범죄일람표 기재와 같이 피해자 54명으로 하여금 C형 간염(1a형)에 감염되게 하였다. 이로써 피고인들은 공동하여 위와 같은 업무상 과실로 M 등 피해자 54명으로 하여금 상해를 입게 하였다."고 하여 업무상 과실치상죄를 인정하였다.

2) 주사 후 포도상구균 감염 사건[200]

일본의 판례 중 무통분만을 위하여 척수경막 마취주사를 맞은 바, 포도상구균에 의한 경막외농양 및 압박성척수염에 이환된 사건에서 주사시에 소독 불완전에 의한 세균침입이 있다는 이유로 의사의 과실을 인정한 경우가 있다.

일본 최고재판소는 "포도상구균의 번식에 의한 원고의 경막외농양 및 압박성척수염은 피고가 행한 마취주사에 기인한 것으로 인정되고 이 경우에 포도상구균의 전염경로로는 ① 주

---

200) 最高判 昭和 39. 7. 28. 民集 18卷 6号, 1241頁.

사기기, 시술자의 수지(手指), 환자의 주사부위 등 소독불완전(소독후의 오염 포함), ② 주사약 즉, 증류수나 마취약의 불량 내지 오염, ③ 공기 중에 흩어져 있는 포도상구균이 주사시에 우연히 부착, 침입하는 것(대화 중 침에 섞여서 오염하는 경우도 포함한다) 및 ④ 환자 자신이 보균하고 있다가 그것이 저항력이 약화될 때에 혈행(血行)에 의하여 주사부위로 운반되는 것이 생각되지만, 결국 본건에서는 ② 내지 ④에 의한 전염을 부정하고, ①의 경로에 의하여 포도상구균이 환부에 침입했다고 추인하는 것이 타당하다."라고 판시하였다.

이 사건을 통하여 일본에서는 주사 후 환자에게 감염이 발생한 경우에는 원칙적으로 주사를 놓은 자에게 주의의무 위반이 있다고 하는 경험칙이 이용되고 있다.

3) 주사 후 척수지주막염 발생 사건[201]

우리나라 하급심법원은 "원고 1의 척수지주막염(요추 4번~척추 1번간 : cauda equlna syndrome)으로 인한 하반신마비 및 신경인성 방광, 발기저하, 잔뇨감 등의 증상은 원고에 대한 우측족부 주상골부골에 대한 절제수술 직후에 발생하였고, 진료기록보완감정촉탁 결과에 의하면, 척추마취시 주사바늘로 인한 감염으로 척수지주막염 등의 질병이 발생될 수 있다는 사실이 인정되고, 감염을 방지하기 위하여 통상 마취시에는 마취용 주사바늘을 소독된 것으로 사용하고 시술자는 소독된 장갑을 끼며 환자의 천자부위도 소독한 다음 소독포를 덮고 천자를 시행하는 등 감염에 대비한 조치를 철저히 시행하여야 한다고 하는데, 이 사건 수술 외에 위 원고에게 상기 증상을 유발할 만한 다른 원인은 없었으므로, 원고 1이 입은 위 장애는 위 척추마취 시술시 마취의인 피고 2, 3이 마취용 주사바늘 등의 소독을 소홀히 하는 등의 부주의로 지주막을 손상한 것에 기인하였다."고 추정할 수밖에 없다고 판시한 바 있다.

㉮ 과실을 부정한 사례-주사기 감염으로 급성간부전증 유발을 다툰 사건[202]

하급심 법원은 "망인이 비형간염에 감염되어 있어 간기능이 보통사람보다 저하되어 있었으므로 신체 외부에서 투입되는 세균에 대하여 간세포가 일시에 악화되는 것에 대비하여 주사액 및 주사기구를 취급함에 있어서 철저히 소독하는 등 각별히 주의를 해야 할 의무가 있음에도 이를 게을리하여 동 소외인에게 링겔 주사를 투약함에 있어 간에 충격을 주는 세균, 화학물질 등이 유입되게 한 과실로 급성간부전증이 유발되었다는 원고 측 주장에 대하여 피고가 망인에게 주사한 주사기구 등을 소독하지 아니하여 급성간부전증을 유발시키는 유해세균 등이 유입되었다는 점에 관하여는 이를 입증할 만한 자료가 전혀 없다."고 하여 원고 측의 주장을 배척하였다.

---

201) 인천지법 2006. 11. 1. 선고 2005가합15235 판결.
202) 서울지법 1992. 10. 23. 선고 91가합39028 판결.

② 주사약제의 종류, 투약방법, 양의 과다 여부

㉮ 과실을 인정한 사례

1) 염화카리 혈관주사 후 사망한 사건203)

대법원은 "염화카리(KCL)를 혈관주사함에 있어서 통상 혈관주사는 근육주사에 비하여 인체에 부작용을 일으킬 위험성이 많고 특히 염화카리 주사는 그 주사액의 농도가 초과되거나 일정한 시간에 주입되어야 할 주사액의 일정량이 조금만 초과하여도 심장정지를 일으켜 환자의 생명에 위험을 초래할 우려가 있으므로 위와 같은 시술을 함에 있어서는 먼저 주사하기 전에 환자의 혈액검사를 하여 보충되어야 할 염화카리의 양이 어느 정도인가를 측정한 다음 물 1000씨씨(C.C)당 염화카리 40밀리이큐빌런트를 초과하여 혼합치 않도록 할 뿐만 아니라 매 시간당 염화카리 15밀리이큐빌런트를 초과하여 주입하여서는 아니 된다는 일반적인 기준을 지켜야 할 것이며 나아가 주사속도를 일정하게 유지하기 위하여 사람의 손으로 직접 주입하는 것보다 점적형식의 주사방법을 택하여야 할 것이고 만약 혈액검사 없이 임상에 의하여 염화카리를 주사하는 경우에는 환자의 체내에 이미 염화카리가 보충된 상태에 있는지의 여부도 알 수 없는 데다 환자의 체질에 따라서는 부작용이 수반되는 경우도 일반적으로 예상할 수 있으므로 의사가 직접 주사하거나 입회함으로써 만약의 부작용에 대하여 신속하게 대응 조치하여야 하고 간호원으로 하여금 주사케 하는 경우에는 위와 같은 높은 위험성에 비추어 동인에게 각별히 위와 같은 수칙을 주지시킴으로써 주사의 부작용으로 일어날지 모르는 생명의 위험을 방지할 업무상 주의의무가 있음에도 불구하고 염화카리를 주사하기 전에 환자의 혈액검사를 하여 보충되어야 할 염화카리의 양을 측정하지 않고, 점적형식의 주사방법에 의하지 않고, 의사가 주사하거나 입회하지도 않고 간호원으로 하여금 주사케 하고, 간호원의 주사 중 부작용 반응이 나타났음에도 주사를 중단하지 아니하는 등의 과실로 그 주사부작용으로 인한 심장마비로 환자를 사망케 하였다."고 판단하였다.

2) 주사 도중 이상증세가 발생한 사건204)

대법원은 "의사가 개에게 물린 환자에게 광견병 예방주사인 백신 주사를 함에 있어서는 개를 계속 관찰하여 개의 건강에 이상이 없고 광견병 보유정황이 보이지 아니하고 환자에게 부작용의 증세가 보일 때에는 즉시 이를 중지하여 부작용을 방지할 업무상 주의의무가 있다 할 것인 바, 본건에서 원고를 문 개는 평소 건강하고 광견병 예방접종까지 하여 광견병이 발병할 위함이 없었던 것으로서 원고 측은 피고(의사)에게 이를 알렸고, 원고는 백신 주사를 맞는 도중 주사기에

---

203) 대법원 1981. 6. 23. 선고 81다413 판결.
204) 대법원 1975. 12. 9. 선고 75다1028 판결.

못이겨 열과 두통등의 병세가 생겨 피고에게 호소하였음에도 백신 주사를 계속 실시하여 그 부작용으로 뇌척수염을 발병케 하였음은 위 업무상의 주의의무에 위배한 과실"이라고 한 바 있다.

3) 정맥주사 약물의 확인 없이 주사 후 사망한 사건205)

일본 최고재판소는 간호사가 주치의의 처방전에 따라 환자에게 정맥주사를 함에 있어서 주사액에 첨부되어 있는 표시지를 확인하지 않고 포도당주사액이라고 오진하여 극약인 누뻬루카인을 정맥주사하여 환자를 사망케 한 사건에 대하여 의사의 과실책임을 인정한 바 있다.

㉯ 과실을 부정한 사례-케모포트 삽입술 중 주사바늘로 인한 외상성 혈흉 발생 사건206)

대법원은 "피고인이 이 사건 수술을 중단하지 않았다거나 주사바늘로 쇄골하 부위를 10회 정도 찔렀다는 점을 들어 피고인에게 과실이 있다고 할 수 없고, 이 사건 수술 시행 중 혈관 및 흉막에 손상을 가하여 혈흉을 발생시켰다는 사실만으로 의료행위과정에 과실이 있다고 할 수도 없으며, 혈흉의 치료를 위한 조치를 게을리하였다고 볼 만한 사정도 보이지 아니함에도 불구하고, 원심이 피고인을 유죄로 인정한 조치에는 의사의 주의의무 또는 합병증이 문제될 수 있는 의료사고에 있어서의 과실인정에 관한 법리를 오해하였거나, 그 의료상 과실에 관한 심리를 다하지 아니함으로써 판결결과에 영향을 미친 위법이 있다."고 하여 무죄취지로 판시하였다.

③ 주사 후 경과관찰상 주의의무

㉮ 과실을 인정한 사례

1) 스트렙토마이신 주사 후 응급상황 발생 사건207)

대법원은 "보건소 근무 보건진료원이 결핵환자에게 스트렙토마이신을 주사함에 있어 스트

---

205) 最高判 昭和 28. 12. 22. 刑集 7券 13号 2608頁.
206) 대법원 2008. 8. 11. 선고 2008도3090 판결.
207) 대법원 1990. 1. 23. 선고 87다카2305 판결, 동판결은 두 번이나 대법원의 판단을 받은 매우 이례적인 사건이다. 서울고등법원 1986. 5. 26. 선고 85나3269 판결을 원심으로 한 대법원 1987. 1. 20. 선고 86다카1469 판결에서는 의사와 의료종사원의 주의의무를 구별하여 「의료취약지역에서 보건진료원으로 종사하는 사람에게 '과실'이 있었다고 인정하는 것은 몰라도 일반 의사를 기준으로 한 의학적 지식을 요구하며 '중과실'이 있었다고 인정한 것은 보건진료원을 기준으로 한 일반적인 결과 예견가능성이 있는지의 여부에 관한 심리를 다하지 아니하였거나 의료과실에 관한 법리를 오해함으로써 판결결과에 영향을 미친 잘못을 저질른 것이라고 하지 않을 수 없고 이를 탓하는 논지는 이유있다」고 판시하여 원심을 서울고등법원으로 환송하였다.; 이러한 대법원의 판시사항에 대하여 보건진료원을 기준으로 하여 판단하여야 한다는 점에서 긴급성·시설상황·지역상황·인적상황 등 의료의 여건에 따른 주의의무 경감의 가능성을 시사하는 것이다. 라고 평석을 한 견해로는 석희태, 스트렙토마이신 주사시의 주의의무 판단기준, 법률신문 제1947호, 1990. 6. 이에 환송심인 서울고법 1987. 7. 15. 선고 87나514 판결에서는 위 적시한 바와 같이 스트렙토마이신으로 기인한 쇼크사의 위험성에 비추어 이에 대비하여야 하므로 주사후 안정조치와 용태 관찰 등을 하여야 할 주의의무를 위반함을 이유로 과실을 인정하였고, 대법원은 이러한 원심의 판단이 타당하다고 판시하였다.

렙토마이신은 그로 인한 쇼크사는 매우 드물기는 하지만 이 사건 당시의 의학수준에 비추어 객관적인 견지에서 쇼크사에 대한 인식이 가능했다 할 것이므로 만일에 일어날지 모르는 쇼크에 대비하여 쇼크시에 사용할 에피네프린 등을 준비하는 등 응급처치수단을 강구한 후 주사하여야 하고 특히 주사 후에 쇼크가 발생할 수 있는 시간인 수분 내지 1시간 동안 망인을 안정시키고 그 용태를 관찰하여 쇼크가 나타날 경우에는 위에서 본 기도확보, 약물투여 등의 응급조치를 취할 주의의무가 있다고 할 것임에도 불구하고 앞에서 살펴 본 쇼크방지를 위한 사전의 준비조치 없이 스트렙토마이신을 망인에게 주사하고 주사 후의 안정조치와 용태관찰 등을 게을리하여 망인을 사망에 이르게 방치한 과실이 있다 할 것이며, 스트렙토마이신이 국가결핵관리 체계에서 표준조치로 처방에 포함되어 있다거나 쇼크가 매우 드물다는 것만으로는 이를 주사하는 자에게 앞서 일정한 바와 같은 주의의무가 없다고 볼 수 없으므로 그 직무를 집행함에 당하여 한 위 불법행위로 인하여 망인을 사망케 함으로써 원고들이 입은 손해를 배상할 의무가 있다고 판단하였다. 판례는, 왼쪽 대퇴부의 동통을 제거하기 위하여 '이루가피린' 근육주사를 맞은 후 총비골신경마비의 상해를 입은 사건에 대하여, 간호원이 약물작용을 충분히 인식하지 않았고, 주사방법도 엄수하지 않았으며, 의사 또한 주사방법에 대하여 간호사에게 주의를 환기시키지 않은 과실이 있다."고 하였다.

2) 펜타조신 투여 후 아나피락시스 쇼크가 발생한 사건[208]

대법원은 "환자가 병원에 처음 내원하여 진료를 받을 때 이미 화농성 폐렴 증세를 보이고 있었으나 그 증상이 뚜렷하지 아니하여 이를 위염과 신경증으로 진단하여 그에 대한 처방을 하였고, 그 후 상복부 통증이라는 새로운 증상까지 나타나 다시 병원에 찾아오게 된 경우, 진료의사로는 처음의 진단과는 다른 질환일 가능성에 대한 의심을 갖고 혈액검사, X선 촬영 등 좀 더 정밀한 진단을 하여야 함은 물론 본인이 인턴과정을 마친 일반의사로서 경험이 부족하므로 내과전문의 등의 협조를 얻는 등으로 망인의 정확한 병명을 밝히기 위한 조치를 취하여야 할 것이며, 마약성 진통제인 펜타조신은 환자에 따라 차이가 있기는 하나 과민성이 있는 환자에게는 부작용으로 인한 쇼크나 호흡억제를 일으킬 수 있으므로 투여할 경우에도 사후 세심한 주의와 관찰이 필요함에도 불구하고 만연히 앞서 진단하였던 결과에 따라 별다른 검진도 없이 위염이 악화되어 위경련이 발생한 것으로 보고 펜타조신을 투여한 후에도 안정하도록 하여 부작용이 없는지를 확인하지도 아니한 채 귀가시키는 바람에 위 망인이 펜타조신 투여로 인한 아나피락시스 쇼크(anaphylatic shock, 과민성 쇼크)를 일으켜 사망한 경우 진료의사는 이로 말미암아 발생한 모든 손해를 배상할 책임이 있다."고 한 바 있다.

---

208) 대법원 1997. 5. 9. 선고 97다1815 판결.

3) 페니실린 쇼크사 형사사건209)

대법원은 성홍열 치료를 위해 호스타마이신 40만 단위(페니실린 40만 단위, 스트랩토마이신 0.5그램으로 구성된 항생제임)를 주사맞은 환자가 쇼크사한 사건에 대하여 "초일 페니실린반응 검사후에 호스타마이신 40만 단위를 환자에게 시주하는 의사가 환자의 부(父)로부터 전날 페니실린주사를 맞고 가벼운 발진이 있어서 부작용을 일으킨 것 같다는 말을 들은 경우에는 전날 페니실린 시주후 환자의 증세가 어떠하였는가에 대하여 더 엄밀히 문진 기타 가능한 방법으로 조사를 하고, 전날 주사후 있었다는 발진과 가려움증이 페니실린 부작용이 아니었다는 확실한 진단이 있기 전에는 함부로 동 약제를 시주하는 행위는 이를 삼가하여야 하고 위 주사를 시주할 시에는 시주후 부작용이 있을 것을 상정하고 사전조치를 준비함은 물론 시주한 후에는 의학적으로 기대되는 적절한 사후치료조치를 다할 주의의무가 있다고 할 것인데, 단지 쇼크 처치시설이 갖추어진 도립병원에서 초일 반응검사 후에 항생제를 시주함에 있어서 다시 사전반응검사를 하여야 할 주의의무가 요구된다고 할 수 없다는 이유만으로 곧 의사로서 요구되는 업무상 주의의무를 다하였다고 논단할 수 없다."고 하여, 무죄를 선고한 원심을 파기하였다.

④ 과실을 부정한 사례–척수천자 후 신경마비가 발생한 사건210)

대법원은 "척수천자 시술에서 주사바늘을 한번에 삽입하지 못하였다고 하여 이를 두고 바로 어떠한 주의의무 위반이 있다고 하기는 어렵고, 원심이 인정한 사실만으로는 피고 병원 의료진이 망아에게 척수천자 및 척수강 내 MTX 주입을 시행한 후 3~4시간 누워서 안정을 취하게 하는 한편 이후 뇌척수액 누출을 의심할 만한 별다른 증상을 호소하지 않는 망아를 특별한 조치 없이 귀가하도록 한 조치가 합리적인 재량의 범위를 벗어나는 것이라고 단정하기도 어렵다. 나아가 무균성 뇌막염은 MTX에 의한 다양한 신경증상 중 하나에 불과하므로 무균성 뇌막염의 가능성이 배제된다는 이유로 MTX에 의한 신경독성의 가능성이 배제되는 것이 아니고, 백혈병에 의한 면역력의 저하 등 의료상의 과실 이외에 망아의 사망을 초래할 다른 원인이 없다고 단정하기도 어렵다. 그렇다면, 원심으로서는 MTX에 의하여 척수 및 뇌에 신경독성이 발생한 경우의 임상경과와 뇌척수액에 병균이 감염된 경우의 임상경과 등을 심리하여 망아의 임상경과가 의료상 과실로 인한 것이라고 추정할 수 있을 정도의 개연성을 담보할 사정이 있는지 여부를 판단하여야 할 것이다. 그럼에도 원심은 판시와 같은 개연성이 담보되지 않는 사정만으로 척수천자를 시행함에 있어서 여러 번 주사바늘을 삽입한데다가 그 침습부위

---

209) 대법원 1976. 12. 28. 선고 74도816 판결.
210) 대법원 2009. 12. 10. 선고 2008다22030 판결.

에 대한 압박조치를 제대로 하지 아니한 과실로 인하여 알 수 없는 병균에 감염된 결과로 발현된 신경마비 증상에서 비롯된 것으로 추정하였는 바, 이러한 원심의 판단에는 의료행위에서 주의의무의 판단기준, 의료행위의 재량성 및 의료소송에서 입증책임의 분배에 관한 법리를 오해하여 심리를 다하지 아니함으로써 판결에 영향을 미친 위법이 있다."고 판시하였다.

④ 예방접종상 과실

㉮ 인플루엔자 예방접종 사건211)

도쿄도(東京都)가 개설한 보건소에서 인플루엔자 예방접종을 받은 아동 A가 다음 날 사망하자 도를 상대로 한 손해배상청구사건이 있었다. 아동의 부모는, 망 A는 접종 약 1주일전부터 간질성폐염 및 노포성대소장염에 이환되어 있었음에도 불구하고 의사가 예방접종실시규칙(소화 33. 9. 17. 후생성령 제27호) 제4조 소정의 예진의무를 다하지 아니하여 망 A의 증상을 확인하지 않고 접종한 과실로 사망에 이르게 되었다고 주장하였다.

이에 대하여 일본 최고재판소는, "지방공공단체가 행정지도에 의하여 그 주민에 대하여 예방접종법 제2조 제2항 제10호의 인플루엔자 예방접종을 받을 것을 권장하고, 희망자에게 이를 실시하는 소위 권장접종의 경우에 있어서도 예방접종 실시규칙(이하 실시규칙이라 함) 및 예방접종 실시요령(이하 실시요령이라 함) 등에 예방접종을 받는 자의 생명·신체의 안전을 확보하기 위하여 설정된 제 규정은 이것을 준수하고 예방접종의 실시에 임할 의무가 있다고 해석해야 할 것이다. 인플루엔자 예방접종은 접종대상자의 건강상태, 이환된 질병, 기타 신체적 조건 또는 체질적 소인에 의하여 사망, 뇌염 등 중대한 결과를 초래하는 이상한 부작용을 일으키는 경우도 있을 수 있으므로 이를 실시하는 의사는 위와 같은 위험을 회피하기 위하여 신중히 예진을 행하고 또한 당해 접종대상자에 대하여 접종이 필요하냐 여부를 신중히 판단하여야 한다. 실시규칙 제4조는 예진의 방법으로서 문진·시진·체온측정·청진·타진 등의 방법을 규정하고 있으나, 예방접종을 실시하는 의사에게 위의 방법 모두에 의하여 진단하도록 요구하는 것은 아니고, 특히 집단접종을 할 때는 우선 문진 및 시진을 하고 그 결과 이상을 확인한 경우 또는 접종대상자의 신체적 조건 등에 비추어 필요가 있다고 판단한 경우에는 체온측정·청진·타진 등을 행하면 족하다고 해석하는 것이 타당하다(실시요령 제1의 9항 2호 참조). 따라서 예방접종에 있어서 문진결과는 다른 예진을 더 추가할 것인가에 대한 필요성 여부를 판단하는 데 중요할 뿐 아니라 그 자체가 금기자발견의 기본적이고 중요한 기능을 갖는 것인 바, 문진은 의학적인 전문지식을 결한 일반인을 상대로 이루어지는 것으로 질문의 취지가 정확히 이해되지 않던가 또는 정확한 응답이 되지 않던가, 비전문가적인 잘못

---

211) 最高判 昭和 51. 9. 30. 民集 30券 8号 816頁.

된 판단이 개입하여 불충분한 응답이 되던가 하는 위험성까지도 가지고 있으므로 예방접종을 실시하는 의사는 문진 시 접종대상자 또는 그 보호자를 상대로 단지 개괄적이고 추상적으로 접종 직전에 신체의 건강상태에 대하여 그 이상 유무를 질문하는 것만으로는 부족하고, 금기자를 식별하기에 족할만한 구체적 질문, 즉 실시규칙 제4조 소정의 증상, 질병, 체질적 소인의 유무 및 그들을 외부적으로 나타내는 여러 사유의 유무를 구체적으로 또한 피질문자가 적확한 응답을 가능케 하도록 질문할 의무가 있다. 원래 집단접종은 시간적, 경제적 제약이 있기 때문에 그 질문방법은 모두 의사의 구두질문으로 할 필요는 없고, 질문사항을 서면에 기재하여 접종대상자 또는 그 보호자에게 사전에 그 회답을 작성하게 하는 방법(소위 문진표)이나 질문사항 또는 접종 전에 의사에게 신고해야 할 사항을 예방접종 실시장소에 기재 공시하고, 접종대상자 또는 그 보호자에게 적극적으로 응답, 신고하도록 하는 방법이나 의사를 보조하는 간호사 등에게 질문을 대행시키는 방법 등을 병용하고 의사의 구두질문을 사전에 보조시키는 수단을 강구하는 것은 허용되지만 의사의 구두문진의 적부는 질문내용, 표현, 용어 및 병용된 보조방법의 수단의 종류, 내용, 표현, 용어를 종합적으로 고려하여 판단해야 할 것이다. 이와 같은 방법에 따른 적절한 문진을 다하지 않았기 때문에 접종대상자의 증상, 질병 기타 이상한 신체적 조건 및 체질적 소인을 인식할 수 없어 금기자 식별을 잘못 판단하여 예방접종을 실시한 경우에 예방접종의 이상한 부작용으로 접종대상자가 사망 또는 병에 이환되었으면 담당의사는 예방접종 시 위 결과를 예견할 수 있었는데 과실로 예견하지 못한 것이라고 추정하는 것이 타당하다. 따라서 당해 예방접종의 실시주체이고 또한 위 의사의 사용자인 지방공공단체는 접종대상자 사망 등의 부작용이 현재의 의학수준으로 보아 예견할 수 없었던 점이나 혹은 예방접종으로 사망 등의 결과가 발생한 증례를 의학정보상 알 수 있었다고 하더라도 그 결과발생의 개연성이 현저히 낮고, 의학상 당해 구체적 결과발생을 부정적으로 예측하는 것이 통상이라는 점 또는 당해 접종대상자에 대한 예방접종의 구체적 필요성과 예방접종 위험성의 비교 형량상 접종이 타당하였다는 점(실시규칙 제4조 단서) 등을 입증하지 않는 한 불법행위책임을 면할 수 없다고 해야 할 것이다."라고 하여 의사의 문진의무는 치료금기자(治療禁忌者)를 식별할 만큼 구체적이고 또한 피질문자가 적확한 응답이 가능케 하는 질문이어야 한다고 판시했다.

④ 주사기 재사용으로 인한 B형간염의 집단감염 사건[212]

일본에서는 B형간염에 대하여 국가 주도로 집단예방접종을 실시하면서, 실시기관에 대하여 주사바늘의 교환과 철저한 소독을 요구하였음에도 불구하고 주사기를 연속 사용하고 그

---

212) 最高裁判所 第二小法廷 平成18. 6. 16. 宣告 平16(受)672号 判決.

실태에 대한 감독이 소홀하여 결국 주사기 재사용으로 인한 B형간염이 집단감염된 사건이 발생하였다.

이에 대하여 최고재판소는 "주사 시 주사 바늘뿐만 아니라 주사기를 연속 사용했을 경우에도 바이러스 감염의 위험이 존재한다는 의학지식이 형성되어 있었기 때문에, 피고(국가)는 늦어도 집단적으로 결핵피부반응검사를 시행한 1951년 당시에는 집단 예방접종시에 주사침, 주사기를 연속해서 사용한다면 피접종자 사이에 혈청 간염 바이러스 또는 감염의 우려가 존재한다는 것을 당연하게 예견할 수 있음이 인정된다. … 피고(국가)가 본건 집단 예방접종 등을 실시함에 있어서는 주사기의 바늘이나 통 중 하나를 교환하거나 또는 철저하게 소독하는 것에 주력하여 각 실시기관에 대하여도 이를 지도하여 B형 간염 바이러스 감염을 사전에 방지하여야 할 의무가 존재함에도 불구하고 이를 게을리한 과실이 있다."고 하여 일회용 주사기 등의 연속사용은 주사행위에 있어서 의료과실에 해당한다고 판단하였다.

(4) 마취상 과실

(가) 일반론

마취는 수술을 시행함에 있어 환자의 신체를 고정하고 침습으로 인하여 환자에게 발생할 통증을 배제하기 위하여 부득이하게 수반되는 의료행위로 항상 위험발생의 요소를 내포하고 있는 비생리적인 현상이다. 의사는 마취시 환자의 전신상태 등을 고려하여 적절한 마취제 및 마취방법을 선택하여야 하고, 마취 전 마취약제에 알레르기 반응이 존재하는지 검사를 시행하여야 하며, 마취가 환자에게 제대로 이루어지고 있는지를 환자의 활력징후 및 경련 여부 등을 토대로 감시하여야 하고, 마취를 통한 수술종료 후 환자의 의식 및 신체기능의 회복과 관련된 사후관리에 관한 주의의무를 부담한다.

대법원은 마취환자의 마취회복업무를 담당한 의사로서는 마취환자가 수술 도중 특별한 이상이 있는지를 확인하여 특별한 이상이 있었던 경우에는 보통 환자보다 더욱 감시를 철저히 하고, 또한 마취환자가 의식이 회복되기 전에는 호흡이 정지될 가능성이 적지 않으므로 피해자의 의식이 완전히 회복될 때까지 주의해서 관찰하여야 할 의무를 지닌다고 판시하였다.213)

---

213) 대법원 1994. 4. 26. 선고 92도3283 판결.

(나) 구체적 판례

① 마취방법 선택 및 사전 검사상 주의의무

㉮ 과실을 인정한 사례

1) 마취방법인 삽관법 선택에 과실이 있는 사건214)

대법원은 "마취전문 의사가 좌측상완골 간부분쇄골절에 대한 수술을 위한 전신마취를 시행함에 있어, 환자의 신체가 비대하고 특히 목이 짧고 후두개가 돌출하여 삽관에 장애가 될 수도 있으므로 상기도 검사를 실시하여 삽관 경로의 상태를 관찰하고 여러 가지 삽관법의 장단점과 부작용을 충분히 비교·검토하여 환자에게 가장 적절하고 안전한 삽관법을 선택하여야 하는데도 이를 소홀히 하고 전신마취 후 삽관을 시작하였다가 도중에 후두경을 통하여 후두개의 이상을 발견하고 곡날형 후두경을 통하여 삽관을 시도하다가 실패하자 마침내 삽관튜브를 교체하여 삽관을 시행하였고 그 과정에서 많은 시간이 소요됨으로써 자력으로 호흡이 불가능한 환자에게 산소공급이 일시 중단되거나 정상적인 호흡상태보다 적은 양의 산소가 공급되게 한 잘못이 있다면, 이러한 의사의 과실이 지방심(脂肪心)으로 심폐기능이 원활하지 못한 환자에게 작용함으로써 급성심부전증을 불러 일으켜 환자를 사망하게 한 사실을 추인할 수 있다."고 하였다.

2) 심전도검사 없는 마취과정 중 심정지 발생 사건215)

대법원은 "원고 1의 왼쪽목 뒷부분에 생긴 혹의 제거를 위한 마취과정에 있어 과거 원고 1이 신경성 인두 및 알레르기성 기관지염의 병력과 이 사건 수술부위가 목 뒷부분으로서 환자의 건강상태에 따라 수술과정 중의 자극으로 인한 신경의 반사작용 등의 영향으로 심정지, 호흡정지가 발생할 위험성이 예견되므로, 이러한 경우에 마취를 담당한 위 피고 의사로서는 수술 전 검사로서 구강 내, 특히 치아와 편도선 상태의 시진, 심잡음과 호흡음의 청진, 맥박상태의 촉진과 아울러 교감신경 긴장성의 정도를 파악하기 위한 심전도검사 등을 철저히 시행하여 환자의 특이체질 또는 약제의 부작용 등에 의한 사고발생 가능성을 면밀히 조사하였어야 함에도 이 사건 마취시술 직전 위 원고에 대한 외래검사결과지를 조사하여 심전도검사를 하지 아니한 사실을 발견하고도 수술의 중요성에 비추어 불충분하다고 볼 수밖에 없는 청진기에 의한 심음청진만에 의존하여 별다른 이상이 없을 것으로 판단하고 곧바로 마취를 시작한 점에서 마취시술 전의 검사의무를 소홀히 한 과실이 있을 뿐만 아니라 원고 1에 대한 마

---

214) 대법원 1994. 11. 25. 선고 94다35671 판결.
215) 대법원 1996. 6. 11. 선고 95다41079 판결.

취 도중 환자의 혈압이 떨어지고 원인을 알 수 없는 심정지가 발생하여 응급조치에 의해 상당한 시간이 지난 뒤에야 환자의 혈압이 정상으로 돌아온 사정에 비추어 마취의사인 위 원심 피고와 집도의사인 소외 1은 목 부위의 작은 양성종양의 제거라는 비교적 간단한 수술로서 특별히 수술을 계속하여야 할 급박한 사정이 없는 이 사건 수술을 일단 중단하고 위 심정지의 원인과 그로 인한 후유증 등을 철저히 조사하여 적절한 대처방안을 강구하였어야 하는데도 위 심정지의 원인도 밝혀지지 않은 상태에서 다시 마취 및 수술을 계속한 과실이 있으며, 나아가 수술 이후의 조치에 있어서도 수술 후 5일이나 경과한 후에 비로소 뇌저산소증 및 뇌위축이라는 추정 진단을 하고 다시 3일이 지난 같은 달 20. 뇌파검사를 통해 전반적인 뇌기능 저하로 판명되자 그제서야 대학병원으로 후송하여 치료케 한 것은 환자의 용태 등에 비추어 적절하고 신속한 사후조치를 취한 것으로 보기 어렵다.”고 판시하였다.

3) 전신마취 후 심장 이상에 대하여 추가검사 없이 마취를 강행한 사건216)

대법원은 “피해자에 대하여 1, 2차 수술을 시행하여도 피해자의 심장에 아무런 문제가 없었으며, 심전도검사 결과도 정상으로 나타났고, 병원에 혈관조영술 등 정밀검사를 시행할 설비가 없었다고 하더라도 전신마취 후 심근경색이 재발하면 치사율이 매우 높고, 피해자에게는 당초부터 심근경색이 있다는 의심이 있었으며 이 때문에 심질환을 위한 치료제를 투여하였다면 막상 심전도검사 결과로는 정상으로 나타날 가능성이 있으므로, 척추마취 아닌 전신마취를 실시하는 3차 수술을 시행함에 있어서는 그 수술이 반드시 필요한 것이라고 하더라도 시급히 하여야 할 것이 아닌 이상 다른 병원에 의뢰하여서라도 정밀검사를 거쳐 심장질환 여부를 확인한 다음 하여야 할 것인데도 병원의 마취과 의사는 정밀검사 없이 성급하게 전신마취를 한 것이라 할 것이고, 이를 두고 병원이 현재의 의학수준 및 당시 임상의학분야에서 실천되고 있는 의료행위의 수준에 비추어 필요하고 적절한 진료조치를 다하였다고 볼 수는 없으므로 이는 병원의 의료과실에 해당한다.”고 하였다.

④ 과실을 부정한 사례-손바닥 파열상을 입은 환자를 수술함에 있어 전신마취를 택한 사건217)

대법원은 “의사의 질병 진단의 결과에 과실이 없다고 인정되는 이상 그 요법으로서 어떠한 조치를 취하여야 할 것인가는 의사 스스로 환자의 상황 기타 이에 터잡은 자기의 전문적 지식·경험에 따라 결정하여야 할 것이고 생각할 수 있는 몇 가지의 조치가 의사로서 취할 조치로서 합리적인 것인 한 그 어떤 것을 선택할 것이냐는 당해 의사의 재량의 범위 내에 속하고 반드시 그중 어느 하나만이 정당하고 이와 다른 조치를 취한 것은 모두 과실이 있는 것이라고

---

216) 대법원 1997. 8. 29. 선고 96다46903 판결.
217) 대법원 1999. 3. 26. 선고 98다45379 판결.

할 수 없다. 원심판결 이유를 위와 같은 법리와 기록에 비추어 살펴 보면, 피고 병원 의사들이 이 사건 수술 당시 망인에 대하여 전신마취를 한 것 자체가 의료상의 과실에 해당하고 그 외 이 사건 수술 및 마취 과정에서 피고 병원 의사나 간호사 등의 과실이 개입되었다는 원고들의 주장을 배척한 원심의 조치는 정당한 것으로 수긍이 가고, 거기에 과실책임에 관한 법리를 오해하여 판결 결과에 영향을 미친 위법이 있다고 할 수 없다."고 판단하여 과실을 부정하였다.

② 마취 관리상 과실

㉮ 과실을 인정한 사례

1) 할로탄 마취 후 에피네프린 사용으로 심정지가 발생한 사건[218]

대법원은 "군의가 소속 방위병에 대하여 불완전구순열(언청이) 교정수술을 위하여 할로탄(Halothane)으로 전신마취를 하여 수술 중에 출혈을 적게 하여 좋은 시야를 얻기 위한 방법으로 에피네프린(Epinephrine)을 사용하는 경우에는 심근감작으로 부정맥을 일으킬 수 있으며 심한 경우에는 심정지까지 초래한다는 사실은 빈번히 보고되고 있고 이에 대한 여러 논문들도 있어 이는 의학계에 잘 알려진 사실이므로 할로탄 마취 중 에피네프린 사용 시에는 소량을 국소마취제에 희석하여 혈관이 덜 발달된 곳으로 천천히 투여하는 것이 안전하며, 특히 이 사건의 경우와 같이 혈액순환이 잘 되는 안면부에 투여할 때에는 신중한 태도와 면밀한 관찰이 요구되는 바, 위 군의들로서는 할로탄을 사용하여 마취를 한 위 망인에 대하여 에피네프린을 혈관이 발달된 수술부위인 윗입술에 주사함에 있어 적정량을 잘 혼합하여 주의를 하여 천천히 주사를 하고, 부정맥 또는 심정지의 징후가 있는지 여유를 두고 면밀히 관찰하여 본 다음에 이상이 없음을 확인하고 수술부위의 절개를 시작하여야 함에도 불구하고, 별일 없을 것이라고 가볍게 믿고 주사 후 위 망인의 상태를 잘 살피지 아니한 채 곧바로 수술부위 절개를 시작한 잘못으로 절개 후 뒤늦게 출혈이 매우 적고 혈압이 급강화된 것을 발견하고, 에페드린과 에피네프린을 투여하면서 심장마사지를 하는 등 혈압강화를 위한 응급조치를 취하여 혈압과 맥박이 회복되었으나, 그때 발생한 심정지로 인한 급성폐부종, 요붕증, 저산소성 허혈성 뇌증으로 결국 위 망인이 사망하였다."고 판시하였다.

2) 손가락 절단에 관한 응급 봉합수술 중 마취제 부작용이 발생한 사건[219]

대법원은 "소외인의 '우측 제3수지 원위부 절단상'에 대하여 응급 봉합수술을 결정한 후 마취제 투여 후 소외인에게 안면경련, 호흡정지 등의 주된 증상이 발현되었는 바, 이에 비추어 볼 때 마취제의 3가지 부작용[220] 중 중추신경계에 대한 독성반응으로 인한 것으로 추단되

218) 대법원 1994. 12. 27. 선고 94다35022 판결.
219) 대법원 2006. 8. 25. 선고 2006다20122 판결.

고, 이는 마취제 주사 시의 부주의가 그 원인이 되었다고 봄이 상당하며 이후 소외인은 심한 저혈압 상태 또는 심정지에 가까운 상태가 상당시간 지속되었음에도 불구하고 신속히 기도유지와 환기를 보조하고 혈압상승제와 맥박상승제를 투여하는 등 뇌에 산소가 공급될 수 있도록 필요한 모든 조치를 다하여야 함에도 불구하고 뒤늦게 기도 내 삽관을 통해 산소공급을 한 과실로 인하여 소외인이 저산소성 뇌손상으로 인하여 식물인간 상태에 가까운 상해를 입게 되었다."고 판단한 원심을 정당하다고 보았다.

　㉔ 과실을 부정한 사례-마취 후 심정지가 발생되어 식물인간이 된 사건221)

　하급심 판례는 "피고인 정○○와 위 정○○의 맥박촉진제 시주, 할로탄 투여 중단, 수술시작의 중단, 피고인들과 정형외과 수술팀의 협조 아래 강심제, 응급처치제 등의 시주, 심장 맛사지의 시행 등은 현대의학 수준상 가능한 적절한 시술이었다고 볼 수 있으므로 … 피고인들이 피해자에게 할로탄을 3% 농도로 08:45경부터 09:00경까지 약 15분 동안이나 과다 투여하였고 피해자에 대한 관찰의무를 소홀히 함으로써 환자의 혈압, 맥박 등을 계속 관찰하고 혈압 등이 지나치게 떨어지면 할로탄의 농도를 낮추거나 투여를 중단함으로써 할로탄이 환자에게 과다 투여되지 아니하도록 하는 등 마취사고 발생을 미연에 방지하여야 한다는 마취과정상의 시술 및 관찰에 있어서의 업무상 주의의무를 위반한 과실 있음을 인정할 만한 아무런 증거가 없는 이 사건에 있어서 원심이 피고인들에 대하여 위와 같은 업무상 주의의무를 위반한 과실로 인하여 위 피해자로 하여금 저산소성뇌증으로 식물인간상태에 이르게 하였다고 판단하고 그 판시 각 소위를 업무상과실치상죄로 의율하여 피고인들을 처벌하고 있음은 사실을 그릇 인정하였거나 마취에 의한 의료사고에 있어서의 인과관계와 업무상 주의의무의 법리를 오해함으로써 판결에 영향을 미친 위법을 범한 잘못이 있다."고 하여 무죄를 선고하였다.

　③ 마취 회복상 과실

　㉮ 과실을 인정한 사례

　1) 마취 회복시 저산소성 뇌손상이 발생한 사건222)

　위 사안의 환자는 1990. 8. 27. 피고인이 근무하는 병원 수술실에서 마취된 상태에서 수술

---

220) 국소마취제로 인한 부작용에는 중추신경계에 대한 독성반응과 심혈관계에 대한 독성반응 및 과민반응(알러지성 반응)의 3가지가 있으며, 그 중 ㉮ 중추신경계 독성의 주된 증상은 초기의 이명, 어지러움, 안면 근경련과 흥분기의 강직－간대성 경련 및 말기의 호흡정지와 순환계 허탈 등이고, ㉯ 심혈관계 독성의 증상은 초기의 고혈압과 빈맥, 중기의 심근억제와 저혈압, 말기의 심한 저혈압, 서맥, 순환계 붕괴 등이며, ㉰ 과민반응의 증상은 두드러기, 발진, 저혈압, 호흡곤란, 홍조, 청색증, 빈맥 등이다.
221) 서울형사지법 1992. 6. 3. 선고 91노7702 판결.
222) 대법원 1994. 4. 26. 선고 92도3283 판결.

을 받고, 그날 10:25경 피고인으로부터 마취회복을 위한 처치를 받고 회복실로 이송되었다. 그리고 10:55경 마취담당의사인 공소외 A에 의하여 호흡중단의 생리장애가 발견되어 응급처치를 받았으나, 의식을 회복하지 못하고, 그 해 10. 22. 무산소중 또는 저산소중으로 인한 뇌손상으로 사망하였다. 이에 대하여 대법원은, "마취환자의 마취회복업무를 담당하던 피고인으로서는 마취환자가 수술 도중 특별한 이상이 있었는지를 확인하여 특별한 이상이 있는 경우에는 보통 환자보다 더욱 감시를 철저히 하고, 또는 마취환자가 의식이 회복되기 전에는 호흡이 정지될 가능성이 적지 않으므로 피해자의 의식이 완전히 회복될 때까지 주위에서 관찰하거나, 적어도 환자를 떠날 때는 피해자를 담당하는 간호사를 특정하여 그로 하여금 환자의 상태를 계속 주시하도록 하여 만일 이상이 발생한 경우에는 즉시 응급조치가 가능하도록 할 의무가 있다."고 하여 마취의에게는 환자에게 어떤 이상증세가 일어났는지를 확인하여 회복처치에 참가할 의무가 있다고 판시하였다.

  2) 망막박리유착술을 위한 마취시술 후 회복과정에서 저산소성 뇌손상이 발생한 사건223)

  대법원은 "원고 2의 저산소뇌후유증으로 인한 신경마비증세가 의사의 망막박리유착수술을 위한 전신마취 시술 직후 회복과정에서 나타난 것으로서 위 시술과 위 증세의 발현 사이에 다른 원인이 개재되었을 가능성은 찾아볼 수 없으며, 1차 수술을 받았을 당시에도 전신흡입마취로 인한 이상증세가 전혀 없었고 또 2차 수술 개시 전 마취 적합 여부 판정을 위한 제반검사결과에서 보듯이 당시 호흡기계질환을 앓고 있었던 것도 아닐 뿐더러 수술 전 12년 동안의 병력상 기흉을 유발할 수 있는 특이체질자라고 볼 소인을 발견할 수 없는 점 등에 비추어 보면, 이 같은 기흉이 발생될 수 있는 네 가지의 원인 중 셋째 및 넷째의 경우가 아닌 첫째 내지 둘째의 경우 즉, '과도양압으로 인한 폐포파열 또는 삽관시 식도손상' 등 위 원고의 책임으로 돌릴 수 없는 전신흡입마취 과정에서 적절치 못한 시술이 바로 이 같은 기흉의 유발 및 이로 인한 청색증 내지 피하기종이 초래된 원인이 된 것으로 추정할 수밖에 없다 할 것이며, 한편 위 원고에게 청색증으로 온통 변색이 되고 피하기종으로 온몸이 부어오른 것을 수술 종료 후 33분이 지난 후(회복실에 도착한 후 8분이 지난 시점에서)에 발견한 것은 피고 병원측에 전신마취 시술 후 회복도중에 있는 환자에 대하여 용태관찰을 소홀히 한 잘못이 있었다고 보지 않을 수 없을 뿐 아니라, 위 청색증 발견 후에도 늑막강에 차 있는 공기는 그대로 둔 채 가압식 산소호흡만 시행하다가 12분 후(청색증이 발견된 때로부터) 흉부외과의 상흉부피부절개로 그 안에 차 있던 공기만 유출시켰을 뿐 기흉에 관한 조처가 없다가 27분이 지난 연후에야 이 같은 흉부관삽입술을 시행하는 등 기흉 및 피하기종에 대한 처치가 신속·완전하지 못한 잘못이

---

223) 대법원 1995. 3. 17. 선고 93다41075 판결.

있다고 봄이 상당하다고 하여 피고 병원측의 마취 및 마취 후의 과정상 과실을 인정한 원심
의 조치를 정당하다."고 판단하였다.

ⓑ 과실을 부정한 사례-마취 회복 과정상 의료진의 불성실함을 다툰 사건224)

대법원은 "망아(亡兒)가 피고 병원에서 전신마취 수술을 받은 후 기면 내지 혼미의 의식상
태에 놓여 있다가 사망한 이 사건에서, 망아의 사망은 뇌동정맥 기형이라는 망아의 특이체질
에 기한 급성 소뇌출혈로 인하여 발생한 것으로서 피고 병원 의료진에게 망아의 사망과 상당
인과관계가 있는 과실이 있다고 인정할 수 없지만, 피고 병원 의료진이 망아의 기면 내지 혼
미의 의식상태에 따른 환기 및 산소공급 조치를 제대로 취하지 아니하고 마취과전문의 혹은
수술집도의에게 적절한 보고조치를 취하지 아니하는 등, 전신마취 수술 후 마취 회복기간이
경과하도록 기면 내지 혼미의 의식상태에 놓인 환자에 대한 사후 관리를 함에 있어 충분하고
도 최선의 조치를 다한 것으로 볼 수 없고, 피고 병원 의료진의 위와 같은 불성실한 진료행위
그 자체로 곧바로 불법행위가 성립한다고 판단하여 피고 병원에게 그에 대한 손해배상책임으
로 위자료의 지급을 명하였다. 그러나 앞서 본 법리에 비추어 볼 때, 비록 위와 같은 수술 후
관리소홀의 점에 관한 피고 병원 의료진의 주의의무 위반의 점이 인정된다고 하더라도, 더 나
아가 그러한 주의의무 위반의 정도가 일반인의 수인한도를 넘어설 만큼 현저하게 불성실한
진료를 행한 것으로 평가될 정도에 이르렀음이 입증되지 아니하는 한 피고 병원의 위자료배
상책임을 인정할 수 없다 할 것인데, 이 사건에 있어서 원심이 인정한 사실만으로 피고 병원
에게 불법행위책임을 물을 수 있을 정도로 피고 병원 의료진이 일반인의 수인한도를 넘어서
현저하게 불성실한 진료를 행한 잘못이 있었다고 단정할 만큼 충분한 입증에 이르렀다고 볼
수 있는지 의문이 든다."고 하여 원심을 파기하였다.

(5) 투약상 과실

(가) 일반론

① 투약상 주의의무

의사는 환자에게 약제를 투약함에 있어서도 환자의 질환 및 임상증상을 고려하여 투약하
는 약제가 적합한지 및 그로 인한 부작용을 확인하고, 투약의 시기가 적절한지 판단하여야 하
며, 투약 후 환자의 경과를 관찰하여야 할 의무와 함께 환자에 대하여 당해 약제의 복용방법
에 관하여 지도하여야 할 의무가 있다.225) 복용지도의무의 경우 약품의 투여에 따른 치료상

---

224) 대법원 2006. 9. 28. 선고 2004다61402 판결.
225) 우리나라에서도 의사의 처방 없이 구입할 수 있는 OTC약(over-the-counter drug)이 약국이나 편의

의 위험을 예방하고 치료의 성공을 보장하기 위하여 환자에게 안전을 위한 주의로서 행동지침의 준수를 고지하는 진료상의 설명으로 진료행위의 본질적 구성부분에 해당한다. 이때 요구되는 설명의 내용 및 정도는 비록 그 부작용의 발생가능성이 높지 않다 하더라도 일단 발생하면 그로 인한 중대한 결과를 미연에 방지하기 위하여 필요한 조치가 무엇인지를 환자 스스로 판단, 대처할 수 있도록 환자의 교육정도, 연령, 심신상태 등의 사정에 맞추어 구체적인 정보의 제공과 함께 이를 설명, 지도할 의무가 있다.[226]

대법원은 "피고가 환자에게 투여한 약물의 부작용이나 과민반응에 의한 것이 아니라는 점에 대한 뚜렷한 입증을 못하고 있는 이 사건에서, 이러한 상해는 투여한 약물 등의 부작용이나 과민반응으로 인하여 야기된 것으로 추정하는 것이 합리적이고 환자가 이상증세를 호소함에도 적절하고도 신속한 조치를 취하지 않은 잘못이 인정된다."고 판시한 바 있다.[227]

② 약화사고

약화사고에 대하여 의사의 의료과실은 물론 제약회사의 제조물책임과 약품의 제조허가나 감독기관인 국가의 책임을 같이 고려하여야 한다.

㉮ 의사의 의료과실

의사의 의료과실과 관련하여 하급심인 서울고등법원[228]은 "약사법 제58조는 의약품의 첨부문서를 규정하고 있는데, 첨부문서에는 용법·용량, 그 밖에 사용 또는 취급할 때에 필요한 주의사항 등을 적어야 한다고 되어 있다. 이와 같은 의약품의 첨부문서 기재사항은, 의약품의 위험성(부작용 등)에 관하여 가장 고도의 정보를 보유하고 있는 제조업자 또는 수입판매업자가 환자의 안전을 확보하기 위하여 이를 사용하는 의사 등에게 필요한 정보를 제공하는 것을 목적으로 하는 것이기 때문에 의사가 의약품을 사용할 때 첨부문서에 기재된 사용상 주의사항에 따르지 않아 의료사고가 발생한 경우에는 주의사항에 따르지 않은 점에 관하여 특단의 합리적 이유가 없는 한, 의사의 과실은 추정된다고 보아야 한다."고 판시한 바 있다. 반면 일

점에서 판매되고 있는데, 이와 같은 경우에는 제약회사가 부작용에 대하여 환자에게 직접 경고를 하여야 할 것이다.

226) 대법원 2005. 4. 29. 선고 2004다64067 판결.
227) 대법원 1998. 2. 13. 선고 97다12778 판결.
228) 서울고법 2012. 3. 22. 선고 2010나24017 판결; 알코올 의존증 환자 甲이 乙 병원에 입원하여 치료를 받던 중 사망한 사안에서, 乙 병원 의료진이 의약품 첨부문서(약품설명서)의 주의사항 기재에 따르지 않은 채 甲에게 정맥 투여용으로 허가되지 않은 의약품을 정맥주사한 점, 이후 심전도 감시조치 등 경과관찰을 소홀히 한 점, 위 의약품과 병용 금기인 의약품을 투여한 점 등에 비추어, 乙 병원 의료진의 과실과 甲 사망 사이에 상당인과관계가 인정되고, 乙 병원 의료진이 의약품 첨부문서의 주의사항에 따르지 않은 투약행위를 하면서 환자나 보호자에게 그 이유와 수반되는 부작용, 증가되는 위험 등을 설명하지 아니하였으므로 설명의무위반 책임도 인정된다고 하였다.

본의 하급심 판결229)에서는 이 문제에 관하여 "의사는 일반적으로, 의약품이 공인된 것이면, 그 자체가 안전한 것일지 어떨지 내지 약품설명서 기재의 용법, 용량 등은 적절한 것인가 어떠한가까지 확인할 의무는 없다."고 하여 의사는 약제에 관한 기본적 지식만 습득하면 충분하다는 판시도 있었다.

㉰ 의약품의 제조물책임

의약품의 제조물책임과 관련하여 대법원230)은 "의약품의 결함으로 인한 손해배상책임이 성립하기 위해서는 의약품의 결함 또는 제약회사의 과실과 손해 사이에 인과관계가 있어야 한다. 그런데 의약품 제조과정은 대개 제약회사 내부자만이 알 수 있고, 의약품의 제조행위는 고도의 전문적 지식을 필요로 하는 분야로서 일반인들이 의약품의 결함이나 제약회사의 과실을 완벽하게 증명한다는 것은 극히 어렵다. 따라서 환자인 피해자가 제약회사를 상대로 바이러스에 오염된 혈액제제를 통하여 감염되었다는 것을 손해배상책임의 원인으로 주장하는 경우, 제약회사가 제조한 혈액제제를 투여받기 전에는 감염을 의심할 만한 증상이 없었고, 혈액제제를 투여받은 후 바이러스 감염이 확인되었으며, 혈액제제가 바이러스에 오염되었을 상당한 가능성이 있다는 점을 증명하면, 제약회사가 제조한 혈액제제의 결함 또는 제약회사의 과실과 피해자의 감염 사이의 인과관계를 추정하여 손해배상책임을 지울 수 있도록 증명책임을 완화하는 것이 손해의 공평·타당한 부담을 지도 원리로 하는 손해배상제도의 이념에 부합한다. 여기서 바이러스에 오염되었을 상당한 가능성은, 자연과학적으로 명확한 증명이 없더라도 혈액제제의 사용과 감염의 시간적 근접성, 통계적 관련성, 혈액제제의 제조공정, 해당 바이러스 감염의 의학적 특성, 원료 혈액에 대한 바이러스 진단방법의 정확성의 정도 등 여러 사정을 고려하여 판단할 수 있다. 한편 제약회사는 자신이 제조한 혈액제제에 아무런 결함이 없다는 등 피해자의 감염원인이 자신이 제조한 혈액제제에서 비롯된 것이 아니라는 것을 증명하여 추정을 번복시킬 수 있으나, 단순히 피해자가 감염추정기간 동안 다른 회사가 제조한 혈액제제를 투여받았거나 수혈을 받은 사정이 있었다는 것만으로는 추정이 번복되지 않는다. 이는 피해자가 감염추정기간 동안 투여받은 다른 혈액제제가 바이러스에 오염되었을 가능성이 더 높다거나 투여받은 기간이 더 길다고 하더라도 마찬가지이다."고 판시하여 환자의 증명책임을 완화한바 있다.

㉱ 신약(新藥) 사용문제

약화사고에서 또 하나 문제되는 경우로 신약의 사용문제가 있다. 신약으로 인한 약화사고

229) 金沢地判 昭和 53. 3. 1. 訟月24·2·237, 判時 879号, 26頁 이하에 소개된 北陸スモン 판결의 내용이다.; 三輪亮寿, 전게논문, 163頁에서 재인용.
230) 대법원 2017. 11. 9. 선고 2013다26708, 26715, 26722, 26739 판결; 대법원 2011. 9. 29. 선고 2008다16776 판결.

의 경우, 제약회사와 이를 투여한 의사의 책임이 어떠한가에 관한 것이다. 즉, 의사가 제약회사에서 생산한 신약을 환자에게 사용하였는데 환자가 사망하거나 상해를 입은 경우, 의사나 제약회사의 책임은 어떻게 되느냐가 문제될 것인 바, 이때에는 의사의 신약사용에 관한 주의의무의 정도가 문제된다. 신약이 보건복지부로부터 허가된 제품이라고 하여 의사의 주의의무가 면책되는 것은 아니고, 의사는 사용상의 주의의무(지시)를 주의깊게 연구하고, 과실을 회피해야 하며, 약품 포장지에 인쇄된 문구나 사용상의 주의서에 표시된 신약 성분표를 비판적으로 고려하여 환자 개개인에 대하여 적응을 고려해야 한다. 약품의 외장에 표시된 약효, 용법, 용량을 기계적으로 따라서는 아니 된다. 종래부터 사용하던 다른 약품과 동일한 효능을 갖는가, 부작용은 발생하지 않는가 등을 체크할 의무가 있다. 그러므로 의사에게는 환자에게 신약의 위험가능성을 경고하고, 환자에게 치료방법에 대하여 선택의 여지가 있는 경우에는 충분한 설명을 할 의무가 있다고 해석된다. 의사들은 임상에서 약품에 첨부된 사용설명서 등 문서를 대개는 보지 않고 있는 것이 현실이고 관행화되어 있지만, 이러한 사유에서 의사의 책임을 경감 내지 면제하여서는 아니 될 것이다. 한편 의사의 신약사용에 의한 책임 여하를 불문하고, 제약회사의 책임은 의사와 함께 공동으로 인정되어야 할 것이다. 특히 제약회사의 법적 책임은 '제조(약)물책임'이 논의되고 있는 상황이므로, 의사의 책임보다 더 무거울 것이다. 따라서 제약회사와 의사에게 공동불법행위책임이 인정되어 우선 제약회사가 환자에게 배상을 하여 준 경우, 제약회사는 의사에게 구상권을 행사하게 될 것인데, 이때에는 구상권의 범위를 제한하는 것이 옳을 것이다. 그 이유는 제약회사의 제조약제에 관한 위험책임부담의 비율에서 보면, 의사보다도 제약회사에게 상대적으로 더 중한 책임을 부담시키는 것이 타당하다고 생각되기 때문이다.

(나) 구체적 판례

① 잘못된 약제의 투여

㉮ 과실을 인정한 사례

1) 간질환자에 대한 니조랄 투여 후 사망한 사건[231]

대법원은 "망인이 간질환으로 치료를 받고 있었으나, 망인이 피고 병원에 입원할 당시 그 상태에 비추어 단기간 내에 사망에 이를 것이 예상되는 중증의 질환을 가지고 있었다고 보기는 어려움에도 불구하고 위와 같이 피고 병원에서 입원치료를 받던 중 한달도 못되어 사망에 이르게 되었는 바, 망인의 주치의와 그의 지도·감독을 받으면서 구체적인 치료를 담당한 의

---

231) 대법원 1999. 2. 12. 선고 98다10472 판결.

사로서는 망인에 대한 니조랄 처방 이후 망인이 반복적인 흉통, 발작, 일시적인 혼수상태 등을 나타냈으므로, 이러한 경우 마땅히 그 원인을 규명하여 그것이 니조랄과 관련이 있는 것이라면 투약을 즉각 중단시키고, 니조랄과 관련이 없는 것이라면 심장계통 등의 이상을 의심하여 이에 적절히 대처하는 등 조치를 취하였어야 함에도 불구하고, 아무런 조치도 취하지 아니한 채 만연히 이를 방치하였을 뿐만 아니라, 나아가 위와 같이 반복되는 징후에 따라 예상되는 만약의 긴급사태에 대한 대비 또한 소홀히 한 과실이 있다고 할 것이며, 망인의 사인을 심근경색 등 심장계통의 이상 또는 간기능의 악화 중 그 어느 하나로 단정하기 어려운 점은 있으나, 그 요인들이 복합적으로 작용하여 위 망인이 사망에 이르게 된 것이라고 보는 데에 큰 무리가 없다고 할 것이고, 여기에 의료소송의 특수성 등의 제반사정을 종합해 보면, 피고들의 과실과 망인의 사망 사이에는 인과관계가 있다고 추정하여 이를 인정함이 상당하다고 할 것이라는 원심의 판단에 인과관계의 입증책임에 관한 법리오해의 위법이 없다.”고 하였다.

  2) 고혈압 환자에 대한 적극적 약제 불투여 사건[232]

  대법원은 “고혈압으로 인하여 뇌동맥파열에 의한 지주막하출혈에 관한 1차 수술을 시행받은 환자에 대하여 추가적인 고혈압 약제를 투여하지 않음으로 인하여 2차 뇌출혈이 발생한 사안에서 고혈압이 뇌동맥류 파열의 중요한 위험인자로 알려져 있는데 원고는 뇌동맥파열에 의한 지주막하출혈로 수술을 받은 후 해당 병원의 진료소견서를 갖고 피고 병원 신경외과에 내원한 점, 위 진료소견서에는 원고가 고혈압 증세가 있음이 나타나 있었던 점, 원고와 함께 내원한 원고의 아들이 유○○에게 고혈압이 있음을 이야기하고, 1차 수술 병원에서 처방받은 1회분 약 봉지를 피고 병원 의사에게 교부하기까지 하였음에도 불구하고 원고가 내원하였을 때 혈압을 측정하지 아니하고 뇌동맥경화증 개선을 목적으로 한 니모톱 등의 약만을 처방하여 준 점, 원고는 피고 병원으로부터 고혈압에 대한 적극적인 치료제를 처방받지 못하고 있다가 한참 후에야 원고의 아들이 피고 병원에서 혈압강하제인 테놀민을 처방받았으나 이를 복용하지 못한 채 익일 소뇌출혈을 일으킨 점, 위 소뇌출혈의 주된 원인은 고혈압으로 추정되는 점 등에 비추어 볼 때, 피고 병원 신경외과 의사는 원고가 처음 내원하였을 때 위 진료소견서 및 원고와 그의 아들의 이야기를 통하여 원고의 고혈압에 대한 고지를 받았고, 당시 원고로부터 그가 1차 수술 병원으로부터 처방받은 항고혈압제인 아프로벨이 들어있는 약봉지를 교부받았음에도 불구하고, 원고의 혈압도 측정하지 아니하고 항고혈압제를 처방하여 주지도 않은 과실이 있고, 이로 인하여 결국 원고에게 소뇌출혈이 발생하게 된 것이라고 할 것”이라고 하여 적극적 약제의 불투여에 관한 과실을 인정하였다.

---

232) 대법원 2006. 1. 26. 선고 2005다65296 판결.

④ 과실을 부정한 사례-카나마이신 투여 후 청력상실 발생 사건[233]

대법원은 "원고의 청력상실이 카나마이신 투여에 기인한다고 하여 피고의 불법행위책임을 인정하려면 위 감정과 같은 손해배상청구사건의 일반적 신체감정에 추상적 청력상실원인에 관한 첨기에서 더 나아가 원고의 신체조건과 기왕증(을 제3호증의 4 내지 13 및 을 제4호증의 1, 2의 각 기재와 제1심 증인 박○○의 증언에 의하면 이 사건 전에도 원고에는 청력장애가 있었던 것으로 보여진다)이 사건 치료당시의 원고의 신체조건과 당시의 병세 및 이에 대한 적절한 치료방법 및 항생제를 투여할 필요가 있을 때 그 항생제의 종류와 적정한 투여방법 및 투여량(원심은 17일간 1일 1그램, 합계 17그램을 투여하였다고 확정하였으나 원고가 이를 증명하기 위하여 제출한 갑 제2호증의 기재에 의하더라도 원고에 투여하지 않은 것이 포함되어 있어 17일간 매일 1그램씩 합계 17그램을 투여한 것이라는 원심 인정은 경우에 따라서는 판결결과에 중대한 영향을 미칠 수 있는 채증법칙을 위반하여 증거없이 사실을 그릇 인정한 위법을 저지른 것이다) 나아가서는 이와 같은 치료의 부작용으로서 제8 뇌신경마비로 인한 영구난청증세를 초래할 수 있는지 그 인과관계와 원고의 구체적인 경우를 심리판단하였어야 할 것이며 카나마이신의 일반적 설명서와 불법행위로 인한 신체장애에 대한 손해배상청구사건에 있어서의 피해자의 현증노동력상실 정도를 밝히는 일반적 신체감정에 난청을 일으키는 일반적 원인과 항생제 투여로 인한 난청에 관한 일반적 기술 등에 원고 박○○은 이 사건 이전에는 그 청력에 아무 이상도 없었다는 증인 등의 확인서 또는 그 증언 등을 보태어 카나마이신의 투여 이외에 다른 청력장애를 일으킬 만한 원인이 없었다는 사실만으로 원고가 피고의 적절하지 못한 카나마이신 투여로 제8 뇌신경마비로 인한 영구난청이 되었다고 판시한 조치에는 심리미진과 채증법칙을 위반하여 사실을 그릇 인정하고 그 이유를 갖추지 못한 위법이 있다."고 하여 원심을 파기환송하였다.

② 복약지도상의 과실-결핵약인 에탐부톨 투여 후 시각이상이 발생한 사건[234]

대법원은 "시각이상 등 그 복용 과정에 전형적으로 나타나는 중대한 부작용을 초래할 우려가 있는 에탐부톨이라는 약품을 투여함에 있어서 그러한 부작용의 발생 가능성 및 그 경우 증상의 악화를 막거나 원상으로 회복시키는 데에 필요한 조치사항에 관하여 환자에게 고지하는 것은 약품의 투여에 따른 치료상의 위험을 예방하고 치료의 성공을 보장하기 위하여 환자에게 안전을 위한 주의로서의 행동지침의 준수를 고지하는 진료상의 설명의무로서 진료행위의 본질적 구성부분에 해당한다 할 것이고, 이때 요구되는 설명의 내용 및 정도는, 비록 그 부작용의 발생가능성이 높지 않다 하더라도 일단 발생하면 그로 인한 중대한 결과를 미연에

---

233) 대법원 1985. 8. 13. 선고 85다카372 판결.
234) 대법원 2005. 4. 29. 선고 2004다64067 판결.

방지하기 위하여 필요한 조치가 무엇인지를 환자 스스로 판단, 대처할 수 있도록 환자의 교육정도, 연령, 심신상태 등의 사정에 맞추어 구체적인 정보의 제공과 함께 이를 설명, 지도할 의무가 있다고 하면서 결핵약인 '에탐부톨'이 시력약화 등 중대한 부작용을 초래할 우려가 있는이상 이를 투약함에 있어서 그 투약업무를 담당한 보건진료원 등은 위와 같은 부작용의 발생가능성 및 구체적 증상과 대처방안을 환자에게 설명하여 줄 의료상의 주의의무가 있고, 그 설명은 추상적인 주의사항의 고지나 약품설명서에 부작용에 관한 일반적 주의사항이 기재되어있다는 것만으로는 불충분하고 환자가 부작용의 증세를 자각하는 즉시 복용을 중단하고 보건소에 나와 상담하는 조치를 취할 수 있도록 구체적으로 이루어져야 한다."고 하였다.

③ 투약시기 선택상의 과실-리팜핀에 대한 과민반응 환자에게 재투약 후 사망한 사건[235]

대법원은 "망인에게 발생한 무과립구증, 약제열 등의 부작용도 망인의 체질적 소인으로 인한 리팜핀에 대한 과민반응으로 인하여 발생한 것으로 보이므로 성급하게 재투약을 결정한과실이 없었더라면 리팜핀의 재투약을 피할 수 있었을 것으로 보인다는 점에 비추어 보면 피고로서는 소외인이 리팜핀에 과민반응하는 특이체질이 있다는 점을 예견할 수 있었고, 피고의과실과 소외인의 사망 사이에 상당인과관계가 있다고 인정할 수 있다고 하여 약제부작용으로약제복용을 중단하였다가 재투약하는 과정에서 재투약시기의 선택에 과실이 있는 경우, 환자에게 특이체질이 있다 하더라도 이를 예견가능하였다면 사망과 원인약제의 투여 사이에 인과관계가 인정된다."고 한 바 있다.

(6) 수혈상 과실

(가) 일반론

① 수혈 시 의사의 주의의무

외상이나 수술로 인하여 환자에게 급작스럽게 다량의 출혈이 발생한 상황에서 구명을 위하여 부득이 타인의 혈액을 환자에게 투여할 필요성이 있을 경우 수혈이 실시된다. 수혈은 타인의 혈액을 환자에게 주입하는 것이므로 의사는 수혈에 사용될 혈액이 수술 전 미리 환자의혈액형과 합치하는지 및 필요한 혈액을 사전에 준비하고 환자에게 여러 가지 특이한 위험이발현될 수 있다는 점을 설명하여야 하며, 수혈시에도 적절한 방법으로 시행하여야 한다. 또의사는 수술 중과 수술 후에는 환자에게 수혈의 부작용인 범발성 혈액응고장애 등이 발현되는지 및 추가적으로 수혈이 필요한지 등 충분한 경과관찰을 하여야 하는 등의 주의의무가 필요하다.[236]

---

235) 대법원 2007. 7. 26. 선고 2005다64774 판결.

대법원237)은 "의사가 환자에게 일반적으로 널리 사용되는 투약 또는 치료방법을 사용할 때와는 달라서 흔히 부작용을 일으키는 수가 있는 수혈을 함에 있어서는 혈액형의 일치 여부는 물론 수혈용 혈액의 완전성 여부를 인정하고 수혈도중에 있어서도 처음에는 의사가 직접 입회하여 극소량으로부터 서서히 사용하는 등 세심한 주의를 하여 환자의 반응을 감시하여 부작용이 있는가 여부를 인정하는 등 조치를 하고 불의의 위험에 대한 임기응변의 조치를 취할 준비를 갖추는 등의 업무상의 주의의무가 있다."고 보아 수혈상의 주의의무를 판시한 바 있다.

② 채혈 및 관리상 주의의무

의사의 수혈과 관련된 의무의 사전단계로 건강한 혈액이 공급되어야 함은 당연하다. 따라서 혈액을 채혈하거나 관리함에 있어서 혈액공급자가 감염원이 아닌지 확인하여야 할 의무가 있다. 이러한 직무를 담당하는 자는 혈액공급자에 대하여 감염의 위험의 유무를 추지하는 데에 충분한 사항을 문의하고 검사를 시행하여야 하며, 사정이 허락하는 한 그러한 위험이 없다고 인정되는 혈액공급자로부터 채혈을 하여야 한다.238)

수혈용 혈액에 있어 완전하게 바이러스 등의 침입을 막을 수 없는 한편, 생명을 구하기 위해서는 그것을 사용하지 않을 수 없는 사정은 현대 임상의학의 한계이다. 예컨대 수혈용 혈액에 C형 간염 바이러스가 감염되어 있는 경우 최고수준의 기술에 의하더라도 C형 간염 바이러스 등의 부작용 위험성을 완전하게 배제할 수는 없기에 제조물책임법상 수혈용 혈액 제품의 결함유무가 개발위험의 항변과 연관되는 경우도 있다.239)

(나) 구체적 판례

① 혈액 준비 소홀의 과실-응급 제왕절개술 후 출혈로 사망한 사건240)

대법원은 산모가 태반조기박리로 응급 제왕절개술을 한 후 출혈로 사망한 사안에서 "피고인이 산모인 피해자의 태반조기박리에 대한 대응조치로서 응급 제왕절개 수술을 시행하기로 결정하였다면 이러한 경우에는 적어도 제왕절개 수술 시행 결정과 아울러 산모에게 수혈을

236) C.Katzenmeier, Haftung für HIV-kontaminierte Blutprodukte, NJW 2005 Heft 47, S.3392 -S.3393.
237) 대법원 1964. 6. 2. 선고 63다804 판결.
238) 최근에도 대한적십자사의 헌혈 현황에 있어 기형아를 유발할 수 있는 '메토트렉사이드', '면역글로블린', '로감', '아시트레딘' 성분의 약물 등 채혈금지자의 혈액이 2008년 기준 2990건 채혈되어 의료기관에 공급되어 대한적십자사의 혈액 관리에 있어 주의의무 위반이 존재함이 재확인된 바 있다.; 2008. 10. 5.자 국민일보 기사, 「부적합 혈액 올 2990건 의료기관 공급-기형아 유발 우려」.
239) 本田純一 執筆, 開発危険の抗弁, 現代裁判法大系 第8卷 製造物責任, 升田純 編, 新日本法規 1998. 10. 269-270頁.
240) 대법원 2000. 1. 14. 선고 99도3621 판결.

할 필요가 있을 것이라고 예상되는 특별한 사정이 있어 미리 혈액을 준비하여야 할 업무상 주의의무가 있다고 보아야 할 것이므로, 피고인이 그러한 수술결정과 아울러 피해자에 대한 수혈의 필요성에 대비하여 수술 도중이나 수술 후에라도 가능한 빠른 시기에 혈액을 공급받기 위한 조치를 전혀 취하지 아니한 과실로 인하여 수혈시기를 놓치게 하여 피해자가 사망하였다."고 하여 수혈의무 위반으로 인한 업무상 과실치사의 유죄를 인정한 바 있다.

② 혈액 관리상 과실

㉮ 수혈매독 사건[241]

일본 최고재판소는 "헌혈자가 직업적 헌혈(매혈)로 혈액반응 음성검사 증명서를 지참하고, 건강진단 및 혈액검사를 거친 것을 증명하는 혈액알선소의 회원증을 소지하고 있는 경우에는 의사가 매혈자에 대하여 매독감염의 위험 유무에 대하여 문진을 생략하고 있는 의료관행에 따라서 충분한 문진을 하지 않고 매혈자의 혈액을 채혈하여 환자에게 수혈한 결과 환자가 매독에 이환된 사건이 있었다. 일본 최고재판소는 불법행위구성을 취한 다음 의사가 위와 같이 의료관행에 따른 것만으로는 면책되지 않는다."고 판시하였다. 이 사건은 당시의 의사 세계의 관행 자체에 법적인 비판을 가한 점에 주목되었다.

㉯ 헌혈 시의 주의의무[242]

대법원은 질식자궁적출술과 관련하여 가두헌혈 행사로 모집한 수혈을 받은 후 에이즈 바이러스에 감염된 사안에서 혈액을 관리하는 대한적십자사의 경우 "에이즈 감염 위험군으로부터의 헌혈이 배제될 수 있도록 헌혈의 대상을 비교적 건강한 혈액을 가졌다고 생각되는 집단으로 한정하고, 헌혈자가 에이즈 바이러스에 감염되어 있을 위험이 높은 자인지를 판별하여 그러한 자에 대하여는 스스로 헌혈을 포기하도록 유도하기 위하여 그의 직업과 생활관계, 건강 상태 등을 조사하고 필요한 설명과 문진을 하는 등 가두헌혈의 대상이나 방법을 개선하여야 할 의무가 있음에도 불구하고, 에이즈 감염 위험군을 헌혈 대상에서 제외하기는커녕, 오히려 헌혈시 에이즈 바이러스 감염 여부의 검사를 무료로 해준다고 홍보함으로써 에이즈 감염 위험자들이 헌혈을 에이즈 바이러스 감염 여부를 확인할 기회로 이용하도록 조장하였을 뿐만 아니라, 에이즈 바이러스 감염자로부터 헌혈받을 당시 헌혈자의 직업이나 생활관계 등에 대하여는 아무런 조사를 하지 아니하고 에이즈 감염 여부에 대하여는 설문사항에 포함시키지도 아니하였으며 전혀 문진을 하지 아니하여 동성연애자인 위 감염자의 헌혈을 무방비 상태에서 허용함으로써 감염자가 헌혈한 혈액을 수혈받은 피해자로 하여금 에이즈 바이러스에 감염되

---

241) 最高判 昭和 36. 2. 16. 民集 15券 2号, 244頁.
242) 대법원 1998. 2. 13. 선고 96다7854 판결.

게 하였다는 이유로 혈액원의 업무를 수행하는 자로서의 주의의무를 다하지 아니한 과실이 있다."고 하면서 동시에 의사에 대하여도 "수혈에 의한 에이즈 바이러스의 감염은 수혈행위에 전형적으로 발생하는 위험이고, 그로 인하여 에이즈 바이러스에 감염되는 경우 현대의학으로는 치료방법이 없어 결국 사망에 이르게 되는 것으로서 그 피해는 회복할 수 없는 중대한 것인 데다가 의학적으로 문외한인 환자로서는 예상할 수 없는 의외의 것이므로, 위험 발생가능성의 희소성에도 불구하고 의사들의 설명의무가 면제될 수 없다고 보아야 하고, 수술 후 수술 중의 출혈로 인하여 수혈하는 경우에는 수혈로 인한 에이즈 바이러스 감염 위험은 당해 수술과는 별개의 수혈 그 자체에 특유한 위험으로서 당해 수술 자체로 인한 위험 못지 아니하게 중대한 것이므로 의사는 환자에게 그 수술에 대한 설명, 동의와는 별개로 수혈로 인한 위험 등을 설명하여야 한다."고 판시하였다.

(7) 전원상 과실

(가) 일반론

① 전원 시 주의의무

의사가 지니는 환자의 건강과 안전에 대한 주의의무는 단순히 진단 내지 수술단계에서 그치는 것이 아니라 그 후의 환자가 회복을 하기까지 사후적 관리와 경과관찰이 필요하고, 만약 수술 후 환자의 상태가 불량한 경우에는 타전문의나 타의료기관으로의 전동조치 등이 필요하다. 따라서 수술을 직접 시행한 집도의뿐만 아니라 환자의 주치의·당직의·간호사 등은 상시 근무하면서 입원환자들을 돌보고 필요한 조치를 강구하도록 하여야 할 주의의무가 있으며, 환자의 상태를 파악하여 전의(轉醫) 내지 전원(轉院)이 필요한 경우에는 즉각적으로 전송해야 할 주의의무를 부담한다.[243] 전의, 전과에 따르는 주의의무 중에는 전원받을 의사로부터 인수승낙을 얻을 의무, 그 의사에게 환자의 상태를 설명할 의무 등이 포함된다.

의사가 환자를 다른 의사에게 전송하여야 하는 전의 시킬 의무에 대해서는 전문의제도 하에서는 환자의 질병이 자신의 전문 외의 영역에 해당할 때에 전문의로서의 주의의무로 파악되며, 전원의무는 의사가 환자의 상태에 비추어 다른 의료기관에서 치료할 필요성이 적극적으로 평가될 경우에 발생하는 주의의무로서 양자 모두 결과회피의무의 성격이 강하다. 이는 전문가 책임으로서 한시가 급박한 환자와의 관계에서는 도의적인 책임을 넘어 법적인 책임에 해당한다. 전의 또는 전원과 관련된 시스템적 측면에서도 상급 의료기관에의 전원시 협력병원 등의

---

243) 실제 소송에 있어서는 전원전병원 의료진의 경과관찰상의 과실을 다툰 뒤에 전원단계상 지연과실을 나누어 다투고 있다.

체계적 절차를 갖추게 하여 가급적 즉각적인 전원이 가능할 수 있도록 정비되어야 한다.244)

대법원245)도 "의사가 진찰·치료 등의 의료행위를 할 때에는 사람의 생명·신체·건강을 관리하는 업무의 성질에 비추어, 의료행위를 할 당시 의료기관 등 임상의학 분야에서 실천되고 있는 의료행위의 수준을 기준으로 하여, 환자의 구체적인 증상이나 상황에 따라 위험을 방지하기 위하여 요구되는 최선의 조치를 취하여야 하고, 환자에게 적절한 치료나 위와 같은 조치를 취하기 어려운 사정이 있다면 신속히 전문적인 치료를 할 수 있는 다른 병원으로의 전원조치 등을 취하여야 한다. 그리고 이러한 경우에 의사는 특별한 사정이 없는 한 신속하게 환자 또는 그 법정대리인 등에게 환자의 구체적인 증상, 전원의 필요성, 전원을 하지 않을 경우 예상되는 위험 등에 관하여 당시의 의료수준에 비추어 상당하다고 생각되는 사항을 구체적으로 설명하여 환자가 그 필요성이나 위험성을 충분히 비교하여 보고 다른 병원으로 옮겨 의료행위를 받을 것인지를 선택할 수 있도록 하여야 한다."고 판시한바 있다. 그리고 이는 의사와 한의사와 같이, 서로 다른 직역 사이에서도 마찬가지이다.246)

② 전원요건

의사에게 전의 또는 전원을 해야 할 의무가 발생하려면 네 가지 요건이 필요하다. 첫째, 환자의 질환이 해당 의사의 전문외이고, 자신의 임상 경험 내지 의료 설비에 의하여서는 환자의 질병의 진료를 감당하기에 곤란하여야 하고, 둘째, 환자의 상태가 전송을 견딜 수 있어야 하고 전송을 통하여 치료의 기회를 받는 것이 이미 뒤늦은 상태가 되지는 말아야 하며, 셋째, 지리적·환경적 요인으로 환자의 병상과 관련하여 전송 가능한 지역 내에 적절한 설비 및 전문의를 배치한 의료기관이 있어야 하고, 넷째, 전원을 통하여 환자에게 중대한 결과 회피의 가능성이 있거나 그 질병 개선의 전망이 있어야 한다.247)

(나) 구체적 판례

① 과실을 인정한 사례

㉮ 자궁적출수술 전 조직검사를 위한 전원의무 위반 사건248)

대법원은 시설을 갖춘 병원에서는 10여분이면 자궁조직의 냉동절편과 영구조직검사를 하

---

244) 平沼高明, 転医させる義務, 現代裁判法大系 第7巻 医療過誤, 157-258頁.
245) 대법원 2006. 12. 21. 선고 2006다41327 판결; 대법원 2015. 7. 9. 선고 2013다33485 판결
246) 대법원 2015. 3. 12. 선고 2012다117492 판결.
247) 金川琢雄 執筆, 医療における説明と承諾の問題状況, 医事法学叢書 3, 医療紛争·医療過誤, 日本医事法学会編, 日本評論社, 1986. 8. 239頁.
248) 대법원 1992. 4. 14. 선고 91다36710 판결.

여 자궁외임신과 자궁근종을 구별할 수 있는 데도 이러한 시설이 없는 병원에서 자궁외임신을 자궁근종으로 오진하여 자궁적출수술을 한 사건에 대하여, "원고의 병명을 확진할 수 없었고, 자궁외임신이라고 볼 만한 사정이 있었으면 응급처치 후 조직검사를 실시하여 확실한 병명을 알아보거나 당시 피고 병원에 조직검사시설이 없어 수술 도중에 그 검사가 불가능하였다면 원고 또는 보호자에게 당시의 증상 및 위 병원의 시설내용, 자궁외임신의 경우 수술의 필요성 여부 및 그 부위, 수술외 다른 치료방법이 있는지 유무 등을 자세히 설명하여 그와 같은 시설이 있는 병원으로 옮기는 등의 방법을 취함으로써 확실한 병명을 알아본 후 자궁적출수술 실시 여부를 위 원고가 스스로 결정할 수 있도록 하고, 만일 자궁제거가 불가피하였으면 그 승낙을 받은 후 자궁제거수술을 하여야 함에도 그러한 조치를 취하지 아니하고 일방적으로 자궁을 적출한 잘못이 있다."고 판시하여, 검사시설이 없어 확진을 할 수 없다면 검사시설을 갖춘 병원으로의 전원의무가 있다고 하였다.

    ㉯ 신경외과 전문의로의 전의의무 위반 사건[249]

대법원은 "일반외과 전문의인 피고가 뇌를 손상한 환자를 처치함에 있어 신경외과 전문의에게 의뢰하여 치료하는 것이 바람직하므로 방사선사진을 정확히 판독하여 최선의 응급조치를 취한 후 신경외과 전문의가 있는 병원으로 전원하여 적절한 치료를 받게 하였더라면 망인이 사망하지 않거나 생명을 연장시킬 수 있었음에도 불구하고 피고가 망인을 진찰함에 있어서 방사선사진상에 나타나 있는 우측두부의 약 15센티미터 가량의 선상골절을 발견하지 못하고 뇌손상을 입은 중상의 환자를 단순히 뇌부종과 이에 따른 뇌좌상, 뇌진탕 등의 증세가 있는 것으로 오진하여 그에 관한 약물치료만을 한 사안에서 피고가 위 방사선사진상에 나타나 있는 선상골절상이나 이에 따른 뇌실질내출혈 등을 발견 내지 예견하지 못하여 망인을 제때에 신경외과 전문의가 있는 병원에 전원하여 확정적인 진단 및 수술을 받을 수 있는 필요한 조치를 취하지 아니한 사실과 망인의 사망과의 사이에는 인과관계를 인정함이 상당하다."고 판단하였다.

    ㉰ 미숙아에 대한 전원의무 위반 사건[250]

대법원은 "신생아가 조산아, 쌍태아, 저체중아라 하더라도 제반 사정에 비추어 볼 때 출생 직후부터 보육기 등에 의한 적절하고 집중적인 소생, 보육을 받았더라면 생존할 가능성이 50% 정도는 되었다고 봄이 상당하다면, 의사가 신생아의 생존가능성이 전혀 없는 것으로 속단하고 그를 살리기 위하여 산부인과에서 할 수 있는 응급조치 내지 소생술을 시행하거나 미

---

249) 대법원 1989. 7. 11. 선고 88다카26246 판결.
250) 대법원 1995. 4. 14. 선고 94다29218 판결.

숙아를 위한 인력과 시설을 갖추고 있는 소아과로의 전과를 시행하지 아니한 과실과 그 신생
아의 사망 사이에는 인과관계를 인정함이 상당하다."고 판시하였다.

　㉒ 응급개복술에 관한 전원의무 위반 사건 1[251]

　대법원은 "전원전병원인 피고 1병원과 전원후병원인 피고 2병원 간 전원의무에 관한 사안
에서 피고 1병원에 대하여 복부 자상을 입어 피고 1병원 응급실에 내원하여 피고 2병원으로
전원할 당시에 망인의 활력징후가 비교적 좋아 즉각적인 응급개복술 실시가 가능한 병원으로
망인을 전원하였다면 이○○가 생존할 가능성이 높았음에도 피고 1병원의 의사 1은 망인의
상태를 잘못 판단하여 즉각적인 응급개복술이 불가능한 피고 2병원으로 전원시키고, 더욱이
전원과정에서 피고 2병원의 일반외과 과장에게 피고 1병원 응급실에서의 초기상황과 시행된
처치에 대한 정보를 제공하지 아니하였고, 그 결과 망인에 대한 즉각적인 응급개복술의 실시
가 지연됨으로써 망 이○○가 사망에 이르게 된 것으로 보이므로 피고 1병원의 전원의무 위
반을 인정한 원심은 정당하다."고 판단하였다.[252]

　㉓ 응급개복술에 관한 전원의무 위반 사건 2[253]

　대법원은 "진찰 결과 장파열, 복강내출혈 및 비장손상 등의 가능성이 있어 응급개복술의
시행이 필요한 부상자를 그 처의 요청으로 집 근처 병원으로 이송시키던 중 부상자가 복강내
출혈 등으로 사망한 경우, 다른 사망원인이나 의사가 즉시 개복수술을 시행하였어도 사망하였

---

251) 대법원 2005. 6. 24. 선고 2005다16713 판결.
252) 대법원은 피고 2병원과 관련된 판단에서 원심이 피고 2병원의 외과과장이 피고 1병원 의사보다 좀 더
　　경험이 많은 자이므로 당시 구체적이고도 추가적인 질문을 하여 복부자상 환자인 망 이○○에 대한 정
　　확한 정보를 얻음으로써 망 이○○가 즉각적인 응급개복술이 필요한 환자인지 여부를 확인하여 즉각적
　　인 응급개복술을 실시할 수 있는 피고 1병원 이외의 다른 병원으로 전원하도록 하였어야 함에도 불구하
　　고, 위 남○○로부터 망 이○○가 안정적이라는 이야기만을 듣고 이○○의 정확한 상태에 대하여 확인
　　하지 아니한 채 피고 2병원으로 전원하도록 한 잘못이 있다고 할 것이고, 이로 인하여 망 이○○에 대한
　　즉각적인 응급개복술의 실시가 지연되어 망 이○○가 사망한 것으로 보이므로, 피고 2병원의 전원과 관
　　련된 과실을 인정한 것에 대하여 결론을 달리하였다. 즉, "피고 2병원은 응급개복술을 실시할 능력이 없
　　어 수술이 급하거나 환자의 상태가 좋지 않으면 수술이 곤란하다면서 환자의 상태와 출혈 여부를 물은
　　바, 그에 대하여 피고 1병원의 의사가 환자의 생체징후나 혈색소 수치상 이상이 없고 특별한 출혈 소견
　　이 보이지 않으며 수술이 급한 것 같지도 않다고 답변하였다면 피고 2병원 외과과장으로서는 같은 의사
　　인 피고 1 병원 의사의 위와 같은 답변을 듣고 환자의 상태를 파악한 후 전원을 허용할 것인지의 여부를
　　결정하면 되는 것이지, 이에 더 나아가 환자의 내원 당시의 상태나 시행한 조치, 혈압 등 환자의 생체
　　징후가 수액투여로 정상으로 유지되고 있는 것은 아닌지 그리고 특별히 출혈소견이 보이지 않는다고 판
　　단한 근거가 무엇인지 등에 관하여 구체적이고 추가적인 질문을 하여 환자의 상태를 더 구체적으로 정확
　　하게 파악한 후에야 전원을 허용할 것인지의 여부를 결정하여야 할 주의의무까지 있다고 보기는 어렵다
　　고 할 것이다."라고 판단하여 피고 2병원의 전원상 과실을 부정하였다.
253) 대법원 2000. 9. 8. 선고 99다48245 판결.

을 것이라는 점에 대한 입증이 없는 이상 의사가 수술을 실시하지 아니한 채 만연히 부상자를 다른 병원으로 이송하도록 한 과실로 수술이 지연되어 부상자가 사망하였다고 추정함이 상당하다."고 보았다.

　　㉫ 쌍둥이 출산 후 출혈성 쇼크 발생 사건

　　대법원[254]은 피고가 산모인 원고 A의 두 번째 실신 후에는 위 원고의 혈압, 심박수, 혈액검사결과 등을 통해 출혈성 쇼크의 가능성이 있음을 충분히 알고 있었다고 보이므로, 신속하게 출혈원인 및 출혈부위를 찾아 지혈을 시켜야 하고, 피고 의원의 사정상 그와 같은 조치가 쉽지 않음을 알게 되면 즉시 그러한 사정을 원고 A 또는 그 보호자에게 설명하는 한편 지체 없이 원고 A를 다른 병원으로 이송하여 적절한 치료를 받도록 하여야 할 의무가 있다고 하면서 "위 피고는 원고 A의 출혈성 쇼크가 의심된 지 2시간 30분이 지난 후에 출혈부위를 찾기 위해 위 원고를 수술실로 옮겨 지혈을 시도하였는데, 분만 시에 절개하였던 회음부 부위를 다시 절개하고 출혈부위를 찾는 과정에서 정확한 출혈지점을 제대로 확인할 수 없다는 사정은 곧 파악할 수 있었을 것으로 보인다. 이에 비추어 보면 위 피고가 그 후 출혈지점을 계속 찾거나 출혈을 방지하기 위하여 상당히 노력하고 이를 위한 여러 처치를 하였다고 하더라도, 위 원고가 신속한 지혈이 필요한 응급상황에 있었던 이상 위 피고로서는 종합병원에 전원할 필요성이 있는지 신속히 판단하였어야 할 것이고, 또한 위 원고의 두 번째 실신 후부터는 이러한 사정들을 위 원고 및 보호자 등에게 상세히 설명하고 적어도 수술실로 옮긴 후의 지혈 상황에 관하여는 구체적으로 알려 줌으로써 위 원고 등에게 응급상황에 더 적절하게 대처할 수 있는 전원치료를 받을 수 있는 선택의 기회를 줄 필요가 있었다고 할 터인데, 위 피고는 수술 개시 후부터 3시간이 훨씬 지나서야 전원을 결정하고 이를 원고 A, B에게 설명한 탓에 원고 A에 대한 전원 치료가 상당히 지연되었다고 할 수 있다. 그리고 만일 원고 A가 조금 더 빨리 전원 치료를 받았다면 원고 A가 위 상해들을 입지 않거나 적어도 그 치료 후의 경과가 지금보다 더 좋았을 가능성을 배제하기 어렵다."고 하여 전원상 과실을 인정하였다.

　　② 과실을 부정한 사례-환자의 전원 거절로 전원이 좌절된 경우[255]

　　대법원은 교통사고를 일으켜 좌측족관절부좌멸창 등의 상해를 입고 개인의원에 입원하여 치료중 피부조직 괴사증상이 나타나자, 의사가 대학병원으로의 전원을 권유하였음에도 불구하고 그 권유를 무시하고 다른 개인의원으로 옮겨 치료를 받던 중 괴사부위가 확대되어 결국 발목을 절단한 사건에 대하여, "피고가 위 원고 내지 그 가족에게 위 조직괴사에 대응하기 위

---

254) 대법원 2015. 7. 9. 선고 2013다33485 판결.
255) 대법원 1996. 6. 25. 선고 94다13046 판결.

하여 필요한 검사 내지 치료를 할 수 있는 병원으로는 종합병원 밖에 없다고 설명하면서 종합병원으로 전원할 것을 권유하였다면 그것으로 의사로서의 진료상의 의무를 다하였다 할 것이고, 거기서 나아가 피고가 위 원고나 그 가족들이 개인의원으로 전원하는 것을 만류·제지하거나 위 원고를 직접 종합병원으로 전원하여야 할 의무까지 있다고 할 수는 없다."라고 하여, 의사의 전원의무는 응급상황이 아닌 한 상급병원으로 전원하도록 권유하는 정도면 된다고 판시하였다.

(8) 설명의무

설명의무와 관련하여서는 다음 항인 4. 의사의 설명의무와 환자의 자기결정권에서 자세히 살펴보기로 한다.

(9) 의료기관의 관리상 과실

(가) 물적 설비의 설치·보존에 관한 과실

의사나 의료법인 등은 의료과실과 직접적인 관계없이 소위 병원의 물적 관리 측면 — 특히 병원의 물적 설비의 설치·보존을 둘러싼 사건 — 에서 책임을 지는 경우가 있다.

마약병동에 입원 중인 환자가 운동화 끈으로 목을 매어 자살한 사건에 대하여 대법원[256]은, "마약환자 수용시설을 갖추어 수용 및 치료업무를 담당하는 피고 병원은 마약중독자가 목을 매어 자살하는 것을 방지하기 위하여 입원실의 창문과 쇠창살을 환자의 손이 닿지 않는 곳에 설치하거나, 입원환자의 동태를 살필 수 있도록 입원실 내의 조명을 밝게 하고 감시카메라를 설치하여야 할 주의의무가 있고, 피고 병원 및 같은 병원으로부터 환자에 대한 감시 및 경비업무를 용역받은 피고 회사는 환자의 탈주, 난동, 자해 등에 대처하기 위하여 입원 시 신체검사 및 소지품검사를 철저히 하여 자해 등의 도구가 될 만한 물건들을 미리 제거하여야 하고 환자들에 대한 감시·감독을 철저히 함으로써 그들의 생명, 신체를 보호하여야 할 주의의무가 있다."고 판시하여, 마약병동의 설치·보존의 책임을 부담하는 병원과 입원환자에 대한 경비·감시업무를 담당하는 용역회사의 공동불법행위책임을 인정하였다. 또한 대법원[257]은 원심[258]에서 "피고인은 병원관리자로서 폐쇄병동의 정신질환자들이 언제든지 자살하거나

---

256) 대법원 1997. 3. 25. 선고 96다49025, 49032(병합) 판결.
257) 대법원 2017. 4. 28. 선고 2015도12325 판결.
258) 서울중앙지법 2015. 2. 13. 선고 2014고단2753, 2014고단3727(병합), 2014고단4448(병합) 판결; 원심
     은 "피고인은 창문의 유리가 깨지지 않는 렉산 소재로 되어 있고, 창문 유리창의 크기가 가로 30Cm, 세
     로 30Cm로 성인이 쉽게 빠져나가지 못할 것이라고 생각한 나머지 별도로 보호철망을 설치하거나 유리
     창이 떨어져 나가지 못하게 할 조치를 취하지 않은 과실로, 마침 위 병원 안정실에 입원 중이던 피해자

탈출을 시도할 가능성이 있으므로 이를 방지하기 위한 충분한 조치를 하여야 하고, 창문의 유리창에 별도의 보호철망을 설치하거나 유리가 창틀에서 떨어져 나가지 않도록 건물을 유지, 보수, 관리할 책임이 있음에도, 건물의 유지, 보수, 관리를 적절히 하지 않은 업무상 과실이 있고, 그와 같은 과실로 인하여 피해자 공소외 1이 창문유리를 발로 걷어차고 유리창이 창틀에서 떨어져 나가자 그 사이로 빠져나가 건물 아래로 투신하여 사망하였다고 판단"한 것을 수긍하였다.

반면 대법원[259]은 "정신병원에서 입원치료받던 고령의 정신병환자가 병원 의사의 관리소홀로 넘어져 두부외상을 입고 그 후 치매증상을 보이게 되었으나, 치매는 상당히 많은 원인에 의한 광범위한 병변의 행동적 표현으로서 비교적 전체적인 인식기능의 손상이 일어나는 것이기 때문에 치매가 발생하려면 뇌질환 등에 의하여 광범위한 뇌의 손상이나 기능장애가 생겨야 하며, 일반적인 치매는 서서히 만성적으로 진행한다는 점 등에 비추어, 그 환자의 치매증세는 위 사고 훨씬 이전부터 서서히 진행되기 시작하여 현재에 이르러 그 증세가 완전히 고착된 것이고, 위 사고는 이러한 치매증상의 발전 과정에 우연히 개재된 사고로서, 위 사고로 인한 두부외상은 후유증을 남기지 않고 자연치유되었고, 위와 같이 발전하고 있는 치매증상에 영향을 미친 것은 아니다."고 보아 의사에게 진료상의 과실이 있다고 하더라도 현재 환자의 치매증세와 사이에서 인과관계가 추정되지 않는다고 하였다.

(나) 원내 감염상의 과실

① 병원 감염의 의의와 특수성

병원 감염(Nosocomial Infection)이란 입원 이전에 감염되지 않았던 사람이 입원 후 병원 환경에서 병원성 미생물에 폭로되어 발생하거나 이미 가지고 있던 내인성 미생물에 의해 발생된 감염증을 의미하며, 일반적으로 입원 후 48~72시간 이후에 발생하는 감염을 의미한다. 병원 감염 중 하나로 가장 큰 비중을 차지하는 균은 MRSA(Methicillin－resistant Staphylococcus aureus)로 이는 메티실린에 내성을 보이는 황색포도알균으로 항생물질에 내성을 가진 세균으로 환자 자신의 균주로부터 야기되거나 보건의료 종사자들의 손에서 환자에게로 전파된 풍토병성 균주들에 의하여 발생된다.[260] 이 중 VRSA(반코마이신 내성 황색포도상구균)의 경우 MRSA 감염시 최종 치료제로 분류되는 제3세대 항생제인 반코마이신 제재에 내성을 가진 것으로 슈퍼박테리

가 2013. 5. 28. 05:36경 발로 그곳 창문유리를 걷어 차 유리창이 창문틀에서 떨어져 나가게 한 다음 뚫린 창문 사이로 몸을 비집고 들어가 건물 밖으로 빠져나가 아래로 투신하여 땅바닥에 떨어지게 하였다."고 판단하였다.
259) 대법원 2002. 8. 27. 선고 2001다19486 판결.
260) 대한병원감염관리학회, 병원감염관리, 한미의학, 2006.

아라고도 하며 치료가 수월하지 않기 때문에 제2의 에이즈로 불리기도 한다.[261]

　　의료행위는 신체에 대한 침습이 가하여지는 행위이고, 특히 절개행위가 불가피하게 수반되는 수술의 경우 아무리 위생을 철저히 하여 균감염을 예방하기 위하여 노력을 하더라도 현대 의학의 수준에서 100% 감염을 차단하는 것은 어려운 것이 현실이다. 또한 일반적인 환자는 일상적인 균에 노출되어도 감염이 발생하지 않는 경우에서도 일부 환자는 감염에 취약한 기왕증이나 체질적 특수성을 지니고 있어 감염이 유발될 수도 있다. 그렇기 때문에 병원감염 사고가 발생하였을 경우 환자의 입장에서는 신체적 완전성을 회복하기 위하여 병원을 찾아갔다가 더 큰 질환으로 이환되는 상황이 발생하여 마치 '혹을 떼려다 오히려 더 붙이는 격'이 되어버려 건강권의 침해가 발생하게 되고, 반대로 의료인의 입장에서는 현대 의학의 한계에 해당하는 감염사고에 대하여까지 의료인에게 책임을 돌리는 것은 무과실책임을 지우는 것이기에 이를 수용할 수 없다는 강경한 태도를 보이고 있다. 즉, 병원감염 사고는 환자의 건강권과 의료인의 진료권 사이에 충돌이 발생하는 특수한 영역이다.

　　② 판례의 태도

　　㉮ 과실을 인정한 사례

　　1) 반코마이신에 중간내성이 있는 MRSA에 감염된 사건[262]

　　서울고등법원은 원고가 요추전방 전위증 및 척추관 협착증이라는 진단하에 서울 강남의 한 척추수술 전문병원 의사 전○○씨에게 신경근 압박을 경감시켜 통증을 제거하고 전방 전위증의 진행을 막기 위한 후방추체유합수술을 하면서 수술 도중 감염을 막기 위해 항생제 '반코마이신'을 사용한 후 반코마이신에 중간내성이 있는 MRSA에 감염된 사안에서 "피고 전○○은 원고의 척추수술을 담당한 의사로서 수술전후에 항생제를 그 용도와 용법에 맞도록 적절하게 사용하여야 할 주의의무가 있음에도 불구하고 이를 태만히 한 채 1차수술시에 가장 강력한 항생제의 일종으로서 최후의 항생제라고 할 수 있는 반코마이신을 그 용도가 불분명하게 함부로 사용한 과실이 있고, 그러한 과실로 인하여 원고가 보균하고 있던 포도상구균을 반코마이신에 중간내성을 가지는 슈퍼박테리아의 일종인 VRSA로 전이시켰으며, 그후 원고를 전원시킬 때까지 더 이상 반코마이신을 사용할 수 없게 하여 수술부위의 염증에 대한 항생제 치료가 거의 효과를 거둘 수 없는 상태를 초래하였다고 볼 것이므로 피고 전○○의 그러한 과실과 원고의 현 장애상태는 인과관계가 인정된다고 할 것이며, 그로부터 상당기간이 경과한 후에 전원된 ○○세브란스병원에서 실시한 균배양검사결과 원고에게서 검출된 MRSA가 반코

---

261) 2009. 6. 12.자 헬스코리아 뉴스, 복지부「슈퍼박테리아 MRSA · VRSA 30% 감소」.
262) 서울고법 2009. 2. 3. 선고 2006나43639 판결.

마이신에 감수성을 가진 것으로 판단되어 그 후 반코마이신 치료를 받았다는 사정만으로는 위 피고의 과실이나 원고의 현 장애상태와의 인과관계가 부인된다고 볼 수 없다."고 판단하였다.[263]

2) 용종 제거술 후 세균 감염으로 사망한 사건[264]

부산지방법원은 십이지장에 난 용종을 제거하기 위해 입원했다가 세균 감염으로 숨진 정 모씨의 유족이 부산 모 종합병원과 의료진을 상대로 제기한 손해배상청구소송에서 "망인의 사망의 직접적 원인인 급성췌장염의 발병 부위는 화농성 염증이 발견된 췌장 머리 부위와 몸통 부위로서 이 사건 부위인 십이지장 구부의 인접 부위에 해당되고, 이 사건 시술 직후에 급성췌장염이 발병, 진단되었던 점, 이 사건 시술 직전에 시행한 망인에 대한 혈액검사, 췌장염 검사 등에서 아무런 이상 소견이 없었던 점, 망인에 대한 부검감정결과에 의하면 망인에게는 괴사성 췌장염 또는 췌장농양이 있었는데, 이는 췌장 자체 효소에 의한 괴사나 염증이 아닌 외부로부터 복강내로의 화농성 염증의 파급에 의한 것, 즉 외부의 어떤 자극, 손상에 의해 췌장 외부에서 일차적인 염증이 발생하고 그것이 파급되어 췌장손상을 일으킨 것으로 판단된 점, 혈액배양검사 결과 망인에게 폐렴막대균과 광범위 약제내성 장내세균이 검출되었는데, 망인은 이 사건 시술 이후 췌장염 발병 시까지 이 사건 시술 등 의료행위 이외에는 위와 같은 균이 침투할 경로가 없었던 점 등을 종합하여 보면, 피고 B 등이 망인의 췌장염이 의료상의 과실로 말미암은 것이 아니라 전혀 다른 원인으로 인해 발생한 것을 입증하지 못하고 있는 이 사건에 있어서 망인의 췌장염은 피고 B 등이 이 사건 시술을 하는 과정에서 용종 외의 다른 부위를 손상시키지 아니하고 시술기구 등을 철저히 소독하는 등 의료처치상의 위생관리를 철저히 하여야 할 주의의무가 있음에도 이를 게을리 한 과실로 초래된 것이라고 추인할 수밖에 없다."고 판시했다.[265]

④ 과실을 부정한 사례-MRSA 감염사고[266]

부산지방법원은 "수술 부위의 감염은 수술과정에서 무균적 조작을 아무리 철저히 한다고 하더라도 완전한 감염예방은 현실적으로 불가능하다는 점에 비추어 볼 때, 이에 대한 피고의 수술과정상의 세균감염 예방조치 해태의 과실을 인정하기 위하여는 원고의 이 사건 수술 부위가 MRSA에 감염되었다는 사실의 존재만으로는 부족하고, 나아가 피고가 이 사건 수술 과정에서 세균감염을 예방하기 위하여 당시의 의학수준에서 요구되는 예방조치를 게을리하였다

---

263) 2009. 3. 3.자 조인스닷컴 기사, 수술 중 수퍼박테리아 감염병원 책임.
264) 부산지법 2009. 2. 20. 선고 2007가합5833 판결.
265) 2009. 2. 23.자 연합뉴스 기사, 법원 「병원감염 환자사망, 병원책임 60%」.
266) 부산지법 2007. 8. 22. 선고 2004가합24666 판결.

는 점이 인정되어야 할 것이다."라고 보아 의료과실을 부정하였다.

4. 의사의 설명의무와 환자의 자기결정권

가. 설명의무의 의의

(1) 개 념

설명의무(Aufklälungspflicht)란, 의사가 환자에게 진단결과나 치료방법·예후·부작용 등을 충분히 설명해 주고, 환자는 이를 제대로 이해한 후에 자율적인 자기결정으로 자신에 대한 침습행위를 승낙한 경우에만 당해 의료행위가 정당성을 가질 수 있다는 이론이다.

인간은 누구나가 타인에 의하여 자신이 스스로 허용하지 않는 방법으로 다루어지지 않을 권리를 가지고 있다. 의료행위는 필연적으로 신체의 완전성을 침습하는 행위를 수반하는 바, 인간의 존엄성에 비추어 위 침습행위는 피습자의 동의를 전제로 하여서만 위법성이 조각될 수 있다. 즉, 의료행위가 정당성을 갖기 위하여 의사의 설명의무는 필요조건이 되고, 환자의 승낙(자기결정권)은 충분조건이 된다고 할 수 있다.

따라서 환자의 유효한 동의 없이 이루어진 검사·수술 등의 의료행위로 인하여 환자의 자기결정권이 침해되고 이로 인하여 환자에게 생명·신체·건강상의 피해가 야기된 경우 이 역시 의사의 과실로 볼 수 있다.[267] 의료과실소송에서의 설명의무이론은 위와 같이 윤리적·헌법적 근거를 가지고 있는 한편, 연혁적으로는 환자 측이 부담하는 입증상의 어려움을 경감시키고자 판례상 형성, 발전되어 왔다.

(2) 기 능

의료행위는 그 본질상 신체의 완전성을 침습하는 위험성이 있어 항상 잠재적인 의료분쟁의 가능성이 있다. 의료분쟁이 발생한 경우, 환자 측에서는 의료기술상의 과실증명이 곤란할 뿐 아니라 소송에서도 의료기술상 과실판단이 쉽지 않다. 그렇기 때문에 환자 측에서 의료과실에 대한 책임추궁의 방법으로 환자에 대한 의사의 설명의무위반소송이 증가하고 있으며, 각

---

267) 설명의무는 환자의 자기결정권의 침해와 연계되어 주로 논의되고 있는데, 특이한 영역, 예를 들어 확대 수술에 대한 설명의무, 초보의사의 설명의무, 의약품에 대한 설명의무, 진료상의 특권에 의한 무설명, 의료과실에 대한 설명의무에 관하여 소개하고 있는 견해로 김민중, 의사의 설명의무에 관한 몇가지 특수문제, 의료법학 제4권 제2호, 2003. 249면 이하 참조; 김민중, 의사의 설명의무 : 해결되지 않은 법률문제, 현대민법의 과제와 전망 : 남송 한봉희 교수 화갑기념, 1994, 1171면 이하.

국의 동향도 설명의무위반소송이 의료기술과실소송보다 훨씬 증가하고 있다. 독일의 경우는 3분의 2 이상이 설명의무위반소송이라고 한다.268)

불충분한 설명만을 이유로 의사에게 의료과실 책임추궁을 한다면 의권의 위축을 초래하는 반사적인 불이익이 있을 수도 있다. 그렇다고 의사에게 전단적(專斷的) 의료를 인정할 수는 없다.

의사의 설명의무와 환자의 자기결정권은 환자의 자기결정권 보장과 의권 보호라는 양면에서 논의되어야 한다. 설명의무이론은 환자의 자기결정권을 확보하여 헌법적인 기본권을 보장하고, 환자에게 보다 쉽게 피해를 구제하여 줌으로써 손해의 공평부담이라는 사법의 기본이념을 충실히 실현시키는 기능을 하게 된다.

(3) 설명의무 위반이론을 의료소송에 도입하게 된 동기

설명의무 위반이론을 의료소송에 도입하게 된 동기는 환자 측의 입증을 경감시켜 주고자 하는 입증경감이론에서 출발하였다. 그동안 의료소송에서 환자는 의사의 직접과실을 입증하여야 하였고, 이를 위하여는 의료전문가인 의사의 도움이 있었어야 했다. 그러나 동서고금을 막론하고 의사의 도움을 받는다는 것이 매우 어려웠기 때문에 대륙법계에서는 환자의 자기결정권에 기초한 설명의무 위반이론을 판례를 통하여 형성하기 시작했다.

한편, 영미법계통에서도 비슷한 경위로 '적절한 설명을 들은 다음의 동의(informed consent)이론'을 발전시켜 왔다. 위 이론은 의사가 환자에게 충분한 설명을 하고, 이를 완전히 이해한 환자가 '계발된 동의(enlightend consent)'를 하지 않으면 불법의료행위가 되는 것으로 보았다.

이 이론이 등장하게 된 배경에는 전문가집단인 의사들의 집단이기주의 내지는 폐쇄성으로 입을 굳게 닫아(이른바 침묵의 공모현상 ; conspiracy of silence), 의사의 도움을 받는다는 것은 사실상 불가능하였다는 현실이 있었다. 이로 인하여 의료소송은 자꾸 지연되고, 사실관계의 확인조차 되지 않게 되자 법원으로서는 의사의 도움 없이 재판을 진행할 방법을 모색하게 되었다.

이에 법원은 설명의무라는 환자의 자기결정권이론을 판례에 도입하기 시작하였다. 이와 같이 설명의무의 범위를 의학적 관점에서 법률적 관점으로 옮겨 다루게 된 결과, 환자는 더 이상 전문감정인의 도움을 필요로 하지 않게 되었으며, 이러한 발전은 의사들의 침묵의 공모에 대한 투쟁의 한 걸음으로 평가되고 있다.269)

268) 이영환, 의료과오에 있어서 이론의 재정립과 제도개혁에 관한 시론, 법학연구 제30권 제1호, 1988, 104면.
269) 박일환, 의사의 설명의무와 환자의 승낙, 재판자료 제27집, 1985, 158면.

나. 설명의무의 근거와 법적 성질

(1) 외국의 태도

(가) 독일의 경우

독일에서는 의료행위가 위법한 행위라는 전제 하에 환자의 동의가 위법성을 조각하는 정당화사유가 되었다.[270] 따라서 의사가 치료 시 환자에게 충분한 설명을 하고, 이를 이해한 환자로부터 유효한 승낙을 받지 않은 경우는 불법행위가 되어 그에 따른 손해를 배상하여야 한다.[271]

독일 제국법원에서는 1894. 5. 31. 유아의 보호자 동의 없이 치료를 위하여 발을 절단한 의사에게 상해죄를 적용하여 처벌한 판결이 오늘날까지 중대한 영향을 미치고 있다.[272] 이때는 설명의무가 제기되지 않았으나, 다만 전단적인 의료행위를 저지하고, 의사의 전단에 대하여 환자의 자기결정권을 실현하는 것이 중시되었다.[273] 즉, 위 판결을 계기로 의료행위의 위법성 여부를 의사의 관점에서가 아니라 피해자의 승낙이나 환자의 자기결정권이라는 환자의 입장에서 파악하기 시작했다.

독일판례에 의해 설명의무의 개념이 처음으로 등장한 것은 1912년이다. 그리고 이 개념이 판례에 의해 원칙적으로 인정되고 점차 그 윤곽을 잡기 시작한 시기는 1930년대 후반과 2차 세계대전 이후이다. 대부분 처음에는 민사상 손해배상의 전제조건으로서 논의됐고, 이러한 경향은 차츰 형법에도 영향을 미쳐 대부분 형법 주석서에서도 설명의무의 문제를 다루기 시작했다. 그러나 이때까지 설명의무의 범위는 전적으로 의사의 재량에 따라 정해질 뿐이었다.[274]

설명의무위반에 대한 민사책임은 1941년 독일 제국법원에서 처음으로 의사의 위험에 대한 설명을 법적으로 요구하면서 나타나게 되었다.[275] 사실의 증명이 어려운 의료소송에서 실질적으로는 의료기술상의 과실을 문제삼지만, 입증곤란으로 법원의 심증형성이 충분하지 않는 경우에 설명의무위반으로 의사의 책임을 인정하는 경향이 독일판례에서 볼 수 있게 되었다.[276]

---

270) 唄 孝一, 醫事法學への歩み, 岩波書店, 1994, 3頁 이하.
271) 특히 독일에서는 정신과의사의 의료행위에 있어서는 설명의무는 타과보다 더욱 강조되고 있는데, 이는 정신과에서 환자에게 사용하는 치료를 위한 강박처치 등 모순된 치료방식에서 비롯된다고 한다.; Gründel,Einwilligung und Aufklärung bei psychotherapeutischen Behandlungsmaßnahmen, NJW 2002 Heft 41, S.2987 ff.
272) RGst. Bd. 25, 5. 375.
273) 이덕환, 의사의 설명의무와 법적책임론, 행법사, 1992, 33면.
274) 김영환, 의사의 치료행위에 관한 형법적 고찰, 계산 성시택교수 화갑기념논문집 형사법학의 과제와 전망, 1993, 282면 참조.
275) 이덕환, 전게서, 34면.

일반적으로 독일학계에서는 설명의무의 법적성질에 관하여 독립적 부수의무(Seibstadige Nebenpflichten)인가 혹은 비독립적 부수의무(Unseibstadige Nebenpflichten)인가에 대한 논란이 계속되고 있으나 판례에서는 아직 논의되지 않고 있다.[277] 양자의 차이는 설명의무의 이행을 독립적인 이행의 소로써 제기할 수 있는가에 있다. 전자는 독립적인 제소가 가능하다고 하는 반면 후자는 이를 부정한다. 통설적인 견해에 따르면 의사의 설명의무는 의사와 환자간의 계약에 있어서 독립적 부수의무로 분류된다.

설명의무의 법적 성질에 대하여 독일에서는 유효한 승낙을 얻기 위한 단순한 윤리적 의무인가 또는 법적 의무인가에 대하여 법적 의무설이 일반적이며, 법적 의무설 중 치료의무의 파생의무가 아닌 치료의무의 병존의무[278]라고 하는 것이 판례의 태도이다. 그러나 설명의무의 근거, 의료계약과의 관계에 대하여는 분명치 않다.

일반적으로 독일에서 인정되는 견해에 따르면 의료행위는 인체에 대한 침해로서 환자의 승낙이 있어야 정당화되며, 승낙에는 유효한 동의가 있기 위한 전제로서 의사의 설명이 있어야 한다고 하면서, 이는 환자에게 헌법에서 보장된 자기결정권을 행사하는 기회를 주는 것으로 보고 있다.

(나) 미국의 경우

연혁적으로 미국 역시 환자의 자기결정권보다는 의사의 재량을 우선적으로 인정하여 왔다. 1898년 미국 미시간주 대법원의 Sullivan v. Mc-Graw사건에서는 수술을 목적으로 입원하였다면 신체의 어느 부위에 수술이 행하여지는가는 환자의 동의를 받아야 할 대상이 아니라고 판시한 바 있다.

그러나 20세기에 들어서 시민의 권리의식이 성장하면서 환자들이 의사의 의료행위에 대하여 주체적으로 참여하려는 경향을 보이기 시작하였으며, 1905년 미네소타주 대법원은 Mhor v. William사건에서 환자는 수술에 대한 최종결정자이어야 하며, 따라서 환자는 의사가 권유하는 수술에 대하여 충분한 고려를 하고 동의한 경우에만 수술하여야 하고, 만약 의사가 환자의 생명·신체에 대한 위험이 긴박한 긴급상태가 아님에도 불구하고 환자가 동의한 범위를 넘어 수술을 하였다면 고의범인 assault and battery[279] 죄를 범하게 된다고 판시하고 있다. 이 판결을 통하여 의사는 환자가 수술에 동의한 범위 내에서만 수술을 할 수 있는 권한이 있다

---

276) 莇 立明·中井美雄, 전게서, 54頁.
277) 이덕환, 전게서, 109면.
278) BGH 1959. 1. 26. BGHZ 29, 176.
279) assault는 신체적인 접촉없는 폭행을 의미하고, battery는 상해나 공격적인 손상 등의 신체적인 접촉을 통한 폭행 또는 상해를 의미한다.

고 한다.

　미국에서의 informed consent이론은 1957년 Allan. H. McCoid의 '전단적 의료행위에 대한 책임의 재평가(Reappraisal of Liability for Unauthorized Medical Treatment)'라는 논문에서 본격적으로 주장되었다. 맥코이는 위 논문에서 첫째, 환자의 동의 없는 의료침습이라 할지라도 피해자에 대한 악의를 가지고 한 통상의 battery와는 달리 의사는 오히려 환자의 이익을 위하여 선의로 행동한 경우가 대부분이라는 점, 둘째, 통상의 부당치료사건을 법원은 과실(neg1igence)이론으로 처리하면서 동의 없는 치료행위만을 고의(battery)이론으로 처리하는 것은 부적절하다는 점을 들었다. 즉, 통상의 의료소송은 과실이론으로 처리하면서 그보다 비난가능성이 덜하다고 할 수 있는 '동의 받지 않은 치료'를 고의범이론으로 처리하는 것은 부당하므로 동등하게 과실(neg1igence)이론으로 처리하자고 하였다.

　이 이론은 몇 개월후 캘리포니아주 제1지구 항소법원에서 Salgo v. Leland Stanford 대학이사회 판결에서 적용되었다. 법원은 의사가 혈관조영에 부수된 위험을 설명하지 않았던 사건에 대하여, "만약 예정된 치료에 대한 환자의 현명한 동의를 얻는 데 필요한 사실을 의사가 설명하지 않으면 설명의무를 위반한 것이고 그에 대한 책임을 지게 된다. 마찬가지로 의사는 환자의 동의를 얻기 위하여 치료행위나 수술에 대하여 일반적으로 알려진 위험일지라도 과소평가해서는 아니 된다. 동시에 의사는 환자의 건강을 최상의 것으로 하지 않으면 아니 된다."고 판시한 바 있다.

　그 후 1960년 캔사스주 대법원에서 유방암에 의한 유방적출술후, 암의 재발방지를 위하여 코발트에 의한 방사선치료가 행해졌으나 의사가 그에 따른 위험을 설명하지 않아 상해를 입은 사건을 다룬 Natason v. Kline판결에서, "선례에 의하여 얻어진 견해는 내과의나 외과의가 수술의 성질을 단정적으로 잘못 전한다든가 처치과정에서 예상되는 결과를 지적하지 않았다든가 하는 경우, 동의를 얻지 않고 치료행위를 행한 비난을 면할 수 없다 할 것이다."라고 하였다.

　같은 해 미주리주 대법원은 인슐린쇼크요법에 부수하여 척추골을 골절당한 환자가 의사로부터 그러한 위험성에 관하여 설명을 들은 바 없다는 주장을 한 Mitchell v. Robinson사건에서, "의사는 환자에 대하여 자기가 소유한 능력범위 내에서 발생가능성이 있는 중대한 부수적 위험을 일반적으로 설명할 의무를 진다."라고 판시하였다.

　이 사건들 이후 환자가 계발된 동의를 할 수 있도록 의사는 충분한 정보를 제공하지 않으면 아니 된다는 이른바, informed consent법리가 일반적으로 받아들여지고 있다.

(다) 일본의 경우

일본에서도 바이 고이찌(唄 孝一)교수의 논문280) 이래 학설·판례에서 의사의 설명의무가 인정되고 있다. 일반적으로 의료행위에는 환자의 승낙이 필요하며, 유효한 승낙을 얻기 위해서 의사의 필요사항에 대한 설명은 필수적이라고 인식되고 있다.281)

이와는 달리 의사의 설명의무를 과실인정의 전제개념인 주의의무로 보는 견해가 있다.282) 이 견해에 따르면 의사는 의료계약상 주된 급부의 의무적합적인 이행만을 하면 되고 설명의무는 주된 급부의 이행에 부수하여 행해지는 부수의무에 불과하다고 한다.

일본에서 설명의무의 법적 성질에 관하여는 동의무효설과 주의의무설이 대립하고 있다. 동의무효설은 환자의 동의는 치료행위의 위법성조각사유라고 하는 종래 정설의 연장으로 의사의 설명은 환자 동의의 유효요건이라고 보는 견해이다. 따라서 의사의 불충분한 설명은 환자의 동의를 무효로 하여 의사는 불법행위책임 내지 채무불이행책임을 부담한다고 한다. 그리고 설명의무는 독립한 의무가 아니고, 유효한 동의를 얻기 위한 전제에 불과하다고 주장한다.283)

한편 주의의무설(법적 의무설)은 의사의 설명의무를 긍정하면서 설명의무위반을 불법행위 또는 채무불이행상의 주의의무로 파악하는 설이다. 이는 동의무효설을 다음과 같이 비판한다. 첫째, 설명불충분이 동의를 무효로 하는 법적근거가 불명확하고, 둘째, 동의무효설의 근거를 착오 또는 사기에 두고 있으나 의사가 설명하여야 할 정보의 대부분은 치료를 받을 것인가 여부를 결정하는 동기에 관계되는 것으로 동기의 착오는 통설·판례가 착오로 보지 않기 때문에 이를 근거로 하여 무효로 보는 것은 논리모순이며, 셋째, 동의가 무효라고 하더라도 의사가 동의를 유효한 것으로 믿은 데 선의·무과실인 경우에는 과실책임주의를 취하는 한 의사를 문책하기 힘들고, 넷째, 증명책임 문제에 있어서도 양자가 같다는 등의 문제점이 있다고 한다. 주의의무설 중에서도 다시 불법행위책임설, 의료계약상의 계약위반으로 보는 계약책임설, 불법행위책임과 계약책임을 동시에 지는 양성책임설이 있다.

---

280) 唄 孝一, 전게서, 3－76頁.
281) 일본의 경우에도 설명의무와 관련하여 의사가 의료행위를 함에 있어서 환자가 당해 의료행위에 대하여 이성적인 결정을 할 수 있도록 충분한 정보를 제공한 뒤에, 미리 그 동의를 얻어야 한다고 하는 원칙으로 'infomed consent'이론이 미국에서와 같이 정립되어 있다고 한다.; 岩志和一郎, 醫療における患者の自己決定と醫師の責任－インォームド・コンセント理論の基本的視座－, 한일법학회 제18집, 1999, 123－124면.
282) 新美育文, 醫師の說明義務と患者同意, 法律學爭點 有斐閣, 1978, 342頁.
283) 이 취지에서 唄 孝一은 설명의무라는 용어를 피하고 있다. 唄 孝一, 現代醫療においでの思考と過誤訴訟, 現代損害賠償法講座 4, 1974, 42頁.

(2) 우리나라의 경우

(가) 학설의 태도

우리나라도 일본의 영향을 받아서 동의무효설, 주의의무설, 신의칙상 부수의무설 등이 있다. 이 중 주의의무설(법적 의무설)이 대법원판례이며 다수설을 차지한다.[284]

주의의무설은 다시 불법행위책임설, 계약책임설, 양성책임설로 나뉘고 있으며, 불법행위책임과 계약책임을 동시에 지는 양성책임설이 다수설이다. 다만, 판례는 설명의무를 불법행위의 한 구성요소, 즉 의료기술상의 과실요소와 같은 범주의 하나로 보는 경향과 의료기술상의 과실과는 별개의 주의의무로 보는 경향으로 나뉘며, 후자의 경우가 대세를 이루고 있다.

동의무효설은 소수설이며, 일부 하급심판결이 이에 따른 것이 있다.[285] 일부 학자는 신의칙상 설명의무 위반은 의료행위의 과실과 무관한 단지 인격권의 침해로 위자료청구만 가능하다는 신의칙상 부수의무설을 주장하기도 한다.

(나) 판례의 동향

우리나라에서는 1979년 대법원에서 설명의무이론을 적용한 판결[286]이 선고된 이래, 지금까지 꾸준히 발전되어 오고 있다. 그러나 우리나라 판례에서는 설명의무의 근거와 법적성질에 관하여 명시적인 판단은 하지 않고, 뒤섞여 판시하고 있다.

① 설명의무이론을 최초로 적용한 판례[287]

위 사안에서는 원고가 후두 종양제거 수술 후 목이 쉬자 의사를 상대로 의료과실과 아울러 설명의무위반으로 소송을 제기하였는바, 대법원은 수술 기술상의 과실을 묻는 원고의 주장을 배척하였지만, "원고의 후두 종양제거 수술을 한 집도의사들이 수술 후 환자의 목이 쉴 수도 있다는 말을 하였다 하더라도 그것만으로서는 수술 후 동 원고에게 원심 인정과 같은 발성기능 장애의 후유증을 가져다 준 이 사건에 있어서 설명의무를 다하였다고는 할 수 없고 또 집도의사들이 원심 인정과 같은 병상, 수술내용에 관하여 사전에 제대로 설명을 한 것으로 볼 수 없음은 원심의 사실인정의 내용에 의하여 분명하다. 그리고 동 원고는 위와 같은 후유증에 대하여는 전혀 예상하지 못한 자이고 긴급을 요하는 사태도 아니었다면 그러한 후유증이 수

284) 대법원 1987. 4. 28. 선고 86다카1136 판결; 대법원 1992. 4. 14. 선고 91다36710 판결; 대법원 1994. 4. 15. 선고 93다60953 판결; 대법원 1995. 2. 10. 선고 93다52402 판결 등.
285) 서울민사지법 1992. 3. 13. 선고 90가합45545 판결; 서울민사지법 1992. 12. 28. 선고 90가합60353 판결 등.
286) 대법원 1979. 8. 14. 선고 78다488 판결(원심 : 대구고법 1978. 2. 17. 선고 76나1137 판결).
287) 대법원 1979. 8. 14. 선고 78다488 판결.

반되는 수술을 승낙한 것으로는 볼 수 없다 함이 상당하다 할 것이니 집도의사들이 설명의무를 다하지 아니함과 동시에 동 원고의 승낙권을 침해함으로써 위법한 수술을 실시하였다는 같은 취지의 원심판단은 정당하고 의료행위에 대한 설명의무와 승낙의 정도를 잘못 인정하여 불법행위에 대한 법리를 오해한 위법이 있다는 논리는 이유 없다."고 하여 설명의무위반책임을 물었다. 위 판결은 설명의무위반에 따른 손해배상으로 위자료만을 인정하였다.

② 설명의무를 의료기술상의 과실과 동렬의 범주로 적시한 판례288)

위 판례는 망인이 피고 1이 운전하는 차량에 탑승하였다가 위 차량이 운전부주의로 빙판길에 미끄러지면서 반대차선을 넘어 좌측 아래에 있는 밭으로 추락하는 바람에 약 10주간의 치료를 요하는 뇌좌상, 우측견관절 및 요추부좌상, 좌측상완골간부 분쇄골절 등의 상해를 입고 근처병원에서 응급처치를 받은 후 피고 2 병원으로 전원되어 전신마취시술 중 급성심부전증으로 사망한 사안인 바, 대법원은 목이 짧고 뚱뚱하며 턱에 기형이 있는 교통사고환자에 대하여 기관삽관에 의한 1전신마취시술방법으로는 의식하(意識下)의 경구(經口)ㆍ경비(經鼻) 기관내 삽관법을 시행하여야 하는데 이러한 방법을 실시하지 않아 사고가 발생하였다고 하면서, "마취의는 환자의 신체가 비대하고 특히 목이 짧고 후두개(喉頭蓋)가 돌출하여 삽관에 장애가 될 수도 있으므로 상기도검사를 실시하여 삽관경로의 상태를 관찰하고 위에서 본 여러 가지 삽관법의 장단점과 부작용을 충분히 비교ㆍ검토하여 환자에게 가장 적절하고 안전한 삽관법을 선택하여야 하는데도 이를 소홀히 하고 전신마취 후 삽관을 시도하다가 실패하자 마침내 삽관튜브를 교체하여 삽관을 시행하였고 그 과정에서 많은 시간이 소요됨으로써 자력으로 호흡이 불가능한 A에게 산소공급이 일시 중단되거나 정상적인 호흡상태보다 적은 양의 산소가 공급되게 한 잘못이 있고, 이러한 마취의의 과실이 지방심(脂肪心)으로 심폐기능이 원활하지 못한 환자에게 작용함으로써 급성심부전증을 불러 일으켜 환자를 사망하게 한 사실을 추인할 수 있다."라고 하여, 의사에게 마취방법 선택의 과실, 마취기술상의 과실, 삽관튜브 교체에 따른 시간지연 등 의료기술상의 과실을 추정함과 동시에 "수술 전날 환자의 시숙이 '이 사건 수술을 함에 있어 의사의 병내용 설명을 숙지하고 자유의사로 승낙하며 수술중 및 수술후 경과에 대하여 의사와 병원 당국에 하등 민ㆍ형사상의 책임을 묻지 아니하기로 하고 수술시행을 승인하다'는 내용의 부동문자로 인쇄된 수술승인서 용지에 서명날인한 사실은 인정되나, 그 인정사실만으로는 동인에 대한 수술 및 그 준비로서의 마취를 함에 있어서 마취의가 환자나 그 가족에게 이 사건 수술, 특히 전신마취가 초래할 수 있는 위험성이나 부작용에 대하여 설명의무를 다하였다고 볼 수 없으며, 환자가 성인으로서의 판단능력을 가지고 있는 이상 인척

288) 대법원 1994. 11. 25. 선고 94다35671 판결(원심 : 서울고법 1994. 6. 2. 선고 93나28920 판결).

에 불과한 시숙의 승낙으로써 동인의 승낙에 갈음하는 것은 허용되지 아니한다고 할 것이므로 동인에 대한 치료행위로서 B의 마취는 환자에 대한 설명의무를 다하지 아니함과 아울러 환자의 승낙권을 침해하여 이루어진 위법한 행위이다."라고 하여 설명의무 위반도 같이 지적하였다.

이 판결은 의사에게 의료기술상의 과실에 이어서 설명의무 위반도 판단하고 있다. 이는 설명의무 위반을 의료기술상의 과실과 동일한 형태의 주의의무 위반, 즉 설명의무를 의사의 일반적인 주의의무의 한 요소로 판시하고 있다. 따라서 이 판결은 설명의무의 법적인 성질을 의료계약에 부수된 비독립적인 부수의무로 보고 판결한 듯하다. 이는 의사의 설명의무를 과실인정의 전제개념인 주의의무로 보는 견해로 보는 설에 따른 것으로 보인다.[289]

③ 독립된 주의의무로 본 판례[290]

위 판례는 의사가 원고의 처 소외 박○○에게 관상동맥우회술을 시술하기 전에 그 수술 후에 심장마비 등 부작용이 따를 수도 있다는 점에 대하여 설명을 하지 않은 사안에서 "의사가 설명의무를 위반한 채 수술 등을 하여 환자에게 사망 등의 중대한 결과가 발생한 경우에 있어서 환자 측에서 선택의 기회를 잃고 자기결정권을 행사할 수 없게 된 데 대한 위자료만을 청구하는 경우에는 의사의 설명 결여 내지 부족으로 선택의 기회를 상실하였다는 사실만을 입증함으로써 족하고, 설명을 받았더라면 사망 등의 결과는 생기지 않았을 것이라는 관계까지 입증할 필요는 없으나, 그 결과로 인한 모든 손해를 청구하는 경우에는 그 중대한 결과와 의사의 설명의무 위반 내지 승낙취득 과정에서의 잘못과의 사이에 상당인과관계가 존재하여야 하며, 그 경우 의사의 설명의무의 위반은 환자의 자기결정권 내지 치료행위에 대한 선택의 기회를 보호하기 위한 점에 비추어 환자의 생명·신체에 대한 의료적 침습과정에서 요구되는 의사의 주의의무 위반과 동일시할 정도의 것이어야 한다."고 판시함으로써 설명의무의 법적성질을 과실의 전제개념인 주의의무로 보지 않고, 독립된 주의의무로 판단하여 설명의무 위반으로 인한 전손해 배상이 가능하다고 하였다.

다. 설명의무의 범위

(1) 설명의 범위

설명의무의 세부 유형으로 ① 환자에 대하여 질병의 유무 및 종류에 대한 진단의 결과, 해당 질병에 대한 예후와 경과, 치료방법, 합병증과 부작용 등을 설명해 주는 정보제공의 의무,

---

289) 新美育文, 전게서, 342頁.
290) 대법원 1994. 4. 15. 선고 93다60953 판결.

② 해당 질병에 대하여 가능한 검사와 치료방법 중 환자에게 가장 효과적인 방안을 제시해 주는 조언의무, ③ 환자가 의사의 판단에 따른 지시를 거부하는 경우에 치료의 필요성 등을 납득할 수 있는 설득을 할 의무가 있다.[291]

(가) 환자에 대한 정보제공의무

의사는 첫째, 의사는 환자의 질병 유무와 그 종류에 대한 진단 결과를 설명해 주어야 한다. 왜냐하면 환자가 자신의 질병의 종류나 상태를 알아야 자기결정을 할 수 있기 때문이다. 이때 진단에 대한 대체적인 고지로 충분하나, 다만 예후가 극히 불분명한 경우와 같이 확진이 아닐 경우에 그 불확실한 진단도 알려야 할 의무가 있다.[292]

둘째, 환자가 침습에 동의하지 않으면 자신에게 어떤 상황이 일어나고 그 질병이 앞으로 어떻게 진행될 것인가 등 질병의 예후, 방치할 경우의 상태, 치료방법, 치료수단 등 질병의 예후, 경과에 대한 설명을 해 주어야 한다.

셋째, 치료경과 중 부수적으로 나타날 수 있는 위험에 대한 설명 등이 있어야 한다. 위험설명이란 의사로서 최선의 주의의무를 다하여 침습에 성공한다고 하더라도 확실히 배제할 수 없는 발생 가능한 계속적, 일시적인 부작용에 관한 정보를 설명하는 것을 의미한다. 이 설명은 의료기술을 통하여 확실히 피할 수 없는 결과에 관한 것에 한하며 의사의 과실 있는 치료로 인하여 발생할 수 있는 위험에 대한 설명은 제외된다. 위험설명의 유일한 목적은 치료 중 환자에게 발생할 수 있는 — 환자가 모르고 있는 — 합병증에 대하여 설명해 주는데 있으므로 그 의료행위에 따르는 후유증이나 부작용 등의 위험발생 가능성이 희소하다는 사정만으로 면제될 수 없으며, 그 후유증이나 부작용이 당해 치료행위에 전형적으로 발생하는 위험이거나 회복할 수 없는 중대한 것인 경우에는 그 발생 가능성의 희소성에도 불구하고 설명의 대상이 된다.[293] 판례[294]는 조직검사 후 자궁경부에 염증이 발생한 사건에 대하여 "정기검사 시기에 맞추어 자궁암검사를 의뢰하기 위하여 처음 찾아온 의뢰인에게 세포진 검사와 질확대경 검사를 실시하였을 뿐 아니라 조직검사로 인하여 발생할지도 모르는 후유증에 대하여 아무런 설명도 없이 조직검사까지 실시한 의사의 행위가 과잉진료 내지 설명의무 위반의 불법행위에

---

291) 대법원 2005. 4. 29. 선고 2004다64067 판결, 대법원 2008. 4. 10. 선고 2007다75396 판결 등.
292) 전체의 진료과정을 토대로 살펴보면 침습적인 의료행위 자체를 시행하기 이전에 진단·검사 등을 통하여 환자의 질환을 의사가 확인한 후에 행하는 진료상 설명에 해당하는 것으로 진료행위에 포함되어 되기도 한다. 그러므로 정보제공의무는 진료행위에 포함되는 동시에 승낙을 위한 설명의무에도 연계되는 것으로 파악할 수 있다고 보인다.; 주호노, 의사법학론 제2판, 법문사, 2019, 618-619면.
293) 대법원 1996. 4. 12. 선고 95다56095 판결; 대법원 2002. 10. 25. 선고 2002다48443 판결; 대법원 2004. 10. 28. 선고 2002다45185 판결; 대법원 2007. 5. 31. 선고 2005다5867 판결.
294) 대법원 1998. 3. 27. 선고 97다56761 판결.

해당할 여지가 있다."고 한 바 있다.

그러나 당해 의료행위로 인하여 예상되는 위험이 아니거나 당시의 의료수준에 비추어 예
견할 수 없는 위험에 대한 설명의무까지 부담하게 할 수는 없다.[295]

(나) 조언의무

의사는 의사는 환자에 대한 정보제공만을 백화점식으로 나열하여 설명하여서는 아니 된다.
제공된 정보의 중요성을 감안하여 환자가 적절한 자기결정을 할 수 있도록 조언을 해 줄 의
무가 있다.[296]

첫째, 의사가 수술결과를 확신할 수 없음에도 불구하고 과신에 찬 설명을 하여 자기결정권
을 잘못 행사한 경우에는 손해배상책임이 있다. 독일 제국법원[297]은 환자가 자궁의 좌측 종
양수술 후 생식능력의 상실을 두려워하면서 우려를 표명하였음에도 의사가 아무 걱정하지 말
라고 하여 수술승낙을 하였으나 생식능력을 상실하게 되자 설명의무위반을 이유로 제소한 사
건에 대하여 "의사의 입장에서 수술결과를 완전히 예견할 수 없음에도 불구하고, 그 결과에
대하여 단호한 자세로서 표명하는 의사는 — 환자가 있을 수도 있는 결과를 중시하고 수술을
받을 것인가 아닌가의 결심을 의사의 설명에의 신뢰에 맡긴 것을 인식할 수 있는 경우에는 — 사
정에 따라서는 과실이 있는 것이 된다."고 하면서 이러한 경우에는 수술 전에 환자에게 "그
침습은 무조건적으로 바람직한 결과를 약속하는 것은 아니고, 어떤 종류의 부작용은 배제할
수 없다는 것까지 알려 주는 것이 양심적인 의사의 의무"라고 하여 일반적 조언의무의 침해
에 과실을 인정하였다.

둘째, 여러 가지의 검사나 치료방법이 있다면 전문가의 입장에서 어느 방법이 환자에게 가
장 효과적이고 부작용이 적을 것인지를 알려주어야 한다. 산모에게 태아가 기형아일 수도 있
다는 의심을 하여 판별확률이 비교적 높은 위 트리플마커 검사법이나 양수천자검사를 실시하
거나 적어도 이러한 검사법이 있음을 설명하여 산모로 하여금 위와 같은 검사를 받아 원고가
기형아임을 알 수 있게 할 주의의무가 있음에도 불구하고, 이를 게을리하여 판별확률이 낮은
초음파 검사와 AFP(α −태아성단백) 검사만을 실시하여 태아가 정상이라고 판단한 채, 산모에
게 위와 같이 비교적 판별확률이 높은 검사법에 대하여는 아무런 설명을 하지 아니하여 산모
로 하여금 확실한 검사방법을 택하여 태아가 기형아인지의 여부를 확인하고, 만일 그 태아가
기형아라면 낙태할 수 있는 기회를 박탈하여 기형아인 원고가 태어나게 하여 원고로 하여금

---

295) 대법원 1999. 9. 3. 선고 99다10479 판결.
296) 임창선, 의료과오관련문제에 대한 민사법적 연구, 건국대 대학원 석사학위논문, 1991, 65면 이하.
297) RG 1931. 5. 19. 판결 JW 32, 3328.

향후치료비 및 부양료를 부담하게 하는 손해를 가하였다는 주장하는 원고의 청구에 대하여 대법원[298]은 "피고의사는 산모가 기형아 검사에 대하여 집착하면서 태아의 기형아 검사를 부탁하였으므로 산모에게 기형아 검사를 위한 산전진단방법으로 앞에서 본 바와 같은 여러 가지 검사방법의 필요성 및 위험성, 그 비용 등에 관하여 상세히 설명하여 산모로 하여금 검사를 받을지 여부를 판단할 기회를 주어서 원고의 부모가 스스로 확실한 검사방법을 택하여 태아가 기형아인지 여부를 확인하고, 만일 기형아라면 출산하여 키울 것인지 여부를 선택하고 이에 대한 대비를 할 수 있는 자기결정권을 행사할 수 있도록 하여야 하였음에도 그와 같이 하지 아니한 잘못이 있다 할 것이다."라고 하여 부모에 대한 조언의무 위반이 있음을 시사하였다.[299]

독일 연방대법원은 피임방법에 관한 조언의무를 다하지 아니한 점에 대하여 과실책임을 인정한 바 있다.[300] 즉, 산부인과의사인 피고는 원고의 처로부터 불임수술을 의뢰 받자 자궁척출방법을 권하였으나 원고의 처는 난관 경화법을 희망하였기 때문에 후자의 방법으로 시술하였다. 그 후 원고와 처는 이혼을 하였는데 불임수술의 실패로 이혼 전에 임신되어 딸을 출산하여 원고가 부양료를 지급하게 되었다. 이에 원고는 피고를 상대로 자궁적출방법을 선택하도록 적절한 조언의무를 다하지 아니한 점을 들어 제소한 바, 대법원은 "『의사의 설명의무』하에서 조언으로 이해되는 것과 침습의 위험에 관한 정보가 일반적으로 동일시되지 않는다. … 두 가지의 의무가 다른 것은 … 여기서는 전문지식이 결여된 처에게 의사가 권한 불임수술의 효과와 확률에 관하여 상세한 설명이 중요하다. 왜냐하면 그 설명에 의한 것만으로 처는 보다 확실한 방법을 선택할 것인가 아닌가 판단하는 지위에 있다. 처가 스스로 희망하는 효과확률에 만족하는가, 특별히 부수적 처치의 적용을 바라는가의 판단에 자료가 되는 정보도 처와 원고에 대해 부여되지 않았다. 당법정의 견해에 의하면, 이와 같은 계약상의 조언의무는 의사가 구체적인 실패율을 처에 인식시킬 때에 처음으로 이루어졌다는 것이 된다. 조언의무가 문제가 되는 경우에는 침습의 위험에 관한 설명의 경우와는 다르며, 설명을 제한하거나 설명의 방법

---

298) 대법원 1999. 6. 11. 선고 98다22857 판결, 다만 이 판결은 "원고의 위와 같은 장애 자체가 피고의사의 과실로 인하여 생긴 것이 아님은 명백하므로 결국 원고의 청구는 원고 자신이 태어나지 않았어야 함에도 장애를 가지고 태어난 것이 손해라는 점을 근거로 하고 있다 할 것이다. 그러나 인간 생명의 존엄성과 그 가치의 무한함을 생각해 볼 때 원고가 장애를 갖고 출생한 것과 출생 전 인공임신중절로 출생하지 않는 것과 비교해서 손해의 유무를 판단할 수는 없는 것이다. 물론 원고가 기형아로 태어남으로써 정상인에 비하여 치료비와 양육비가 더 소요될 것임은 능히 짐작이 되나 이것이 피고의사의 의료상의 과실로 인한 원고의 손해라고 볼 수는 없어 그 사이에 상당인과관계를 인정할 수는 없다."고 하면서 원고의 청구를 기각하였다.
299) BGH 1983. 11. 22. 판결에서도 양수검사가 필요한지를 묻는 고령임산부에 대하여 불필요하다고 답하였는데 결국 다운증후군 신생아가 태어난 사건에서 조언의무 위반을 인정한 바 있다.
300) BGH 1980. 12. 2.

을 변경하거나 하는 어떤 치료상의 배려도 통상 전혀 고려되지 않는다. 이점으로부터도 조언의 필요성이 명백하다. 따라서 본 건에서와 같은 상황에서는 처의 결정 내지 행동에 관계된 중요한 의의를 가지는 정보를 처에게 부당하게 주지 않은 것에는 합리적 이유가 존재하지 않는다."고 하면서 조언의무 위반을 지적하였다.

셋째, 환자에게 입원의 필요성과 의료보험의 혜택여부에 대한 조언의무를 다하지 아니한 과실책임을 인정하고 있다. 즉, 내과의사인 피고는 원고가 관절염과 보행곤란을 호소하자 변형성 관절염증으로 진단하고 입원치료를 하였는데, 그 후 원고가 의료보험회사에 비용의 배상을 청구하였으나, 의료보험회사는 입원치료가 불필요하였다면서 보험급부를 거절하였고, 보험료지급청구소송에서도 패소하였다. 이에 원고는 피고를 상대로 입원이 불필요하다는 점과 그러한 경우 의료보험료가 지급되지 않는다는 점을 조언하지 않았다는 점을 들어 입원비용의 환불과 의료보험회사와의 소송비용의 배상을 청구하였다. 독일 연방대법원은 "피고는 계약의 범위 내에서 원고에게 포괄적으로 진료처치에 관한 조언을 하고, 진료처치에 관한 원고의 이해를 얻고, 진료를 행하는 것을 의무로 하고 있다. 입원치료의 필요성이 의심되는 경우에 있어서는 이러한 조언은 입원치료의 이해도 또한 포괄되는 것은 의심할 여지가 없다. 의사가 현재의 의학지식에 따라서 입원을 필요로 한다고 생각한다면 입원을 권유하여 환자를 입원시키는 것이 타당하다. 이에 대해 통원치료도 또한 의학상 적절하고 가능한 경우에는, 의사는 환자에 대해 통원치료도 가능하다는 것에 관하여, 또한 환자에게 극단적으로 부담되지 않는 모든 치료방법에 대해 설명하여야 한다. 그 설명은 입원처치를 수용하던가, 통원치료를 우선으로 하는가의 결정을 환자에게 가능하게 하는 것이기 때문에 필요하다. 그 결정 시에 환자에게는 치료방법의 비용도 일정의 역할을 할 수 있는 것은 분명하며, 양당사자에게는 인식되어야 할 것이다. 치료방법의 비용이 고려되는 한에 있어서는, 또한 의사는 환자에게 도움을 주어야 하며, 주어야 할 전문가이기 때문이다. 환자와는 달리 의사는 경제적 위험을 인식할 수 있으며, 다른 방법으로도 목적을 달성할 수 있는 것을 알 수 있으므로, 비용의 차이를 언급하지 않고 입원치료를 권해서는 안 된다. 그렇지 않으면 의사는 잘 알지 못하는 의사를 신뢰하는 환자에 대해 의사의 지식이 있다면 거절할 수 있는 비용을 법적으로 부당한 방법으로 부담시키는 것이 될 것이다. 항소심이 피고에 불필요하게 된 진료비용의 배상만 아니라 의료보험회사와의 소송비용의 지불을 명하는 것은 정당하다. 피고는 원고의 확대손해를 방지하기 위해서 입원치료가 보험약관의 의의에 있어서는 의학상 필요하지 않았다는 것을 원고에게 고지하지 않았다. 그 고지의무는 당사자 간에 존재하는 진료계약과 그 사후효과로써 생기는 것이다."고 하면서 원고의 청구를 모두 받아들였다.

(다) 설득의무

의사는 적절한 설명을 하였음에도 불구하고, 환자가 잘못된 자기결정권을 행사하면서 지시나 치료방법에 따르지 아니할 경우에도 생명을 다루는 전문가의 입장에서 환자를 적극적이고 능동적으로 설득하여야 할 의무가 있다. 왜냐하면 환자는 의료에는 문외한이고, 생명이나 신체가 위협을 받는 경우에는 이성적인 판단을 제대로 하기 어렵기 때문에 환자가 올바른 자기결정을 할 수 있도록 도와주어야 하기 때문이다.

대법원301)은 축구골대를 안고 넘어지면서 복부손상을 입고 2차 의료기관에 후송된 환자가 일반외과전문의 L의 수술권유를 적극적으로 거부하면서 집 근처의 1차 의료기관으로 전원을 고집하는 바람에 수술을 하지 못하고 구급차에 태워 보냈으나 도착 전에 비장손상으로 인해 실혈사한 사건에 대하여 "망인은 장파열, 복강내출혈로 보였고 비장손상의 가능성이 있었으며 이러한 경우 위급한 상황이므로 피고로서는 그 당시 의식이 있었던 망인이나 병원에 동행한 동료나 전화통화가 가능하였던 망인의 처에게 망인의 상태가 조기에 수술을 하지 아니하면 생명이 위험한 상황이 될 수도 있음을 충분히 설명하여 그 동의를 얻어 즉시 응급개복술을 시행하고 수술 개시가 지연되어 생명에 위험을 초래하는 일이 없도록 하여야 함에도 위와 같은 상황임을 충분히 설명하지 아니하여 이러한 사정을 알지 못한 처가 집 근처에서 수술 받기를 희망하였다는 이유만으로 만연이 위 사고를 당한지 2시간이 지난 같은 날 17:00경 망인을 피고병원으로부터 자동차로 1시간 정도 거리에 있는 수원시 소재 ○○의원으로 전원하도록 한 과실이 있다."고 하면서 응급개복술의 필요성에 대한 설득의무 불이행책임을 묻고 있다.

독일 판례302)도 환자가 의사의 지시를 어기고, 치료를 거절하는 경우에 의사가 단순히 그 거절을 받아들임으로써 책임이 면제되지 않는다고 하면서 "절박한 건강손상을 피하기 위하여서는 특정의 의료조치가 필요하다는 사실을 인식한 경우에 환자가 거절을 포기하고, 동의를 하도록 매우 적극적으로 치료의 필요성을 언급하고, 상황에 따라 필요한 모든 시도를 하여야 하는 것은 모든 의사의 직업의무로서 특별한 의미를 갖는다."라고 하여 의사의 설득의무를 강조하고 있다.

---

301) 대법원 2000. 9. 8. 선고 99다48245 판결.
302) BGH VersR 1954. S.98 ff.

(2) 판례의 태도

(가) 설명의무의 범위에 해당하는 경우

① 의료행위의 위험성과 하지 않을 경우의 자연경과적 예후

1) 대법원[303]은 "원심은 피고 ○○○ 이 사건 수술 전에 원고 □□□에게 이 사건 백내장 수술치료와 그 치료에 따른 후유증 및 수술치료를 받지 아니할 경우 초래될 결과를 설명하지 아니하였고, 또 위 수술 전후에 백내장 수술도 망막박리를 일으킬 수 있다는 점과 특히 이 사건에서는 수술 도중에 수정체 후낭이 파열되어 그 가능성이 더욱 커졌을 뿐 아니라 위 원고와 같은 중등도 이상의 근시인 사람이 사회적으로 심한 활동을 할 경우에도 망막박리가 초래될 가능성이 있다는 점 등을 설명하여 위 원고로 하여금 이에 대비하도록 하여야 하는데도 이러한 설명을 하지 아니한 사실을 인정한 다음, 위 인정과 같은 피고 ○○○의 설명의무 위반은 결과적으로 위 원고로 하여금 백내장 수술에 따른 후유증인 망막박리의 증상과 그 예방방법 및 진단 방법, 치료 방법, 치료가 지연되는 경우 초래될 결과 등에 대비할 기회를 상실하게 하였고 그로 인하여 망막박리라는 예기치 못한 결과를 당하여 정신적 고통을 입게 하였으며 그 가족인 나머지 원고들에게도 그로 인한 정신적 고통을 입게 하였으므로 피고들은 각자 원고들에게 위 정신적 고통에 대한 위자료를 배상할 책임이 있다고 판단하였다."고 하면서 그러한 원심의 판단은 위와 같은 법리에 따른 것으로 정당하고 보았다.

2) 대법원[304]은 "원심은 … 피고들이 무혈성 골괴사라는 심각한 부작용을 초래할 수 있는 스테로이드제제를 투여함에 있어서 설명의무를 위반하여 원고가 그 투여 여부를 결정할 수 있는 권리를 침해하였다고 판단하였는바, 위 법리와 기록에 비추어 살펴보면, 원심의 이러한 사실인정과 판단은 정당한 것으로 수긍이 가고, 거기에 채증법칙 위배, 의사의 설명의무의 존부 및 범위에 관한 법리오해 등의 위법이 있다고 볼 수 없다."고 하였다.

② 발생 가능성이 희소한 후유증이나 부작용

대법원[305]은 "그 후유증이나 부작용이 치료행위에 전형적으로 발생하는 위험이거나 회복할 수 없는 중대한 것인 경우에는 발생가능성의 희소성에도 불구하고 설명의 대상이 되며, 이 경우 의사가 시술 전 환자의 상태 및 시술로 인한 합병증으로 사망할 가능성의 정도와 예방가능성 등에 관하여 구체적인 설명을 하여 주지 아니하였다면 설명의무를 다하였다고 할 수 없다."고 하였다.

---

303) 대법원 1997. 7. 22. 선고 95다49608 판결.
304) 대법원 2007. 9. 7. 선고 2005다69540 판결.
305) 대법원 2004. 10. 28. 선고 2002다45185 판결.

(나) 설명의무의 범위에 해당하지 않는 경우

① 환자에게 발생한 중대한 결과가 의료행위로 인한 것이 아닌 경우

1) 대법원[306]은 "원심판결 이유를 살펴보면, 원심이 그 판시와 같은 원고 안압의 변동추이, 안압 상승의 기간, 스테로이드 제제 및 안압하강의 처방내용, 스테로이드 녹내장의 발생원인 등의 사정을 종합하여, 원고의 녹내장이 피고의 스테로이드제 안약투여로 인하여 발생한 것이라고 볼 수 없다는 이유로, … 설명의무위반에 관한 원고의 주장을 모두 배척한 조치는 수긍할 수 있다."고 판단하였다.

2) 대법원[307]은 망인이 수혈부작용으로 인하여 사망한 것으로 볼 수 없는 경우이어서 환자에게 발생한 중대한 결과가 의사의 침습행위로 인한 것이 아니므로 위자료 지급대상으로서의 설명의무 위반이 문제될 여지는 없다고 판단하였다.

3) 대법원[308]은 "원고 2가 입원하여 피고 병원 의료진으로부터 검사·진단·치료 등을 받는 과정에서 원고 1에게 뇌성마비라는 중한 결과를 가져올 개연성이 있는 의료행위가 있었다고 보기 어렵고, 나아가 원고 2에 대한 피고 병원 의료진의 제왕절개술, 그 밖의 치료행위 등에 의하여 원고 1에 대한 뇌성마비가 발생하였다고 볼 수도 없는 이상, 피고들이 원고 2에게 쌍태아 중 일측 태아가 사망한 경우 태아곤란증 또는 생존 태아에 대한 뇌성마비의 발생가능성 등에 대하여 구체적으로 설명하지 아니하였다고 하더라도 그로 인한 위자료 지급의무가 있다고 보기는 어렵다고 할 것이다."고 하였다.

4) 대법원[309]은 "원고에게 발생한 이 사건 장애가 1차 수술의 결과로 인한 것으로 보기 어렵고, 피고 병원 의료진의 의료상의 과실 이외에 척수경색 등 원고에게 현재의 이 사건 장애를 초래할 다른 원인이 없다고 단정하기도 어려워 피고 병원 의료진에게 1차 수술 결과 마미증후군이 발생할 수 있다는 점에 대하여 설명의무가 있었다고 보기는 어렵다."고 하였다.

② 자기결정권에 영향을 미치지 않는 경우

대법원[310]은 피고가 이 사건 수술 당시 수술로 인하여 복합부위통증증후군이 발생할 수 있음을 예견할 수는 없었다는 이유로 위 부작용에 대한 설명의무 위반을 인정하지 않은 원심의 판단이 정당하다고 보았다.

---

306) 대법원 2010. 7. 8. 선고 2007다55866 판결.
307) 대법원 1995. 4. 25. 선고 94다27151 판결.
308) 대법원 2010. 5. 27. 선고 2007다25971 판결.
309) 대법원 2016. 9. 23. 선고 2015다66601, 66618 판결.
310) 대법원 2010. 6. 24. 선고 2007다62505 판결.

라. 설명의 정도

(1) 의사의 설명과 환자의 이해 사이의 양방향성

의사의 설명의무는 환자의 의료행위에 관한 자기결정권을 보장하기 위한 목적으로 의료행위에 관련된 제반 설명을 하는 것이므로, 그 목적을 달성하기 위해서는 환자가 의사의 설명을 온전히 이해하여야 한다. 그런데 의사의 설명은 고도의 전문적 용어와 해부학적 지식으로 점철된 의학지식으로 이루어져 있고, 환자가 이를 전공한 동종업계의 종사자가 아니라면 의사의 설명을 수월하게 이해하는 것은 불가능하다. 또한 의사가 의료행위에 관한 충분한 설명을 수행하였더라도 환자의 교육 정도, 지능이나 연령, 각자의 주관적 사정 등으로 인하여 이해가 부족한 경우나 의사소통 과정에서 의사와 환자 사이에 신뢰관계 형성에 이르지 못하여 환자가 자기결정권을 제대로 행사하지 못하여 동의에 나아가지 못하는 경우가 발생하기도 한다. 그렇기 때문에 의사는 설명의무의 과정에서 환자의 측면을 고려하여 환자가 의료행위를 충분히 납득하여 자기결정권 행사에 나아갈 수 있을 정도로 이해시켜야 하는 점도 설명의무의 양방향성에서 나타나는 특징이다.[311]

이 과정에서 환자가 설명의무의 범위 중 설득의무가 쟁점으로 등장하며, 의사의 충분한 설명과 설득이 인정되어 환자의 진료협력이 요청되는 경우인지 아니면 의사의 불충분한 설명으로 환자의 이해를 끌어내는데 실패하여 설명의무 위반이 되는 경우인지를 판단해야 한다. 특히 성인이므로 동의능력은 존재하나 이해력이 떨어지는 고령 환자의 경우나[312] 그와 반대로 의학적 지식이나 경험치가 높은 의사나 간호사와 같은 보건의료종사자인 환자의 경우, 의사의 설명은 정도나 강조점에 있어 차이가 있을 수 있다.[313] 그리고 의사의 설명에 대한 환자의 거절로 인하여 발생한 악결과에 의사가 설명의무 위반의 책임을 부담하는지도 다르게 평가되어야 할 것이다.[314]

---

311) 이를 설명의 정도의 측면에서 의사의 충분한 설명으로 기술하는 견해로는 장창민, 의사의 설명의무에 대한 연구-보호법익을 중심으로-, 아주법학 제13권 제2호, 2019, 89면.

312) 일본의 경우에도 환자의 이해력의 유무에 따른 의사의 설명의 정도에 대해서는 판례에서 적지 않게 언급되고 있다. 그런데 일반 성인에 비하여 이해력이 떨어지는 고령의 환자 등에 대해서는, 의사가 저하된 이해력에 대응하여 알기 쉽게 설명을 하였는가에 대한 문제 제기 보다는 환자의 동의 능력을 직접적으로 확인하지 아니한 채 곧바로 환자의 가족 등 대리인에게 적절하게 설명이 되었는지 여부로 치환하여 문제를 해결하는 경향이 있다고 한다.; 山下登, "医師の説明義務をめぐる重要争点の検討-脊髄疾患に対して椎弓切除術 施行された事例を手がかりとして-", 臨床法務研究 18号, 2017, 18-20頁.

313) 환자가 보건의료종사자의 경우 환자 자신이 의학적 지식을 가지고 있기 때문에, 의사의 개괄적인 설명만으로도 치료 내용이나 위험성에 대하여 정확한 이해에 이르는 것이 기대되므로 의사가 그와 같은 위험성에 대해서 상세한 설명이 필요하지 않다고 파악할 수 있다.; 山下登, 전게논문, 18-20頁.

우리나라 판례에서도 "의료진의 설명은 의학지식의 미비 등을 보완하여 실질적인 자기결정권을 보장하기 위한 것이므로, 환자가 이미 알고 있거나 상식적인 내용까지 설명할 필요는 없고, 환자가 위험성을 알면서도 스스로의 결정에 따라 진료를 거부한 경우에는 특별한 사정이 없는 한 위와 같은 설명을 하지 아니한 데 대하여 의료진의 책임을 물을 수는 없다. 그리고 이 경우 환자가 이미 알고 있는 내용인지는 해당 의학지식의 전문성, 환자의 기존 경험, 환자의 교육수준 등을 종합하여 판단할 수 있다."고 하여 환자의 이해를 위한 설명이 되어야 하고, 의사가 이를 다하였음에도 불구하고 환자가 이를 거절한 경우 설명의무 위반이 될 수 없음을 설시하였다.[315][316]

그러므로 설명의 정도를 구체적 상황에 따라 유형화하면 아래와 같다.

첫째, 일반적으로 침습이 위험할수록 설명의무의 범위는 확대되며, 합병증 발생 가능성이 적다고 하더라도 환자의 생명·신체에 중대한 위해를 가할 수 있는 경우에는 설명의 정도가 높아야 할 것이다.

둘째, 침습이 긴급하고 필요할수록 설명에 대한 요구는 적어지며, 침습이 긴급하지 않거나 필요성이 적을 경우에는 설명에 대한 요구가 많아진다. 대법원[317]은 자궁외 임신을 자궁근종으로 오진하여 환자의 동의 없이 자궁을 적출한 사건에서 수술의 긴급성이 없었다는 이유로 설명의무 위반책임을 물었다. 대법원은 "과실판단에 있어서 설명의무의 내용으로 자궁외 임신의 경우 수술의 필요성 여부 및 그 부위, 자궁제거수술외 다른 치료방법이 있는지 여부를

---

314) 대법원 2010. 3. 25. 선고 2009다95714 판결에서 대법원은 "원고의 경우 척추유합술이 위험 또는 중대하지 않으며 상당한 결과의 호전을 기대할 수 있다는 취지의 이 부분 원심판단은 정당하다. 따라서 원고가 합리적인 이유 없이 이를 거부함으로써 손해가 확대된 이상, 그 손해 부분은 피해자인 원고가 부담하는 것이 손해의 공평한 부담이라는 견지에서 타당하다."고 하여 환자가 의사의 충분한 설명에도 거부하여 확대된 손해에 대한 책임을 부담하여야 한다고 판단하였다. 그 이유에 대하여 대법원은 "신체를 침해하는 의료행위가 위험 또는 중대하지 않아 결과가 불확실하지 아니하고 관례적이며 상당한 결과의 호전을 기대할 수 있는 경우에, 피해자가 합리적인 이유 없이 자기결정권을 행사하여 이와 같은 의료행위를 거부함으로써 손해가 확대된 때에는 손해의 공평한 부담이라는 견지에서 그 확대된 손해 부분을 공제한 나머지 부분으로 가해자의 배상범위를 제한하거나 확대된 손해 부분은 피해자가 이를 부담하여야 한다."고 하였다.

315) 대법원 1994. 4. 15. 선고 92다25885 판결; 대법원 2009. 5. 21. 선고 2009다17417 전원합의체 판결; 대법원 2010. 3. 25. 선고 2009다95714 판결; 대법원 2011. 11. 24. 선고 2009다70906 판결.

316) 이러한 판례의 태도는 진료상의 설명에 대해서도 동일하게 나타난다. 대법원은 "진료상의 설명의무로서 진료행위의 본질적 구성부분에 해당한다 할 것이고, 이때 요구되는 설명의 내용 및 정도는, 비록 그 부작용의 발생가능성이 높지 않다 하더라도 일단 발생하면 그로 인한 중대한 결과를 미연에 방지하기 위하여 필요한 조치가 무엇인지를 환자 스스로 판단, 대처할 수 있도록 환자의 교육정도, 연령, 심신상태 등의 사정에 맞추어 구체적인 정보의 제공과 함께 이를 설명, 지도할 의무가 있다."고 판시하였다(대법원 2005. 4. 29. 선고 2004다64067 판결).

317) 대법원 1992. 4. 14. 선고 91다36710 판결.

포함시킨 것은 자궁제거수술을 시행한 위 정○○, 이○○이 자궁외 임신 사실을 알지 못하고 있었으므로 적절하지 아니하나 이는 가정적 판단에 불과할 뿐 아니라 기록에 의하면 당시 자궁외 임신에 의한 증상이라고 볼만한 사정이 있었고 위 정○○ 자신도 자궁외 임신의 가능성을 생각해 보기까지 하였음에도 자궁에 혹이 만져진다고 하여 자궁근종이라고 진단하고 더 이상의 보다 정밀한 확인 검사를 하지 아니한 잘못으로 자궁외 임신임을 알지 못함으로써 결과적으로 위 원고로 하여금 위와 같은 진단상의 과오가 없었다면 당연히 설명 받았을 판시와 같은 내용을 설명받지 못한 채 수술승낙을 하게 한 과실이 있다고 인정되므로 위 집도의사들이 설명의무를 다하지 못함으로써 원고의 승낙권을 침해한 과실이 있다는 취지의 판단 자체는 정당하고 거기에 과실을 기초지우는 사실에 대한 사실오인이나 과실판단의 잘못이 있다고 할 수 없다."라고 하여 수술의 긴급성이 없는 경우에는 개복술을 하던 중이었다고 하더라도 조직검사를 실시하여 확진 후 환자의 승낙을 받은 다음 자궁적출술을 시행하여야 한다고 하면서 원심을 확정하였다.

셋째, 진료 대안(代案)이 있는 경우, 환자는 여러 가지 진료방법 중에서 자신에게 알맞는 진료방법을 선택함에 있어서 합리적으로 결정권을 행사할 수 있으며 그 결정권은 의사에 의하여 박탈될 수 없다.

(2) 판례의 태도

(가) 미비한 설명으로 인하여 환자를 이해시키는 것에 실패한 경우

① 대법원[318]은 "수혈에 의한 에이즈 바이러스의 감염은 수혈행위에 전형적으로 발생하는 위험이고, 그로 인하여 에이즈 바이러스에 감염되는 경우 현대의학으로는 치료 방법이 없어 결국 사망에 이르게 되는 것으로서 그 피해는 회복할 수 없는 중대한 것인 데다가 의학적으로 문외한인 환자로서는 예상할 수 없는 의외의 것이므로, 위험 발생가능성의 희소성에도 불구하고 의사들의 설명의무가 면제될 수 없다고 보아야 하고, 수술 후 수술 중의 출혈로 인하여 수혈하는 경우에는 수혈로 인한 에이즈 바이러스 감염 위험은 당해 수술과는 별개의 수혈 그 자체에 특유한 위험으로서 당해 수술 자체로 인한 위험 못지아니하게 중대한 것이므로 의사는 환자에게 그 수술에 대한 설명, 동의와는 별개로 수혈로 인한 위험 등을 설명하여야 한다."고 하여 문외한인 환자에게 수혈로 인한 위험을 설명하여야 한다고 판단하였다.

② 대법원[319]은 "원심은, 망인은 장파열, 복강내출혈로 보였고 비장 손상의 가능성이 있었으며 이러한 경우 위급한 상황이므로 피고 ○○○으로서는 그 당시 의식이 있었던 망인이나

318) 대법원 1998. 2. 13. 선고 96다7854 판결.
319) 대법원 2000. 9. 8. 선고 99다48245 판결.

병원에 동행한 동료인 ㅁㅁㅁ 또는 전화통화가 가능하였던 망인의 처인 원고 ◇◇◇에게 망인의 상태가 조기에 수술을 하지 아니하면 생명이 위험한 상황이 될 수도 있음을 충분히 설명하여 그 동의를 얻어 즉시 응급개복술을 시행하고 수술개시가 지연되어 생명에 위험을 초래하는 일이 없도록 하여야 함에도 위와 같은 상황임을 충분히 설명하지 아니하여 이러한 사정을 알지 못한 위 원고가 집근처에서 수술받기를 희망하였다는 이유만으로 만연히 전원하도록 한 과실이 있다고 판단하였는바, 원심의 이와 같은 사실인정과 판단은 기록에 비추어 수긍할 수 있고 거기에 사실오인이나 이유불비, 의사의 설명의무 내지 설득의무에 관한 법리오해 등의 위법이 있다고 할 수 없다."고 하면서 응급개복술의 필요성에 대한 설득의무를 위반한 점에 대한 책임을 물은 바 있다.

(나) 충분한 설명에도 환자가 동의를 거부한 경우

① 대법원[320]은 "제반 사정상 甲이 乙병원 의료진이 권유한 흉부 방사선촬영 등을 거부할 경우 발생할 수 있는 위험성을 알았거나 乙병원 의료진으로부터 설명을 들었음에도 흉부 방사선촬영이 태아에 미칠 위험성등을 고려하여 스스로의 결정에 따라 진료를 거부하였다고 보이는데, 환자가 의료진이 권유하는 진료의 필요성과 진료 또는 진료거절의 위험성을 인식하면서 스스로의 결정에 따라 진료를 거절한 경우 의료진으로서는 환자의 선택권을 존중할 수밖에 없고, 환자가 임산부여서 진료거절로 태아에게 위험이 발생할 우려가 있다고 해도 마찬가지이며, 乙 병원 의료진이 甲에 대한 흉부 방사선촬영 등 기초적인 검사를 하지 못한 상태에서 폐부종을 정확히 진단하지 못하였거나 이뇨제를 투여하지 않았더라도 이를 잘못이라고 보기는 어려우므로, 乙병원 의료진에게 설명의무 위반, 진료상 과실이 있다고 볼 수 없다."고 하였다.

② 대법원[321]은 "피해자의 남편 공소외 2는 피해자가 화상을 입기 전 다른 의사로부터 피해자가 간경변증을 앓고 있기 때문에 어떠한 수술이라도 받으면 사망할 수 있다는 말을 들었고, 이러한 이유로 피해자와 공소외 2는 피고인의 거듭된 수술 권유에도 불구하고 계속 수술을 받기를 거부하였던 사실을 알 수 있다. 이로 보건대, 피해자와 공소외 2는 피고인이 수술의 위험성에 관하여 설명하였는지 여부에 관계없이 간경변증을 앓고 있는 피해자에게 이 사건 수술이 위험할 수 있다는 점을 이미 충분히 인식하고 있었던 것으로 보인다. 그렇다면 피고인이 피해자나 공소외 2에게 공소사실 기재와 같은 내용으로 수술의 위험성에 관하여 설명하였다고 하더라도 피해자나 공소외 2가 수술을 거부하였을 것이라고 단정하기 어렵다. 원심

---

320) 대법원 2011. 11. 24. 선고 2009다70906 판결.
321) 대법원 2015. 6. 24. 선고 2014도11315 판결.

이 유지한 제1심이 적법하게 채택한 증거를 종합하여 보더라도 피고인의 설명의무 위반과 피해자의 사망 사이에 상당인과관계가 있다는 사실이 합리적 의심의 여지가 없이 증명되었다고 보기 어렵다."고 하여 의사의 수술과 관련된 설명이 수차례 있었고 이에 대한 환자의 수술 거부가 계속되다가 최종적으로 동의하여 수술을 진행하였다면 환자가 충분히 수술의 위험성을 이해한 뒤에 이루어진 자기결정이므로 설명의무 위반에 해당하지 않는다고 판단하였다.

(다) 미용성형수술의 경우 설득의 가중

미용성형수술은 치료 목적으로 수행되지는 않지만 침습성이 존재하여 의사가 하지 아니하면 보건위생상의 위해가능성 등이 발생할 수 있으므로 의료행위에 해당한다는 것이 우리나라 판례의 태도이다.[322] 그리고 미용성형수술에 관한 설명의무에 대하여 대법원은 "외모상의 개인적인 심미적 만족감을 얻거나 증대할 목적에서 이루어지는 것으로서 질병 치료 목적의 다른 의료행위에 비하여 긴급성이나 불가피성이 매우 약한 특성이 있으므로 이에 관한 시술 등을 의뢰받은 의사로서는 의뢰인 자신의 외모에 대한 불만감과 의뢰인이 원하는 구체적 결과에 관하여 충분히 경청한 다음 전문적 지식에 입각하여 의뢰인이 원하는 구체적 결과를 실현시킬 수 있는 시술법 등을 신중히 선택하여 권유하여야 하고, 당해 시술의 필요성, 난이도, 시술 방법, 당해 시술에 의하여 환자의 외모가 어느 정도 변화하는지, 발생이 예상되는 위험, 부작용등에 관하여 의뢰인의 성별, 연령, 직업, 미용성형 시술의 경험 여부 등을 참조하여 의뢰인이 충분히 이해할 수 있도록 상세한 설명을 함으로써 의뢰인이 필요성이나 위험성을 충분히 비교해 보고 시술을 받을 것인지를 선택할 수 있도록 할 의무가 있다."고 미용성형수술의 특성에 의거하여 의사의 설명의무는 보다 구체적이고 신중하여야 한다는 점을 강조하고 있다.[323] 즉, 대법원은 미용성형수술을 시술하는 의사에게는 "시술하고자 하는 미용성형 수술이 의뢰인이 원하는 구체적 결과를 모두 구현할 수 있는 것이 아니고 일부만을 구현할 수 있는 것이라면 그와 같은 내용 등을 상세히 설명하여 의뢰인에게 성형술을 시술받을 것인지를 선택할 수 있도록 할 의무가 있다."고 하였고,[324] "고도의 전문적 지식에 입각하여 시술 여부, 시술의 시기, 방법, 범위 등을 충분히 검토한 후 그 미용성형 시술의 의뢰자에게 생리적, 기능적 장해가 남지 않도록 신중을 기하여야 할 뿐 아니라, 회복이 어려운 후유증이 발생할 개연성이 높은 경우 그 미용성형 시술을 거부 내지는 중단하여야 할 의무가 있다."고 하여[325] 미

---

322) 대법원 1974. 11. 26. 선고 74도1114 전원합의체 판결; 구체적인 대법원의 견해 변경 내용에 대하여는 김성은·백경희, 미용성형의료행위의 개념 정립에 관한 연구, 한국의료법학회지 제29권 제1호, 2021, 76–77면.

323) 대법원 2002. 10. 25. 선고 2002다48443 판결; 대법원 2013. 6. 13. 선고 2012다94865 판결.

324) 대법원 2013. 6. 13. 선고 2012다94865 판결.

용성형수술을 시술하는 의사의 설득의무를 강조하였다.

마. 설명의무 이행의 형식

(1) 설명의무자

설명의무는 의료행위에 속하므로 의료행위를 하는 의사는 그때마다 설명의무를 진다. 의료에 참여하는 의사가 여러 명 있을 때에는 배려의무가 있는 의사 즉, 환자와 의료계약을 체결한 의사 또는 환자의 주치의사가 설명하는 것이 바람직하다. 다만, 대법원[326]은 설명의무의 주체는 "원칙적으로 당해 처치의사라 할 것이나 특별한 사정이 없는 한 처치의사가 아닌 주치의 또는 다른 의사를 통한 설명으로도 충분하다."고 판시하였다. 이러한 대법원의 태도는 의료팀에 따른 의료현장에서의 분업의 원칙을 고려한 것으로 이해된다. 즉, 설명의무에 있어서도 의료팀에 따른 의료분업의 적용이 문제될 수 있는데, 판례에 의할 때 대등한 지위의 의사와 의사 사이의 수평적 업무 분장은 가능하다고 보인다. 또한 대학병원과 같은 수련병원[327]에서는 실제 수술을 집도하고 관장하는 임상교수가 인턴·레지던트에게 수술동의서를 환자로부터 징구받도록 지시하는 방식으로, 즉, 수직적 업무 분장의 형태로 집도의가 아닌 의사가 설명의무를 이행하는 경우가 많은데, 명문의 규정과 판례에 의할 때 이러한 형태의 설명의무의 분업도 가능하다고 보인다.

한편 의료법 제24조의 제1항에서 수술행위 시 설명의무의 주체는 의료인 중 의사·한의사·치과의사로 한정되는 것으로 규정되어 있다. 최근에는 의료기관에 '설명간호사'가 일부 의사의 설명의무에 대한 보완을 해 주는 경우가 증가하고 있는데, 이 경우 진료의 보조로서 간호사 업무의 범위 내에 해당하는지 수직적 업무 분장에 해당하는지가 문제된다. 이러한 임상 현실은 설명의무의 주체를 의사·한의사·치과의사로 보고 있는 법률의 규정과 판례의 태도와는 다소 차이가 있다.[328]

(2) 설명의 수령자 및 환자의 동의

설명의 수령자는 원칙적으로 환자 자신이므로 환자만이 동의할 권리가 있다.

그러므로 어떤 의사도 환자를 제외한 채 그의 친족이나 다른 사람들에게 질병 및 의료처치

---

325) 대법원 2007. 5. 31. 선고 2007도1977 판결.
326) 대법원 1999. 9. 3. 선고 99다10479 판결.
327) 전공의의 수련환경 개선 및 지위 향상을 위한 법률 제2조 제2호에 따른 수련병원을 말한다.
328) 이에 관하여는 백경희·안영미·김남희·김미란, 설명간호사의 현황과 법적 지위에 관한 고찰, 의료법학 제14권 제2호, 2013, 261-280면.

에 대하여 설명하고, 그들로부터 동의를 받을 수 없다. 대법원[329])은 "수술 전날에 환자의 시숙이 '수술을 함에 있어 의사의 병내용 설명을 숙지하고 자유의사로 승낙하며 수술 중 및 수술 후 경과에 대하여 의사와 병원 당국에 하등 민·형사상의 책임을 묻지 아니하기로 하고 수술시행을 승인한다'는 내용의 부동문자로 인쇄된 수술승인서 용지에 서명날인한 사실만으로는, 환자에 대한 수술 및 그 준비로서의 마취를 함에 있어서 병원의 의료팀이나 마취담당 의사가 환자나 그 가족에게 수술, 특히 전신마취가 초래할 수 있는 위험성이나 부작용에 대하여 설명의무를 다하였다고 볼 수 없으며, 환자가 성인으로서의 판단능력을 가지고 있는 이상 인척에 불과한 시숙의 승낙으로써 환자의 승낙에 갈음하는 것은 허용되지 아니한다고 할 것이므로, 환자에 대한 치료행위로서 마취담당 의사의 마취는 환자에 대한 설명의무를 다하지 아니함과 아울러 환자의 승낙권을 침해하여 이루어진 위법한 행위"라고 판단한 바 있다.

예외적으로 의사무능력자인 영유아나 의사능력은 존재하나 행위능력이 없는 미성년자의 경우, 응급상황에 처하거나 정신질환으로 인하여 의사무능력 상태인 성년자의 경우 자기결정권 행사에 흠결이 존재하므로,[330]) 이때에는 그의 법정대리인이 동의권자가 된다.

(3) 설명의 시기

환자의 결정의 자유를 보장하기 위해서 설명은 의료행위 전에 적시에 행해져야 한다. 우리나라의 의료법상 의사의 설명의무에 관한 규정에서도 의사의 설명이 해당 의료행위의 시행 전에 환자에게 이루어져야 하고 환자가 동의를 하여야만 의료행위의 수행이 가능함을 알 수 있다. 그런데 의사의 사전 설명이 의료행위 시점과 어느 정도의 간격을 두어 이루어져야 하는지와 그 판단기준에 대하여 현행법은 규율하고 있지 않으므로, 현재로서는 법원이 구체적 사건에서 개별적으로 판단할 수밖에 없다.[331]) 즉, 환자가 자신의 인식능력과 결정능력을 완전히 가지고 있고, 환자에게 행해지는 침습시까지 일정한 고려기간이 남아있어 충분히 의료침습의 의미를 이해하고 그 위험성과의 비교형량을 할 수 있는 시점에서 이루어져야 할 것이다. 대법원도 "의사의 설명의무는 의료행위가 행해질 때까지 적절한 시간적 여유를 두고 이행되어야 한다. 환자가 의료행위에 응할 것인지를 합리적으로 결정할 수 있기 위해서는 그 의료행위의 필요성과 위험성 등을 환자 스스로 숙고하고 필요하다면 가족 등 주변 사람과 상의하고 결정

---

329) 대법원 1994. 11. 25. 선고 94다35671 판결.
330) 환자의 승낙이 유효하기 위하여는 환자에게 승낙에 관한 일정한 능력이 있어야 한다. 이 승낙능력은 보통의 법률행위능력과 동일하지는 않다. 한마디로 승낙능력은 재산거래에서와 같은 높은 정도의 판단능력일 필요는 없고, 스스로 정신적, 육체적 고통과 손상 및 위험을 수인할 것을 결정할 수 있는 정도의 능력이면 된다. 관련 판례로는 대법원 2023. 3. 9. 선고 2020다218925 판결.
331) 현두륜, 개정 의료법상 설명의무에 관한 비판적 고찰, 의료법학 제18권 제1호, 2017, 20면.

할 시간적 여유가 환자에게 주어져야 하기 때문이다. 의사가 환자에게 의사를 결정함에 충분한 시간을 주지 않고 의료행위에 관한 설명을 한 다음 곧바로 의료행위로 나아간다면 이는 환자가 의료행위에 응할 것인지 선택할 기회를 침해한 것으로서 의사의 설명의무가 이행되었다고 볼 수 없다."고 하면서 "이때 적절한 시간적 여유를 두고 설명의무를 이행하였는지는 의료행위의 내용과 방법, 그 의료행위의 위험성과 긴급성의 정도, 의료행위 전 환자의 상태 등 여러가지 사정을 종합하여 개별적·구체적으로 판단하여야 한다."고 하여 의사의 설명의 적절한 이행 시기에 대하여 기준을 제시한 바 있다.[332]

한편 독일민법에서는 제630조의e 제1항에서 의료행위자가 승낙을 획득하기 위하여 요구되는 모든 본질적인 사안에 관하여 설명하여야 할 의무,[333] 즉 자기결정적 설명의무를 부담한다고 하면서, 제2항에서 그러한 설명이 '환자가 동의에 관하여 심사숙고하고 판단할 수 있는 적절한 시기에 이루어져야 한다'고 함으로써 사전 설명에 더하여 환자의 숙고기간에 대하여도 명문의 규율을 두고 있다.[334]

원고의 승낙능력이 결여된 경우에는 그 법정대리인이 승낙을 대행한다.

(4) 승낙의 방식

승낙은 특별한 방식을 요하는 것은 아니다. 환자 또는 그 대리인의 동의는 '그저 방임하는 것', '피동적으로 참는 것'이 아니라 환자 측에서 의료행위의 성질과 그에 수반되는 위험성을 인식하고서 하는 동의를 말한다.[335] 특히 의료가 위험을 내포하고 환자의 생명·신체에 불가역적인 변화가 초래되리라고 예상되는 경우 또는 경제적 부담이 큰 경우에는 그 범위, 방법 등을 이해시키고 반드시 명시적 동의를 얻어야 한다.

승낙의 방식에 대해 의료법 제24조의2에서는 제1항에서 의사·치과의사 또는 한의사는 사람의 생명 또는 신체에 중대한 위해를 발생하게 할 우려가 있는 수술, 수혈, 전신마취를 하는 경우, 제2항에 따른 사항을 환자에게 설명하고 전자문서를 포함하는 서면으로 그 동의를 받아야 한다고 하여 서면의 수술동의서를 환자로부터 징구 받아야 할 의무가 있음을 규정하고 있다. 대법원도 수술행위 시 수술동의서를 기준으로 설명 여부를 판단하여야 한다고 하였다. 즉, 대법원[336]은 "원심은 수술동의서에 기재되어 있는 소음순성형술에 음핵성형술이 포함되어 있

---

332) 대법원 2022. 1. 27. 선고 2021다265010 판결.
333) 이재경, 환자의 권리보호와 의료계약의 입법에 관한 검토, 법학연구 제53집, 2014, 95면.
334) 김중길, 민법상 전형계약으로서 의료계약－독일법과의 비교를 중심으로－, 법제연구 제47호, 2014, 356－357면.
335) 추호경, 의료관례해설 수정증보판, 법정사, 1989, 242－243면 참조.
336) 대법원 2020. 8. 13. 선고 2017다248919 판결.

다고 보아 피고가 음핵성형술에 관하여도 설명의무를 이행하였다고 판단하였다. 그러나 소음
순과 음핵은 해부학적으로 다른 신체부위이고, 일반적으로 소음순성형술에 음핵성형술이 포
함되어 시행된다고 볼 자료도 없다. 또한 원고가 작성한 수술동의서 중 '소음순성형' 부분에는
소음순수술과 관련된 내용만 기재되어 있을 뿐 음핵성형술과 관련된 아무런 내용도 기재되어
있지 않으므로, 피고가 음핵성형술에 관하여도 설명의무를 이행하고 원고가 이에 동의하였다
고 단정할 수 없다."고 하고, "원고가 작성한 수술동의서에는 음핵성형술이 기재되어 있지 않
을 뿐만 아니라 피고가 수술명칭을 명확하게 구분하지 않은 채 원고에게 설명하였다면 피고
가 설명의무를 제대로 이행한 것으로 볼 수 없고, 원고의 이해부족 등을 탓하여서는 안 된
다."고 한 바 있다.

바. 설명의무 위반에 따른 손해배상의 범위

(1) 학설, 판례의 경향

독일판례는 설명의무 위반에 따른 처치를 위법한 신체침해로서 불법행위를 구성한다고 보
고 있다. 다만 거기서 생긴 손해에 관하여는 전손해를 배상하도록 한 판결과 위자료만을 인정
한 판결이 함께 보인다. 일부 학자는 설명의무 위반을 일반적인 인격권의 침해로 파악하고서
위자료배상만 인정할 것을 주장하는 견해를 제시하고 있다.

그러나 우리나라에서는 위자료 배상을 주로 인정하고 있고, 일부 전손해 배상책임을 인정
한 판례가 보인다. 그 이유는 의사 대비 환자 수가 많은 우리 의료환경을 고려할 때 지나치게
설명의무책임을 강조할 경우 방어진료 내지 과잉진료로 환자의 진료대기시간이 길어지게 되
고, 그로 인하여 다수의 환자들이 치료기회를 잃게 될 우려를 하고 있는 것으로 추정된다. 그
러나 의료수준이 상승되었고, 특히 미용성형수술이 붐을 일으키고 있는 현실 하에서는 적어도
수술의 필요성과 긴급성이 떨어지는 미용성형에 관한 의료과실에 대하여는 설명의무 위반시
전손해배상책임을 적극적으로 인정하는 것이 법리에 맞다고 본다.

오히려 형사사건에서는 미용성형의료사고에 대하여 설명의무위반책임을 적극적으로 묻고
있다. 하급심[337]은 화학약품을 사용하여 '심부피부재생술'이라는 페놀박피술을 시술하는 과정
에서 화상을 입게 한 사건에 대하여, "박피약물을 이용한 피부박피술은 미용성형시술의 일종
으로서, 미용성형시술은 구명성(救命性) 및 긴급성의 부재, 강한 영리성을 그 특징으로 한다.
따라서 미용성형시술 의사에게는 고도의 전문적 지식에 입각하여 시술 여부, 시술의 시기, 방

---

337) 서울중앙지법 2010. 4. 21. 선고 2009고단4647 판결(서울중앙지법 2010. 12. 1. 선고 2010노1537 판
결로 확정).

법, 범위 등을 충분히 검토한 후 그 미용성형 시술의 의뢰자에게 통상적으로 수인하여야 하는 범위를 초과하는 생리적, 기능적 장해가 남지 않도록 신중을 기하여야 할 뿐 아니라, 회복이 어려운 후유증이 발생할 개연성이 높은 경우 그 미용성형 시술을 거부 내지는 중단하여야 하는 등 다른 의료적 시술에 비하여 가중된 주의의무가 있다. 한편, 일반적인 설명의무도 가중되어 미용성형수술을 한다하더라도 외관상 다소간의 호전이 기대될 뿐이며, 수술 후의 상태가 환자의 주관적인 기대치와 다른 경우도 있을 수 있으므로 의사는 환자에게 치료의 방법 및 필요성, 치료 후의 개선상태 및 부작용 등에 관하여 구체적인 설명을 하여 환자가 그 의료행위를 받을 것인지 여부를 선택할 수 있도록 하여야 할 의무가 있다. 또한, 심부피부재생술은 미용성형시술일 뿐만 아니라 기존의 페놀박피술을 변형시킨 시험적 시술로 그 유효성 및 안전성이 검증되지 않은 상태였으므로, 피고인은 시술대상자들에게 이러한 사실에 대해서도 사전에 충분히 설명하여 환자들로부터 진정한 승낙을 얻어야 할 주의의무가 있었다. 그럼에도 불구하고 피고인은 환자들을 상대로 기미는 완치가 가능하고 재발된 예는 없으며 2주 내지 1개월이면 정상적인 생활이 가능하다고 하거나, 다른 병원의 다른 시술방법과 달리 피고인의 시술법은 부작용이 없다는 취지로 상담하는 등 시술법의 장점만을 부각시켰을 뿐, 페놀을 이용한 시험적 시술인 점, 환자의 피부타입에 따라 시술 효과의 차이가 있을 수 있는 점, 부작용가능성, 시술대상자가 얻고자 하는 주관적 치료효과에 이르지 못할 가능성, 치료효과 및 이에 따르는 위험성의 비교 등 사전에 행해져야 할 충분한 설명을 하지 않았다. 결국 피고인은 심부피부재생술을 시술함에 있어, 피부미용성형시술의사로서 위와 같은 설명의무를 다하지 아니한 채로 그 안전성과 시술방법 등이 검증되지 않은 시험적 시술방식으로 이를 시행함으로써 그 주의의무를 위반하였다."고 하여 설명의무 위반을 근거로 유죄를 인정하였는바, 민사책임도 같은 법리하에 전손해배상책임을 인정하는 방향으로 나가야 할 것이다.

(2) 위자료의 배상만을 명한 경우

설명의무 위반으로 인한 위자료만을 인정한 판결로 대법원[338]은 백내장 수술 후 망막박리가 발생한 사안에서 "피고의 설명의무 위반은 결과적으로 위 원고로 하여금 백내장 수술에 따른 후유증인 망막박리의 증상과 그 예방 방법 및 진단 방법, 치료 방법, 치료가 지연되는 경우 초래될 결과 등에 대비할 기회를 상실하게 하였고 그로 인하여 망막박리라는 예기치 못한 결과를 당하여 정신적 고통을 입게 하였으며 그 가족인 나머지 원고들에게도 그로 인한 정신적 고통을 입게 하였으므로 피고들은 각자 원고들에게 위 정신적 고통에 대한 위자료를

---

338) 대법원 1997. 7. 22. 선고 95다49608 판결.

배상할 책임이 있다고 판단한 것은 타당하다."고 판시하였다.

(3) 전손해를 인정한 판례

대법원[339])은 불가피한 수술이 아님에도 불구하고 설명의무를 게을리하여 악결과가 발생한 경우에는 전손해를 배상하여야 한다고 판시한 바 있다. 위 판결은 생명에 지장이 없는 미골돌출증상이 있는 환자가 마취약제부작용으로 사망한 사건에 대하여, "환자 A는 대학입학시험을 준비 중인 고교 3년생으로서 판시 미골통 이외에는 다른 병이 없이 건강하여 이 사건 수술을 받으러 가면서도 스스로 걸어서 갈 정도의 상태이었고, 위 미골통은 그 자체는 생명에 지장을 초래하는 중대한 질환이 아니며, 위 A의 이모인 소외 망 B가 피고들로부터 할로테인 마취제를 사용하여 판시와 같은 수술을 받은 후 고열 등 이상증세를 보이기 시작한 직후이었음에도 불구하고 피고들은 위 A나 그 부모인 원고 C, D에게 위 미골절제술이 불가피한 수술이었는지 여부를 설명하여 주지 않았을 뿐만 아니라 앞서 본 바와 같이 할로테인의 부작용에 대한 설명도 하여 주지 아니하였던바, 이러한 경우 위 A나 위 원고들로서는 피고들로부터 위와 같은 설명을 들었더라면 위 수술을 받지 않았거나 위 마취방법에 동의하지 않았을 수도 있었을 것이므로, 피고들의 위와 같은 설명을 다하지 아니한 과실과 위 A의 사망과의 사이에는 상당인과관계가 있다고 봄이 상당하다."고 하면서 전손해 배상책임을 인정하였다.

---

339) 대법원 1996. 4. 12. 선고 95다56095 판결, 참고로 하급심판결(서울고법 2011. 8. 30. 선고 2010나82334) 중에는 의학적으로 검증되지 않은 미용성형수술(고주파치료기계를 이용한 종아리퇴축술)을 받던 중 외측 족저 경골신경다발손상을 입은 사건에 대하여, 다리감각신경부위의 사전검사 미실시와 경과관찰해태과실주장은 "신경위치를 정확하게 파악하는 것이 기술적으로 불가능하므로 신경손상의 악결과만으로 과실이 있다고 할 수 없다"고 기각하였으나, "의사는 진료계약상의 의무 내지 침습에 대한 승낙을 얻기 위한 전제로서 질병의 증상, 치료방법의 내용 및 필요성, 예상되는 위험 등에 관하여 상당하다고 생각되는 사항을 설명하여 환자가 필요성이나 위험성을 충분히 비교해 보고 그 시술을 받을 것인가 여부를 선택하도록 할 의무가 있다. 이 건 시술은 해서는 안 되는 수술이어서 정형외과학회측에서는 공식적으로 수술에 반대하고 있고, 성형외과학회에서도 찬반양론이 대립되고 있는 상황이다. 의사가 진료기록부에 '종아리상담, 재발 및 합병증에 대해 설명'이라고 기재한 사실만으로는 시술부작용에 관하여 충분히 설명하였다고 인정하기 부족하다. 종아리근육 퇴축술의 방법, 부작용에 관하여 충분히 설명하였다면 환자가 시술을 받지 아니하였을 것으로 여겨지므로 현증상과 의사의 설명의무위반 사이에는 상당인과관계가 있다. 이 건 시술은 치료목적이 아닌 미용목적의 시술임에도 불구하고 위험부담이 큰 시술이다. 환자의 자기결정권침해에 대한 위자료 뿐만 아니라 재산상 손해에 대하여도 배상할 책임이 있다."고 하였다. 다만 환자가 시술의 위험성을 전혀 감수할 의사가 없었다고 보기 어렵다고 하여 환자 측에 대하여 20% 과실상계하였다(원심 서울중앙지법 2010. 7. 20. 선고 2009가단122768 판결은 "악결과가 발생하였다는 사정만으로 과실이 있었다고 단정하기 어렵다. 다만 진료기록부상 '재발 및 합병증에 대해 설명'이라는 기재만으로 설명의무의 법리에 따른 의무를 다하였다고 인정하기에 부족하다."고 하여 위자료만 인정하였다).

사. 설명의무의 면제

첫째, 응급환자의 경우 환자에 대한 설명의무는 일응 면제된다.

우리 하급심판례로는 내과적 초응급 질환인 긴장성 기흉으로 인한 호흡부전으로 사망한 사건에 대하여 "환자의 상병이 급박하거나 중대하여 즉각적으로 일정 의료를 실행하지 않으면 환자에게 사망 또는 심각한 건강손상의 결과를 초래하게 되는 경우에는 의사의 설명의무가 면제된다."340)고 하고, 분만손상을 입은 사고에 대하여 "출산과정에서 견갑난산이 발생하게 되면, 신생아에 신경골격간 손상, 상완신경총 손상, 저산소성 뇌장애의 후유증이 발생할 위험이 있어 긴급히 응급조치가 필요하는 등 의사의 설명의무가 면제될 만한 사정이 있었다."341)고 하여 응급상황에서는 설명의무가 면제된다고 판시한 있다.

둘째, 환자가 의료침습의 내용을 잘 알고 있어 설명을 원하지 않는 것을 명시적으로 표시한 경우는 설명의무가 면제된다. 예를 들어, 산부인과를 전공한 여의사가 출산을 위하여 입원하여 수술 등 의료침습을 받아야 할 경우에는 환자 본인이 의료침습의 내용을 잘 알고 있을 것이기 때문에 본인의 명시적인 거절의사가 있다면 설명의무가 면제될 것이다. 한편 임상에서는 가정적 승낙이 종종 문제되는데, 대법원342)은 만약 환자가 부작용이나 위험성 등에 대한 설명을 들었다고 하더라도 그 투약을 승낙했을 것이 명백하였다는 의사의 주장에 대하여 "환자가 의사로부터 올바른 설명을 들었더라도 위 투약에 동의하였을 것이라는 이른바 가정적 승낙에 의한 의사의 면책은 의사 측의 항변사항으로서 환자의 승낙이 명백히 예상되는 경우에만 허용된다." 하여 가정적 승낙의 요건을 엄격히 해석하고 있다.

셋째, 설명의무의 이행이 환자의 심신에 중대한 영향을 미칠 것이 우려될 경우에도 설명의무가 면제된다. 하급심법원343)은 장암증세에 관한 정밀진단을 위해 '레이비스트(Rayvist) 300'이라는 이온성 조영제주사를 맞은 후 그 과민쇼크로 사망한 사안에서, "CT 촬영을 위한 조영제를 주사하기에 앞서 환자가 이에 응할 것인가 여부를 올바르게 결정하도록 하기 위하여 부담하는 설명의무의 내용은 시행방법, 그로 인하여 통상적으로 야기될 수 있는 후유증에 국한되고 설명을 하는 것이 심적부담을 주어 위험도가 커질 수 있는 경우에는 설명의무가 면제된다고 할 것인 바, 피해자와 같은 암환자가 조영제주사에 대하여 공포감을 일으켜 흥분하면 부작용이 심하게 될 수 있으므로 구토 등의 부작용 외에 조영제로 인하여 사망에 이를 수도 있다고 설명하지 아니한 점을 들어 설명의무 위반이라고 볼 수 없다."고 하여 의사의 설명이 환

---

340) 인천지법 부천지원 2017. 2. 17. 선고 2013가합9474 판결.
341) 수원지법 2016. 11. 29. 선고 2016가합76677 판결.
342) 대법원 1994. 4. 15. 선고 92다25885 판결.
343) 서울민사지법 1993. 2. 5. 선고 90가합55122 판결.

자의 심적부담을 증가시켜 위험도가 커질 수 있는 경우는 설명의무가 면제된다고 한다. 그런데 실제 암의 고지 여부와 설명의무의 한계가 문제될 수 있다. 미국에서는 의사의 질병 고지의무를 지나치게 강조하여 암고지가 급격히 늘고 있다고 한다. 이는 설명의무가 의료윤리 문제에서 법적인 의무로 발전되면서 논란거리가 되고 있다. '진실을 인내할 수가 있고, 진실을 이성적으로 취급하는 환자만이 진실을 알 권리를 갖는다.'344)라고 하여 암고지는 하지 않아도 된다는 견해가 있으나 이것도 역시 고지하여 생을 마감할 수 있도록 하는 것이 옳지 않을까 한다.

5. 의사의 지도설명의무

앞서 의료법 제24조의 요양방법 지도의무에서 살펴본 바와 같이, 판례는 의사의 진료상의 설명이나 의사가 환자에 대한 진료 중 또는 진료 후에 회복·치유 단계에서 환자가 치료를 위하여 준수하여야 할 요양방법이나 건강 관리 방법을 설명하는 '지도설명의무'를 모두 진료행위의 본질적 구성부분에 해당하는 주의의무로 파악하여, 환자의 자기결정권을 보호하는 것에 방점이 있는 설명의무와는 구별되는 것으로 보고 있다.345) 지도설명의무는 의료행위 일부로 포섭되어 환자의 자기결정권에 의한 선택 가능성이 배제되기 때문에 의료상의 본래 과실로 논의되므로, 그 위반행위가 환자에게 발생한 사상 등의 악결과와의 사이에 인과관계 및 위법성 관련성이 있다면 전손해의 배상이 가능하다.346)

대법원347)도 "시각이상 등 그 복용 과정에 전형적으로 나타나는 중대한 부작용을 초래할 우려가 있는 약품을 투여함에 있어서 그러한 부작용의 발생 가능성 및 그 경우 증상의 악화를 막거나 원상으로 회복시키는 데에 필요한 조치사항에 관하여 환자에게 고지하는 것은 약품의 투여에 따른 치료상의 위험을 예방하고 치료의 성공을 보장하기 위하여 환자에게 안전을 위한 주의로서의 행동지침의 준수를 고지하는 진료상의 설명의무로서 진료행위의 본질적 구성부분에 해당"하는 지도설명의무라고 판단하여 승낙을 위한 설명의무의 영역으로 기술하

---

344) E. Schmidt, "Ärztliche Schweigepflicht und Keine Ende", Deutsche Medizinische Wochenschrift. 1954, S.1649.
345) 같은 취지에서 설명의무를 조언설명의무와 지도설명의무로 나누어 전자의 위반은 자기결정권의 침해가 문제되고 후자의 위반은 치료상의 과실로 판단하는 견해로는 김일룡, 의사의 설명의무에 대한 판례의 유형화와 그 검토-증명책임과 배상범위를 중심으로-, 의생명과학과 법 제26권, 2021, 29-30면, 또한 설명의무를 기능별로 분류하여 보고성 설명의무, 요양지도성 설명의무, 기여성 설명의무로 나누는 견해로는 석희태, 의사 설명의무의 법적 성질과 그 위반의 효과, 의료법학 제18권 제2호, 2017, 5-9면.
346) 안법영·백경희, 설명의무와 지도의무, 148면.
347) 대법원 2005. 4. 29. 선고 2004다64067 판결.

지 않은 바 있다.[348] 또한 대법원[349]은 "의사가 진찰·치료 등의 의료행위를 함에 있어서는 사람의 생명·신체·건강을 관리하는 업무의 성질에 비추어 환자의 구체적인 증상이나 상황에 따라 위험을 방지하기 위하여 요구되는 최선의 조치를 취하여야 할 주의의무가 있고, 이와 같은 주의의무는 환자에 대한 수술 등 침습행위가 종료함으로써 끝나는 것이 아니라, 그 진료 목적의 달성을 위하여 환자가 의사의 업무범위 이외의 영역에서 생활을 영위함에 있어 예견되는 위험을 회피할 수 있도록 환자에 대한 요양의 방법 기타 건강관리에 필요한 사항을 지도설명하는 데까지도 미친다 할 것이므로(의료법 제24조 참조), 의사는 수술 등의 당해 의료행위의 결과로 후유 질환이 발생하거나 아니면 그 후의 요양과정에서 후유 질환이 발생할 가능성이 있으면, 비록 그 가능성이 크지 않다고 하더라도 이를 억제하기 위한 요양의 방법이나 일단 발생한 후유 질환으로 인해 중대한 결과가 초래되는 것을 막기 위하여 필요한 조치가 무엇인지를 환자 스스로 판단·대처할 수 있도록, 그와 같은 요양방법, 후유 질환의 증상과 그 악화 방지나 치료를 위한 대처방법 등을 환자의 연령, 교육 정도, 심신상태 등의 사정에 맞추어 구체적인 정보의 제공과 함께 설명·지도할 의무가 있다."고 하고 "이러한 지도설명의무는 그 목적 및 내용상 진료행위의 본질적 구성부분이므로, 지도설명의무 위반과 상당인과관계가 있다면 그로 인한 생명·신체상의 손해에 대하여 배상할 책임을 면할 수 없다."고 파악하여 진료상의 의료과실로 보아 전손해의 배상책임을 명하고 있다.

그리고 지도설명의무의 시기에 관하여 대법원[350]은 "일반적으로 의료행위에는 통상 진단과 치료 외에 환자에 대한 요양지도도 포함되고, 이러한 요양지도는 환자의 질병, 연령, 성별, 성격, 교양의 정도 등에 응하여 진료의 각 단계에서 적절한 시기에 환자의 상황에 따라 구체적으로 이루어져야 할 것인바, 통상 입원환자들은 환자 자신을 위해서나 다른 환자들의 보호를 위해서도 금연이 요구되고, 특히 수술환자에 있어서는 그 필요가 더욱 크다고 할 수 있으므로, 입원환자나 수술환자들의 금연에 대한 지시 혹은 지도는 의료종사자들의 요양지도의 한 구체적 내용을 이룬다고 할 것이다"라고 하여 진료의 전과정의 각 단계에서 요양방법지도가 구체적으로 이행되어야 한다고 판시하였다.

---

348) 대법원 1999. 3. 26. 선고 98다45379, 45386 판결에서 지도의무의 시기에 관하여 대법원은 "일반적으로 의료행위에는 통상 진단과 치료 외에 환자에 대한 요양지도도 포함되고, 이러한 요양지도는 환자의 질병, 연령, 성별, 성격, 교양의 정도 등에 응하여 진료의 각 단계에서 적절한 시기에 환자의 상황에 따라 구체적으로 이루어져야 할 것인바, 통상 입원환자들은 환자 자신을 위해서나 다른 환자들의 보호를 위해서도 금연이 요구되고, 특히 수술환자에 있어서는 그 필요가 더욱 크다고 할 수 있으므로, 입원환자나 수술환자들의 금연에 대한 지시 혹은 지도는 의료종사자들의 요양지도의 한 구체적 내용을 이룬다고 할 것이다."라고 하여 입원 중에도 요양방법지도가 구체적으로 이행되어야 한다고 판시하였다.
349) 대법원 2005. 4. 29. 선고 2004다64067 판결; 대법원 2010. 7. 22. 선고 2007다70445 판결.
350) 대법원 1999. 3. 26. 선고 98다45379, 45386 판결.

제4절   의료과실소송과 증명

1. 의료과실소송에서의 증명책임 경감 및 분배이론

통상의 불법행위의 경우, 가해자의 행위와 피해결과 사이의 사실적 인과관계 자체는 극히 명백하다. 교통사고를 예로 들면, 자동차사고로 부상당한 경우는 통상인의 오감으로 이해가 가능하다. 위 교통사고사례에서 인과관계의 문제로서 논의되는 것은 가해자에게 어느 범위까지 책임을 지워야 할 것인가 라는 법적 인과관계의 문제이다. 그러나 의료는 고도의 전문성과 재량성, 폐쇄성, 밀실성, 개별성 및 예측곤란성, 과학적 증명에 있어서의 한계로 인하여 일반인이 지니는 경험칙만으로는 의사의 의료행위 중에 어떠한 과실이 존재하는지조차 특정하기가 곤란하며, 의료과실을 판단함에 있어 가장 중요한 증거인 진료기록부가 의사 측의 영역에 속해 있고 의료과실의 발생지 역시 의료기관이라는 점을 감안할 때 의사의 의료과실과 악결과 사이의 사실적 인과관계를 판단하기가 어렵게 된다.351) 더구나 현대 의학으로도 풀 수 없고 정복되지 아니한 부분이 산재해 있고, 발생한 악결과가 환자의 특이한 체질적 소인이나 기왕증에 기인할 수도 있는 점에서 인과관계의 존부 판단은 더욱 난관에 봉착한다.352)

이에 환자 측의 입증 부담을 덜어 주고 무기대등의 요청을 충족시켜 공정한 절차를 구할 권리를 보장하기 위해 의료과실소송에서는 입증 자체를 의사 측에 부담시키자는 입증전환론과 같은 강경한 입장에서부터, 입증에 관해서는 원칙적으로 일반법리를 적용하여 환자 측이 증명책임을 부담하지만 그 책임을 완화하거나 경감시키자는 증명책임 경감이론이 등장하게 되었다.353)354)

가. 개연성설355)

개연성설은 공해소송에서 발달된 이론이다.

---

351) G.Müller, Arzthaftung und Sachverständigenbeweis, MedR vol. 19. no. 10, Springer, 2001. 10. S.487.
352) 김민중, 의료분쟁 판례의 동향과 문제점, 의료법학 창간호, 2000. 5. 35 – 37면.
353) 범경철, 전게서, 261 – 291면.
354) H.W.Laumen, Die "Beweiserleichterung bis zur Beweislastumkehr" – Ein beweis – rechtliches Phänomen, NJW 2002 Heft 51, S.3746; 일방에 대한 입증경감의 가능성과 타방에게 고정된 증명책임의 전환 사이의 결합은 증명책임원칙의 구체적·객관적 성격으로부터 고려되어질 수 있고, 증거의 평가와 증명책임의 영역을 혼합하는 것으로도 가능하다.
355) 莇 立明·中井美雄, 전게서, 112–116頁.

민사소송에서 인과관계가 증명되기 위해서는 법관의 확신에 가까운 심증형성이 필요하다. 그런데 공해소송에 있어서 엄격한 입증을 요구하는 것은 피해자구제를 힘들게 하였다. 이에 인과관계의 증명책임을 경감하는 것을 목적으로 하는 개연성설이 나오게 된 것이다.

개연성설은 증명책임의 전환까지 발전시킨 것이 아님은 틀림없으나, 원고의 인과관계 증명도를 단순히 낮춘 증명도의 인하가 아니라 일응의 추정 내지 간접반증이론과 맥을 같이하는 것으로 피해자와 가해자간 증명책임의 분담인 것이다.

공해사건에 있어서 인과관계의 증명책임을 완화해야 할 것이라는 근거는,[356] ① 피해자는 과학적 지식과 자력에서 결함이 있고 조사 능력이 없고, ② 가해자인 기업은 과학적 지식과 자력이 있고 조사 능력도 있고, ③ 과학적으로 해명되지 않다고 하여 인과관계를 부정할 근거는 되지 않고, ④ 공적기관에서의 현장조사는 하지 않는 경우가 많고, 하였더라도 공표되지 않는 경우가 많다는 등의 4가지가 있다. 이 개연성설에 의하면, 공해소송에 있어서 인과관계에 대한 입증을 통상의 불법행위와 같은 정도로 확실한 증명을 요구하면, 입증이라는 법적 테크닉 때문에 본래 구제되어야 할 피해자가 구제를 받을 수 없게 되는 점을 고려하여 공해로 인한 피해가 발생하였다고 주장될 경우에는 가해공장에서 인과관계의 부존재에 대하여 반증하지 않는 한, 인과관계의 존재를 인정한다. 이와 같은 생각은 기본적으로는 의료소송에서도 유지되어야 할 것이다. 의료소송에서는 전술한 바와 같이 의료행위의 특질이 뿌리 깊게 반영된다. 특히 의료의 전문성, 밀실성, 재량성, 폐쇄성 등은 환자의 입증활동에 커다란 장애가 되고 있다. 그 곤란성은 공해사건과 같거나 더 크다고 할 수 있다. 현재 우리나라의 의료과실 판결에서는 개연성설에 근거한 것이 많이 보이는데, 실무상 의료소송에서는 환자가 입증한 증거의 무게가 의사가 항변하거나 부인하는 증거의 무게보다 우월하다고 보일 정도까지 증명이 이루어지면, 개연성을 인정하는 사례가 적지 않다. 나아가 판례는 증거의 상대적인 우위가 아니라 과실과 결과 사이에 50%의 개연성만 있어도 인과관계를 인정할 수 있다고 한다.

개연성설의 하나로 외형적 불완전성에 의한 판결이 있다. 의료행위 직후에 이변이 생긴 경우, 즉, 외형적으로 불완전한 발생이 있었다면 이것을 곧바로 불완전한 이행이 있었던 것이라고 추인하고, 의사의 과실을 추정함으로써 환자 측의 주장, 증명책임을 경감시키고 있다. 일본 판례[357]는 치질수술을 위하여 척추마취를 시행한 지 15~30분 만에 호흡곤란증세를 일으켜 사망한 사건에 대하여 "수술과 사망의 사이에는 직접적이던 간접적이던 무엇인가의 인과관계가 인정되는 것에는 의문이 없다."고 하여 외형적인 불완전성을 근거로 원고 청구를 인용한 바 있다. 이러한 입장은 의료행위의 직후에 이변이 있는 경우에는 특별한 사정이 없는 한,

---

356) 中川善之助·兼子一 監修, 實務法律大系, 靑林書院新社, 1979, 66頁.
357) 東京地判 昭和 47. 1. 25. 判夕 277号, 185頁.

이변의 원인은 의료행위로 인한 개연성이 높다고 하는 고려에서 원고 측의 증명책임을 경감하고자 하는 것이다.

　개연성의 입증방법 중에는 소위 '선택적 인정'[358]이라는 방법이 있다. 통상의 개연성 입증방법으로는 개개의 구체적인 의료행위와 피해 사이의 인과관계를 입증하여야 하지만, 이 방법에서는 구체적인 의료행위를 지나치게 특정하여 입증할 필요가 없다. 예를 들어, 의료행위 중에서 A라는 행위나, B라는 행위 중 어느 하나에 의하여 피해가 발생한 것은 어느 정도 명백하지만, A인지 B인지는 알지 못하는 경우에도 인과관계의 주장·입증이 있었다고 인정하는 것이 선택적 인정이다. 일본 판례[359]로서는 심장성 각기(脚氣) 주사사건이 있다. 사안은 심장성 각기증을 치료하기 위하여 주사를 놓았는데, 주사부위가 곪아 소송이 제기되었다. 법원은, "주사액이 불량이었든가 혹은 주사기의 소독이 불완전하였든가, 둘 중의 하나가 원인인 것은 사실이다."라고 하여 주사액 불량 또는 주사기의 소독불완전을 주장, 입증하지 않아도 인과관계를 인정하고 있다. 이와 같은 판단의 근거는 "주사부위에 화농이 발생한 사실로 보아서, 의료기관 측의 무엇인가의 행위가 원인이 되었다."라는 강한 개연성이 인정된다고 하는 고려가 전제된 것이다.

나. 사실상 추정론

　사실상 추정론은 갑이라는 사실이 있을 때는 을이라는 사실이 있었다고 추정되는 입증이론을 말한다. 사실상의 추정론은 개연성설에서 좀 더 나아가 보다 더 입증을 경감하는 학설로서 일본에서 등장하였다.[360] 의료행위상의 악결과가 발생할 수 있는 여러 가지의 원인을 모두 적시하고, 그 가능성을 하나씩 하나씩 배제하면서 결국은 의사의 의료기술상의 과실 이외에는 다른 이유가 없다는 사실상의 추정을 하여 인과관계를 인정한다. 대법원 판례를 예로 들면,[361] 경추추간판탈출증(일명 목디스크) 수술 직후에 하반신마비의 악결과가 발생한 경우 그 원인으로는 ① 외상성, 즉 외과수술로 인한 것, ② 세균감염으로 인한 것, ③ 탈수초성으로 인한 것, ④ 혈관성으로 인한 것, ⑤ 원인불명인 것(혈관 내의 혈류부족으로 인한 것 포함) 등 5가지가 있다. 위 원인 중 ② 세균감염의 경우에는 열이 몹시 나는 전구증상(前驅症狀)이, ③ 탈수초성의 경우에는 먼저 눈이 보이지 않는 전구증상이, ④ 혈관성으로 인한 것인 경우에는 전신홍반 및 낭창이 나타나는 전구증상이 각각 나타나는데, 당해 환자에게는 그러한 전구증상이 없었던 사실을 환자 측에서 입증하고, 아울러 비록 확률은 1% 내외로 적지만 환자의 척수

---

358)　莇 立明·中井美雄, 전게서, 114-115頁.
359)　最高判 昭和 32. 5. 10. 民集 11券 5号, 715頁.
360)　사법연수원, 특수불법행위법연구, 사법연수원, 2010, 299면.
361)　대법원 1995. 3. 10. 선고 94다39567 판결.

또는 척추동맥이 수술 중 외과적인 원인에 의하여 손상되면 하반신 마비의 증상이 발생할 수 있다는 사실을 입증한 경우 악결과는 '외상성 손상으로 인한 것으로 사실상 추정할 수 있다'고 한다.

원·피고 사이에서 주장, 입증된 증거의 무게를 평가하는 개연성이론보다는 의사의 과실이 좀 더 명백하게 추정되기 때문에 상대방인 의사로서는 반증의 정도를 개연성추정을 받는 사건보다는 좀더 강하게 주장, 입증하여야 한다. 만약 의사가 협의의 사실상 추정이론에 의하여 인과관계를 추정받게 되었다면 반증을 하여야 하는 바, 이때 의사는 인과관계의 부정이나 단절을 적극적으로 주장·입증하므로 사실상 증명책임이 의사에게 전환된다.

다. 일응의 추정론

의료과실소송에서의 입증은 자연과학적인 입증이 불가능한 바, 이는 사고경위에 대한 재현이 불가능하다는 데서 하나의 이유를 찾을 수 있다. 일응의 추정론은 고도의 개연성이 있는 경험칙을 이용하여, 어느 사실로부터 다른 사실을 추정하는 증명책임 경감이론을 말한다. 환자 측에서는 일응의 추정론에 따라 인과관계를 인정받기 위해서 ① 의료행위의 미숙, ② 의료행위와 결과와의 시간적인 근접성, ③ 일반적·통계적 인과관계, ④ 의료행위의 양과 결과발생률, ⑤ 의료행위의 내용과 결과발생률, ⑥ 의료행위와 생체반응의 생물학적 관련, ⑦ 환자의 특이성, ⑧ 타 원인의 개입, ⑨ 불가항력 등의 여러 요소를 주장, 입증하면, 일응 의사의 과실이 증명된 것으로 간주받게 된다.[362] 이때 의사인 피고는 일응의 추정을 번복할 수 있는 반증을 제출하여야 면책이 된다.

일응의 추정론은 경험칙의 도움을 빌린다는 점, 통상의 증명도가 요구된다는 점, 단순한 반증에 의하여서도 추정이 깨진다는 점에서는 사실상의 추정과 궤를 같이 하지만, 불법행위요건으로서의 과실과 인과관계에 관하여서만 적용되며 정형적인 사상의 경과가 있는 경우에만 적용이 한정되고 구체적 내용을 특정하지 아니하고서도 과실이나 인과관계를 추정한다는 점에서 사실상의 추정과 차이가 있다. 결국 일응의 추정은 일반적으로 이른바 사실상의 추정의 한 경우라고 할 수 있고, 행위의 객관적 사정을 하나의 증거라고 할 수 있다면 일응의 추정에 의하여 일종의 간접증명이 이루어지는 것이다.[363]

일응의 추정은 일반의 입증에 있어서와 똑같은 정도의 심증이 얻어지지 않으면 요건사실을 인정할 수 없는 것이어서 일응의 추정이라는 명칭보다는 표현증명이라고 하는 것이 타당하다고 한다.[364]

---

362) 唄 孝一·宇都木伸·平林勝政, 醫療事故判例百選, 有斐閣, 1989, 237頁.
363) 사법연수원, 특수불법행위연구, 302면.

라. 증명방해론

증명방해론은 증명책임을 부담하는 자의 증명이 상대방의 유책한 방해행위로 인하여 곤란하거나 불가능하게 되는 경우 증명책임을 부담하지 않는 상대방에게 증거법상 어떤 불이익을 가함으로써 공평을 유지하려는 것이다. 특히 의료사고 발생시 의료과실의 개재 여부를 판단할 수 있는 가장 중요한 증거인 진료기록의 은닉, 폐기, 위·변조를 가한 경우가 대표적이다.

증명방해를 행한 측에 대한 증거법상의 제재로는 증명책임을 전환하도록 하거나 법관의 자유심증에 따라 증명부담자의 주장이 진실한 것으로 인정할 수 있도록 하는 것이 논의되고 있다.365)

우리나라 민사소송법 제349조는 당사자가 문서제출명령에 불응할 때 법원이 상대방의 주장을 진실한 것으로 인정할 수 있고, 동법 제350조는 당사자가 상대방의 사용을 방해할 목적으로 문서를 훼손하여 버리거나 이를 사용할 수 없게 한 때도 위와 같고, 동법 제360조·제361조는 대조에 필요한 필적이나 인영있는 문서, 그 밖의 물건을 제출하거나 보내는 경우와 대조에 적당한 필적이 없는 경우에 이를 대조하기 위하여 상대방에게 그 문자를 손수 쓰도록 명할 때에 정당한 사유없이 이에 응하지 아니하거나 기타 입증에 방해되는 행위를 하여도 위와 같도록 하고 있다. 검증에 관하여도 동법 제366조에서는 위 규정을 준용하고, 당사자본인신문의 경우에도 동법 제369조에서 같은 뜻으로 규정하고 있다. 나아가 동법 제451조 제1항 제5호에는 입증방해 시 재심사유를 규정하고 있다. 즉, 입증방해행위는 인증·서증·검증·감정 등 모든 입증방법을 그 대상으로 하고 있다.

대법원366)은 진료기록이 가필된 사안에서 "당사자 일방이 증명을 방해하는 행위를 하였더라도 법원으로서는 이를 하나의 자료로 삼아 자유로운 심증에 따라 방해자 측에게 불리한 평

---

364) 中野貞一郎, 過失の「一應の推定」について(1), 法曹時報 第19卷 第10号, 1967, 14頁

365) 김상영, 의료과오소송에 있어서의 인과관계, 과실의 입증책임, 부산대학교 법학연구 제37권 제1호, 1996, 220면; 조재건, 의료과오소송에 있어서의 입증책임, 민사법연구 제8집, 2000, 307면.

366) 대법원 2010. 5. 27. 선고 2007다25971 판결, 대법원 1999. 4. 13. 선고 98다9915 판결; 대법원 2010. 7. 8. 선고 2007다55866 판결에서도 "의사 측이 진료기록을 사후에 가필·정정한 행위는, 그 이유에 대하여 상당하고도 합리적인 이유를 제시하지 못하는 한, 당사자 간의 공평의 원칙 또는 신의칙에 어긋나는 증명방해행위에 해당하나, 당사자 일방이 증명을 방해하는 행위를 하였더라도 법원으로서는 이를 하나의 자료로 삼아 자유로운 심증에 따라 방해자 측에게 불리한 평가를 할 수 있음에 그칠 뿐 증명책임이 전환되거나 곧바로 상대방의 주장 사실이 증명된 것으로 보아야 하는 것은 아니며, 그 내용의 허위 여부는 의료진이 진료기록을 가필·정정한 시점과 그 사유, 가필·정정 부분의 중요도와 가필·정정 전후 기재 내용의 관련성, 다른 의료진이나 병원이 작성·보유한 관련 자료의 내용, 가필·정정 시점에서의 환자와 의료진의 행태, 질병의 자연경과 등 제반 사정을 종합하여 합리적 자유심증으로 판단하여야 한다."고 하였다.

가를 할 수 있음에 그칠 뿐 증명책임이 전환되거나 곧바로 상대방의 주장 사실이 증명되었다고 보아야 하는 것은 아니다."라고 판시하여 자유심증설을 취한 바 있다.

마. 증명책임 전환론

증명책임 전환론은 의사가 잘못된 의료행위를 통하여 고의 또는 중대한 과실로 환자를 위험에 처하게 하고 그 위험으로 인해 손해를 발생하게 하였다고 볼 수 있는 경우 잘못된 의료행위와 손해 사이에 인과관계가 없음을 의사가 증명하도록 하여 환자 측에서 증명하도록 되어 있는 증명책임을 의사 측에 전환시키는 것으로, 독일의 판례를 통해서 전개되어 왔다.367)368) 즉, 독일 연방대법원은 의사의 '중대한 치료과실'이 있음이 입증될 수 있고, 환자가 치료영역에 있어서 의료경험상 동일한 종류의 손해를 야기할 수 있는 위험을 창출하지 않았다면, 입증책임의 전환을 행하여 인과관계의 문제에 있어서 환자의 입증곤란을 덜어주어 왔다.369)

이러한 독일 연방대법원의 판례 법리는 독일민법에서 의료계약을 편입시키는 과정에서 명문의 규정으로 입법화되었다. 즉, 독일민법 제630조의h에서는 일반적 진료위험이 실현된 경우 그러한 위험이 진료제공자에 의하여 완전히 지배될 수 있었고 환자의 생명, 신체, 건강을 침해하였다면 진료제공자의 과실은 추정되며(제1항), 진료제공자가 진료를 실행할 능력을 갖추지 못하였을 경우 그의 하자 있는 전문적 능력이 환자의 생명, 신체, 건강을 침해한 원인으로 추정하고(제4항), 중대한 진료과실이 발생하고 이것이 원칙적으로 실제 발생한 환자의 생명, 신체, 건강의 침해를 초래하기에 적합한 것이라면 그 진료과실이 침해의 원인이었을 것으로 추정한다(제5항).370)

---

367) J.Heilmann, Der Stand der deliktischen Arzthaftung, NJW 1990 Heft 24, S.1519.
368) 중국의 경우에도 최고인민법원의 사법해석으로 의료분쟁에서 원고 측은 단지 자기가 병원에서 치료를 받고 또한 손해의 사실이 있다는 것에 대한 증명만 하면 되므로 의사 측의 과실과 인과관계의 증명책임을 의사 측에게 귀속시켰기 때문에 증명책임이 전환된 것으로 보고 있다. 즉, 중국 민사소송증거에 관한 최고인민법원의 규정(2001. 12. 6. 최고인민법원심판위원회 결정, 2002. 4. 1. 시행) 제4조 제8호는 '의료행위로 인해 발생한 손해배상청구소송의 경우 그 의료단체가 의료행위와 손해결과 사이에 인과관게 및 의료과실이 존재하지 않음을 입증할 책임이 있다'고 하여 입증책임을 의료인에게 전환시키고 있다. 중국에서는 이를 '증명책임의 도치(倒置)'라고 한다.; 김천수·박동매, 의료소송에서 증명에 관한 논의, 성균관법학 제18권 제1호, 2006. 6. 156면.
369) 김천수, 의사책임소송에 있어서의 입증문제에 관한 고찰－독일의 의사책임법리론을 중심으로－, 119면 참조.
370) 이재경, 위의 논문, 361－365면; 신현호, 우리나라 의료판례 변화에 대한 비판적 고찰－판결양식과 손해배상액을 중심으로－, 의료법학 제15권 제1호, 2014, 87－88면.

바. Res Ipsa Loquitur 원칙

Res Ipsa Loquitur란 '사물 내지 현상은 그 자체 스스로가 말한다.'는 내용의 라틴어인데, 이 원칙은 의료과실에 대한 직접적인 증거는 없으나 의미 있는 간접적 또는 정황적인 증거가 있는 경우 정황으로부터 추론을 이끌어 내는 방법으로 의료과실을 입증하자는 것이다. 이 원칙은 영국의 불법행위소송에서 사용되다가 1900년대 초 미국의 의료과실소송에서 제3의 객관적인 전문가의 도움에 지나치게 의존하는 경향을 완화하고자 동 원칙으로 입증될 수 있을 만한 경우의 의료과실소송에서 도입되기 시작하였다.

위 원칙의 적용요건으로는 ① 손해가 누군가의 과실이 개재되지 않았다면 통상 일어나지 않는 경우일 것, ② 손해가 피고 측의 배타적 지배 하에 있는 사람 또는 시설에 의하여 발생된 것일 것, ③ 원고의 어떠한 행위도 그 손해를 야기시키지 않았을 것, ④ 사건의 설명가능성이 원고보다 피고에게 더 있다고 보여질 것 등이다.[371]

위 원칙을 도입한 미국은 배심원제도가 운영되고 있는 바, 위 원칙과 배심원제도가 결합하게 되면 배심원은 환자 측에 대하여 동정적인 것이 보통이므로 의사가 반증에 성공하기가 어려워 결과적으로 입증책임 전환과 같은 효과를 가져온다고 본다.[372][373]

2. 우리나라 판례에서의 증명책임 경감 및 분배

가. 판례의 기본적인 태도

우리나라 판례는 위와 같이 환자 측이 의료사고에 있어서의 인과관계를 입증하기가 어렵

---

371) Jeffery Mullis, Medical Malpractice, Social Structure and Social Control, Sociological Forum, Vol. 10, No.1, 1995, pp.144−149, 위 요건들 중 원고가 가장 입증하기 어려운 부분이 위 ①의 요건이라고 하는데, 이것은 전문가가 결정해야 되는 기준이 아니고 보통 사람들의 통상적인 경험과 상식에 의해서 결정될 문제로 해석한다.; 이동신, 미국의 의료과오소송에 관한 최근 판례의 동향, 재판자료 제80집, 외국사법연수논집(15), 624면.

372) 조재건, 전게논문, 307−309면.

373) Res Ipsa Loquitor 원칙은 표현증명론과 효과면에서 차이가 있는 바, 전자의 경우 피고인 의사가 과실의 추정을 번복하기 위해서는 원고의 손해발생이 피고 자신의 주의의무 위반에 기한다는 것보다 그렇지 않는 쪽이 보다 개연성이 있다는 것을 증명하여야 하므로 피고에게 불리한 입증책임이 전환되는 효과가 발생함에 반해, 후자의 경우 피고가 표현증명을 번복시키기 위해서는 피고가 자신에게 책임이 없는 다른 경과가 존재함을 주장·입증하면 충분하며, 반대사실의 증명으로도 족하므로 입증책임 전환의 효과까지 가져오지는 않는다.; 박종권, 의료과오소송의 입증책임전환론, 비교사법 통권 제36호, 2007. 3. 335−336면 참조.

다는 의료의 특수성을 인식하여 환자 측이 의료과실로 인한 피해를 증명할 수 없는 상황요건
을 전제하면서, 추정의 전제로서 환자 측이 의료과실을 입증하도록 하고, 의료인 측이 의료과
실이 아닌 별개의 원인으로 인하여 환자가 피해를 입게 되었다는 점을 입증하도록 하면서 인
과관계를 추정하는 고유의 법리를 형성해 오고 있다.[374]

　즉, 대법원[375]은 "의료행위가 고도의 전문적 지식을 필요로 하는 분야이고, 그 의료의 과
정은 대개의 경우 환자나 그 가족이 일부를 알 수 있는 점 외에 의사만 알 수 있을 뿐이며,
치료의 결과를 달성하기 위한 의료기법은 의사의 재량에 달려 있는 것이기 때문에 손해발생
의 직접적인 원인이 의료상의 과실로 말미암은 것인지 여부는 전문가인 의사가 아닌 보통인
으로서는 도저히 밝혀 낼 수 없는 특수성이 있어서 환자 측이 의사의 의료행위상의 주의의무
위반과 손해의 발생과 사이의 인과관계를 의학적으로 완벽하게 입증한다는 것은 극히 어려우
므로, 이 사건에 있어서와 같이 환자가 치료도중에 사망한 경우에 있어서는 피해자 측에서 일
련의 의료행위 과정에 있어서 저질러진 일반인의 상식에 바탕을 둔 의료상의 과실 있는 행위
를 입증하고 그 결과와 사이에 일련의 의료행위 외에 다른 원인이 개재될 수 없다는 점, 이를
테면 환자에게 의료행위 이전에 그러한 결과의 원인이 될 만한 건강상의 결함이 없었다는 사
정을 증명한 경우에 있어서는 의료행위를 한 측이 그 결과가 의료상의 과실로 말미암은 것이
아니라 전혀 다른 원인으로 말미암은 것이라는 입증을 하지 아니하는 이상, 의료상 과실과 그
결과 사이의 인과관계를 추정하여 손해배상책임을 지울 수 있도록 입증책임을 완화하는 것이
손해의 공평·타당한 부담을 그 지도원리로 하는 손해배상제도의 이상에 맞는다고 하지 않을
수 없다."고 판시하여 일정한 요건 하에서 인과관계를 추정하여 환자 측의 증명부담을 경감
내지 완화시키는 경향을 보여 왔고 상당한 판례를 축적시켜 왔다.

나. 의료과실과 인과관계의 동시 추정

　대법원[376]은 태아가 분만과정 중 두개내출혈 등 두부손상을 입고 뇌성마비에 이른 사안에
서 "원고 X의 출산 직후 발견된 비정상적으로 큰 두개혈종과 뇌부종 및 두개내출혈 등 두부
손상은 위 원고의 분만당시 피고 병원 2년차 전공의가 즉시 전문의에게 보고하여 그의 지시
에 따르든가 제왕절개술을 시행하거나, 그것이 여의치 않아 부득이 심슨겸자(Simpson
forceps)를 이용하여 태아의 두부를 집어 끌어내는 방법으로 분만을 시킬 경우에도 태아의 두

---

374) 안법영, 의료사고 소송상 인과관계 추정, 의료법학 제6권 제2호, 2005. 12. 258－259면.
375) 대법원 1995. 2. 10. 선고 93다52402 판결; 대법원 1995. 3. 10. 선고 94다39567 판결; 대법원 1995.
　　　12. 5. 선고 94다57701 판결; 대법원 1996. 6. 11. 선고 95다41079 판결; 2001. 3. 23. 선고 99다
　　　48221 판결.
376) 대법원 1992. 12. 8. 선고 92다29924 판결.

부는 아직 발육 중으로 약하고 연하여 분만이라는 특수상황 때문에 약간의 물리적 충격에 의해서도 쉽게 손상될 가능성이 있으므로 이러한 손상이 발생되지 않도록 고도의 주의를 하면서 심슨겸자를 사용해야할 의무가 있음에도 이와 같은 주의의무를 게을리하여 심슨겸자로 무리하게 태아의 머리를 집어 끌어내는 과정에서 가한 물리적 충격과 압박에 기인한 것으로 보이고, 산모인 원고 Y와 원고 X가 모두 출산직전까지 극히 정상인 것으로 진단되었을 뿐 아니라 출산 전후를 통하여 달리 뇌성마비의 원인이 될 만한 모체 또는 태아의 감염이나 이상이 있었음을 인정할 자료가 없는 이 사건에 있어서는 위 전공의의 무리한 겸자의 사용으로 인한 두개내출혈 등이 원고 X의 뇌성마비의 원인이 된 것으로 추정된다."고 하여 여러 가지 간접적인 사실을 토대로 의사의 과실을 추정하고, 그 과실과 악결과 사이에 시간적·부위적 근접성이 있는 간접사실을 가지고 다시 인과관계를 추정하여 양자를 같은 평면에 두어 포괄적으로 추정의 법리를 적용하기도 하였다.

다. 의료계약 불이행책임에 따른 증명책임 분배

대법원[377]은 "동일한 사실관계에서 발생한 손해의 배상을 목적으로 하는 경우에도 채무불이행을 원인으로 하는 배상청구와 불법행위를 원인으로 한 배상청구는 청구원인을 달리하는 별개의 소송물이므로 법원은 원고가 행사하는 청구권에 관하여 다른 청구권과는 별개로 그 성립요건과 법률효과의 인정 여부를 판단하여야 한다."고 하면서 채무불이행책임과 불법행위책임에서의 증명책임이 다르다고 판시하였다.

즉, 대법원은 의료계약 불이행책임에 대하여 법률요건분류설에 따라[378] 환자 측이 '의료사고가 발생한 경우 피해자 측에서 일련의 의료행위 과정에 있어서 저질러진 일반인의 상식에 바탕을 둔 의료상의 과실이 있는 행위를 입증하고 그 결과와 사이에 일련의 의료행위 외에 다른 원인이 개재될 수 없다.'[379]는 권리근거요건사실을 증명하게 되면, 의료인 측에서 '위험을 방지할 주의의무를 다했다.'[380]고 하거나 '진료채무의 본지에 따랐다.'[381]는 권리멸각요건

---

377) 대법원 2021. 6. 24. 선고 2016다210474 판결.

378) 헌법재판소 2015. 3. 26. 선고 2014헌바202 결정은 "입증책임은 법규의 구조와 형식(예컨대 본문과 단서, 일반규정과 특별규정, 원칙규정과 예외규정 등)에 따라 분배되어야 하고, 권리의 존재를 주장하는 당사자는 권리근거사실에 대하여 입증책임을 부담하며, 권리의 존재를 다투는 당사자는 권리장애사실, 권리소멸사실 또는 권리저지사실에 대하여 입증책임을 진다는 것이 일반적으로 받아들여지고 있다. 요증사실이 특정인의 고의나 과실 유무 등 내심의 의사라고 하여 그러한 의사의 주체에게 반드시 입증책임을 부담시켜야 하는 것은 아니다. 입증책임규범은 사실의 존부가 불명한 경우 법관으로 하여금 재판을 할 수 있게 하는 보조수단으로서, 구체적으로 누구에게 입증책임을 분배할 것인가는 정의의 추구라는 사법의 이념, 재판의 공정성, 다툼이 되는 쟁점의 특성 및 관련 증거에 대한 접근성 등을 종합적으로 고려하여 입법자가 재량으로 정할 수 있는 입법형성의 영역이다."고 판시하였다.

379) 대법원 2005. 9. 30. 선고 2004다52576 판결.

사실 또는 '그 결과가 의료상의 과실로 인한 것이 아니라 전혀 다른 원인'[382)]이라는 권리장애
요건사실을 증명하도록 증명책임을 분배하고 있다.

라. 증명책임의 전환 가능성

대법원[383)]은 산모가 산전 소변검사 결과 요당 약양성 반응을 보이는 등의 사정이 있었는
데 이에 대해 별다른 조치를 취하지 않은 채 질식분만 방식으로 분만을 유도하던 중 태아가
거대아인 관계로 견갑난산을 하게 되어 태아에게 상완신경총 손상이 발생한 사안에서도 인과
관계를 추정함에 더하여 판결이유에서 "… 앞에서 본 피고의 주의의무 위반, 즉 과실과 원고
1의 상완신경총 손상으로 인한 후유장해와의 인과관계는, ① 피고가 원고 2가 임신성 당뇨
상태에 있게 된 것을 진단해 내지 못하였고, ② 위 원고의 임신성 당뇨로 인해(적어도 다른 원
인들과 함께) 거대아를 출산하게 되었고, 이로 인해(적어도 다른 원인들과 함께) 견갑난산이 되었
으며, ③ 피고가 거대아 출산과 견갑난산을 예견하지 못함으로써 제왕절개술이 아닌 질식분
만 방법을 택하게 되었고, ④ 그 견갑난산 과정에서 피고의 분만시술상의 과실이 더하여지거
나 또는 불가피하게 상완신경총 손상이 발생한 것인 바, 이와 같은 인과관계는 원고들이 입증
하여야 하는 것이 아니라 피고에게 입증책임이 전환되어 있으므로, 피고는 적어도 그 인과관
계를 이루는 사실들 중 어느 하나의 부존재를 입증하여야만 그 책임을 면하게 된다."고 판시
하였다. 이는 법원이 간접사실 등을 통하여 피고의 의료과실과 인과관계를 사실상 추정한 것
에 더하여 증명책임을 전환하는 것이 가능할 수 있음을 나타낸 것으로 이해할 수 있다.

---

380) 대법원 2022. 3. 17. 선고 2018다263434 판결; 대법원 2011. 11. 10. 선고 2009다45146 판결에서도
    장폐색환자에 대하여 "전해질불균형이 발생할 수 있으므로 응급혈액검사를 시행하면서 결과를 확인하고
    실시간으로 모니터링이 가능한 심전도검사 등을 면밀히 관찰하고 조기에 진단하고 치료할 의무가 있다."
    고 하여 권리멸각사실에 대한 증명책임을 의료인 측에게 분배하였다.
381) 대법원 2019. 4. 3. 선고 2015다64551판결은 진료비청구사건에 대하여 "일련의 진료행위 당시 진료계
    약에 따른 선량한 관리자의 주의의무를 다하지 못한 탓으로 신체기능이 회복불가능하게 손상되었고 …
    진료채무의 본지에 따른 것이 되지 못하거나 손해전보의 일환으로 행하여진 것에 불과하다."고 하여 의
    사의 청구를 기각하였다.
382) 서울서부지법 2018. 11. 28. 선고 2018가합34032 판결은 척추수술 시 경막천공으로 신경마비를 일으킨
    사건에 대하여 "경막천공 및 신경근 손상이 불가피한 상태였음을 입증하지 못하는 한 수술상의 잘못이
    있었던 것으로 인정함이 상당하다."고 하였다.
383) 대법원 2003. 1. 24. 선고 2002다3822 판결.

3. 환자의 증명부담 경감에 대한 제한

가. 문제의 제기

위에서 살펴 본 바와 같이 의료사고 민사책임에서는 의료행위가 가지고 있는 특수성을 이유로 법원은 환자 측의 증명부담을 덜어주기 위해 인과관계를 추정하고 의료인의 의료과실을 추정하고 있다. 이러한 추정은 법원이 진료기록의 내용, 진료기록감정 내지 사실조회회신문의 내용에 반하더라도 전후의 제반사정에 비추어 '의학적' 인과관계는 없더라도 '법적'인 상당인과관계 및 과실을 사실상 추정하게 된다.[384]

그런데 현대 임상의학의 실천수준에 비추어 과연 의학적 인과관계가 성립하고 과실이라고 볼 수 있는 의료사고인지가 애매한 경우에, 환자의 증명책임을 경감하기 위하여 인과관계 등을 사실상 추정하게 되면 실질적으로 소송에 있어서 의료인은 환자에게 발생한 악결과가 자신의 의료행위에 기인하지 아니함을 증명하여야 하는 것[385]에서 더 나아가 실제로 악결과의 원인이 의학적으로 불명확하여 불가항력적인 의료사고의 경우임에도 불구하고 그 손해에 대한 무과실책임을 부담하여야 하는 결론에 이를 우려가 있다. 이에 대법원은 인과관계가 추정된다고 하더라도 "그 경우에도 의사의 과실로 인한 결과 발생을 추정할 정도의 개연성이 담보되지 않는 사정을 가지고 막연하게 중대한 결과에서 의사의 과실과 인과관계를 추정함으로써 결과적으로 의사에게 무과실의 증명책임을 지우는 것까지 허용되지는 않는다."라고 하여 일정한 경우 제한을 하고 있다.[386]

나. 과실 · 인과관계 추정의 제한

환자 측이 막연하게 의료행위 전에는 온전하였다가 의료행위가 개재된 후 건강이 악화되었다는 간접사실만을 주장한 것을 가지고 의료과실과 인과관계를 추정하는 것은 부당하다는

---

384) 증명책임의 경감은 자유심증주의와도 밀접한 관련을 지닌다. 그렇기 때문에 법관의 자유심증은 사실인정 자체가 곤란한 의료과실소송에서 중요한 의미를 지니게 된다.; 小林秀之, 新證據法, 弘文堂, 2003, 40－60頁.

385) 판례는 환자의 입증책임을 경감하면서 의료인 측이 추정된 인과관계 및 과실을 복멸하기 위한 요건으로 '그 결과가 의료상의 과실로 말미암은 것이 아니라 전혀 다른 원인으로 말미암은 것이라는 입증'을 하도록 부담하고 있는 것이 그것이다. 그러나 의료인이 이를 입증하는 것은 수월하지 않다.; 손용근, 의료과오소송의 증명책임에 관한 대법원 최근 판례 소고, 민사재판의 제문제(하), 1995, 188면 참조.

386) 대법원 2004. 10. 28. 선고 2002다45185 판결; 대법원 2007. 5. 31. 선고 2005다5867 판결; 대법원 2015. 1. 29. 선고 2012다41069 판결; 대법원 2018. 11. 15. 선고 2016다244491 판결; 대법원 2019. 2. 14. 선고 2017다203763 판결.

반성에 기초하여 이를 제한하기 위한 여러 가지 법리를 제시하고 있다.

(1) 추정의 전제로서 의사의 과실로 인한 결과발생을 추정할 수 있을 정도의 개연성이 담보 되는 사정의 요구

대법원[387])의 사안은, 심한 어지러움 증세 등으로 피고 법인 산하 의료원에 응급실을 통하여 입원한 망인에 대하여 위 병원 소속 신경과의사 A가 망인에 대한 문진 및 시진 결과 뇌경색으로 진단하여 항혈소판제재를 투여한 후 그 다음 날 실시한 뇌자기공명영상(MRI)촬영 결과 우측소뇌에 다발성소강성 뇌경색이 나타나고 현훈검사에서 중추신경성 현훈이 의심되자 지도교수와 상의하여 뇌혈관의 이상 여부를 확인하기 위하여 뇌혈관조영술 검사를 실시하기로 결정하였고 그 무렵 망인의 어지러움증은 거의 호전되었는데, 위 병원 소속 진단방사선과 의사인 B는 망인에 대하여 뇌혈관조영술을 하기 위하여 우측서혜부 대퇴동맥에 카테터(導管)를 삽입한 다음 주사기를 사용하여 조영제를 투여하면서 4번 우측추골동맥을 촬영하던 중 망인이 갑자기 두통을 호소하여 검사를 중단하였으나 망인은 이미 의식을 상실하였으며 같은 날 추적 뇌단층촬영을 시행한 결과 망인의 뇌간과 소뇌의 경색이 확인되었고 결국 망인은 의식을 회복하지 못하고 사망한 것이다.

대법원은 이 사건에서 "망인의 기존 병력(입원 당시 비만과 과도한 흡연·음주의 생활습관을 가지고 있는데다가 진찰과 정밀검사 결과 중증의 뇌경색을 앓고 있었다), 뇌혈관조영술의 시술방법 및 위 시술과 합병증으로서의 뇌경색의 상관관계 등을 고려할 때, 원심이 B가 이 사건 시술에서 한 조치 외에 혈관조영술의 실시에 있어서 혈전이 떨어져 나가는 것을 방지하기 위하여 보다 안전한 조영제의 투여량과 방법이 있는지 등에 관하여 심리하지도 아니한 채 막연히 B가 조영제를 투여하면서 최대한의 주의를 기울였다고 인정하기에 부족하다는 등의 이유로 시술상의 과실을 추정할 수는 없고, 또한 B의 시술상의 과실이 아니더라도 이미 중증의 뇌경색 증세를 가진 원고의 체내에서 혈전 등이 떨어져 나와 혈류를 따라다니다가 기저동맥을 막을 가능성이 배제될 수 없는 이상 망인이 입원 치료받는 며칠 동안 증세가 호전되었다는 사정만으로 B의 시술과 사망 사이의 인과관계를 추정하기도 어렵다."고 하여 원심을 파기·환송하였다.

대법원은 위와 같이 환자 측의 증명부담을 완화한다고 하더라도 환자에게 발생한 악결과와 인과관계를 추정할 수 있는 의사의 과실은 상당한 개연성이 있는 간접사실을 통하여야 증명되어야 한다고 보았다. 이는 그동안 법원이 사실상 추정을 무리하게 확장하여 과연 의사의

---

387) 대법원 2004. 10. 28. 선고 2002다45185 판결.

의료행위에 과실이 있는지도 불분명하고, 의사의 의료행위와 환자에게 발생한 악결과간 인과관계가 있다고 보기도 애매한 사안에서 단지 환자의 의료행위를 시행받기 전과 후의 상태만을 간접사실로 삼아 의료과실과 인과관계를 추정하여 온 것에 한계를 지운 것으로 이해된다.388)

(2) 일반적인 합병증의 범위를 벗어난 악결과의 요구

대법원389)은 "의료행위에 의하여 후유장해가 발생한 경우, 그 후유장해가 당시 의료수준에서 최선의 조치를 다하는 때에도 당해 의료행위 과정의 합병증으로 나타날 수 있는 것이거나 또는 그 합병증으로 인하여 2차적으로 발생할 수 있는 것이라면, 의료행위의 내용이나 시술과정, 합병증의 발생 부위, 정도 및 당시의 의료수준과 담당 의료진의 숙련도 등을 종합하여 볼 때 그 증상이 일반적으로 인정되는 합병증의 범위를 벗어났다고 볼 수 있는 사정이 없는 한, 그 후유장해가 발생하였다는 사실만으로 의료행위 과정에 과실이 있었다고 추정할 수 없다."고 판시한 바 있다.

위 사건의 사실관계는 다음과 같다.

원고는 외음부의 가려움증으로 2003. 5. 3. 피고 1로부터 진료를 받던 중 초음파검사에서 자궁 내에 물혹이 있다고 진단받았다. 피고 1은 물혹제거수술을 시행할 것을 권유하였으나, 수술도중 요관 협착이나 요관 손상이 될 수 있다는 점은 설명하지 않았다. 원고는 2003. 7. 3. 피고 2 병원에 입원하여 그날 13:00경부터 16:00경까지 사이에 피고 1로부터 복강경을 이용한 자궁 내 물혹제거술을 시행받았는데 그 수술과정에서 좌측요관이 손상되었다. 당시 원고는 자궁내막증으로 인하여 다른 조직과 요관이 심하게 유착된 상태였다. 피고 1은 원고의 수술 경과 관찰 중 2003. 7. 5.경 검사결과 좌측요관이 손상된 사실을 알게 되었다. 피고 2 병원의 비뇨기과장인 A는 2003. 7. 5. 17:50경 ○○대학병원 비뇨기과장 B를 초빙하여 개복수술로 원고의 손상된 요관을 잘라내고 연결시키는 수술(단단문합술)을 시행하였다. 그럼에도 불구하고 좌측요관의 상태는 점점 악화되어 원고는 2003. 11. 3. ○○대학병원 비뇨기과에서 '요관 손상 후 좌측하부요관 협착 악화에 의한 수신증' 진단을 받아 2003. 12. 18. 내시경을 이용하여 요관을 절개한 후 그 사이에 인조요관을 삽입하는 수술을 받았다. 원고는 그 뒤로도 요관 협착 및 신장기능이 지속적으로 악화되어 2004. 6. 20. 검사 결과 '좌측 수신증'이라는 진단을 받았고, 특히 좌측 신장은 무기능 상태였다. 원고는 2004. 7. 7. 복강경을 통하여 좌측 신장 제거술을 시술받았고 이로 인해 우측신장만이 기능하는 상태가 되었다. 요관 단단문합술

388) 백경희, 전게 박사논문, 95-96면.
389) 대법원 2008. 3. 27. 선고 2007다76290 판결.

을 시행한 비뇨기과장 A는 요관 단단문합술을 시행하기 위하여 개복하여 보니 요관 자체가
이미 손상되어 있었는데, 이는 산부인과에서 수술을 하다가 손상된 것이라는 소견을 피력하였
고, A와 같이 요관 단단문합술을 시행한 B도 1심 법원의 사실조회에 대하여 위 복강경 수술
중에 요관이 절단되었을 가능성이 높다고 회신하였다.

　위 사건에 대하여 대법원은 "피고 1이 골반 내 유착이 심한 원고에게 위 수술을 시행하는
과정에서 위 원고의 요관이 손상되는 결과가 발생하였다 하더라도 그에 관하여 피고 측에 과
실이 있다고 하기 위하여는 위 법리에 따라 원고에게 발생한 요관 손상이 복강경하 질식 자
궁적출술 과정에서 발생할 수 있는 일반적인 합병증의 범위를 벗어난 것으로 볼 만한 사정이
있다고 인정되어야 할 것인데도 원심은 이를 심리하지 아니한 채, 위 피고는 숙련된 전문의로
서 요관 손상이 발생하지 않도록 할 고도의 주의의무가 있다는 이유로 막연히 위 원고에게
요관 손상이 발생한 사실만으로 위 피고의 과실을 인정하였으니, 이러한 원심의 조치에는, 의
사의 주의의무 또는 합병증이 문제될 수 있는 의료사고에 있어서의 과실인정에 대한 각 법리
를 오해하여 그 의료상 과실에 관한 심리를 다하지 아니함으로써 판결에 영향을 미친 위법이
있다."고 판단하여 원심을 파기·환송하였다.

　대법원은 위 사건을 통하여 어떠한 의료행위로 인하여 악결과가 발생하였다는 것만으로
곧바로 의료과실과 인과관계를 추정할 수 없고, 환자에게 발생한 악결과는 의료행위에 있어
의사가 주의의무를 다하였음에도 발생할 수 있는 일반적 합병증의 범위를 벗어나야 한다는
점이 증명되어야 한다고 보았다. 즉, 의료민사소송에서 환자에게 발생한 악결과가 의사의 의
료행위에 기인한 것인지만 밝히면 되었던 종래의 판례의 태도에서 한걸음 더 나아가 그것이
의사의 어떠한 구체적 의료과실로 인하여 발생된 특이적 결과라는 점까지 심리할 것을 요구
한 것이다.390)

다. 감정의견의 모순 없는 취사선택

　판례는 자유심증에 기초하여 진료과정에서 사망한 환자의 사망원인이나 의료과실 여부를
판단할 때, 동일한 감정인이 자신이 회신한 진료기록감정에 있어 감정사항에 대한 답변이 서
로 모순되거나 불명료한 감정의견을 제출한 부분을 직접 증거로 채용할 수 있는지 및 진료기
록에 반하는 일부 감정결과를 배척하고 나머지 일부만을 증거로 채용할 수 있는지에 관하여
부정적인 입장을 취하여 감정의견을 모순 없이 일관적으로 채택하여야 한다는 점을 강조하고
있다.391)

---

390) 백경희, 전게 박사논문, 97면.
391) 이러한 법리는 이미 교통사고에 대한 손해배상책임에 관한 손해배상(자) 사건에서 확립되어 있었다.; 대

실무에서 의료과실소송 중 가장 문제가 되는 것은 상반된 감정회신결과이다. 감정회신결과의 증거로서의 채부는 법관의 자유심증에 의하게 되나, 법관이 어떠한 감정회신결과를 채택하느냐, 감정회신결과 중 어떠한 항목을 채택하느냐에 따라 소송의 승패가 달라지기 때문에 당사자에게는 매우 민감한 문제이다.392) 또한 의료과실소송에서는 원고 측과 피고 측 모두 자신이 원하는 답변을 구하기 위하여 각자에게 유리한 시각에서 감정사항을 작성하기 때문에, 동일한 감정의가 지정된다고 하더라도 질문의 방향에 따라 답변의 각도도 달라지기도 한다. 그러므로 법원이 환자를 구제한다는 측면에서 환자에게 유리한 감정회신사항만을 선별하여 판단을 하는 것은 매우 위험한 일이고 판결의 정당성을 훼손하는 결과를 가져올 우려가 있다.393) 대법원은 법관이 자유심증을 통하여 감정결과를 취사선택하도록 되어 있다고 하더라도 감정의가 회신한 내역을 면밀히 검토하고 일관된 논리를 전개할 수 있는 증거를 확보할 것을 지적하고 있다.394)

(1) 패혈증 사망 사건395)

위 대법원 판결의 사안은 망인이 낙상으로 입은 골절에 대하여 피고병원에서 관혈적 정복 및 내고정술 등을 받은 뒤 입원치료 중 변비증상으로 인하여 변비약을 복용하여 대변을 보다가 설사, 항문통, 구토 증세가 발현되어 장기에 패혈증으로까지 확산되어 사망한 것이었다. 대법원은 피고 의사가 망인을 치료할 당시 표준적인 교과서 기타의 의학문헌을 통하여 임상의학의 분야에서 통상의 의사에게 일반적으로 알려져 있는 의학기술에 따라 망인에게 38℃ 이상의 발열이 있는 등 패혈증의 증후가 보일 때 곧바로 패혈증을 의심하고 그에 대한 처치를 시작하거나 그러한 처치가 가능한 종합병원으로 신속히 전원시킴으로써 패혈증 쇼크로 인한 사망이라는 결과를 회피하기 위하여 최선을 다할 주의의무가 있음에도 이를 위반한 잘못

법원 1994. 6. 10. 선고 94다10955 판결 등 참조.

392) 田中實·藤井輝久, 醫療の法律紛爭, 有斐閣 1993. 100 - 102쪽; 加藤良夫, 實踐 医療過誤, ふれあい 企劃, 1992, 146 - 147頁.

393) 만약 감정인이 고의로 그 분야에 알려져 있던 연구결과와는 다른 내용을 증언하는 등의 경우에 어떠한 책임을 지을 것이냐에 관하여 미국에서는 전문가증인으로 채택된 의사가 오류가 개재된 정보의 제공으로 배심원들을 현혹시켜 잘못된 판단에 이르게 하였다는 이유로 그때까지 진행된 재판에 대한 심리무효(Mistrial)를 선언한 후 새로운 재판(New Trial)을 명하면서 증언한 의사에게 소송비용 명목으로 20,000달러가 넘는 금액의 지급을 명하는 결정을 하기도 하였다.; 조철호, 판사가 의료과오소송에서 증언한 의사에게 20,000달러의 소송비용을 부담하도록 명하는 결정을 하다. 해외사법소식, 대법원, 2005. 1. 15., 한편 우리나라의 경우에도 증인으로 소환된 의사가 자신의 경험과 지식에 반하는 증언을 한 경우 위증죄로 처벌하여 제제를 가할 수 있다.

394) 백경희, "진료기록감정 및 그 판단에 대한 법적 고찰 – 의료민사책임을 중심으로", 의료법학 제20권 제1호, 2019, 91 - 92면.

395) 대법원 1998. 7. 24. 선고 98다12270 판결.

이 있다고 하여 손해배상책임을 인정하였다. 한편 동 사안 제1심법원의 감정촉탁으로 ○○대학교 ○○대학 성모병원장의 회보결과와 원심에서의 사실조회에 대한 대한의사협회장의 회보결과가 존재하였는바, 원심에서는 그중 일부결과만 인정하고 믿지 아니하는 부분은 배척한 바 있다.396) 피고 측은 이를 상고이유로 삼았으나, 대법원은 "법원의 감정촉탁에 대한 의료기관의 회보결과 및 법원의 사실조회에 대한 대한의사협회장의 회보결과는 사실인정에 관하여 특별한 지식과 경험을 요하는 경우에 법관이 그 특별한 지식, 경험을 이용하는 데 불과한 것이며, 의료과오가 있었는지 여부는 궁극적으로는 그 당시 제반 사정을 참작하여 경험칙에 비추어 규범적으로 판단할 수밖에 없으므로, 위 각 회보결과에 의료과오의 유무에 관한 견해가 포함되어 있다고 하더라도 법원이 의사에게 과실이 있는지 여부를 판단함에 있어서 그 견해에 기속되지 아니한다."고 판시하여 상고이유가 없다고 보았다.

(2) 신생아의 대사성 산증 사망 사건397)

위 대법원 판결의 사안은 산모인 원고가 제왕절개술에 의해 출산한 신생아가 출생 직후 발생한 대사성 산증으로 인하여 2일 만에 사망에 이르는 과정에서, 대사성 산증의 원인이 무엇인지와 피고 병원 의료진의 대사성 산증에 대처하기 위한 조치가 적정하였는지가 쟁점이 되었던 것이었다. 특히 제1심법원의 ○○대학교병원장에 대한 진료기록감정촉탁 결과는 '이 사건 신생아에게 급성 신부전이나 저산소성 뇌손상이 발생하지 아니하였고, 이 사건 신생아는 대사성 산증의 원인 병변의 악화로 인하여 사망하였다'고 하는 반면, 원심의 □□대학교병원장에 대한 진료기록감정촉탁 결과는 '이 사건 신생아에게 급성 신부전 및 저산소성 뇌손상이 발생하였고, 이 사건 신생아는 대사성 산증의 악화 내지 호흡근 허탈에 의하여 사망한 것'으로 보고 있어 서로 상반되어 있었다. 더구나 원심에서의 진료기록감정촉탁 결과는 구체적인 근거 자료 없이 추측에 의한 감정을 한 것으로 의심될 수 있는 점, 원심 감정의는 감정의 근거를 묻는 피고의 사실조회에 대하여 '진료기록이 희미하여 확인할 수 없었다.'고 답변하고, 피고 병원 의료진의 구체적인 과실점이 무엇인지 묻는 질문에 대하여도 답변을 회피하고 있는 점, 제1심 감정의와 달리 원심 감정의는 자신의 세부전공이 신생아학인지 여부에 대하여 밝히지 않고 있다는 점 등의 사정을 알 수 있는바, 위와 같은 사정에 비추어 보면 원심 감정결과는 그 신빙성에 관하여 상당한 의문이 있다 할 것이고, 특히 원심 감정결과가 진료기록을 제대로 파악한 상태에서 이루어진 것인지에 대하여도 의문이 있었다.

이에 대법원은 "동일한 감정인이 동일한 감정사항에 대하여 서로 모순되거나 매우 불명료

---

396) 서울고법 1998. 2. 12. 선고 96나25144 판결.
397) 대법원 2008. 3. 27. 선고 2007다16519 판결.

한 감정의견을 내놓고 있는 경우에, 법원이 위 감정서를 직접 증거로 채용하여 사실인정을 하기 위하여는, 특별히 다른 증거자료가 뒷받침되지 않는 한, 감정인에 대하여 감정서의 보완을 명하거나 감정증인으로의 신문방법 등을 통하여 정확한 감정의견을 밝히도록 하는 등의 적극적인 조치를 강구하여야 마땅하며, 감정결과가 진료기록을 제대로 파악한 상태에서 이루어진 것인지에 대하여도 의문이 있는 경우에 진료기록에 명백히 반하는 부분만을 배척하면 서도 합리적인 근거나 설명 없이 나머지 일부만을 증거로 사용하는 것 역시 논리법칙에 어긋난다 할 것이다."라고 하여, 감정에 있어 그 정확성을 담보하기 위한 법원의 적극적인 소송지휘권 행사가 필요하다고 판시하였다.

라. 일본 판례의 태도

일본 최고재판소는 "의료과실소송에 있어서는 여러 가지의 특수성이 논의되고 있지만, 결정적인 근거로 된 소송자료가 의사 측에 편재된 점이 당사자의 대등성을 크게 손상시키고 적절한 권리 실현을 막고 있다는 지적은 이미 많이 이루어지고 있으며 이는 학계에서 소위 '정보 편재 소송'이라는 특성으로 환자 측의 주장입증의 곤란성을 어떻게 극복하고 권리의 실현을 도모하도록 하는 방법을 강구하는 것이 민사소송제도의 운용에 있어서 하나의 문제라고 지적받고 있다."고 하면서 "원래 법은 사안의 특수성이나 피해구제의 필요성에 따르기 때문에 무과실책임 또는 중과실책임 등의 특수유형을 설치하여 실질적으로 공평하게 해결할 것을 요구하고 있는 바, 공작물책임 법리, 자동차손해배상 보상법리 등이 그것이다. 그리고 명문의 규정이 없더라도 해석에 의하여 이러한 불평등을 시정하려는 시도는 이루어져야 한다. 즉, 원고의 입증이 곤란한 의료과실소송이나 공해소송 등에 있어 거증책임의 전환이나 과실의 추정법리 등의 실천이론의 구축이 도모되고 있는 것이다. … 환자 측이 막대한 입증의 곤란을 짊어지게 될 것 같은 경우에는 역으로 의사 측에게 적극적으로 무과실을 입증할 것 같은 소송상의 배려가 있어야 한다."고 하여 의료과실소송에 있어 과실과 인과관계를 추정하여 왔다.[398]

일본의 경우에도 최근 의료과실소송의 특성상 과실·인과관계 등에 있어 환자 측의 증명책임을 대폭 완화하려는 경향을 지니면서도 경험칙에 반하는 막연한 사실상의 추정을 제한하는 경향이 존재한다. 일본 최고재판소[399]는 상고인이 개설한 정신과병원인 A요양원에 입원하고 있던 B가 소화관 출혈에 의해 다량의 토혈, 구토를 했을 때에 토한 것에 대한 처치가 지연되어 사망하자 상속인인 피상고인 등이 A요양원 의사에게 B를 적시에 적절한 의료기관에 전송

---

398) 最高裁 第三小法廷 平成 8. 1. 23. 平4(オ)251号 判決.
399) 最高裁 第三小法廷 平成 19. 4. 3. 平18(受)1547号 判決.

해야 할 의무를 게을리한 과실이 있다고 주장하여 상고인에 대해 채무불이행에 근거하는 손해배상을 요구하는 사안에서, "B가 발열, 맥박 미약, 산소 포화도의 저하, 입술색 불량이라고 하는 호흡 부전의 증상을 나타내고 있었지만, 심박수는 빈맥이라고 할 정도는 아니었고, 산소 흡입 등의 조치를 취한 후에는 상당한 호전이 있었으며, 이후 시점에서 B에게 혈압이 급격하게 저하한 것 같은 형적은 없고, 구토, 토혈, 하혈, 격렬한 복통 등 순환 혈액량 감소성 쇼크의 원인이 되는 것 같은 다량의 소화관 출혈을 의심하게 하는 증상이 있었다고 보기 어렵고 병리 해부의 결과 장천공으로 인한 복막염 등의 소견은 없었다는 점에 비추어 보면, 위 시점에서 B가 위의 내용물로 복강 내가 오염된 것으로 인하여 감염성 쇼크에 빠져 있었다고도 생각하기 어려우므로 B가 발열 등의 증상을 나타내고 있었다고 하는 것만으로 B의 의식 레벨을 포함한 전신 상태 등에 대해 심리 판단하는 일 없이 단지 B가 쇼크에 빠져 스스로 기도를 확보할 수가 없는 상태에 있었다고 하는 것만으로 이를 전제로 하여 요양원의 의사에게 전송의무 또는 기도 확보 의무에 위반한 과실이 있다고 추정한 원심의 판단은 경험칙에 반한다."고 하여 무리하게 시도한 과실 및 인과관계의 추정에 대해서 제동을 건 바 있다.

제5절 다른 사고와의 경합

의료과실의 경우, 악결과가 하나의 원인에 의하여 발생하는 경우보다는 복수원인과 함께 경합하는 경우가 적지 않다. 그 유형으로는 앞서 살펴 본 다른 의료인, 의료기관과의 공동책임이 발생하는 경우나 환자의 기왕증, 특이체질, 환자의 협력의무 위반 등의 경합, 다른 사고와의 경합이 있다. 본절에서는 다른 사고와의 경합 사례에 관하여 검토하기로 한다.

1. 교통사고와의 경합

교통사고환자가 응급 후송되어 왔음에도 불구하고, 의료기관에서 치료가 지연되어 사망하였거나 혹은 다친 부위를 치료하다가 피해를 확대시킨 경우, 의료사고와 교통사고 사이에 객관적 관련공동성이 있다면 교통사고 가해자와 의사가 같이 책임을 져야 한다. 공동불법행위책임을 인정하기 위하여서는 각 행위와 결과 사이에 상당인과관계가 필요하기 때문에 구체적으로 살펴야 하는 바, 의사의 과실이 경미한 경우에는 상당인과관계가 부정될 수 있다.[400] 반대로 교통사고에 의한 상해의 정도가 경미하여 일반적인 의학적 견지 내지 수준에 기초한 치료법이 시행되었다면 그 손해의 확대를 회피할 수 있었으나, 의사의 중과실에 의하여 그 손해가 확대된 경우에는 운전자의 행위와 결과 사이에 인과관계가 부정되고 의료과실이 문제될 것이다.[401]

대법원[402]은 교통사고와 의료사고의 경합에 관하여 "교통사고로 인하여 피해를 입은 피해자가 치료를 받던 중 의사의 과실로 증상이 악화되거나 새로운 증상이 생겨 사망에 이르는 등 손해가 확대된 경우 특별한 사정이 없는 한 그와 같은 손해와 교통사고 사이에도 상당인과관계가 있다고 보아야 하므로, 교통사고와 의료사고가 각각 독립하여 불법행위의 요건을 갖추고 있으면서 객관적으로 관련되고 공동으로 위법하게 피해자에게 손해를 가한 것으로 인정된다면 공동불법행위가 성립되므로 이를 연대하여 손해를 배상할 책임이 있다."고 판시하여 왔다.

대법원[403]은 "피고 김○○이 야기한 교통사고로 인하여 약 16주간의 치료를 요하는 좌경골 개방성 분쇄골절, 좌비골 분절골절 및 좌외과 견열골절상 등의 상해를 입은 장○○가 그 상해부위에 대한 수술을 위하여 전신마취를 시행하고 수술을 받던 중 심한 관상동맥경화증 및 만성허혈성심질환에 속발된 급성심근경색증을 일으켜 사망하였다면, 기록상 장○○의 사망이 수술을 담당한 의사들의 중대한 과실에 기인하는 것이라는 등 교통사고의 가해자인 피고 김○○에게 장○○의 사망의 결과에 대한 책임을 부담시키는 것이 상당하지 아니하다고 인정되는 특단의 사정을 찾아볼 수 없는 이 사건에 있어서, 장○○의 사망과 피고 김○○이 야기한 교통사고 사이에도 상당인과관계가 있다고 보아야 할 것이고, 한편 양 행위의 결과 발생을 구별할 수 있는 경우에 해당한다고 할 수도 없는 이상, 이 양 행위는 객관적 관련공동성이 있는 일련의 행위로서 공동불법행위의 요건을 충족하였다고 할 것이므로 피고 김○○은 공동불법행위자로서 피고 병원과 연대하여 장○○의 사망으로 인한 손해를 배상할 책임이 있다고 할 것이다."라고 판시하였다.

또한 대법원[404]은 甲이 교통사고 후 乙이 운영하는 丙 의원에 입원하여 치료를 받던 중 의식을 잃고 쓰러져 다른 병원으로 후송되어 급성 심근염을 진단받았고 그 후 뇌경색에 이르게 된 사안에서, 乙이 급성 심근염 초기증세를 보인 甲을 면밀히 관찰하여야 함에도 이를 게을리하고 甲이 실신할 때까지 의사가 없는 상태로 방치함으로써 위급한 상황에 처한 甲을 적시에

---

400) 大阪地判 昭和 54. 8. 9. 判夕 397号, 130頁.
401) 京都地判 昭和 48. 1. 26. 判時 711号, 120頁.
402) 대법원 1993. 1. 26. 선고 92다4871 판결; 대법원 1994. 11. 25. 선고 94다35671 판결; 대법원 1998.
    11. 24. 선고 98다32045 판결; 대법원 2014. 11. 27. 선고 2012다11389 판결.
403) 대법원 1997. 8. 29. 선고 96다46903 판결.
404) 대법원 2014. 11. 27. 선고 2012다11389 판결.

치료 가능한 병원으로 전원하지 못한 과실이 있다고 본 원심판단을 수긍한 바 있다.

2. 산업재해사고와의 경합

의료사고는 교통사고 외에 산업재해사고와도 경합될 수 있으며, 교통사고와 의료사고의 경합과 동일한 논리가 전개된다.

그리하여 대법원[405)은 "산재사고로 인하여 상해를 입은 피해자가 치료를 받던 중 치료를 하던 의사의 과실 등으로 인한 의료사고로 증상이 악화되거나 새로운 증상이 생겨 손해가 확대된 경우에는, 다른 특별한 사정이 없는 한 그와 같은 손해와 산재사고 사이에도 상당인과관계가 있다고 보아야 하므로, 산재사고와 의료사고가 각기 독립하여 불법행위의 요건을 갖추고 있으면서 객관적으로 관련되고 공동하여 위법하게 피해자에게 손해를 가한 것으로 인정된다면, 공동불법행위가 성립되어 공동불법행위자들이 연대하여 그 손해를 배상할 책임이 있다."고 하였다.

제6절   기회상실론 내지 기대권 침해론

1. 기대권이론의 국면

의사의 주의의무 위반의 유형 중 설명의무 위반의 경우에는 '설명의무' 자체가 지니는 특수성에 따라 설명의무의 위반으로 인하여 악결과와의 인과관계가 인정될 경우 외에 비록 악결과와의 인과관계가 부재하더라도 환자 측이 선택의 기회를 잃고 자기결정권을 행사할 수 없게 됨에 대한 정신적 고통에 관한 위자료를 배상하도록 하는 법리가 판례와 학설을 통하여 정립되어 있다. 그러나 그 외의 의사의 주의의무 위반에 대하여는 의사의 의료과실이 존

---

405) 대법원 2005. 9. 30. 선고 2004다52576 판결; 대법원은 "이 사건 1차 산재사고와 2차 의료사고는 공동불법행위를 구성한다고 봄이 상당하고, 같은 취지의 원심도, 망인의 수지 절단에 따른 노동능력 상실률을 별도로 고려하지 아니한 채 100%의 가동능력을 기준으로 망인의 일실수입을 산정하는 한편, 그 이유 설시에 있어 미흡한 점은 있으나, 1차 산재사고 발생에 있어서의 과실을 포함한 망인의 과실을 공동불법행위자들인 소외 회사와 피고들 전원에 대하여 전체적으로 평가한 후 이를 최종 배상액의 산정에 있어 반영한 취지로 볼 수 있으므로, 원심판결에 이유모순 내지 이유불비 등의 위법이 있다고 할 수 없다."고 하여 원심이 결론적으로 정당하다고 판단하였다.

재하더라도 환자에게 발생한 악결과와의 사이에 인과관계가 없는 경우 의사에게 어떠한 책임을 추궁할 수 있느냐에 관하여 논의가 분분하여 왔다. 이에 관한 논의가 기회상실론 내지 기대권침해론으로 형성되어 있는 바, 외국의 동향과 우리나라 학계 및 판례의 추이를 살펴보기로 한다.

2. 외국의 동향

가. 미국의 경우

미국에서 역시 종래 의료과실과 악결과간에 인과관계가 인정된 경우에만 의사의 손해배상 책임이 성립되었기 때문에 불성실한 의료행위가 존재하더라도 난치병이나 불치병 등 그 자체만으로도 환자의 사망이 확실한 경우에는 인과관계가 인정되지 않아 의사의 손해배상이 부정되어 'all or nothing'의 결과를 가져왔다. 이에 환자 측에게 발생하는 이러한 불이익을 단지 환자의 정신적 손해라는 위자의 문제로만 치부하여 환자의 법익을 가볍게 처리하는 것은 부당하고 또한 환자 측이 부담하는 인과관계 입증의 곤란성을 극복하기 위해서는 '기회상실론 (The loss of chance doctrine)'이 도입되어야 한다는 주장이 대두되었다. 미국에서 '기회상실론'이란 의료과실이 없었더라면 당해 환자가 보다 나은 결과를 얻을 수 있는 기회는 확실하지 않다고 할지라도 의사의 과실이 환자로부터 그와 같은 기회를 박탈한 것이 확실한 경우에 적용되는 이론이다.[406] 의사의 과실이 환자의 손해의 한 원인 내지 주원인(proximate cause)[407] 이라는 것을 환자 측이 어떻게 입증하여야만 하는 것에 관한 논의이므로 이를 환자 측의 입증이론이라고 한다.[408]

기회상실론이 논하여지게 된 배경은 업무과실소송인 Gardner v. National Bulk Carriers, Inc., 310 F.2d 284, 287 – 88 (4th Cir. 1962) 판결에서 설시한 것처럼 바다에 빠진 선원의 구조가능성이 아무리 적더라도 구조가능성이 존재하는 상황에서는 구조할 의무가 있기 때문에 이 의무를 저버리고 구조를 위한 시도조차 하지 않았다면 면책될 수 없으며 구조의 기회를

---

406) 이종태, 의료과실의 이론과 실제, 청암미디어, 2001, 14 – 15면, 특히 기회상실이론의 채택은 표준치료 이하의 치료를 받은 환자의 이해와 내재적인 불확실성을 가지고 있는 임상의학을 행하는 의사의 상충되는 이해가 상호 균형을 이루는 데 도움을 준다고 한다.

407) 이는 발생한 손상과 시간적으로 가장 근접하여 손상을 발생시킨 자연적이고 개연성 있는 일련의 과정을 의미하여, 주원인이 성립되기 위해서는 통상적인 일반인이 보았을 때 피고의 행위가 손상을 발생시켰다고 봄이 타당하다는 생각이 들 수 있어야 하며, 통상 원고가 피고의 과실이 51% 이상 주원인으로 작용하였다는 것을 입증하지 못하면 원고는 증명책임을 다하지 못한 것으로 간주되었다.; 이종태, 전게서, 13면.

408) 배성호, 의료과오소송과 기회상실론, 인권과 정의 제310호, 2002. 6. 35 – 36면.

감소시킨 부분에 관한 책임을 부담한다는 해사구조의 법리에서 출발한다.409)

　이러한 논의를 미국 연방항소법원은 Hicks v. United States, 368 F.2d 626, 632−33 (4th Cir. 1966) 판결을 통하여 의료과실소송에서 구체화하였다. 동판결에서는 '실질적인 가능성(substantial possibility or substantial factor)'을 기준으로 의사가 실질적인 구명 또는 생존기회를 박탈하였다는 이유로 의사 측에게 생존의 기회를 감소시킨 부분에 대하여 책임을 인정하였다. Hicks 판결은 환자의 구제를 도모하기 위해 인과관계에 대한 입증의 완화를 도모한 최초의 시도로 실질적 기회이론으로 평가되고 있다.410)

　이후 King 이론은 위 Hicks 판결보다 '기회'를 박탈당한 환자 측에 대하여 인과관계의 입증 완화의 측면에서의 구제보다는 실질적인 손해배상 측면에서의 구제를 폭넓게 도모하기 위하여 Joseph H. King에 의하여 발표된 이론이며,411) 손해액 계산의 평가기준으로 보다 좋은 결과를 가져올 장래의 가능성을 피고의 불법행위가 줄인 백분율이라고 주장한다.412)

　King 이론은 기회상실의 원칙이 적용되기 위한 요건으로 네 가지 기준을 제시하고 있다. 그것은 ① 피고가 보다 좋은 결과를 기대하고 있는 피해자에 대한 보호의 의무를 불법하게 이행을 하지 못하였을 것, ② 피해자에 대한 의무는 특별한 관계를 근거로 하거나 의무를 인수하거나 피해자의 기대를 보호할 기존의 의무를 조력하는 다른 근거가 있든지 또는 피고가 불법하게 야기한 결과에 대한 손해를 산정함에 있어서 기존의 상태를 어떻게 반영할 것인지가 문제되었을 것, ③ 피고가 달리 적절한 조치를 하였더라면 생겼을 가능성이 피고의 불법한 행위에 의하여 감소되었을 것, ④ 피고의 불법한 행위가 없었더라면 보다 좋은 결과가 생겼을 것인가에 대하여 명확히 결정하기 어려운 경우가 문제의 대상이 되었을 것 등이다.413)

---

409) 배성호, 전게논문, 44−45면, 재판부는 만약 선장의 부작위가 구조의 합리적인 가능성을 박탈한 것이라면 인과관계는 입증되고, 여기에서의 의무해태가 주원인이라고 하는 것은 명백하다. 일단 증거에 의하여 구조의 합리적인 가능성이 주장된다면, 그 가능성의 다과에도 불구하고 상황에 따라 의무를 전적으로 무시하고 구조를 시도조차 하지 않았다는 것에 대해서는 책임이 있다고 보았다.
410) 강신웅, 미국 기회상실론의 수용 여부 검토, 비교사법 제9권 제4호, 2002. 12. 273−275면 참조, Hicks v. United States 판결에 의하여 정립된 법리인 바, 이 사건에서 법원은 의사가 환자에 대한 보다 면밀한 진단을 통하여 환자의 상태와 병명을 확정하여 긴급수술을 하였을 경우 환자의 구명가능성이 높았음에도 불구하고 환자에 대한 초진시 이를 현저히 해태한 경우 위 해사구조의 법리에 따라 '구조할 수 있는 상당한 가능성' 기준에 의하여 피고가 환자의 생존의 실질적인 가능성을 박탈한 경우 피고에게는 책임이 있다고 판단하였다.
411) Joseph H.King Jr., Causation, Valuation and Chance in Personal Injury Torts Involving Preexisting Conditions and Future Consequences, 90 Yale L.J. 1353, 1377−1378(1981), 강신웅, 전게논문, 276−286면에서 재인용.
412) 김천수, 기왕증을 포함한 피해자의 신체적 소인 및 진단과오가 불법행위책임에 미치는 영향, 성균관법학 제16권 제3호, 2004. 12. 38면.
413) Joseph H.King, Jr., Reduction of Likelihood Reformulation and Other Retrofitting of the

나. 일본의 경우

일본에서도 하급심 판결을 토대로 '기대권의 침해', '연명이익의 상실', '치료기회의 상실', '현저히 불성실한 진료' 등의 기준을 제시하면서 의사의 주의의무위반이 특정되지 않거나 그 의무위반이 발생된 손해와의 사이에 명확한 인과관계가 인정되지 않는 경우, 정신적 위자료 및 변호사비용 정도의 배상을 인정하여 피해자의 구제를 도모하는 경향이 1970년대 경부터 나타나기 시작했다. 이러한 경향은 최근 최고재판소 판례를 통하여서도 확인되어 '기대권 침해론'이 형성되게 되었다.414)

일본의 기대권 침해론은 의사의 과실과 환자에게 발생한 악결과 사이의 인과관계가 부재하더라도 만약 적절한 의료행위가 시행되었더라면 환자가 생존하였을 가능성이 존재하였을 경우에는 의사의 과실로 인하여 환자가 생존가능성을 침해받은 것이므로 의사는 이에 대한 정신적 고통을 배상하여야 한다는 것이다. 소위 이러한 논의의 전개는 통상의 작위형 의료과실보다는 부적절한 치료행위로 인하여 악결과가 발생한 경우의 부작위형 의료과실에서 주로 나타나며, 그 인과관계는 법정책적 고려의 측면에서 도출된다고 본다.415) 이에 대하여는 무리하게 무인과관계론상의 논리를 전개하여 피고에게 손해배상책임을 인정하고 의료과실소송에서 '기대권의 침해'라는 문언을 빌어 소액의 손해배상액을 산정하여 사안의 해명을 도리어 애매하게 만들었다는 비판416)과 함께 치료의 유효성이 낮다고 하여 태만한 의사가 면책되어야 한다면 부당할 뿐만 아니라 과학성이라는 이름 하에 과다한 증명책임을 환자에게 부담시켜 왔던 일련의 소송실무에의 소박한 반성으로서 바람직하다는 찬성417)이 함께 공존하고 있다.418)

한편 일본 최고재판소는 흉통의 자각증상이 있는 환자에 대하여 의사가 당시 의료수준에 비추어 볼 때 감별진단 및 부정맥 감시 등을 소홀히 하여 심근경색을 진단함에 실패하여 결국 사망에 이른 경우 "의사가 과실에 의하여 의료수준에 들어맞는 의료를 행하지 않았던 것

Loss-of-Chance Doctrine, 28 U.Mem. L.Rev. 491, 547(1998), 강신웅, 전게논문, 285-286면에서 재인용.

414) 김민규, 진료기회보장론과 인과관계 및 위자료배상의 신경향, 비교법학 제15집, 2004, 175-178면.

415) 太田幸夫, 醫療過誤訴訟法, 靑林書院, 2000, 290-291頁; 助川裕, 醫療過誤訴訟の現狀と展望, 日本信賴性学会誌(REAL誌), Vol.24. No.2. 2002, 144頁.

416) 櫻天節夫, 判決評論 第232號, 1978, 25頁; 김민규, 전게논문, 179면에서 재인용.

417) 石川寬俊, 期待權の展開と證明責任のあり方, 判例タイムズ 第686號, 1989, 25-26頁; 김민규, 전게논문, 180-181면에서 재인용.

418) 中村哲, 醫療訴訟の實務的課題-患者と医師のあるべき姿を求めて-, 判例タイムズ社, 2001. 301頁 이하.

과 환자의 사망과의 사이의 인과관계의 존재는 증명되지 않았지만 위 의료가 행해졌다면 환자가 그 사망시점에 있어 생존하였을 상당 정도의 가능성의 존재가 증명된 경우 의사는 환자가 위 가능성을 침해받았던 것에 의하여 입었던 손해를 배상하여야 할 불법행위에 의한 손해배상책임을 진다."고 하면서 "생명을 유지하는 것은 사람에게 가장 기본적인 이익이고, 위 가능성은 법에 의하여 보호받는 것이 당연하며, 의사가 과실에 의하여 의료수준에 부합하는 의료를 행하지 않은 것에 의하여 환자의 법익이 침해받은 것이기 때문에 이 경우 의사는 그 불법행위에 의하여 원고가 받았던 정신적 고통에 대하여 위자료의 지불의무가 있다."고 판시하였다.[419] 그 외에 일본 최고재판소는 의사가 불충분한 위내시경 검사를 시행한 후에 재검을 하지 않고 만연히 만성위염으로 진단하였으나 환자가 스킬스 위암으로 판명되어 사망한 사안에서, "의사에게 적시에 적절한 검사를 실시해야 할 의료계약상의 의무를 다하지 못한 과실이 있어 그 결과 환자가 조기에 적절한 의료행위를 받을 수가 없었던 경우, 검사 의무를 태만히 한 의사의 과실과 환자의 사망 사이에 인과관계의 존재가 증명되지 않더라도, 적시에 적절한 검사를 실시하였다면 병변이 발견되어 해당 병변에 대해 조기에 적절한 치료 등을 하여 환자가 그 사망의 시점보다 더 생존할 수 있던 상당 정도의 가능성의 존재가 증명될 때에는, 의사는 환자의 그 가능성을 침해한 것에 대해 손해를 배상해야 할 의료계약상 채무불이행책임을 부담하는 것으로 해석함이 상당하다."고 판시하여 의료과실과 사이에 인과관계의 증명이 없더라도 치료기회의 상실에 대한 책임을 인정하였다.[420] 반면 최고재판소는 정형외과 의사가 집도한 골접합술 및 골이식술 등의 수술 후에 환자에게 합병증인 하지심부정맥 혈전증이 발생하여 후유장애가 잔존하게 되었는바, 환자 측에서는 인과관계가 증명되지 않았더라도 적절한 의료행위를 받을 기대권이 침해되었음을 이유로 의사에 대하여 손해배상을 청구한 사안에서, "환자가 적절한 의료행위를 받을 환자의 기대권 침해만을 이유로 하는 불법행위책임을 부담하는지 여부에 대하여는 당해 의료행위가 현저하게 부적절한 사안(著しく不適切なものである事案)에 한정된다."고 하면서, 동 사안은 ① 환자가 위 수술 시 장착된 볼트를 제거한 뒤 약 9년을 경과한 후 의사의 진찰을 받을 때까지 증상을 호소하지 않았던 점, ② 정형외과에서는 그 진찰시의 환자의 주호소에 따라 X선 검사 등을 실시하였다는 점, ③ 그 진찰 당시 수술 후 하지심부정맥혈전증의 발생 빈도에 대하여 일본의 정형외과에서 일반적으로 인식할 수 있던 상황이 아니었다는 점 등에 비추어 볼 때 현저히 부적절한 사안이라고 할 수 없어 기대권 침해만을 이유로 하는 불법행위책임의 유무를 검토할 여지가 없다고 판단하였다.[421]

---

419) 平成 12. 9. 22. 最高裁 第二小法廷 平9(オ)42号 判決.
420) 平成 16. 1. 15. 最高裁 第一小法廷 平14(受)11937号 判決.
421) 平成23. 2. 25. 最高裁 第二小法廷 平21(受)65号 判決.

3. 우리나라 학계의 논의

우리나라에서도 위 미국·일본 등에서 제기되어 정립되어 온 '기회상실론' 내지 '기대권침해론'을 수용하려는 움직임이 학계에서 나타나고 있다.[422] 이 견해는 환자의 '진료기회를 보장받을 권리'를 보호법익으로 상정하여 의사의 검사·진단·처치 및 수술 등의 일반적인 의료행위에 대한 과실판단의 전제가 되는 행위의무위반 여부를 판단하기 곤란하거나 과실이 인정되더라도 그것과 손해와의 사이에 인과관계를 인정하기 어려운 경우 환자의 손해 또는 사망에 대한 상당 정도의 가능성의 존재가 증명될 때에는 의사의 책임을 인정하자는 것이다. 이는 증명책임의 완화 경향과 위자료의 법적 기능의 확대 추세의 하나로 파악하고 있다.[423]

4. 우리나라 판례의 태도

가. 종래 판례의 태도-의학적 인과관계 부재 시 책임 전면 부정

대법원은 종래 의료과실과 악결과 간 상당인과관계가 없다면 환자 측은 아무런 배상을 받을 수 없다는 법리를 설시하였다.[424]

즉, 대법원은 인과관계에 있어 환자 측이 부담하는 증명책임을 완화한다고 하더라도 "의료행위에 있어서 주의의무 위반으로 인한 불법행위 또는 채무불이행으로 인한 책임이 있다고 하기 위하여는, 다른 경우에 있어서와 마찬가지로, 의료행위상의 주의의무의 위반, 손해의 발생 및 주의의무의 위반과 손해의 발생 사이의 인과관계의 존재가 전제되어야 한다고 할 것"[425]이라고 보아 원칙적으로 인과관계가 부존재할 경우에는 의료진의 책임을 전면 부정하

---

422) 정태윤, 기회상실의 손해에 대한 연구, 비교사법 제5권 제1호, 1998. 171면 이하; 이종태, 의료과오소송과 기회상실이론, 법률신문 제3020호, 2001. 10. 22. 14면; 김민규, 전게논문, 167면 이하.

423) 김민규, 전게논문, 197－208면.

424) 한편 일견에서는 우리나라 판례의 태도를 환자의 회복기회가 50% 이상 되는 것을 전제로 하여 인과관계를 검토하여 의사의 귀책 여부를 비율적으로 결정하여 왔기에 미국의 기회상실론과 관련된 전통적인 판례가 비율적으로 기회의 존부를 살폈다는 점과 맥락이 닿아있다고 보면서 그 근거로 대법원 1989. 7. 11. 선고 88다카26246 판결을 들고 있다.; 강신웅, 전게논문, 296－298면, 그런데 그 근거인 위 판결의 환자의 경우 우측두부의 선상골절상으로 인한 뇌실질내출혈 증세의 경우에는 당시 임상의학의 실천수준상 이를 적기에 치료를 행하였을 경우에는 판례가 지적하고 있는 바와 같이 회생가능성이 50%에 이르기 때문에 이는 난치 또는 불치의 질환이라고 하기는 어렵다는 점에서 미국과 일본에서 논하고 있는 기회상실론 내지 기대권침해론이 난치 또는 불치의 병으로 인해 생존가능성이 매우 희박하여 의사의 주의의무와 환자에게 발생된 악결과 간의 인과관계를 비율적으로도 인정하기가 매우 난해한 상황을 상정하고 있다는 점과는 차이가 있다고 보인다.

425) 대법원 1999. 4. 13. 선고 98다9915 판결; 대법원 2001. 3. 23. 선고 99다48221 판결.

여 왔다. 대법원은 ① 정신병원에서 입원치료를 받고 있던 고령의 정신병환자가 병원 의사의
관리소홀로 병실에서 넘어져 두부외상을 입고 그 후 치매증상을 보이게 된 사안에서, 그 환자
가 사고 이전에 이미 치매를 표상하는 기질적 정신장애의 증세가 있어 사고 이전부터 서서히
진행되어 증세가 고착된 것이고 위 사고는 이러한 치매증상의 발전 과정에 우연히 개재된 사
고로서 위 사고로 인한 두부외상은 후유증을 남기지 않고 자연치유되었으므로 비록 의사에게
진료상의 과실이 있다고 하더라도 현재 환자의 치매증세와의 사이에서 인과관계가 추정되지
않는다고 하여 원고 측의 청구를 모두 기각한 바 있고,[426] ② 의사가 환자에 대한 척수검사시
술을 하면서 주사바늘을 잘못 찔러 그의 척추신경을 손상시킴으로써 하반신마비를 초래하였
다고 보기 어렵고, 또 위 의사가 척수검사를 한 후 환자의 상태를 관찰하지 않고 방치하였음
이 인정되지도 아니하므로 결국 환자에 대한 일련의 의료행위과정에 있어서 일반인의 상식에
바탕을 둔 의료상의 과실이 있는 행위가 있었다는 점에 관한 입증이 없다 하여 원고들의 이
사건 손해배상청구를 배척한 것은 정당하다고 하였다.[427]

나. 치료기회 상실에 관한 법리

종래 대법원의 태도와 달리 하급심 판례에서는 적어도 악결과와 의학적 상당인과관계가
없는 의료과실로 인하여 환자 측이 정신적 고통을 입었을 것을 충분히 추지할 수 있다는 이
유로, 즉 치료기회 상실의 측면에서 위자료의 배상이 이루어져 왔다.

서울지방법원[428]은 "완치불능인 폐암환자도 발병사실을 알 경우 진행상태에 따른 적절한
치료를 받고 생존기간을 연장하거나 본인 혹은 가족들이 신변을 정리할 수 있는 기회를 가질
수도 있으므로 의사가 폐암환자를 건강하다고 진단함으로써 그 같은 기회를 상실하게 하였다
면 그에 대한 손해를 배상할 책임이 있다."고 하였고, 서울고등법원[429]은 피고병원 의료진의
오진과 원고에게 발생한 악결과 사이에 상당인과관계가 인정되지 않으므로 인과관계가 있음
을 전제로 하여 구하는 원고의 이 사건 재산상 손해에 대한 청구부분은 이유 없다고 하면서
도 "피고병원은 앞서 본 바와 같은 진료상의 과실로 인하여 원고로 하여금 경추간판탈출증
및 경수증에 대하여 보다 신속하게 적절한 치료를 받을 기회를 상실케 하였으며, 만일 그 진
행상태에 따른 적절한 치료가 신속히 이루어졌더라면 다소나마 후유장해를 줄일 수 있는 개
연성이 전혀 없다고 단정할 수 없으므로, 피고 병원 측의 위와 같은 진료상의 과실로 인하여
환자 본인인 원고와 그 가족들인 나머지 원고들이 정신적 고통을 받았을 것임은 경험칙상 명

---

426) 대법원 2002. 8. 27. 선고 2001다19486 판결.
427) 대법원 1999. 4. 13. 선고 98다9915 판결.
428) 서울중앙지법 1993. 9. 22. 선고 92가합49237 판결.
429) 서울고법 2008. 1. 24. 선고 2007나33813 판결.

백하므로, 피고는 이를 금전으로 위자할 의무가 있다고 할 것이다."하여 위자료 배상을 명한 바 있다.

다. 불성실한 진료에 기인한 법리

(1) 뇌동정맥 기형 사건[430]

우리나라에서는 위 사건에서 대법원이 의료인의 불성실한 진료행위가 존재하지만 그 진료행위와 악결과 사이에 인과관계가 규명되지 않은 경우에, 정신적 고통에 대한 위자료 배상의 가능성에 관하여 직접적으로 설시한 바 있다.

위 판결의 사안은 다음과 같다. 원고들의 아들인 망아가 1999. 10. 8. 21:00경 하복부 통증을 호소하며 구토를 하자 다음 날 8:30경(토요일) 피고 병원에 입원하게 되었는데, 피고 병원은 망아에 대하여 급성 충수돌기염으로 진단하고 전신마취 아래 충수돌기 절제술(이하 수술이라 한다)에 12:30경 들어가 13:30경 수술을 행하여 종료 후 망아는 회복양상을 보이다가 14:20경부터 활력징후는 정상이나 의식상태에 이상이 있는 정황이 계속 되다가 급기야 다음 날 새벽부터 맥박, 호흡, 혈압 등에 이상이 발현되면서 급격하게 악화되고 청색증까지 발현되어 기관삽관과 심폐소생술 등을 시행하였으나 결국 6:35경 사망하게 되었다. 망아에 대하여 집도의는 수술이 성공한 것으로 보아 활력징후를 정기적으로 관찰할 것만 지시하고 직접 일반 병실로 가서 망아의 의식이 제대로 돌아왔는지, 상태가 어떠한지 등을 확인하지 아니한 채 14:20경 그냥 퇴근하였고, 일반 병실의 당직 간호사는 망아의 의식상태에 대한 문제를 자각하지 못하여 마취가 약간 덜 깬 상태라고 보고는 그와 같은 취지로 간호기록지에 기재하였을 뿐 이 상태를 당직 의사에게 보고한 바 없었으며, 교체된 간호사 역시 원고들의 망아의 의식상태에 대하여 문의를 하였음에도 불구하고 이에 대하여 당직 의사나 다른 의료진에게 보고하지 아니하는 상황이 되풀이되었고, 당직 인턴 역시 부재 중이었다. 망아에 대한 부검 결과, 망아의 사인은 소뇌 동정맥기형에 의한 소뇌출혈(원발성)로 인한 것으로 판명되었다.

대법원은 "의료진의 주의의무 위반으로 인한 불법행위의 책임을 묻기 위해서는 의료행위상 주의의무의 위반, 손해의 발생 및 그 양자 사이에 인과관계가 존재한다는 점이 각 입증되어야 할 것인 바, 의료행위의 속성상 환자의 구체적인 증상이나 상황에 따라 위험을 방지하기 위하여 요구되는 최선의 조치를 취하여야 할 주의의무를 부담하는 의료진이 환자의 기대에 반하여 환자의 치료에 전력을 다하지 아니한 경우에는 그 업무상 주의의무를 위반한 것이라고 보아야 할 것이지만, 그러한 주의의무 위반과 환자에게 발생한 악결과(惡結果) 사이에 상당

---

430) 대법원 2006. 9. 28. 선고 2004다61402 판결.

인과관계가 인정되지 않는 경우에는 그에 관한 손해배상을 구할 수 없다. 다만, 그 주의의무 위반의 정도가 일반인의 처지에서 보아 수인한도를 넘어설 만큼 현저하게 불성실한 진료를 행한 것이라고 평가될 정도에 이른 경우라면 그 자체로서 불법행위를 구성하여 그로 말미암아 환자나 그 가족이 입은 정신적 고통에 대한 위자료의 배상을 명할 수 있으나, 이때 그 수인한도를 넘어서는 정도로 현저하게 불성실한 진료하였다는 점은 불법행위의 성립을 주장하는 피해자들이 이를 입증하여야 한다."고 하면서 "망아의 사망은 뇌동정맥기형이라는 망아의 특이체질에 기한 급성 소뇌출혈로 인하여 발생한 것으로서 피고 병원 의료진에게 망아의 사망과 상당인과관계가 있는 과실이 있다고 인정할 수 없으나, 피고 병원 의료진이 망아의 기면 내지 혼미의 의식상태에 따른 환기 및 산소공급 조치를 제대로 취하지 아니하고 마취과 전문의 혹은 수술 집도의에게 적절한 보고 조치를 취하지 아니하는 등 다소 미흡한 조치를 취한 것에 관하여 이러한 주의의무 위반의 정도가 일반인의 처지에서 보아 수인한도를 넘어설 만큼 현저하게 불성실한 진료를 행한 것이라고 평가될 정도에 이른 경우라면 그 자체로서 불법행위를 구성하여 그로 말미암아 환자나 그 가족이 입은 정신적 고통에 대한 위자료의 배상을 명할 수 있다."고 하였다. 다만 대법원은 해당 사안에서 "비록 위와 같은 수술 후 관리 소홀의 점에 관한 피고 병원 의료진의 주의의무 위반의 점이 인정된다고 하더라도, 더 나아가 그러한 주의의무 위반의 정도가 일반인의 수인한도를 넘어설 만큼 현저하게 불성실한 진료를 행한 것으로 평가될 정도에 이르렀음이 입증되지 아니하는 한 피고 병원의 위자료배상책임을 인정할 수 없다 할 것인데, 이 사건에 있어서 원심이 인정한 사실만으로 피고 병원에게 불법행위 책임을 물을 수 있을 정도로 피고 병원 의료진이 일반인의 수인한도를 넘어서 현저하게 불성실한 진료를 행한 잘못이 있었다고 단정할 만큼 충분한 입증에 이르렀다고 볼 수 있는지 의문이 든다."고 판시하며 고등법원에 사건을 다시 심리·판단하도록 환송하였다.431)

　　관련 하급심 판결432)에서는 위 대법원 판결의 법리를 원용하여 환자 측의 권리구제를 꾀하고 있다. 서울고등법원은 피고 병원 의료진이 원고에게 발병한 증상이 제3-4 및 제4-5 각 경추간판 탈출증임에도 원고로부터 MRI, CT 촬영 등을 하여 자세히 검사한 다음 진단을 내려줄 것을 요구받았음에도 만연히 원고의 증상을 뇌졸중(중풍)으로 오진하여 원고로 하여금 적기에 수술할 기회를 놓치게 하여 상지 부전마비 및 하지 강직성마비에 이르게 하였으므로 원고 측이 그에 대한 손해의 배상을 구한 사건에서 위 대상판결을 명시적으로 원용하면서 피

---

431) 서울고법 2006나98134 사건; 파기환송심에서도 원고가 그 요건을 증명하는 것에 실패하였고, 법원의 화해권고결정을 통하여 피고 병원이 원고 측에 대하여 위로금 명목으로 500만 원을 지급하고, 소송비용은 각자 부담하는 것으로 종결되었다.
432) 서울고법 2008. 1. 24. 선고 2007나33813 판결.

고 병원 의료진의 오진과 원고에게 발생한 위 악결과 사이에 상당인과관계가 인정되지 않으므로 인과관계가 있음을 전제로 하여 구하는 원고의 이 사건 재산상 손해에 대한 청구부분은 이유 없다고 하였으나, "환자인 원고나 그 가족인 나머지 원고들로서는 의료를 실시하는 피고 병원에 대하여 치료라는 결과만을 구하는 것이 아니라 그 과정에서 적절한 치료를 받을 기대권을 가지는 한편, 피고 병원 의료진으로서는 사람의 생명 및 건강을 관리하는 업무에 종사함에 있어서 그 업무의 성질상 위험방지를 위한 최선의 주의의무를 다할 것이 요구된다고 할 것이다. 이렇게 볼 때, 이 사건의 경우 피고 병원은 앞서 본 바와 같은 진료상의 과실로 인하여 원고로 하여금 경추간판 탈출증 및 경수증에 대하여 보다 신속하게 적절한 치료를 받을 기회를 상실케 하였으며, 만일 그 진행상태에 따른 적절한 치료가 신속히 이루어졌더라면 다소나마 후유장해를 줄일 수 있는 개연성이 전혀 없다고 단정할 수 없으므로, 피고 병원 측의 위와 같은 진료상의 과실로 인하여 환자 본인인 원고와 그 가족들인 나머지 원고들이 정신적 고통을 받았을 것임은 경험칙상 명백하므로, 피고는 이를 금전으로 위자할 의무가 있다고 할 것이다."고 판시한 바 있다.

(2) 태아 심박동수에 대한 경과관찰 해태 사건[433]

대법원은 분만 과정에서 태아가 사망하자 태아의 부모인 원고들이 의사인 피고를 상대로 태아의 심박동수를 제대로 확인하지 않는 등의 주의의무 위반을 이유로 손해배상을 구한 사안에서, "설령 피고 병원 의료진에게 망아의 심박동수를 제대로 확인하지 아니한 과실이 인정된다고 하더라도, 더 나아가 그러한 주의의무 위반의 정도가 일반인의 수인한도를 넘어설 만큼 현저하게 불성실한 진료를 행한 것으로 평가될 정도에 이르렀음도 충분히 증명되었다고 할 수는 없다."고 하여 원심을 파기·환송하였다.

(3) 환자의 증세에 대한 치료 및 검사 지체 사건[434]

대법원은 甲이 乙의료재단이 운영하는 丙병원 응급실에 내원하여 치료를 받은 후 증세가 호전되어 귀가하였다가 약 7시간 후 같은 증상을 호소하며 2차로 내원한 후, 丙병원 의료진이 甲에게 투약 등의 시행과 경과관찰을 하고 약 3시간이 뒤 응급실 당직의사가 甲의 혼수상태를 보고받아 조치를 취하였으나 甲이 사망에 이르게 된 사안에서, "甲이 2차 내원한 이후 혼수상태에 이를 때까지 적절한 치료와 검사를 지체하였다고 하더라도, 일반인의 수인한도를 넘어설 만큼 현저하게 불성실한 진료를 행한 것으로 평가될 정도에 이르지 않는 한 乙의료재단

---

433) 대법원 2014. 2. 13. 선고 2013다77294 판결.
434) 대법원 2018. 12. 13. 선고 2018다10562 판결.

의 위자료배상책임을 인정할 수 없는데, 진료기록감정촉탁 결과 등 제반 사정에 비추어 丙병원 의료진이 일반인의 수인한도를 현저하게 넘어설 만큼 불성실한 진료를 행한 잘못이 있었다고 보기는 어려운데도, 이와 달리 보아 乙의료재단의 위자료 배상책임을 인정한 원심판단에 법리오해의 잘못이 있다.”고 하여 원심을 파기·환송하였다.

(4) 불성실한 진료에 대한 손해배상책임의 성립요건

대법원은 불성실한 진료로 의료진이 위자료의 손해배상책임을 부담하는 경우 민법 제750조, 제751조 제1항, 제752조에 근거하는 불법행위책임의 성격을 지니고 있다고 파악하고 있다. 따라서 먼저 민법 제750조의 불법행위의 요건을 갖추어야 하므로, ① 가해자인 의사의 고의·과실, ② 가해행위의 위법성인 고의 또는 과실, ③ 가해행위와 인과관계 있는 손해의 발생이 요구된다. 이에 더하여 가해행위의 위법성에 해당하는 의료인의 주의의무 위반이 일반인의 처지에서 보아 수인한도를 넘어설 만큼 현저하게 불성실한 진료에 해당하여야 할 것을 요구하고 있다. 따라서 일반적인 의미의 의료과실만으로는 의료진의 불성실한 진료로 인한 책임이 인정되기는 어렵다고 하겠다.[435]

---

435) 백경희, 의료민사소송에서의 불성실한 진료에 대한 손해배상청구에 관한 소고, 법학논총 제26집 제2호, 2019, 14-16면.

제5장

손해의 법적 구제방법

손해의 법적 구제방법

제1절 의료과실에서 말하는 손해

1. 서 론

가. 손해배상청구에서의 손해

우리나라의 손해배상원칙은 채무불이행책임이든 불법행위책임이든 원상회복주의를 병용하지 않고, 금전배상주의를 취하고 있다(민법 제394조·제763조). 따라서 손해는 손해배상청구의 동기이자 목적이다.

의료과실로 인한 손해배상청구는 의사의 과실로 인하여 생명·신체의 사상, 재물의 손괴 등의 침해를 받은 경우, 당해 의료행위와 결과 사이의 인과관계 유무, 귀책사유인 과실의 유무 등을 평가하여 배상되어야 할 손해에 대한 금액이 확정된다.

나. 손해배상의 대상이 되는 사실

의료과실에서 손해의 대부분은 사람의 생명·신체에 대한 구체적 침해에 관하여 발생한다. 이와 같이 의료과실에 있어서는 의사의 과실행위로 인한 생명·신체의 구체적인 침해 즉, 사망이나 상해와 같은 손해가 일반적인 경우로 예시되지만, 기타 신체적 기능의 일시적인 악화나 그 증상에 의하여 어차피 사망할 환자라 할지라도 그 사기(死期)의 도래를 촉진시켰다면 기대권 내지 치료기회의 상실로 손해가 될 수 있다.

다. 의적 침습의 결과에 대한 위법성 문제

의료행위는 어떤 형태로든 신체에 대한 침습을 가한다. 따라서 이를 합법화하기 위하여는 의료행위가 환자의 치료목적으로 이루어져야 하고, 또 공인된 의술을 사용하여야 함은 물론 환자에 대한 설명과 환자의 승낙이라는 요건이 필요하다. 이와 같은 과정을 거치기 때문에 의료적인 침습의 결과가 즉각 손해로 평가되지 않는다.

일정한 결과가 환자의 생명·신체의 침해, 즉 손해로서 문제되는 것은 진단의 개시에서 종료에 이르는 과정에서 예기치 못한 악결과가 발생한 경우이다. 이때 그 악결과에 대하여 의사의 귀책성 또는 위법성 여부가 다투어지게 된다.

2. 손해와 그 발생

가. 민사책임의 발생요건

의료과실로 인한 민사책임이 발생하기 위해서는 가해행위인 의사의 과실에 의하여 환자에게 손해가 발생한 것이 필요하다는 것은 이미 살펴보았다.

나. 손해의 내용

손해란, 일반적으로 법적으로 보호받을 법익이 입은 침해 내지 불이익이고, 손해배상에 의하여 전보되는 대상이라고 정의할 수 있다. 따라서 생명이나 신체의 완전성뿐 아니라 기대권과 같은 심리적·정신적인 권리 등 법적 보호가치가 있는 것이면 모두 그 대상이 된다.

그런데 생명·신체의 침해로 인한 손해는 재산권에 대한 침해와 달리 그 손해를 구체적으로 산정하는 것이 매우 어려운 문제이다. 그래서 무엇을 손해로 볼 것인가에 관하여는 차액설과 평가설 등으로 학설이 나뉘고 있다.

차액설(差額說) 내지 소득상실설은 손해의 발생원인이 없었으면 존재하였을 이익상태와 불법행위가 있었던 현재의 이익상태의 차를 손해라고 보아 불법행위 당시의 소득과 불법행위 후의 향후 소득과의 차액을 산출하는 방법이다. 따라서 인신사고의 경우에 가해자가 배상하여야 하는 것은 생명·신체의 침해가 없었더라면 얻을 수 있는 이익에서 생명·신체침해로 인하여 피해자가 현재 받고 있는 이익의 차액이 된다. 생명·신체침해에 있어서 이러한 차액을 평가하기 위해서는 불법행위가 없었다면 존재하였을 상태에 대하여 여러 가지 가정이 사용되게 되며, 각 개인의 구체적·개별적 사정들을 고려하게 된다. 그러나 이 설은 완전배상주의를 이념으로 하고 있으므로 통상손해와 특별손해를 분리하여 제한배상주의를 취하고 있는 우리나라 민법 제393조의 입법취지에 따르면 그대로 적용하기 어렵고, 무엇보다도 비재산적 손해인 위자료에 대한 명확한 근거를 제시하지 못하는 단점이 있다.

평가설(評價說) 내지 가동능력상실설은 일실이익의 본질을 소득 창출의 근거가 되는 노동능력 상실 자체로 보아 상실된 노동능력의 가치를 불법행위 당시의 소득이나 추정소득에 의하여 평가하는 방법이다. 평가설에서는 사상이라는 손해의 정도를 금전적으로 평가하기 위해서는 치료비, 추정이익, 정신적 손해 등이 평가자료로서 이용된다. 그러므로 평가설은 차액설이 노동능력상실에 대한 손해를 소극적 손해로 보는 것과 달리 현시점에서 이미 현실화된 상실 노동능력 자체를 일종의 적극적 손해로 평가·파악한다는 것에 차이가 있다.[1]

판례[2]는 종래 차액설의 방법으로만 일실이익을 산정하여 오다가, 차액설에 의할 때 무직자, 유아 등의 기대수입 손해를 인정하는 데 이론상 무리가 있다는 점, 피해자가 종전 직업에 종사할 수 없게 되었다 하여 그 사실만으로 바로 그가 장래 일용노동에 의한 소득밖에 얻을 수 없다고 볼 수 없고, 그 향후소득의 예측은 합리적이고 객관성 있는 근거에 터잡은 것임을 요하는데, 사실상 향후소득의 예측이 쉽지 아니하므로 최근 경향을 바꾸어 종전 직업의 소득에 피해자의 노동능력상실율을 곱하는 평가설의 방법도 취하고 있다.[3]

다. 현실적 손해의 발생

손해배상을 청구하고자 할 때는 우선 손해가 현실적으로 발생하고 있는 것이 필요하다. 손해가 발생하고 있지 않다면 손해배상청구라는 것 자체가 성립하지 않는다. 대법원[4]은 "불법행위나 채무불이행을 이유로 배상하여야 할 손해는 현실로 입은 확실한 손해에 한하는 것이기 때문에 불법행위나 채무불이행 등으로 인하여 피해자 또는 채권자가 제3자에 대하여 어떤 채무를 부담하게 된 경우 상대방에게 채무액과 동일한 배상을 구하기 위하여는 채무의 부담이 현실적·확정적이어서 실제로 변제하여야 할 성질의 것임을 요한다."고 하였다.

---

1) 사법연수원, 손해배상소송, 사법연수원, 2018, 86면.
2) 대법원 1993. 7. 27. 선고 92다15031 판결; 대법원은 "불법행위로 인한 일실이익손해를 피해자의 노동능력상실률을 인정평가하는 방법에 의하여 산정할 경우, 피해자가 후유증에도 불구하고 종전과 같은 직장에서 종전과 다름없이 수입을 얻고 있다고 하더라도 달리 특별한 사정이 없는 한, 피해자가 신체적인 기능의 장애로 인하여 아무런 재산상 손해도 입지 않았다고 단정할 수는 없고, 또한 피해자가 사실심의 변론종결 시까지 종전 직장으로부터 종전과 같은 보수를 지급받았다고 하더라도 그것이 사고와 상당인과관계에 있는 이익이라고는 볼 수 없어 가해자가 배상하여야 할 손해액에서 그 보수액을 공제할 것은 아니다."고 하여, 구체적인 손해의 발생이 없다는 피고의 주장을 배척하고 차액설에 따랐다.
3) 대법원 1994. 4. 12. 선고 93다52372 판결; 대법원 1995. 1. 20. 선고 94다38731 판결.
4) 대법원 1992. 11. 27. 선고 92다29948 판결.

예를 들어, 피부과의사가 무좀환자에게 치료목적으로 케토코나졸을 장기투약하는 바람에 활동성간염에 걸렸으나, 의사가 이를 확인하고 즉시 치료하여 환자가 완치되었다면, 그 환자는 치료비 및 투약과실로 인하여 늘어난 치료기간에 대한 손해와 위자료를 청구할 수 있다.[5] 그러나 환자 입장에서는 간염이 재발될 경우에 간경변이나 간암으로 발전될 가능성이 있다는 불안감을 가질 수 있고, 그에 대한 보상을 원할 수 있으나, 현실로 손해가 발생하지 않았기 때문에 의사에게 앞으로 간암 등이 발생할 경우를 예상하여 그에 대한 손해배상을 모두 청구할 수는 없다.

3. 손해의 분류

가. 현실적 손해의 내용

현실적인 손해란, 크게 재산적인 손해와 비재산적인 손해로 나뉜다.

재산적 손해는 금전상의 손실이나 금전으로 평가할 수 있는 이익의 상실을 의미하는 데 반하여, 비재산적 손해는 명예나 행복감의 침해와 같이 금전적으로 평가할 수 없는 불이익을 말한다. 불법행위에 있어서 손해는 '법적 침해 또는 권리침해 자체'로 보는 견해도 있으나, 통설은 '법익에 관하여 받은 불이익'으로 본다.

나. 재산적 손해

재산적 손해는 발생한 손해의 내용에 의하여 다시 적극적 손해와 소극적 손해로 분류된다.

적극적 손해란, 피해자가 지출하였거나 채무를 진 경우로써 재산이 감소한 것을 말한다. 의료과실의 경우는 치료비, 장례비용, 변호사선임비용 등이 이에 해당한다.

소극적 손해란, 재산을 불릴 수 있었는데 가해행위로 인하여 그 증가가 방해된 경우의 손해를 말한다. 소극적 손해는 일실이익이라고도 하며, 직장을 잃게 되어 급여손실이 생기는 경우가 이에 해당한다. 소극적 손해를 평가하는 방법은 앞서 언급한 차액설과 평가설에 따라 달라진다.

예를 들어, 월급여 100만 원을 받던 어느 광부가 손목에 부상을 입어 치료하던 중, 의사의 치료 소홀로 세균에 감염되어 팔을 절단하는 바람에 노동능력이 광부로서는 40%, 도시일용노동자로서는 30%가량 상실되어 할 수 없이 광부를 사직하고 도시일용노동에 종사하

---

5) 서울지법 동부지원 1995. 11. 17. 선고 94가합4149 판결.

게 되었는데, 도시일용노동자의 평균수입은 월 50만 원이라고 가정하자. 위 광부는 광부로
서의 노동능력이 40%나 상실되어 더 이상 채광을 할 수 없어 광부직에는 현실적으로 종사
할 수 없었기 때문에 그만 두었으므로 우선 100만 원의 손해가 발생한다. 광부직을 더 이상
행하지 않는 대신 도시일용노동에 종사하게 되었으나, 그나마 노동능력의 30%를 상실하여
매월 35만 원(=50만 원×잔존노동능력 70%)씩의 소득 밖에는 얻지 못하게 된다. 따라서 차
액설에 의하면 위 광부의 손해는 65만 원(=100만 원−35만 원)이 된다. 그러나 평가설에 의
하면 광부로서의 노동능력상실에 따른 평가인 40만 원(=100만 원×상실노동능력 40%)이 손
해가 된다.

다. 정신적 손해

정신적 손해란, 가해행위에 의하여 피해자가 고통이나 슬픔을 느끼는 것과 같이 정신적 안
정상태를 침해받음으로써 생긴 손해를 말한다. 정신적 손해에 대한 배상금은 위자료라고 부르
며, 그것은 피해자의 직업·나이·사회적 지위·가족관계·사고경위 등 여러 사정을 참작하여
법관이 결정한다. 판례상 위자료는 이른바 '가단설(家団說)'의 입장에서 1개의 사고에 대하여
일정한 금액을 정한 후 가족수에 따라 적절히 분배하여 배상하고 있다. 법원에서는 판사회의
를 통하여 매년 일정액의 위자료를 정하여 적용하고 있다.

불법행위에 있어서 재산적 손해뿐 아니라 정신적 손해도 손해배상의 대상이 될 수 있는
근거로는 민법 제751조가 있지만, 이 조항은 주의적 규정이라는 것이 통설이다. 즉, 민법
제750조에서 말하는 손해에는 재산적 손해뿐 아니라 정신적 손해까지도 포함하는 것으로
본다.[6)]

한편 채무불이행에 대해서 민법 제751조에 상당하는 규정은 없으나, 우리나라 통설과 판
례는 민법 제390조의 '손해'에는 정신적 손해를 포함한다고 해석하고 있다. 대법원[7)]은 "진료
계약상 주의의무 위반으로 환자의 생명이나 신체에 불이익한 결과를 초래한 경우 일반적으로
채무불이행책임과 불법행위책임이 성립할 수 있다. 이와 같이 생명·신체가 침해된 경우 환자
가 정신적 고통을 입는다고 볼 수 있으므로, 진료계약의 당사자인 병원 등은 환자가 입은 정
신적 고통에 대해서도 민법 제393조, 제763조, 제751조 제1항에 따라 손해를 배상해야 한
다."고 하여, 진료계약상 채무불이행책임으로서 위자료를 배상하여야 한다고 판시하였다.

---

6) 따라서 손해는 적극적 손해, 소극적 손해, 정신적 손해의 3가지로 나뉘며(손해3분설), 이 3가지 손해는 각
   각 독립한 소송물로 파악된다.; 대표집필 박준서, 주석민법 채권각칙(6), 2016, 258면.
7) 대법원 2018. 11. 15. 선고 2016다244491 판결.

4. 배상되어야 할 손해의 범위

가. 완전배상주의와 제한배상주의

배상되어야 할 손해는 가해행위와 인과관계를 갖는 손해 중에서 피해자에게 배상을 해주어야 할 것이라고 평가되는 손해이다.

우선 행위와 결과인 손해 사이에 '그것이 없었으면, 이것이 없다.'라고 하는 사실적(자연적) 인과관계가 존재하여야 한다. 그러나 사실적 인과관계의 연결은 한 없이 확대되어 의외의 곳까지 미칠 가능성이 있다. 따라서 그 손해를 모두 배상하여야 하는가, 일정한도에 있어서만 인정하여야 하는가 하는 것이 문제가 된다.

우리나라는 제한배상주의를 취하고 있다. 배상해야 할 손해의 범위는 가해행위와 '상당인과관계'에 있는 모든 손해라고 하는 것은 이 때문이다.

나. 손해배상의 범위

채무불이행으로 인한 손해배상의 범위는 민법 제393조에서 규정하고 있다. 이 조항은 상당인과관계의 원칙을 규정한 것이다. 위 조항에 의하면 배상되어야 할 손해는 우선 당해 채무불이행으로 인한 통상의 손해를 그 한도로 한다(동조 제1항). 통상손해란, 특별한 사정이 없는 한, 그러한 채무불이행이 있으면 사회의 일반관념상 통상 발생하는 것이라고 생각되는 범위의 손해이다.

그러나 채무자가 채권자의 특별한 사정을 알았거나 알 수 있었을 경우에는 그 손해도 특별손해로서 배상하여야 한다(동조 제2항).

다. 불법행위에서의 손해배상의 범위

불법행위에 대해서는 민법 제763조에 의하여 민법 제393조가 준용되므로 손해배상의 범위에 대한 결정은 위와 같다.

라. 환자의 특이체질과의 경합

손해배상의 범위문제와 관련하여 환자의 특이체질이 손해의 발생에 영향을 준 경우, 예컨대 통상의 경우라면 의료과실에 의하여 신체침해를 받았더라도 사망하는 사례가 없는데 우연히 환자가 특이체질이었기 때문에 사망한 경우, 그 특이체질의 영향을 어떻게 평가하느냐의 문제가 있다. 특이체질로 인한 악결과 발생은 인과관계의 인정에 있어서 비율적 인과관계 내지 기여도의 문제를 제기하는 동기가 되었다. 의료사고에 있어서 환자는 신체 건강한 정상인이 아니기 때문에 이러한 체질적 요인 또는 기왕증에 대한 고려가 있어야 할 것으로 보인다. 그것이 손해의 공평부담이라는 손해배상의 대원칙에도 부합하기 때문이며, 이는 과실상계의 측면으로 나타난다. 이에 대하여는 아래 손해배상액 산정의 법리에서 구체적으로 살펴본다.

대법원[8]도 "의사의 의료행위에 주의의무 위반이 있어 불법행위로 인한 손해배상책임이 인정되더라도 손해가 의료행위의 과오와 피해자 측의 요인이 경합하여 손해가 발생하거나 확대된 경우에는 피해자 측의 요인이 체질적인 소인 또는 질병의 위험도와 같이 피해자 측의 귀책사유와 무관한 것이라고 할지라도, 질환의 태양·정도 등에 비추어 가해자에게 손해의 전부를 배상하게 하는 것이 공평의 이념에 반하는 경우에는, 법원은 손해배상액을 정하면서 과실상계의 법리를 유추적용하여 손해의 발생 또는 확대에 기여한 피해자 측의 요인을 참작할 수 있다. 다만 책임제한에 관한 사실인정이나 비율을 정하는 것이 형평의 원칙에 비추어 현저하게 불합리하여서는 아니 된다. 그러나 질병의 특성, 치료방법의 한계 등으로 의료행위에 수반되는 위험을 감내해야 한다고 볼 만한 사정도 없이, 의료행위와 관련하여 일반적으로 요구되는 판단능력이나 의료기술 수준 등에 비추어 의사나 간호사 등에게 요구되는 통상적인 주의의무를 소홀히 하여 피해가 발생한 경우에는 단지 치료 과정에서 손해가 발생하였다는 등의 막연한 이유만으로 손해배상책임을 제한할 것은 아니다."라고 판시하였다.

마. 분만도중 사망한 자의 손해배상범위[9]

(1) 문제의 제기

우리나라에서는 헌법학, 민법학, 형법학계 등에서 각각 사람의 개념에 대하여 다른 평가기준을 두고 있다.

헌법에서는 사람의 범위를 가장 넓게 인정하고, 그에 따라 권리 역시 광범위하게 보호하고 있다. 즉, 헌법에서는 수정란이 자궁에 착상되어 정상적인 생명으로 자랄 수 있을 때부터 인간의 존엄성을 부여하고 있다. 나아가 수정란까지도 그 보호법익을 넓히자는 의견이 나오고 있다.

형법학에서는 진통전의 태아는 아직 정상적인 사람으로 보지 않기 때문에 낙태죄로 처벌하고, 진통이 온 후의 태아는 사람으로 보아 영아살해죄로 처벌하고 있는 바, 진통 후부터 사

---

8) 대법원 2016. 6. 23. 선고 2015다55397 판결.
9) 신현호, 분만 중인 태아의 법적지위, 의료와 법률, 1997. 봄호, 42-48면.

람으로 간주하고 있다.

그러나 민법에서는 태아가 완전히 노출된 이후에만 사람으로 보고 그때부터 권리능력을 가진다는 전부노출설이 아무 비판 없이 통설과 판례로 정착되어 있다.

그렇다면 의료과실소송에 있어서 태아도 사고의 객체가 되므로 분만 중인 태아는 산모의 신체의 일부인지, 전부노출된 경우에만 사람으로서의 권리능력을 가지는지, 만약 이러한 입장에 선다면 그 문제점은 무엇인지에 대하여 살펴보아야 한다. 분만 전 검사결과 태아에 전혀 이상이 없었고, 분만 중 전자태아심음측정기 등 태아감시장치를 통하여도 별 이상이 없던 태아가 진행정착에 빠져 저산소중에 의한 뇌손상으로 사산하거나 신생아가사증후군으로 출생한 직후 곧 사망하는 의료사고가 종종 있다. 위와 같은 경우에 출산도중 사산한 경우와 태어나 몇 초 혹은 몇 분 후에 사망한 경우 매우 짧은 순간이기는 하나 이론구성에 따라 결론이 판이하게 달라질 수 있다. 만약 몇 초 내지 몇 분 사이에 사람인가 모체의 일부인가로 나눈다면 의사는 고의로 태아를 사망에 이르게 할 수도 있다. 왜냐하면, 판례상 살아서 태어난 지 몇분 후에 사망한 경우에는 일실이익을 모두 배상하여야 하지만 사산한 경우에는 산모의 신체의 일부 손상으로 보아 위자료만 배상하면 되기 때문이다. 의사는 의료윤리적인 측면을 고려하지 않는다면 오히려 태아를 적극적으로 살리려 하지 않을 것이며, 이를 방치하게 되면 인명경시 풍조가 만연할 우려마저 있다.

(2) 출생시기에 관한 학설의 대립

민법 제3조는 '사람은 생존하는 동안 권리와 의무의 주체가 된다'고 규정하고 있을 뿐, '사람이 생존하는 동안', 즉 출생시점 내지 사망시점에 대하여는 해석론에 전적으로 위임하고 있다. 따라서 이에 관하여는 견해가 대립하고 있는데, 이하에서는 사람의 출생시점에 관한 견해들을 살펴 보기로 한다.

현재 민법의 해석상 사람의 시기에 관하여는 별다른 이유 없이 형법상의 사람의 시기와 차이를 두고 있다. 즉, 민법에서는 사람의 시기는 신체의 전부가 모체로부터 완전히 노출된 때라는 전부노출설에 따르는 것이 판례이고,[10] 헌법재판소도 민법 제3조를 합헌으로 판단하였다.[11]

---

10) 대법원 1976. 9. 14. 선고 76다1365 판결.

11) 헌법재판소 2008. 7. 31. 선고 2004헌바81 결정; "태아는 형성 중의 인간으로서 생명을 보유하고 있으므로 국가는 태아를 위하여 각종 보호조치들을 마련해야 할 의무가 있다. 하지만 그와 같은 국가의 기본권 보호의무로부터 태아의 출생 전에, 또한 태아가 살아서 출생할 것인가와는 무관하게, 태아를 위하여 민법상 일반적 권리능력까지도 인정하여야 한다는 헌법적 요청이 도출되지는 않는다. 법치국가원리로부터 나오는 법적안정성의 요청은 인간의 권리능력이 언제부터 시작되는가에 관하여 가능한 한 명확하게 그 시점

형법에서 사람의 시기를 분만개시설에 따르는 이유는, 단지 범죄행위의 객체가 태아인가 사람인가에 따라 범죄구성요건이 달라지기 때문만은 아니다. 이는 출산 중인 태아의 권리를 신생아와 같은 반열에서 보호하기 위해서이다. 그 때문에 사람의 시기를 가능하면 빨리 인정하려 하고 있다. 그러므로 규칙적인 진통이 있기 전, 다시 말해 자연적인 분만기 이전에 인위적으로 태아를 모체 밖으로 배출하면 형법 제269조·제270조의 낙태죄가 성립하고, 규칙적인 진통으로 분만이 시작되어 분만 중이거나 분만직후의 영아를 살해하면 형법상 영아살해죄가 성립된다. 즉, 형법에서는 분만 중인 태아부터 사람으로 본다.

출생의 시기에 대하여, 진통설 또는 분만개시설은 태아가 모체의 자궁으로부터 분리하려고 규칙적인 진통으로 분만을 시작한 때부터라고 하며, 우리나라의 형법상 통설 및 판례의 견해다. 대법원[12]은 "사람의 생명과 신체의 안전을 보호법익으로 하고 있는 형법상의 해석으로서는 사람의 시기는 규칙적인 진통을 동반하면서 태아가 태반으로부터 이탈하기 시작한 때 다시 말하면 분만이 개시된 때(소위 진통설 또는 분만개시설)라고 봄이 타당하며 이는 형법 제251조(영아살해)에서 분만 중의 태아도 살인죄의 객체가 된다."라고 하여 이에 따르고 있다.

일부노출설은 태아의 몸체 일부가 질구(膣口) 밖으로 일부 나올 때부터 라고 하며, 일본의 통설과 판례의 태도이다.

전부노출설은 분만이 완성되어 태아가 모체로부터 완전히 빠져나온 때부터 비로소 사람이 된다고 하며, 영미법에서는 이에 따르고 있다.

독립호흡설은 태아가 모체에서 완전히 분리되어 태반에 의한 호흡을 그치고 독립하여 폐에 의한 호흡을 할 때에 사람이 된다고 한다.[13]

을 확정할 것을 요구한다. 따라서 인간이라는 생명체의 형성이 출생 이전의 그 어느 시점에서 시작됨을 인정하더라도, 법적으로 사람의 시기를 출생의 시점에서 시작되는 것으로 보는 것이 헌법적으로 금지된다고 할 수 없다.

입법자는 형법과 모자보건법 등 관련규정들을 통하여 태아의 생명에 대한 직접적 침해위험을 규범적으로 충분히 방지하고 있으므로, 이 사건 법률조항들이 태아가 사산한 경우에 한해서 태아 자신에게 불법적인 생명침해로 인한 손해배상청구권을 인정하지 않고 있다고 하여 단지 그 이유만으로 입법자가 태아의 생명보호를 위해 국가에게 요구되는 최소한의 보호조치마저 취하지 않은 것이라 비난할 수 없다.

생명의 연속적 발전과정에 대해 동일한 생명이라는 이유만으로 언제나 동일한 법적 효과를 부여하여야 하는 것은 아니다. 동일한 생명이라 할지라도 법질서가 생명의 발전과정을 일정한 단계들로 구분하고 그 각 단계에 상이한 법적 효과를 부여하는 것이 불가능하지 않다. 이 사건 법률조항들의 경우에도 '살아서 출생한 태아'와는 달리 '살아서 출생하지 못한 태아'에 대해서는 손해배상청구권을 부정함으로써 후자에게 불리한 결과를 초래하고 있으나 이러한 결과는 사법(私法)관계에서 요구되는 법적 안정성의 요청이라는 법치국가이념에 의한 것으로 헌법적으로 정당화된다 할 것이므로, 그와 같은 차별적 입법조치가 있다는 이유만으로 곧 국가가 기본권 보호를 위해 필요한 최소한의 입법적 조치를 다하지 않아 그로써 위헌적인 입법적 불비나 불완전한 입법상태가 초래된 것이라고 볼 수 없다."

12) 대법원 1982. 10. 12. 선고 81도2621 판결.

(3) 판례의 경향

사람의 권리능력시기를 전부노출설에 따르다 보니 위와 같이 분만 중에 죽은 태아와 전부 노출된 후에 사망한 태아 사이에 손해배상의 범위에 차이가 있는 것이 불합리한 결과를 초래한다. 그러한 불합리를 해결하기 위하여 최근 하급심에서는 제재적 위자료론을 적용한 듯한 판결을 선고한 바 있다.

(가) 흡입분만 도중 태아에게 태아곤란증이 발현되어 사산한 사건[14]

서울고등법원은 흡입분만 도중 태아에게 태아곤란증이 발현되어 사산한 사안에서 "전부노출설을 취할 경우 원고들이 적절히 지적한 바와 같이 이미 분만이 개시된 태아가 위험한 상황에 빠지는 것을 방치하거나 의료과오를 은폐하는 수단을 조장할 우려가 있는 점, 태아의 수정·성장 및 출산이라는 일련의 과정에서 보면 정상적으로 성장하여 분만이 개시된 단계에 이른 태아는 그 생명적 가치나 보호의 필요성이라는 측면에서 이미 출산을 마친 신생아 못지 아니한 점 등을 감안할 때, 그 태아의 부모에 대한 의료과오로 인한 위자료를 산정함에 있어서 출산을 마친 직후 사망한 신생아의 손해에 대한 법적 평가액을 아울러 참작함이 상당하다고 할 것이다."고 하면서 "이 사건 분만 후에 원고 1은 2년 만에 다시 임신하게 되었으나 임신 후 지속적인 유산 및 조산의 위험성과 치골 및 골반 통증으로 시달렸던 점, 원고들이 친구인 다른 의사로부터 특별히 소개받아 피고 1에게 특진을 의뢰한 점, 이 사건 태아는 임신 40주를 모두 채우고, 3.10kg의 정상체중을 가진 여아로 분만직전 산모와 태아 모두 정상 소견으로 정상 분만이 기대되고 있었던 점, 원고들은 그 직업이 모두 의사로서 결혼 후 3년 동안 아기를 기다려 온 점, 원고 1이 회음부 4도 열상을 입음으로써 치료기간 동안 상당한 신체적 고통을 입었던 점 등 이 사건 사고의 경위 및 결과, 원고들의 사회적 지위 및 연령, 그 밖에 이 사건 변론에 나타난 여러 사정들을 참작하여, 원고 1과 남편인 원고 2가 피고 측의 이 사건 의료과오로 인하여 입은 정신적 고통에 대한 위자료액을 산정하기로 한다."고 하면서 산모인 원고 1에게 45,000,000원, 남편인 원고 2에게 30,000,000원을 지급하도록 하였다.

(나) 태아곤란증으로 출산 후 3일 만에 사망한 신생아 사건[15]

서울고등법원은 신생아가 출생하여 3일 만에 사망한 사안에서, "ㅇㅇㅇㅇ병원 의료진이

---

13) 이재상, 형법각론 제5판, 박영사, 2007, 14면 이하.
14) 서울고법 2007. 3. 15. 선고 2006나56833 판결.
15) 서울고법 2011. 3. 8. 선고 2010나17040 판결.

분만 중 태아심박동수 및 자궁수축 감시 등 산모와 태아에 대한 감시, 관찰을 세심하게 하지 않은 상태에서 만연히 옥시토신을 투여하고, 그 투약량을 늘려가며 태아곤란증에 대한 적절한 조치 없이 무리하게 질식분만을 시행함으로 인하여 망아에게 태아곤란증이 발생하였거나 어떤 경위로 발생한 태아곤란증이 돌이킬 수 없을 정도로 심각한 지경에 이르러 사망에까지 이르게 되었다고 봄이 상당하므로, 피고는 ○○○○병원 의료진의 사용자로서 그로 인하여 원고들이 입은 손해를 배상할 책임이 있다."고 하면서 "다만, 앞서 인정한 사실들과 위에서 든 증거들에 의하여 인정되는 사정들, 즉 일반적으로 실시되는 태아심박동수의 측정만으로 태아곤란증을 정확하게 진단하기는 어렵고, 현대의학의 수준으로도 태아곤란증 여부를 정확하게 예측하는 것이 불가능한 점, 망아의 태아심박동수가 분만 직전까지 비교적 정상적인 양상을 보여서 태아곤란증을 겪고 있음을 예견하기가 쉽지 않았을 것으로 보이는 점, 분만 전후의 저산소증이 뇌성마비를 일으키는 인자이기는 하나 그 확률은 15 내지 20% 정도로 알려져 있고 뇌성마비가 원인 불명인 경우가 많으며, 정상분만 과정에도 태아곤란증이 발생할 수 있는 점, 원고 2에게 계류유산의 전력이 있고, 분만 바로 직전 교통사고를 당하였으며, 분만 36주 5일 무렵에 헤르페스 감염치료를 받은 적이 있어 이 사건에서도 다른 원인이 개재되었을 가능성을 배제할 수 없는 점 등을 감안하여, 피고의 책임비율을 20%로 제한한다."고 하여 과실상계를 하였다.[16)

바. 원치 않은 생명 · 출생

(1) 원하지 않은 삶(wrongful life)

원하지 않은 삶이란 오진으로 인하여 선천성 질환이 있는지를 간과하고, 인공유산의 기회를 상실한 채 태어난 신생아가 만일 의사의 과실이 없었더라면 선천성장해를 가진 생명을 회피할 수가 있었을 것이라고 주장하면서 제기된 손해배상청구소송을 말한다.[17) 예를 들어, 다운증후군의 태아를 임신하기 쉬운 노령의 산모가 이를 걱정하여 산부인과의사로부터 염색체검사를 받았으나 아무 이상이 없다는 진단을 받고나서 출산을 하고 보니 다운증후군의 신생

---

16) 동 사건에서 법원은 피고는 ○○○○병원 의료진의 사용자로서 원고들에게 각 24,022,845원(상속분 18,722,845원+장례비 30만 원+위자료 500만 원)과 지연손해금을 지급하라고 하였는데, 과실상계의 비율이 높아지고 위자료를 적게 산정함에 따라 흡입분만 도중 태아에게 태아곤란증이 발현되어 사망한 사건보다 총액에 있어서는 적게 되는 결과가 나타난다.

17) 이러한 소송 유형의 이론적 배경은 의사는 태아를 대신하여 행위 할 부모에게 장애아가 태어날 가능성에 대한 정보를 제공하여야 할 의무를 부담하고 있으며, 또한 부모가 그러한 정보를 제공받았더라면 아이의 임신을 피하였을 것이라는 사실에 있다고 한다.; 이덕환, 원하지 않은 임신과 출산에 관한 법적 문제, 의료법학 제2권 제1호, 2001, 47-48면.

아인 경우가 있다. 산전검사시 의사는 신생아의 21번 염색체에 이상이 있었음에도 불구하고 검사를 제대로 하지 않아 정상아로 오진하는 바람에 산모가 모자보건법상 인공유산의 기회를 상실하여 출산함으로써 신생아는 다운증후군 환자로서 평생을 선천성장애인으로 살아가야 한다. 만약 다운증후군에 걸린 신생아가 그러한 생명은 원하지 않았다고 하면서 자신을 낙태하지 않아 정상인으로서 살아가지 못하고 특수교육이나 치료가 필요하다고 하여 그 비용은 물론 위자료까지 청구할 수 있는지의 문제이다.

독일, 영국, 미국에서는 거의 일치하여 이러한 청구를 부인하고 있다.[18]

독일 연방법원[19]은 원치않은 생명에 대하여 원고의 청구를 기각한 바 있다. 사건개요는 원고 A는 원고 B, C 부부의 딸로서 1977. 2. 24. 제왕절개수술에 의하여 태어났으나 선천성 이상으로 정상적인 생활이 불가능하였는데, 그 원인은 모인 C가 A를 수태한지 1주일 만에 걸린 풍진바이러스 감염[20] 때문이었는 바, 원고들은 산부인과의사인 피고에게 C의 풍진감염으로 A가 신체적인 이상을 일으킬 우려가 매우 높았고, 이를 알았다면 당연히 임신중절수술을 하였을텐데 피고가 산모의 풍진감염을 알지 못하여 산모에게 그러한 사실을 알려주지 않아 낙태의 기회를 놓치게 하였다고 주장한 것이다. 이 사건에서 A는 만약 자신이 풍진으로 인하여 정상인으로 태어날 수 없다는 사실을 알았다면 스스로 낙태를 희망하였을 것이라고 주장하였고, 피고는 이에 대하여 지시된 검진일에 제때에 산전정기검사를 받지 않은 C에게 모든 잘못이 있다고 하면서 면책항변을 하였다. 독일 연방법원은 임신중절에 대한 권리는 임산부인 C에게 속하며 태아인 A의 권리는 아니고, 또한 A의 장애는 피고의 고의·과실행위에 의하여 발생한 것이 아니라 C의 풍진감염에 의한 것이라는 이유로 A의 청구를 기각하였다.

영국 런던고등법원도 1982. 2. 19. 맥케이 대 에섹스주(州) 건강성 사건의 판결(Mckay v. Essex AHA. 1982. Q. B. 1166)에서 산모가 풍진에 걸렸음에도 불구하고 태아의 선천성장애발생 위험성을 고지하지 않아 청력 및 시력 장애를 입고 출생한 신생아가 임신중절의 기회를 잃었다면서 의사를 상대로 소송을 제기한 사건을 판단하였는 바, 첫째, 의사는 태아를 인공유산시킬 의무가 없고, 둘째, 생명이란 중대한 장애를 갖고 있다고 하더라도 존재하지 않는 것보다 바람직할 수도 있기 때문에 손해가 발생하였다고 할 수 없고, 셋째, 손해가 발생하였다고 가정하더라도 장애를 갖는 생명과 인공임신중절에 의하여 존재하지 않았을 가능성을 비교

---

18) 신현호, 원치않은 생명(上), 보험법률 제3호, 1995. 6. 39면 이하 참조.
19) BGH 1983. 1. 18. Urt.=BGHZ 86. 240.
20) 임부가 풍진바이러스에 감염되면 임신 1개월 째는 배아의 50%, 2개월 째는 태아의 25%, 3개월 째는 태아의 15%가 뇌수막염, 심실중격 결손, 골격이상, 염색체이상, 청각결손, 태아발육지연 등 심한 장해를 일으키는 무서운 질병이다. 일반적인 경우 풍진은 별다른 위험이 없지만 임신 중에 감염되면 태아에게 미치는 영향이 커서 심한 후유증을 남기게 된다.

하여 손해를 산정하여 평가하는 것은 불가능하고, 넷째, 원치 않은 생명에 기초하여 손해의 회복을 허용하는 것은 생명의 존엄성에 반하는 것은 물론 국가존립목적에도 위배된다는 이유로 원고의 청구를 기각했다.

미국의 다수의 주(州)도 이와 같은 유형의 손해배상청구를 부정하는데, 그 이유는 법과 문명이 일반적으로 인명의 부재보다는 존재에 높은 가치를 부여하므로 원고가 살아 있기 때문에 손해배상을 받을 수 있다는 판결을 한다는 것은 받아들일 수 없고, 또 원고는 피고의 과실이 없었다면 있었을 상태에 놓여질 수 있어야 한다는 불법행위로 인한 손해배상의 기본원칙이 이 소송의 경우 실현 불가능하기 때문이라고 한다.[21]

대법원[22] 역시 다운증후군으로 출생한 원고가 피고 의료기관 및 산부인과 전문의에 대하여 제기한 소송에 대하여 "다운증후군은 위 조항 소정의 인공임신중절사유에 해당하지 않음이 명백하여 원고의 부모가 원고가 다운증후군에 걸려 있음을 알았다고 하더라도 원고를 적법하게 낙태할 결정권을 가지고 있었다고 보기 어려우므로, 원고의 부모의 적법한 낙태결정권이 침해되었음을 전제로 하는 원고의 이 사건 청구는 이 점에 있어서 이미 받아들이기 어렵다고 할 것이다. 나아가서 원고는 자신이 출생하지 않았어야 함에도 장애를 가지고 출생한 것이 손해라는 점도 이 사건 청구원인 사실로 삼고 있으나, 인간 생명의 존엄성과 그 가치의 무한함(헌법 제10조)에 비추어 볼 때, 어떠한 인간 또는 인간이 되려고 하는 존재가 타인에 대하여 자신의 출생을 막아줄 것을 요구할 권리를 가진다고 보기 어렵고, 장애를 갖고 출생한 것 자체를 인공임신중절로 출생하지 않은 것과 비교해서 법률적으로 손해라고 단정할 수도 없으며, 그로 인하여 치료비 등 여러 가지 비용이 정상인에 비하여 더 소요된다고 하더라도 그 장애 자체가 의사나 다른 누구의 과실로 말미암은 것이 아닌 이상 이를 선천적으로 장애를 지닌 채 태어난 아이 자신이 청구할 수 있는 손해라고 할 수는 없다."고 하여 원고의 청구를 기각하였다.

(2) 원치 않은 출생(wrongful birth)

원치 않은 출생[23]은 2가지 경우가 있다.

첫째, 신체적으로 건강하지만 의사의 과실로 인하여 바라지 않던 신생아가 태어난 경우와 둘째, 다운증후군 장애아와 같이 원치 않은 생명을 출생한 경우에 그 부모가 의사를 상대로 제기하는 손해배상청구를 말한다.

---

21) 윤진수, Wrongful Life로 인한 장애아 자신의 의사에 대한 손해배상청구, 의료법학 제2권 제1호, 2001, 99-100면.
22) 대법원 1999. 6. 11. 선고 98다22857 판결.
23) 전병남, 원치 않은 아이의 출생과 의사의 손해배상책임, 의료법학 제2권 제1호, 2001, 14-15면.

　　판례는 첫째의 경우에 대하여 출산비와 위자료만을 인정하고 있고, 둘째의 경우에는 손해로 인정하지 않고 있다.

　　서울고등법원[24]은 제왕절개수술 및 불임수술에 관한 의료계약을 체결하였음에도 불구하고 피고 대학병원에서 제왕절개수술만을 한 과실로 다시 임신하게 된 부부가 분만계약위반을 이유로 손해배상소송을 제기한 사건에 대하여 원고 부부의 청구를 인용하였다. 다만 손해배상의 범위에 관하여는 임신으로 인한 분만비용과 위 채무불이행에 따른 위자료만을 인정하였고, 원고들이 청구한 양육비 및 교육비에 대하여는, "불임시술을 목적으로 하는 의료계약은 다른 일반계약과는 달리 그 이행으로서의 수술은 아직 구체화되지 않은 인간의 생명 및 그 탄생에 반하는 것이고, 오히려 그 불행은 인간생명의 탄생으로 직결되는 것이며, 또한 위 불이행으로 인한 원치 않은 아이의 임신 및 그 탄생은 부모의 입장에서 보면 부모로 하여금 그 자(子)에 대한 부양의무 등을 지게 한다는 점에서 일응 경제적 손해를 가져온다고도 볼 수 있으나 태어난 자의 시각에서 본다면 유일한 생명을 구해 준 은혜로운 행위가 된다는 점에서 그 법적 특수성이 있으므로, 과연 그 계약의 불이행으로 인하여 부모가 '손해'를 입게 될 것인가의 문제는 부모의 재산상 이익과 자의 생명권 중 어디에 우월한 지위를 인정할 것인가의 문제로 귀착된다고 볼 것인데, 우리 헌법 제10조에서 '모든 국민은 인간으로서의 존엄과 가치를 가지며, 행복을 추구할 권리를 가진다. 국가는 개인이 가지는 불가침의 기본적 인권을 확인하고 이를 보장할 의무를 진다.'고 규정하여 개인의 생명권 존중 및 기본적 인권보장의 원칙을 천명하고 있고, 이를 받아 민법 제752조에서 타인의 생명을 해한 자는 피해자의 직계존속·직계비속 및 배우자에 대하여 재산상의 손해 없는 경우에도 손해배상의 책임이 있다고 규정하고, 형법 제250조 내지 제256조(살인 등의 죄), 제262조(폭행치사죄), 제268조(업무상 과실치사상죄) 등에서 사람의 생명을 해한 행위를 범죄로 규정하여 처벌하고 있는 점 등에 비추어 비록 원치않은 임신에 의하여 출생한 자라 할지라도 그 자의 생명권은 절대적으로 보호되어야 할 가치로서 부모의 재산상 이익에 우선하여야 한다고 보아야 할 뿐만 아니라(만일 반대로 해석하여 제3자가 채무불이행으로 인하여 아이의 생명을 탄생시키게 함을 법적 비난의 대상으로 삼아 그 제3자에게 손해배상의 형식으로 제재를 가한다면 이는 실질적으로 우리 헌법정신에 반하는 것이 될 것이다), 민법 제913조에서는 '친권자는 자를 보호하고 교양할 권리의무가 있다.'고 규정하고 있고, 위 부모의 친권에 기한 미성년의 자에 대한 부양의무는 원칙적으로 이를 면제받거나 제3자에게 전가할 수 있는 성질이 아니라 할 것이므로 비록 원치않은 임신에 의하여 출생한 자라고 할지라도 부모는 일단 출생한 자에 대하여 부양의무를 면할 수 없다 할 것이고, 따라서 자의 출

---

24) 서울고법 1996. 10. 17. 선고 96나10449 판결.

생 및 그로 인한 부양의무를 '손해'로 파악할 수는 없다 할 것이다."고 하여 기각하였다.

한편 대법원[25)]은 의사의 설명의무 위반의 과실이 있다고 하더라도 우리나라 모자보건법 등에 의하여 다운증후군에 관한 임신중절수술이 법적으로 허용되지 아니한다는 이유로 부모의 청구를 모두 기각하였다.[26)] 즉, 대법원은 "피고 노ㅇㅇ으로서는 위와 같은 트리플마커 검사를 함에 있어 원고 조ㅇㅇ에게 위 검사가 기형아 등에 관한 선별검사인지 확진검사인지, 위 검사로부터 알 수 있는 기형아 검출률이 얼마이며 그 의미는 무엇인지, 위 검사 이외의 보다 정확한 기형아 검사방법으로는 무엇이 있으며 그 방법의 장점과 단점은 무엇인지에 대하여 설명하여야 할 주의의무가 있음에도 불구하고 트리플마커 검사의 부정확성이나 더 정확한 검사방법의 존재에 대하여 아무런 설명을 하지 않은 의료상의 과실이 있다고 할 것이나, 이 사건과 같이 임신 후 의사에게 기형 여부의 검진을 의뢰하였는데 의사의 의료상 과실로 인하여 기형아인 사실을 밝혀내지는 못하였으나 설사 이를 밝혀냈다 하더라도 그 증세가 다운증후군이어서 임신중절이 법적으로 허용되지 않는 경우에, 위 사실을 미리 알았을 경우 원고들이 받게 되었을 고통에 비하여 그렇지 않을 경우 출생 후에 받게 된 고통이 반드시 크다고 단정할 만한 자료가 없고, 따라서 원고들의 정신적 손해 있음을 인정할 증거가 없다."고 하여 원고들의 주장을 배척하였다.

제2절 손해배상액 산정의 법리

1. 손해배상의 방법

의료과실로 인한 손해배상책임이 인정되면 가해자는 손해배상의무가 발생한다.

이 손해배상의 방법은 민법 제394조 '다른 의사표시가 없으면 손해는 금전으로 배상한다.' 라는 규정에 의하여 금전배상을 원칙으로 한다. 손해를 산정하는 데 있어서 금전으로 그 액을 정하는 것은 편리하고, 자본주의사회에 적합한 배상방법으로써 지지받고 있다.

그러나 치료에 의하여 원상회복이 가능한 경우에는 금전배상을 하지 않고, 당사자 간 합의에 의하여 완치될 때까지 혹은 일정기간 치료를 해주는 것을 내용으로 하는 화해가 종종 성

---

25) 대법원 2002. 3. 29. 선고 2000다61947 판결.
26) 동 사안에서 다운증후군으로 태어난 장애아는 출생 후 한 달 후 선행사인 백혈병, 직접사인 심장마비(추정)로 사망하였다.

립한다. 다만 의료과실이 법적 분쟁으로 발전한 경우에는 이미 원상회복이 불가능한 것이 대부분이어서 금전배상에 의한 방법 이외에 대안이 없을 것이다.

2. 손해배상의 범위

의료과실로 발생된 손해의 일차적인 부담은 가해자가 져야 한다. 그러나 발생한 모든 손해를 가해자에게 부담시키는 것이 때로는 가혹한 경우도 있다. 이러한 경우에는 일정한 요건 아래에서 피해자에게도 손해의 일부를 분담시키는 것이 손해의 공평부담이 될 수 있다.

배상해야 할 손해의 범위는 당해 의료과실로 인하여 생긴 손해이고, 발생한 손해와 의료과실과의 사이에 상당인과관계가 인정되어야 하는 것은 당연하다.

의료과실에 있어서는 배상해야 할 손해의 범위를 정하는 데 있어서 특히 다음과 같은 경우가 문제된다.

가. 원인의 경합과 인과관계의 비율적 인정

의료과실과 환자의 특이체질 등의 신체적 원인이나 다른 원인이 경합하여 손해가 생긴 경우, 배상해야 할 손해의 범위에 대해서는 일률적으로 논할 수 없다.

이와 같은 경우에 경합하는 원인의 기여도에 따라서 인과관계를 비율적으로 인정하고, 그 인정된 인과관계의 비율에 따라서 손해배상의 범위를 정하자는 견해가 있다. 이를 비율적 인과관계론이라고 부른다. 이 설은 기여도에 따른 책임의 분할을 인정하고, 분할된 책임의 한도에서 손해배상의 범위를 인정하고자 한다. 그러나 이러한 기여도에 따르는 인과관계의 비율적 인정이라는 견해에 대하여, 첫째, 인과관계는 인정되느냐 아니냐 하는 문제이며, 둘째, 인과관계를 비율적으로 인정하여야 할 법률상의 근거가 명확하지 않으며, 셋째, 기여도의 비율을 객관적으로 정하는 것이 곤란하다는 등의 비판을 받고 있다.

어느 범위의 손해까지 당해 의료과실과의 상당인과관계를 인정할 것인가 하는 판단은 각 사례마다 구체적 태양에 따라서 이루어져야 할 것이므로 특별히 비율적 인과관계를 받아들이는 데는 문제가 있다고 본다. 다만 의료소송 재판실무상 이러한 요소들은 손해배상의 범위를 결정하는 데 있어서 과실상계제도를 이용하여 고려되는 듯하다.

나. 생존율과 배상액

질병에 따라서는 적절한 치료를 시행해도 사망할 가능성이 높은 것이 적지 않다. 이와 같이 사망률이 높은 질병에 이환된 환자가 의료과실 때문에 사망한 경우 등의 배상액은 어떻게 산정되어야 할 것인가?

이러한 경우에는 사망률(회복률)의 통계수치에 근거하여 배상액을 생존가능성(회복가능성) 비율의 한도에서 인정하는 것이 손해의 공평부담이라는 민사대원칙에 비추어 타당할 것 같다. 실무상 신체감정인 또는 사인감정인의 감정을 참고로 하여 결정하고 있으나, 각 감정인의 견해가 상당한 차이를 보이고 있어 객관적인 평가기준 설정 등의 대책마련이 시급히 요망된다.

3. 손익상계

의료과실로 인하여 피해자는 손실을 입음과 동시에 이익을 받을 수도 있다. 이러한 경우 손실에서 이익분을 공제한 차액이 배상해야 할 손해가 된다. 예컨대, 생계비공제가 그것이다. 의료과실로 사망한 경우에 피해자는 장래 얻을 수 있는 수입을 상실하나, 그 반면 장래의 생활비 지출을 면하게 되는데, 실무에서는 통상 1/3 정도를 공제하고 있다.

의료과실과 관련된 손익상계에 관하여 다음과 같은 문제가 제기된다.

첫째, 조의금도 손익상계를 해야 하는가 하는 점이다. 피해자가 사망한 경우에 유족이 받는 조의금은 증여라는 별개의 원인에 근거하는 것이므로 손익상계의 대상이 되지 않는다고 보아야 한다.

둘째, 생명보험금이나 연금의 경우가 있다. 생명보험금이나 연금도 본래 손해의 전보를 목적으로 하는 것은 아니므로 유족의 손해배상청구권에 영향을 미치지 않는다.

셋째, 손해보험금의 경우는 문제가 있다. 우선 손해보험계약에 근거한 보험금의 급부도 의료과실로 인한 의사의 배상책임 유무에 관계없이 손해보험계약에 따라 이미 납입한 보험료의 대가로 지급되는 것이므로 손익상계로서 공제되어야 할 이익에는 해당하지 않는다.27) 다만, 생명보험의 경우와 달리 보험자대위제도에 의하여 보험자가 보험금을 지급한 한도에서 피보험자(피해자)의 손해배상청구권을 보험자가 대위행사할 수 있으므로 피해자는 그 한도에서 손해배상청구권을 잃게 된다.

국민건강보험법에 의하여 보험급여를 받은 경우도 피해자는 손해배상청구권을 잃게 되고, 공단은 지급한 보험급여에 관하여 동법 제58조에 따라 구상권을 행사할 수 있다. 대법원28)도 "국민건강보험공단은 불법행위의 피해자에게 국민건강보험법에 따른 건강보험 보험급여를 한 경우 그 급여에 들어간 비용의 한도에서 피해자의 가해자에 대한 손해배상채권을 얻는다(국민건강보험법 제58조 제1항). 이는 건강보험 보험급여를 받은 피해자가 다시 가해자로부터 손해배

27) 最高判 昭和 50. 1. 31. 判時 769号, 43頁.
28) 대법원 2015. 9. 10. 선고 2014다206853 판결; 대법원 2019. 4. 25. 선고 2018다248138 판결.

상을 받음으로써 이중의 이익을 얻는 것을 방지하기 위한 것이므로, 국민건강보험공단이 피해자를 대위하여 얻는 손해배상채권은 피해자의 전체 손해배상채권 중 건강보험 보험급여와 동일한 사유에 의한 손해배상채권으로 한정된다."고 하였다. 또한 대법원[29]은 전원합의체 판결을 통하여 국민건강보험법에 따른 보험급여를 받은 피해자의 가해자에 대한 치료비 손해배상청구권의 대위 행사 범위를 산정함에 있어 종래의 '과실상계 후 공제' 방식에서 '공제 후 과실상계' 방식으로 변경하였다. 즉, 대법원은 "국민건강보험공단(이하 '공단'이라고 한다)의 손해배상청구권 대위를 인정한 국민건강보험법 제58조의 문언과 입법 취지, 국민건강보험제도의 목적과 사회보장적 성격, 불법행위가 없었을 경우 보험급여 수급권자가 누릴 수 있는 법적 지위와의 균형이나 이익형량, 보험급여 수급권의 성격 등을 종합하여 보면, 공단이 불법행위의 피해자에게 보험급여를 한 다음 국민건강보험법 제58조 제1항에 따라 피해자의 가해자에 대한 기왕치료비 손해배상채권을 대위하는 경우 그 대위의 범위는, 가해자의 손해배상액을 한도로 공단이 부담한 보험급여비용(이하 '공단부담금'이라 한다) 전액이 아니라 그중 가해자의 책임비율에 해당하는 금액으로 제한되고 나머지 금액(공단부담금 중 피해자의 과실비율에 해당하는 금액)에 대해서는 피해자를 대위할 수 없으며 이는 보험급여 후에도 여전히 손해를 전보받지 못한 피해자를 위해 공단이 최종적으로 부담한다고 보아야 한다. 이와 같이 본다면 국민건강보험법에 따라 보험급여를 받은 피해자가 가해자를 상대로 손해배상청구를 할 경우 그 손해 발생에 피해자의 과실이 경합된 때에는, 기왕치료비와 관련한 피해자의 손해배상채권액은 전체 기왕치료비 손해액에서 먼저 공단부담금을 공제한 다음 과실상계를 하는 '공제 후 과실상계' 방식으로 산정하여야 한다."고 판시하였다.

이것은 산업재해보상보험법에 의한 보험급부가 이루어지는 경우에도 같다. 즉, 산업재해로 입원한 근로자가 의사의 과실로 인하여 사망하였으나 우선 근로복지공단으로부터 유족급여를 받았다면 근로자는 그 한도 내에서 청구권을 잃는다. 의사는 근로복지공단으로부터 산업재해보상보험법 제87조에 의하여 구상청구를 당할 수 있다. 그리고 대법원[30]은 위 국민건강보험법 관련 '공제 후 과실상계' 방식은 그 문구 및 형식이 유사한 산재보험법 제87조 제1항에도 동일하게 적용된다고 보는 것이 타당하다고 보았다. 대법원은 "산재보험법이 산재보험급여 수급권자인 재해근로자의 과실 유무를 불문하고 보험급여를 하도록 하는 취지는 보험급여사유 발생에 재해근로자의 책임이 있더라도 근로자의 업무상 재해를 신속하고 공정하게 보상하며, 재해근로자의 재활 및 사회 복귀를 촉진하기 위한 것인바, 이러한 산재보험제도의 사회보장제도로서 목적과 기능을 고려한다면 산재보험의 책임보험적 성격의 관점에 치중하였던 종

29) 대법원 2021. 3. 18. 선고 2018다287935 전원합의체 판결.
30) 대법원 2022. 3. 24. 선고 2021다241618 전원합의체 판결.

래의 '과실상계 후 공제' 방식에서 벗어나 건강보험에 관하여 대법원 2018다287935 전원합의체 판결에서 선언된 '공제 후 과실상계' 방식을 따르는 것이 법질서 내에서 통일된 해석이다."라고 판시하였다.

4. 과실상계

가. 의료민사책임에 있어 과실상계의 의미

(1) 과실상계의 법리

채무불이행 및 불법행위에 관하여 피해자 측에도 과실이 존재하여 손해가 발생하거나 확대된 경우라면 손해배상의 유무나 범위에 있어 이를 참작하여 가해자측의 책임을 감면할 수 있는 과실상계의 법리가 적용된다. 피해자의 과실이란, 손해배상책임의 성립요건과 같이 엄격한 의미는 아니고, 부주의에 의하여 손해의 발생을 도왔다고 할 정도면 족하다고 해석되고 있다. 피해자의 과실을 고려할 경우, 그 자가 책임능력을 가질 필요는 없고 손해의 발생을 피하는 데 필요한 주의를 할 능력(事理辨識能力)이 있으면 될 것이다. 또 피해자 본인이 과실이 없는 경우에도 ① 망인에게 과실이 있는 경우(피해자 본인은 사망하고, 그 유족이 배상청구하는 경우에 유족에게는 과실이 없으나 망인에게 과실이 있었을 때), ② 감독의무자에게 과실이 있었던 경우(피해자가 유아로 감독의무자인 부모에게 과실이 있었을 때)에도 과실상계를 인정하여야 할 것이다.

대법원[31]은, "민법 제763조·제396조에 의하여 불법행위로 인한 손해배상의 책임 및 그 금액을 정함에 있어 피해자의 과실을 참작하도록 한 취지는 불법행위로 인하여 발생한 손해를 가해자와 피해자 사이에 공평하게 분담시키고자 함에 있다고 할 것이므로 피해자의 과실에는 피해자 본인의 과실 뿐 아니라 그와 신분상, 사회생활상 일체를 이루고 있다고 볼 수 있는 관계가 있는 자의 과실도 피해자측의 과실로서 참작되어야 하는 것이다."라고 하여 피해자의 과실을 상당히 넓게 인정하고 있다.

(2) 의료민사책임에의 적용

의료민사책임에서도 이러한 과실상계의 법리가 적용되며, 판례에서는 의료인의 책임제한의 측면으로 사용되고 있다. 즉, 의료과실소송에 있어서는 의료인에게 악결과에 대한 모든 손해의 배상을 명하는 것은 ① 의료인이 향후 의료행위를 행함에 있어 상당한 위축이 야기될

---

31) 대법원 1993. 5. 25. 선고 92다54753 판결.

수 있다는 점에 대한 정책적 고려와 함께 ② 의료행위는 구명성을 지니는 것이며 그 의료과실의 발생이 의료인의 고의에 근거하지 않는다는 점과 ③ 환자의 체질적 소인과 현대임상의학의 한계에 해당하는 불가항력적인 결과가 존재한다는 점을 토대로 발생한 손해를 의료인과 환자에게 적절하게 분배시키는 것이 바람직하다는 점에서 법원의 자유재량하에 의료인에 대한 책임제한을 행하는 법리가 생성된 것이다.

의료과실소송의 실제에서 의료인의 책임을 제한하는 주요한 근거는 대개 환자가 종래부터 지니고 있던 기왕증이나 특이한 체질적 소인, 그리고 현대임상의학의 한계영역에서의 악결과, 환자의 진료에 대한 비협조 등으로, 이는 의료인에게는 책임제한의 사유이나 환자 측에게는 결국 과실로서 상계되는 것이다.

나. 우리나라 판례의 태도

대법원은 "우선 사고로 인한 피해자의 후유증이 사고와 피해자의 기왕증이 경합하여 나타난 것이라면 사고가 후유증이라는 결과 발생에 대하여 기여하였다고 인정되는 정도에 따라 상응한 배상액을 부담케 하는 것이 손해의 공평한 부담이라는 견지에서 타당하다 할 것"이라고 하고,[32] "손해배상청구사건에서 피해자에게 손해의 발생이나 확대에 관하여 과실이 있는 경우에는 배상책임의 범위를 정함에 있어서 당연히 이를 참작하여야 한다."는 법리를 전개하고 있다.[33] 다만, 대법원은, "과실상계 사유에 관한 사실인정이나 비율을 정하는 것이 사실심의 전권사항이라고 하더라도 그것이 형평의 원칙에 비추어 현저히 불합리하여서는 아니 된다."고 하여 과실상계는 자의(恣意)에 의하여 결정되어서는 아니 된다고 판시하고 있다.[34]

대법원[35]은 "가해행위와 피해자 측의 요인이 경합하여 손해가 발생하거나 확대된 경우에는 그 피해자 측의 요인이 체질적인 소인 또는 질병의 위험도와 같이 피해자측의 귀책사유와 무관한 것이라고 할지라도, 그 질환의 태양·정도 등에 비추어 가해자에게 손해의 전부를 배상하게 하는 것이 공평의 이념에 반하는 경우에는, 법원은 손해배상액을 정하면서 과실상계의 법리를 유추적용하여 그 손해의 발생 또는 확대에 기여한 피해자측의 요인을 참작할 수 있다."는 법리를 확인하면서[36] 피해자가 지니고 있는 혈소판 감소증이라는 소인이 악결과의 발생에 기여한 점을 피해자 측 과실사유로 보아 의료인의 책임을 제한한 바 있다. 다만 진료비채무와의 관계에서 대법원[37]은 "의사가 선량한 관리자의 주의의무를 다하지 아니한 탓으로 오히려 환자

---

32) 대법원 1993. 4. 9. 선고 93다180 판결; 같은 취지로 대법원 2000. 1. 21. 선고 98다50586 판결.
33) 대법원 1991. 5. 28. 선고 90다17972 판결; 대법원 1995. 2. 10. 선고 93다52402 판결.
34) 대법원 1992. 11. 27. 선고 92다32821 판결.
35) 대법원 2007. 7. 26. 선고 2005다64774 판결.
36) 대법원 2000. 1. 21. 선고 98다50586 판결; 대법원 2000. 2. 22. 선고 98다38623 판결.

의 신체기능이 회복 불가능하게 손상되었고, 또 손상 이후에는 후유증세의 치유 또는 더 이상의 악화를 방지하는 정도의 치료만이 계속되어 온 것뿐이라면 의사의 치료행위는 진료채무의 본지에 따른 것이 되지 못하거나 손해전보의 일환으로 행하여진 것에 불과하여 병원 측으로서는 환자에 대하여 수술비와 치료비의 지급을 청구할 수 없다. 그리고 이는 손해의 발생이나 확대에 피해자 측의 귀책사유가 없는데도 공평의 원칙상 피해자의 체질적 소인이나 질병과 수술 등 치료의 위험도 등을 고려하여 의사의 손해배상책임을 제한하는 경우에도 마찬가지이다."라고 하여 의사 측의 의료과실로 인하여 발생한 진료비의 청구는 불가하다고 하였다.

그런데 법원의 태도를 살펴보면 환자의 기왕증 및 체질적 소인 등을 법원이 필요적으로 참작하여야 하는 사유로 파악하고 있는지 아니면 임의적으로 참작할 수 있는 사유로 파악하고 있는지가 문구상으로는 구별이 가지 않는다. 위 적시한 판례들을 추적할 때 양자의 판결에서 '당연히 참작하여야 한다.'와 '참작할 수 있다.'가 혼용되어 사용되고 있기 때문이다. 대법원의 판례를 따른 하급심에서도 '당연히 참작하여야 한다.'는 문구의 판결요지를 근거로 하여 '손해의 공평한 부담이라는 견지에서 피고들이 배상할 손해액을 정함에 있어 위 원고의 이러한 체질적 소인의 기여도를 참작하여 감액함이 상당하다고 할 것'이라고 판시한 것[38]도 마찬가지의 맥락이다. 그렇다면, 법원이 위와 같이 표현을 혼용하여 사용하고 있다고 하더라도 전체적인 판시사항을 살펴 볼 때 환자의 기왕증 및 체질적 소인은 사실심이 형평의 원칙에 비추어 전권으로 사실인정을 행하는 데에 고려되는 하나의 요소, 즉 임의적 참작사유라고 보이고 이것이 필요적 참작사유로 판단되는 것은 아니라고 본다.[39]

다. 과실상계의 사유

(1) 환자의 기왕증, 특이체질, 질병의 위험도

환자 측이 의료사고 발생 전에 지니고 있던 병변 자체의 특이성, 과거 기왕증, 체질적 소인 — 신체적·정신적 상태까지의 소인이 모두 포함된다고 할 것이다 — 이나 환자가 지니고 있는 질병의 위험도 등이 의료인의 의료과실이 개재된 의료행위와 경합하여 장애 등 악결과라는 손해의 발생, 확대에 기여하는 경우가 있다.[40]

이러한 소인에 대하여 환자 측에게 속하는 소인에 의해 발생, 확대된 손해부분을 의료인에

---

37) 대법원 1993. 7. 27. 선고 92다15031 판결; 대법원 2005. 6. 9. 선고 2005다13028 판결; 대법원 2019. 4. 3. 선고 2015다64551 판결.
38) 서울고법 1994. 12. 1. 선고 94나14522 판결.
39) 백경희, 전게 박사논문, 166면.
40) 대법원 2000. 1. 21. 선고 98다50586 판결; 대법원 2005. 6. 24. 선고 2005다16713 판결; 대법원 2010. 7. 8. 선고 2010다20563 판결.

게 부담시키는 것은 손해의 공평부담에 반하므로 원칙적으로 손해배상액을 산정함에 있어 환자의 소인을 고려하자는 소인고려설(素因考慮說)[41]과 환자가 갖고 있던 병적 소인이 손해의 발생에 기여하게 된 것이 환자 스스로가 선택한 것이 아니고 위법한 가해행위에 의해 강제된 결과이고, 환자는 병적 소인이 손해발생에 기여하는 것을 회피해야 할 법적인 의무를 의료인 측에 대하여 부담하고 있는 것은 아니기 때문에 병적 소인이 기여한 손해부분을 환자 측의 책임영역 내의 것으로는 평가할 수 없다는 소인불고려설(素因不考慮說)이 대립한다.[42]

그리고 환자 측의 체질적 소인 등을 손해배상액의 산정에 있어서 고려하여야 한다는 입장에 대해서도 소인에 의한 감액을 어떻게 이론을 구성할 것인지에 관하여도 학설이 대립되고 있다. 그 학설로는 ① 배상되어야 할 손해의 범위를 기준으로 하여 여러 가지 원인이 경합하고 있는 경우 환자의 체질적 특이소인 등이 참작된 기여도에 한하여서만 감하여야 한다는 것으로 기여도감액설, ② 그러한 소인 등이 악결과에 대한 인과관계상 영향을 미친 사실관계 자체를 비율적·양적으로 판단하여야 한다는 비율적·부분적 인과관계론, ③ 손해의 확대에 대하여 피해자의 소인이 기여하고 있을 때 민법상 과실상계규정을 유추적용하여 피해자의 소인을 참작하여 손해배상액을 감액하여야 한다는 과실상계 유추적용설이 소개되고 있다.[43]

일본의 판례는 환자의 기왕증, 특이체질 등의 소인을 손해배상액의 산정에 있어서 이를 참작할 수 있으며, 이는 환자 측의 과실로서 과실상계규정을 유추적용할 수 있다고 보고 있다.[44]

일본 최고재판소는[45] 교통사고로 원고에게 신체 상해가 발생한 사안에서 최초로 "신체에 대하여 행하여진 가해행위와 발생한 손해 사이에 인과관계가 있는 경우 그 손해가 가해행위에 의해 통상 발생하는 정도를 넘고 동시에 그 손해의 확대에 관하여 피해자의 심인적(心因的) 요인이 기여하고 있는 때에는 손해를 공평하게 분담시키는 손해배상법의 이념에 비추어 손해배상액을 정함에 있어 과실상계규정을 유추적용하여 그 손해의 확대에 기여한 피해자의 위 사정을 참작할 수 있다."고 설시하였다. 의료과실소송에서도 동일한 논리는 적용되고 있다. 그 예로 자궁근종 수술상 집도의의 봉합상 과실로 인하여 복통과 복부 반흔이 발생하였지

---

41) 手嶋豊, 過失相殺の 類推適用, ジュリスト 別冊 137号 : 民法判例百選Ⅱ : 債權(第4版)民法判例百選 Ⅱ, 有斐閣, 1996. 3. 203頁; 최진수, 기왕증 등 피해자의 소인에 따른 책임제한에 관하여, 실무논보 1998, 164면; 최진수 전게 논문에서는 의료사고 외에 교통사고, 산업재해사고 등 인신사고 전체를 통합적으로 논의하고 있다. 여기에서는 의료사고 부분만을 별도로 상정하여 일본 학계의 논의와 판례의 논의를 검토하고자 한다.

42) 石黑敏洋, 損害額の減額要因, 181頁; 백경희, 환자의 소인으로 인한 의료인의 책임 제한에 관한 소고 — 일본과의 비교를 중심으로 —", 강원법학 제49권, 2016, 517 – 520면.

43) 石黑敏洋, 損害額の減額要因, 181 – 184頁.

44) 廣內淸三, 訴訟事例に學ぶ医療事故と責任, 第一法規 平成 4, 188 – 189頁.

45) 昭和 63. 4. 21. 最高裁 第一小法廷 昭59(才)33号 判決.

만, 원고가 지니고 있던 원래 근막이 약했던 등의 원고 자신의 소인도 증상의 발증원인으로서 경합적으로 기여하고 있기 때문에 과실상계 법리의 유추에 의한 손해감액의 사유로서 고려하는 것이 상당하다고 한 바 있다.[46]

　　대법원[47]도 "소외 1은 통상의 제왕절개수술을 받은 환자와는 달리 수술 후 약 16시간 동안 마취에서 완전히 깨어나지 아니하였거나 다른 의학상의 원인으로 신체저항력이 약화된 반혼수상태에 있었고, 또 수술 당일 16:00경 이후로는 체온 상승, 혈압 하강, 빈맥, 호흡 과다 등의 이상증세를 보였음에도, 제왕절개수술을 한 임○○ 등 피고 병원의 의사와 간호사들이 소외 1을 방치하고, 그로 인하여 소외 2 등은 소외 1의 심부정맥혈전증(深部靜脈血栓症) 및 폐전색증(肺栓塞症)의 발병 사실 또는 그 가능성을 신속히 감지하지 못하고, 그에 대한 조속한 진단 및 응급치료시기를 놓친 의료상의 과실이 있다고 보아, 피고는 의사 소외 2 등의 사용자로서 그들의 사무집행상 과실로 소외 1이 사망함으로 말미암아 망인 및 그 가족인 원고들이 입은 손해를 배상할 책임이 있다."고 하여 의료인 측의 의료과실책임을 인정하는 한편, "가해행위와 피해자측의 요인이 경합하여 손해가 발생하거나 확대된 경우에는 그 피해자측의 요인이 체질적인 소인 또는 질병의 위험도와 같이 피해자 측의 귀책사유와 무관한 것이라고 할지라도, 그 질환의 태양·정도 등에 비추어 가해자에게 손해의 전부를 배상하게 하는 것이 공평의 이념에 반하는 경우에는, 법원은 손해배상액을 정하면서 과실상계의 법리를 유추적용하여 그 손해의 발생 또는 확대에 기여한 피해자측의 요인을 참작할 수 있고, 불법행위로 인한 손해배상 청구사건에서 과실상계 사유에 관한 사실인정이나 그 비율을 정하는 것은 그것이 형평의 원칙에 비추어 현저히 불합리하다고 인정되지 않는 한 사실심의 전권에 속하는 사항이다. 원심은, 폐전색증은 제왕절개수술을 받은 산부들에게도 드물게 나타나는 병인 점, 그 진단이나 사전예방이 용이하지 아니하고 일단 발병하면 치사율이 높은 점, 망인이 폐전색증의 대표적인 증세인 돌발적인 호흡 곤란을 보인 것은 수술 다음날 05:20경이고, 그 후 의사 소외 2 등의 응급처치에는 별다른 잘못이 없는 점, 소외 2 등이 망인의 폐전색증을 적기에 진단하였다 하더라도 망인이 사망하였을 가능성을 배제할 수 없는 점 등을 감안하면, 망인의 사망으로 인한 손해를 피고 측에게 전부 부담하게 하는 것은 공평의 원칙상 부당하다는 이유로 이 사건 변론에 나타난 여러 사정을 참작하여 피고의 손해배상책임을 40%로 제한하였는바, 기록에 비추어 살펴보면, 원심의 위와 같은 사실인정 및 판단은 정당한 것으로 수긍이 가고, 거기에 채증법칙을 위반하여 사실을 오인하거나, 공평의 원칙에 대한 해석 및 적용을 잘못하여 책임제한 비율을 과다하게 정하였거나 과소하게 정한 위법이 있다고 할 수 없다."고 하여 피해

---

46) 平成 7. 9. 18. 東京地裁 平 4 (ワ)7889号 判決.
47) 대법원 2000. 1. 21. 선고 98다50586 판결.

자인 환자 측의 소인을 고려한 과실상계를 통하여 의료인 측의 의료과실책임의 비율을 조정하는 것이 가능함을 판시한 바 있다.

실제 의료과실소송에서는 의료사고의 불가항력성 내지 의사가 추정된 인과관계를 복멸시키기 위한 다른 원인으로서 논의되는 것이 환자의 소인이다. 그러나 환자에게 소인이 있다고 해서 그것으로 의사의 책임이 반드시 면책되거나 책임제한이 되는 것은 아니며, 의사가 환자의 소인을 파악하거나 대처하기 위하여 어떠한 주의의무를 다하였는지가 다시 검토되어야 한다. 대법원[48]도 다만 "질병의 특성, 치료방법의 한계 등으로 의료행위에 수반되는 위험을 감내해야 한다고 볼 만한 사정도 없이, 의료행위와 관련하여 일반적으로 요구되는 판단능력이나 의료기술 수준 등에 비추어 의사나 간호사 등에게 요구되는 통상적인 주의의무를 소홀히 하여 피해가 발생한 경우에는 단지 치료 과정에서 손해가 발생하였다는 등의 막연한 이유만으로 손해배상책임을 제한할 것은 아니다."라고 판시하였다.

(2) 환자의 진료협력의무 위반

의료행위는 질병의 치유라는 목적을 향하여 의사와 환자가 관계를 맺고 있는 것이므로 환자의 협력 없이는 충분한 효과를 거둘 수 없는 것이다. 따라서 환자는 의사의 진료에 협력할 의무가 발생하며, 그 태양으로는 진료할 사항의 고지, 진료행위 실시에 대한 협력, 위험 내지 위법한 의료 등의 의뢰자제, 환자보호자의 주의 등이 있다.[49] 그러나 앞서 살펴본 바와 같이 환자의 진료협력의무는 이를 위반하였을 때 의사 측으로부터 환자가 손해배상책임을 추궁받는 것은 아니고, 의료과실책임의 발생시 환자 측의 과실로 상계할 수 있는 사유가 된다.[50] 예컨대, 환자가 의료과실로 장해를 입은 뒤 그에 대한 환자 본인의 관리 소홀로 인하여 손해가 확대된 경우는 환자 본인의 태만이라는 과실이 있기 때문에 이는 과실상계의 사유가 될 수 있다.[51] 대법원[52]도 "불법행위의 피해자는 불법행위로 인한 손해의 확대를 방지하거나 감경하기 위하여 노력하여야 할 의무가 있으며, 그 손해경감조치의무가 수술을 받아야 할 의무일 경우, 수술이 위험 또는 중대하거나 결과가 불확실한 경우에까지 용인하여야 할 의무는 없다고 하겠으나, 그렇지 아니하고 관례적이며 상당한 결과의 호전을 기대할 수 있는 수술이라면 이를 용인할 의무가 있으므로, 그와 같은 수술을 거부함으로써 손해가 확대된 경우 그 손해 부분은 피해자가 부담하여야 하고, 더 나아가 그러한 수술이 필요하다는 사실을 알면서도 상

48) 대법원 2016. 6. 23. 선고 2015다55397 판결.
49) 석희태, 의료과오에서의 인과관계에 관한 연구, 307면.
50) 石黑敏洋 執筆, 損害額の減額要因, 現代裁判法大系 第7卷 医療過誤, 177－178頁.
51) 강현중, 의료사고와 피해자측의 과실, 재판자료 제27집, 1985. 8. 123면 이하.
52) 대법원 2006. 8. 25. 선고 2006다20580 판결.

당한 기간 내에 수술을 받지 않음으로 인하여 확대된 손해 부분 역시 피해자가 부담하는 것이 공평의 견지에 비추어 타당하다. 다만, 그렇다고 하여 수술을 받는 데 필요한 상당한 기간이 지난 후의 손해 전부를 피해자의 귀책사유로 인한 것이라고 볼 수는 없으며, 상당한 기간 내에 수술을 받았더라도 개선될 수 없는 노동능력 상실 부분에 해당하는 일실수입 손해는 여전히 불법행위자가 부담하여야 한다."고 판시하였다.

일본에서도 환자 측의 진료협력책무는 위 환자의 기왕증, 특이체질 등의 소인과 달리 의료행위에 있어 환자 측의 행동이 치료의 효과에 큰 영향을 미치고 있기 때문에 이를 위반한 경우 환자 스스로 행하여야 할 책무를 하지 아니한 것이므로 당연히 환자의 과실로 인정되고 따라서 그 기여한 바가 과실로서 상계되는 것은 손해의 공평한 분담의 견지에서 타당하다는 것에는 이론이 없다. 다만, 의료의 전문성이라는 특성상 환자가 의사에 대하여 적극적으로 정확한 정보를 제공하거나 치료방법을 요구하는 것은 불가능하므로 환자의 행동에 문제가 있는 것이 명백한 경우에 한하여서만 과실상계를 인정하는 것이 타당하다고 보고 있다.[53] 최고재판소[54]는 단식요법을 받음에 있어 주치의와 당뇨와 관련된 일련의 상담을 하지 아니한 환자의 과실을 인정한 사안에서, 망인이 피고가 의사가 아닌 것은 알고 있으면서 피고가 말하는 단식요법으로 당뇨병이 낫는다고 하는 것에 적지 않게 의문을 품었지만 일련의 소망으로 동 요법을 받음에 있어서는 실제로 인슐린의 주사 등을 지시하고 있던 주치의에게 인슐린 주사 등을 중지해도 위험이 있는지 없는지, 단식 도장에 의한 요법을 받아도 건강상 이상이 있는지 없는지 등을 사전에 상담을 받았어야 함에도 불구하고 이러한 주치의와의 상의 없이 지시에 반하여 그 주사를 중지하여 사망에 이르게 된 것에 망인의 과실도 기여하였기 때문에 그 과실은 손해배상액의 산정에서 고려되어야 함을 설시한 바 있다.

대법원[55]은 망인의 사망과 피고들의 의료행위 사이의 인과관계에 대하여 원심은 망인이 피고 1로부터 진찰받을 당시 이미 그 태아는 자궁에서 사망하였거나 적어도 사망하게 될 상당히 위험한 상태에 이르러 있었고 피고 2 법인의 병원에 도착하였을 당시에는 이미 사망한 것으로 추정되며, 한편 원인균의 침투 시기나 경로는 불분명하지만 망인의 자궁 내에 태아가 상당히 위험한 상태로 남아 있거나 혹은 사망하여 남아 있는 동안에 이미 세균의 독소로 인한 패혈증이 진행되다가 진단 및 처치 지연, 피고 3의 패혈증에 대비한 구체적 지시의 부재 등으로 인하여 혈증 쇼크로 망인이 사망하게 되었다고 보아 피고들의 의료상 과실을 인정한 사건에서 원심[56]이 "망인으로서도 임신을 하게 되었으면 평소에 자신과 태아의 건강을 위하

---

53) 石黑敏洋, 損害額の減額要因, 181-184頁.
54) 平成 2. 3. 6. 最高裁 第三小法廷 昭63(オ)960号 判決.
55) 대법원 1995. 12. 5. 선고 94다57701 판결.
56) 서울고등법원 1994. 11. 3. 선고 93나49552 판결.

여 그 신체적 상태를 항상 무리 없이 유지하도록 노력함은 물론 자신의 신체적 상태의 변화를 세심하게 관찰하여 조금이라도 이상이 있을 경우에는 지체 없이 전문의료인의 도움을 받아 정밀한 검사를 통하여 그 이상 유무를 확인하고 이를 바로 잡는 등의 노력을 하여야 함에도 불구하고 이러한 노력을 제대로 다 하지 아니하여 태아가 자궁 내에서 사망하고 또한 며칠간이 경과되도록 이를 감지하지 못한 잘못이 있을 뿐 아니라, 피고 3이 최초의 초음파검사 시 태아가 사망하였다면서 소파수술을 권유하였으면 전문의료인의 권유를 받아들이거나 그 정확성에 의문이 가는 경우에는 다시 정확한 검사를 요구하는 등 하여 태아의 상태를 신속히 확인하고 이에 대한 조치를 지체 없이 받도록 함으로써 만일의 경우에 발생할 수도 있는 위험으로부터 자신을 보호하였어야 할 것임에도 불구하고 피고 3의 권유를 뿌리친 잘못이 있다 할 것이고, 이러한 망인의 과실은 이 사건 의료사고의 발생 및 그 손해의 확대에 한 원인이 되었다."고 보아 과실상계의 법이념이나 신의칙에 비추어 피고들이 배상할 손해액을 감액하여 인정한 것이 타당하다고 하였다.

제3절   법적 구제의 구체적 방법

1. 금전배상의 형태

의료과실로 인하여 생긴 악결과는 인간의 생명·신체에 대한 침해이다. 그러나 우리 민법에서는 금전에 의한 손해배상을 원칙으로 하고 있으므로 인간의 생명·신체에 대한 침해를 금전적으로 평가할 수 있는 손해로 대치하여 손해배상액을 산정하여야 한다.

금전적으로 평가할 수 있는 손해는 통상 '재산적 손해'라고 부른다. 본래는 금전적으로 평가할 수 없는 손해(신체·자유 또는 명예 기타 정신적 고통)는 '재산 이외의 손해'(민법 제751조)로서 위자료로 평가되어 금전으로 배상된다.

이에 대하여 구체적으로 살펴보자.

2. 재산적 손해

가. 적극적 손해

(1) 치료비 관계

(가) 통상의 손해

의료과실로 인한 신체의 침해는 치료행위에 의하여 원상회복하게 된다. 이때 의료상 또는 사회통념상 상당성을 갖는 범위 내에서 소요되는 비용은 통상의 손해에 포함된다.

치료에 소요되거나 관련되는 비용으로는 입원비, 수술비, 약품대, 치료기구대, 간병인 비용, 교통비 등이 있다. 특별한 전문적 지식이나 기능을 가지고 있는 의사에게 치료받기 위하여 소요되는 특진비나 원격지 의료기관에서 치료를 받은 경우의 비용도 이에 포함된다.

(나) 개호비용, 간병비용

통상적으로 병의 치료나 일상활동을 위하여 필요한 범위 내에서의 개호비용이나 간병비용은 적극손해로 인정된다.

첫째, 부모나 처 등 근친자의 개호 또는 간병을 받고 있는 경우에도 이 비용을 인정하여야 할 것인가? 근친자 간병에 의한 경우 현실로 비용의 지급이 없는데 배상을 인정하는 것은 현실손해를 배상하는 일반원칙에 반하기 때문에 직업개호인 또는 직업간병인에 의한 경우만 손해가 된다는 견해가 있다. 그러나 가사종사자에게도 기회비용상실이라는 일실이익이 있기 때문에 이를 손해로 보아야 할 것이다. 판례도 대체로 이를 긍정하고 있으나, 이를 부정한 것도 있다.

둘째, 아직 취학하지 않은 유아의 경우 개호비나 간병비를 지급하여야 하는가 하는 문제가 있다. 왜냐하면, 유아의 경우는 의료과실과 관계없이 평상시에도 부모 특히 어머니의 보호를 받기 때문이다. 유아와 같이 일상생활상의 개호를 요하는 경우에도 개호비용을 따로 인정하여야 한다는 견해가 있으나 찬성하고 싶지 않다.

우리나라 법조 실무[57]에서는 개호비의 발생시기와 관련하여 "건강한 유아라고 하더라도 5

---

57) 수원지법 성남지원 1997. 1. 23. 선고 95가합4595 판결 이후 최근의 부산지법 2010. 11. 17. 선고 2009가합3206 판결에서도 "위 원고는 이 사건 의료사고로 인하여 음식물 섭취, 착탈의, 대소변 처리, 체위변경 등 일상생활의 전반적인 내용에 있어 개호가 필요한 사실을 인정할 수 있으나 통상의 경우 건강한 유아라고 하더라도 2세가 될 때까지는 24시간 부모의 보살핌이 필요하고, 5세에 이르기까지는 부모의 일반적인 개호가 필요한 점, 위 원고는 개호인의 개호가 없으면 일상생활을 할 수 없는 것이기는 하나 그 개

세가 될 때까지는 부모 등 타인이 일상생활을 일일이 돌보아 줄 필요가 있는 것이어서 원고가 5세가 될 때까지는 이 사건 사고로 인하여 개호의 필요성이 새로이 발생하였다고 할 수 없으므로 원고가 5세가 된 때부터 개호의 필요성이 있다."고 판단하고 있다.

(다) 추가비용 등

피해자의 입·통원과 관련된 교통비나 입원비용은 그것이 필요하고 정당한 범위 내에 해당하는 경우는 인정될 수 있다. 그런데, 피해자가 지하철이나 버스 등 대중교통수단을 이용할 수 있는데 모범택시나 기차의 특등실을 이용하였다거나 여러 명이 사용하는 입원실을 회피하고 상급병실을 사용한 경우 등은 구체적인 사정을 살펴야 할 것이다.

대법원[58]은 상급병실 이용료와 관련하여 "불법행위 피해자가 일반병실에 입원하지 아니하고 상급병실에 입원하여 치료를 받음으로써 추가로 부담하게 되는 입원료 상당의 손해는, 당해 진료행위의 성질상 상급병실에 입원하여 진료를 받아야 하거나, 일반병실이 없어 부득이 상급병실을 사용할 수밖에 없었다는 등의 특별한 사정이 인정되지 아니한다면, 그 불법행위와 상당인과관계가 있는 손해라고 할 수 없다. 원심이 적법하게 채택한 증거에 의하면, 원고 1이 이 사건 수술 후 ○○대학교병원에서 진료받으면서 지출한 비용 중 입원료에는 건강보험 요양급여 외에도 상급병실 입원료와 같이 건강보험에 해당하지 아니하는 이른바 비급여 1,950,000원이 포함되어 있는 사실을 알 수 있고, 피고는 원심에서 위 상급병실 사용료 차액은 이 사건 의료과실과 상당인과관계가 있는 손해가 아니라고 주장한 바도 있다. 따라서 원심으로서는 위 입원료가 상급병실에 대한 것인지 여부, 만일 그렇다면 상급병실 사용의 필요성 및 필요한 기간 등에 대하여 좀 더 심리하여 확정한 후에 피고가 배상하여야 할 손해인지 여부를 판단하였어야 한다. 그럼에도 원심은 위와 같은 점에 관하여 충분히 심리·확정하지 아니한 채 상급병실이용료 전액이 손해배상의 대상이 되는 치료비에 해당한다고 판단하였으니, 원심판결에는 불법행위와 상당인과관계에 있는 치료비에 관한 법리를 오해하고 상당인과관계 판단에 필요한 심리를 다하지 아니하여 판결 결과에 영향을 미친 잘못이 있다."고 하여 파기·환송하였다.

(라) 기타 비용

입원에 따른 물품구입비 중 칫솔이나 치약 등 일용잡화품은 인정되지만, 퇴원 후에도 쓸

호인은 계속적으로 무슨 일을 하여야 하는 것은 아니고 간헐적으로 음식물 투여, 대소변 처리, 착탈의, 체위변경 등의 역할을 할 필요가 있는 점 일반적인 8시간의 수면시간 등을 고려하여, 손해 공평분담의 원칙에 따라 위 원고가 5세가 될 때까지는 1일 성인 0.5인, 그 이후부터 여명 기간 동안은 1일 성인 1인 개호를 인정하기로 한다."고 판시하였다.
58) 대법원 2010. 11. 25. 선고 2010다51406 판결.

수 있는 내구품의 경우는 문제일 것이다. 일정한 범위 내에서 인정해야 할 것이다.

전화나 전보, 우편료 등의 통신비도 상당한 범위 내에서 인정해야 할 것이다. 입원 중의 식사비도 치료행위에 준하여 생각해야 할 것이며, 입원하지 않더라도 필요하다는 이유로 공제 되지 않는다. 치료비 중 보약값, 휴양비 등이 포함되는가에는 논란이 있으나 의사의 지시에 의한 경우나 피해자의 신체회복에 필요성이 인정되는 경우 이외에는 원칙적으로 부인하여야 할 것이다.

(2) 장례비

장례비는 가사 의료과실로 인하여 사망하지 않더라도 언젠가는 사망하게 된다는 점에서 이론상의 문제가 있지만, 사회통념상 가해자에게 부담시키는 것이 타당하다는 것이 판례·통 설이다. 장례비용으로서는 가정의례준칙에 따른 제반비용에 대하여 손해로써 인정되어야 할 것이다.[59]

나. 소극적 손해

(1) 휴업보상

의료과실에 의하여 휴업 또는 결근했기 때문에 수입을 얻을 수 없었던 경우에는 일실이익 의 일종으로서 휴업보상비의 배상을 청구할 수 있다.

급여소득자의 경우에는 결근 때문에 받을 수 없게 된 급여, 일시금, 제수당이 휴업보상비 가 된다. 전업주부 등은 도시일용노임 또는 농촌일용노임을 기준으로 휴업보상이 이루어진다. 임원이나 종업원이 결근했기 때문에 회사가 손해를 본 경우에 대하여는 특별손해로 파악해야 하지 않을까 한다.

(2) 사망사고에서 일실이익

의료과실로 피해자가 사망한 경우, 피해자가 생존하고 있었다면 얻었을 수익의 합계가 배 상해야 할 손해이다. 그 장래의 일실이익의 산정은 통상 다음과 같이 시행된다.

(가) 수입액

피해자의 사망 당시 수입액이 일실수익 산정의 기초가 된다. 실무상 정액소득자처럼 급여 가 일정한 자는 일시금을 포함한 사망 전 일년간의 연수입, 급여가 일정하지 않은 자는 근로

---

59) 법조 실무에서는 장례비를 현재 500만 원 정도에 다툼 없는 사실로 합의하고 있다.

기준법에 따라서 사망 전 3개월의 평균임금을 월수입으로 하고 있다. 자영업자는 사업자소득 신고액에 따라서, 그렇지 않은 경우는 직종별임금에 따라 개별적으로 산정할 수밖에 없다. 전업주부의 경우도 도시일용노동임금 등에 준하여 산정한다.

공무원이나 사립학교 교원과 같이 매년 자연승급제도가 있는 경우는 자연승급분에 대하여 이를 인정하고 있다.

현재의 급여가 도시일용노임이나 농촌일용노임보다 적은 경우에는 도시일용노임 또는 농촌일용노임을 기준으로 배상한다. 왜냐하면 더 수입이 높은 직업으로 옮길 개연성이 있기 때문이다.

대법원[60]은 전공의 1년차 과정을 밟던 중 사망한 의사의 상실수입액을 경력 8년의 일반의사로서의 수입을 기초로 한 바 있다.

(나) 잔존 가동연수

사망한 피해자가 생존하고 있었다면 남은 몇 년간 가동할 수가 있느냐에 관하여 재경원 발행의 평균여명표를 기준으로 가동연수를 구한다. 그 범위 내에서 피해자의 직업이나 악결과 발생 전의 건강상태 등에 의하여 구체적으로 고려하여 결정되어야 할 것이다.

대법원[61]은 전원합의체 판결을 통하여 일반육체노동의 가동연한에 대하여 특별한 사정이 없는 한 만 65세까지도 가동할 수 있다고 설시하여 종래의 견해를 변경하였다. 대법원은 "우리나라의 사회적·경제적 구조와 생활여건이 급속하게 향상·발전하고 법제도가 정비·개선됨에 따라 종전 전원합의체 판결 당시 위 경험칙의 기초가 되었던 제반 사정들이 현저히 변하였기 때문에 위와 같은 견해는 더 이상 유지하기 어렵게 되었다. 이제는 특별한 사정이 없는 한 만 60세를 넘어 만 65세까지도 가동할 수 있다고 보는 것이 경험칙에 합당하다."고 판시하였다. 이후 전업주부[62]와 택시운전사[63]의 가동연한에 대하여도 만 65세까지로 이를 파악하여야 한다는 취지로 판단하였다. 다만 대법원은 일반육체노동에 비하여 업무의 성질상 그 활동이 가벼운 전문가 직역에 해당하는 변호사의 경우 종래와 동일하게 만 70세까지로 판단한 바 있다.[64]

---

60) 대법원 1987. 11. 10. 선고 87다카376 판결.
61) 대법원 2019. 2. 21. 선고 2018다248909 전원합의체 판결.
62) 대법원 2021. 12. 30. 선고 2017다212316 판결.
63) 대법원 2021. 3. 11. 선고 2018다285106 판결.
64) 대법원 1993. 2. 23. 선고 92다37642 판결, 대법원 2021. 7. 8. 선고 2020다213401 판결.

(다) 생활비의 공제

피해자가 생존하고 있었더라면 그 생활에 들어가는 지출이 있었을 것이므로 이를 수입액에서 공제하였음은 앞에서 이미 살펴보았다.

(라) 중간이자의 공제

수입액과 잔존가동연수에 의하여 일실소득액이 결정되고 이어서 생활비를 공제하여 장래의 순수익액이 결정된다. 통상 이 금액은 일시에 청구하게 되므로 장래 매월 또는 매년 당연히 받을 수 있는 순수입액에서 중간이자를 공제하여야 한다.

중간이자의 공제에 대해서는 호프만식계산법과 라이프니츠식계산법이 가장 많이 이용되고 있다.

호프만식계산법은 장래 예상되는 소득에서 민사법정이율인 연 5푼을 단리로 하여 공제 계산하는 방법으로 우리나라 판례가 적용하고 있다. 라이프니츠식계산법은 일시에 지급받은 배상금을 은행예금 등에 예탁하면 복식계산으로 이자를 얻을 수 있다는 이유에서 중간이자의 공제도 복식으로 하는 방법으로 주로 보험사에서 적용하고 있다.

라이프니츠식은 호프만식에 비하여 피해자에게 상대적으로 불리하다고 평가된다.

(3) 노동능력의 상실에 의한 일실이익

의료과실로 인하여 신체에 피해가 발생하면 피해자의 노동능력이 상실되는 바, 이로 인한 일실이익을 상실률에 따라 배상을 청구할 수가 있다. 다만, 노동능력은 상실되었으나 종래의 직업을 유지하는 경우, 구체적으로 수입이 감소되지 않았기 때문에 손해배상을 청구할 수 없다는 견해가 있다.

그러나 첫째, 장래에 현실로 발생할 손해를 예측하는 것이 곤란하고, 둘째, 인간의 노동력 자체는 임금노동의 경우와 같이 일종의 교환가치를 갖는 재산적 평가를 할 가치가 있는 것이므로 노동능력의 상실은 그 자체로써 재산적 손해로 볼 수가 있고, 셋째, 손해의 공평한 분담의 이념에도 합치하므로 배상청구가 가능하다고 보는 것이 타당하다고 보며, 우리나라 판례도 이를 지지하고 있다.

노동능력상실의 정도에 대해서는 맥브라이드표나 국가배상법시행령 별표 2. 신체장애의 등급과 노동능력 상실률표에 따라 감정되나, 피해자의 신체, 피해의 정도와 연령·직업 등도 종합적으로 고려하여 결정된다.

3. 정신적 손해(위자료)

가. 의료사고 민사책임에서 위자료의 산정

(1) 위자료의 의의

위자료란 당해 신체침해로 입게 된 환자 등의 고통에 대한 금전적 배상 부분을 의미[65]한다.

(가) 위자료의 법적 성질

① 배상설과 제재설

위자료의 법적 성질에 관하여 손해의 전보로서의 손해배상으로 볼 것인지, 사적 제재로 파악할 것인지에 대하여 견해가 대립하고 있다. 전자의 경우 위자료는 육체적·정신적 고통이라는 무형의 손해에 대한 전보를 목적으로 하는 것이므로 순수한 손해배상으로 보아야 한다는 것[66]이며, 후자는 정신적 손해를 금전적으로 평가하는 것은 불가능하기 때문에 위자료를 피해자가 가해자에게 가하는 일종의 형벌 내지 사적 제재라고 파악하는 것[67]이다.

② 검 토

위자료를 통한 궁극적인 목적은 피해자가 가해자로부터 자신이 입게 된 무형의 손해에 대하여 얼마나 정확하고 객관적인 전보를 받는지에 있는 것이고, 위자료가 지니는 기능인 가해자에 대한 제재적 기능은 부수적인 기능에 불과하다. 또한 민법과 형법은 구별되어 서로 추구하는 바가 다르다는 점에 비추어 볼 때[68] 위자료는 손해배상의 성격으로 보는 것이 타당하다.

독일·프랑스·일본 등도 대체로 위자료의 법적 성질을 손해배상적 측면을 지닌다고 파악하고 있다.[69]

---

65) 위자료에 대하여 '정신적 고통으로 인한 손해에 대한 보상'으로 부르는 것이 개념상 더 명확할 것이라는 견해로는 최문기, 전게논문, 327－329면 참조.
66) 김선양, 위자료의 산정과 그 기준에 관한 제문제, 재판자료 제21집, 1984, 326면.
67) 이명갑, 제재적 위자료의 입론(Ⅰ), 사법행정 제28권 제3호, 1987. 3. 26－28면; 장재옥, 위자료에 관한 몇가지 고찰, 한국민법이론의 발전[Ⅱ], 이영준박사 화갑기념논문집, 1999, 622면 이하 참조. 주로 일본에서 위자료의 제재적 기능에 관하여 논의되고 있다.
68) 서광민 집필, 주석민법, 채권각칙(8), 300－305면.
69) 김명수, 전게논문, 66－74면.

(나) 위자료의 법적 기능

① 전보적 기능

피해자가 입게 된 정신적 손해는 무형의 손해이므로 금전으로 환가할 수 없기 때문에 원상회복은 불가능하지만, 적어도 금전을 통하여 피해자를 위자함으로써 정신적 고통의 감소에서 더 나아가 생활에서의 위안까지도 행하여 주는 측면을 강조하여 전보적 기능이라고 한다. 전보적 기능에서 위자료를 산정하는 기준으로는 고통, 침해의 심각성, 침해의 회복에 소요되는 시간, 고통의 지속기간 등이 있다.[70]

② 제재적 기능

가해자가 그 위자료를 피해자에게 지급함으로써 가해자에게 경제적으로 손실을 가져오게 하여 피해자가 가해자에 대하여 금전적으로 제재를 가하는 기능을 제재적 기능이라고 한다. 이는 윤리적 또는 형사적 관점이 민법의 개념 형성에 영향을 끼친 것이다.[71] 따라서 동일한 법익의 침해라도 그것이 가해자의 고의에 의하여 야기된 것이냐, 중과실에 의하여 야기된 것이냐 아니면 경과실에 의하여 야기된 것이냐에 따라 피해자가 받는 원한이나 울분 등 정신적 고통에는 차이가 있을 수 있으므로 가해자의 유책성 정도는 위자료 산정에 참작된다. 사고 후에 피해자에 대한 가해자의 태도가 어떠한지도 그에 따라 피해자의 정신적 고통이 완화될 수도 있고 오히려 악화될 수도 있으므로 이 역시 위자료의 산정 시 참작될 수 있다.[72]

③ 보완적 기능

피해자에게 입은 손해는 막대하나 피해자에게 일실수익을 산정해 줄 수 없거나 — 예를 들어 가동연한이 도과한 노인의 경우나 노동능력상실률이 적용되지 않는 장애를 입게 된 경우 — 손해에 대한 입증이 곤란한 경우[73]에는 피해자는 손해에 대한 전보를 받을 수 없어 손해 회복이 충분하게 이루어지지 않는다. 이러한 경우 법원이 피해자 측과 가해자 측의 모든 사정을 고려하여 위자료를 증액함으로써 손해전보의 불균형을 시정하는 것을 보완적 기능이라고 한다.

판례는 위자료의 보완적 기능과 관련하여 "재산상 손해의 발생이 인정되는데도 손해액의 확정이 불가능하여 그 손해전보를 받을 수 없게 됨으로써 피해회복이 충분히 이루어지지 않

---

70) J.Luckey, Schmerzensgeld in Deutschland—Tendenzen der Rechtsprechung, Arzthaftungs—recht—Rechtsprzxis und Perspektiven, Springer Berlin Heidelberg, 2006. S.51.

71) Slizyk, Beck'sche Schmerzensgeldtabelle, 4.A., 2001. S. 3, J.Luckey, a.a.O., S.53에서 재인용.

72) 서광민 집필, 주석민법, 채권각칙(8), 319면.

73) 그 당연한 귀결로 재산적 손해의 추구가 관철된다면 필연적으로 위자료의 보완적 기능의 비중은 상대적으로 저하될 것이다.; 이명갑, 전게논문, 29면.

는 경우에 이를 참작하여 위자료액을 증액함으로써 손해전보의 불균형을 어느 정도 보완하고 자 하는 것이므로 함부로 그 보완적 기능을 확장하여 그 재산상 손해액의 확정이 가능함에도 불구하고 편의한 방법으로 위자료의 명목 아래 사실상 손해의 전보를 꾀하는 것과 같은 일은 허용되어서는 안 될 일이다."[74]고 하고, "그 재산적 손해액의 주장·입증 및 분류·확정이 가능한 계약상 채무불이행으로 인한 손해를 심리·확정함에 있어서까지 함부로 그 보완적 기능을 확장하여 편의한 방법으로 위자료의 명목 아래 다수의 계약 당사자들에 대하여 획일적으로 일정금액의 지급을 명함으로써 사실상 재산적 손해의 전보를 꾀하는 것과 같은 일은 허용될 수 없다."고 하여[75] 보완적 기능을 허용하되, 그 무리한 확장은 제한하고 있는 입장이다.

(2) 환자 측 과실의 고려 여부

재산적 손해의 배상액을 산정하는 경우 피해자측의 과실을 참작하는 것과 마찬가지로 위자료의 산정에서도 피해자측의 과실을 참작할 수 있다.

대법원은 "위자료를 산정함에 있어서는 피해자의 부상정도, 연령, 직업, 가족, 생활상태 및 과실의 유무를 참작할 것은 물론 가해자의 과실정도 및 자력, 배상책임자의 업태 등 제반사정을 참작하여야 한다."고 하여[76] 환자 측에게 과실이 존재하는 사정도 위자료 산정 시 고려하여야 함을 설시한 바 있다.

(3) 우리나라 의료사고 민사책임에서 위자료의 산정

현행법상 위자료의 상한선이 정하여져 있지 않기 때문에 위자료는 실제 법관의 재량에 의하여 책정할 수 있다. 그런데 법원 실무에서는 매 사건마다 위자료가 천차만별일 경우 일관성을 갖기 어렵기 때문에 공평성을 기하기 위하여 인신사고의 경우 내부적으로 피해자의 사상여부, 침해의 부위와 정도 등을 고려하여 어느 정도 범주를 정해 놓고 있다. 즉, 법원은 위자료에 있어 명백한 기준을 가지고 정액화하고 있지는 않지만, 예를 들어 현재 법원은 위자료의 상한선을 피해자의 사망 시 현재 1억 원 정도로 정해 놓는 등의 관행을 쌓아가고 있다.[77] 물론 법원도 매년 축적되어 가는 사건의 추이와 사회적 공감대를 확인하여 위자료의 상한선을 상향조정하려고 노력하고 있으나, 아직까지는 그 수준이 피해자가 수긍할 수 있을 정도는 아니라는 것이 현실이다.

---

74) 대법원 1984. 11. 13. 선고 84다카722 판결.
75) 대법원 2004. 11. 12. 선고 2002다53865 판결.
76) 대법원 1957. 2. 9. 선고 4289민상676 판결.
77) 또한 현행 법원 실무에서의 위 위자료의 내부적 기준은 교통사고사건에서의 위자료의 기준을 통상 원용하여 사용하고 있는데, 이는 일본에서도 마찬가지이다.

위자료액의 산정에는 재산적 손해의 경우와 같은 구체적인 손해액의 입증이 곤란하고 또 산정방법에 대하여서도 명확한 기준이 없다. 결국 법원은 제반사정을 참작하여 자유로운 심증에 의하여 결정한다. 일반적으로 위자료액 산정의 참작사유로서는 당사자 쌍방의 사회적 지위, 직업, 재산, 연령, 가해행위의 태양, 사고경위 등의 여러 사정을 공평의 관념에 따라서 참작하게 된다. 다만, 의료과실의 경우에는 피해자와 가해자의 입장이 바뀔 수 있다는 가능성을 고려하지 않는다. 왜냐하면, 피해자 측은 전문적 지식이 부족하여 가해행위를 방지할 수단을 취할 수 없고 또한 가해자인 의료기관은 진료행위를 통하여 수익을 올리고 있어 양자의 사정에 호환의 가능성이 없기 때문이다.

위자료로 얼마가 적당한가에 대하여는 결국 그 나라의 시대적인 환경, 국민의 법감정, 소득수준 등에 따라서 결정될 것이나, 다른 나라의 법원에서 인정한 위자료 액수와 비교할 때 우리나라의 현재 실무에서 적용하고 있는 위자료 액수가 과연 환자 측이 입게 된 실질적 고통을 전보하고 치솟고 있는 물가상승분을 제대로 반영하였는가에 관하여는 논란이 있다. 또 의료과실의 존재가 인정되더라도 환자에 대한 신체감정상 노동능력상실률이 인정되지 않거나[78] 환자가 가동연한을 도과하여 소극적 손해 부분을 인정하기 어려운 경우[79] 현행 실무에서 적용하고 있는 위자료액수만으로는 환자 측이 입게 된 고통을 전보하는 것은 불가능하다. 더구나 우리나라 법원의 실무상 위자료 산정의 관행으로 정형적·획일적 기준이 설정되어 실제 피해자인 환자 측이 의료소송을 제기할 때 청구하는 위자료액수에도 영향을 미쳐 그 이하의 저액화로 운용되고 있다.

그렇다면 현행법제하의 이러한 불합리를 해결하기 위하여 법원이 위자료의 보완적 기능을 적극적으로 활용하여야 할 필요가 있다. 즉, 법원이 내부적 기준을 정하고 있는 위자료의 액수에 얽매여서 판단하는 것은 이제 탈피하여야 한다. 위자료를 정액화하여 판단의 기초로 삼는 현행 실무의 태도로는 피해자가 입게 된 손해와 권리의 회복이라는 손해배상의 목적을 온전하게 달성하지 못하므로[80] 법원이 적극적 또는 소극적 손해가 인정되지 아니하는 부분을

---

78) 세간에 문제가 되었던 병원에서 한 환자의 검체가 다른 환자에 대한 검체와 바뀌어 유방암이 아닌데도 유방암으로 오진되어 결국 전원된 타병원에서 환자의 유방이 절제된 사례에서 법원은 원고인 환자에 대하여 노동능력상실률이 전혀 산출되지 아니하여 일실수익 부분을 인정할 수 없었기에 기왕 치료비와 성형수술 비용에 더하여 위자료를 합산한 금액으로 4,000만원의 배상을 명하였다.; 2008. 4. 10.자 세계일보 기사, 「뒤바꾼 조직검사로 가슴 절제, 병원 4,000만원 배상 판결」; 2008. 4. 28.자 마이데일리 기사, 「오진으로 잃은 가슴, 새끼발가락만도 못한 대우 분노」 참조.
79) 오늘날과 같은 고령화사회에서 의료사고를 당한 환자가 가동연한을 넘긴 주부이거나 정기적 직업을 갖지는 않았으나 수입이 있는 고령의 노인인 경우에 이들은 실질적으로는 충분한 노동능력이 존재하고 있음에도 불구하고 법적으로 제한을 받아 정당한 노동능력의 가치평가를 받지 못하는 부당한 결론에 이른다.
80) 이명갑, 제재적 위자료의 입론(Ⅱ), 한국사법행정학회, 사법행정 제28권 제4호, 1987. 4. 33-34면.

감안하여 위자료를 증액하는 방식을 통하여 환자 측의 손해를 보전해 주는 시도가 필요할 것
이다.[81]

나. 징벌적 손해배상제도의 도입 논의

(1) 징벌적 손해배상의 의의

징벌적 손해배상(Punitive Damages)은 영미법상의 제도로 민사상 불법행위자를 징벌하기 위
해서 통상의 손해배상에 부가하여 과해지는 손해배상으로서 가해자가 악의적으로 불법행위를
행한 경우 그에 대하여 징벌함으로써 가해자 및 제3자가 그와 같은 행위를 다시는 되풀이하지
않도록 하는 것에 그 목적을 두고 있다.[82] 특히 미국 연방대법원도 징벌적 손해배상은 피해를
위한 보상이 아니라 가해자의 괘씸한 행위를 처벌하고 그것의 향후 발생을 제지하기 위하여 필
요한 것이라고 파악하고 있으며, 이의 가해자에 대한 부과는 배심원이 판단하게 된다.[83]

징벌적 손해배상은 전보적 손해배상에 부가하여 부과되는 것으로 가해자의 위법행위로
입은 손실을 피해자에게 전보하는 것을 넘어서서 본보기로 가해자를 처벌하고 고의의 위법
자(wrongdoer)와 과실의 위법자를 구별하기 위하여 인정되는 것이다.[84] 미국의 Restate-
ment(Second) of Torts 제908조에서는 징벌적 손해배상을 명문으로 정의하고 있다. 그 내용
은 첫째, 징벌적 손해배상은 전보적 내지 명목적 손해배상과 달리 무법한(outrageousness) 행
위를 한 자를 처벌하고, 장래에 있어서 그 자나 다른 자가 그와 유사한 행위를 하지 못하게
억제하기 위한 것이고, 둘째, 타인의 권리에 대한 피고의 악의(evil motive) 또는 무배려적인
무관심(reckless indifference)에 의한 행위에 대하여 인정된다는 것이다.[85]

(2) 징벌적 손해배상의 기능과 위자료와의 차이점

(가) 징벌적 손해배상의 기능

징벌적 손해배상은 고액의 배상액을 부과함으로써 불법행위의 가능성을 줄이고 피해자에

---

81) 백경희, 전게 박사논문, 207-208면.

82) 김재국, 영미법상 징벌적 손해배상의 도입에 관한 소고, 비교사법 제2권 제1호, 1995, 508면; 정해상, 손
    해배상의 법리와 징벌적 손해배상의 관계, 중앙법학, 2004. 241면; 박종렬, 징벌적 손해배상에 관한 연구,
    법학연구 제26집, 2007. 5. 143면.

83) 징벌적 손해를 결정하는 데에 영향을 미치는 요소는 원고에 대하여 얼마나 심각한 침해를 입혔는가와 피
    고의 재력이다.; Jennifer K. Robbennolt, Punitive Damage Decision Making : The Decisions of
    Citizens and Trial Court Judges, Law and Humal Behavior, Vol. 26, No. 3, 2002. 6. p.316.

84) 윤정환, 징벌적 손해배상에 관한 연구, 민사법학 제17호, 1994. 4. 64면.

85) LF Bittle, Punitive Damages and the eighth Amendment : An Analytical Frame work for
    Determining Excessiveness, California Law Review, vol.75, 1987. p.1436.

게는 적극적으로 불법행위에 대처하도록 하여 일반사회에 대한 불법행위 예방기능을 하게 된
다. 구체적으로 징벌적 손해배상은 악의의 가해자에 대한 처벌 및 동일한 불법행위의 재발 억
제기능, 그리고 법 준수기능을 추가적으로 지니고 있다.[86]

(나) 위자료와의 차이점

영미법에서 징벌적 손해배상이 발전해 온 연혁에 비추어 본다면, 징벌적 손해배상은 가해
자가 행한 행위의 부당성·비난성에 대한 처벌을 위한 것에 중점을 두고 있었으므로 피해자가
입은 정신적 손해에 대한 보상적 손해배상과는 달리 취급되어야 할 수도 있다. 왜냐하면 징벌
적 손해배상의 연혁상 징벌적 손해배상으로서 산정되는 금액 중에는 위자료를 포함하고 있다
고 보았다가, 피해자 자신의 무형의 정신적 손해도 현실의 손해로 인정하여 보상적 손해배상
인 위자료와 가해자의 징벌 또는 공공의 이익을 도모하기 위한 추가적 배상액의 산정문제인
징벌적 손해배상으로 나뉜 것이다. 영미법에서 위자료와 달리 징벌적 손해배상의 부과 여부를
배심원의 자유재량사항으로 맡기고 있다는 점도 구별의 근거이다.[87]

그러나 정신적 손해에 대한 배상기능 내지 전보적 기능이 징벌적 손해배상에서도 존재한
다는 점과 위자료의 기능에서도 제재적 기능이 존재한다는 점에 비추어 양자는 서로 맞닿아
있다는 점도 부정할 수 없다.

(3) 미국의 의료과실소송과 징벌적 손해배상

미국에서 의료사고 민사책임이 발생하였을 때 이는 세 가지의 유형의 손해로 구성된다. 그
첫번째 유형은 환자의 일실수익의 상실, 치료비, 장기간의 개호비와 같은 경제적 손해이고,
두번째 유형은 정신적 고통, 불편함, 인적 관계의 상실, 삶의 질의 저하와 같은 비경제적인 손
해, 세번째 유형은 징벌적 배상이다. 미국은 의료사고에서 징벌적 손해배상이 지나치게 확대
되는 것을 제한하기 위하여 그 요건으로 의사가 '터무니없는 행위', 즉 결과를 인식하거나, 무
책임하거나 또는 무모한 행위를 행할 것을 추가적으로 심사한다.[88]

일례로 Jackson v. Taylor, 912 F.2d 795(5th Cir. 1990) 사건의 경우 피고 의사의 중대한
주의의무 위반으로 원고에게 해당 기간 동안 지나치게 많은 경구용 피임약을 처방한 결과로
원고는 피고를 믿고 계속하여 피임약을 복용하다가 출혈성 간암에 걸리게 된 사안에서 피고

---

86) 정해상, 전게논문, 246-247면.
87) 김재국, 전게논문, 521-524면; 정해상, 전게논문, 247-248면.
88) Carly N Kelly, Michelle M Mello, Are Medical Malpractice Damages Caps Constitutional? An Overview of State Litigation, The Journal of Law, Medicine & Ethics, Boston : Fall 2005. vol. 33, Iss. 3, p.516.

의사에게 징벌적 손해배상을 추가로 명한 바 있다.[89]

　　미국을 통하여 활발하게 진행되어 오던 징벌적 손해배상은 배심원에 의하여 결정된 액수
가 지나치게 고액일 경우에는 개인이나 회사를 경제적 파산에 이르게 하므로 징벌적 손해배
상에 대하여 회의적인 측면이 부각되게 되었다.[90] 또한 원고 측 변호사가 손해배상을 구할
때 징벌적 손해배상의 항목을 의도적으로 설시하여 손해배상액을 부풀리는 부작용도 발생하
였다. 이에 더하여 미국의 의료과실소송에서는 Res Ipsa Loquitur 원칙으로 소송상 증명책임
이 완화되어 불법행위책임을 기초로 삼는 경우 징벌적 손해배상제도와 맞물려 손해배상액의
고액화를 부추길 수 있다는 점[91]에서 징벌적 배상이 정당한가의 문제점이 제기되기 시작하였
다.[92]

　　그렇기 때문에 최근 미국 연방대법원은 각 주 하급심 판례에서 위 현대형 소송 외에 일반
민사소송에서도 거액의 징벌적 배상이 명하여지는 등의 추세를 보이자 이를 제한하고자 하였
다.[93] 즉, 연방대법원은 징벌적 배상액은 실제 원고에게 발생한 손해액의 9배를 넘지 못하도

---

89) 이동신, 전게논문, 616면 참조.

90) Claudia M. Landeo, Maxim Niktin, Scott Baker, Deterrence, Lawsuits, and Litigation Outcomes
Under Court Errors, Journal of Law Economics & Organi—zation, Oxford, Apr 2007. Vol. 23,
Iss. 1, p.57—58, 미주리주에서는 미주리주 불법행위법이 징벌적 손해배상을 인정할 수 있는 경우를 명
확히 특정하지 아니하고 그 배상액을 합리적 범위 내로 제한하고 있지 아니하기 때문에 기업을 피고로 하
는 손해배상청구소송에서 통상적으로 예상할 수 있는 범위를 벗어난 거액의 징벌적 손해배상을 명하는 결
정이 속출하자 기업 경영환경의 불확실성과 법률비용의 증가는 미주리주내 기업들의 경제활동을 심각하게
위축시켜 실업난을 가중시킴으로써 결국 주민들의 경제적 형편을 어렵게 만들고 있다는 점을 비판하면서
법개정에 박차를 가하고 있다고 한다.; 박원규, 미국 미주리주에서의 징벌적 손해배상(Punitive
Damages)제도에 대한 개혁 논의, 해외사법소식(2005. 3.), 대법원, 2005. 3. 15. 38쪽~39쪽, 텍사스주
의 경우에도 의료사고 민사책임에서 징벌적 배상이 남발하는 것에 대한 문제점 등을 포함하여 불법행위법
을 개정하고자 하는 추세이다. 텍사스주는 2003년도의 개정안에서 의료과실 사건 등에서 250,000달러 선
에서 징벌적 손해배상의 범위를 규율하는 내역도 담은 바 있다. David A Anderson, Judical Tort
Reform in Texas, The Review of Litigation, Austin : Winter 2007. Vol. 26, Iss. 1, p.1—2, p.4.

91) 실제 미국의 의료과실소송에서 판결액이 100만 달러 이상이 되는 판결이 상당하다고 한다.; 김용석·전영
주, 미국의 의료분쟁과 의사배상책임보험, 법학연구 제20집, 2005, 312—313면.

92) 징벌적 배상으로 인한 부작용에 관한 제도적 개혁의 방법으로 논의되는 것으로 손해배상액의 제한, 환자
보상기금에 의한 보조, 부차적 급여불공제원칙의 폐지 내지 완화, 배상금의 정기적 지급(Periodic
Payments), 배심원의 판단에 영향을 미칠 수 있는 원고의 청구권손해배상액 조목의 삭제 등이 있다.; 석
희태, 미국불법행위법에서의 의료과오 민사책임이론－이른바 의료과실 위기와 불법행위법의 개혁－, 사법
행정 제35권 제5호, 1994. 5., 이외에 계약법적 해결을 통하여 적정선의 배상으로 제한하자는 견해도 등
장하고 있다.; 藤岡康宏, 契約と不法行爲の協働：民事責任の基礎に關する覺書－医療過誤における一
つのアプロ—チ－, 北大法學論集 38(5—6下), 1988. 7. 1442—1444頁.

93) 징벌적 배상의 논의 없이도 미국에서 의료민사책임의 손해배상액은 시간이 갈수록 상향조정되고 있는 추
세이다.; Stephen L. Fielding, The Social Construction of the Medical Malpractice Crisis : A Case
Study of Massachusetts Physicians, Sociological Forum, Vol 5, No.2, 1990. p.283.

록 금액의 면에서 규제[94]하였다. 이러한 영향으로 미국에서의 일련의 판례에서는 원고에게 발생한 실질적 손해배상액과 징벌적 배상 사이에는 10배 이상의 차이가 나지 않고 있다고 한다.[95]

이러한 점은 의료과실소송에도 적용되고 있다. 미국은 의료과실소송에서 비경제적인 손해나 징벌적 손해에 관하여 지나치게 많은 금액이 평결되자 각 주마다 이를 제한하기 위하여 노력하고 있다.[96]

(4) 우리나라에서 징벌적 손해배상의 도입 여부

징벌적 손해배상이 위자료의 제재적 기능의 부분과 중첩되는 부분이 있다고 하더라도 징벌적 손해배상은 악의적 가해자에 대한 공공적 징벌과 위해의 재발방지의 측면을 강조하면서 배상액의 정도가 가해자의 행위유형, 가해자의 악질성과 의도한 이익, 재산상태 등을 고려하여 고액의 배상액이 부과된다는 점에서 산정방식과 배상액의 정도에 차이가 있다. 따라서 위자료를 통한 피해자의 보전에 추가하여 배심원을 통한 징벌적 손해배상이 이루어지는 것이라 할 것이므로 징벌적 손해배상은 위자료보다 단계적으로 한 걸음 더 나아간 것이라고 보여진다.

이러한 취지를 종합하여 판단한다면, 의료사고 민사책임에서 의료인에 대하여 징벌적 손해배상이 적용되어야 할 국면은 의사가 환자에 대한 일반적 의료행위에서의 주의의무 위반의 경우에까지 적용되는 것은 무리가 있으며, 이때에는 위자료로 대처하여도 충분하다. 그러므로 징벌적 손해배상제도가 도입된다고 하더라도 이는 의사의 의도가 사기에 가까울 정도로 고의성이 짙은 경우에만 의사에 대한 제재로서 예외적으로 적용되어야 할 것이다. 의료인이 의도

---

94) State Farm Mutual Automobie Insurance Co. v. Cambell et al, 동 사안은 Cambell이 자신의 과실로 교통사고가 발생하였다고 보이는 사안에서 보험회사가 Cambell이 무과실이 되도록 하여 준다면서 Cambell이 변호사를 선임하는 것을 막고 보험회사가 소송대리를 진행하다가 Cambell의 전적인 과실이 인정되었고, 보험회사는 사건의 항소비용과 관련하여 Cambell에게 지원을 거부하여 Cambell이 항소를 진행하여 1심 판결의 상당액을 감액받아 합의로 종결시켰다. 이후 Cambell은 보험회사를 상대로 악의적인 보험금지급거절을 청구원인으로 하는 소송을 제기하여 실제 손해배상금에 더하여 징벌적 배상을 받게 되었는데, 동 소송의 1심에서 배심원이 제시한 1억 4천 5백만 불의 평결을 판사가 거부하고 감액하여 판결하자 항소심에서는 다시 1심 배심원이 제시한 징벌적 배상 금액이 추가로 더하여져 판결되었다. 그러나 연방대법원은 Cambell의 손해에 관련하여 징벌적 손해배상을 결정하여야 하는 것임에도 배심원이 지침을 오해하여 평결한 것은 잘못되었음을 확인하였다.; 하종선, 징벌적 손해배상, 법률신문 제3192호, 2003. 8. 7.
95) 미국에서 징벌적 배상을 시행하고 있는 주의 하급심 판결의 분석결과 실질적 손해배상이 100,000달러 이하인 경우 징벌적 배상액은 1,000,000달러를 넘는 경우는 극히 드물었다.; T. Eisenberg, Valerie P. Hans and Martin T. Wells, The Relation between Punitive and Compensatory Awards : Combining Extreme Data with the Mass of Awards, Civil Juries and Civil Justice, 2005. p.110.
96) Carly N Kelly, Michelle M Mello, Ibid. p.517.

적으로 상당한 비용을 투자한 의료광고를 통하여 극적인 결과를 창출할 수 있다고 함으로써 환자가 결과에 대한 과도한 기대심리를 갖게 하고 그것을 통해 과대한 이익을 추구하는 등 의료인의 의도가 불순할 경우, 예를 들면 그러한 성향이 강하게 나타나는 미용성형수술의 영역이 바로 그러하다. 또한 징벌적 손해배상제도는 구체적 사안에 따라 재발방지 및 손해배상의 적정성을 실현하기 위한 도구로 개별적·제한적으로 적용되어야 하며 지나친 확대는 지양하여야 할 것이다.97)

4. 후발손해의 발생 및 정기금 지급 판결

가. 손해에 대한 분산의 필요성

의료과실소송은 인간의 생명 및 신체와 관련된 것이기 때문에 환자에게 심각한 장애가 남아 손해배상책임이 인정될 때에는 경우에 따라 그 금액이 상당하여 의료인에게 경제적 파산까지 가져올 수 있다. 예를 들어 의료사고로 인하여 환자에게 심각한 뇌병변이나 식물인간상태의 장애가 발생한 경우 그 장애에 대한 손실을 파악하기 위하여 의학적인 신체감정을 행하게 된다. 신체감정을 통하여 환자의 장애로 남게 된 육체적·정신적 불완전함으로 인하여 정상인에 비하여 잃게 된 노동능력의 상실 정도(노동능력상실률), 환자가 앞으로 살 수 있는 기간(기대여명), 그리고 기대여명까지 필요한 치료비와 보조구, 그리고 다른 사람의 도움이 필요할 경우 소요비용(개호비)을 모두 계산하게 된다. 그렇기 때문에 이 경우 의사가 부담하여야 할

---

97) 소위 '크로로킨(クロロキン)'사건으로 불리우는 일본의 하급심에서 법원은 신장병 치료약 크로로킨의 부작용에 의한 망막증과 관련하여 피고 등의 책임을 인정하였지만, 원고들이 주장한 징벌적 배상론(제재적 위자료론)에 대하여는 「불법행위에 의해 피해자가 입은 정신적 손해에 대한 위자료의 산정에 있어서는, 가해자 및 피해자의 사회적 지위 및 재산 상태, 피해·고통의 정도, 장래의 고통의 유무 등 외에 가해자측의 침해의 태양(고의인가 과실인가, 과실의 정도, 악성의 정도 등)도 가미하여 제반 사정 일체를 감안해야 하는 것은 당연한 일이다. 일반론으로서 위자료의 지불은 정신상의 고통의 완화 혹은 제거를 목적으로 하는 법적 수단이라고 할 수 있기 때문에 침해행위가 고의로 되었을 경우와 과실에 의한 경우, 또 중과실에 의한 경우와 경과실에 의한 경우와는, 피해 감정, 나아가서는 피해자가 받는 정신상의 고통의 정도로 응당 차이가 있으므로 그 차이가 위자료액에 반영하는 것은 당연한 이치이다. 그러나 본건에 있어서는, 피고 등에 고의에 의한 책임까지 부과할 수 없는 상황이고, 원래 가해자의 고의를 위자료액 산정시 고려해야 할 한 가지 사정에 머무르지 않고, 그 이상으로 고의의 존재를 이유로 현실에 생긴 손해의 전보를 넘어서서 원고들이 주장하는 것 같은 '제재적'기능을 완수하게 하는 목적으로 별개의 귀책의 가중사유로 하는 배상액을 산정하는 것은, 손해의 공평한 분담을 목적으로 하는 손해배상제도의 이념에 반하는 것이며, 민사법과 공법, 특히 형사법과의 명확한 분화를 이상으로 하는 우리나라의 법제 아래에서는 취할 수 없는 것이라고 생각한다」고 판단한 바 있다고 한다.; 小賀野晶一, 製造物責任と因果關係·損害賠償の範囲, 現代裁判法大系 第8卷 製造物責任, 升田純 編, 新日本法規 1998. 10. 242－243頁.

책임의 범위는 커질 수밖에 없다. 또한 현대의학 수준에 있어서도 환자의 기대여명을 단언할 수는 없어 당사자 간 합의시나 신체감정 시행 시에는 당시의 의학적 수준을 통하여 환자의 기대여명 등을 추정하여 판단의 자료로 삼는다는 점[98]을 고려할 때 만약 그 당시 산정한 기대여명을 도과하여 환자가 계속 삶을 유지하고 있는 경우에는 그 확대된 손해를 어떻게 배상하여야 할 것인지도 문제다.

의료민사책임에서 손해배상을 산정하는 기준이 되었던 신체감정 결과나 합의 시의 기준이 변경되어 후발손해가 발생하였을 때 기존의 판결이나 합의를 어떻게 처리할 것인지와 관련된 소송법적인 문제가 있고, 과다한 배상금액이 산정되었을 때 정기적으로 분할 지급하는 금전지급의 문제가 발생한다.

나. 후발손해에 대한 추가 배상청구

예상치 못한 후발손해에 대하여는 추가의 배상청구가 인정될 필요가 있는데, 후발손해를 인정하는 법리에 관해서는 학설이 대립하고 있다.

(1) 효력범위 제한설

환자의 정확한 상태를 현대 임상의학의 실천수준에 따른 신체감정을 통하여서도 사전에 예측하여 확정하는 것이 불가능한 상황에서 후발손해의 개념을 인정하여 환자의 손해배상청구를 인용하는 이유에 대하여 이를 한정적 해석론에 해당한다고 판단하는 견해가 있다. 즉, 환자가 전 손해를 정확히 파악하기 어려운 상황하에서 조급하게 소액의 배상금으로 합의를 한 경우에는 권리를 포기하겠다는 의사는 합의 당시에 예상하였던 손해만에 관한 것이고 후유증이나 추가수술과 같은 그 후에 발생한 손해에 대한 청구권까지 전부 포기하겠다는 취지로서 새기는 것은 당사자의 합리적인 의사에 합치한다고 할 수 없고 따라서 그 배상청구권은 인정되어야 한다는 것이다.[99] 같은 견지에서 배상액 합의가 있었음에도 후발손해의 배상을 추가청구하기 위하여 세 가지 요건을 제시하는 견해도 있는 바, 그 내용으로 ① 배상액의 합의 당시에 당사자 사이에 배상범위 내의 손해에 대하여 명시적 또는 묵시적인 의사의 일치가 있을 것, ② 후발손해는 합의 당시의 사정에 비추어 볼 때에 피해자에게 예견 불능하였을 것,

---

98) 의학이 고도로 발달한 현재에 있어서는 노동능력을 완전히 상실한 경우에는 단시일밖에 생존할 수 없다고 단정할 수는 없는 것이고, 상해의 후유증이 평균여명에 어떠한 영향을 미치게 될 것인가 하는 점은 결국 후유증의 구체적 정도와 내용에 따라 의학적 견지에서 개별적으로 판단할 수밖에 없는 것이다.; 대법원 1986. 12. 23. 선고 86다카536 판결; 대법원 1988. 1. 12. 선고 87다카2240 판결; 대법원 1990. 12. 7. 선고 90다카28269 판결 등.

99) 곽윤직, 채권각론 제6판, 박영사 2007, 333-334면.

③ 후발손해는 객관적으로 볼 때에 피해자가 그 사실을 당시에 알았다면 그러한 금액으로 합의하지는 않았을 것을 들고 있다.

(2) 신의성실원칙설

판례의 태도를 긍정한 위 효력범위제한설에 대하여 당사자들의 의사에 대하여 탐구하지 아니한 채 보충적 해석에 불과한 논의가 당사자의 명백한 의사표시에 반하는 것은 부당할 뿐만 아니라 약정한 위험분담을 무시하는 것이며, 또한 당사자 사이에 후유 장애를 포함한 모든 부분에 대해서까지 합의 단계에서 상정하여 문구를 작성하였다면 이미 예견가능성이 존재하였던 것이므로 판례의 태도와 학설이 애초부터 논의의 국면을 잘못 이해한 것이라는 반론도 제기되고 있다. 즉, 경우에 따라 피해자를 구제하여야 한다는 점에서는 이의가 있을 수 없으나, 판례가 행하는 한정적 해석을 통한 구제는 법적 안정성을 해치기 때문에 원칙적으로 합의를 문언에 따라 해석하되 예외적으로 여러 사정을 검토하여 피해자를 합의에 구속시키는 것이 신의성실의 원칙에 반할 때에는 권리남용이라고 보아 합의의 효력을 배제하자는 것이다.[100]

(3) 검 토

의사의 의료과실로 인하여 환자가 입게 된 장애가 상당할 때 그 장애의 예측이 현대 임상의학의 실천수준에서는 그야말로 추측에 불과할 뿐 실제와 다를 수 있다는 점은 환자가 법원에 의료과실소송을 제기하였다고 하더라도 소송을 통하여 일거에 손해배상액을 보전받을 수 없다는 것을 의미한다. 또한 의료사고의 발생 후 환자와 의사가 구체적인 의료과실의 여부나 손해의 측정을 하지 아니한 채 성급하게 합의를 할 경우에 후발손해의 발생을 고려하지 않아 그 합의의 효력에 대하여 문제가 되는 경우도 비일비재하다. 이와 같이 판결 혹은 합의 당시의 기초가 된 신체감정상의 장애나 기대여명에 관한 예측이 맞지 않아 당시 예견할 수 없었던 후발손해가 지속하게 될 수도 있고, 다시 현상태에 관한 신체감정을 행한다고 하더라도 이 역시 예측에 불과하기 때문에 향후 또 다른 손해가 발생할 가능성도 배제할 수 없다.

그렇다면 불확실한 환자의 증세의 호전 여부에 관한 부분은 최초 판결 당시 혹은 당사자 간 합의 당시에 정확하게 예견하기 어려운 사정이 있다는 점을 감안할 때, 그 당시 판단의 전제로 되지 않았기 때문에 변화된 사정에 대하여 재판단하는 것을 부당하다고 할 수는 없으며 당시의 판단에 구속될 필요는 없을 것이다. 따라서 환자 측의 구제를 위하여는 합의의 효력범위를 제한하여 해석하거나, 판결이 이미 확정된 경우에는 전소의 기판력이 후소의 기판력에

---

100) 송덕수, 불법행위의 경우의 손해배상에 대한 합의의 효력, 민사판례연구 XII, 박영사, 1990, 115 – 116면.

미치지 않는다고 보아 기판력의 객관적 범위를 통하여 차단하는 방법이 필요하다.[101]

다. 정기금 배상 판결의 적용 필요성

(1) 정기금 배상

정기금의 배상은 손해배상의 금전 지불의 한 형태로, 매월이라든지 매년이라든지 일정기간마다 지불하는 방법을 의미한다.[102] 정기금의 지급을 명한 판결은 확정 또는 불확정기간에 정기적으로 이행기가 도래하는 회귀적 급부를 명하는 판결이고, 이행기가 미도래한 부분에 대하여는 장래이행판결이 된다.[103]

우리나라 현행민법 제751조는 '재산 이외의 손해의 배상'에서 타인의 신체, 자유 또는 명예를 해하거나 기타 정신상 고통을 해한 자가 재산 이외의 손해에 대하여도 배상하는 경우를 상정하면서, 제2항에서 법원이 이를 정기금채무로 지급할 것을 명할 수 있다는 조항을 두어 정기금 배상에 관한 규정을 두고 있다.

(2) 정기금 판결에 대한 변경의 소

정기금판결에 대한 변경의 소라 함은 정기금의 지급을 명하는 판결이 확정된 뒤 그 액수 산정의 기초가 된 사정이 현저하게 바뀐 경우에 장차 지급할 정기금의 액수를 바꾸어 달라는 소를 말하며, 우리나라 민사소송법 제252조 제1항에서 규율하고 있다.[104] 이는 소송법상 사정변경의 원칙(clausula rebus sic stantibus)을 반영한 것이라고 평가되고 있다.[105]

---

101) 백경희, 전게 박사논문, 178－179면.

102) 이는 독일민법에서 신체 또는 건강의 침해로 입게 된 일실수익의 상실이나 생활수요가 증가한 때에 있어 손해배상에 대해서는 정기금의 지급방식을 원칙으로 채택하고 있다는 부분을 도입한 것이다. BGB § 843 [Geldrente oder Kapitalabfindung]
   (1) Wird infolge einer Verletzung des Körpers oder der Gesundheit die Erwerbsfähigke it des Verletzten aufgehoben oder gemindert oder tritt eine Vermehrung seiner Bedürfnisse ein, so ist dem Verletzten durch Entrichtung einer Geldrente Schadensersatz zu leisten.

103) 집필대표 이원호 · 조관행, 주석 신민사소송법(4), 한국사법행정학회, 2004, 204면.

104) 편집대표 민일영, 주석민사소송법 제8판, 2018, 161－162면; 피해자인 원고가 인신사고 후 노동능력의 30% 상실을 전제로 하여 매년 1,000만 원씩의 수입상 손해가 생겼다고 하여 법원이 이를 가동연한까지의 일실수익과 기대여명을 통한 향후치료비 등을 1,000만 원과 필요한 치료비의 합산액을 더하여 정기적으로 지급하라고 판결한 후에, 원고의 병세가 악화되어 노동능력을 완전하게 상실한 경우로 사정변경이 발생한 경우에는 원고에 대한 신체감정을 다시 행하여 정확한 노동능력과 향후 개호 등 치료비를 파악한 뒤 기존의 판결액수를 증액하여야 할 필요성이 있으므로 원고에게 현저한 사정변경을 이유로 한 판결의 내용을 바꾸어 달라고 소제기를 할 수 있도록 한 것이 이 제도이다.

105) 정선주, 정기금판결에 대한 변경의 소－한국과 독일의 입법례 비교－, 비교사법 제11권 제2호(통권 25

정기금 배상의 실효성은 ① 인신사고로 발생한 사상(死傷)의 손해가 신체에 대한 침습의 시점에서 전부 발생한다고 단정할 필요는 없고, 후유증이 발생할 수도 있으므로 그 사상(死傷)으로 인하여 피해자가 얻을 수 있어야 할 수입을 얻을 수 없다면 이를 다시 확정할 수 있는 시점을 생각하여야 하고, ② 일실 이익 산정은 장래 사상의 예측이라고는 하지만 실제와 맞지 않는 경우도 있지만, 정기금 배상이라면 실제의 기대여명 내지 후유증의 소멸과 시점을 맞출 수 있으며, ③ 정기금 판결이 변론 종결 후에 산정의 기초사정이 변동했을 경우에도 시정하는 것이 일시불 판결보다 수월할 것이라는 점에서 나타난다.106)

라. 판례의 태도

판례107)는 "불법행위로 인한 손해배상에 관하여 가해자와 피해자 사이에 피해자가 일정한 금액을 지급받고 그 나머지 청구를 포기하기로 합의가 이루어진 때에는 그 후 그 이상의 손해가 발생하였다 하여 다시 그 배상을 청구할 수 없는 것이지만, 그 합의가 손해의 범위를 정확히 확인하기 어려운 상황에서 이루어진 것이고, 후발손해가 합의 당시의 사정으로 보아 예상이 불가능한 것으로서, 당사자가 후발손해를 예상하였더라면 사회통념상 그 합의금액으로는 화해하지 않았을 것이라고 보는 것이 상당할 만큼 그 손해가 중대한 것일 때에는 당사자의 의사가 이러한 손해에 대해서까지 그 배상청구권을 포기한 것이라고 볼 수 없으므로 다시 그 배상을 청구할 수 있다고 보아야 한다."고 하여 예상치 못한 후발손해를 어떻게 처리할 것인지에 관한 입장을 밝힌 바 있다. 즉, 위 판결 사안은 교통사고로 심한 뇌손상을 입고 식물인간 상태가 된 피해자(사고 당시 20세 4개월)가 가해자를 상대로 제기한 손해배상청구소송에서 그 후유증상이 지속적 식물인간 상태로서 여명이 사고 시로부터 약 5년으로 단축되었다는 감정결과를 전제로 하여 판결 선고가 이루어졌고 그 판결이 확정된 직후 피해자가 가해자측으로부터 그 확정판결의 인용금액 중 일부를 감액한 금액을 지급 받고 사고로 인한 일체의 청구권을 포기하기로 합의하였다. 그 뒤 피해자가 위 감정결과와는 달리 점차 의식을 회복하면서 위 여명기간이 지난 후에도 생존하게 되자 다시 추가손해의 지급을 구하는 소송을 제기하였던 것이다. 추가소송에서 감정을 시행한 결과, 피해자의 증상이 호전되어 종전에 예측된 위 여명기간 이후로도 약 38년이나 더 생존할 수 있음이 밝혀졌다. 결국 대법원은 "전소의 일실수입 청구에서 제외하였던 종전 예측의 여명기간 이후 가동연한까지의 생계비에 상당하는 일실수입 손해와 추가적으로 필요하게 된 개호비 손해가 위 합의에 이르기까지 예상할 수 없

호), 2004. 6. 401, 406-407면.
106) 倉田卓次 執筆, 定期金賠償, 現代裁判法大系 第7卷 医療過誤, 193頁.
107) 대법원 2001. 9. 14. 선고 99다42797 판결.

었던 중대한 손해로서 위 합의의 효력이 미치지 않는다."고 보아 민사적 합의의 효력을 부인
함과 동시에 소송법적으로는 기판력을 차단시켰다.

이러한 법리는 비단 교통사고에서의 인신상 후유장해에서뿐만 아니라 의료사고에서도 동
일하게 적용된다. 대법원[108]은 피고 병원의 응급실 간호사들의 대처 소홀로 인하여 환아가 뇌
손상이 발생하여 영구장애를 입은 사안에서 "상해의 후유증이 기대여명에 어떠한 영향을 미쳐
얼마나 단축될 것인가는 후유증의 구체적인 내용에 따라 의학적 견지에서 개별적으로 판단하
여야 할 것인바, 신체감정촉탁에 의한 여명의 감정결과는 의학적 판단에 속하는 것으로서 특
별한 사정이 없는 한 그에 관한 감정인의 판단은 존중되어야 하되, 이러한 전문감정인의 감정
결과에 의하더라도 피해자의 기대여명의 예측이 불확실하다고 판단되는 경우에는 일실수입
손해와 향후치료비 손해 등을 산정함에 있어서 피해자가 확실히 생존하고 있으리라고 인정되
는 기간 동안의 손해는 일시금의 지급을 명하고 그 이후의 기간은 피해자의 생존을 조건으로
정기금의 지급을 명할 수 있다."고 하였다.[109]

---

108) 대법원 2010. 2. 25. 선고 2009다75574 판결.
109) 서울중앙지법 2006. 10. 17. 선고 2005가합30127 판결.

제6장

의료민사소송의 개시

의료민사소송의 개시

제1절   소장의 작성

1. 소송의 제기

가. 소장의 제출

소(訴)는 원고가 피고를 상대로 법원에 대하여 특정 청구의 당부에 관하여 판결의 형식으로 권리보호를 해 줄 것을 요구하는 당사자의 신청이다.[1] 당사자 간의 분쟁해결을 위해 소송을 제기하고자 할 때에는 소장을 작성하여 제1심법원에 제출하여야 한다. 소장의 제출은 법원 민원실에 직접 제출하는 것이 원칙이나 우편제출도 가능하다. 다만 소가 3,000만 원 이하의 제1심의 민사사건인 소액사건의 경우에는 구술로써 제기할 수 있다(소액사건심판규칙 제1조의 2). 구술로써 소를 제기하는 때에는 법원서기관·법원사무관·법원주사 또는 법원주사보의 면전에서 진술하여야 한다. 이 경우에 법원사무관등은 제소조서를 작성하고 이에 기명날인하여야 한다(소액사건심판법 제4조).

소장은 당사자와 법정대리인, 청구의 취지와 원인 등 소정의 사항을 기재하고, 원고 또는 대리인이 기명날인하고, 민사소송등인지법에 따른 소정의 인지를 첨부하여, 피신청인의 수만큼의 소장 부본과 피고가 법인 등일 때에는 그 대표자 또는 관리인의 자격증명이 있는 법인 등기부등본 등을 함께 제출하여야 한다(민사소송법 제249조 제1항, 민사소송규칙 제2조 제1항, 동

---

1) 강영수 집필부분, 편집대표 민일영, 주석 민사소송법 제8판, 한국사법행정학회, 2018. 10. 3면.

규칙 제63조 제1항).

나. 소장의 기재사항

소장은 민사소송법 제249조의 당사자와 법정대리인, 청구취지와 청구원인과 같은 필요적 기재사항을 반드시 기재하고, 간결한 문장으로 분명하게 작성하여야 한다. 이때 소송서류의 용지는 특별한 사유가 없는 한 가로 210mm×세로 297mm의 종이(A4 용지)에 위로부터 45mm, 왼쪽 및 오른쪽으로부터 각각 20mm, 아래로부터 30mm(장수 표시 제외)의 여백을 두고, 글자크기는 12포인트(가로 4.2mm×세로 4.2mm) 이상으로 하고, 줄간격은 200% 또는 1.5줄 이상으로 세워서 적어야 한다(민사소송규칙 제4조).

(1) 필요적 기재사항

(가) 당사자 및 법정대리인의 표시

소장의 표시에 따라 당사자를 확정하고 이를 기준으로 당사자에 관한 소송요건을 심사하게 되므로 누가 원고와 피고인지 특정하여 기재하여야 한다.

서면을 제출하는 당사자와 대리인의 이름·주소와 연락처(전화번호, 팩시밀리번호 및 e-mail 주소 등)를 기재한다. 자연인은 성명, 주소, 전화번호를 기재하고 법인은 상호, 본점 또는 주된 사무소의 소재지를 기재한다. 당사자의 표시는 그 동일성을 해하지 않는 한 정정이 가능하다.[2] 원고가 피고를 잘못 지정한 것이 분명한 경우에는 제1심 법원은 변론을 종결할 때까지 원고의 신청에 따라 결정으로 피고를 경정하도록 허가할 수 있다.

당사자가 미성년자인 경우에는 친권자를, 피성년후견인이나 피한정후견인의 경우에는 성년후견인을 법정대리인으로 기재하여야 한다.

(나) 청구의 취지

청구의 취지는 원고가 소송을 통하여 어떤 내용과 종류의 판결을 구하는가를 표시한 소의 결론부분이다. 따라서 자신의 권리를 보호하기 위한 형식과 법률효과를 간단·명료하게 표시하여야 한다. 청구취지는 소가, 상소이익의 유무, 사물관할을 결정하는 중요한 의의를 가지므로 조건이나 기한을 달지 않고 확정적으로 판결을 구하여야 한다.

---

2) 대법원 1996. 10. 11. 선고 96다3852 판결; 대법원 2021. 6. 24. 선고 2019다278433 판결은 '당사는 소장에 기재된 표시 및 청구의 내용과 원인사실을 합리적으로 해석하여 확정하여야 하고, 확정된 당사자와 동일성이 인정되는 범위 내에서라면 항소심에서도 당사자의 표시정정을 허용하여야 한다.'고 하여 당사자정정의 범위를 넓히고 있다.

　　지연이자기산일은 청구원인을 어떻게 할 것인가에 따라 달라진다. 채무불이행책임으로 구성하는 경우에는 채무불이행 다음날로, 불법행위책임으로 구성하는 경우에는 불법행위일로 기산일을 특정하여야 한다.[3] 또한 소송촉진 등에 관한 특례법 제3조 제1항은 '금전채무의 전부 또는 일부의 이행을 명하는 판결을 선고할 경우에 금전채무불이행으로 인한 손해배상액산정의 기준이 되는 법정이율은 그 금전채무의 이행을 구하는 소장 또는 이에 준하는 서면이 채무자에게 송달된 날의 다음날부터는 연 100분의 40 이내의 범위에서 은행법에 따른 은행이 적용하는 연체금리 등 경제여건을 감안하여 대통령령이 정하는 이율에 의한다.'고 규정하고 있는바, 청구취지에는 '이건 소장부본 송달일 다음날부터...'라는 표현을 하는 것이 좋다. 의료소송은 통상 2년 이상의 장기간에 걸쳐 진행되는 경우가 많기 때문에, 이 특례법 적용이 소장부본송달일 다음날인가 혹은 판결선고 다음날인가에 따라 손해배상금액이 큰 차이가 있다. 다만 동조 제2항에는 '채무자가 그 이행의무의 존재를 선언하는 사실심판결이 선고되기 전까지 그 이행의무의 존재 여부나 범위에 관하여 항쟁하는 것이 타당하다고 인정되는 경우에는 그 타당한 범위에서 제1항을 적용하지 아니한다.'고 하고 있어, 소송실무상 이 특례법은 '이 건 판결선고 다음날부터'를 적용하고 있으나, 원고 입장에서는 소장에서부터 '이건 판결선고 다음날부터'로 양보할 필요는 없다고 생각한다.

(다) 청구의 원인

　　청구의 원인은 치료경과, 임상의학실천 당시의 의료수준, 법적인 주의의무, 손해배상의 범위 등 원고가 주장·입증할 소송물의 발생 원인에 해당하는 사실관계를 기재하는 넓은 의미와 일실수익 또는 위자료와 같이 청구취지를 보충하고 소송물을 특정하기 위한 사실관계를 기재하는 좁은 의미가 있다.[4] 또한 청구의 원인과 수액에 관한 다툼에 대해 원인판결을 내릴 때에도 사용한다.

　　소장에 기재하는 정도는 사실개요를 알 수 있고, 소송물을 특정할 정도로 간결하게 기재하여야 한다. 지나치게 자세히 기재할 경우에는 논점이 제대로 부각되지 않을 수 있으므로 이는 준비서면을 활용하는 것이 좋다. 그렇다고 무슨 의료과실이 있다는 것인지조차 법원이 알 수 없을 정도로 간단히 기재하는 것은 문제가 있다. 법원으로 하여금 제대로 사건파악도 못하고

---

3) 간혹 불법행위책임으로 구성하면서 지연이자기산일을 불법행위 다음날로 특정하는 경우가 있는데, 이때 법원은 판결문에서 '... 원고가 구하는 바에 따라 ○○○○. ○. ○.부터 연 5%의 비율에 의한 이자를 지급한다.'는 문구를 사용하게 되어 단 하루지만 원고 측 의뢰인으로부터 "왜 하루치 이자를 못 받게 하였느냐?"는 불신을 받는 일이 있으므로 주의하여야 한다.

4) 이시윤, 신민사소송법 제12판, 박영사, 2018, 269-271면; 양천수·우세나, 법학방법론의 관점에서 본 민사소송법상 소장, 법학총론 제26집 제2호, 2019, 37-38면.

소송을 제기하였다거나 성의가 없다는 선입견을 줄 수도 있어 조심하여야 한다.

앞서 살펴본 바와 같이 의료과실로 인한 민사책임은 불법행위책임과 계약책임으로 법리구성이 가능하므로 청구원인의 기재시에도 양방향으로 기술할 수 있다. 이를 구체적으로 검토하면 아래와 같다.

① 불법행위 구성 시

㉮ 진료경과

사고 발생에 이른 전후의 경과를 역사적으로 어느 정도 상세하게 기재한다. 과실 자체가 주요사실이고, 그 판단의 기초가 되는 구체적 사실은 간접사실에 지나지 않는다고 해석하는 것보다 구체적 사실이 과실의 주요사실이라는 유력한 견해가 있다는 점에 유의해서 기재한다.5) 제소단계에서는 사실관계가 충분히 파악되지 않고 있으므로 요건 사실을 엄밀히 해서 무리하게 하나로 좁히는 것보다는 추정되는 모든 가능성을 단계별로 나누어 기재하는 것이 좋다.

㉯ 인과관계

인과관계에 대해서는 손해가 당해 행위에 의하여 일어났는지 여부 및 발생한 손해 중 어느 범위까지 배상해야 하는지 여부가 문제된다.

첫째, 사실적 인과관계 성부에 대하여는 그 입증이 매우 어렵고, 이것이 의료소송을 피하는 이유이기도 하다. 앞서 살펴본 바와 같이 판례는 상당인과관계설을 취하면서 의료과실소송에서는 사실상의 추정을 통하여 증명책임을 완화하고 있다. 대법원6)은 "피해자 측에서 일련의 의료행위과정에 있어 저질러진 일반인의 상식에 바탕을 둔 의료상의 과실 있는 행위를 입증하고 그 결과와의 사이에 일련의 의료행위 외에 다른 원인이 개재될 수 없다는 점, 이를테면 환자에게 의료행위 이전에 그러한 결과의 원인이 될 만한 건강상의 결함이 없었다는 사정을 증명한 경우에 있어서는, 의료행위를 한 측이 그 결과가 의료상의 과실로 말미암은 것이 아니라 환자의 특이체질 등 전혀 다른 원인으로 말미암은 것이라는 입증을 하지 아니하는 이상, 의료상 과실과 결과 사이의 인과관계를 추정하여 손해배상책임을 지울 수 있도록 입증책임을 완화하는 것이 손해의 공평·타당한 부담을 그 지도원리로 하는 손해배상제도의 이상에 맞는다."고 설시하고 있기 때문에, 의료과실소송에서도 환자 측에서 상식적으로 이 정도의 경과가 있으면 그러한 결과가 발생할 것이 예견된다는 정도의 사실을 주장하는 것으로 족하다고 판시하고 있다.

---

5) 野田弘明, 訴訟の起こし方, 醫療事故紛爭の上手な對處法, 151頁.
6) 대법원 2001. 3. 23. 선고 99다48221 판결.

둘째, 환자는 주로 질병, 부상 등으로 의사를 찾기 때문에 기왕증의 기여도가 인과관계의 여부를 확정함에 있어서 실무상 종종 문제가 된다.

ⓓ 의료과실행위의 특정

의료과실행위의 특정은 소장의 작성단계에서 기재하기 가장 어려운 부분이다. 이 부분은 채무불이행책임에 있어서 '임상의학실천 당시의 의료수준'을 확정하는 것이 불법행위책임에 있어서 '과실'을 특정 하는 것과 같다. 통상 피고의 과실, 그 전제로서의 주의의무의 내용을 포함하여 의사의 과실행위를 특정하고 구체적으로 기술할 것이 요구된다.

피고의 방어권행사를 위해서도 단계적·구체적으로 주장하는 것이 필요하나 적어도 의료소송에 있어서는 지나치게 특정하는 것은 의료소송을 포기하라고 요구하는 것과 같다. 따라서 제소단계에 있어서는 과실이나 가해행위에 대해서 포괄적인 주장 내지 객관적인 주장도 허용되어야 할 것이다.[7] 의료과실의 특정은 진료행위를 구성하는 여러 행위, 여러 동작을 분해하여 주의의무위반 여부에 해당되는지를 찾아내는 작업이라는 주장처럼 의료사고는 진료 중 복수 또는 경합된 진료행위에 의하여 발생되는 경우가 많다.

불법행위의 구체적 내용이 되는 주의의무는 환자의 상태, 구체적 상황, 진료경과, 내용, 결과, 예후관찰 등에 따라 달라지지만 의사의 주의의무 위반을 ① 진찰·검사단계, ② 진단단계, ③ 치료·수술단계, ④ 간호단계 등으로 유형화해서 주장하는 것이 좋다.

ⓔ 손해

채무불이행책임이든 불법행위책임이든 발생된 손해에 대하여 금전배상주의를 취하고 있다 (민법 제394조, 제763조). 재산적 손해로서 소극적 손해(일실소득)와 적극적 손해(치료비, 개호비, 보조구대, 장례비 등)를, 정신적 손해로서 위자료를 나누어서 소장에 기술한다.

② 채무불이행 청구 시

㉮ 의료계약의 내용 기술

의료계약이 체결되었다는 점과 의료계약의 구체적인 내용을 주장하여야 한다. 예를 들어 '원고와 피고 사이에는 원고의 ○○증세에 대하여 문진, 시진, 촉진, 타진, 청진 및 체온, 맥박, 혈압측정, X-레이검사, 혈액·요검사 등을 통하여 그 원인 내지 병명을 정확하게 진단하고 그 증상에 대하여 진료 당시의 소위 임상의학의 실천에 있어서 의료수준에 맞도록 적절한 치료를 행할 것을 내용으로 하는 위임계약(또는 의료계약)을 체결하였는바', 혹은 '○○한 검사에 있어서 표준 정도의 의사가 가지고 있는 의술과 주의력을 가지고 선량한 관리자로서의 주

---

7) 鈴木忠一·三ケ月章 監修, 前揭書, 223頁.

의의무를 다하여 의료행위를 하여야 하는 의료계약8)을 체결하였는바' 등으로 표현을 한다.

개개의 사건에 있어서 구체적인 의료계약의 내용은 사실에 관한 문제이다. 판례는 진료채무를 목적물의 인도 또는 완성과 같은 통상의 채무와는 다르고, 내용적으로 확정되는 일정한 결과를 달성해야 할 결과채무는 아니고 환자에 따라 희망된 질병의 치유 등의 결과에 따라서 세심한 주의를 다하고 적절한 진료행위를 실시하는 것을 내용으로 하는 수단채무로 파악하고 있기 때문에, 소장을 기재할 때 시시각각 변화하는 환자의 병상에 따라 선량한 관리자로서의 주의의무를 갖고 의학상의 기술 규준에 맞추어 적절한 조치를 취해야 한다는 수단채무성을 문장상 명확히 할 필요가 있다.9)10)

㉯ 진료경과

진료경과에 대하여는 의료사고 전후에 있어서 시간대 별로 상세히 기재한다. 다만 준비서면에서 구체적인 진행 경과를 주장 할 수 있고, 또한 지나치게 간략하거나 장황한 주장은 법원의 실체파악에 오히려 혼란을 준다. 한눈에 볼 수 있도록 사진이나 그림 혹은 도표를 제시하는 것도 도움이 된다.

그러나 소제기 시에는 아직 사실조회회신결과나 진료기록감정결과가 없기 때문에 구체적인 경과나 결과를 기재하기 어려운 경우가 있을 수 있는바, 이때는 확인 가능한 진료경과에 대한 사실을 대강 기재한 후 입증이 진행되면서 구체화하여도 된다. 따라서 처음부터 완벽하게 소장을 작성하여야 한다는 심리적 불안감을 가지지 않아도 된다.

㉰ 채무불이행행위의 특정

의료계약상 채무불이행도 일반 계약책임과 같이 이행불능, 이행지체, 불완전이행 등 3가지가 있다. 의료과실에 있어서는 불완전이행이 차지하는 부분이 가장 많고, 소장작성 시 다른 유형보다 문장을 만들기 어렵다. 우선 환자 측이 불완전이행에 따른 손해와 의료행위와의 인과관계에 대한 주장, 입증 책임이 환자, 즉 원고에게 있다는 것은 이론이 없다. 또한 이행은 되었지만 원하는 결과를 얻지 못하였다는 점, 즉 제공된 진료채무가 '임상의학 실천 당시의 의료수준'에 맞지 않았다는 점에 대하여 환자가 역시 주장·증명하여야 한다.11)

---

8) 서울고법 1985. 6. 5. 선고 83나154 판결.

9) 鈴木忠一·三ケ月章 監修, 前揭書, 236頁.

10) 다만, 미용성형수술의 경우 환자가 심미적·주관적으로 추구하는 바가 있기 때문에 결과채무의 성격을 지니고 있다는 견해도 존재하며, 판례도 통상의 치료 목적 의료행위와는 달리 파악하는 측면이 있다.; 김성은·백경희, 미용성형수술에 관한 민사 판례 분석을 통한 피수술자의 권리 보호 방안, 영남법학 제51호, 2020, 151–195면.

11) 불완전이행을 주장하는 환자는 '의사가 ○○한 수준에 맞는 ○○한 치료를 하였어야 하는데 ○○한 실수가 있어 이행이 불완전하였다.'고 하여 어느 정도는 특정하여 구체적으로 주장하여야 한다. 진료계약상 의사의 진료채무내용은 객관적으로 적절한 진료를 실시하는 것으로 체결되지만, 실제 발생한 의료사고에 따

ⓡ 책임

환자 측은 계약책임을 전제로서 손해를 발생시키지 않기 위해서 채무자에게 요구된 채무의 내용을 주장할 필요가 있다. 채무의 구체적 내용이 되는 주의의무는 환자의 상태, 구체적 상황, 진료경과, 내용, 결과, 예후관찰 등에 따라 달라지지만 의사의 주의의무위반을 불법행위의 특정과 같이 ① 진찰·검사단계, ② 진단단계, ③ 치료·수술단계, ④ 간호단계 등으로 유형화해서 주장하는 것이 좋다.

ⓜ 손해

앞서의 불법행위에 의한 손해배상청구의 범위와 같다.

(2) 임의적 기재사항

필요적 기재사항 이외에도 소장에 기재할 수 있는 것을 임의적 기재사항이라 한다. 예를 들어 관할합의과정이라든가 국립과학수사연구소에 사인감정을 하겠다는 것과 같이 소송요건에 기초가 되는 사실, 청구원인사실에 대응하는 입증방법 등을 구체적으로 기재하는 내용이 그 예이다. 임의적 기재사항은 소장에 기재하지 않아도 소장이 각하되지 않는다.

다. 인지액 및 송달료 계산방법

제1심의 소장에는 소송목적 가액에 따라 계산하여 인지를 첨부하게 된다(민사소송 등 인지법 제2조 제1항).[12) 이때 산출된 인지액이 1,000원 미만인 때에는 이를 1,000원으로 하고, 1,000원 이상인 경우에 100원 미만의 단수가 있는 때에는 그 단수는 계산하지 않는다(민사소송 등 인지법 제2조 제2항).

단, 항소장에는 위 규정액의 1.5배, 상고장에는 2배의 인지를 붙여야 한다(민사소송 등 인지

른 손해배상을 청구하는 소송의 청구원인으로서 채무불완전이행을 주장하는 경우 추상적 주장이나 불완전 이행의 결과로 손해가 발생했다는 주장만으로는 부족한 이유는 법원으로 하여금 적용되어야 할 법규의 추상적 요건이 구체적인 사건 속에서 실현될 수 있게 확정시킬 수 있도록 구체적 사실이 주장되어야 하기 때문이다. 이에 대해 환자는 의사를 찾아갈 때와 달리, 나올 때는 의외의 결과가 발생했다는 것만 입증하면 되고, 의사가 면책을 위해 오히려 선량한 관리자의 주의의무를 다하여 의사 측에 귀책사유가 없다는 것을 입증해야 된다는 반대설이 있다.; 鈴木忠一·三ケ月章 監修, 전게서, 240頁.

12) 1. 소송목적의 값이 1천만원 미만인 경우에는 그 값에 1만분의 50을 곱한 금액
　　2. 소송목적의 값이 1천만원 이상 1억원 미만인 경우에는 그 값에 1만분의 45를 곱한 금액에 5천원을 더한 금액
　　3. 소송목적의 값이 1억원 이상 10억원 미만인 경우에는 그 값에 1만분의 40을 곱한 금액에 5만5천원을 더한 금액
　　4. 소송목적의 값이 10억원 이상인 경우에는 그 값에 1만분의 35를 곱한 금액에 55만5천원을 더한 금액

법 제3조).

소장을 제출할 때에는 당사자 수에 따른 계산방식에 의한 송달료를 송달료 수납은행에 납부하고 그 은행으로부터 교부받은 송달료 납부서를 소장에 첨부하여야 하며, 이는 대법원 재판예규인 송달료규칙의 시행에 따른 업무처리요령 [별표 1]에 의거하여 사건별로 계산된다.

2. 소장의 구체적 작성례

가. 불법행위책임에 기한 청구

만 40세의 남자 환자가 추간판탈출증에 대해 약물치료, 물리치료, 경막외 신경차단술 등의 보존적 치료를 받아오다 수술시기를 놓쳐 하지 위약감 및 감각 저하의 영구장애에 이른 사례

소 장

원   고 1. ○ ○ ○
         2. ○ ○ ○
         3. ○ ○ ○
            서울 ○○구 ○○로 100
            원고 3은 미성년자이므로
            법정 대리인 친권자 부 ○○○, 모 ○○○
            소송 대리인 변호사 ○○○
            서울 ○○구 ○○로 10

피   고 × × ×
         (× × 정형외과의원 원장)
         서울 ××구 ××로 1

손해배상(의) 청구의 소

청구취지

1. 피고는 원고 ○○○에게 100,000,000원, 원고○○○, 원고 ○○○에게 각 10,000,000원 및 각 이에 대하여 2020. 6. 9.부터 이 사건 소장부본 송달일까지는 연 5%, 그 다음날부터 다 갚는 날까지는 연 12%의 각 비율에 의한 금원을 지급하라.
2. 소송비용은 피고의 부담으로 한다.
3. 위 제1항은 가집행할 수 있다.
라는 판결을 구합니다.

청구원인

1. 당사자들의 관계

　　원고 ○○○는 이 사건 사고의 피해자 본인이고, 원고 ○○○는 위 피해자의 배우자이며, 원고 ○○○는 위 피해자의 자(子)입니다. 피고 ×××는 피해자 ○○○를 치료한 담당의사로 ××정형외과 의원을 운영하는 자입니다.

2. 손해배상책임의 발생

가. 사고의 개요
(1) 원고 ○○○(이하 '원고'라 칭함)는 건축 현장의 현장소장으로 근무를 하던 중 2020. 4. 25. 일손이 부족하여 등짐을 지고 일어서는 순간 허리 부위에 통증을 느끼고 2020. 4. 27.경 ××정형외과의원(이하 피고의원이라 함)을 내원하였습니다.
(2) 원고는 허리의 통증을 치료하고자 피고의원에서 2020. 4. 27.부터 4. 29.까지 3일간 보존적 치료를 받았고, 2020. 5. 3.경 피고의원에 다시 갔을 때 원장인 피고는 원고에게 입원을 해야 한다고 하여 입원 치료를 받게 되었습니다.
(3) 원고는 2020. 5. 3. 입원하여 일반검사와 약물주사로 치료를 받아 오다가 2020. 5. 6. 피고로부터 허리의 통증을 조기에 효과적으로 치료할 수 있는 방법으로 요추경막외 신경차단술을 권유받았고, 원고는 같은 날 피고의 처남 소외 ○○○로부터 요추경막외 신경차단술을 시술받았습니다.
(4) 원고는 위 신경차단술을 시술받았음에도 불구하고 상태가 악화되었으나 피고는 그 원인을 찾아보려고 하지 않고, 같은 시술을 반복하였습니다. 2020. 6. 9.경 원고는 허리에 극심한 요통 및 방사통이 있었고, 좌측하지는 우측하지의 2배 정도의 심한 부종과 동통 및 마비 현상으로 감각이 없어졌으며, 심한 두통으로 약 3일간은 혼수상태로 지냈습니다. 원고가 호소하는 위 증상은 디스크가 파열되었을 때 초기에 나타나는 대표적인 증세입니다.
(5) 피고가 2020. 6. 9.경 원고의 상태가 악화된 사실을 간과하지 않고 주의하여 그 원인을 찾아 신속하고 적절한 조치를 하였다면 현재와 같은 악결과를 원고에게 최소화할 수 있었을 것입니다.
(6) 퇴원 후에도 원고는 피고를 신뢰하여 외래 치료를 받아왔으나 증세가 호전 되지 않고 통증이 심하여 본인 부담으로 ○○방사선과의원에서 MRI 촬영을 하였습니다. 이때 방사선과 의사의 설명은 수술을 해야 한다는 소견이었습니다.
(7) 급히 수술을 해야 한다는 말에 원고는 2020. 11. 7. ××병원에서 수술을 받았습니다. 그러나 수술 후 현재도 원고의 상태는 요추보조기를 상시 착용하고 보행시 왼쪽 지팡이를 사용하여 보행하고 있습니다. 현재 상태에서도 원고에게 재수술이 필요하다는 것이 ○○대학병원의 소견입니다.

나. 피고의 책임의 근거
　　피고는 정형외과 전문의로서 환자의 상처를 부작용이 없이 치료하여 빠른 시일 내에 회복하도록 하여야 할 주의의무가 있음에도 불구하고 이러한 주의의무를 게을리하였습니다. 원고의 장해 원인은 첫째, 피고가 원고에게 요추 경막외 신경차단술을 과다하게 시술한 점, 둘째, 시술과정에서 의료기술상의 잘못으로 디스크가 파열된 점, 셋째, 디스크 파열 후에도 그 사실을 인지하지 못하고 계속적으로 동 시술을 반복 시행하여 원고의 상태를 악화시킨 결과입니다.
　　따라서 피고는 정형외과 전문의로서 임상의학 실천당시 최선의 주의의무를 다하여 원고를 진료하여야 함에도 이를 위반하였고, 이러한 피고의 주의의무 위반으로 인하여 원고에게 현 장애가 발생하였으므로, 피고는 원고에게 민법 제750조에 기초한 불법행위책임이 있고, 나머지 원고들에 대하여도 민법 제752조에 의한 불법행위책임이 있다할 것이므로, 원고들이 입은 모든 손해를 배상하여야 할 것입니다.

3. 손해배상의 범위

  가. 재산 손해

    (1) 소극 손해
      - 원고의 일실수입
          원고가 이 사건 사고로 상실한 가동능력에 대한 금전적 총평가액 상당의 일실수입 손해는, 다음과 같은 인정사실 및 평가내용을 기초로 하여, 연 5%의 비율에 의한 중간이자를 공제하는 호프만식 계산법에 따라 이 사건 사고로 당시의 현가로 계산하면, 50,248,904원이 됩니다.

        (가) 인정사실 및 평가내용
          1) 성   별 : 남자
             생년월일 : 1979. 11. 29.
             사고 당시 나이 : 40세 6개월
             기대여명 : 41.53년
          2) 사고 당시 거주지 : 도시지역
          3) 소득 : 도시일용노임
             ① 사고일인 2020. 6. 9.부터 2044. 11. 28..까지
             ② 2020. 6. 9.부터 2020. 8. 31.까지 1일 138,989원
             ③ 2020. 9. 1.부터 2021. 4. 30.까지 1일 141,096원
             ④ 2021. 5. 1.부터 2021. 8. 31.까지 1일 144,481원
             ⑤ 2021. 9. 1.부터 2044. 11. 28.까지 1일 148,510원
          4) 가동기간 및 가동일수 : 사고일인 2020. 6. 9.부터 65세가 되는[13] 2044. 11. 28.까지 매월 22일간
          5) 후유장해 및 노동능력상실률
               원고는 좌측하지의 위약 및 감각저하의 영구적 후유장애, 좌측하지부전마비로 인하여 맥브라이드 노동능력상실평가표상 두부, 뇌 척수 항목(Ⅲ-B)에 해당되어 그 노동능력상실률은 32%입니다.(상실률은 추후 신체감정결과에 따라 확장청구하겠습니다.)
        (나) 계산
          (1) 사고일인 2020. 6. 9.부터 2020. 8. 31.까지(2개월)
              138,989원 × 22일 × 32% × 1.9875 = 1,944,734원
          (2) 2021. 9. 1.부터 2021. 4. 30.까지(8개월)
              141,096원 × 22일 × 32% × 7.7898 = 7,737,731원
          (3) 2021. 5. 1.부터 2021. 8. 31.까지(4개월)
              144 481원 × 22일 × 32% × 3.802 = 3,867,190원
          (4) 2021. 9. 1.부터 2044. 11. 28.까지(279개월)
              148,510원 × 22일 × 32% × 177.6379 = 185,722,271원
          (5) 합계 : 199,271,926원

    (2) 적극 손해
      (가) 기왕 치료비 청구부분

---

13) 대법원 2019. 2. 21. 선고 2018다248909 전원합의체 판결.

원고는 이 사건 사고로 인한 기왕치료비로 5,644,250원을 지급하였습니다. 그 내역은 2020. 9. 18. ××진단방사선과의원에서 CT촬영비로 지급한 50,000 원을 포함한 CT, MRI 촬영비, ××병원에서 입원하여 수술을 마치고 지급한 2,815,520원, ××대학교병원에서 신체감정을 받는 과정에서 지급한 1,138,660 원 및 기타 진료비 등 합계 5,644,250원입니다.

(나) 개호비
추후 신체검사결과에 따라 확장 청구하겠습니다.

나. 위자료
이 건 사고로 원고는 영구적인 장애를 입게 되어 그 고통은 이루 헤아릴 수가 없다 할 것이고, 이러한 과정을 지켜본 가족들 역시 그 슬픔과 괴로움은 이 세상이 다하도록 잊을 수 없을 것입니다. 그러므로 피고가 이를 금전적으로나마 위자한다면 원고 ○○○ : 50,000,000원, 원고 ○○○, ○○○에게 각 10,000,000원의 위자료를 지급함이 상당하다 할 것입니다.

4. 결론

그렇다면 피고는 원고들에게 모든 재산상 손해금 및 위자료를 합한 금원을 지급할 의무가 있으나 귀원의 신체감정 결과에 따라 추후 증액 청구키로 하고 우선 원고 ○○○에게 금 100,000,000원, 원고 ○○○, 원고 ○○○에게 각 금10,000,000원 및 위 금원에 대하여 이 사건 사고일인 2020. 6. 9.부터 이 사건 소장부본 송달일까지는 민법 소정의 연 5%, 그 다음날부터 다 갚는 날까지는 소송촉진등에관한특례법 소정의 연 12%의 각 비율에 의한 지연손해금을 지급하여야 할 것이므로 원고들은 위 금원의 지급을 구하기 위하여 본소 청구에 이른 것입니다.

입증방법

1. 갑 제1호증   가족관계증명서
1. 갑 제2호증   주민등록등본
1. 갑 제3호증의 1, 2   2020년 상반기 건설업 노임단가표 표지, 내용
1. 갑 제3호증의 1, 2   2020년 하반기 건설업 노임단가표 표지, 내용
1. 갑 제3호증의 1, 2   2021년 상반기 건설업 노임단가표 표지, 내용
1. 갑 제3호증의 1, 2   2021년 하반기 건설업 노임단가표 표지, 내용
1. 갑 제3호증의 1, 2   2022년 상반기 건설업 노임단가표 표지, 내용
1. 갑 제5호증의 1, 2   2020년 생명표 표지, 내용

첨부서류

1. 위 입증서류   각 1부
1. 소송위임장   1부
1. 소장 부본   1부

2022.   .   .
위 원고들 소송대리인
변호사 ○ ○ ○ (인)

○○지방법원 귀중

나. 채무불이행책임에 기한 청구

만 56세의 여자 환자가 ERCP 시술과정에서 술기상 주의의무 위반과 수술 후 급성췌장염에 대한 즉각적인 진단과 적시에 대처를 하지 못하여 사망한 사례

소　장

원　　　고　1. ○ ○ ○
　　　　　　2. ○ ○ ○
　　　　　　3. ○ ○ ○
　　　　　　　　서울 ○○구 ○○로 100

피　　　고　학교법인 × × 학원
　　　　　　서울 ××구 ××로 1
　　　　　　대표자 이사장 × × ×

손해배상(의) 청구의 소

청구취지

1. 피고는 원고 ○○○에게 238,640,012원, 원고○○○, 원고 ○○○에게 각 118,842,648원 및 각 이에 대하여 2021. 12. 19.부터 이 사건 소장부본 송달일까지는 연 5%, 그 다음날부터 다 갚는 날까지는 연 12%의 각 비율에 의한 금원을 지급하라.
2. 소송비용은 피고의 부담으로 한다.
3. 위 제1항은 가집행할 수 있다.
라는 판결을 구합니다.

청구원인

1. 당사자들의 관계

　　　망 ○○○는 피고의 진료채무불이행으로 인하여 사망한 의료사고의 피해자이고, 원고 ○○○은 위 망인의 배우자이며, 원고 ○○○, ○○○은 그 자녀입니다. 피고는 ××병원이라는 상호로 의료기관을 운영하는 법인으로, 원고와 의료계약을 체결한 진료채무자이자, 이건 의료사고를 일으킨 피고병원 소화기내과 전문의 및 집도의 × × ×, 전공의 및 병동주치의 × × ×, × × × 등의 사용자입니다.

2. 손해배상책임의 발생

　가. 사고의 개요
　　(1) 망인은 고혈압 외에 다른 기저질환 없이 건강하였습니다. 2021. 7. 19.경 급성복통이 발생하여 소외 상주적십자병원에서 복부CT 결과 총담관 결석소견이 판독되었으나 "복통을 호소할 정도의 크기는 아닌 것 같다. 혹시 모르니 큰 병원에 가서 정밀검사를 받아보는 것이 좋겠다"고 권유를 받았습니다..

(2) 망인은 7. 19. 23:39경 피고병원 응급실로 전원가서 피고병원 이형석 의사로부터 진찰받은 후 입원지시를 받았습니다.

(3) 피고병원의 위 × × ×은 7. 22 14:05~14:25경 무리하고 서툴게 카테타를 이용하여 유두괄약근을 절개하고 담관에 삽입하여 담도내 결석제거수술을 하였습니다. 담도내 결석제거수술 과정에서 위 × × ×은 내시경으로 확인하였을 때 담관에 결석이라고 부를 정도의 이물질이 없었고, 단지 소량의 찌꺼기만이 보였다면 조심스럽게 제거하여야 하고, 위험을 느낀 경우 즉시 수술을 중단하여야 함에도 이를 강행하여 망인에게 담도 손상과 출혈을 발생시켰습니다.

(4) 망인은 위 ERCP 직후인 15:00경 NRS 7점(최고 10점)의 복통을 호소하였고, 간호사소외 × × ×은 위 × × ×에게 이를 알렸습니다. 환자가 복통을 호소할 때 의사는 환자를 직접 대면진료하여 문진, 청진, 시진, 촉진, 타진 등 이학적 검사와 혈액검사, 복부영상검사 등을 통해 원인배제진단을 하여야 하나 피고병원 의료진은 이를 불이행한 채 전화로 진통제 투약만을 지시하였을뿐 원인을 찾기 위한 치료를 시행하지 않았습니다.

(5) 망인은 진통제 투약 후(15:52~16:43경) 오히려 복통이 더 악화(NRS 7 → 8 ~10)되었고, 담도출혈로 인한 오심증상이 발현되었고, 18:59경 급성복부통증과 더불어 호흡곤란까지 나타났습니다.

(6) 망인은 19:29경 아밀라아제수치가 정상의 100배가량 높은 1,280(시술 전 30, 정상 13~53)으로 급상승하였는바, 이는 망인에게 급성췌장염이 발생하였다는 객관적이고 명백한 검사결과 임에도 불구하고, 피고병원은 급성췌장염에 대한 배제 진단 및 그 치료를 행하지 않았습니다.

(7) 망인은 7. 23. 12:19경 복통, 호흡곤란에 이어 복부팽만, 급격한 혈압상승(180/110mmHg)으로 악화되었고, 14:13경 시행한 복부CT 상 췌두(췌장머리) 부종, 액체고임이 진단되었고, 16:25경에야 피고병원은 망인에게 처음으로 췌장염에 대해 경과관찰을 하자고 설명하였습니다.

(8) 망인은 7. 27.경 혈액검사결과 패혈증 악화로 총빌리루빈, CRP, 아밀라아제 수치가 모두 정상을 크게 벗어난 상태였고, 8. 3. 10:31경 임상검사결과 38.3℃, 43회 빈호흡(정상 16~20회/분), 127회 빈맥(정상 60~100회/분) 등 패혈성 쇼크의 전형적인 증상이 나타났습니다. 이후 췌장과 담관에 고인 담즙배액실패로 망인의 전신감염상태는 악화되고, 8. 24.경 병원감염균인 VRE까지 검출되었습니다.

(9) 망인은 9. 6. 13:20경 불가역적 패혈성 쇼크로 진입하였습니다. 심한 오한과 함께 39.4℃의 고열이 나타났고, 13:48경 숨 헐떡이는 모습으로 산소포화도는 88%까지 떨어졌으며 맥박은 191회/분까지 상승하였고, 13:55경 기관삽관 동의, 14:20경 의식저하(drowsy 기면), 매우 빠른 호흡(40회), 호흡곤란 등 불가역적 패혈성 쇼크에 이르게 되었습니다.

(10) 이후 원고들이 피고병원을 신뢰할 수 없어 9. 7. 18:00경 □□대학병원으로 전원하였고, 10. 12.경 위공장문합술, 10. 27.경 공회장공장문합술 등 수술을 받았습니다. 그러나 망인은 수술 후 회복하지 못하여 12. 18. 20:47경 괴사성 췌장염에 의한 패혈증으로 사망하였습니다.

나. 피고의 책임의 근거

　　피고는 의료계약, 진료지침을 위반하여 망인은 급성췌장염에 대하여 적극적 진단과 치료를 시행하지 아니하였고, 결국 망인이 사망에 이르게 하였으므로 불완전이행책임이 존재합니다. 즉, 대법원은 "진료계약에 따라 임상검사 결과를 토대로 신중히 진찰하고, 정확히 진단함으로써 위험한 결과 발생을 예견하고 결과 발생을 회피하는 데에 필요한 최선의 주의의무를 다하여야 한다."고 판시하였으므로(대법원 2016다244491 판결), 피고병원은 망인에 대한 ERCP 시술을 시행함에 있어서 ERCP 진료지침에 의거한 급성 췌장염 치료를 다하여야 할 주의의무가 있습니다. 그러나 피고병원은 망인에 대하여 비침습적인 검사를 고려하지 않고 위험 부담이 큰 ERCP 시술을 선택하였고, 부주의하게 시술하여 담도손상, 출혈을 일으켰고, 경과관찰과 조기 진단을 소홀히 하고 막연히 진통제만을 투여하여 가성낭종의 확대, 패혈성 쇼크 등이 나타났음에도 불구하고 사망을 막지 못했습니다. 따라서 이건 피고병원의 ERCP 시술 및 경과관찰상 주의의무 위반으로 인하여 망인에게 담도 손상과 급성췌장염 등이 발생하였고 그 악화로 사망이라는 악결과에 이르렀으므로, 시간적·부위적 근접성이 존재하여 인과관계가 사실상 추정된다고 하겠습니다.

따라서 피고병원은 의료계약에 의거하여 임상의학 실천당시 원고에 대하여 최선의 주의의무를 다하여야 함에도 불구하고 이를 위반하여 ERCP 시술을 부주의하게 하였고(불완전이행책임), 경과관찰을 소홀히 하여 조기 진단과 적기의 치료를 다하지 못하여(이행지체책임) 망인이 사망에 이르렀으므로, 피고는 망인에 대하여 민법 제390조에 기초한 채무불이행책임이 있고, 나머지 원고들에 대하여도 정신적 피해에 대한 책임이 있다할 것이므로, 원고들이 입은 모든 손해를 배상하여야 할 것입니다.

3. 손해배상의 범위

가. 재산 손해

(1) 소극 손해
　－ 원고의 일실수입

원고가 이 사건 사고로 상실한 가동능력에 대한 금전적 총평가액 상당의 일실수입 손해는, 다음과 같은 인정사실 및 평가내용을 기초로 하여, 연 5%의 비율에 의한 중간이자를 공제하는 호프만식 계산법에 따라 이 사건 사고로 당시의 현가로 계산하면, 50,248,904원이 됩니다.

(가) 기초사실
1) 성　　별 : 여자[14]
   생년월일 : 1965. 7. 23.
   사고 당시 나이 : 2021. 12. 18.(사망당시 나이 : 56세 4개월)
   기대여명 : 33.87년
2) 사고 당시 거주지 : 도시지역
3) 직업 : 사회복지시설장[15]
4) 월수입 : 월 수 입 : 4,812,600원[16]
5) 가동년한 : 만70세[17]가 되는 2035. 7. 22.까지
6) 기대여명 : 31.81년
7) 생 계 비 : 1/3공제

---

14) 망인은 1965. 7. 23.생의 여자로서 이 건 사고일인 2021. 12. 18. 당시 만 56세 4개월 남짓 되었고, 한국인 생명표에 의하면 그 나이 또래의 우리나라 평균기대여명은 86.3년으로 특별한 사정이 없는 한 85세까지는 생존이 가능하다고 할 것입니다.

15) 망인은 이 건 사고 이전인 2005. 3. 15.부터 사고당시까지 경북 상주시 화서면 문장로 220－7소재 순례자의 집에서 시설장으로 근무를 하였습니다. (갑제8호증 경력증명서 참조)

16) 2022년 사회복지시설 종사자 인건비 가이드라인에 의하면 망인은 1999. 6. 24.부터 사고 당시인 2021. 12. 18.일까지 22년 5개월을 근무하였습니다. 이에 2022년 사회복지시설 종사자 기본급 권고 기준에 의하면 23호봉인 4,812,600원이상을 가득할 수 있었을 것입니다. (갑제9호증 사회복지시설 종사자 기본급 권고 기준, 갑제10호증 2022년 사회복지시설 종사자 인건비 가이드라인)

17) 보건복지부 발간 사회복지시설 관리안내에 따르면 망인은 사회복지시설 종사자 인건비 보조금 지급 상한 기준에 의거하여 설립자 및 설립자 직계가족 1세대에 해당하므로 지급상한 기준은 만 70세까지입니다.

(나) 망인의 일실수입

망인이 이 건 의료사고로 입게 된 일실수입 손해는 위의 (가)의 사실에 의거 다음과 같이 월5/12푼의 중간이자와 생계비 1/3을 공제하는 호프만식 계산법에 따라 사고당시 현가로 산출하면 398,449,270원이 됩니다.

(2) 적극 손해

(가) 기왕 치료비 청구부분

원고 ○○○은 이 건 사고로 인해 망인의 치료비로 ◇◇병원, ××병원, □□대병원에서 진료비로 도합 50,006,040원을 지출하였으므로 이를 청구합니다.

(나) 기왕 개호비

이 건 사고로 인해 가족들은 이 건 사고 망인의 사망일 이전부터 1일 16시간 이상 망인 옆에서 가족 및 간병사와 교대로 간병활동을 하였습니다. 이에 원고 ○○○은 망인의 사망일 이전부터 망인의 사망일 2021. 12. 18.까지 간병비로 2,870,000원을 지출하였으므로 이를 청구합니다.

(다) 장례비

원고 ○○○은 망인의 장례비로 8,656,200원을 지출하였기에 이를 구하고자 하나, 현재 법원의 장례비 인정범위를 고려하여 우선 5,000,000원을 청구하며, 나머지 금원에 대해서는 생명침해로 인한 위자료액를 정함에 있어 상당부분 반영하여 주시기 바랍니다.

나. 위자료

이 건 사고로 사망한 망인은 천수를 누리지 못하고, 안타깝게 사망하고 말았으니 그 죽음에 이르기까지의 고통과 비애는 이루 헤아릴 수가 없다 할 것이고, 이러한 과정을 지켜본 가족들 역시 그 슬픔과 괴로움은 이 세상이 다하도록 잊을 날이 없다 할 것입니다. 그러므로 피고가 이를 금전적으로나마 위자한다면 망인에게 80,000,000원, 원고 ○○○에게 10,000,000원, 원고 ○○○, ○○○에게 각 5,000,000원의 위자료를 지급함이 상당하다 할 것입니다.

다. 상속관계

망인이 사망하였으므로 망인의 재산상손해금 478,449,270원(＝일실수익손해금 398,449,270원＋위자료 80,000,000원)은 재산상속권자인 원고들이 각각 상속받았는바, 원고 ○○○은 170,763,972원(＝398,449,270원×3/7), 원고 ○○○, ○○○은 각 113,842,648원(＝398,449,270원×2/7)씩을 상속받았다 할 것입니다.

4. 결론

그렇다면 피고는 원고 ○○○에게 238,640,012원(＝상속금 170,763,972원＋기왕치료비 50,006,040원＋개호비 2,870,000원＋장례비 5,000,000원＋위자료 10,000,000원), 원고 ○○○, 원고 ○○○에게 각 118,842,648원(＝상속금 113,842,648원＋위자료 5,000,000원) 및 각 이에 대하여 이 사건 채무불이행일 다음 날인 2021. 12. 19.부터 이 사건 소장 부본 송달일 까지는 민법 소정의 연5%의, 그 다음날부터 다 갚는 날까지는 소송촉진 등에 관한 특례법 소정의 연12%의 각 비율에 의한 지연손해금을 지급할 책임이 있다 할 것입니다.

입증방법

1. 갑제1호증   가족관계증명서

1. 갑제2호증   주민등록등본
1. 갑제3호증   사망진단서
1. 갑제4호증의 1   응급실기록지
1. 갑제4호증의 2   경과기록지
1. 갑제4호증의 3   간호기록지
1. 갑제4호증의 4   투약기록지
1. 갑제4호증의 5   의사지시기록지
1. 갑제4호증의 6   영상검사결과지
1. 갑제4호증의 7   혈액검사결과지
1. 갑제4호증의 8   협의진료기록지
1. 갑제4호증의 9   미생물검사결과지
1. 갑제4호증의 10   내시경시술간호기록지
1. 갑제4호증의 11   ERCP 시술기록지
1. 갑제4호증의 12   퇴원요약지
1. 갑제4호증의 13   각종 동의서
1. 갑제4호증의 14   진단서
1. 갑제5호증   경력증명서
1. 갑제6호증   사회복지시설 종사자 기본금 권고기준
1. 갑제7호증   2022년 사회복지시설 종사자 인건비 가이드라인
1. 갑제8호증   진료비영수증

첨부서류

1. 위 입증서류   각 1부
1. 소송위임장   1부
1. 소장 부본   1부

2022.   .   .
위 원고들 소송대리인
변호사 ○ ○ ○ (인)

○○지방법원   귀중

다. 기타 민사책임에 관한 청구

안과수술을 받은 후 의료과실을 주장하며 장기간 퇴원을 거부한 환자에 대하여 병실의 인도를 청구한 사례

소   장

원   고   의료법인 ○ ○ 병원
           ○○시 ○○구 ○○로 100
           대표자 이사장 ○○○

　　　　　　소송대리인 변호사 ○○○
　　　　　　서울 ○○구 ○○로 1

피　　고　×　×　×
　　　　　　××시 ××구 ××로 1000
　　　　　　송달장소 : ××시 ××구 ××로 100 ××병원 8121호

퇴거 등 청구의 소

청구취지

1. 피고는 별지 목록 기재 부동산 중 별지 도면 표시 8121호실 54.7㎡에서 퇴거하라.
2. 소송비용은 피고의 부담으로 한다.
3. 위 제1항은 가집행할 수 있다.
라는 판결을 구합니다.

청구원인

1. 원고의 소유권

　　별지 목록기재 부동산 중 별지도면 표시 8121호실 54.7㎡(일명 81병동 21호실, 이하 '이 사건 부동산'이라 한다)은 원고의 소유입니다(갑제1호증 등기부등본참조).

2. 피고의 불법점유

　가. 피고의 입원
　　　피고는 2021. 4. 1. 오른쪽 눈에 발생한 망막박리증과 백내장증 수술을 위하여 이사건 부동산에 입원하였습니다(갑 제3호증 입원약정서, 왼쪽 눈은 입원 전 이미 실명상태였음).

　나. 치료종결 및 퇴원요구
　　　원고소속 안과의사들은 피고에 대하여 5회에 걸쳐 안과수술을 하였으나, 피고의 지병인 당뇨병이 심해지면서 그 합병증으로 안내염이 발병·악화되어 2021. 12. 2.경 최종적으로 실명진단이 내려졌습니다.
　　　원고는 같은 달 20.경 "현대 의학으로서 피고의 시력회복을 위한 치료법이 없다. 더욱이 입원하여 치료받을 필요성이 없다."고 하면서 피고에게 퇴원지시를 하였습니다(갑 제4호증의 2 환자동태보고서).

　다. 퇴원불응
　　　위 퇴원지시에 따라 원고와 피고사이에 체결된 진료위임계약은 해지되었고, 그에 따른 입원실사용약정도 같이 해지되었습니다. 원고의 지시를 받은 피고는 2021. 12. 31.까지 나가겠다고 동의를 하였다가(갑 제5호증 경과보고서 참조), 퇴원약속일에 이르자 마음을 바꾸어 "원고의사들의 과실로 실명되었다. 손해배상을 해주기 전에는 한발자국도 못 움직인다."고 떼를 쓰며, 3년이 지난 현재까지도 이사건 부동산을 아무런 권원 없이 불법으로 점유·사용하면서 퇴원을 불응하고 있습니다.

3. 병실명도의 필요성

6인실에 입원 중인 피고는 시간이 지나면서 원고병원의 지시를 따르지 않는 것은 물론, 회진을 도는 의사와 간호사들에게 폭언과 폭행을 가해 같이 입원 중인 환자들조차 제대로 치료받지 못하게 하고 있습니다.

심지어는 같은 병실에 입원 중인 다른 환자나 그 보호자들이 TV를 보면 끄라고 소리치고, 이를 무시한 채 TV를 보면 연결코드를 칼로 잘라버리고, 난동을 부리는 일이 잦고, 이를 말리는 처를 폭행하여 상처를 입히기도 하는 등 병실을 공포의 도가니로 몰고 있습니다. 이에 다른 입원환자들이 "피고와는 같이 입원해있지 못하겠다. 방을 바꾸어 달라."고 하여 병실운영에 막대한 지장을 주고 있습니다(갑 제4호증의 1~3 환자동태보고서 각 참조).

원고병원은 입원실부족으로 안과환자의 경우 3개월 이상을 수술대기를 하여야 하는 형편입니다. 피고의 퇴원거부로 인해 급히 수술을 해야 하는 많은 환자들이 선의의 피해를 입고 있습니다. 이는 국가적으로 볼 때에도 커다란 손실이 아닐 수 없습니다.

4. 결론

이미 증상이 고정되어 치료효과를 기대할 수 없는 피고가 아무런 치료도 받지 않으면서 퇴원을 거부한다는 것은 분명 잘못입니다.

그렇다면 이 사건 부동산을 불법으로 점유하고 있는 피고는 정당한 점유권원을 입증하지 못하는 한, 이 사건 부동산으로부터 퇴거할 의무가 있다고 할 것입니다. 이에 이건 제소에 이르게 되었습니다.

입증방법

1. 갑 제1호증	건물등기부등본
1. 갑 제2호증	일반건축물대장
1. 갑 제3호증	입원약정서
1. 갑 제4호증의 1~3	각 환자동태보고서
1. 갑 제5호증	경과보고서

첨부서류

1. 위 입증서류	각 1부
1. 별지도면(면적표시서류 포함)	1부
1. 개별공시지가확인서	1부
1. 법인등기부등본	1부
1. 소송위임장	1부
1. 소장 부본	1부

2022.   .   .
위 원고 소송대리인
변호사 ○ ○ ○ (인)

○ ○지방법원   귀중

별지 목록

서울 ○○구 ○○동 100번지
철근콘크리트조 및 철골조 평슬래지붕 지상10층 지하1층
병원 및 근린생활시설(신본관)
1층	12,625.15평방미터
2층	12,157.22평방미터
3층	8,028.62평방미터
4층	4,913평방미터
5층	4,726.68평방미터
6층	4,726.68평방미터
7층	4,726.68평방미터
8층	4,726.68평방미터
9층	4,726.68평방미터
10층	4,726.68평방미터
지하1층	14,275.84평방미터 중
8층 81병동 21호	54.7평방미터

지역번호 14   분류번호 23   준공일 1999. ○. ○.

159,000 x (40% 가감산) x 54.7㎡ x 1/2 = 금6,088,110원.끝.

제2절 소장 제출 후의 절차

1. 소제기 후의 절차

가. 법원의 소장 심사권

(1) 소장 심사

법원에 소장이 접수되면 담당재판부가 지정되어 사건이 배당되고, 담당재판부는 우선 소장의 필요적 기재사항의 기재 여부, 소정의 인지첨부 여부 등 적법한 형식을 갖추었는가 여부를 심사한다(민사소송법 제254조 제1항).

그러나 담당재판부 이전이라도 소장을 접수하는 법원사무관 등은 당사자가 제출하는 소송서류의 보완을 위하여 필요한 사항을 지적하고 보정을 권고할 수 있다(민사소송규칙 제5조 제3항). 법원사무관 등은 소장 등에 ① 사건의 표시, ② 서면을 제출하는 당사자와 대리인의 이

름·주소와 연락처(전화번호·팩시밀리번호 또는 전자우편주소 등), ③ 첨부서류의 표시, ④ 작성한 날짜, ⑤ 법원의 표시, ⑥ 당사자 또는 대리인의 서명날인 등을 체크하게 된다(민사소송규칙 제2조 제1항). 다만 법원 공무원은 당사자, 그 밖의 소송관계인이 제출하는 소송서류는 정당한 이유 없이 접수를 거부하여서는 아니 되고, 소송서류를 제출한 사람이 요청한 때에는 바로 접수증을 교부하여야 한다(민사소송규칙 제5조 제1항, 제2항).

소장에는 법정대리인, 법인인 때에는 대표자, 법인이 아닌 사단이나 재단인 때에는 대표자 또는 관리인의 자격을 증명하는 서면을 비롯하여 진료기록이나 진단서 등 증거로 될 문서 가운데 중요한 것의 사본을 붙이도록 하여(민사소송규칙 제63조 제1항, 제2항), 소송초기에 증거를 제출시켜 집중적으로 심리할 수 있도록 하고 있다.

(2) 보정명령

법원의 심사결과 소장에 흠결이 있을 때에는 재판장은 원고에게 상당한 기간을 정하여 그 기간 내에 보정할 것을 명하여야 한다(민사소송법 제254조 제1항). 보정명령에 의하여 부족한 인지를 보정한 경우는 소장제출 시에 소급하여 적법한 소장이 제출된 것이라 볼 것이나, 불특정한 청구내용을 보정한 경우에는 보정 시에 소장이 제출된 것으로 보아야 할 것이다.

(3) 소장각하명령

이상과 같은 보정명령에도 불구하고 원고가 소장의 흠결을 보정하지 않는 때에는 재판부의 명령에 의하여 소장이 각하된다(민사소송법 제254조 제2항). 소장각하명령은 소장에 흠결이 있어 수리될 수 없음을 의미하는 것으로 소장 접수 후 소가 부적법하여 판결로써 각하하는 것과는 다르다. 원고는 소장각하명령에 대하여 즉시항고할 수 있다(민사소송법 제254조 제3항).

나. 소장의 송달

제출된 소장을 심사한 결과 적법한 형식을 갖추었다고 판단되면 재판장은 소장의 부본을 지체 없이 피고에게 송달하여야 한다(민사소송법 제255조 제1항, 민사소송규칙 제64조 제1항). 피고에게 소장의 부본이 송달되면 소송계속의 효과가 발생하고, 지연손해금의 법정이율이 소장부본 송달 다음날부터 연 12%[18]가 적용되기 때문에(소송촉진 등에 관한 특례법 제3조 제1항, 소송촉진 등에 관한 특례법 제3조 제1항 본문의 법정이율에 관한 규정) 지체 없이 실시되도록 하였다.

---

18) 2019. 6. 1.부터 2022. 7. 기준의 이율로, 경제상황에 따라 변동되기도 하므로 소 제기 시 확인이 필요하다.

다. 변론기일의 지정·소환

종래에는 소송이 제기되면 곧바로 변론기일을 지정하여 당사자를 소환하였다. 그러나 집중심리제가 도입되면서 변론기일을 지정하던 규정을 바꾸어 변론준비절차를 밟도록 하였다. 즉, 법원은 소송이 제기되면 민사소송법 제257조 제1항, 제2항의 규정에 따라 변론 없이 판결하는 경우 외에는 바로 변론기일을 지정하여야 하고, 변론준비절차를 따로 거칠 필요가 없거나 변론준비절차가 끝난 경우에는 바로 사건을 변론준비절차에 부쳐야 한다(민사소송법 제258조). 그러나 소송요건의 흠결로 변론 없이 소를 각하할 사건의 경우는 기일을 지정하지 않는다.

법원에서는 집중심리제의 도입에 따른 당사자의 이해와 협조를 구하기 위하여 소송절차안내서를 보내 원·피고가 준비하여야 할 내용과 준비기일 등을 자세히 안내하고 있다. 의료소송에서는 진료기록송부촉탁, 진료기록감정, 신체감정, 사실조회의 촉탁 등에 오랜 시일이 걸리기 때문에 준비가 철저히 되도록 하고 있고, 당사자는 이에 잘 협조하여 실기한 공격방어방법으로 입증상 불이익을 입은 일이 없도록 하여야 한다.

2. 소제기의 효과

가. 소송계속

원고가 소송을 제기하면 그 청구내용은 법원이 판결을 내리기 위한 현실적인 판결절차로서 존재하게 되는데, 이 상태를 소송계속이라 한다. 소의 제기에 의하여 발생하므로 판결절차가 아닌 강제집행이나 가압류·가처분절차, 중재절차 등은 소송계속의 효과가 발생하지 않는다.

소송계속의 효과는 일반적으로 소장부본이 피고에게 송달된 때에 발생한다고 본다. 즉, 소장이 송달되면 법원은 기일을 지정하고, 당사자는 소송참가나 반소의 제기 등 일정한 소송행위를 할 수 있는 반면 중복제소를 할 수 없게 되는 등 모두에게 일정한 소송법상의 효과가 발생한다.

나. 중복제소의 금지

소송계속의 상태에서는 동일한 사건에 관하여 다시 소를 제기할 수 없는데 이와 같이 이중소송을 금지하고 있는 것을 중복제소의 금지라 한다(민사소송법 제259조). 이는 소송제도의 남용을 막기 위한 것으로 종전에 제기한 소송이 계속 중인 가운데 당사자와 청구가 동일한 소송을 다시 제기할 수 없도록 하고 있다. 여기서 당사자가 동일하다는 것은 소송에서 대립하는 당사자가 동일하다는 것으로 원고 또는 피고로서의 지위까지 동일해야 하는 것은 아니다.

청구의 동일성은 소송물이론에 따라 달라지는데, 청구취지가 동일한 가운데 청구원인이 다른 경우에 구이론에 의하면 동일한 청구가 아니라고 보는 반면 신이론에 의하면 동일한 청구로 보아 중복하여 제소할 수 없다고 한다. 그러나 청구취지가 다르면 어느 이론에 의하건 동일한 청구라 할 수 없다.

중복제소를 금지하는 것은 소극적 소송요건이므로 법원은 이를 직권으로 조사하여 중복제소에 해당되는 경우는 상대방의 항변이 없는 경우에도 부적법 각하하여야 한다. 그러나 중복제소된 사실을 간과하고 내려진 판결에 대해서는 확정 전에는 상소로써 다툴 수 있으나, 확정된 후에는 재심사유에 해당하지 아니하고, 당연히 무효라 할 수도 없으므로 문제된다. 살피건대 확정된 전소(前訴)와 후소(後訴) 가운데 제소의 선후와 관계 없이 뒤에 선고된 판결이 재심에 해당된다(민사소송법 제451조 제1항 10호).

다. 실체법상의 효과

원고가 소장을 법원에 제출하여 소를 제기하게 되면 우선적으로 시효가 중단된다. 즉, 소송의 대상이 되는 권리관계뿐 아니라 선결·파생(先決·派生)된 관계를 이루는 권리관계까지 중단된다는 것이 판례의 입장이다.

그 외에 청구를 위한 제척기간을 정한 것과 같이 일정한 기간 내에 소를 제기하지 않으면 권리나 법률상태를 보존하지 못하게 되는 기간인 법률상의 기간 준수의 효력이 발생한다(민사소송법 제265조).

찾아보기

최근 대법원의 중요 판결

[1] 한의사의 면허 범위

대법원은 전원합의체 판결을 통하여 한의사가 초음파 진단기기를 한의학적 진단의 보조수단으로 사용하는 것이 한의사의 '면허된 것 이외의 의료행위'에 해당하지 않는다고 하면서, 한의사의 무면허 의료행위 여부에 관한 판단 기준을 새롭게 제시하였다(대법원 2022. 12. 22. 선고 2016도21314 전원합의체 판결). 즉, 대법원의 다수의견은 "한의사가 의료공학 및 그 근간이 되는 과학기술의 발전에 따라 개발·제작된 진단용 의료기기를 사용하는 것이 한의사의 '면허된 것 이외의 의료행위'에 해당하는지는 관련 법령에 한의사의 해당 의료기기 사용을 금지하는 규정이 있는지, 해당 진단용 의료기기의 특성과 그 사용에 필요한 기본적·전문적 지식과 기술 수준에 비추어 한의사가 진단의 보조수단으로 사용하게 되면 의료행위에 통상적으로 수반되는 수준을 넘어서는 보건위생상 위해가 생길 우려가 있는지, 전체 의료행위의 경위·목적·태양에 비추어 한의사가 그 진단용 의료기기를 사용하는 것이 한의학적 의료행위의 원리에 입각하여 이를 적용 내지 응용하는 행위와 무관한 것임이 명백한지 등을 종합적으로 고려하여 사회통념에 따라 합리적으로 판단하여야 한다. 이는 대법원 2014. 2. 13. 선고 2010도10352 판결의 '종전 판단 기준'과 달리, 한방의료행위의 의미가 수범자인 한의사의 입장에서 명확하고 엄격하게 해석되어야 한다는 죄형법정주의 관점에서, 진단용 의료기기가 한의학적 의료행위 원리와 관련 없음이 명백한 경우가 아닌 한 형사처벌 대상에서 제외됨을 의미한다."고 한 것이다. 이후 대법원은 한의사가 한의원에서 이 사건 뇌파계를 파킨슨병, 치매 진단에 사용한 행위가 한의사로서 면허된 것 이외의 의료행위에 해당한다고 보기 어렵다는 취지로 판시하기도 하였다(대법원 2023. 8. 18. 선고 2016두51405 판결).

[2] 미성년 환자의 동의

대법원은 의료행위에 대한 미성년 환자의 동의와 관련하여 "의료법 및 관계 법령들의 취지에 비추어 보면, 환자가 미성년자라도 의사결정능력이 있는 이상 자신의 신체에 위험을 가하는 의료행위에 관한 자기결정권을 가질 수 있으므로 원칙적으로 의사는 미성년자인 환자에 대해서 의료행위에 관하여 설명할 의무를 부담한다."고 하는 한편, "미성년자인 환자는 친권자나 법정대리인의 보호 아래 병원에 방문하여 의사의 설명을 듣고 의료행위를 선택·승낙하는 상황이 많을 것인데, 이 경우 의사의 설명은 친권자나 법정대리인에게 이루어지고 미성년자인 환자는 설명 상황에 같이 있으면서 그 내용을 듣거나 친권자나 법정대리인으로부터 의료행위에 관한 구체적인 설명을 전해 들음으로써 의료행위를 수용하는 것이 일반적이다. 아직 정신적이나 신체적으로 성숙하지 않은 미성년자에게는 언제나 의사가 직접 의료행위를 설명하고 선택하도록 하는 것보다는 이처럼 미성년자와 유대관계가 있는 친권자나 법정대리인을 통하여 설명이 전달되어 수용하게 하는 것이 미성년자의 복리를 위해서 더 바람직할 수 있다. 따라서 의사가 미성년자인 환자의 친권자나 법정대리인에게 의료행위에 관하여 설명하였다면, 그러한 설명이 친권자나 법정대리인을 통하여 미성년자인 환자에게 전달됨으로써 의사는 미성년자인 환자에 대한 설명의무를 이행하였다고 볼 수 있다. 다만 친권자나 법정대리인에게 설명하더라도 미성년자에게 전달되지 않아 의료행위 결정과 시행에 미성년자의 의사가 배제될 것이 명백한 경우나 미성년자인 환자가 의료행위에 대하여 적극적으로 거부 의사를 보이는 경우처럼 의사가 미성년자인 환자에게 직접 의료행위에 관하여 설명하고 승낙을 받을 필요가 있는 특별한 사정이 있으면 의사는 친권자나 법정대리인에 대한 설명만으로 설명의무를 다하였다고 볼 수는 없고, 미성년자인 환자에게 직접 의료행위를 설명하여야 한다."고 하여 예외에 해당하는 경우의 판단을 적시한 바 있다(대법원 2023. 3. 9. 선고 2020다218925 판결).

[3] 의료민사책임과 의료형사책임에서의 인과관계 증명상 차이

대법원은 마취통증의학과 의사가 환자에게 마취를 시행하고 간호사에게 환자 감시를 맡긴 뒤 수술실을 이탈하고 환자에게 심정지가 발생한 후 수술실로 복귀하였으나 환자가 결국 사망한 사안에 대하여, 민사책임에서는 의료행위에서 인과관계 증명의 어려움을 고려하여 "환자 측이 의료행위 당시 임상의학 분야에서 실천되고 있는 의료수준에서 통상의 의료인에게 요구되는 주의의무의 위반 즉 진료상 과실로 평가되는 행위의 존재를 증명하고, 그 과실이 환자 측의 손해를 발생시킬 개연성이 있다는 점을 증명한 경우에는, 진료상 과실과 손해 사이의 인과관계를 추정하여 인과관계 증명책임을 완화하는 것이 타당"하다고 하면서 "여기서 손해 발생의 개연성은 자연과학적, 의학적 측면에서 의심이 없을 정도로 증명될 필요는 없으나, 해당 과실과 손해 사이의 인과관계를 인정하는 것이 의학적 원리 등에 부합하지 않거나 해당 과실이 손해를 발생시킬 막연한 가능성이 있는 정도에 그치는 경우에는 증명되었다고 볼 수 없다"고 하여 마취통증의학과 전문의 과실과 환자의 사망 사이에 인과관계를 인정하였다(대법원 2023. 8. 31. 선고 2022다219427 판결). 그러나 대법원은 민사책임과 달리 형사책임에서는 '합리적 의심이 없을 정도의 증명'이 기준이므로 인과관계의 추정 법리가 적용되지 않는바, '업무상 과실'이 증명되었다는 사정만으로 인과관계가 추정되거나 증명 정도가 경감되어 유죄가 되는 것은 아니라고 하여 무죄 취지로 판단하였다(대법원 2023. 8. 31. 선고 2021도1833 판결).

공저자 약력

신현호

이력

1958. 10. 경기도 가평 출생

1977. 2. 서울고등학교 졸업

1982. 2. 고려대 법학과 졸업

1984. 2. 고려대 법학과 석사과정 수료

1994. 2. 고려대 의사법학연구소 의료법 고위자 과정 수료

1997. 2. 연세대 대학원 보건학과 수학

2000. 6. 고려대 대학원 법학과 박사과정수료

2006. 2. 고려대 대학원 법학과 박사학위 취득

수상경력

대통령 표창(전염병관리 유공자 포상, 2004)

서울변회 공로상(2007)

한국희귀질환연맹 공로패(2009)

대한변협 인권봉사상(2009)

서울변회 공익봉사상(2011)

보건복지부장관 표창(2013)

대한변협 공로상(2017)

국세청장 표창(모범납세자, 2020)

저서

소송실무대계 Ⅱ(공저, 법률문화원 1994)

의료사고 · 의료분쟁(공저, 한솔미디어, 1995)

의료부분의 정보이용활성화(공저, 한국보건사회연
구원, 1995)

암환자관리 정보체계구축에 관한 연구 I (공저, 한
국보건사회연구원, 1997)

의료소송총론(육법사, 1997)

아픈 것도 서러운데(공저, 몸과 마음, 2000)

보건복지정책 과제와 전망(공저, 국립암센터, 2004)

의료소송총람 I, Ⅱ(이론과 실제) - (의료법률정보
센터, 2005)

삶과 죽음 권리인가 의무인가? (육법사, 2006)

소극적 안락사, 대안은 없는가? (공저, 한림대학교
출판부, 2007)

2007년 분야별 중요판례분석 - (공저, 법률신문사,
2007)

센텐스(내 영혼의 한 문장) - (공저, 플럼북스, 2010)

의료분쟁 조정 · 소송 총론(공저, 육법사, 2011)

의료분쟁 조정 · 소송 각론(공저, 육법사, 2012)

의료분쟁의 이론과 실제(하)(공저, 박영사, 2023)

논문

정신과 감정, 자문 등에서의 책임소재와 법적인 문제점, 한국정신신체의학회 2003년 춘계학술대회, (2003. 6.)

의료분쟁 사례, 국민건강보험공단, (2003. 11.)

의료행위의 범위와 안마행위규제의 위헌성, 대한의료법학회, (2004. 1. 31)

2003년 분야별 중요판례분석－의료－, 법률신문, (2004. 5. 13)

치과의료기관의 의료사고에 관련된 법률문제, 제45회 대한치과의사협회종합학술대회, (2004. 5. 16)

인체조직이식에 관한 법률검토, 제4회 한국조직은행연합회 학술대회, (2004. 5. 29)

백내장, 굴절교정수술과 의료분쟁, KSCRS학술대회, (2004. 6. 13)

의료분쟁해결의 합리적 방안, 한중의료법학회－중국심천, (2004. 6. 26)

치과의료의 특징과 치과분쟁의 유형,2004한국의료법학회 종합학술대회, (2004. 7. 2)

소극적 안락사의 법률적 검토, 한국생명윤리학회, (2004. 12.)

보라매병원사건에 관한 대법원 판결의 평가와 의의, 의료법학 제5권 제2호, (2004. 12.)

Limitations on Medical advertisements (The lst WCPHE & 2005 ICML), (2005. 8.)

의료소송 감정상의 문제점(대한의료법학회 · 법원의료법분야연구회 공동학술대회), (2005. 11.)

호스피스 · 완화 의료에 대한 형법적 연구, 법학박사학위논문, (2005. 12.)

최근의료소송판례동향, 대한변협 제56회 정기연수회, (2006. 1.)

의료소송 감정상의 문제, 법률신문, (2006. 1. 6.)

하지정맥류와 관련된 의료분쟁, 제11회 대한정맥학회 춘계학술대회, (2006. 3.)

산과마취에 관련된 의료소송, 대한산과마취학회 제10차 학술대회 (2006. 6.)

간호사의 의료분쟁 대처방안 한국QI 간호사회 (2008. 4.)

의무기록사 업무범위의 법률적 의미와 안전한 의무기록관리방안－대한의무기록협회 제60차 춘계학술대회
(2008. 4)

희귀질환환자의 법적 제도적 지원의 필요성－제9회 희귀질환 치료를 위한 사회적 여건조성 심포지움
(2008. 5)

산전진단과 처치에 관한 의료법과 문제점 및 개선－대한소아심장학회 (2008. 5.)

존엄사에 대한 법률적 측면－삶과 죽음을 생각하는회 창립18주년 기념강연회 (2009. 4.)

법적인 관점에서 본 연명치료 중－2009 한국생명윤리학회 하반기 학술대회 (2009. 12.)

낙태죄에 관한 제문제－저스티스 통권 제121호 (2010. 12.)

최근 의료민사소송의 현황과 절차적 제문제－한국의료법학회지 통권 제18권 제2호 (2010. 12.)

자동차사고시 자동차보험과의 중복급여로 인한 건강보험 급여제한의 타당성 고찰(공저)－한국의료법학회
지 통권 제19권 제2호 (2011. 12.)

국립조직기증관리기관의 역할(대한골.연부조직이식학회, 한국조직은행연합회 2014년 조직은행 WORKSHOP)
(2014. 4.)

호스피스 완화의료 제도화를 위한 법률 개정방안, 건강보험정책, 제14권 제1호, 2015. 6.

우리나라 의료판례 변화에 대한 비판적 고찰－판결양식과 손해배상액을 중심으로－(의료법학 제15권 제1
호 2014. 6.)

개정 의료분쟁조정법 시행에 따른 의료분쟁조정제도에 관한 현황과 과제(공저)－인권과 정의 제467호,
(2017. 8.)

경력

1984. 10. 제 26회 사법시험 합격

1987. 02. 사법연수원 제16기 수료

1990. 02. 육군 법무장교 예편 (중위)

1990. 03. 변호사 개업 (서울지방변호사회 소속)

1993. 04. 경기도 가평군 고문변호사

1994. 02. 고려대학교 의사법학연구소 운영위원(이사) 겸 외래교수

1995. 04. Medico-Legal Forum 회장

1995. 09. 경찰청 법률 자문위원

1995. 10. 사단법인 한국의료법학연구소 부소장 (학술담당, 이사)

1996. 02. 한국의료법학회 학술이사 겸 편집위원장

1996. 03. 고려대학교 법무대학원 외래교수(의료법학)

1997. 04. 대한변호사협회 공보위원

1997. 09. 단국대학교 정책경영대학원 특수법무학과 외래교수

1997. 09. 고려대학교 대학원 의학과 외래교수(임상법의학)

1997. 09. 경제정의실천시민연합 시민입법위원

1998. 03. 보건복지부 전염병예방법 개정위원

1998. 08. 연세대학교 보건대학원 보건의료법률윤리학 외래부교수

1999. 01. 서울변호사회 심사위원, 홍보위원

1999. 01. 대한보건협회 담배 및 주류광고 심사위원

1999. 03. 한국산업안전관리공단 산업안전협의회 위원

1999. 03. 경제정의실천시민연합 정책위원(보건의료위원)

1999. 06. 보건복지부 혈액관리위원회 위원

1999. 10. 한일법학회 상임이사

2000. 01. 국방부 의무자문관

2000. 01. 대한보건협회 이사

2000. 03. 고려대학교 법과대학 법률상담소 상담위원

2000. 03. 안암법학회 이사

2000. 03. 서울시 구급대책협의회 위원

2000. 05. 구호자보호법 학술연구 자문위원(행자부)

2000. 07. 동아일보 신현호의 메디컬&로 고정칼럼게재

2000. 08. 국무총리 직속 보건의료발전특별위원회 전문위원

2000. 09. 대한변협 '의약제도개선특별위원회' 위원

2000. 09. 한국생명윤리학회 섭외이사

2001. 04. 보건복지부 예방접종심의위원회 위원

2001. 06. 보건복지부 중앙의료심사위원회 위원

2001. 08. 보건복지부 천연물 신약연구개발정책심의회 위원

2001. 08. 한국 작은키모임(Little People Of Korea; 왜소증 환우) 후원회 부회장

2001. 10. 한국희귀질환연맹 이사

2001. 12. 사법시험위원

2002. 02. 보건복지부 건강보험정책심의위원회 위원

2002. 04. 대한임상연구 심의기구협의회(IRB) 자문위원

2002. 06. 행정자치부 정책자문위원회 위원

2002. 10. 대한병원협회 병원경영연구원 객원연구위원

2002. 11. 국가인권위원회 조사관

2003. 03. 경희대학교 경영대학원 의료경영학과 겸임교수

2003. 05. 서울지방경찰청 법률지원상담관

2003. 08. 보건복지부 천연물신약연구개발정책심의위원(제2기)

2003. 08. 보건복지부 예방접종피해보상심의위원(제1기) 및 부위원장

2003. 08. KBS방송자문변호사

2003. 09. 한국소비자보호원 소송지원 변호사

2004. 01. 대한의료법학회 상임이사
2004. 01. 학교법인 삼량학원 이사
2004. 03. 휘문고등학교 학교운영위원회 위원
2004. 04. 고려대학교 의료법학연구소 외래교수
2004. 06. 국립과학수사연구소 자문위원
2004. 12. 대통령 표창 수상(전염병관리 유공자 포상)
2004. 12. 사립학교 교직원 연금급여 재심위원회 위원
2005. 01. 서울대학교병원 발전후원회 감사
2005. 02. 대한변호사협회 교육이사
2005. 03. 서울변호사회 법제위원회 부위원장
2005. 03. 변호사 연수원 부원장
2005. 04. 서울지방경찰청 시민인권보호단 위원장
2005. 04. 제1회 세계공중보건법 윤리학대회 (WCPHE) 및 2005국제의료법대회(ICML) 조직위원
2005. 05. 서울 대청중학교 변호사 명예교사
2005. 05. 대한변협 변호사대회 집행위원회 간사
2005. 06. 한국방재정보학회 이사
2005. 07. 대한변협 법률서비스 선진화 대책위원
2005. 10. 소방방재청 민방위혁신기획단 자문위원
2005. 10. 대통령자문 의료산업선진화위원회 e-health 전문위원
2005. 10. 국립과학수사연구소 정보공개심의회 위원
2006. 01. 경실련 정책위원회 보건의료위원회 위원장
2006. 01. 교육부 중앙영재교육진흥위원회 제2기 위원
2006. 02. 대한의료법학회 부회장
2006. 05. 법학적성시험기초연구위원회 위원
2006. 07. 서울특별시 지역응급 의료위원회 위원
2006. 08. 보건의료정보화 운영위원회 위원
2006. 11. 대통령자문 의료산업선진화위원회 e-health 전문위원회 위원
2006. 12. 대한변호사협회 공보이사 직무대리

2006. 12. 대한변호사협회 회지편집위원장 직무대리
2006. 12. 대한변호사협회 변호사신문편집위원장 직무대리
2007. 01. 국립과학수사연구소 자문위원
2007. 01. 서울특별시 임상시험심의위원회 위원
2007. 02. 보건복지부 중앙정신보건심의위원회 위원
2007. 03. 보건복지부 중앙정신보건심판위원회 위원
2007. 03. 교육인적자원부 한의학 전문대학원 추진 지원위원회 위원
2007. 03. 서울지방변호사회 공익활동심사위원회 위원장
2007. 03. 서울지방변호사회 섭외위원회 위원장
2007. 04. 대한변호사협회 변호사대회 집행위원회 위원
2007. 04. 조선일보 헬스조선 고정칼럼게재
2007. 07. 법조윤리협의회 주무간사, 사무총장
2007. 09. 고려대학교 법과대학 법학과 겸임교수
2007. 11. 한국의료법학회 회장
2008. 01. 대한변호사협회의 변호사연수원 운영위원회 위원
2008. 12. 한국보건의료연구원 비상임감사
2009. 03. 소방방재청 중앙구급대책협의회 위원
2009. 04. 경기도 가평군 정신보건심의(심판) 위원회 운영위원
2009. 04. 대한변호사협회 인권위원회 위원 및 의료인권소위원회 위원장
2009. 08. 국민건강보험공단 조직진단위원회 위원
2009. 10. 국민건강보험공단 비상임이사
2009. 11. 대한변호사협회 성폭력피해아동지원위원회 위원
2009. 12. 한국의료윤리학회 이사
2010. 01. 한국의료법학회 회장 재선
2010. 03. 한국제약협회 및 KRPIA 규약심의위원회 위원
2010. 04. 대한변호사협회 외국법자문사광고심사위원회 위원

2010. 04. 국민건강보험공단 반부패특별추진위원회 위원

2010. 05. 고려대학교 의과대학 외래교수

2010. 06. 대한상사중재원 중재인

2010. 09. 국토해양부 재활시설운영심의위원회 위원

2010. 09. 국민건강보험공단 임원추천위원회 위원

2010. 10. 사단법인 한국법철학회 감사

2011. 02. 보건복지부 감염병관리위원회(제1기) 위원

2011. 03. 서울지방변호사회 정책자문특별위원회 위원

2011. 05. 사단법인 한국재난정보학회 이사

2011. 06. 법무부 인권강사

2011. 07. 법조윤리협의회 위원

2011. 07. 서울지방변호사회 공익소송특별위원회 위원

2011. 10. 한국의료윤리학회 부회장

2012. 01. 사단법인 한국제약협회 공정경쟁규약심의위원회 위원

2012. 01. 한국다국적의약산업협회 규약심의위원회 위원

2012. 02. 서울특별시 서울의료원 임상시험심사위원회 위원

2012. 03. 고려대학교 법학전문대학원 겸임교수

2012. 04. 한국의료분쟁조정중재원 조정위원

2012. 05. 고려대학교 의과대학 외래교수

2012. 06. 대한변호사협회의 외국법자문사광고심사위원회 위원

2012. 06. 대한변호사협회의 광고심사위원회 위원

2012. 08. 식품의약품안전청 중앙약사심의위원회 위원

2012. 11. 한국의료지원재단 자가면역질환 환자 의료비지원 사업 운영위원회 위원

2012. 11. 건강보험심사평가원 미래전략위원회 위원

2012. 12. 국가생명윤리위원회 특별위원회 위원

2012. 12. 제2회 변호사시험출제위원

2013. 01. 국민건강보험공단 재정운영위원회 위원

2013. 02. 보건복지부 감염병관리위원회 위원

2013. 03. 고려대학교 법학전문대학원 겸임교수

2013. 04. 가평군 정신보건심의위원회 위원

2013. 04. 대한변호사협회 인권위원회 위원

2013. 04. 보건복지부 국민행복의료기획단 위원

2013. 05. 사단법인 한국재난정보학회 이사

2013. 07. 사단법인 한국희귀·난치성질환연합회 이사

2013. 07. 법무부 인권강사

2013. 08. KBS 방송자문변호사

2013. 08. 나누리병원 의약품. 의료기기 임상시험 심사위원회 위원

2013. 10. 건강보험심사평가원 미래전략위원회 위원

2014. 01. 국민건강보험공단 국민건강보험 정상화 추진위원회 자문위원

2014. 01. 사단법인 한국의료법학회 고문

2014. 01. 사단법인 한국다국적의약산업협회 규약심의위원회 위원

2014. 02. 서울특별시 서울의료원 의생명윤리위원회 위원

2014. 03. 대한변협 변호사연수원 운영위원회 위원

2014. 03. 국민건강보험공단 법률고문 평가위원회 위원

2014. 04. 국민건강보험공단 장기요양심사위원회 위원

2014. 05. 고려대학교 의과대학 외래교수

2014. 05. 대한변협 세월호참사피해자지원 및 진상조사특별위원회 위원

2014. 05. 건강보험심사평가원 제2기 포괄수가제 시민,전문가 자문위원회 위원

2014. 08. 제4회 변호사시험검토위원

2015. 01. 한국의약품안전관리원 의약품부작용피해구제 전문위원회 위원

2015. 01. 대통령 4.16세월호참사 특별조사위원회 위원

2015. 02. 국민건강보험공단 자문위원회 위원

2015. 04. 대한변협 윤리의원회 위원

2015. 06. 한국생애설계협회 이사

2015. 08. 법무부 인권강사

2015. 08. KBS 방송자문변호사

2015. 09. 고려대학교 법학연구원 보건의료법정책 연구센터 자문위원

2015. 12. 변호사신문 신변호사에게 듣는 의료소송 고정칼럼게재

2016. 03. 국민건강보험공단 법률고문 평가위원회 위원

2016. 03. 한국환경산업기술원 구제급여심사위원회 위원

2016. 04. 국민안전처 2016 재난대응 안전한국훈련 중앙합동평가단 위원

2016. 05. 고려대학교 의과대학 외래교수

2016. 06 대한변협 생명존중재난안전특별위원회 위원장

2016. 07. 대한변협 광고심사위원회 위원

2016. 07. 대한변협 외국법자문사광고심사위원회 위원

2016. 09 대한변협 전문분야심사소위원회 위원

2016. 09. 대한변협 전문분야등록심사위원회 위원

2016. 09. 대한변협 인권위원회 위원

2016. 10. 각당복지재단 사전연명의료의향서 전문위원회 위원

2017. 01. 한국의약품안전관리원 의약품 부작용 전문의원회 전문가단 위원

2017. 02. 보건복지부 감염병관리위원회 위원

2017. 03 대한변협 인권위원회 위원

2017. 04 대한변협 교육위원회 위원

2017. 04. 국민건강보험공단 장기요양 심사위원회 위원

2017. 08. 사단법인 한국 희귀·난치성질환연합회 이사

2018. 01. 대한변협 변호사연수원 운영위원회 위원

2018. 02. 국방부 성범죄 특별대책TF 위원

2018. 03. 환경부 한국환경산업기술원 구제급여심

사위원회 위원

2018. 04. 한국의료분쟁조정중재원 비상임조정위원

2018. 08 KBS 방송자문변호사

2018. 09. 대한변협 생명존중재난 안전법률지원 변호사 단원

2018. 12. 대한변협 광고심사위원회 위원

2019. 01. 한국의약품안전관리원 의약품 부작용 전문의원회 전문가단 위원

2019. 02. 질병관리본부 제5기 예방접종피해보상 전문위원회 위원

2019. 03 대한변협 인권위원회 위원장

2019. 04. 가평군 정신건강심의위원회 위원

2019. 04. 법무부 포용적 가족문화를 위한 법제개선위원회 위원

2019. 05. 한반도 평화 만들기 한일비전포럼 위원

2019. 05. 사단법인 한국재난정보학회 감사

2019. 05. 대한변협 의료인권소위원회 위원장

2019. 08. 법무부 인권강사

2019. 08. KBS 방송자문변호사

2019. 09. 건강보험심사평가원 제7기 약제급여평가위원회 위원

2019. 12. 법조윤리협의회 자문위원

2020. 01. 대한변협 변호사연수원 운영위원회 위원

2020. 03. 대한변협 코로나19대책법률지원TF 위원장

2020. 06. 대한변협 생명존중재난안전특별위원회 위원

2020. 06. 질병관리본부 살아있는 자 간 장기이식 대상자 선정승인자문위원회 위원

2020. 08. 국민건강보험공단 부당청구제공기관 신고 포상심의위원회 위원

2020. 09. 대한변협 생명존중재난안전법률지원 변호사단 위원

2020. 09. 대한변협 광고심사위원회 위원

2020. 09. 국민건강보험공단 자문위원회 위원

2020. 10. 대한변협 전문분야등록 심사위원회 위원

2021. 01. 한국의약품안전관리원 의약품 부작용

전문의원회 전문가단 위원

2021. 02. 질병관리청 예방접종피해보상 전문위원회 위원

2021. 07. 한국식품의약품안전처 중앙임상시험심사 위원

2021. 07. 보건복지부 국민건강보험 전문평가위원회 위원

2021. 08. KBS 방송자문변호사

2021. 09. 법무부 인권강사

2021. 12. 법조윤리협의회 자문위원

2022. 01. 서울고등학교 총동창회 제29대 차기회장 겸 미래로위원장

2022. 02. 대한변협 변호사연수원 운영위원회 위원

2022. 02. 재단법인 한국공공조직은행 감사

2022. 03. 경제정의실천시민연합 중앙위원회 부의장

2022. 04. 국립암센터 의료기관윤리위원회 위원

2022. 04. 한국보훈복지의료공단 경영자문위원

2022. 06. 대한변협 생명존중재난안전특별위원회 위원

2022. 06. 국립장기조직혈액관리원 살아있는 자 간 장기이식대상자 선정승인 자문위원회 위원

2022. 06. 국립장기조직혈액관리원 장기이식운영위원회 위원

2022. 06. 대한변협 진료계약의 민법 편입 개정을 위한 TF위원

2022. 06. 대한변협 생명존중재난안전특별위원회 위원

2022. 06. 대한상사중재원 중재인

2022. 07. 대한의학회 중앙임상시험심사위원회 심사위원

2022. 11. 대한변협 10.29. 이태원참사대책특별위원회 위원

2022. 11. 대한변협 전문분야등록 심사위원회 위원

2022. 12. 사회보장위원회 실무위원회 위원

2023. 01. 한국의약품안전관리원 의약품 부작용 전문의원회 전문가단 위원

2023. 01. 중앙일보 "법과 삶" 고정칼럼게재

2023. 01. 서울고등학교 총동창회 제30대 회장

2023. 04. 대한변협 인권위원회 위원

2023. 05. 사단법인 한국재난정보학회 제10기 감사

2023. 07. 대한변협 의료인권소위원회 위원

2023. 08. KBS 방송자문변호사

2023. 10. 한국보훈복지의료공단 정보공개심의회 외부위원

2023. 10. 각당복지재단 사전연명의료의향서 자문위원

2023. 11. 법무부 인권강사

2024. 03. 가평교육지원청 학교폭력대책심의위원회 위원

2024. 06. 대한변협 생명존중재난안전특별위원회 위원

백경희

이력

1976. 5. 경기도 수원 출생
1993. 2. 동우여자고등학교 졸업
1998. 2. 고려대 법학과 졸업
2004. 2. 고려대 법학과 석사과정 수료
2009. 2. 고려대 대학원 법학과 박사학위 취득

수상경력

제6회 북악법학학술상(2021)
한국의료분쟁조정중재원 표창(2021)
제21회 철우언론법상, 사단법인 한국언론법학회
    (2022)
한국의료법학회 공로상, 한국의료법학회(2023)
보건복지부장관 표창창, 보건복지부(2023)
보건복지부장관 표창장, 보건복지부(2024)

저서

의료분쟁 조정 · 소송 총론(공저, 육법사, 2011)
의료분쟁 조정 · 소송 각론(공저, 육법사, 2012)
민사사례(공저, 박영사, 2016)
데이터법(공저, 세창출판사, 2022)
인공지능법 총론(공저, 세창출판사, 2023)
의료분쟁의 이론과 실제(하)(공저, 박영사, 2023)

논문

과로사와 산업재해, 대한법의학회지(2006)
의료과오소송에 있어서 인과관계의 판단과 입증책임에 관한 판례의 최근 경향, 의료법학(2007)
현행법상 의료법인의 비영리성과 문제점, 의료법학(2007)
의료사고 민사책임의 성립과 범위에 관한 연구, 고려대학교 박사학위 논문(2008)
미용성형수술의 특수성, 의료법학(2008)
의료과오소송에서의 성실진료의무와 수인한도, 한국의료법학회지(2009)
일반의약품 수퍼판매에 대한 시민사회의 시각, 의료정책포럼(2011)
조산사의 법적 지위와 주의의무, 한국의료법학회지(2011)
의약품의 분류에 따른 약사의 주의의무와 일반의약품 약국외 판매(OTC 판매)의 허용가능성, 법학연구
    (2011)
분만 의료사고에 대한 보상사업－의료사고 피해구제 및 분쟁조정 등에 관한 법률 제46조에 관하여－, 의
    료법학(2011)
의료사고 보상사업상 보상청구권의 법적 의미에 관한 일별－의료사고 피해구제 및 의료분쟁 조정 등에 관
    한 법률 제46조에 관하여－, 한국의료법학회지(2011)
환자의 진료협력의무와 의사의 의료과실, 의료법학(2012)
의료사고 민사책임과 소멸시효, 한국의료법학회지(2012)

의료과실책임과 유해물질 제조물책임에서의 인과관계에 관한 최근 판결의 동향 및 증명책임 경감 논의에 대한 검토, 경희법학(2012)

의료법상 환자유인행위와 의료광고의 관계에 관한 일별 – 대법원 2012. 9. 13 선고 2010도1763 판결 –, 한국 의료법학회지(2012)

현행법상 의료분쟁에 있어서 당사자 신청의 소송 대체 분쟁해결제도 – 의료사고 피해구제 및 의료분쟁 조정 등에 관한 법률을 중심으로, 법학평론(2012)

설명의무와 지도의무 – 설명의무에 관한 최근 판례의 동향 –, 안암법학(2013)

진료기록의 편중성과 진료기록 기재의무 위반에 관한 고찰, 법학논총(2013)

의사의 대면진료의무와 의료법 제17조 제1항의 해석에 대한 소고, 법학논집(2013)

의료분쟁조정 신청절차에서의 입법적 개선방안에 대한 소고(小考) – 의료사고 피해구제 및 의료분쟁 조정 등에 관한 법률 제27조를 중심으로 –, 법제연구(2013)

약사법상 담합행위에 관한 고찰, 법학연구(2013)

설명간호사의 현황과 법적 지위에 관한 고찰, 의료법학(2013)

응급의료에 관한 판례의 분석과 고찰 – 급성기 3대 중증 응급 질환을 중심으로 –, 한국의료법학회지(2013)

대면진료와 원격의료의 관계에 관한 법적 고찰, 서울법학(2014)

인신사고와 소멸시효 – 대법원 2013. 7. 12. 선고 2006다17539 판결을 중심으로 –, 법학연구(2014)

양방의료행위와 한방의료행위의 의의 및 중첩 양상에 관한 판례의 태도에 대한 고찰, 한국의료법학회지 (2014)

장래의 퇴직급여채권에 대한 재산분할청구에 관한 고찰, 외법논집(2014)

불성실한 진료에 대한 의료민사책임의 법리 구성, 법과정책(2014)

의사의 구명(救命)의무와 환자의 자기결정권의 관계에 관한 민법적 고찰, 한양법학(2014)

대습상속인의 특별수익 및 유류분 반환의무에 관한 고찰(2014)

친권의 제한제도에 관한 개정 민법의 검토 – 신분적 효력을 중심으로 –, 법학연구(2014)

일본과 우리나라의 의료민사소송 심리 및 운영에 관한 고찰, 동아법학(2014)

한의사와 의사의 업무 범위와 관련된 법령 고찰, 대한예방한의학회지(2014)

선택진료제를 위반한 의료행위의 민사책임에 관한 고찰, 의료법학(2014)

의료인의 면허 외 의료행위에 대한 형사적·행정적 책임에 관한 고찰, 사법(2014)

마취상 주의의무와 분업의 원칙, 법학논총(2014)

의료법상 의료법인의 비영리성에 관한 소고, 한국의료법학회지(2014)

자기결정능력 흠결 상태의 환자에 대한 의료행위의 동의에 관한 소고(小考), 법학논총(2015)

의사의 연찬의무의 법제에 관한 검토 – '뉴질랜드 보건종사자의 역량 보증법'의 내용을 중심으로 –, 법학연구(2015)

의료기관의 개설 및 경영 제한의 유형과 문제점에 관한 고찰, 법학논집(2015)

원격의료와 설명의무에 관한 고찰 – 2014. 4. 2. 의료법 정부개정안을 중심으로 –, 과학기술법연구(2015)

환자안전법상 환자안전사고의 보고시스템에 관한 고찰 – 일본 개정 의료법과의 비교를 중심으로 – (2015)

재산적 효력에 관한 친권 제한 제도에 관한 고찰, 입법과 정책(2015)

변호사 성공보수약정에 관한 소고－대법원 2015. 7. 23. 선고 2015다20011 전원합의체 판결－, 서울법학 (2015)

한의사의 물리치료사 지도 가능성에 관한 고찰, 법과정책(2015)

사무장병원의 개설과 부당청구에 대한 규제에 관한 소고, 한국의료법학회지(2015)

일본의 의료사고 조사제도의 정비와 시행에 관한 고찰－우리나라 환자안전법의 하위법령 제정에 대한 시사점을 중심으로－, 법학연구(2016)

아동학대에 대한 친권제한의 실효적 적용에 관한 고찰－일본의 아동학대 방지 관련 법제와의 비교를 중심으로－, 법학연구(2016)

법학전문대학원의 실무필수과목의 편제와 평가기준에 관한 소고－'법문서 작성' 과목을 중심으로－, 저스티스(2016)

법학전문대학원 특성화 교육의 실효성 제고를 위한 고찰, 외법논집(2016)

환자의 소인으로 인한 의료인의 책임 제한에 관한 소고－일본과의 비교를 중심으로－, 강원법학(2016)

의료인의 거짓 경력에 관한 의료광고에 대한 고찰, 과학기술법연구(2016)

우리나라 법학전문대학원 리걸클리닉에서의 국선변호활동에 관한 소고, 한양법학(2016)

의료민사책임에서의 인과관계에 관한 소고, 의료법학(2016)

전자의무기록에 대한 소고, 한국의료법학회지(2016)

무면허의료행위와 한의사의 진단용 의료기기사용에 관한 고찰, 형사법의 신동향(2016)

치과 의료광고 규제에 관한 소고－대법원 판결과 헌법재판소 결정을 중심으로－, 대한치과의사협회지 (2016)

주사행위에서의 의료과실과 책임에 관한 연구－일회용 주사기 등의 재사용으로 인한 감염을 중심으로－, 홍익법학(2016)

치과의료행위의 내용과 범위에 관한 소고－치과의료행위에 관한 대법원 2016. 7. 21. 선고 2013도850 전원합의체 판결을 중심으로－, 법학연구(2016)

미용성형수술에 관한 면허 외 의료행위에 관한 고찰, 법학연구(2017)

의료 중과실(重過失)에 대한 법적 고찰, 사법(2017)

의사의 설명의무와 인신사고의 소멸시효에 관한 고찰－대법원 2017. 2. 15. 선고 2014다230535 판결을 중심으로－, 법학논총(2017)

환자안전법상 환자안전사고의 범위에 관한 고찰, 인권과 정의(2017)

의료기관 내 폭력에 대한 법적 고찰과 대응방안, 강원법학(2017)

호스피스 완화의료와 임종과정에 있는 환자의 연명의료 결정에 관한 법률의 문제점에 관한 검토, 법제연구 (2017)

왓슨의 진단 조력에 대한 현행법상 형사책임에 관한 소고, 형사법의 신동향(2017)

인공지능을 이용한 의료행위와 민사책임에 관한 고찰, 법조(2017)

방문건강관리사업과 방문간호에서 의료정보 동의에관한 법적 문제점에 대한 소고, 입법과 정책(2017)

비급여의료에 관한 환자유인행위의 판단기준에 관한 고찰, 법학논총(2018)

산후조리원의 신생아 집단 관리행위에 관한 고찰, 서울법학(2018)

미성년자의 동물 해부 실험의 규제에 관한 소고, 생명윤리정책연구(2018)

자율주행자동차의 시험주행에 대한 규제에 관한 고찰, 동아법학(2018)

신생아 병원감염에 관한 의료과실의 판단과 무과실 보상에 관한 고찰, 법학연구(2018)

의료판례의 동향과 문제 : 민사법적 쟁점과 전망을 중심으로, 한국의료법학회지(2018)

개물림 사고에 대한 소유자의 법적 책임에 관한 소고－미국의 개물림 법제와의 비교를 중심으로－, 법제
연구(2018)

변호사시험의 합격률 공개가 법학전문대학원에 대하여 미치는 영향에 관한 소고, 법학논고(2018)

봉침 치료와 그 의료과실의 판단에 관한 소고, 원광법학(2018)

일본의 '자동운전에 관한 제도정비 대강(大綱)' 발표를 통한 자동운전사회에 대한 대비에 대하여, 강원법학
(2018)

보건의료종사자에 대한 폭력 양상과 대처에 대한 연구－미국의 법제와의 비교를 중심으로－, 법학연구
(2018)

우리나라 동물실험절차에 대한 법제의 검토－미국과의 비교를 통한 기준의 적정성을 중심으로－, 과학기
술과 법(2018)

의료인의 지시에 의한 비의료인 또는 의료인의 무면허의료행위에 대한 형사법적 문제점에 관한 소고－우
리나라 판례의 태도를 중심으로－, 형사법의 신동향(2018)

학교폭력의 범위 및 가해학생과 그 감독자의 법적 책임에 관한 고찰－미국의 법제와의 비교를 중심으로
－, 법학논집(2019)

정신건강의학과 분야의 환자 폭력과 보건의료종사자 보호에 관한 법적 검토, 입법과 정책(2019)

진료기록감정 및 그 판단에 대한 법적 고찰－의료민사책임을 중심으로－, 의료법학(2019)

안전한 진료환경 구축을 위한 정책 개선과제, 보건행정학회지(2019)

간호사에 대한 직장 폭력 양상과 그 대응방안－외국 법제와의 비교를 중심으로－, 법학논총(2019)

의료법 제4조 제2항을 위반하여 개설된 의료기관의 국민건강보험법상 요양급여비용 청구에 관한 소고, 사
회법연구(2019)

우리나라 변호사시험 제도의 정상화에 관한 소고－변호사시험 출신 변호사에 대한 설문조사 결과를 바탕
으로－, 동아법학(2019)

의료민사소송에서의 불성실한 진료에 대한손해배상청구에 관한 소고, 법학논총(2019)

환자의 진료협력의무 위반과 의사의 설명의무·설득의무 간의 관계에 관한 고찰－통상의 의료행위와 미용
성형수술행위와의 비교－, 의생명과학과법(2019)

천연물신약 개발에 대한 법적 규제의 적절성에 관한 소고, 과학기술과 법(2019)

청소년 음주운전에 대한 우리나라의 현행법상 규정과 향후 대응방안, 법제연구(2019)

미용성형수술과 사과법 및 디스클로져법 등의 도입에 관한 연구, 한국의료법학회지(2019)

전문직 종사자에 대한 대중의 온라인 평가와 개인정보자기결정권에 관한 고찰, 원광법학(2020)

인터넷 의료광고를 활용한 환자 유인행위에 관한우리나라 판례 동향 및 법정책 방향에 관한 고찰, 동아법
학(2020)

캐나다의 원격의료에 대한 법제에 관한 고찰－우리나라에 대한 시사점을 중심으로－, 강원법학(2020)

사무장병원에 대한 법적 규제와 판례의 태도에 관한 고찰, 의료법학(2020)

사무장병원의 임금 지급의무의 주체에 관한 고찰－대법원 2020. 4. 29. 선고 2018다263519 판결을 중심
으로－, 법학논총(2020)

미국의 원격의료에 관한 고찰－코로나 19 대처에 대한 시사점을 중심으로－, 법학논고(2020)

의료인의 환자 개인의료정보 보호에 관한 법적 고찰, 법학논총(2020)

헬스케어 산업화에 관한 민법적 쟁점, 비교사법(2020)

전화 처방과 처방전 발급의 의료분업에 관한법적 고찰, 입법과 정책(2020)

펜데믹(Pandemic) 기간 동안의 원격의료 허용 여부 및 그 범위에 관한 고찰, 법학논총(2020)

감염병의 예방 및 관리에 관한 법률상 손실보상청구에 관한 법적 고찰, 의생명과학과법(2020)

대리모 계약·출산과 관련된 국내외 입법동향 및 국내 의료계와 법조계의 시각차에 대한 검토, 과학기술과
법(2020)

미용성형수술에 관한 민사 판례 분석을 통한 피수술자의 권리 보호 방안, 영남법학(2020)

미용서비스와 의료행위의 경계에 관한 고찰－문신행위에 대한 일본 최고재판소 결정의 시사점과 우리나라
소비자 인식 변화를 중심으로－, 소비자문제연구(2020)

포스트 코로나 시대의 원격의료에 관한 법제의 개정 방향에 관한 고찰, 법제(2020)

코로나 19 위기 대응 방해 행위와 법적 책임, 법학연구(2020)

감염병 위기대응과 신체의 자유 제한에 대한 고찰, 입법과 정책(2021)

감염병 위기대응과 보건의료 빅데이터 수집에 대한 법적 고찰, 법학논총(2021)

전화를 활용한 진료의 허용 가능성에 관한 고찰－대법원 2020. 11. 12. 선고 2016도309 판결에 관한 평석
을 중심으로, 사법(2021)

수술실 CCTV 설치의 쟁점과 입법방향에 관한 소고(小考), 의료법학(2021)

미용성형의료행위의 개념 정립에 관한 연구, 한국의료법학회지(2021)

대만의 미용의학 규제에 대한 고찰, 법제연구(2021)

주식매수선택권의 부여와 그 취소에 관한 법적 고찰－신라젠 스톡옵션 사건을 중심으로－, 법학연구
(2021)

감염병 위기 시 정보공개 후 감염병 환자에 대한 인격권 침해와 피해 구제에 관한 고찰, 미디어와 인격권
(2021)

약사법상 담합행위의 최근 이슈와 개선방안, 법학논총(2021)

감염병 확산행위자에 대한 손해배상청구에관한 고찰, 원광법학(2021)

코로나19 백신접종과 국가의 책임에 관한 소고, 법학논총(2021)

비대면진료와 전자처방전의 관계 및 법제 개선방향에 관한 고찰, 법제(2021)

문신시술행위에 관한 규제 방향에 대한 고찰－문신사 관련 법안과 외국의 법제에 관한 비교·분석을 중심
으로－, 과학기술과 법(2021)

일본군위안부 동원의 강제성과 인권 침해에 관한 법적 고찰－관련 판례에 대한 평석을 중심으로－, 인권
법평론(2022)

수술행위 시 의사의 설명의무의 시간적 범위와 분업에 관한 소고－대법원 2022. 1. 27. 선고 2021다

265010 판결을 중심으로-, 법학논총(2022)

가사노동에 대한 법적 평가에 관한 소고-대법원 2021. 12. 30. 선고 2017다212316 판결에 대한 평석을 중심으로-, 이화젠더법학(2022)

자연식품의 기능성 표시 제도 도입에 관한 소고, 의생명과학과법(2022)

문신시술 행위에 대한 우리나라 헌법재판소 결정(2017헌마1343)의 의미와 일본 최고재판소 결정 후 동향 및 시사점, 한국의료법학회지(2022)

디지털헬스케어와 보건의료데이터에 관한 고찰, IP&DATA法(2022)

경력

2001. 10. 제43회 사법시험 합격

2004. 02. 사법연수원 제33기 수료

2004. 03. 변호사 개업 (서울지방변호사회 소속)

2004. 02.-2011. 02 공동법률사무소 해울 수석변호사

2013. 09. 인천시 남동구 지적 재조사위원회 위원

2015. 06. 제57회 사법시험 민법 출제위원

2016. 01. 제5회 변호사시험 민사법 시험위원

2017. 01. 제6회 변호사시험 민사법 시험위원

2017. 06. 제59회 사법시험 민법 출제위원

2020. 01. 제9회 변호사시험 민사법 시험위원

2022. 01. 제11회 변호사시험 민사법 시험위원

2011. 03.-현재 인하대학교 법학전문대학원 교수

2006. 01.-현재 대한의료법학회 이사 겸 편집위원

2006. 01.-현재 한국의료법학회 이사 겸 편집위원

2016. 06.-현재 기관생명윤리위원회 평가인증 사업단 평가위원

2018. 01.-현재 서울시 복지정책과 자문회의 자문위원

2018. 06.-현재 한국의료분쟁조정중재원 비상임 조정위원

2019. 01.-현재 서울시 개인정보보호위원회 자문위원

2019. 05.-현재 공용 기관생명윤리위원회 자문위원

2020. 01.-현재 인천지방검찰청 형사상고심의위원회 위원

2020. 04.-현재 교육부 민원조정위원회 조정위원

2020. 06.-현재 법제처 법령해석심의위원회 심의위원

2020. 08.-현재 대한변호사협회 법제연구원 일반연구위원

2020. 11.-현재 한국감정원 주택임대차분쟁조정위원회 조정위원

2020. 11.-현재 한국감정원 상가임대차분쟁조정위원회 조정위원

2020. 12.-현재 인천지방노동위원회 공익위원

2021. 09.-현재 국가생명윤리정책원 이사

2022. 04.-현재 인하대학교 연명의료 의료기관 윤리위원회 위원

2022. 07.-현재 대한변호사협회 의료인권소위원회 진료계약의 민법 편입 개정을 위한 TF 위원

2023. 03.-현재 인천시청 청원심사위원회 심사위원

2024. 04.-현재 AI 전략최고위협의회 산하 법·제도 분과위원회 위원

2024. 04.-현재 의료개혁 특별위원회 전문가 위원

2024. 05.-현재 의료사고 안전망 전문위원회 위원장

의료분쟁의 이론과 실제(상)

초판발행   2022년 8월 30일
중판발행   2024년 8월 20일

지은이   신현호·백경희
펴낸이   안종만·안상준

편 집   윤혜경
기획/마케팅   김한유
표지디자인   이영경
제 작   고철민·김원표

펴낸곳   (주) **박영사**
                서울특별시 금천구 가산디지털2로 53, 210호(가산동, 한라시그마밸리)
                등록 1959. 3. 11. 제300-1959-1호(倫)

전 화   02)733-6771
f a x   02)736-4818
e-mail   pys@pybook.co.kr
homepage   www.pybook.co.kr
ISBN   979-11-303-4266-5 93360

정 가   32,000원